HISTOIRE

DE CHARTRES.

ÉGLISE CATHÉDRALE DE N° DAME DE CHARTRES
Façade Royale

HISTOIRE
DE CHARTRES

PAR E. DE LÉPINOIS.

La vile esteit mult bone, de grant antiquité,
Borjeiz i aveit riches, e d'aveir grant planté ;
Iglise i aveit belc, de grant auctorité ;
De la sainte virge Marie mere de Dé
I esteit la Kemise tenue en grant chierté.
. . . .
Flamens crie *Arras* et Angevin *ralie*,
E li cuens Thiebaut *Chartres et passavant* crie
(Robert Wace, *Roman du Rou*).

TOME I.

CHARTRES.
GARNIER, IMPRIMEUR-LIBRAIRE, ÉDITEUR,
Place des Halles, 16 et 17.

—

1854.

AVANT-PROPOS.

L'ouvrage que je donne au public est le fruit de huit années d'études.

A peine arrivé à Chartres, j'ai voulu connaître son histoire et j'ai feuilleté ses historiens. Les dissertations métaphysiques de Rouilliard, les travaux utiles mais incomplets de Duparc, de Pintard, de Chaline et de Sablon, devaient jeter sur ma route plus d'obscurité que de lumière. J'aurais mieux espéré des compilations savantes et judicieuses de Souchet, si sa pensée trop exclusive ne se fût presque uniquement attachée à la reproduction des faits religieux. Malgré de louables efforts, les modernes n'ont pas mieux justifié mon attente. J'ai trouvé dans Doyen des historiettes sans couleur ni liaison ; dans Chevard, une paraphrase trop dénigrante des anciens ; dans Bouvet-Jourdan, l'œuvre d'un homme consciencieux, amateur des sources, mais peu familiarisé, je pense, avec les études historiques. L'histoire de M. Ozeray, riche de quelques documents encore inédits, a cependant le défaut capital de parler très-peu de Chartres. Habitué aux solides travaux de la jeune école, j'avais compris autrement l'histoire d'une ville importante. Je cherchais la cité, la commune, je trouvais partout la cathédrale et le Chapitre. Je me suis demandé si les archives de ce pays se taisaient complètement sur son passé municipal ; je les ai consultées, et une mine inexplorée s'est ouverte à mes yeux. J'en ai conclu que l'histoire de Chartres restait à faire.

Je n'avais pas l'intention de travailler à combler cette lacune ; je ne m'en sentais ni le talent ni le courage. Mes recherches n'avaient d'autre but que de reconstruire dans un intérêt tout personnel l'antique édifice de ma ville d'adoption. Il fallut l'insistance d'un ami compétent pour me déterminer à mettre en œuvre les matériaux exhumés par ma persévérance. Mes premiers essais, qui se bornaient à une dissertation sur le régime municipal de Chartres aux XIIe et XIIIe siècles, reçurent des encouragements : je persistai, en apportant à l'examen des faits la critique que j'avais consacrée jusqu'alors à l'étude des institutions. C'est de ce double travail fondu en un seul qu'est sortie l'histoire que je mets au jour.

J'ai souvent été frappé de la froideur avec laquelle on accueille les histoires locales dans le pays même dont elles célèbrent les fastes. La faute en est-elle au sujet? non, car son intérêt est puissant sur l'esprit des lecteurs auxquels on s'adresse; aux auteurs? oui, car ils n'ont pas généralement compris la nature et la portée de leur œuvre.

Je m'explique :

Ce qui perd les écrivains locaux, c'est d'abord un orgueil de clocher mal entendu. Cet orgueil a produit les dissertations à perte de vue sur les Druides et sur les origines de la cité, dissertations d'autant plus stériles qu'elles soulèvent à chaque pas des difficultés insolubles. Le second écueil est la diffusion et l'abus des digressions; c'est-à-dire, ces classements ambitieux des faits de la ville par ceux de l'histoire générale, quel que soit le peu de corrélation qu'ils aient entre eux, ces excursions dans le domaine des généralités, qui finissent par faire oublier le titre du livre. J'ai pensé que je devais, autant que possible, circonscrire mon récit aux murs de la cité, et qu'en écrivant une monographie, il était de mon devoir de me défier de cette tendance de quelques-uns de mes devanciers à sortir des bornes de leur sujet pour aborder le champ des hypothèses de l'histoire générale; en un mot, il m'a semblé que je ne devais pas faire une histoire de France à propos de Chartres.

La fatigue que j'ai éprouvée à la lecture de nos historiens m'a paru provenir aussi de la méthode vicieuse qu'ils ont adoptée. Presque tous ont donné séparément l'histoire religieuse, l'histoire monumentale, l'histoire des hommes illustres..... Quoi de moins philosophique que ces divisions? Est-ce bien faire connaître une époque que de se borner à présenter à la fois une seule de ses faces, à mettre en scène un seul personnage, sans idées, sans influence, sans action, dépourvu qu'il est d'un public et d'un théâtre? Une telle méthode fausse la mission de l'histoire; car, incapable de conduire à l'appréciation des travaux intellectuels de la société, elle est même impuissante à mettre en relief les progrès du monde matériel.

Ces défauts reconnus, tous mes efforts devaient tendre à les éviter. J'ai emprunté les divisions de mon travail aux faits principaux de l'histoire locale ; j'ai cherché à conduire de front les hommes et les choses, de manière à offrir à mes lecteurs un tableau animé et vrai de la vie de Chartres à chaque siècle ; lorsque j'ai jugé que certaines matières exigeaient quelque développement, je les ai traitées à fond dans des chapitres particuliers, après en avoir fait incidemment usage dans le corps du récit.

Je n'ai pas à craindre que l'on adresse à mon ouvrage le reproche de partialité ou de prétention dogmatique. J'ai travaillé sans préoccupation systématique, avouant les lacunes lorsqu'elles existent, et ne mettant jamais en oubli cette maxime de Quintilien : *Scribendum ad narrandum non ad probandum*. Lorsque l'action marche franchement, sans entraves comme sans écarts, et que les textes sont respectés, l'œuvre de l'historien n'est pas alors un système, c'est une vérité.

Tels sont les principes d'après lesquels ce livre a été écrit. Sans prétendre avoir fait mieux que mes devanciers, je puis affirmer que j'ai fait autrement. J'ai travaillé avec l'intime conviction que, pour être goûté, l'auteur d'une histoire locale doit être consciencieux, exact, exempt de froideur comme de pédantisme ; qu'il ne lui est pas permis de négliger les sources même les plus arides ; que son mérite gît presque tout entier dans le classement judicieux des documents dont il fait usage. Si je ne réussis pas, je ne devrai m'en prendre qu'à mon inhabileté, car les matériaux ne m'ont pas manqué ; sans parler de l'ample récolte que m'ont fournie les archives du département, de l'Hôtel-Dieu et de la Mairie [1], l'amitié d'un homme que la science compte parmi ses adeptes m'a ouvert les richesses inconnues que recèlent les archives du royaume, le trésor des chartes et les

---

[1] En faisant des recherches dans les archives de la Mairie, en 1844, j'ai été assez heureux pour retrouver au milieu de papiers de rebut et pour sauver d'une destruction certaine un grand nombre de lettres adressées aux échevins de Chartres par des Rois de France, des Princes, des Seigneurs et des Corporations, pendant les XVIe, XVIIe et XVIIIe siècles. Plusieurs de ces pièces présentent un intérêt réel pour l'histoire générale.

anciennes archives du Palais-Royal. Je sens que de tels aveux obligent : aussi, n'est-ce pas sans crainte que je me soumets au tribunal de la publicité. Que les Chartrains lisent mon livre, et s'ils y trouvent leur histoire nationale, mon labeur sera largement payé !

Toutefois, j'ai rêvé pour l'avenir un autre succès. L'histoire locale, encore dédaignée parce qu'elle est humble, est destinée à jouer bientôt un rôle remarquable dans la science ; à elle seule appartiendra de jalonner sûrement la route des faits aux causes par la synthèse et de détruire peu à peu par l'autorité de ses découvertes les préjugés, les erreurs et les systèmes sans nombre qui dénaturent l'histoire de notre patrie. Aussi les profonds esprits qui dirigent l'école historique, les Guizot, les A. Thierry, les Villemain, les H. Martin, les Guérard, la conseillent-ils à la jeunesse laborieuse comme un noble but d'émulation. C'est une pierre que chacun apporte au grand édifice de l'histoire générale ; rôle secondaire, sans doute, qui suppose plus de patience que d'imagination, plus de sagacité que de génie, mais dont le mérite, caché comme l'étincelle dans le caillou, se révèle toujours à ceux qui le cherchent et qui veulent en tirer profit. Qui ne se résignerait à être Ennius pour fournir une perle à Virgile ?

Cette histoire je puis le dire hautement, je l'ai écrite avec amour. En parlant d'une ville où m'ont accueilli tant d'honorables bienveillances, tant de généreuses sympathies, tant d'affections sincères ; en racontant à mes amis ce que furent leurs ancêtres ; en les initiant à un passé qui ne manqua ni de fécondité ni de grandeur, il m'a semblé que j'acquittais une dette de reconnaissance et que je gagnais mes lettres de bourgeoisie !

HISTOIRE DE CHARTRES.

CHAPITRE I.

TABLEAU DE CHARTRES, PRODUCTIONS, GÉOLOGIE.

Pendant l'été, les plaines de la Beauce, dépourvues d'eau, de bois et de prairies [1], offrent l'aspect d'une mer de fertiles moissons. Cette suite de riches horizons étonne, fatigue, attriste ; les regards cherchent un paysage plus varié, et le cœur s'épanouit lorsque la vallée de l'Eure vient couper de son pli gracieux la ligne interminable du chemin. C'est donc avec un vif sentiment de plaisir que le voyageur contemple, du haut de la vieille route de Paris, le panorama de Chartres. Ses yeux ne peuvent se détacher de la basilique de Notre-Dame, dont les deux flèches dessinent sur le ciel une silhouette de dentelle ; il admire la hardiesse de ce magnifique vaisseau et comprend toute la puissance d'une pareille poésie sur l'es-

---

[1] *Balsia, triste Solum, cui desunt bis tria tantùm :*
Fontes, prata, nemus, lapides, arbusta, racemus !
Ces vers du poète dunois Augustin Costé ont été ainsi traduits par le spirituel Andrieux, pour son ami Collin d'Harleville :

Le triste pays que la Beauce !
Car il ne baisse ni ne hausse ;
Et de six choses d'un grand prix,
Collines, fontaines, ombrages,
Vendanges, bois et pâturages,
En Beauce il n'en manque.... que six !

prit croyant des pèlerins d'un autre âge. Le palais épiscopal avec ses jardins en terrasses attire son attention ; il remarque les énormes murailles du couvent de la Providence, la croupe grossière de l'église Saint-Aignan, les bâtiments irréguliers du Collége ; puis, inclinant sa vue sur le penchant de la colline, il suit quelques vestiges des anciennes fortifications, et va se reposer sur l'abside délicate de Saint-Pierre. Pour compléter le tableau, la porte Guillaume, avec ses deux tours à créneaux et sa tête de pont, lui rappelle un passé belliqueux que la ville moderne, heureuse et calme, a depuis longtemps abjuré.

Ce paysage encadré dans une ceinture de belles promenades plaît à l'observateur ; suivons-le dans l'intérieur de la cité.

Chartres se divise en ville haute et ville basse. La partie basse, séjour de la classe pauvre, est arrosée par un bras de l'Eure, que deux rues étroites et bizarrement tronçonnées cotoient dans toute sa longueur [1]. On visite, en les suivant, la caserne de cavalerie, jadis l'abbaye de Saint-Père, l'église Saint-Pierre, les ponts, les tanneries et les moulins, l'ancienne église Saint-André, remarquable par son portail à plein cintre, et la chapelle de Notre-Dame-de-la-Brèche. Les trois rues principales qui montent de la ville basse au quartier supérieur, en partant des portes Morard, Guillaume et Drouaise [2], ne manquent pas de fenêtres ogivales et Renaissance, de pignons et de portiques sculptés, d'étages en encorbellement ; un petit monument de l'art gothique se fait remarquer entre tous : c'est l'escalier de la *Reine Berthe*, reste précieux d'un hôtel autrefois adossé aux murs extérieurs du château des Comtes.

---

[1] Sur la rive droite, la suite de rues parallèles au cours de l'Eure porte les noms de rue *du Frou, Coupe-Barbe, de la Foulerie, de la Tannerie* et *du Massacre*; les rues qui longent la rive gauche, en s'emmanchant les unes dans les autres, s'appellent : *de l'Ane-Rez, des Béguines, Planche-aux-Carpes, aux Juifs, de la Corroierie, Saint-André, de la Brèche.*

[2] 1º De la porte Morard, rues *Porte-Morard, du Pont-Saint-Hilaire, Saint-Pierre* ; 2º de la porte Guillaume, rues *Porte-Guillaume, du Bourg, des Écuyers* ; 3º de la porte Drouaise, rue *du Muret.*

De nombreuses ruelles à degrés, appelées *tertres* en langue chartraine, sillonnent les intervalles de ces rues et rendent plus promptes, sinon moins pénibles, les communications des habitants entre la ville basse et la ville haute.

La ville haute, quartier du luxe, ne se distingue cependant ni par la régularité ni par l'élégance des constructions. La crête de la colline est longée par une suite de rues rattachées capricieusement les unes aux autres; elles se dirigent de la porte Saint-Michel à la porte Saint-Jean [1], desservant dans leur parcours l'ancien couvent des Cordeliers, maintenant le Collége, l'Hôtel-de-Ville, bel édifice du XVIIe siècle, l'église Saint-Aignan, la place Billard établie sur le lieu même où s'élevait le donjon des Comtes, la Poissonnerie, ancienne cour des miracles de Chartres, la basilique de Notre-Dame, le cloître et l'Hôtel-Dieu. Les archéologues s'arrêtent avec intérêt devant les maisons sculptées de la Poissonnerie et de la rue des Changes et devant les ogives sévères de quelques fenêtres du cloître. A cette entrée de la ville haute, qui a conservé de l'enceinte du IXe siècle le nom de Porte-Cendreuse, prend naissance une rue commerçante qui traverse la place Marceau, rejoint par un prolongement la place des Halles et sort de la cité par la porte des Épars [2]. Après avoir gravi la colline assez près des anciennes fortifications, la rue qui part de la porte Drouaise se dirige en droite ligne vers la porte Sainte-Foy [3]. De ce côté se trouvent le Palais-de-Justice, le couvent de Saint-Jacques, les Prisons, le Séminaire, la Bibliothèque, l'Évêché, les caveaux de Loëns, la Préfecture et la salle de Spectacle. Il faut remarquer en passant les murailles des maisons de la rue du Cheval-Blanc qui avoisinent l'*Étroit-*

---

[1] Cette artère principale prend successivement les noms de rue *Saint-Michel*, *du Chien-Vert*, *des Grenets*, *des Changes*, *de Beauvais*.
[2] Rues *Porte-Cendreuse*, *de la Pie*, *de la Monnaie*, *Marceau*, *de la Tonnellerie*, *du Bois-Merrain*.
[3] Rues *du Marché-à-la-Filasse*, *du Cheval-Blanc*, *Collin-d'Harleville*.

Degré et la porte écussonnée de l'hôtel Champrond. Les rues Sainte-Même et du Grand-Cerf, qui forment angle droit avec les portes Châtelet et des Épars, méritent aussi une mention particulière ; elles sont d'une largeur suffisante pour la libre circulation des voitures, chose rare à Chartres ! et la seconde s'énorgueillit de la façade Renaissance dont un médecin de goût, soucieux, comme il le dit lui-même, de la splendeur de la cité, crut devoir orner son manoir [1]. Outre ces vaisseaux principaux, on voit courir d'un quartier à l'autre une multitude de petites rues affectant presque toujours une forme courbe, élargie à son centre et terminée à chaque bout par un goulet auquel il ne manque que les chaînes de fer du XVe siècle [2]. Les sorties de la ville, qu'on appelle Portes, quoiqu'une seule, la porte Guillaume, soit encore debout, donnent sur des places extérieures d'où rayonnent dans toutes les directions des faubourgs longs et spacieux. L'embarcadère du chemin de fer embellit les abords de la place du Marché-aux-Chevaux, et la vaste place des Barricades vient de recevoir pour couronnement la statue de l'illustre Marceau.

Tel est l'ensemble de Chartres, type bientôt unique de la ville du moyen-âge. L'artiste étudie ses monuments avec admiration, et, tout en respectant la maison de ses ancêtres, l'habitant sait concentrer à son foyer le confortable des plus somptueuses demeures.

Les côteaux voisins sont garnis de vignobles dont le jus, aujourd'hui dédaigné, plaisait singulièrement aux palais peu

---

[1] Voici l'inscription placée au-dessus de la porte de cette jolie maison :
SIC CONSTRUXIT CLAUDIUS Hw'
IATROZ, DECORI URBIS AC
POSTERITATI CONSULENS.

Le nom abrégé et latinisé du médecin en question, me paraît devoir être traduit par celui d'*Huveus*, *Huvé*, qui appartenait à une famille de la bourgeoisie chartraine aux XVe, XVIe et XVIIe siècles.

[2] Rues *de la Clouterie, des Vieux-Rapporteurs, de l'Epervier, du Vieux-Marché-au-Blé, de Chuisnes, du Puits-de-l'Ours, des Bouchers*, etc.

délicats de nos pères [1] ; aux vignes succède cette campagne de Beauce, grenier d'abondance de Paris, qui produit le froment le plus pur de toute la France.

Les richesses minéralogiques et géologiques de Chartres peuvent offrir aux savants de nombreux sujets d'étude. La ville est assise sur un fond solide de craie marneuse exploitée dans le faubourg des Filles-Dieu pour l'amendement des terres. Au-dessous de cette couche que tranche l'Eure se trouvent sur l'une et l'autre berge des dépôts contemporains de l'argile plastique, des sables ferrugineux, des filons de limonite [2], des argiles plus ou moins colorées, quelques cavités ocreuses, des grès durs appelés *Ladères*, et principalement de nombreux débris de silex dont sont formés les *murgers* entassés sur les bords de la vallée. A droite de la rivière et à peu de distance, commence le grand banc de calcaire supérieur qui alimente les exploitations de Berchères-l'Évêque. A gauche, le calcaire lacustre disparaît et fait place à des dépôts argilo-sableux qui se prolongent jusqu'à la Seine. L'âge géologique de ces divers dépôts est indiqué par les débris organiques qu'ils renferment. Dans la craie, des mollusques marins attestent la présence d'une mer au fond de laquelle se déposait la matière crayeuse. Les fossiles sont plus rares dans les sables et les argiles, mais les caractères essentiels de ces couches leur assignent nettement, par analogie comparée, le commencement de l'époque tertiaire. Dans les calcaires supérieurs, des coquilles encore vivantes dans nos rivières gardent le signe de dépôts plus récents formés au sein d'un lac d'eau douce, là où s'étend le

---

[1] Le vin de la ville était offert par les échevins à tous les grands personnages qui traversaient Chartres. Au mois de septembre 1506, M. le Légat, descendu au logis des Trois-Rois avec plusieurs seigneurs, trouva le vin si bon qu'il en fit emporter deux flacons pour la dînée suivante. (*Reg. des Échevins*, Délib. du 24 septembre 1506.) Souchet écrivait, vers 1640, que « la Beauce fournit grands clos de vignes » donnant du très-bon vin. » (*Hist. de Souchet*, ch. 3, p. 11, mss. Bibl.)

[2] Au mois de mars 1208, Maurice d'Escuillemont et Hodierne, sa femme, donnèrent, entre autres choses, à l'église de Saint-Cheron, la dîme en mine de fer, *in mina ferri*, qu'ils possédaient dans la paroisse d'Oinville, du fief de Hugues d'Oinville. (Arch. dép. *Saint-Cheron*, B. 3.)

grand plateau de la Beauce. Enfin, sont venues les époques alluviales, diluviennes et modernes, dont la première a laissé quelques galets dans la vallée et la seconde a déterminé l'humus des plaines.

La cité dont nous écrivons l'histoire est riche encore en poétiques traditions, car elle a reçu du temps et de la Religion cette pieuse consécration qui spiritualise la matière. En revoyant après de longues souffrances la vieille ville des Carnutes et la basilique de Marie, les croisés Chartrains s'écrièrent : Jérusalem, Jérusalem ! puis ils s'agenouillèrent au calvaire de Saint-Lubin et fondèrent dans la vallée le monastère de Josaphat......

CHAPITRE II.

CARNUTES. — DOMINATION ROMAINE.

(58 av. J.-C.; 400 ap. J.-C.)

Pendant plusieurs siècles, les invasions des Gaulois inspirèrent aux peuples civilisés de la Grèce et de Rome une terreur mystérieuse. D'où sortaient ces farouches guerriers ? Personne ne le savait, car personne ne s'était aventuré au-delà des limites restreintes de la cité marseillaise. César, et ses conquêtes, en détruisant le prestige, tracèrent pour la postérité la première page authentique de notre histoire nationale.

Ce fut en l'an 58 avant Jésus-Christ, que Caïus-Julius-César fut nommé proconsul des deux Gaules. Il était loin d'abord de se présenter en conquérant ; Rome avait appris qu'une bande de 300,000 Helvétiens se disposait à franchir les montagnes des Allobroges, elle voulait éviter cette nouvelle irruption. Le génie de César sut accomplir une plus grande entreprise [1].

De Genève, le Proconsul reconnaît les ennemis qui s'avançaient lentement, rejette leurs offres, mande à lui cinq légions, court assaillir cette horde près de Bibracte, capitale des Eduens [2], et la détruit presque tout entière. Puis, sous prétexte de venger les alliés de Rome, il va présenter le combat aux Germains d'Ariovist, oppresseurs des Eduens et des Séquanes [3]. La bataille se livre à quelques journées de Vésontio [4],

---

[1] *Commentaires de César*, coll. Pankouke.
[2] Peuples d'Autun, Lyon, Mâcon.
[3] Francs-Comtois. — [4] Besançon.

et les légions unies aux troupes gauloises forcent les barbares à repasser le Rhin.

Cette intervention officieuse de César dans les affaires de la Gaule déplaît aux Belges (57 ans avant Jésus-Christ); ils forment une ligue pour repousser l'amitié romaine. Le général l'apprénd et les soumet en quinze jours ainsi que les Nerviens et les Attrebates, leurs voisins [1]. Pendant ces rapides succès, P. Crassus s'empare des côtes de l'Océan. Dès lors, toute la Gaule est romaine.

En partant pour l'Italie, César met ses troupes en quartier d'hiver chez les Andes, les Turons [2] et les *Carnutes* [3].

Voilà pour la première fois le nom des Carnutes prononcé par l'histoire; examinons le rôle que cette nation jouait alors sur le sol gaulois [4].

Les Kimris, peuples orientaux, premiers envahisseurs de la Gaule, avaient apporté aux Gals une religion ténébreuse et cruelle: c'était le Druidisme. On trouvait parmi ses dogmes, la dualité de l'esprit et de la matière, un autre monde avec ses châtiments et ses récompenses; à l'extérieur, son culte semblait emprunté aux atrocités Brahminiques. Cette lutte du bien et du mal, ces dieux inconnus qui parlaient par les vents et les tempêtes, exigeaient du sang. Il coulait dans toute la Gaule, mais surtout sur les autels de pierre des forêts des Carnutes. Là se convoquait le collége général des prêtres; là se faisaient les initiations; là se formaient les médecins, les devins, les bardes; là se cueillait le gui de chêne; là s'élisait chaque

---

[1] Peuples du Hainaut.

[2] Angevins, Tourangeaux.

[3] L'étymologie des noms *Carnutes* et *Carnutum* a occupé tous les écrivains. Les uns les font venir du celtique *Carus*, autel; les autres de l'hébreu *Carnoth*, charte, traduit par le mot *Autricum* que l'on trouve dans Ptolémée et dans la notice de l'arch. Magnus écrite vers 804. Un manuscrit du XVIe siècle donne sur ce point litigieux l'explication suivante qui n'est pas la moins curieuse: CARNUTES *a* CARNE *quam affecti gravioribus morbis, aut in preliis versati, homines immolabant vel se immolaturos vovebant pro victimis.... hec Cesar in commentariis L. 6.* (Arch. dép., *Livre dit de Guill., Bouvart*, p. 724.)

[4] *Hist. des Gaulois*, par Amédée Thierry, t. 1 et 2.

année le chef suprême de la religion. Le pays des Carnutes était une terre sacrée ; tous venaient y chercher des inspirations ; tous s'inclinaient devant ses oracles, et l'autorité du Grand-Prêtre créait du fond des bois arrosés par l'Eure et le Loir une unité théocratique dont le vaste réseau enserrait les cent peuples de la Gaule [1]. La jeunesse Carnute, peu sensible aux émotions de la guerre, briguait dans le silence des forêts les fonctions sacerdotales, car la puissance du prêtre était supérieure à celle du soldat. Il ne faut donc pas s'étonner de l'absence de nos ancêtres de la scène des premières luttes. Hommes de la religion, ils ne durent se lever que lorsque le vainqueur vint frapper la religion jusque dans son sanctuaire ; mais alors ils ne se reposèrent plus.

En l'an 56, César soumet les Vénètes [2] et pacifie l'Aquitaine. L'année suivante, il tombe sur des peuplades germaines appelées par les Belges, passe le Rhin derrière elles, brûle ses villages et part pour la conquête de la Bretagne.

---

[1] Quelques auteurs ont longuement disserté sur le lieu du pays chartrain où se rassemblait le collége général des Druides. Doyen le place à Chartres même, Chevard à Lèves, Ozeray à Dreux, dom Martin à Senantes, M. Lejeune à Alluyes. Ces trois derniers, après avoir décrit les circonstances topographiques qui militent en faveur de leur opinion, en trouvent la consécration dans cette phrase de César : *Ji (Druidi), certo anni tempore*, IN FINIBUS CARNUTUM, *quæ regio totius galliæ media habetur, considunt in loco consecrato.* *(Comm.*, liv. 6, ch. 4.) Dreux, Senantes et Alluyes se trouveraient, en effet, d'après eux, sur les confins, *finibus*, du pays des Carnutes. Mais ils me semblent s'être écartés du sens véritable de l'expression de César. Le mot *fines* a, pour cet historien, la simple signification de *territoire*. Aujourd'hui même, dans quelques provinces, le mot *finage* est employé en langue de pratique comme synonyme de *territoire*. Lorsqu'il veut exprimer l'idée de *frontière*, César ajoute un adjectif qualificatif, comme *per extremos fines, in ultimis finibus.* *(Comm.*, liv. 7, ch. 66. Liv. 8, ch. 31.) La difficulté n'est donc pas résolue et me paraît insoluble. Toutefois il faut reconnaître que le pays chartrain est, de toutes les provinces de la France centrale, celle qui possède, dans l'espace le plus resserré, le plus grand nombre de monuments druidiques. Il convient de citer le dolmen de Grogneul, les huttes de la garenne de Poisvilliers, les dolmens et la pierre levée de Saint-Maur, et la suite non interrompue de monuments semblables qui s'étend sur les bords du Loir, près de Saumeray, de Montemain, d'Alluyes et de Saint-Germain-les-Alluyes. (Voir le travail que M. Lejeune a inséré dans le premier volume des *Mém. de la Société des Antiq. de France.*) Du temps de Chevard (an IX de la Rép.), il existait encore beaucoup de pierres druidiques dans les communes de Morancez, Ver et Corancez. (*Hist. de Chartres*, par Chevard, vol. 1er, p. 93.)

[2] Peuples de Vannes.

César présent, les Gaulois baissaient la tête; mais à peine avait-il franchi les frontières que l'amour de l'indépendance se réveillait dans tous les cœurs. La conduite du Proconsul pendant ces deux dernières années avait heurté de front les habitudes nationales des Gaulois. Il s'était arrogé le droit de convoquer et de présider leurs assemblées, de changer les formes du gouvernement en imposant des rois à certains peuples républicains. Attaquer les institutions, c'était attaquer la théocratie; les Carnutes le comprirent et résolurent de secouer le joug. Des ouvertures de révolte furent faites par l'éburon Ambiorix et le trévire Anduciomar [1]; le complot, mûri pendant les deux campagnes de César en Bretagne, devait éclater aussitôt après la rentrée du général en Italie et la dispersion des légions. Malheureusement la haine est aveugle; celle des Carnutes, longtemps comprimée, déborda par une injure personnelle et leur impatience compromit le succès de l'entreprise.

Depuis trois ans César leur avait imposé un chef de race royale nommé Tasget, espion des Romains; ses ennemis le massacrèrent publiquement au moment où le Proconsul allait passer les monts. La nouvelle de ce meurtre le retint en Gaule et il ordonna sur-le-champ à L. Plancus d'aller avec sa légion châtier les coupables. Cependant l'initiative des Carnutes avait déterminé le mouvement d'Ambiorix et d'Anduciomar. Les débuts furent heureux; L. Cotta et T. Sabinus tombèrent sous le fer des Eburons avec les troupes qu'ils commandaient. Mais César, à la tête de deux légions seulement, court attaquer dans le pays des Nerviens les 60,000 Gaulois d'Ambiorix, les disperse et délivre Q. Cicéron prisonnier dans ses retranchements.

La tranquillité qui suivit cette victoire fut de courte durée. Les Senons [2] subissaient aussi la tyrannie d'un Roi nommé par

---

[1] Eburons, peuples de Liège; Trévires, peuples du territoire de Trèves.
[2] Senonais, peuples du territoire de Sens.

César. Forts de l'exemple des Carnutes, ils décrètent sa mort en plein conseil, puis, unis à leurs complices, ils supplient Anduciomar de les conduire au combat. La voix de ce chef est entendue ; un *mallen* convoqué chez les Trévires lui donne une armée formidable ; mais il la perd, comme toujours, par une imprudence. Avant d'opérer sa jonction avec les Senons et les Carnutes, il veut ravager le pays des Rémois, alliés des Romains ; il est surpris par Labiénus et périt dans une escarmouche.

César profita de la terreur causée par la mort d'Anduciomar pour faire venir d'Italie de nouvelles recrues ; il en avait besoin, car la guerre n'était pas terminée. Les Carnutes et les Senons, adversaires d'autant plus acharnés des Romains qu'ils devaient moins en espérer merci, avaient trouvé le moyen de renouer dans l'ombre avec Ambiorix l'alliance anéantie avec Anduciomar. Déjà les habitués de la révolte, les Trévires, les Nerviens, les Menapiens [1], les Germains d'outre-Rhin, étaient en armes, lorsque, sans attendre la fin de l'hiver, César fondit à l'improviste sur les Nerviens, dévasta leurs terres et les contraignit à livrer des ôtages.

Si cette cinquième ligue était dissoute, le ressentiment des anciens confédérés n'en restait pas moins vivace. Au commencement du printemps (53 ans avant Jésus-Christ), le Proconsul convoqua, suivant sa coutume, l'assemblée générale de la Gaule ; les Trévires, les Senons et les Carnutes refusèrent de s'y rendre. Cette provocation ne pouvait rester impunie. Les légions victorieuses des Nerviens attaquèrent les Senons au milieu de leurs préparatifs, les châtièrent et reçurent des ôtages. Privés du secours de leurs alliés, les Carnutes n'eurent plus d'autres ressources que de prévenir l'arrivée de l'ennemi par une apparente soumission. Grâce au patronage des Rémois, ils firent agréer leurs excuses à César, qui exigea deux

---

[1] Peuples de Clèves et Gueldre.

cents citoyens à titre de cautions. Restait Ambiorix avec les Trévires, les Eburons et les Menapiens. César écrase successivement les trois peuples alliés et bat les Germains qui les avaient secourus. Mais le but principal de sa campagne était manqué, Ambiorix avait échappé avec quatre cavaliers au fer des soldats romains qui le traquaient comme une bête fauve.

Le Proconsul ne regardant pas l'affaire des Senons et des Carnutes comme terminée, malgré la remise des ôtages, convoqua, pour en délibérer, une assemblée à Durocortore, capitale des Rémois. Acco, chef des Senons, et les principaux citoyens de cette nation furent décapités; quant aux Carnutes, leur qualité de clients des Rémois semble les avoir sauvés du courroux du vainqueur. Après ces exécutions, le Général fit hiverner les légions dans les lieux même de ses désastres, et se rendit en Italie où l'appelaient les intrigues du sénat.

Le départ de César fut encore le signal de la conspiration. C'était du fond des forêts chartraines que devait partir ce nouvel élan de la liberté gauloise. Apprenant les embarras de César en Italie, les Carnutes réunissent, dans leurs bois sacrés, les ennemis du nom romain; un conseil se forme, on décide qu'il faut fermer au Proconsul le retour vers les légions, et accabler ses lieutenants dans leurs quartiers d'hiver. La question ainsi résolue, dit César que nous copions ici, les Carnutes déclarent qu'ils ne reculeront devant aucun péril pour le salut commun, et qu'on les verra toujours les premiers aux champs du combat. Comme la crainte de se trahir aux yeux des légions les empêche d'échanger des ôtages, ils adjurent les alliés de prêter le serment solennel sur les étendards. A ces mots, des cris d'enthousiasme font retentir le *cromlech*, les glaives s'agitent, et les conjurés se séparent après avoir fixé le jour de la vengeance. Le moment venu, les Carnutes, conduits par Cotuat et Conetôdun, hommes déterminés, surprennent à la pointe du jour la cité de Génabe [1], entrepôt des Romains sur la Loire, massacrent les étrangers, entre autres l'intendant des vivres C. Fusius Cotta, et pillent leurs biens. La nouvelle de cet heureux coup de main, transmise de bouche en bouche par des gens apostés, fut connue avant la nuit dans le pays des Arvernes [2], à 160 milles (80 lieues) de l'action. Aussitôt une commotion électrique ébranle toute la Gaule. L'arverne Vercingetorix se fait le drapeau de l'insurrection ; chassé de Gergovie [3] par les partisans de Rome, il appelle à lui tous les mécontents, voit bientôt grossir ses bataillons, s'attache en peu de temps les Senons, les Parisiens, les Pictons, les Cadurques, les Turons, les Aulerces, les Lemovics, les Andes et les Bituriges [4]. Quelques succès partiels signalent ses débuts, et déjà son lieutenant, le cadurque Lucter, s'était jeté dans la province romaine, lorsque César reparut.

(52 avant Jésus-Christ.) Le Proconsul secourut promptement les alliés de Rome et força Lucter à se retirer. Puis, franchissant les Cévennes, remparts que les Arvernes croyaient inexpugnables, il arriva comme la foudre au milieu des contrées soulevées. Vercingetorix revint au secours de sa patrie ; mais César n'avait fait que traverser l'Auvergne, et, courant vers le nord, il avait repris l'offensive à la tête de ses dix légions.

Le général romain, après avoir confié à son lieutenant Trebonius le siège de Vellaunodum [5], marcha en toute hâte sur Genabe, au pays des Carnutes. Le soir du second jour, il se présenta devant la place, que les révoltés se disposaient à secourir. De peur que les habitants ne lui échappassent pendant la nuit, il fit garder par deux légions les abords du pont de la

[1] Orléans.
[2] Auvergnats.
[3] Clermont-Ferrand.
[4] Poitevins, Manceaux, gens du Quercy, Limousins, Bérichons.
[5] Château-Landon.

Loire. Les Carnutes de Genabe sortirent en effet vers minuit pour passer le fleuve; mais les deux légions, les refoulant aussitôt, incendièrent les portes et s'emparèrent de la ville. Le carnage fut horrible; ceux qui échappaient, à l'intérieur, au fer des Romains, périssaient dans les eaux de la Loire ou tombaient sous le glaive des soldats qui veillaient aux issues. Pour compléter son œuvre de destruction, César fit piller et brûler Genabe.

Laissant les Carnutes de la Loire sous ce coup terrible, le Proconsul regagna le pays des Bituriges, et commença contre Vercingetorix cette guerre de désespérés, dans laquelle le Gaulois fut peut-être plus grand que le Romain. Après cent combats, César parvint à bloquer étroitement son ennemi sur le mont Alesia [1]. Vercingetorix fit alors un dernier appel aux enfants de la Gaule; toute la Gaule lui répondit. Chaque peuple fournit un contingent de guerriers; malgré leur défaite récente, 12,000 Carnutes prirent les armes, et 250,000 hommes parurent dans la plaine d'Alesia. Cette fois encore la fortune de César et la tactique romaine l'emportèrent sur l'impétuosité barbare. Cette multitude, rompue par la cavalerie, se dispersa après de vains efforts, abandonnant à la merci du Général les derniers gardiens de l'indépendance gauloise. Le lendemain, Vercingetorix vint offrir son sang au vainqueur pour racheter celui de ses frères; il n'obtint que des fers comme sa malheureuse patrie.

La défaite d'Alesia ne découragea pas les Carnutes. Les Bituriges s'étaient donnés à Rome, les Carnutes leur déclarèrent la guerre. César alla se mettre aussitôt à la tête des deux légions de la Saône et se dirigea vers Genabe, où il établit son camp. Lançant de là jusqu'au fond des forêts sa cavalerie et son infanterie auxiliaire, il accabla promptement, avec l'aide de l'hiver et des tempêtes, les restes de ce malheureux peuple.

---

[1] Bourg-Sainte-Reine-en-Auxois, Bourgogne.

Chassés de leurs cabanes, cherchant inutilement dans l'épaisseur de leurs bois sacrés un abri contre la rigueur de la saison et les armes romaines, les Carnutes, souvent battus, toujours indomptés, furent contraints de demander un refuge aux nations voisines.

Mais ils apprirent bientôt que la liberté comptait encore des défenseurs. Les Andes, sous la conduite de Dumnac, assiégeaient dans Lemnonn [1] le picton Durac, allié de César; les Carnutes, se joignant aux Andes, luttèrent dans cette campagne contre les forces combinées de C. Caninius et de C. Fabius. Le combat eut l'issue ordinaire. Les légions romaines enfoncèrent par leurs manœuvres régulières les masses d'ennemis indisciplinés qui se ruaient sur elles, et la cavalerie écrasa les guerriers de Dumnac. Plus de 12,000 hommes périrent dans cette rencontre, et le massacre des fuyards ne cessa, dit César, que lorsque les chevaux n'eurent plus assez de force pour les atteindre, ni les bras pour les frapper. C. Fabius se porta avec toutes ses troupes contre les Carnutes; il pensait que la promptitude de l'attaque pouvait seule les empêcher de se reconnaître. Mais la lutte n'était plus possible; les Carnutes n'avaient plus de guerriers, ils se soumirent et donnèrent des ôtages.

A son retour du pays des Belges, où l'avait appelé une révolte des Bellovaques, le Proconsul apprit l'heureuse issue de la guerre. Il parcourut immédiatement les états soumis, exigeant des ôtages et soutenant le courage de ses alliés. Les Carnutes, premiers champions de cette dernière tentative, devaient assouvir la vengeance de Rome. Leur chef Gutruat, conduit devant le Général, expia par le supplice des verges et par la hache du licteur le crime d'avoir cru avec son peuple à la nationalité de la Gaule.

Ainsi finit la lutte des guerriers carnutes contre les Romains.

---

[1] Poitiers.

Elle fut digne du haut rang que cette nation généreuse tenait dans la Gaule. Les Carnutes combattaient pour leurs autels plus encore que pour leurs foyers, car ils regardaient le lien fédéral de la religion comme la sauve-garde des Gaulois. La mort seule fit cesser leur protestation; l'astuce, la corruption, la politique, en un mot, jointes à la force du glaive, opprimèrent leur patrie, mais les guerriers carnutes ne la virent pas dans les fers.

Depuis cette époque et pendant bien des siècles, l'histoire des Carnutes se fond avec celle de l'Empire. C'est à peine si quelques géographes prononcent le nom de leur pays, qui, nivelé par la civilisation romaine, reçut comme les autres parties de la Gaule, une nuée d'agents du fisc, de questeurs et de procurateurs impériaux.

En l'an 28 avant Jésus-Christ, Auguste divisa la Gaule chevelue, comme on l'appelait alors, en trois grandes provinces : l'Aquitaine, la Belgique et la Lyonnaise; le territoire des Carnutes fut compris dans cette dernière. Quant à l'état des personnes, il fut mieux respecté que l'on ne devait s'y attendre de la part d'un vainqueur irrité. Les Carnutes, considérés comme alliés, ne furent assujétis qu'au service militaire. Leur courage semble avoir commandé la magnanimité de Rome; peut-être aussi l'intérêt du peuple romain le força-t-il à ménager les ministres d'une religion dont la voix pouvait encore armer les Gaulois divisés. Mais, avec le temps, l'influence impériale parvint à détruire ce dernier lien des vaincus. Proscrit par Tibère et Claude (48 ans avant Jésus-Christ), le druidisme se réfugia dans les rochers de l'Armorique, et dès-lors, nous dit Dion Cassius, on naviguait sur la Loire avec autant de sécurité que sur le Pô et sur le Rhône [1]. Pendant son consulat (14 ans de Jésus-Christ), le gendre d'Auguste, l'illustre Agrippa, avait ouvert en Gaule ces immenses voies ferrées qui toutes venaient

---

[1] Dion-Cassius, lib. 44.

aboutir au milliaire de Lyon. Si la cité des Carnutes ne fut pas d'abord traversée par une voie romaine, de nombreuses routes cernèrent son territoire. Deux grands chemins la bordaient au nord, celui de Juliobone au pays des Durocasses, et celui de Rothomagum à Lutèce [1]. Au midi, la voie de Lutèce à Augustodunum [2] passait par Genabe et favorisait ainsi le commerce des Carnutes de la Loire [3]. Cette facilité de communications engagea de bonne heure les plus considérables citoyens de la Grèce et de Rome à venir étudier les nouvelles conquêtes. Dans ses voyages en Gaule, le géographe Strabon n'oublie pas le pays chartrain, et le poète Tibulle invoque en témoignage de son courage de touriste : *la Loire, onde azurée du Carnute aux cheveux blonds* [4].

Vers le milieu du IIIe siècle de l'ère chrétienne (253 de Jésus-Christ), les divisions de la Gaule furent encore modifiées; la province de Lyon, partagée en quatre, eut plusieurs métropoles. Placée sous la juridiction de Sens, la cité des Carnutes occupa le second rang parmi les villes de la 4e Lyonnaise [5]. Peu de temps après (273 de Jésus-Christ), l'empereur Aurélien détacha du territoire des Carnutes la ville de Genabe, reconstruisit son enceinte et l'éleva au rang de cité en lui imposant son nom. Enfin, pour en finir avec les notions incomplètes que nous ont léguées les nomenclateurs impériaux, nous dirons que la cité des Carnutes était la résidence ordinaire du préfet des Letes Teutons (425 de Jésus-Christ) [6].

Mais le christianisme va briser les chaînes de l'esclavage; le

---

[1] Dieppe ou Lillebonne, gens de Dreux, Rouen.

[2] Autun.

[3] *Ex itinerario Anton.-Aug. de Galliâ*, D. Bouquet, vol. 1er, p. 108. Certains vestiges, qui existent à Chuisnes, canton de Courville, portent à croire qu'un embranchement de la route de Genabe à l'Armorique ne passait pas loin de Chartres.

[4] Testis Arar, Rhodanus que celer, magnus que Garumna,
  Carnuti et flavi cœrula lympha Liger.
    (*Tibulle*, lib. 1er, élég. 8.)

[5] *Ex noticiâ provinc. et civit. Gall.*, D. Bouquet, vol. 1er, p. 122.

[6] *Ex noticiâ Dignitat per Gall.*, D. Bouquet, vol. 1er, p. 128.

martyre de Pothin et les prédications d'Irénée vont jeter dans les cœurs une semence vivace ; notre cité recevra bientôt la bonne nouvelle, et le foyer de la lumière divine, en épurant ses mœurs, hâtera les progrès de son émancipation sociale.

CHAPITRE III.

DE L'INVASION DES FRANCS A THIBAULT-LE-TRICHEUR.

(400-900.)

Potentien, Altin et Santin, disciples de saint Savinien, apôtre des Senonais, vinrent au IIIe siècle, suivant l'opinion commune, prêcher la foi dans le pays chartrain [1]. Il paraît que le zèle des nouveaux chrétiens s'attiédit bientôt par la crainte des persécuteurs ou par l'absence d'ouvriers évangéliques, car, du temps de saint Martin de Tours, vers la fin du IVe siècle,

---

[1] Cet ouvrage n'ayant pas pour objet spécial l'histoire ecclésiastique de Chartres, j'ai cru devoir donner aux prédications de nos apôtres la date généralement adoptée et m'abstenir de discuter l'authenticité des traditions que Rouillard, Pintard, Sablon et autres écrivains locaux ont puisées dans la vieille chronique et les anciens bréviaires de l'église. Suivant ces documents, dont plusieurs leçons existent à la bibliothèque de la ville, les premiers missionnaires arrivés à Chartres peu de temps après la mort du Sauveur, y trouvèrent un autel dressé par les druides à une vierge qui devait enfanter, *virgini pariturœ*; Priscus, chef chartrain, envoya une ambassade à la Sainte Vierge pour la prier d'accepter le titre de dame de Chartres; un certain Quirinus, gouverneur romain, fit jeter dans un puits un grand nombre de chrétiens parmi lesquels se trouvait sa propre fille nommée Modeste (ce puits qui était creusé dans la crypte de Notre-Dame et dont on a vainement cherché la trace en 1849, portait le nom de *Puits des Saints forts*); saint Cheron vint prêcher à Chartres vers la fin du Ier siècle; seize évêques précédèrent saint Solemnis, contemporain de Clovis; on remarque parmi eux saint Aventin, 1er du nom, disciple de saint Potentien, saint Martin-le-Blanc, mort en 245, son successeur, saint Aignan, qui eut trois sœurs appelées Donde, Monde et Ermenonde; Villicus, pontife en 439, qui donna à sainte Geneviève le voile des vierges.
Tout en livrant sans commentaires ces traditions au lecteur, je ferai remarquer que l'opinion de l'introduction du christianisme dans les Gaules dès le Ier siècle de l'ère chrétienne, prend de nos jours une certaine consistance historique motivée sur plusieurs faits et sur de judicieuses observations (*voir l'ouvrage de l'abbé Faillan sur l'apostolat de sainte Marie-Madeleine en Provence*, 2 vol. in-4°, 1848); que la persécution de Quirinus n'a rien de contraire aux probabilités; et que si l'on peut rejeter comme apocryphe la série suivie des évêques depuis Potentien jusqu'à Solemnis, on doit du moins admettre que, malgré la surveillance des Romains, les catéchumènes chartrains furent de loin en loin gouvernés par des prêtres missionnaires; d'ailleurs après Constantin, ils purent avoir des évêques sans redouter les dominateurs. (Voir le *Catalogue des Évêques*, fin de ce vol., n° 1 des appendices.)

les environs de Chartres étaient encore peuplés de gentils que les miracles du saint homme convertirent à la nouvelle croyance [1]. Au V° siècle, à l'arrivée de saint Cheron [2], il ne restait dans notre cité qu'un petit nombre de fidèles descendus de ceux qu'avaient catéchisés les premiers missionnaires. Véritable apôtre de Chartres, Cheron porta dans tous les cœurs la connaissance du vrai Dieu. Sa mission achevée, il se dirigeait vers Lutèce pour y continuer son pieux ministère, lorsqu'il fut assassiné par des brigands à l'endroit nommé depuis Saint-Cheron-du-Chemin. C'est à partir de cette époque que l'église de Chartres présente une succession non interrompue de pontifes. Saint Solemnis, qui vivait sous Clovis (483), peut être regardé, historiquement parlant, comme notre premier évêque.

Enfin l'empire romain va s'écrouler sous le bras des barbares. Des multitudes de peuplades germaines s'élancent sur la Gaule et finissent par s'y maintenir malgré les généraux du Peuple-Roi. Les Francs-Saliens conduits par Clodion s'avancent jusque sur les bords de la Somme; Aëtius les refoule d'abord dans les marais du Nord, mais il est forcé lui-même de solliciter leur secours contre les hordes asiatiques d'Attila. Les Lètes des provinces de l'Ouest (Chartres était la résidence du préfet des Lètes Teutons) se réunissent aux légions romaines, et les plaines de la Champagne vengent le monde des insultes du roi des Huns (451). Dès lors la victoire a acclimaté les Germains, qui, sous les ordres de Clovis, enlèvent à Syagrius les villes encore soumises à l'aigle romaine (484-485).

---

[1] *Sulpice Sévère*, Dial. 3, ch. 2; Lyon 1654.

[2] Les écrivains ecclésiastiques ne sont pas d'accord sur l'époque de la prédication de saint Cheron. *La Gallia christ.* (vol. 8, p. 1091) et Longueval *(Hist. de l'Egl. gall.*, p. 151) pensent que ce saint prêcha sous Dioclétien. *Les Bollandistes* (t. 6, mai, p. 802) et Baillet (vol. 2, p. 448) ne le placent qu'au V° siècle. Les interpolations remarquées dans les actes de saint Cheron ne permettent pas d'asseoir un jugement bien décisif sur ce point. Henschen s'exprime ainsi dans le prologue de la vie de notre apôtre : *Illa autem quæ damus vitæ et martyrii sancti Carauni acta, solo fortassis initio, ad fidem majoris antiquitatis faciendam, licentius interpolata, habemus ex pluribus codicibus mss^{ts} hactenus non excusa.*

D'après la chronique de saint Dié [1], Clovis fut instruit dans la religion chrétienne par saint Remy, saint Vaast, et *saint Solemnis*, évêque de Chartres. Aventin, successeur de ce dernier pontife, assista au premier Concile d'Orléans, convoqué par le monarque franc en 511 [2].

Le partage de l'empire de Clovis entre ses quatre fils assigna pour lot à Clodomir le pays chartrain, le Maine, l'Orléanais, la Touraine, l'Anjou et une partie de la Bourgogne. Après sa mort et le meurtre de ses deux enfants, Hildebert qui s'empara d'Orléans, prit, selon toute apparence, possession de Chartres. Ce prince mourut en 558, laissant à son frère Clother l'héritage des royaumes de Clovis.

Cette époque d'organisation monastique ne nous a transmis sur Chartres que des faits relatifs à la religion. Notre cité recueillit alors la parole de l'hermite Eman, zélé continuateur de l'œuvre de saint Cheron [3], et son évêque Ethère fut un des pères du second Concile tenu à Orléans en 533. Saint Lubin, successeur d'Ethère, assista en 550 au cinquième Concile de la même ville, et en 555 au second Concile de Paris. Après lui, Calétric, l'ami de Fortunat, vint illustrer la chaire épiscopale. Ce pontife, doué d'une figure noble et belle, unissant aux plus grandes vertus des connaissances variées et des talents agréa-

---

[1] *Ex vita sancti Deodati.* D. Bouquet, vol. 3, p. 381.

[2] Plusieurs historiens attribuent à Clovis la fondation du monastère de Saint-Père. Cette opinion gratuite, accueillie par Souchet, Doyen, Chevard et D. Bernard Aubert, a été combattue par M. Guérard, au n° 235 des prolégomènes de son édition du Cartulaire de Saint-Père.

[3] Widbert, abbé de Saint-Père vers la fin du Xe siècle, a écrit la vie de saint Eman. (Voir *Cart. Saint-Père*, vol. 1er, f° 54, et Mabillon, *Acta sanct. Eman.*) On attribue à ce saint la fondation de l'église qui fut depuis dédiée à saint Maurice. Un ancien hymne de son office, propre à Saint-Maurice, contient ce verset :

> *Emane, compos œtheris,*
> *Majores dare gracias*
> *Potes nunc templi famulis*
> *Tuo labore conditi.*

Il y avait un ermitage à l'endroit où se trouve la chapelle qui porte son nom. Des brigands l'assassinèrent près d'Illiers. (*Notes de l'abbé Brillon sur une hist. mss. de l'église Saint-Maurice, par Claude Savard, ancien juge consul, 1706.*)

bles, fut, selon son panégyriste, la personnification de cette urbanité romaine qui, malgré la rudesse des mœurs barbares, conservait encore à l'ombre des cloîtres quelques derniers représentants. Il mourut en 570, après avoir souscrit au Concile de Paris en 577 et à celui de Tours en 568 [1].

Le roi Clother, personnification de la barbarie sauvage, venait aussi d'achever sa carrière (562). Ses quatre fils, Gontran, Chilpéric, Haribert et Sigebert, se partagèrent ses domaines. Chartres, possédé un instant par Haribert, appartint après sa mort au belliqueux Sigebert, époux de Brunchault (567). Un seul épisode des guerres de ce vaillant prince a quelque trait à notre histoire.

(574) La concorde entre les monarques Francs n'était pas de longue durée. Des serments violés, des trahisons ourdies armaient sans cesse les frères les uns contre les autres et amenaient ces complications politiques presque toujours tranchées par le fer des assassins. Chilpéric, époux de Frédégonde, le Néron de la Gaule suivant l'expression de Grégoire de Tours, avait, au mépris de la foi jurée, porté le ravage dans le Poitou et la Touraine, possessions de Sigebert. Ce prince irrité alla recruter sur les bords du Rhin des peuplades barbares, franchit la Seine à Melun et atteignit Chilpéric aux confins du pays chartrain, près d'Alluyes. Les armées étaient en présence et les stipendiés de Sigebert demandaient le combat à grands cris, lorsque Chilpéric, saisi de frayeur, offrit à son frère de lui restituer ses villes en échange de la paix. Le prince accepta, mais non les Germains de sa suite, qui, furieux de manquer cette occasion de pillage, se jetèrent dans les campagnes voi-

---

[1] Fortunat, évêque de Poitiers, nous a laissé l'épitaphe de Calétric. (D. Bouquet, vol. 2, p. 492.) Le sarcophage de ce prélat découvert en 1703, lors de la démolition de la chapelle Saint-Serge et Saint-Bacche ou Saint-Nicolas, dont l'emplacement fut réuni à l'évêché, est conservé dans la salle basse de la chapelle Saint-Piat. On lit sur la pierre tombale : *Hic requiescit Chaletricus eps, cujus dulcis memoria (pri) die nonas octobris vitam transportavit in cœl (is)*. M. Doublet de Boisthibault a fait, en 1844, sur ce monument du vɪᵉ siècle, un mémoire honorablement mentionné par l'Académie des inscriptions et belles-lettres.

sines, brûlèrent les villages du Parisis et emmenèrent les habitants en esclavage malgré les prières et les menaces du Roi.

(575) Le danger passé, la bonne foi de Chilpéric disparut. Les bandes germaines quittaient à peine la terre des Francs, qu'il avait déjà promené la désolation dans le pays de Reims et sur les rives de la Loire. Cette fois la juste colère de Sigebert ne connut plus de bornes; deux de ses leudes, à la tête d'une armée de Dunois et de Tourangeaux, écrasèrent Théodebert, fils de Chilpéric, et lui-même allait s'emparer de ce lâche ennemi dans les murs de Tournay, lorsqu'il tomba sous le couteau d'un meurtrier soldé par Frédégonde. Quelque temps après, Chilpéric laissait tuer ses deux fils, Clovis et Mérovée, et périssait enfin par la main de l'amant de sa femme (584).

Il semble que les crimes de ce siècle si prodigieusement barbare forcèrent la nature à des démonstrations d'horreur. Le vieux chroniqueur Grégoire de Tours raconte, avec l'effroi d'une imagination exaltée, les désastres que chaque année ramenait sur la France. A Chartres le sang coula du pain consacré (580) [1]; des grêles et des inondations terribles détruisirent les récoltes, et l'on vit, à la stupéfaction de tous, les vases des maisons empreints de stigmates étranges que l'on ne pouvait faire disparaître. Le prodige, commencé dans un village du territoire de Chartres, traversa toute la France jusqu'à Bordeaux (587) [2].

La mort de Sigebert et de Chilpéric avait donné l'éveil à l'humeur envahissante du roi Gontran, le dernier des quatre frères. Le royaume d'Austrasie remis aux mains du jeune Hildebert tentait surtout sa cupidité. Aussi, dès la première nouvelle du trépas de ces princes, les gens d'Orléans et de Blois, peuples de Gontran, tombèrent à l'improviste sur les Dunois, s'emparèrent de leurs troupeaux et brûlèrent ce qu'ils

---

[1] *Grég. Tur.*, liv. 5, ch. 34, D. Bouquet, vol. 2, p. 252. — *Aimonii de gest. Franc.*, ib., vol. 3, p. 83. — *Chron. Saint-Denis*, ib., vol. 3, p. 227.
[2] *Grég. Tur.*, liv. 9, ch. 5, D. Bouquet, vol. 2, p. 335.

ne purent emporter. Les Dunois, à leur tour, unis aux Chartrains leurs voisins et alliés, ne laissèrent pas un brin d'herbe sur les terres d'Orléans. Les Orléanais revenaient à la charge, et ces ravages mutuels allaient se terminer par une bataille rangée, lorsque, cédant à l'intervention de leurs comtes [1], les adversaires consentirent à garder le repos jusqu'à ce qu'une information solennelle eût prononcé sur les griefs de chacun et stipulé une juste composition (584). Cette paix ne profita guère à Hildebert, car il fut forcé par la convention d'Andlaw (587) d'abandonner à son oncle ses possessions du Vendômois, du Dunois et des pays de Chartres et d'Étampes.

Si ces disputes de villes et de princes agitaient notre pays, les querelles religieuses venaient également troubler son repos. Le roi Sigebert avait, de son autorité privée, créé évêque de Châteaudun un certain prêtre nommé Promotus. A la mort du monarque, Pappolus, évêque de Chartres, se hâta de dénoncer cette usurpation au synode de Paris, qui déposa l'intrus (573). Promotus en appela à Gontran dont il se croyait le protégé ; mais Pappolus ayant allégué la décision des évêques et la suprématie constante de Chartres sur Châteaudun, le Roi, grand défenseur des décrets canoniques, donna gain de cause au pontife chartrain [2]. L'évêque Pappolus seconda dès-

---

[1] *Grég. Tur.*, liv. 7, ch. 2, D. Bouquet, vol. 2, p. 294. — *Aimonii de gest. Franc.*, ib., vol. 3, p. 93. — *Chron. Saint-Denis*, ib., vol. 3, p. 239. C'est ici que l'histoire parle pour la première fois d'un comte des chartrains. La question de savoir si les évêques de Chartres furent *comtes propriétaires* de cette ville avant l'introduction des comtes héréditaires, a occupé presque tous les historiens. Les chroniqueurs de Notre-Dame, l'huissier Duparc, Rouillard et quelques autres prétendent que le comté fut possédé par les évêques jusqu'à l'épiscopat d'Ardouin (955), qui, comprenant l'incompatibilité des deux offices, se serait démis, en faveur d'un seigneur laïc, du gouvernement de la cité et de la moitié de tous ses droits utiles, hormis de quelques petits châteaux forts. C'est encore une question insoluble. Souchet a soutenu l'opinion contraire au chapitre 6 de son histoire manuscrite. Certains faits que le lecteur appréciera bientôt, comme les guerres d'Hélie, l'expédition de Burckard contre les Nordmans, et la défense de Chartres par Gancelme, prouvent la réunion, peut-être passagère, des pouvoirs civils et religieux sur la tête de certains évêques, hommes du roi et comtes dans le sens des capitulaires de Charlemagne.

[2] *Epist. synodi parisien. 4 ad Sigib. regem*, D. Bouquet, vol. 4, 79. — *Préface de D. Th. Ruinart, sur l'érection de Châteaudun en évêché*, D. Bouquet, vol. 2, p. 85. — *Grég Turon.*, liv. 7, ch. 17, ib., vol. 2, p. 299. Il paraît que Promotus ne

lors les pieux desseins du Roi, et lorsque Gontran se prit à pleurer ses neveux Mérovée et Clovis, ce fut l'évêque de Chartres qui alla recueillir les restes mutilés de Mérovée et les réunit à ceux de son frère dans la basilique de Saint-Vincent de Paris (591).

Après la mort de Gontran, arrivée le 28 mars 593, Hildebert se mit en devoir de recueillir son héritage qui comprenait le pays chartrain ; l'invasion de Frédégonde dans le royaume de Neustrie ne lui en laissa pas le temps. La rivalité de cette princesse altière avec Brunehault ne prit pas d'abord notre contrée pour arène, mais les guerres des princes leurs fils y portèrent la désolation. Théoderic, l'un des enfants de Hildebert, reçut en 595, pour sa part du patrimoine royal, Chartres, Orléans, la Bourgogne et l'Alsace. En 598, Frédégonde laissa au jeune Clother la mission de soutenir seul la fortune du royaume de Neustrie.

Les débuts de ce prince ne furent pas heureux. Attaqué par Théoderic dans les plaines de Sens (600), il éprouva une défaite complète et ne parvint à se soustraire au glaive de ses ennemis que par une fuite précipitée. Paris ne lui paraissant pas un asile assez sûr, il se dirigea à marches forcées vers les forêts du Perche, poursuivi par Théoderic qui s'arrêta sous les murs de Chartres. Quoique notre cité appartînt aux princes d'Austrasie, on disait que Clother y avait confié ses trésors à la garde du comte ; Théoderic, en prenant Chartres, trouvait donc à satisfaire tout à la fois sa vengeance et sa cupidité. L'évêque Bethaire, pour éviter à son troupeau les désastres d'un siège, crut de son devoir d'entamer au nom des Chartrains des négociations avec le Roi. Théoderic promit aux habitants la vie sauve et le respect des propriétés. Mais à peine le trop confiant pontife avait-il fait ouvrir les portes, que les

renonça pas à son titre d'évêque, car il souscrivit en 585 au 2e concile de Mâcon, parmi les prélats sans siège. Pappolus se trouvait aussi à cette assemblée. (D. Bouquet, vol. 4, p. 108.)

soldats austrasiens se précipitèrent dans la ville et la mirent au pillage. Bethaire lui-même, arraché du sanctuaire, fut traîné jusqu'au bourg de Villemeux, les bras liés avec la corde d'une fronde et présenté en prisonnier à Théoderic et à Brunehault. Le maintien calme et digne du prélat lui sauva la vie : le monarque, admirant sa vertu, le combla de présents et lui rendit la liberté ainsi qu'à ses malheureux compatriotes [1].

Chartres paraît avoir échappé aux tourmentes qui précédèrent la réunion de l'empire entre les mains de Clother II. Pendant le règne de ce prince et de son fils Dagobert, un seul fait historique vient nous révéler son existence (625). Quoique le roi Clother eût, dès l'année 622, donné la couronne d'Austrasie à son fils Dagobert, une bonne intelligence était loin de régner entre eux. Réconciliés en apparence par Arnoul, évêque de Metz, leur paix n'était pas si sincère que les mécontents d'un royaume ne fussent assurés de trouver dans l'autre aide et protection. En 625, un certain Godin, fils de Warnachaire, maire du palais de Neustrie, s'était avisé d'épouser, contre les canons, Berthe, veuve de son père. Le courroux de Clother éclata en menaces terribles et Godin jugea prudent de prendre avec son épouse le chemin de l'Austrasie. Les fugitifs furent bien accueillis par Dagobert, qui leur rendit même le mauvais service de s'entremettre près de Clother en faveur du coupable. Le monarque se fit longtemps prier ; à la fin il accorda le pardon qu'on lui demandait, non sans quelques restrictions mentales. A peine rentré en Neustrie, Godin fut accusé de complot contre la vie du Roi. Il offrit de se purger par serment, à la mode des Francs, dans les principaux lieux saints de l'empire ; on accepta, mais à la condition que Chramnult et Waldebert, fidèles de Clother, veilleraient à sa garde. Godin avait déjà visité les basiliques de Saint-Denis et de

---

[1] *Ex vita sancti Betharii.* Bolland., vol. 1er, août, p. 168. Duchesne, t. 1er, p. 561. D. Bouquet, vol. 3, p. 488.

Saint-Médard de Soissons ; ses compagnons de route lui conseillèrent, pour donner plus de force à son serment, de se rendre à Saint-Aignan d'Orléans et à Saint-Martin de Tours, en passant par Chartres. C'était là que la rancune du Roi l'attendait. Arrivé dans une petite métairie du faubourg, Godin allait prendre son repas, lorsque Chramnulf et Waldebert, à la tête d'une troupe de gens apostés, se jetèrent sur lui à l'improviste et l'assassinèrent malgré la résistance de ses serviteurs. Ainsi fut consommé à Chartres le parjure de Clother [1].

A partir de cette époque, les annales de notre ville se taisent encore pendant un siècle. La visite du prêtre Josse, frère de Judicaël, roi des Bretons (636) [2], les donations de la reine Balthide, femme de Clovis II, à l'abbaye de Saint-Père (vers 655) [3], et les démêlés peu connus d'Ebroïn, maire du palais de Clother III, avec l'évêque Gauzbert, défenseur des droits de son église (660) [4], sont les seuls faits qui nous restent de ce temps obscur. On sait cependant que les écoles épiscopales de Chartres étaient déjà en honneur ; vers 680, saint Leufroy, abbé de Madrie, vint y puiser la science dont il dota son monastère [5]. Mais quels écolâtres professaient et quels auteurs étaient étudiés, nous l'ignorons complétement. Il faut, pour retrouver notre histoire endormie avec les rois fainéants, transporter le lecteur à ces jours de renaissance où, plus puissant que son maître, Charles-Martel ouvrit les abords du trône à une nouvelle dynastie.

L'invasion sarrazine qui vint ébranler la France en 732 étendit ses ravages jusqu'aux portes d'Orléans. Les provinces du midi possédées par le comte Eudes d'Aquitaine, arrière-

---

[1] *Chron. Fredegarii schol.*, D. Bouquet, vol. 2, p. 434. — *Aimonii de gestis Franc.*, ib., vol. 3, p. 124. — *Chron. Saint-Denis*, ib., vol. 3, p. 283.
[2] *Ex vita sancti Judoci*, inter acta ss. ord. sancti Bened., sæc. 2, p. 566, D. Bouquet, vol. 3, p. 520.
[3] *Cart. Saint-Père, lib. Agani*, vol. 1er, ch. 7, p. 39.
[4] Chevard. *Hist. de Chartres*, vol. 1er, p. 278.
[5] Baillet. *Vie des Saints*. 21 juin. — Souchet, ch. 6, p. 157.

petit-fils de Clother, durent leur salut à l'épée de Charles Martel; mais cet illustre guerrier fit payer sa protection en imposant sa suzeraineté aux princes Atton et Hunald, fils du comte d'Aquitaine. Lorsqu'il eut terminé sa carrière à Kersi-sur-Oise le 22 octobre 741, Hunald, fatigué d'obéir au maire du palais de Thierry IV, se mit en révolte ouverte contre Pépin et Carloman, héritiers de Charles (742). Après quelques revers, il profita des embarras suscités à ses deux ennemis par Odilon, duc de Bavière, pour se jeter sur Chartres qu'il brûla, sans épargner, disent les annales de Metz, l'église épiscopale consacrée à la Mère de Dieu [1]. Deux ans après (745), attaqué dans ses propres Etats par Pepin et Carloman, il fut forcé de consentir à la vassalité qui répugnait tant à son orgueil.

En 752, le maire du palais de Childéric III, Pepin, pour en finir avec la race Mérovingienne, réunit, du consentement du pape Zacharie, la couronne de Clovis à la mairie de Charles-Martel. Le nouveau monarque n'oublia pas ce qu'il devait à l'église; des fondations pieuses firent éclater sa reconnaissance dans toutes les parties de l'empire et commencèrent cette série de donations immenses qui, pendant cinq siècles, firent surgir du sol français tant de basiliques et de monastères. Les libéralités des princes avaient déjà doté l'église de Sainte-Marie de Chartres d'une partie de la forêt *Equalina* [2] : au mois de septembre 768, Pepin confirme les chartes de cette donation et dispose du reste du domaine en faveur de Saint-Denis. En 771, Carloman ajoute à ce don les métairies de Faverolles dans le Pagus de Madrie et de Néron dans le Pagus chartrain; par son diplôme du mois de décembre 794, Charlemagne consacre d'une manière plus authentique les donations de son frère. Mais ce ne sont pas là les seuls actes

---

[1] *Annales met.*, D. Bouquet, vol. 2, p. 687.

[2] *Diplom. Pippini regis*, D. Bouquet, vol. 5, p. 707. — Doublet, *Hist. de Saint-Denis*, p. 699. La forêt de Rambouillet est un fragment de la forêt Equaline ou Yveline.

du grand Empereur : ouvrons ses capitulaires et suivons la réforme dans les murs de Chartres.

Fardulphe, abbé de Saint-Denis, et Etienne, comte de Paris, furent envoyés en 802 dans le Pagus chartrain en qualité de *missi dominici* [1]. On sait que ces commissaires royaux avaient mission de régler les affaires tant civiles qu'ecclésiastiques, de prêter aide et secours aux Comtes et aux Evêques lorsque leur autorité rencontrait des obstacles et de les admonester sévèrement quand ils remplissaient mal leurs fonctions. Les visites des *missi dominici* devaient être fréquentes dans une cité forte et populeuse, illustre par sa basilique de Notre-Dame, sanctuaire révéré de toute la France, riche de monastères puissants, et célèbre par ses écoles [2]. Aussi retrouvons-nous encore, en 853, ces officiers représentés en Beauce, *in Belsiso*, par l'évêque Burckard.

Les évènements funestes qui survinrent à Chartres pendant la première moitié du IXe siècle ne démontrèrent que trop la sagesse des institutions de Charlemagne. Après la mort de ce monarque (814) et les longs débats de Louis-le-Débonnaire avec ses enfants (840) [3], notre ville avait vu le roi Lother se disposer dans son enceinte à attaquer Charles-le-Chauve. A peine échappée à la turbulence des camps, elle était tombée sous la tyrannie de son évêque Hélie, esprit violent, plus fait pour le glaive que pour la crosse (840-846). Les monastères étaient surtout le point de mire des rapines de ce fougueux prélat. Ecoutons à ce sujet les lamentations du moine Paul, de Saint-Père, écho fidèle des anciens du couvent : « Cet Hélie, fort de la protection royale qu'il avait achetée à beaux deniers comptants, ne craignit pas de se jeter en loup ravisseur sur

---

[1] *Capitul. Caroli magni*, anno 802, D. Bouquet, vol. 5, p. 661.

[2] *Urbs, . . . populosa admodum atque opulentissima inter Neustriæ urbes, murorum magnitudine, edificiorum quoque pulcritudine, vel artium liberalium studiis, habebatur famosissima.* (*Cart. Saint-Père*, tit. Agan., vol. 1er, ch. 2, p. 4.)

[3] L'Empereur, se rendant à Blois, en 834, traversa Chartres avec toute son armée. (*Annales Bertin. de gestis Ludov. pii imp.*, D. Bouquet, vol. 6, p. 196.)

l'abbaye de Saint-Père dont il s'empara les armes à la main, non sans avoir rougi de sang innocent le seuil de l'église. Les moines dispersés se réfugièrent pour la plupart dans le monastère de Saint-Germain d'Auxerre, tandis que le pontife, pillant les ornements et les vases sacrés et s'emparant des domaines aumônés par de pieux personnages, enrichissait ses créatures et nourrissait mesquinement le peu de religieux restés dans le cloître. Bientôt ce lieu célèbre, jadis décoré de titres royaux, maintenant destitué de sa splendeur antique et de ses offices accoutumés, fut méprisé par le peuple. Hélie ne s'en tint pas là : un moutier de saintes nonnes s'élevait sur la montagne de Lèves, l'évêque, enflammé de la rage du diable, le détruisit jusqu'au sol.... [1]. »

Vers la même époque, un de ces coups de fortune si fréquents alors se jouait à Chartres. Les trois fils survivants de Louis-le-Débonnaire, Lother, Louis et Charles-le-Chauve, avaient disposé de l'empire (840) sans s'inquiéter des droits de leurs neveux, Pepin et Charles, enfants de leur frère Pepin, mort en 838. Pepin, l'aîné de ces princes, parvint à se maintenir quelques années dans l'Aquitaine; mais, chassé par ses sujets en 848 et attaqué par son oncle Charles-le-Chauve, il fut contraint de solliciter le secours des Sarrazins d'Espagne. Charles, son frère, auquel Lother avait donné asile, ne pouvait rester indifférent à cette lutte; il rassembla en secret quelques gens dévoués et essaya avec eux de rejoindre Pepin qui errait dans l'Aquitaine. La fortune ne favorisa pas son entreprise. Rencontré et fait prisonnier en mars 849, par le comte Vivien, l'un des Leudes de Charles-le-Chauve, il fut amené à Chartres en la présence de ce monarque [2]. Son

---

[1] *Cart. Saint-Père*, titul. *Agan.*, vol. 1ᵉʳ, ch. 7, p. 9. On pense qu'Hélie, chargé de protéger la Beauce contre les Nordmans qui commençaient à se montrer, employait l'argent des églises à solder ses hommes d'armes.

[2] Le roi Charles-le-Chauve se trouvait déjà à Chartres dans le mois de février de la même année; on a de lui deux actes de confirmation datés de cette ville le 17 des Kal. de février, indic. 10, l'an 2 de son règne. (D. Bouquet, vol. 8, p. 497.)

crime, disent les annales de saint Bertin, ne méritait rien moins que la mort, car il avait levé les armes contre son oncle et son père par le baptême; ce n'était pas le châtiment que lui réservait la clémence royale. Au mois de juin, le Roi convoque à Chartres un plaids général, le coupable y comparaît, et, après les solennités de la messe, il déclare aux assistants, du haut du Jubé de Notre-Dame, que, *de sa propre et libre volonté*, et pour l'amour de Dieu, il veut être clerc. On prend acte de sa réquisition, les évêques présents le bénissent, le tondent, et Charles-le-Chauve l'envoie revêtir l'habit religieux dans le monastère de Corbie. C'était ainsi qu'on se débarrassait dans ce siècle d'un compétiteur dangereux [1].

Des ennemis bien autrement terribles menaçaient en ce moment le roi Charles et le pays chartrain : c'étaient les Danois ou Nordmans. Depuis dix ans, ces aventuriers essayaient leur audace en ravageant les villes de la Seine et de la Loire : Nantes, Angers, Tours, Orléans, Paris, avaient reçu tour-à-tour la visite de leurs barques; en 854, la Beauce n'avait échappé à leurs déprédations que grâce aux mesures de prévoyance de l'évêque Burckard, *missus dominicus* [2], et d'Aguis, évêque d'Orléans. Mais, en 855, les pirates Sidroc et Biern remontèrent la Seine avec une flotte puissante, envahirent les hautes terres et portèrent la terreur jusque dans la forêt du Perche, où le monastère de Corbion tomba sous leurs coups [3]. Ce fut là que Charles-le-Chauve les atteignit et en fit

---

[1] *Ex chron. Fontanell.*, D. Bouquet, vol. 7, p. 42. — *Annales Fuld.*, ib., vol. 7, p. 166. — *Annales Bertin.*, ib., vol. 7, p. 66.

[2] Le roi Charles nomma ce Burckard évêque de Chartres contre l'assentiment général; il fut obligé de se démettre de l'épiscopat en 855, pour cause d'incapacité. *(Ex lib. revelat. Andradi modici*, D. Bouquet, vol. 7, p. 291. *Capitul. Caroli calvi, synod. suession.*, D. Bouquet, vol. 7, p. 607.) La manière dont il remplit son office de *missus dominicus* semble démentir cette accusation. (Voir *Annales de saint Bertin*, recueil Guizot, t. 3, p. 156.)

[3] L'abbaye de Corbion *(Moutiers-au-Perche, Orne)* fondée par saint Lomer, en 563, dit un diplôme de Rotrou 4, cité par l'abbé Fret dans ses Chroniques percheronnes, vol. 1er, p. 160, fut plusieurs fois dévastée par les Nordmans avant la translation du corps de son fondateur, en 874. Une charte de Charles-le-Chauve, de 861,

un grand carnage; mais ce revers ne les découragea pas. En 858, les barbares payens, conduits par Hasting, parviennent jusqu'à Chartres après avoir tout dévasté sur leur passage; cette cité, fortifiée par des murailles si épaisses qu'on la nommait la ville des pierres, pourvue d'aqueducs et de voies souterraines favorables à la défense [1], épuisée par de longues souffrances et veuve de l'élite de ses citoyens, est surprise une certaine nuit et emportée par les Nordmans. Le peuple, le clergé, l'évêque Frotbold, se réfugient en vain dans l'église de la Vierge; ils sont égorgés comme de vils troupeaux, et la ville, déserte et sanglante, est renversée jusqu'au sol par le fer et l'incendie [2].

accorde à l'abbé Frodoin et à ses moines la confirmation de leurs biens, pour tenir lieu des titres que les dévastations leur avaient fait perdre. *(Dipl. Caroli calvi*, D. Bouquet, vol. 8, p. 564.)

[1] Voir sur les aqueducs qui conduisaient à Chartres les eaux de Ver et de Morancez et sur les souterrains dont on reconnaît des traces près d'Amilly, de Fontaine-la-Guyon et de Saint-Aubin-des-Bois, une notice de M. Bouvet-Jourdan insérée dans le vol. 5 des *Mémoires de la Société des antiquaires de France* et l'histoire de Chevard, vol. 1er, f° 289.

[2] Le moine Paul raconte avec une énergie qui touche presque à l'éloquence les affreux ravages des Nordmans . . . . *De transmarinis partibus, cum rostratis navibus, gens pagana ebulliens, . . . loca sanctorum depopulans, voracibus tradebat flammis . . . . Cujus rabies in tantum effebruit ut per sequanam fluvium remigio ascenderet, omnia circumquaque loca depopulans, ad urbem carnotensem tandem perveniens, anelanti pectore cupiebat evertere, et omnia quæ in circuitu urbis attingere potuit, vastendo inhabitabilem reddidit. Cum vero urbs . . . . per multa annorum curricula, tantis afficeretur angustiis, occisis tandem civibus, opibus sublatis atque tota viribus fractis, ex improviso etiam quâdam nocte capitur. Christiani omnes diversis mortibus velut pecudes laniantur. Urbs quoque . . . . (erat ex quadratis et immanissimis lapidibus constructa altis que turribus munita, ac iccirco urbs lapidum vocitata, aquæductibus jocunda, viis subterraneis lætabunda, . . .) Deo permittente, solo tenus evertitur et ignibus concrematur.* (Cart. Saint-Père, titul. Agan., vol. 1er, ch. 3 et 4, p. 5.) Et ailleurs : *noctu denique, circumdata urbe et civibus ex improviso obsessis, barbari per mœnia ab hostibus persepe diruta ac per portas irruentes, obviantes sibi, sine differentia, ferro necaverunt, atque, intra matrem æcclesiam, non modicam plebem, cum suo episcopo nomine Frodboldo, canonicis que æcclesiæ et monachis qui ad eandem æcclesiam confugerant, cruentis gladiis, velut oves mactaverunt, urbeque depopulata atque succensa . . . .* etc. (Ib., lib. Agan., vol. 1er, ch. 8, p. 45.) Les nécrologes de Notre-Dame placent le massacre des Chartrains au 2 des ides de Juin 858, indiction 6, et donnent les noms des clercs qui périrent avec Frotbold. (Nécr. § 37, § 39 *et de saint Etienne.* Mss. de la Bibl.) Les annales de saint Bertin disent que Frotbold périt dans l'Eure, qu'il voulut passer à la nage pour fuir les Nordmans, en 857. *(Ann. Bert.*, D. Bouquet, vol. 7, p. 73.) Le moine Paul ajoute que les Francs tombèrent sur les pirates avant qu'ils eussent regagné leurs barques et en

Le roi Charles, assailli par les pirates jusque dans le cœur de ses états, affaibli par la guerre incessante que lui faisait Salomon, duc des Bretons, remit alors (861) à Robert-le-Fort, comte d'Anjou, la garde du duché d'entre Loire et Seine, dans lequel le pays chartrain se trouvait compris. La vigilance de ce guerrier sauva Chartres d'un nouveau péril. En 865, les Nordmans de la Seine, revenant à la charge, atteignaient presque les remparts de notre cité renaissante, lorsque, attaqués par les gardiens du fleuve, ils furent obligés de regagner précipitamment leurs navires en laissant sur la place des morts et des blessés [1]. L'année suivante (866), Robert fut tué et remplacé dans le gouvernement des affaires de la Neustrie, par Hugues, abbé de Saint-Martin de Tours.

Comme la guerre de Bretagne durait toujours, le roi Charles convoqua son plaids général à Chartres pour les kalendes d'août 867 [2]. Cette démonstration émut le duc Salomon, qui dépêcha au Roi des députés et parvint à faire ajourner au 8 des kalendes de septembre la convocation des troupes de Charles, déjà prêtes à marcher vers Chartres [3]. Après de nombreuses entrevues, la diplomatie du duc des Bretons triompha dans la conférence de Compiègne : le Roi, désireux de repos, reconnut à Salomon la souveraineté du Cotentin et le titre de roi de l'Armorique.

Pendant les années suivantes, les démêlés de Charles-le-Chauve avec son frère Lother, son fils Carloman et le pape Adrien, laissèrent à la merci des pirates les provinces de la Neustrie. Ils vinrent encore dans le Perche, en 874, et effrayèrent tellement cette fois les moines de Corbion, qu'ils

firent un grand carnage. Puis, pour donner, dit-il, une idée du caractère fourbe d'Hasting, il rappelle la ruse à l'aide de laquelle ce chef s'empara de la ville de Luna en Italie. Chevard a cru que cette histoire renouvelée du cheval de Troyes s'appliquait au siège de Chartres. (*Histoire de Chartres*, vol. 1er, p. 301.)

[1] *Annal. Bertin.*, D. Bouquet, vol. 7, p. 91.
[2] *Ib.*, vol. 7, p. 96.
[3] *Ib., loco cit.*

abandonnèrent leur abbaye en emportant à Blois le corps de saint Lomer [1]; en 877, ce fut l'abbaye de Bonneval qui devint la proie de ces farouches conquérants [2]. La mort de Charles-le-Chauve (6 octobre 877) ne fit qu'accroître la puissance des Nordmans. En 882, Charles-le-Gros leur payait un tribut; en 885, au mois de novembre, ils débarquaient sous les murs de Paris. Là devait un instant s'arrêter leur audace, car Hugues l'abbé, Goslin, évêque, et Eudes, comte de Paris, défendaient la capitale. Le siège traînant en longueur, plusieurs bandes d'assaillants se détachèrent et s'en furent piller le pays chartrain. Le peuple de Chartres ne souffrit pas cette insulte; conduit par Godefroy et Odon, fidèles du comte Eudes, il tomba sur les ennemis et les mit en pleine déroute (886) [3]. Cette prouesse, jointe aux brillants faits d'armes des défenseurs de Paris, semblait relever les affaires des Francs; mais la pusillanimité de Charles-le-Gros ouvrit bientôt aux Nordmans le passage de la Seine et les autorisa à porter leurs ravages jusque dans le fond de la Bourgogne (887).

Quelques mois après (12 janvier 888), le roi Charles ensevelissait sa lâcheté dans la tombe, et le comte Eudes montait sur le trône aux acclamations de la France du Nord. Le règne de ce prince fut une lutte énergique, mais impuissante, contre

---

[1] *Ex translatione sancti Launomari Blesas*, D. Bouquet, vol. 7, p. 365. En 924, le roi Raoul donna à ces religieux l'église de Saint-Lubin de Blois, à la prière du comte Thibault-le-Tricheur. (*Cart. sancti Launom. Gallia christ. in instrumentis*, p. 412, D. Bouquet, t. 9, p. 566.)

[2] *Breve chron. Bonevall.* (Voir *Hist. du Dunois*, par l'abbé Bordas, et *Historique du Dunois*, par M. Rossard de Mianville, p. 150, Mss. de la Bibl.)

[3] *Legistis predas, etiam cognosce trophea.*
Restitit oppida quæque capi suprema voluntas;
Carnoteno innumeros conflictus applicuerunt
Allofili: verum liquere cadavera mille
Hic quingenta simul, rubco populante duello;
Una dies istum voluit sic ludere ludum.
His ducibus Gaudefredo nec non et Odone
Belligeri fuerant, Uddonis consulis ambo.

(*Abbonis monach. de bellis Paris.*, D. Bouquet, vol. 8, p. 15.)

les Nordmans désormais incorporés au sol français[1]. Leurs incursions devinrent si fréquentes et si barbares, que les monastères et les villages des côtes n'eurent plus le temps d'être rebâtis, et que les religieux, enlevant à la hâte les saintes reliques, demandèrent un refuge aux villes de l'intérieur. Le 12 des kalendes de décembre 895, arrivèrent à la porte de Chartres les corps des saints confesseurs Wandregisile et Ansbert, portés par des moines fugitifs du couvent de Fontenelles, en Neustrie. Accueillis par l'évêque Aimery et par l'abbé de Saint-Cheron, ils furent placés dans l'église de ce monastère, où ils restèrent trois mois. Puis, la crainte des payens forçant les moines à entrer dans la cité, les châsses furent déposées dans la chapelle que Gislebert, successeur de Frotbold, avait fait bâtir dans l'enclos de sa maison épiscopale[2].

Lorsque la mort d'Eudes, arrivée en 897, rendit le sceptre à Charles-le-Simple, les Nordmans regardaient la Neustrie comme leur domaine. Ce fut de cette province qu'ils s'élancèrent pour la dernière fois sur la terre française, et notre pays devint le théâtre de leur fureur expirante. Au commencement du mois d'août 911, Rol ou Rollon, chef nordman, vint mettre le siège devant Chartres, qu'il espérait prendre facilement à l'aide de machines de guerre. Mais les Chartrains, glorieux de leur succès passé, se tenaient sur la défensive. Ils étaient dirigés par leur évêque Gancelme[3], saint pontife qui, tout en plaçant sa confiance en Dieu, n'avait pas négligé les secours humains. Avertis par ses messages, les ducs de Bourgogne et de France et le comte de Poitiers accouru-

---

[1] Eudes se transportait souvent sur les lieux menacés. Il data de Chartres, le 3 des kalendes de janvier 889, un diplôme contenant donation et confirmation de biens aux moines de Saint-Hilaire de Poitiers. (D. Bouquet, vol. 9, p. 451.)

[2] *Ex miraculis sancti Wandregisili abb. Fontanell.*, D. Bouquet, vol. 9, p. 108. L'abbaye de Fontenelles prit plus tard le nom de Saint-Vandrille (Wandregisile).

[3] Cet évêque est appelé indifféremment par les chroniqueurs Gancelme, Gantelme, Waltelme, Gausselin, Gousscaume.

rent avec leurs soldats, surprirent les Nordmans, presque maîtres de la ville, et leur livrèrent bataille. On combattait de part et d'autre avec un grand acharnement, lorsqu'une sortie opportune des habitants vint fixer la victoire. Gancelme expose sur la Porte-Neuve la tunique de la Vierge, relique vénérée de Chartres [1], et lance ses hommes d'armes contre l'ennemi, qui ne peut soutenir cette attaque imprévue. On en fit un si grand carnage, dit le moine Paul, que les monceaux de cadavres arrêtèrent le cours de la rivière. Les Nordmans qui échappèrent au glaive gagnèrent, à l'entrée de la nuit, la montagne de Lèves, où ils firent à la hâte des retranchements avec des peaux d'animaux. Les Chartrains ne les avaient pas perdus de vue; ils cernaient la montagne pour les faire prisonniers à l'aube du jour. Dans ce péril extrême, les payens s'avisèrent d'un stratagème qui leur réussit. Trois de leurs guerriers se glissèrent entre les rangs chartrains et allèrent sonner de la trompette dans la plaine; à ce bruit, les assiégeants croyant que des troupes fraîches arrivaient au secours des Nordmans, dégarnirent le tour de la montagne pour se grouper en une seule masse. C'était précisément ce qu'attendaient les compagnons de Rol; profitant des issues restées libres, ils fuirent en silence, abandonnant leurs armes et laissant aux chrétiens des retranchements sans défenseurs. Honteux et maltraités, jamais depuis, ajoute le chroniqueur, on ne les revit dans le pays chartrain [2]. On ne devait plus, en

---

[1] Cette précieuse relique que Charles-le-Chauve donna, dit-on, à Notre-Dame de Chartres vers 876, sauvée du vandalisme de 1793, a été enchâssée pour la dernière fois le 1er août 1849. Le procès-verbal de la commission instituée à cet effet par Mgr Clausel de Montals fait connaître que la tunique se compose de deux morceaux de soie blanche écrue, dont l'un est long de 2 mètres 12 centimètres sur 40 centimètres de largeur, et l'autre long de 25 centimètres sur 24 de largeur. Elle est placée sous un voile d'une étoffe plus claire terminée à ses extrémités par des ornements byzantins. *(Description de la Cathédrale*, par l'abbé Bulteau, 1 vol. in-8°, 1850, p. 163.) Pendant plusieurs siècles et jusqu'à la révolution de 1789, il fut d'usage d'offrir aux grands personnages qui visitaient la ville des images bénies, en tissus plus ou moins précieux, de la sainte chemise de Notre-Dame.

[2] Toutes les chroniques font mention du siége de Chartres. (Voir spécialement : *Chron. Hugon. Floriac.*, D. Bouquet, vol. 8, p. 322. — *Chron. breve sancti Mar-*

effet, les revoir en ennemis, car, à la fin de la même année, le mariage de Rollon avec Gisèle, fille de Charles-le-Simple, et la cession de la Neustrie, mirent un terme aux déprédations des Nordmans et en firent des Français.

La religion chrétienne avait fait depuis Clovis d'immenses progrès dans notre pays. Outre la cathédrale et le monastère de Saint-Père, ces refuges des lettres romaines contre l'ignorance des Francs, des églises s'étaient élevées promptement dans les murs et dans la campagne. Les moutiers de Saint-Cheron et de Saint-Martin-au-Val existaient; la montagne de Lèves avait une abbaye de nonnes et la piété des fidèles dressait dans les vignes les autels de Saint-Lubin et de Saint-Lomer [1]. Les invasions des pirates du Nord étouffèrent pour un siècle ce germe de civilisation [2]. Nous avons raconté les violences de l'évêque Hélie et celles des Nordmans : il nous reste à parler des essais de restauration entrepris par quelques évêques, lorsque des jours meilleurs arrivèrent.

Hélie (846) avait enrichi ses fidèles aux dépens de Saint-Père; ses premiers successeurs ne réparèrent pas ses torts. Le monastère resta desservi par de pauvres moines effrayés, et, en achevant l'œuvre de destruction du prélat (857), les Nordmans ne firent de mal qu'aux murailles, l'esprit civili-

---

tini Turon., ib., vol. 8, p. 316. — Chron. Virdun., ib., vol. 8, p. 287. — Hist. Dudonis et Whni gemet., ib., vol. 8, p. 256. — Robert Wace, Roman de Rou, vol. 1er, p. 79, éd. Pluquet, 1827. — Cart. Saint-Père, lib. Agan., vol. 1er, p. 46 et 47. — Poëme des Miracles de la Vierge, Garnier, éd., Chartres, mir. 28, p. 179.) Le premier médaillon de la clôture absidale du chœur de Notre-Dame, à partir de la porte latérale du midi, représente l'évêque Gancelme montrant aux assiégeants la sainte chemise du haut de la Porte-Neuve. (Description de la Cathédrale, par l'abbé Bulteau, p. 155.)

[1] L'église de saint Lubin, qui devint un petit monastère, était située au lieu appelé les Vieux-Capucins, près du quartier du Clos-Notre-Dame. L'église paroissiale de Luisant a pour patron saint Lomer. On est fondé à croire que, dès cette époque, le culte de saint Barthélemy, de saint Aignan, de saint Hilaire, de saint Eman, et de saint André, était en honneur à Chartres.

[2] Ragenfroy, dans une charte concernant Saint-Père, parle en ces termes des ravages des Nordmans : *Tunc omnia hujus episcopii destructa sunt igne, monasteria consumpta, ecclesiæ pene omnes fundo tenus dirutæ.* (Cart. Saint-Père, vol. 1er, p. 50.)

sateur ayant suivi les religieux au couvent de Saint-Germain-d'Auxerre. Vers 860, l'évêque Gislebert tourna ses regards vers Saint-Père; il rebâtit l'église sur un plan modeste; il lui donna dans le bourg même un manse, et dans d'autres lieux des terres, pour subvenir au service du trésor et du luminaire, des anniversaires, du dortoir, de l'infirmerie, de l'hôpital, du cellier et du jardin. Les signatures de l'archevêque de Sens, des évêques de Meaux, de Paris, de Troyes, d'Auxerre, d'Orléans, et de Loup, abbé de Ferrières, corroborèrent l'acte de cette fondation [1]. Ce n'était encore là qu'une faible restitution : tout le domaine extérieur avait été distribué en bénéfice à des hommes d'armes, et les moines, pour subvenir à leurs besoins, avaient vendu jusqu'à l'enclos du couvent. En 889 encore, un chanoine de Notre-Dame, nommé Frotging, tenait de Winemar, moine de Saint-Père, un terrain situé en regard de la ville, dans l'enceinte de l'abbaye [2]. La nouvelle attaque des Nordmans, en 911, compléta la ruine de Saint-Père, qui ne sortit de sa désolation que sous l'épiscopat d'Aganon, vers 930. Ce prélat, noble, riche et vertueux, fit édifier un vaste monastère et une grande basilique, et y institua des clercs-chanoines auxquels il rendit un clos de vignes pris autrefois par les évêques, et des champs situés près de la ville, suffisants pour leur entretien [3].

Après sa mort (949), Ragenfroy, son successeur, fut l'héritier de ses bonnes dispositions pour le couvent; il trouva, d'ailleurs, un puissant auxiliaire dans l'abbé Alveus, ami et conseil d'Aganon. Ces deux personnages se partagèrent la réformation matérielle et spirituelle du monastère. Tandis que Ragenfroy construisait des bâtiments spacieux, Alveus allait s'enfermer dans le couvent de Fleury-sur-Loire pour y

---

[1] *Cart. Saint-Père, Agan.*, vol. 1er, p. 44 et 45.

[2] L'évêque Aimery accorda charte de cette possession au chanoine Frotging la deuxième année du règne d'Eudes. (*Cart. Saint-Père, Agan.*, ib.)

[3] *Cart. Saint-Père, Agan.*, p. 51.

étudier la règle de Saint-Benoît, et, au bout de trois ans de discipline, il en ramenait douze moines pour régénérer la communauté de Chartres (954). Ces religieux, à la tête desquels se trouvait Vulphald, abbé de Fleury, furent accueillis à grande joie par le peuple chartrain et par le prélat, qui leur rendit les églises et les métairies enlevées à l'ancien domaine; il leur donna, en outre, douze prébendes dans l'église cathédrale, pour remplacer les biens tenus en bénéfice par les héritiers des créatures d'Hélie. Les moines, tranquilles pendant la vie de Ragenfroy, se livrèrent à la pratique de la piété et instruisirent les ignorants dans les saintes écritures. Ragenfroy fut inhumé dans l'église du couvent, devant l'autel et près de l'évêque Gancelme, le vaillant défenseur de la cité [1].

On ne peut douter que la sollicitude des Pontifes ne se soit étendue également sur les autres établissements ruinés par les guerres. Saint-Cheron, entre autres, dut probablement le rétablissement de sa prospérité à son abbé Graulf, ami de Ragenfroy, qui souscrivait en 949 et en 954 aux chartes de ce prélat en faveur de Saint-Père [2].

Cette restauration des grands centres religieux de notre cité ne fut pas inféconde. Accomplie au moment où la force brutale s'emparait de Chartres à titre héréditaire, elle eut pour mission de lui opposer les droits de l'humanité. Par la douceur du servage monacal, elle conduisit insensiblement au vasselage et à l'affranchissement; par la multiplicité des concessions à titre de bénéfices, de fiefs, d'hospices, elle fit faire d'immenses progrès à l'agriculture; par les écoles ecclésiastiques, elle sauva les sciences et les lettres; par les solennités et les pèlerinages, elle créa le commerce et l'industrie; elle sut réaliser, en un mot, les prodiges civilisateurs qui,

---

[1] *Cartul. Saint-Père*, vol. 1er, p. 10, 11, 15 et suivantes; vol. 2, p. 351. Une table de marbre placée sur l'un des piliers de la porte de gauche du chœur de Saint-Pierre rappelle les sépultures de Gancelme et de Ragenfroy.
[2] *Cart. Saint-Père, Agan.*, vol. 1er, p. 33 et 34.

dans toutes les époques, ont signalé les efforts de cette puissance, suprême lorsqu'elle procède de Dieu, que l'on appelle : association.

CHAPITRE IV.

DE THIBAULT-LE-TRICHEUR A ÉTIENNE-HENRI.

École de Fulbert.

(900-1100.)

Thiebauld fu nez de France, un des plus haus Baronz ;
Mult aveit par la terre chastels forz è mezonz ;
Asez sout de paroles è de séducionz.
. . . .
Thiebaut li quenz de Chartres fu fel è engignous ;
Mult out chastels è viles, è mult fu averous ;
Chevalier fu mult prous è mult chevalerous
Mez mult part fu cruel è mult fu envious.
. . . .
Thiebaut fu plein d'engin è plain fu de faintié ;
A home ne à fame ne porta amistié,
De franc ne de chaitif n'out merchi ne pistié
Ne ne dota à fere mal ovre ne pechié. [1]

Comment le *quenz* Thibault, ce chevalier *fel* et *engignous*, parvint-il à posséder le comté de Chartres? On l'ignore. Héros diabolique, Thibault-le-Tricheur ne devait pas sortir de l'obscurité qui enveloppe le berceau des créations fantastiques. Dans la Touraine, dans le Blésois, la légende des chaumières roule encore sur Thibault, le vieux chasseur, qui passe chaque nuit la Loire, de Montfrau à Bury, avec ses piqueurs et sa meute. Thibault-le-Tricheur est le Robert-le-Diable du pays chartrain.

Nous admettons avec Souchet que Thibault, issu de la race des comtes ou vicomtes de Tours, reçut le comté de Chartres

---

[1] Robert Wace, *Roman de Rou*, éd. Pluquet, 1827, vol. 1er, p. 64, 225 et 226.

en récompense de son dévouement à la fortune du duc Hugues de France [1]. La vie turbulente de ce prince lui attira maintes mésaventures dont Chartres subit le contre-coup. Geôlier de Louis-d'Outremer, au château de Laon, en 946 [2], on le voit disputer le château de Coucy à l'archevêque de Reims, en 949 [3], partager et envenimer de tout son pouvoir la querelle du roi Lother et de Richard, duc de Normandie, et, après une rude guerre dans laquelle il s'empara d'Evreux par ruse et s'avança jusque sous les murs de Rouen, se faire battre de telle sorte, en 962, que, selon l'expression d'un chroniqueur, on n'entendit plus un chien aboyer dans toute l'étendue de son comté. Il y eut un siège, une prise et un incendie total de Chartres par les Normands unis aux payens Danois, pendant que Thibault ravageait les terres de son ennemi; à son retour, il trouva son fils mort et sa ville détruite, ce qui faillit le rendre fou. Ces revers l'obligèrent à faire la paix avec le duc de Normandie, moyennant l'abandon d'Évreux [4]. Ce fut probable-

---

[1] Voir le *Résumé des opinions des historiens sur Thibault-le-Tricheur*, fin de ce volume, n° 2 des appendices.

[2] *Ex libello Hugon. Floriac. monach.*, D. Bouquet, vol. 8, p. 321. — *Ex hist. regum Franc.*, ib., vol. 9. — *Ex chr. Richardi pictav. monach. Clunias.*, ib., vol. 9. — *Ex chron. Frodoardi*, ib., vol. 8.

[3] *Ex chron. Frodoardi*, D. Bouquet, vol. 8.

[4] *Nullo cane per comitatum Theobaldi latrante.* (*Ex hist. Will. gemetic.*, ib., vol. 8.) L'histoire des guerres de Thibault-le-Tricheur et de Richard de Normandie est très-diversement et très-confusément racontée par les chroniqueurs. Guillaume de Jumièges, copiste de Dudon, d'une véracité très-suspecte, fait de Thibault-le-Tricheur un véritable traître de mélodrame. Sa version a été suivie par Robert Wace dont voici quelques passages relatifs au siège de Chartres : *les Normands et les Danois*

ne leissent en Chartrain et en Dunciz bordel,
ne mezon en estant ki seit fors dou chastél;
ne leissent boef ne vaque, genice ne torel,
coc, capon ne geline, ne viez chien ne chael.

à cel jor meisme arstrent Chartres sa cité;
tal duil en out Thiebaut por poi ne fu desvez.

ses mezons trova arses, è ses viles ardant,
è un suen fils trova mort en bierre geisant.

(*Roman de Rou*, vol. 1er, p. 247 et suivantes.)

Vulphald, ancien abbé de Fleury et successeur d'Ardouin à l'évêché de Chartres, travailla de tout son pouvoir à la réconciliation des deux princes.

ment alors que Thibault construisit la tour et le château sur un emplacement appartenant à l'abbaye de Saint-Père, hors des murs de la ville, entre la porte Évière et la porte Cendreuse. Les moines avaient occupé ce terrain avant la ruine de leur couvent; il venait de leur être rendu par l'évêque Ragenfroy (954) en vertu d'une charte approuvée par le Comte lui-même, lorsque ce dernier le leur enleva, ainsi que le cens et les usages coutumiers qu'ils percevaient dans la vallée [1].

Thibault aimait assez à s'enrichir aux dépens des gens d'église. Après la mort de Ragenfroy (955), Ardouin, frère de ce prélat, sut obtenir le siège épiscopal en livrant au Comte l'abbaye de Saint-Martin-au-Val, l'un des domaines de l'évêché [2]. Ces marchés simoniaques, appendices scandaleux des dîmes inféodées, commençaient à s'introduire en France. Pour soutenir l'éclat naissant de leur dignité, il fallait beaucoup d'argent aux seigneurs; à Thibault surtout, qui épuisait ses trésors en guerres perpétuelles et dont les immenses domaines étaient, pour ainsi dire, improductifs [3]. Sa femme, Leudgarde, fille d'Herbert de Vermandois et veuve de Guillaume-Longue-Épée, duc de Normandie, lui avait apporté en dot la plus grande partie de la Champagne. Outre ses biens héréditaires de la Touraine et du Blésois, Thibault possédait les comtés de Chartres, de Provins, de Troyes et de Beauvais. Il dut s'entourer promptement de cette multitude d'officiers et de fidèles qui formèrent l'armée féodale. Dès 939 on trouve

---

[1] Thibault donna, il est vrai, en récompense, aux religieux un muid de vin de cens sur le champ du Forgeron *(fabri)*. Mais le moine Paul nous apprend que cette redevance, négligemment perçue, fut très-mal payée. *(Cart. Saint-Père*, vol. 1er, p. 23 et 54.)

[2] Ardouin est fort maltraité par le moine Paul, qui lui reproche son orgueil, son faste et sa rapacité. Il enleva aux religieux de Saint-Père six prébendes que son frère Ragenfroy leur avait données. *(Cart. Saint-Père*, vol. 1er, p. 12, 13 et 54.)

[3] *Thiébaut a chent viles, vere plus de dous chens,*
U il n'a mie aré ne semé chent arpens.
(Robert Wace, *Roman de Rou*, vol. 1er, p. 254.)

à Chartres un vicomte appelé Gauzfrid [1]. Les autres dignitaires du comté nous sont inconnus. De leur côté, les évêques avaient des vidames, laïcs chargés de défendre leur temporel ; ces fonctions étaient occupées alors par un chevalier nommé Giroard [2].

Thibault-le-Tricheur mourut vers 977, laissant pour successeur Eudes, son fils aîné. Ses autres enfants, Hugues, archevêque de Bourges, et Emma, femme de Guillaume-Tête-d'Etoupe, comte de Poitiers, n'appartiennent pas à l'histoire du pays chartrain.

La comtesse Leudgarde témoigna de la douleur que lui causait la mort de son seigneur *le très-noble et très-glorieux comte Thibault*, en donnant à l'abbaye de Saint-Père l'église et les terres de Jusiers, Fontenay et Limay, dans le Pagus vexinois (978) [3]. Elle prolongea sa vie jusque vers 985 et fut inhumée chez les moines de Saint-Père qu'elle tenait en grande estime [4].

Selon la coutume royale, Eudes avait pris le titre de Comte du vivant de son père, mais, moins lancé que lui dans les grandes affaires politiques ou plutôt moins nécessaire au duc

---

[1] La souscription du vicomte Gauzfrid se trouve au bas d'une charte de Hugues-le-Grand au profit de Saint-Julien de Tours. (D. Bouquet, vol. 9, p. 723. — Mabillon, *Annal. benedict.*, vol. 3, p. 709.)

[2] Giroard souscrivit à la charte d'Aganon en faveur de Saint-Père, vers 930. *(Cart. Saint-Père*, vol. 1er, p. 21.)

[3] ... *tam pro meis criminibus veniam impetrandis, quam pro nobilissimi senioris mei atque gloriosi comitis Tedbaldi*..... *(Cart. Saint-Père*, vol. 1er, p. 64 et 65.) Cette donation fut signée par le comte Eudes, Hugues, archevêque de Bourges, Emma, comtesse de Poitiers, Eudes, évêque de Chartres, Landry, Hilgaud, Sugger, Rotrou, Ardouin, Hubert, Foucher, Erembert, Hugues d'Alluyes, Gilduin, Avesgaud et Isaac, chevaliers du comte de Chartres. A la suite de la charte de leur mère, Eudes et Hugues réglèrent le cérémonial des anniversaires mis à la charge des moines donataires. *(Ib.*, 5 février 978.)

[4] Leudgarde figure comme partie consentante dans une charte du chevalier Robert au profit de Saint-Père, où il est question de l'abbé Gisbert qui remplaça Widbert en 984-985 *(Cart. Saint-Père*, vol. 1er, p. 77 et suivantes) ; elle n'était donc pas morte le 14 novembre 981, comme le disent Doyen et Chevard. Ces historiens racontent, d'après Souchet, que cette princesse fut longtemps connue dans le peuple sous le nom de *la dame de Rigeard ;* aujourd'hui ce souvenir est entièrement effacé.

de France Hugues-Capet, il vécut davantage dans son palais de Chartres [1]. Il eut cependant guerre avec Richard II, duc de Normandie, au sujet de Dreux, dot de sa première femme Mahaut, sœur de Richard [2], qu'il ne voulait pas restituer et qui finit par lui rester. Le vieux levain du Tricheur fermentait encore chez son fils.

Outre l'abbaye de Saint-Martin-au-Val, Eudes possédait, au midi de la ville, un petit couvent bâti dans les vignes en l'honneur de saint Lubin. Les domaines de ce monastère et ceux de Saint-Martin attenant ensemble formaient ce que l'on désignait plus particulièrement sous le nom de territoire du Comte. Des parcelles de ces biens donnés en bénéfice aux officiers de sa maison lui garantissaient leur dévouement, tout en récompensant leurs services à la guerre et au conseil [3].

Les hommes-lige du comte Eudes formaient une sorte de corporation judiciaire à laquelle le suzerain recourait en

[1] Il y reçut en 979 le comte de Bretagne, Conan, dont le nom se trouve au bas d'une donation faite par deux matrones à l'abbaye de Saint-Père. (*Cart. Saint-Père*, vol. 1er, p. 66.)

[2] Voir, sur Mahaut, Robert Wace, *Roman de Rou*, vol. 1er, p. 278 et 333.

[3] Les chevaliers Rotrou et Ardouin reçurent en bénéfice des terres à Thivars, de la possession de Saint-Martin, et les donnèrent à cens à Saint-Père. (*Cart. Saint-Père*, vol. 1er, p. 37 et 90.) En 981, un certain Foucher était abbé de Saint-Lubin par la grâce du comte Eudes. Il avait concédé à cens six arpents de vignes au prêtre Sigismond, riche et aumônieux personnage. Or, dit le moine Paul, un jour que le puissant comte Eudes allait prendre son repas, ses échansons s'apercevant qu'il manquait de vin, se dirigèrent, pour en acheter, vers les caves de Sigismond dont la réputation était grande. Comme ils ne trouvèrent personne à la maison, ils forcèrent les portes, remplirent les outres et se mirent en devoir de les emporter au palais. Cependant l'homme de Dieu, à son retour de l'église, rencontra près de chez lui le chef des échansons qui, tenant une outre à la main, lui demanda par moquerie si son vin était d'aussi bonne qualité qu'on voulait bien le dire. « Frère, répondit le saint » avec douceur, tu es maître en pareille matière; tu peux en faire l'expérience toi-» même. » Et comme cet homme demandait une coupe, « C'est inutile, ajouta Sigis-» mond, ce vin ne saurait être meilleur dans un autre vase que dans celui qui le » contient. » A peine le malheureux échanson eut-il approché l'outre de ses lèvres qu'il tomba par terre, perclus de tous ses membres; des hommes d'armes le portèrent au palais au milieu du peuple effrayé. Lorsque le comte Eudes apprit ce qui s'était passé, il fit venir Sigismond, lui rendit son vin et ordonna qu'on arrachât les yeux de ceux qui avaient ainsi violé son domicile. Mais Sigismond ne quitta pas le Comte avant d'avoir conjuré sa colère; bien plus, il lui fit accepter son vin et obtint par ses prières la guérison du chef des échansons. (*Cart. Saint-Père*, vol. 1er, p. 67 et suivantes.) Cette légende nous donne un exemple, remarquable à cette époque, de la barbarie vaincue par la religion.

matière de propriété féodale. Dans ce parlement siégeaient Rotrou du Perche, Foucher, abbé de Saint-Lubin, les chevaliers Ardouin, Teduin, Aucher, Ebrard, Gauslin, Robert, Lambert, le chambellan Sugger, le prévôt Haudry et le viguier Etienne (ante 986). Lorsqu'un homme du comte voulait accenser à un tiers une portion de son bénéfice, il allait demander au seigneur son assentiment, et celui-ci prononçait après avoir pris l'avis de ses fidèles; puis on dressait un acte corroboré par les signatures des assistants clercs et laïcs [1]. Eudes, alors évêque de Chartres, agissait de même pour les terres de sa suzeraineté. Ses principaux conseillers étaient le doyen Sugger, le sous-doyen Salico, l'archidiacre Lambert, les prévôts Rodolphe, Atton, Widon, et Alcar, et le chevalier Gauzbert.

Les donations aux couvents se multipliant dans la deuxième moitié du Xe siècle par la crainte de la fin du monde, les chartes émanées du Comte et souscrites par ses fidèles devinrent de plus en plus communes [2]. L'importance des signataires répondait à l'importance de la libéralité; c'était une garantie que réclamaient souvent les donataires eux-mêmes, pour assurer, autant que possible, la durée de concessions faites sous l'empire de la peur [3]. Avec les biens matériels, les moines de

---

[1] *Quorum petitionem rationabilem considerans, cum consensu ipsius Arduini et aliorum fidelium, tam clericorum quam laïcorum, assensum dedi.* (Consentement donné par le comte Eudes à une charte du chevalier Ardouin au profit de Saint-Père. *Cart. Saint-Père*, vol. 1er, p. 74.)

[2] *Mundi terminum omniumque quæ ipsius compagine continentur evanescentem imminere transitum, continuatio multiplicium attestatur signorum.* (Début d'une charte du chevalier Robert au profit de Saint-Père. *Cart. Saint-Père*, vol. 1er, p. 77.)

[3] Le chevalier Robert, fidèle du comte Eudes, possédait dans le pagus manceau le petit monastère d'Evron. Il voulut le faire reformer par les moines de Saint-Père. L'abbé Gisbert y consentit, mais à la condition d'avoir à tout jamais la nomination exclusive de l'abbé, garantie par l'approbation royale, l'intervention des Pontifes, le décret des seigneurs ecclésiastiques et laïcs et la connaissance donnée à tout le peuple. La charte (985) fut souscrite par le duc de France Hugues, le comte Eudes, Hugues, archevêque de Bourges, Leudgarde, mère du Comte, Berthe, son épouse, le vicomte Gauzfrid, Hugues d'Alluyes et les autres fidèles de la Cour. *(Cart. Saint-Père*, vol. 1er, p. 79.) L'authenticité de la charte était encore assurée par une

Chartres gagnèrent au mouvement religieux de cette époque l'émancipation sociale qui assura leur indépendance au sein même de la féodalité. En 985, l'an trente-unième de son règne, le roi Lother, à la supplication de l'évêque Eudes, de son amé entre tous le comte Eudes, de sa nièce la comtesse Berthe, de son fidèle le glorieux duc Hugues, affranchit le couvent de Saint-Père de toute sujétion à la justice séculière, à raison des biens qu'il possédait en bénéfice, voulant que dans aucun temps nul seigneur, laïc ou ecclésiastique, pontife, duc, comte ou viguier, ne pût instrumenter ni publier *ban* ou *decrit* dans l'enceinte du cloître [1].

Le comte Eudes mourut vers 995. Il avait épousé en secondes noces Berthe, fille de Conrad Ier, roi d'Arles, nièce du roi Lother; il en eut Thierry mort jeune, Thibault II qui lui succéda au comté de Chartres, et Eudes II qui reçut en partage Blois, Tours et Châteaudun [2]. La comtesse Berthe se remaria peu après avec le roi Robert, qui fut ensuite obligé de la répudier pour cause de parenté.

A en juger par le fait le plus considérable du gouvernement de Thibault II, la politique de ce prince ressembla beaucoup à celle de son aïeul le Tricheur, car non content du droit de nomination qu'il exerçait dans les petits moutiers de Saint-Martin-au-Val et de Saint-Lubin-des-Vignes, il voulut empiéter encore sur les priviléges des religieux de Saint-Père.

(1001) Une nuit que Gisbert, abbé du couvent, était à l'a-

---

désignation minutieuse du lieu ou des circonstances de sa rédaction. On trouve les formules suivantes : *Fait à Chartres publiquement, en présence du seigneur Eudes, évêque, du très-généreux Patrice Eudes, et de leurs fidèles de tous rangs; fait solennellement à Chartres dans la citadelle; fait à Chartres publiquement, entre la tour et la porte Cendreuse, dans la chambre de la comtesse. (Cart. Saint-Père,* vol. 1er, p. 86, 90 et 210.)

[1] Cet édit revêtu du sceau royal fut donné au palais de Compiègne, reconnu par Arnoul, notaire substituant le chancelier Adalberon, et corroboré par les signes d'Eudes et des fidèles. (*Cart. Saint-Père*, vol. 1er, p. 81 et suivantes.)

[2] Quelques historiens prétendent que le comte Eudes Ier avait épousé en premières noces une dame de la maison de Sancerre. (Voir *Doyen* et *Chevard*, *d'après Souchet.*) Cette alliance ne paraît pas prouvée.

gonie, un moine du nom de Magenard, *plus courtisan que prêtre,* comme dit le moine Paul, s'en fut secrètement à Blois solliciter du Comte la survivance du mourant. Elle lui fut octroyée, et deux jours après, Thibault enjoignit aux religieux de reconnaître Magenard pour leur abbé. Cette innovation révolta la communauté, qui répondit aux messagers du Prince que l'ambitieux capable de solliciter la dignité d'un autre du vivant même de celui-ci et sans avoir été élu par ses frères, ne pouvait légitimement porter la crosse de Saint-Père. Cette réponse, transmise au comte Thibault par Magenard lui-même, l'irrita vivement. Sur ces entrefaites, l'abbé Gisbert étant mort, les moines résolurent d'envoyer quelques-uns d'entre eux vers le Comte pour lui demander, selon la coutume, la permission régulière d'élire son successeur. A peine les députés étaient-ils partis, que deux moines, Vivien et Durand, quittèrent le couvent sous prétexte d'une visite aux lieux de leur obédience, car ils étaient prévôts, gagnèrent Blois au plus vite et annoncèrent faussement à Thibault que les frères réunis avaient élu Magenard pour leur abbé. Le Comte, joyeux de ce suffrage, remit aussitôt en public à Magenard le bâton pastoral. Mais, lorsque la nouvelle de cette investiture parvint à Chartres, les frères demeurés au cloître, indignés de la fourberie des deux moines, rédigèrent et signèrent une formule de protestation ainsi conçue : « Sache toute l'Eglise que
» nous n'avons pas élu Magenard pour notre abbé, que nous
» ne le voulons pas, ne l'admettons pas, ne l'approuvons pas ;
» mais que nous le repoussons, le réprouvons, le contredi-
» sons, nous du monastère de Saint-Père dont les noms sui-
» vent : Durand, doyen, Génèse, Ysembert, Marcuin, Warin,
» Walter, Guarnier, Beringer, Waldric, Bernard. »

Le lendemain, le comte Thibault, de retour à Chartres, fit savoir aux moines qu'ils eussent à le recevoir processionnellement au couvent. Volontiers, répondirent-ils, pourvu qu'il n'amène pas l'intrus avec lui. Quoique saisi d'une violente colère Thibault dissimula ; mais le jour suivant il vint installer de force son Magenard à Saint-Père. Alors les saints frères, craignant de se souiller par le contact de l'intrus, saluèrent avec larmes le sanctuaire du prince des Apôtres et allèrent se reposer au seuil de l'église cathédrale, veuve comme eux de pontife. La Mère de Dieu les accueillit dans sa grâce par l'entremise du doyen Rodolphe. Ils passèrent ensuite au monastère du saint père Herbert, dont l'active charité pourvut à leurs besoins.

Le 4 des nones de février (2 février 1002), Magenard reçut d'un certain Hervise, évêque breton, un simulacre de consécration dans le faubourg de Chartres, malgré l'absence du clergé, l'indignation du peuple, l'opposition du délégué de l'Archevêque et les réclamations de quelques moines restés au couvent. A l'aide des manœuvres qu'il sut faire agir près des abbés, des évêques et du Pape lui-même, l'intrus échappa longtemps à la justice. L'humilité des pauvres frères fut foulée aux pieds et nul prélat dans la France n'éleva la voix en leur faveur [1].

Cependant le comte Thibault, qu'un pélerinage avait appelé à Rome, mourut pendant le voyage (30 septembre 1003) et fut rapporté à Chartres, où la sépulture lui fut donnée dans le couvent de Saint-Père, auprès de son frère Thierry [2]. Alors le zèle endormi du doyen Rodolphe se réveilla inflexible et s'acharna contre Magenard. Privé du bâton pastoral, le malheureux moine expia sa faute par une dure réclusion dans les cachots de la maison épiscopale. Mais lorsque les religieux eurent reconnu la piété résignée de leur ancien abbé au milieu

---

[1] Hélas, s'écrie Fulbert à cette occasion, où étaient la force de saint Denis, la piété de saint Martin et le glaive de saint Hilaire ! (D. Bouquet, vol. 10, p. 444. Cart. Saint-Père, vol. 1er, p. 101.)

[2] Une pierre sculptée, sur laquelle est gravé l'obit de Thibault II, est conservée au musée de la ville. On peut voir à l'écriture que ce n'est pas la pierre tombale primitive ; mais il est probable que l'inscription ancienne a été fidèlement reproduite par le sculpteur moderne.

des souffrances, la sagesse de ses discours, la solidité de son instruction, ils déposèrent leur ressentiment et lui rendirent avec joie le gouvernement de l'abbaye. Depuis sa pénitence, et tant qu'il lui resta un souffle de vie, Magenard ne cessa de prodiguer à ses ouailles les trésors de son amour [1].

Eudes II, frère de Thibault II, ajouta le comté de Chartres à ses vastes possessions du Blésois et de la Touraine. L'humeur belliqueuse de ce prince et son titre de fils de Berthe, la reine répudiée, le rendirent redoutable au paisible roi Robert; car les ducs de France, jadis les premiers des grands seigneurs, étaient devenus les derniers des Rois. Pour s'étendre, il fallait qu'ils empiétassent sur le terrain de leurs anciens pairs ou qu'ils excitassent entre eux des querelles continuelles. Le comte Eudes, tout disposé à rechercher les occasions de dispute, ne tarda pas à se brouiller avec ses voisins. Il commença d'abord par faire une cruelle guerre à Bouchard, comte de Melun et de Corbeil, sénéchal de Robert; Melun lui fut livré par trahison. Le Roi, qui agissait peu par lui-même, parvint à opposer à son ennemi Richard, duc de Normandie, prince issu d'une race héréditairement hostile aux seigneurs chartrains; ce duc reprit bientôt Melun, qu'il restitua à Bouchard. Furieux de cette intervention, Eudes se jeta sur la Normandie avec ses alliés les comtes de Meulan et du Mans. Mais Richard appela à son secours les *Payens Scandinaves*, terribles auxiliaires qui, pour terminer la querelle, ravagèrent tout l'ouest de la France, sans acception d'amis ou d'ennemis. Cette brusque invasion suspendit forcément les hostilités [2].

---

[1] *Cart. de Saint-Père*, vol. 1er, p. 101 et suivantes. Magenard est qualifié par les nécrologes de Notre-Dame d'abbé de Sainte mémoire, *abbas Sanctæ memoriæ*. (*Nécrol.* § 37, mss. de la Bibl., 3 des kal. d'avril.)

[2] Eudes, se voyant battu, avait cherché à obtenir du Roi que leur différent fût porté devant les Pairs; sur le refus de Robert, il lui exprima son mécontentement en termes qui prouvent l'abaissement de l'autorité royale sous le régime féodal. « Pourquoi ce refus? écrivit Eudes, je suis, grâce à Dieu, de la race des gens qui » héritent; mon bénéfice me vient de mes ancêtres et non de toi; quant au service » que je te dois, tu sais comment je l'ai accompli lorsque nous étions en bonne » intelligence. » (*Lettres de Fulbert*, n° 86, éd. de Villiers, 1608.)

Quelques années après (1010-1016), Eudes retrouva un adversaire dans son voisin Foulques-Néra, comte d'Anjou, qui était neveu de Richard de Melun; mais le résultat de la guerre ne lui fut pas favorable. Malgré la bravoure de Walter d'Alluyes et des autres fidèles chartrains, Foulques le vainquit près de Pontlevoy, au mois de juillet 1016 [1].

La mort d'Étienne de Vermandois (1019) vint heureusement restaurer les affaires du comte Eudes en le rendant maître de la Champagne.

Le comté de Chartres devint, par le fait de cette adjonction, le moins important des pays d'Eudes; il restait des années entières sans le visiter [2]. Mais il avait à Chartres un vicomte nommé Gilduin et à Châteaudun le fameux vicomte Gauzfrid, dont les démêlés avec l'évêque Fulbert rentrent plus particulièrement dans le cadre de cette histoire.

(1007). Après l'épiscopat de Rodolphe, la faveur du roi Robert et le concert du peuple firent asseoir le savant Fulbert sur le siège des pontifes chartrains [3]. Disciple bien-aimé de

---

[1] Dans la chaleur du combat, le comte Eudes avait donné à Walter d'Alluyes une terre appelée Bois-Moyen, située près de Chapelle-Royale. En 1024, il fit donation de la même terre aux moines de Saint-Père, sous réserve d'usufruit et moyennant l'abandon à son profit d'un domaine du couvent au lieu nommé *Guuiz* (probablement *Gouaix*), près du château de Provins en Brie. Lorsqu'après la mort du comte les religieux voulurent entrer en possession de la terre de Bois-Moyen, ils la trouvèrent occupée par les successeurs de Walter, ce qui fit qu'ils perdirent tout à la fois le domaine qu'ils avaient et celui qu'ils devaient avoir; d'où le moine Paul les compare *au chien lâchant sa proie pour l'ombre*. (*Cart. Saint-Père*, vol. 1er, p. 97, 98 et 122.)

[2] *Lettres de Fulbert*, n° 86, ib.

[3] On n'est pas d'accord sur la patrie de Fulbert. Quelques-uns, parmi lesquels Doyen et Chevard, d'après l'autorité de Souchet et de Pintard, pensent qu'il était de Chartres; d'autres le font naître en Italie; d'autres enfin lui donnent Poitiers pour ville natale. Ces derniers se fondent sur un vers d'Adelmann dans lequel Hildier, écolâtre de Poitiers, est appelé le compatriote, *communiceps*, de Fulbert (*Adelm. schol. rythmi.* — Mabillon, *Anal. vetera*, p. 382); sa liaison avec Guilhem, duc d'Aquitaine, et la dignité qui lui fut conférée de Trésorier de Saint-Hilaire de Poitiers leur paraissent encore des indices de son origine poitevine. (Voir la remarquable *Lettre pastorale de Mgr Pie*, à l'occasion de sa prise de possession du siége de Poitiers. Chartres, Garnier, 1849.) Le moine Paul (quoi qu'en dise Doyen, vol. 1er, p. 233) et les titres qui nous restent de son époque, sont muets à cet égard. On sait qu'issu d'une famille obscure, Fulbert alla étudier sous Gerbert à l'abbaye de Fleury-sur-Loire, qu'il fut moine à Saint-Père, puis écolâtre et chancelier de l'église de Chartres.

Gerbert de Reims, Fulbert était médecin, poète, mathématicien, théologien, grammairien, rhéteur. Ses connaissances, immenses pour l'époque, s'élevaient des minutieux détails des sciences exactes aux spéculations les plus hardies de la métaphysique. Aussi, le bruit de ses leçons, pénétrant jusqu'au fond des provinces, attirait-il à Chartres les rares esprits qui s'adonnaient alors à la culture des lettres. Nouveau Platon, Fulbert enseignait dans un jardin, près de la chapelle épiscopale; c'était de cette Académie que les adeptes devenus médecins, écolâtres ou ministres de Dieu, allaient porter sa doctrine dans toutes les cités. Adelmann, écolâtre de Liège, puis évêque de Brescia, a tracé les portraits des disciples qui firent le plus d'honneur au maître. Au premier rang brillaient Hildier, le pupille chéri du prélat, sage comme Socrate, savant comme Hippocrate et Pythagore; Sigo, le musicien à l'oreille délicate; Lambert et Engelbert, écolâtres de Paris et d'Orléans, dont l'escarcelle se gonfla de l'argent de la jeunesse studieuse; Renaud de Tours, le grammairien au style large, à la réplique hardie; Girard-Gilbert, le pélerin du Jourdain et de Solyme; le bourguignon Walter, dont les travaux alimentèrent toutes les écoles de l'Europe; Raginbault, qui sut faire entendre l'éloquence latine aux oreilles barbares; Wathon, le météore de Liège [1]. A cette pléiade, il faut ajouter Bernard, écolâtre d'Angers; Pierre, écolâtre de Chartres, et l'hérésiarque Beranger, novateur audacieux et dangereux sophiste [2].

Cette école que vivifiait Fulbert, le soleil aux rayons géné-

---

[1] *Adelmanni scholast. rythmi alphabet.* — Mabillon, *Analecta vetera*, p. 382. Hildier servait d'intermédiaire ordinaire entre Fulbert et Guilhem d'Aquitaine, pour les échanges de bons offices et de cadeaux littéraires. *(Lettres de Fulbert*, nos 114, 120, 121, 129, ib.)

[2] Bernard, écol. d'Angers, composa un recueil des miracles de sainte Foy. *(Apothecarius moralis*, folio 178, verso, mss. de la Bibl.) Pierre, écolâtre de Chartres, est cité par Moréri, t. 8, p. 343. Adelmann adressa à Beranger une lettre éloquente dans laquelle il lui rappelle les leçons de leur maître commun. Souchet ajoute à cette liste des élèves de Fulbert, Lanfranc, abbé du Bec, puis archevêque de Cantorbéry, et Bruno, fondateur des Chartreux.

rateurs, comme l'appelle son panégyriste, préludait par de solides études aux disputes merveilleuses des Abeilard et des Guillaume de Champeaux. C'était de son sein que devait sortir, quelques années plus tard, le chef de la secte des Nominaux, le médecin chartrain Jean, dit le Sourd [1], et ce mouvement d'impulsion était appelé à donner aux luttes de l'intelligence l'aspect d'une bataille rangée ; comme si, dans ce siècle de puissance brutale, les vérités intellectuelles ne pussent s'emparer des esprits que comme on s'empare d'une forteresse [2] !

[1] Jean de Chartres, dit le Sourd, médecin de Henri Ier, eut pour disciple Roscelin, qui fut un des maîtres d'Abeilard. (*Hist. Litt. d'Amiens*, p. 384. — Abbé Goujet, *Mém. coll. de Fr.*, t. 1er, p. 33. — *Encycl. method. Phil.*, t. 3, p. 371, verbo Nominaux. — Voir aussi l'ouvrage de M. Haureau *sur la Scolastique*, Paris, 1851.) On trouve la signature de Jean, médecin, au bas d'une charte de l'évêque Théoderic, de 1044, et d'une charte de l'évêque Agobert, de 1049 environ. Son obit est inscrit au 9 des kal. de janvier dans les nécrologes de Notre-Dame.

[2] Il est difficile de se faire une idée de l'ascendant moral que Fulbert exerça sur ses contemporains. Sa dignité et sa profondeur, tempérées par un langage plein de douceur et de charme, l'avaient fait surnommer le Socrate français. Les sermons qui nous restent de ce saint prélat ne le font pas suffisamment apprécier comme théologien ; mais ses lettres renferment des décisions dogmatiques et disciplinaires qui témoignent de la sûreté et de l'orthodoxie de sa doctrine. Cette partie de ses œuvres le classe aussi parmi les historiens les plus intéressants de ce siècle obscur. On peut conclure de la lettre n° 10 que Fulbert exerça la médecine jusqu'à son élévation à l'épiscopat ; on s'occupait beaucoup de cet art au couvent de Saint-Père, où il passa quelques années de sa jeunesse. Il composa une prose en l'honneur de saint Pantaléon, médecin de Nicomédie, patron de l'église de Lucé, et il initia aux mystères d'Hippocrate, Hildier, son élève chéri. Comme mathématicien nous connaissons de Fulbert une pièce ayant pour titre : *Versiculi de signis, et mensibus, et diebus et horis compendium compoti*. Notre illustre pontife fut un des plus ardents promoteurs de cette dévotion merveilleuse que les XIe, XIIe et XIIIe siècles portèrent à la Mère de Dieu ; elle l'en récompensa, dit-on, en humectant ses lèvres d'une goutte de son lait. (Voir, sur une tradition semblable, le *dit* de Gautier de Coinsi, religieux de Saint-Médard de Soissons, intitulé : *Miracle de Notre-Dame qui gari un moine de son let*. Recueil Barbazan, éd. Méon, vol. 2, p. 427.) Il fit adopter pour l'église de Chartres la fête de la Nativité, et chanta les louanges de Marie dans la pièce suivante, qui est le plus beau fleuron de sa couronne poétique :

Solem justitiæ, regem paritura supremum
Stella Maria maris, hodie processit ad ortum ;
Cernere divinum lumen gaudete fideles !

REPONDS.

Stirps Jesse virgam produxit, virgaque florem,
Et super hunc florem requiescit Spiritus almus ;
Virgo dei genitrix virga est, flos filius ejus.

REPONDS.

Ad nutum Domini nostrum ditantis honorem,

Les travaux scolastiques de Fulbert furent interrompus, pendant la seconde moitié de son épiscopat, par une série d'événements désastreux. L'an 1020, la veille de la Nativité de Notre-Dame, la basilique de Marie fut incendiée par la foudre. Le prélat, dévoué à l'œuvre de la reconstruction de ce temple, sollicita les secours des seigneurs de France et de l'étranger, qui tous répondirent à son appel. Parmi les plus empressés, Fulbert trouva son ami Guilhem, duc d'Aquitaine, et Canut, roi de Danemarck [1]. Mais l'entreprise fut traversée par les violences de Gauzfrid, vicomte de Châteaudun. On ne sait qui poussa ce seigneur à chercher querelle à l'évêque de Chartres; l'ambition et la cupidité peuvent avoir été ses seuls mobiles, car les grands vassaux du comte Eudes, modelés sur leur suzerain, ne devaient pas être très-scrupuleux sur les moyens d'augmenter leur puissance. Gauzfrid, pour opprimer les tenanciers de l'église au nord et au midi, avait rebâti le château de Gallardon, détruit jadis par le roi Robert, et venait de construire une tour à Illiers, au milieu des possessions de Sainte-Marie [2]. Vainement Fulbert s'adressa-t-il au roi Hugues, fils de Robert [3], et au comte Eudes; l'autorité souveraine fut indifférente ou méconnue. Hugues lui fit répondre qu'il était trop loin, et Eudes ne bougea pas. Le roi Robert, grand ami de Fulbert, n'aurait sans doute pas demandé mieux

*Sicut spina rosam genuit, Judœa Mariam,
Ut vitium virtus operiret, gratia culpam.*
(OEuvres de Fulbert, éd. de 1608, p. 177, verso.)

Ces *réponds* ont été, fort mal à propos selon moi, rejetés en 1783 du bréviaire de Chartres.

[1] *Lettres de Fulbert*, nos 16 et 87. — *Guill. Malmesb.*, liv. 2. D. Bouquet, vol. 10, p. 247.

[2] *Gaufridus vicecomes... castellum de Galardone a vobis olim dirutum restituit, de quo dicere possumus: ecce ab oriente panditur malum ecclesie nostre; et rursus alterum edificare presumpsit apud Isleras, intra villas Sancte-Marie, de quo et revera dici potest: en ab occidente malum.* (Lett. Fulbert, nos 2 et 105, ib.)

[3] Le jeune prince Hugues avait reçu l'onction royale à l'âge de 10 ans, le 29 juin 1007. Brouillé avec son père et sa mère vers 1020, Fulbert s'entremit pour le faire rentrer en grâce auprès du roi Robert. (*Lettres de Fulbert*, no 3, ib.)

que de le tirer d'embarras, mais l'agitation des armes convenait si peu à la vie monacale de ce prince, qu'il ne se dérangeait que lorsque l'intérêt de sa couronne était tout-à-fait en jeu. Cependant les guerres continuaient de telle sorte que le prélat, resserré dans d'étroites limites, ne put se rendre à un concile provincial convoqué par Léothéric, archevêque de Sens [1]; les mêmes désastres, joints à l'incendie de la cathédrale, l'empêchèrent d'aller en procession à Orléans comme c'était la coutume [2]. A défaut des secours humains, Fulbert s'était servi contre Gauzfrid des armes spirituelles; cette défense canonique ne fit qu'exaspérer le Vicomte, qui, à la tête d'une bande de gens sans aveu, parcourut les terres de Notre-Dame en brûlant toutes les métairies [3]. D'un autre côté, Herebert, comte du Maine, furieux de la protection que l'évêque de Chartres avait accordée à son ennemi Avesgaud, évêque du Mans, se mettait de la partie avec les seigneurs du Vendômois, qui tenaient en bénéfice des domaines de l'église de Chartres [4].

Dans sa douleur, Fulbert se tourna de nouveau vers le Roi. C'était dans un de ces moments si fréquents où la foi du comte Eudes semblait manquer à son suzerain; Fulbert manda donc à Robert qu'il pouvait bien encore retenir les Chartrains, sur lesquels il avait quelque influence, dans le respect de son autorité; mais que Gauzfrid et Herebert secouaient tout frein et faisaient au domaine royal le plus de mal possible. « Ces malfaiteurs, ajoutait le prélat, ont attaqué quel-
» ques-uns de vos tenanciers de Villermon [5], lesquels ont
» déchargé leur colère sur nos terres en pillant les fruits et
» les récoltes. Nous souffrons ces choses en silence, confiant

---

[1] *Lettres de Fulbert*, n° 32.
[2] *Ib.*, n° 62.
[3] *Ib.*, n° 70.
[4] *Ib.*, n°ˢ 19 et 90.
[5] Hameau de la commune d'Allaines.

» dans votre justice.... Mais bientôt les ravages des Seigneurs
» et l'incendie de notre église auront anéanti les ressources,
» déjà si minimes, que nous devions consacrer à l'hospitalité
» et à l'aumône [1]. »

Pendant ce temps, le comte Eudes continuait sa carrière aventureuse. Déjà nanti du comté de Champagne, sur lequel son titre de descendant de la comtesse Leudgarde ne lui donnait que des droits fort douteux (1019), il voulut disputer à l'empereur Conrad-le-Salique la succession de Raoul-le-Fainéant, roi de Bourgogne, son oncle (1027). Ses prétentions, justifiables cette fois, n'eurent pas la sanction de la fortune; il dut céder après une campagne malheureuse. Mais les affaires de France donnèrent bientôt un nouvel aliment à sa passion d'intrigue.

Le roi Robert était mort en juillet 1031, et deux de ses fils, Henri et Robert, se disputaient l'empire. Dès l'année 1025, après la mort du prince Hugues, leur fils aîné, Robert et la reine Constance avaient longuement disputé sur le choix du futur héritier de la couronne. Le Roi, conseillé par Fulbert, évêque de Chartres, se prononçait pour Henri, Constance pour Robert. L'avis influent du comte Eudes de Chartres et de Guilhem, duc d'Aquitaine, fit pencher la balance en faveur

---

[1] *Lettres de Fulbert*, n° 90, ib. Le vicomte Gauzfrid, qui possédait de grands biens dans le Perche, fonda, vers 1031, le monastère de Saint-Denis de Nogent-le-Rotrou. Ses déprédations dans le pays chartrain furent cruellement vengées; il périt, en 1040, assassiné sur les marches de la cathédrale de Chartres. *(Chron. percher.* de l'abbé Fret, vol. 2, p. 155. — *Hist. du Dunois*, Bordas, mss. de la Bibl.) Fulbert eut encore d'autres affaires épineuses à traiter; entre autres, le différend du chevalier Arnulf, tenancier de l'église de Notre-Dame, avec Léothéric, archevêque de Sens *(Lettres*, n°s 23 et 24), et le meurtre du sous-doyen du chapitre par l'évêque de Senlis et son frère, qui avaient fait cacher des assassins dans une maison du cloître. *(Lettres*, n°s 45 et 60.)

Quelques écrivains locaux, Doyen, Chevard, etc., ont cru devoir rapporter au long l'histoire des hérétiques d'Orléans dont le moine Paul *(Cart. Saint-Père*, vol. 1er, p. 109) a donné un récit très-circonstancié. Cet épisode est étranger à Chartres; seulement Arefaste, seigneur normand, dénonciateur des hérétiques, fut dirigé dans cette affaire, en l'absence de Fulbert qui était à Rome, par un clerc de Notre-Dame nommé Ebrard. Arefaste donna de grands biens à Saint-Père dans le pagus de Coutances. *(Ib.*, p. 108.)

du prince Henri, qui fut couronné le 14 mai 1027. Mais, après la mort du Roi, la manie d'opposition d'Eudes reparut, et il ne manqua pas de passer dans le camp du prince Robert, moyennant la moitié de la ville de Sens que lui donna la reine Constance. Longtemps il batailla contre Henri; cependant il finit par céder aux armes du nouveau Roi, qui lui reprit le don de la reine-mère (1033).

La mort de l'évêque Fulbert, arrivée en 1028 [1], avait attiré un instant les regards d'Eudes sur son comté de Chartres [2]. Quoique les suffrages du chapitre eussent appelé le doyen Albert au siège épiscopal, un certain Théoderic, créature de la reine Constance, fut intronisé par l'archevêque de Sens. Les chanoines humiliés invoquèrent la protection du Comte, qui, pour contredire sans doute la volonté royale, déclara qu'il n'ouvrirait pas sa ville à ce Théoderic avant que les évêques de Beauvais, d'Orléans et de Tours ne l'eussent examiné, car il passait pour peu lettré, *idiotam*. Ce conflit dura quelque temps, mais Albert s'étant fait moine, Théoderic finit par réussir. Toutefois Eudes ne négligea pas l'occasion de le molester : elle se présenta vers 1033. Le couvent de Saint-Père était en tel désaccord avec l'évêque, que l'abbé Arnulf, craignant sa colère, s'était retiré à Jusiers [3]; le Comte fit

---

[1] La mort de Fulbert inspira à son élève Adelmann une touchante élégie. (Mabillon, *Vetera analec.*, p. 382.) Il fut inhumé dans l'église du couvent de Saint-Père, devant le maître-autel, à côté de l'évêque Ragenfroy *(Cart. Saint-Père, Agan.*, vol. 1er, p. 12); une plaque de marbre fixée à l'un des piliers du chœur de Saint-Pierre rappelle le lieu de sa sépulture. L'illustre évêque de Chartres fut honoré comme un saint dans quelques églises : à Chartres on célébrait son anniversaire avec pompe et sa mémoire était en vénération *(Nécrol. de Notre-Dame*, 4 des ides d'avril); à Poitiers, son nom se trouve dans les litanies composées vers 1621 par l'évêque Chateignier de la Rocheposay; au couvent de Lagny, sa fête avait lieu le 2 juin. Pourquoi ce culte de l'un des pontifes les plus éminents de l'église gallicane est-il tombé en désuétude? (Voir Baillet, *Vie des Saints*, 10 avril. *Annal. Baron. Martyrol. de Fr.*, par du Saussay. *Vie de Gerbert (Silvestre II)*, par Hock.)

[2] Les vieilles chroniques font mention, à l'année 1031, d'un incendie de la ville et d'une partie de la cathédrale. (Souchet, *Extrait du chan. Etienne*, vol. 1er, p. 405, mss. de la Bibl.)

[3] La paix se rétablit entre Saint-Père et Théoderic, car ce prélat, qui mourut vers 1048, fut inhumé dans l'église du couvent, à la droite de Ragenfroy et près de Gancelme et de Fulbert. Le moine Paul dit, dans un style assez ampoulé, que *ses*

rétablir ce religieux dans l'abbaye de Chartres avec la plus grande pompe. Peu après il gratifia le couvent du ban de Barmainville et l'en investit en déposant sur l'autel un rameau de sabine (1033 à 1037)[1].

Vers la même époque (1036), la veine aumônieuse d'Eudes allait chercher une petite église de chanoines bâtie depuis peu en l'honneur de saint Jean-Baptiste, dans le lieu nommé *Vallée*. Il lui fit don, en présence de ses fidèles, des droits de fisc et de justice qu'il avait sur le bourg *Muret*, voulant, disait-il, contribuer à sa splendeur de son propre bien et semer de larges aumônes pour recueillir de larges bénédictions. Cette église devint plus tard l'abbaye de Saint-Jean-en-Vallée [2].

Cet acte est le dernier que nous connaissions du comte Eudes dans le pays chartrain. Ce Prince, qui guettait depuis longtemps l'occasion de prendre sa revanche avec l'empereur Conrad, crut la trouver en 1037. Les embarras de l'Empereur en Italie le décidèrent à se jeter sur la Lorraine, gouvernée par Gothelon, vassal de Conrad; une dernière infidélité de la fortune l'y attendait. Assailli par Gothelon, près de Bar-le-Duc, il périt criblé de blessures, le 15 octobre 1037 [3].

Eudes II, malgré ses constants revers, éleva bien haut la maison de Chartres. Il prenait le titre de Comte palatin; ses officiers étaient nombreux; il avait des vicomtes, un sénéchal

richesses ambroisiennes complétèrent l'œuvre renommée de la cour céleste de la Mère de Dieu. *(Cart. Saint-Père*, vol. 1er, p. 12.) C'est, sans doute, une allusion à l'achèvement de la nouvelle église de Notre-Dame que Théoderic dédia le 17 octobre 1037. (D. Bouquet, vol. 2, p. 29 et 217.)

[1] *Cart. Saint-Père*, vol 1er, p. 119 et suivantes. *Ib*., vol. 1er, p. 125. *Bannum Bermerii Villæ, quem semper ibi me habuisse officiales mei testantur*. Le mot *ban* s'entend ici du pouvoir administratif et exécutif et des amendes imposées aux contrevenants. (Voir *Cart. Saint-Père*, Guérard, *Prolégomènes*, n° 102.)

[2] Acte fait en présence du vidame Renaud, de Nivelon, d'Albert de Gallardon, du prévôt Haudry, du vicomte Gilduin et de Gauslin de Lèves. (Archiv. dép., *Saint-Jean*, feuille n° 48.)

[3] Rad. Glaber, liv. 3, C. 9. Cet événement est reporté au 13 novembre 1038 par le nécrologe de Pontlevoy. (Voir *Hist. du Dunois*, Bordas-Rossard, Mss. de la Bibl.)

nommé Sansgualo, un prévôt de Chartres nommé Haudry, et un gand nombre de fidèles [1]. Ceux qui appartiennent au pays chartain sont Nivelon, fils ou neveu de Foucher, abbé de Saint-Lubin, Gauslin de Lèves, Albert de Gallardon, Landry-le-Large, Herbert de Chartres, Gautier ou Walter d'Alluyes, Ingelger d'Illiers [2]. Ce comte avait épousé, vers 1020, Ermengarde, fille de Robert, comte d'Auvergne, qui lui donna plusieurs enfants.

Le partage des immenses possessions de Eudes II entre ses fils fut fort inégalement fait. Thibault eut Chartres, Blois et Tours; Étienne, la Brie et la Champagne; Hugues, l'abbaye de Marmoutiers. Sa fille Berthe devint la femme d'Alain, duc de Bretagne [3].

Pour suivre les traditions de ses ancêtres, le comte Thibault III, d'accord avec son frère le Champenois, commença par refuser hommage au roi Henri, sous prétexte que ce prince n'avait pas secouru leur père Eudes dans sa guerre contre l'empereur Conrad. Avant d'agir, les deux frères s'étaient assurés du concours du prince Eudes, frère du Roi. Henri I déjoua cette ligue. Tandis que les troupes royales tenaient tête à Etienne de Champagne, le Roi dépêchait contre le comte de Chartres, Geoffroy-Martel, comte d'Anjou, digne fils de Foulques-Néra, qui vainquit et fit prisonnier son adversaire au combat de Bléré, sur le Cher, le 22 août 1044 [4].

Pendant la captivité de Thibault, qui dura six ans, le vicomte Gilduin fit sans doute les affaires du comté de Char-

---

[1] *Cart. Saint-Père*, vol. 1er, p. 125, et vol. 2, p. 271. Geile, fille du prévôt Haudry, épousa Rodolphe, neveu de l'évêque Fulbert. (*Cart. Saint-Père*, vol. 2, p. 271.)

[2] *Cart. Saint-Père*, vol. 1er, p. 125, 161 et pass.

[3] Une autre fille du comte Eudes, nommée Agnès, figure dans une charte de l'abb. de Saint-Père. (*Cart.*, vol. 1er, p. 96.)

[4] Ou 1042. Quelques écrivains disent que la bataille se donna près de Fréteval. (Voir *Histoire du Dunois*, Bordas-Rossard, Mss. de la Bibl.)

tres. Ce seigneur, à l'imitation des comtes, ses suzerains, voulut se montrer libéral envers l'abbaye de Saint-Père. Le 29 avril 1046, il donna à ce monastère, du consentement de sa femme Emmeline et de son fils le vicomte Harduin, toutes les *coutumes* qu'il percevait dans le bourg de Saint-Père [1].

Étienne, comte de Champagne, mourut en 1048, et Thibault, délivré par Geoffroy d'Anjou, moyennant la cession du comté de Tours, se saisit de la Champagne et de la Brie, au préjudice de son neveu Eudes, qui disparut de la scène politique. Des hostilités sourdes continuèrent longtemps encore entre Thibault et Geoffroy au sujet de la délimitation de leurs territoires. Le prince angevin poussa même ses excursions jusque dans le cœur du Blésois, où il s'empara de Fréteval, propriété de Nivelon, l'un des fidèles de Thibault. Payen, fils de Nivelon, voulut reprendre le manoir paternel, mais il fut tué à la première attaque. On ne sait trop quand finirent ces querelles [2].

Vers 1054, le Comte fonda dans la banlieue de la ville, la maladrerie du Grand-Beaulieu, qu'il dota de droits fiscaux sur la foire de Saint-Simon-Saint-Jude, tenue à Chartres pendant les huit jours qui précèdent la Toussaint [3]. Des maladies extraordinaires, les guerres, les incendies, la famine, qui venaient de désoler presque toutes les possessions de Thibault, l'engagèrent vraisemblablement à faire cette fondation [4]. L'évêque Agobert, successeur de Théoderic, prouvait à la même époque son amour pour les œuvres pies en donnant une prébende de son chapitre aux moines de Marmoutiers, ses anciens

---

[1] *Cart. Saint-Père*, vol. 1er, p. 161. On entendait par *Coutumes* les droits fiscaux établis par l'usage, tels que le cens, le tonlieu, le ban du vin, etc. (*Cart. Saint-Père*, Guérard, *Prolégomènes*, n° 101.)

[2] *Ib.*, p. 25. Foucher, second fils de Nivelon et héritier de ses biens, donna à Saint-Père l'abbaye de Saint-Lubin, domaine de sa famille, pour remplir les intentions que sa mère Ermentrude avait manifestées à son lit de mort. (*Ib., loco cit.*)

[3] Voir : Souchet, Doyen, Chevard, et une *Notice historique sur la maladrerie du Grand-Beaulieu*, par M. Lejeune. Orléans, 1833.

[4] Voir : *Histoire de Provins*, par Bourquelot, vol. 1er, p. 89.

confrères [1]. Le séjour au château de Chartres de la comtesse Berthe, veuve du duc de Bretagne et sœur de Thibault, fut aussi très-profitable aux établissements religieux. Saint-Père reçut de cette princesse, en 1069, l'assurance du retour de certaines vignes situées près de Saint-Lubin [2]. Mais les bienfaits de la paix n'eurent pas le temps de cicatriser les maux de la guerre.

Vers 1058, le Comte suivit les étendards de son souverain Henri Ier contre Guillaume, duc de Normandie [3]; il entra, par Mantes, sur les terres du prince Normand, avec tous les hommes d'armes de ses domaines. Cette invasion ne fit que ramener les combattants dans le Drouais et dans le Chartrain. Les troupes normandes occupèrent le château de Thimert; il y eut un siége de Châteauneuf et une guerre acharnée entre Albert, fils de Riboult, seigneur de Brezolles, tenant pour Guillaume, et Guazon, seigneur de Châteauneuf, partisan de Thibault [4]. Après beaucoup de dévastations sans résultat, le Roi fut obligé de renoncer à ses projets. Il mourut en 1060, et le comte Thibault, que les revers avaient rendu plus pacifique, prolongea sa carrière jusqu'en 1089.

Les chartes nombreuses du règne de Thibault III permettent de suivre avec plus de certitude la filiation des principaux

---

[1] Charte de 1048 à 1060 (Arch. dép., *Chapitre*, *Reg. des privil.*, p. 147), vidimée par l'official de Tours en 1240. C'est un pacte d'alliance entre les moines de Marmoutiers et les chanoines de Chartres, comme il y en eut tant aux XIIe et XIIIe siècles : échange de prières, inscription des évêques de Chartres sur le martyrologe de Marmoutiers, service solennel à la mort de chaque chanoine, telles sont les conditions de l'acte qui fut confirmé par les seings du roi Henri, des seigneurs de sa cour, de l'évêque et des chanoines de Chartres, de Yves de Courville, de Jean (*le sourd*) médecin, de Hugues, fils du Vidame, et d'Ebrard du Puiset, second fils du vicomte Gilduin.

[2] *Cart. Saint-Père*, vol. 1er, p. 210.

[3] Fist li Rei mander è banir
 Et à Meante à li venir
 Cels d'Orlianz è de Vastineiz,
 Cels del Perche è del Chartrain.
 (Robert Wace, *Roman de Rou*, vol. 2. p. 71.)

[4] *Cart. Saint-Père*, vol. 1er, p. 136, 137, 152 et 153.

seigneurs du pays chartrain. Nous voyons d'abord la puissance des Vicomtes poindre avec Gilduin, grandir sous ses fils Harduin et Ebrard I, et présager sous Ebrard II et Hugues II, les prouesses et les guerres d'Ebrard III et de Hugues III. Puis, viennent Nivelon et Foucher de Freteval, Gauslin de Lèves, Robert d'Aiguillon, Hervé de Gallardon, Yves de Courville, Guazon de Châteauneuf, les vidames Hugues, Albert et Guerry. Bientôt les croisades vont mettre en relief un grand nombre de seigneurs d'un rang inférieur [1].

La maison particulière de Thibault III comptait un sénéchal nommé Henri, un échanson nommé Durand, un sergent nommé Hugues, et un prévôt de Chartres nommé Guillaume [2].

Ce Comte, dont les alliances ne sont pas bien connues, laissa deux fils: Hugues qui obtint la Champagne, et Étienne dit Henri, qui eut en partage les comtés de Blois et de Chartres [3].

Il est curieux d'étudier les tendances matérielles et intellectuelles de la société chartraine au moment où la féodalité, poussée vers les hasards des Croisades, va travailler, sans le vouloir, au développement de l'idée communale. Jetons un coup-d'œil rapide sur la topographie de la ville et sur l'état des personnes au XIe siècle.

On est très-fondé à croire qu'avant la seconde moitié du IXe siècle l'enceinte de Chartres était fort étendue. Déterminer les limites de cette enceinte est chose impossible. On sait cependant que le bourg de Saint-Père n'y fut jamais compris, car du temps de sa plus grande prospérité, avant l'é-

---

[1] Voir la notice sur les principales familles chartraines au Moyen-Age, fin de ce volume, n° 3 des appendices.

[2] *Cart. Saint-Père*, vol. 1er, p. 133, 158, 161; vol. 2, p. 231.

[3] On sait par un titre de 1083 que la femme de Thibault III se nommait Alix. (Souchet-Etienne, vol. 1er, p. 433, mss. de la Bibl. — Arch. dép., *Chapitre*, invent., p. 280 et f° 1, caisse 10.) La souscription du prince Etienne se trouve au bas d'une donation de son père Thibault III en faveur de Saint-Père, vers 1080 (*Cart.*, vol. 1er, p. 158); cependant Doyen (vol. 1er, p. 142) et Ozeray (vol. 1er, p. 186) écrivent que ce Comte mourut sans enfants.

vêque Hélie et les Nordmans, le couvent était situé *hors de la ville et non loin des remparts*[1]. « Après le sac de Chartres, » en 858, les habitants, dit le moine Paul, sentant leur cou- » rage insuffisant *pour réédifier toute la ville*, se conten- » tèrent de choisir pour leur habitation ce petit coin de l'an- » cienne cité qui est encore, de nos jours (1060 environ), » enceint de murailles; ils essayèrent donc de s'y fortifier de » leur mieux, en bâtissant des murs, sans ciment, avec les » pierres abruptes des vieilles fortifications [2]. » Cette nou- velle assiette des murs nécessita la coupure de quelques pro- priétés enclavées autrefois dans la ville. La grande charte de Ragenfroy, donnée vers 954, nous apprend que plusieurs terres de Saint-Aignan, de Saint-Père et de Saint-Hilaire de Poitiers se trouvèrent dans ce cas. Un domaine que les moines de Saint-Père possédaient dans l'ancienne cité et qu'ils avaient reçu jadis de la munificence d'un chevalier, à la charge de bâtir au chevet de leur couvent une église sous le vocable de saint Hilaire, fut morcelé de telle sorte, par suite du rétrécis- sement de la ville, qu'un quart seulement demeura dans l'inté- rieur des murs; il en fut de même d'une autre terre de Saint- Père qui occupait une partie du plateau et du revers de la colline et que le mur construit depuis la porte Evière jusqu'à la porte Cendreuse coupa dans toute sa longueur. Ce fut sur ce terrain que Thibault-le-Tricheur éleva le château des Comtes.

Vers le milieu du XIe siècle, à l'époque où écrivait le moine Paul, des groupes de maisons jetées dans la vallée formaient le bourg Muret, le bourg Saint-André, le bourg proprement dit, le bourg et le bas-bourg de Saint-Père. Si les fortifications anciennes n'étaient pas rétablies dans toute leur étendue, les portes subsistaient au moins de nom et servaient de points de

---

[1] *Memoratus locus, non longe a menibus Carnotinæ urbis normaliter situs.* (*Cart. Saint-Père, titul. Agan.*, vol. 1er, p. 4, n° 2.)

[2] *Cart. Saint-Père*, vol. 1er, p. 5, note; leçon du Codex B.

raccord aux héritages. Dans la description qu'il nous a laissée des biens de Saint-Père, le chroniqueur du couvent parle de 27 arpents de vigne situés près du cimetière Saint-Cheron, à la croix Saint-Barthélemy, le long du chemin qui descend à la porte *Morard*. Dans le bourg même, la terre de Saint-Père commençait au chemin qui conduit de l'Eure à la *porte Morard*; puis, de cette porte, elle allait gagner la poterne *Tireveau*, *Trievitulus*, revenait, à gauche, jusqu'à l'Eure qu'elle passait sur le pont de l'abreuvoir, *mergentis pediculi*, probablement le pont Taillehart, traversait la voie des *Fumiers*, *merdosa*, et allait aboutir à la nouvelle enceinte près de la poterne de Foucher fils de Nivelon, maintenant l'Etape-au-Vin. Au bourg Saint-André, Saint-Père possédait deux sous de cens non loin du pont qui regarde la porte d'Ainbolt, *Imbout*. Enfin, près de la porte *Drouaise*, le fils de Girard, négociateur de Saint-Père, tenait en bénéfice une terre rendant 10 sous de cens.

Du côté du plateau, les titres antérieurs au XIIe siècle nous font connaître trois sorties de la ville : la porte *Saint-Jean-de-Vallée*, la porte *Percheronne*, et la porte *qui est près de Saint-Michel*. Le mur construit sur la crête de la colline après les ravages des Nordmans était percé par les portes *Neuve*, *Evière*, *Cendreuse*, et par la poterne de Foucher fils de Nivelon. En dehors des murs de la haute ville, se trouvaient les bourgs de *Beauvoir*, du *Châtelet*, de *Saint-Michel*, qui avaient peut-être fait partie de l'ancienne cité et qui à la fin du XIIe siècle rentrèrent dans l'enceinte.

Les chemins principaux étaient la route royale, *regia strata*, allant de Saint-Michel au couvent de Saint-Martin-au-Val, le chemin venant de ce couvent au bas bourg de Saint-Père, le grand chemin de la Beauce traversant Beaulieu, le chemin de Saint-Cheron à la porte Morard, celui de Saint-Père à la porte Cendreuse, et celui de Mainvilliers à la porte Percheronne.

Presque toutes les propriétés cernant la ville à l'extérieur étaient possédées par des établissements religieux. Saint-Père s'étendait du côté de Saint-Martin-au-Val, de Saint-Barthélemy, de Saint-Lubin, de Lucé, de Mainvilliers et de Seresville; le couvent de Saint-Lomer de Blois avait ses biens à Luisant et près du chemin de la Beauce; une partie du domaine de Notre-Dame comprenait les terres et les vignes situées entre la porte Percheronne et Mainvilliers et entre la porte Saint-Michel et Saint-Lubin; l'Évêque avait son clos, le *Clos-l'Evêque* et les prés du bord de l'Eure, les *Grands-Prés* et les *Petits-Prés*, dits *des Reculés;* Saint-Maurice et le couvent naissant de Saint-Jean, Saint-Cheron et Saint-Martin-au-Val, se partageaient les terres de leur voisinage.

Quant aux monuments intérieurs de la cité, ils consistaient, outre le château des Comtes, en édifices religieux dont l'église de Notre-Dame était le plus remarquable. Le médecin Jean-le-Sourd venait (vers 1060) de faire construire un magnifique portique au côté méridional de cette nouvelle basilique [1].

Autour des habitations du Comte, de l'Évêque et des moines de Saint-Père, s'établirent peu à peu les artisans, serfs pour la plupart, mais dont la condition, déjà améliorée par le droit d'héritage, gagnait de jour en jour à la création des classes. L'instinct naturel aux faibles, ou plutôt la puissance de la classification féodale, poussait ces pauvres gens à se réunir dans les mêmes quartiers; les corporations du Moyen-Age, si importantes et quelquefois si redoutées, n'eurent pas d'autre origine. Il y avait à Chartres le quartier des monnayeurs ou de la monnaie, *Moneta,* celui de la boucherie, *Macellum,* celui des changeurs, *Cambitum,* celui de la sellerie, *Sellaria,* celui des orfèvres, *Domus aurifabrorum;* dans quelques échoppes du bord de l'Eure, berceau du fameux métier *de la rivière* de Chartres, travaillaient les foulons, les corroyeurs et les tein-

---

[1] Voir Topographie chartraine, pièces justificatives, fin de ce volume, n° 4 des appendices.

turiers. L'abbaye de Saint-Père occupait pour son service particulier des ateliers de pelleterie, *Pelliparia*, de cirerie, *Ceraria*, et de feutrerie ou chapellerie, *Feltraria*; il est probable que Notre-Dame, l'Evêque, le Comte avaient aussi leurs travailleurs attitrés. Nous verrons plus tard chaque rue de Chartres arborer, pour ainsi dire, la bannière d'une corporation [1].

On saisit dans la seconde moitié du XIe siècle des traces évidentes de progrès social. Le moine Paul, qui vivait à cette époque et qui avait remué la poussière des chartriers de son couvent, raconte que les paysans du temps d'Aganon et de Ragenfroy (vers 950) ne jouissaient pas, sur les revenus, des *coutumes* dont profitaient les paysans de son temps [2]. C'est qu'en effet le servage s'était transformé complétement par l'établissement des coliberts, des hôtes, des vassaux, et surtout par le passage de serfs seigneuriaux au rang de serfs ecclésiastiques. Parmi les nombreux actes de libéralité dont les pauvres serfs bénéficièrent, il faut citer la donation faite, vers 1055, par Albert de Brezolles aux moines de Saint-Père, de l'église de ce bourg et des hommes de corps qui en dépendaient; le roi Henri Ier, en la confirmant, défendit, en vertu de son autorité royale, à tous seigneurs, laïcs ou ecclésiastiques, de molester ces hommes de corps par l'imposition de corvées, de ban, de tonlieu, de viguerie, ou par tout autre *exaction*, voulant qu'ils vécussent tranquilles, sans autres maîtres que les religieux, moyennant l'acquittement de leurs redevances ordinaires [3]. En 1070, le vicomte Ebrard Ier céda à Saint-Père, pour cent sous écus et une once d'or, les enfants nés de Gisbert son serf et d'une fille serve du couvent [4]. L'aumonieux Thibault III fit donation au même couvent, en 1080,

---

[1] *Cart. Saint-Père*, vol. 2, p. 284, 301, 317 et pass.
[2] *Ib.*, vol. 1er, p. 14, 15 et 48.
[3] *Ib.*, p. 128.
[4] *Ib*, p. 159.

de quelques serfs nés des serfs de son domaine et des serves de Saint-Père; en 1083, ce prince renonça, comme collateur de l'abbaye de Saint-Martin-au-Val, aux droits qu'il pouvait prétendre sur les serfs issus de mariages de ses femmes serves avec les hommes de corps du chapitre [1]. Vers la même époque, Gauslin de Lèves gratifiait Saint-Père, d'Odeline, sa serve, fille de Magenard, maire de Champhol [2]. Enfin, au début de son gouvernement, le nouveau comte Etienne-Henri, *pour faire quelque chose d'agréable à Dieu et par cette considération que quiconque fait remise à son obligé de sa dette en reçoit le prix dans le Ciel*, fit passer au service du prince des Apôtres une serve de son domaine appelée Legarde, avec toute sa progéniture [3].

Pendant le XIe siècle, les établissements religieux, à la tête desquels il faut toujours placer Saint-Père, rachetèrent ou obtinrent à titre gratuit, des possesseurs, les *vicaries* ou *vigueries* qui pesaient sur leurs terres. Ce droit, ou plutôt cette fonction d'origine Mérovingienne, consistait d'abord dans l'administration viagère de la justice, par certains personnages importants, sur les habitants d'un *Pagus;* la révolution qui amena la troisième race sur le trône détermina la consolidation des vicaries, à titre héréditaire, entre les mains des détenteurs et autorisa ces derniers à établir sur leurs justiciables des tarifs arbitraires d'amendes et autres *exactions*. Le monastère de Saint-Père fit rentrer successivement dans son domaine les vicaries d'Ymonville, d'Abonville, de Dammarie et autres lieux, et obtint du vicomte Hugues du Puiset, en 1096, l'abandon de la *vicarie supérieure* ou *tutelle générale*, que ce seigneur exerçait sur toute la Beauce [4]. Les

---

[1] Arch. dép., *Chapitre*, f° 1, caisse 10, et inv., p. 280. — Coll. Lejeune, Mss. de Pintard, p. 13, v°. — Souchet-Etienne, p. 433, Mss. de la Bibl.
[2] *Cart. Saint-Père*, vol. 2, p. 268.
[3] *Ib.*, p. 295.
[4] *Ib.*, p. 216, 239, 240 et 241.

étrangers une fois expulsés, les moines se réservèrent l'administration de la justice pour les cas graves, mais ils confièrent la police et la recette des redevances, à des gens *de leur famille* qui prirent le nom de *Maires, majores*. Ces serfs, élevés à un emploi qui les sortait de la glèbe, et qui payaient un cens féodal à raison de cet emploi, en vinrent promptement à considérer leur mairie comme un bien patrimonial. A la fin du XIe siècle, si cette prétention n'était pas encore admise par les religieux, elle soulevait à chaque vacance, de la part des héritiers, des chicanes qui aboutissaient toujours à la continuation, à leur profit, de l'office de leur auteur [1]. Bientôt après, ce qui n'était qu'une tolérance fut un droit, et les mairies devinrent, par le fait, des fiefs héréditaires.

Les constitutions de biens, à titre de fief et moyennant un cens, à des gens de condition servile, commençaient à se multiplier; d'un autre côté, le droit d'héritage reconnu aux serfs nés de mariages mixtes ébranlait le monopole de la propriété; or avec la propriété, les serfs purent obtenir la liberté. Le besoin d'argent que les croisades firent naître favorisa dans le pays chartrain cette conséquence heureuse du système féodal; nous connaissons plusieurs exemples d'affranchissement à prix d'argent un peu antérieurs à la première croisade [2].

A côté de ces prémices du mouvement libéral qui détermina plus tard l'émancipation de la classe serve, on voit se manifester dans la classe seigneuriale un mouvement diamétralement opposé. Un enthousiasme religieux, inconnu jusqu'alors, s'emparait des esprits; il venait de diriger l'entreprise de quelques aventuriers normands en Pouille et en Sicile, entreprise à laquelle des chevaliers chartrains s'étaient asso-

---

[1] *Cart. Saint-Père*, vol. 2, p. 430 et pass.
[2] Haimon et ses deux sœurs Ermengarde et Rosceline (vers 1090) (*Cart. Saint-Père*, vol. 1er, p. 91); Giroard (1079-1100) (*Ib.*, vol. 2, p. 294); Guarin, de Barmainville (1090-1100). (*Ib.*, vol. 2, p. 297.)

ciés¹. On pouvait déjà dire que le titre de *Soldat de Dieu*, consacré par l'ardeur militante des scolastiques, n'était plus une métaphore. Il arriva donc qu'un grand nombre de vieux seigneurs, faisant un retour sur leur vie mondaine, laissèrent à des mains juvéniles la lance et l'épée et revêtirent l'habit monastique. Les chartes nous donnent les noms de quatorze chevaliers qui se firent moines à Saint-Père à l'approche des croisades². Ceux qui n'abandonnaient pas encore le métier des armes consacraient un de leurs enfants au service divin, comme gage vivant de leur foi et de leur dévouement à la cause du Christ³. Les matrones elles-mêmes s'affiliaient aux couvents, s'y faisaient porter à l'heure de la mort et obtenaient par grâce insigne la promesse d'une place dans le cimetière des religieux⁴. Comme on se faisait *pauvre et peuple* pour arriver à Dieu, quelques regards de commisération étaient jetés sur les vrais pauvres et sur le vrai peuple par les nouveaux convertis à l'humilité chrétienne.

Ainsi, d'une part, exaltation progressive des petits, et, de l'autre, abaissement volontaire des grands, voilà le bilan bien caractérisé de la société chartraine au moment où le comte Étienne-Henri prit possession du domaine de ses pères.

---

[1] Les deux fils de Gauzfrid-le-Noir (a. 1080). *(Cart. Saint-Père*, vol. 1ᵉʳ, p. 221.)

[2] Le vicomte Gilduin ; Robert ; Guadon du Drouais ; Hugues de Vernou ; Hugues Broutesaule ; Germond de Meslay ; Roger ; Hugues d'Epeautrolles ; Aimery de Chanteloup ; Gauzfrid-le-Noir et Beaudouin, de Chartres ; Bernard du château d'Evreux ; Guntard de Garancières ; Guillaume, prévôt d'Alluyes. *(Cart. Saint-Père*, vol. 1ᵉʳ, p. 139, 143, 165, 178, 187, 203, 206, 218, 219, 221, 222, 225.)

[3] Ernaud, jeune fils de Landry, chevalier de Brou (a. 1080) *(Cart. Saint-Père*, vol. 1ᵉʳ, p. 221) ; un enfant, petit-fils de la matrone Hildegarde, veuve de Gauzfrid-le-Noir (a. 1080) *(Ib.*, p. 222) ; Widon, jeune fils de Gila, matrone du Perche (a. 1100). *(Ib.*, p. 228.)

[4] Hildegarde, vicomtesse de Châteaudun (vers 1020) *(Ib.*, p. 117) ; Hersinde, femme de Maingot de Crucey (a. 1080) *(Ib.*, p. 133) ; la matrone Ermengarde, parente de Payen de Regmalard (1090-1100) *(Ib.*, vol. 2, p. 313) ; Mabile, femme de Gervais de Châteauneuf (vers 1100) *(Ib.*, p. 320) ; Eugénie, femme du viguier Ernaud (vers 1100) *(Ib.*, p. 325).

CHAPITRE V.

D'ÉTIENNE-HENRI A THIBAULT V.

Yves. — Guerres du Puiset. — Croisades.

(1100-1150.)

Étienne-Henri, nouveau comte de Chartres, qui avait épousé, en 1080, Adèle, fille de Guillaume-le-Conquérant, roi d'Angleterre et duc de Normandie [1], se distinguait dans ce siècle de fer par son amour pour la littérature. Hildebert, évêque du Mans, le comparait à Virgile. Adèle, elle-même, faisait des vers et protégeait les savants. De tels goûts auraient dû garantir une existence paisible à ce couple princier; les orages politiques en décidèrent autrement.

Le passage à l'épiscopat des trois premiers successeurs d'Agobert : Robert (1060), Arrald ou Artault (1068) et Geoffroy Ier (1077), avait fait peu de bruit dans le pays chartrain; le premier fut simple et vertueux, mais un peu suspect d'hérésie; le second, éloquent, mais fourbe; le troisième, de noble race, mais simoniaque au point de se faire interdire par le concile d'Issoudun et déposer par le pape Urbain II [2].

---

[1] Filles de Guillaume-le-Conquérant :
    Cecile fut à Caem abesse,
    Ele (Adèle) *fu de Chartres cuntesse*,
    Espuse al conte *Estievenum*,
    Gentiz home, noble barun,
    Enfanz orent don la lignie
    Fu mult creue è eshaucie.
        (Robert Wace, *Roman de Rou*, vol. 2, p. 59.)

[2] Robert, tourangeau et d'une orthodoxie douteuse, voulut introduire dans l'abbaye de Saint-Père un de ses compatriotes, moine de Marmoutiers et sectateur de

L'avènement d'Yves, successeur de Geoffroy Ier, rendit à la chaire de Chartres l'éclat dont elle avait brillé sous Fulbert (1090).

Cet illustre personnage était prévôt de Saint-Quentin de Beauvais, lorsqu'il fut choisi pour remplacer le simoniaque Geoffroy. Il éprouva d'abord de grandes difficultés de la part de son métropolitain Richer, archevêque de Sens, pour se faire introniser; la volonté du Saint-Siège et celle du roi Philippe Ier, finirent par triompher de ces résistances, et le nouveau pontife fut placé sur le siège de Chartres en 1092.

Il se posa, dès son début, en zélé réformateur des mœurs, sans acception de personnes. La comtesse Adèle reçut, la première, une admonestation sévère au sujet des déportements d'une de ses parentes nommée Adélaïde [1]. Puis, ce fut un hérétique du nom de Roscelin (probablement Roscelin de Compiègne, l'un des chefs de la secte des *Nominaux*), qui reçut une leçon du prélat [2]. Bientôt après, l'union adultère du roi avec Bertrade, femme de Foulques-le-Rechin, comte d'Anjou, donna carrière à sa verve mordante (1092). Yves

l'hérétique Bérenger. Sur le refus des moines de recevoir son protégé, l'Évêque les excommunia, malgré le légat du Pape. *(Cart. Saint-Père, Agan.,* vol. 1er, p. 13.)

Arrald, au dire du moine Paul, cachait sous le charme de la parole une fourberie sans pareille. Pour excuser ses rapines, dont les couvents étaient victimes, il disait que l'or et l'argent donnaient aux moines des idées d'orgueil et de luxure; il voulait que les religieux ne mangeassent que des légumes secs. Et cependant on se servait à sa table que des poissons monstrueux et des mets extraordinaires, pour satisfaire sa gloutonnerie, *ventri suo castrimargiam semper habens vernaculam*. *(Ib.,* p. 13 et 14.)

Geoffroy, neveu de Geoffroy, évêque de Paris, et d'Eustache, comte de Boulogne, avait trouvé un avocat dévoué dans Eustache, abbé de Saint-Père, qui fit un voyage en cour de Rome pour démontrer à Grégoire VII l'injustice de l'excommunication lancée, en plein concile, contre le prélat chartrain, par le légat Hugues de Die (vers 1081). En reconnaissance, Geoffroy combla Saint-Père de biens; il donna, entre autres, à ce monastère la portion qui revenait à l'Évêque dans le tonlieu perçu sur les habitants du bourg Saint-Père (14 novembre 1087). *(Ib* , vol. 2, p. 252.) L'abbaye avait été entièrement consumée par un incendie vers 1077. *(Ib.,* p. 216.)

[1] *Œuvres d'Yves de Chartres*, éd. Cottereau, 1647; lettre, n° 5.

[2] *Ib.*, lett., n° 7. La lettre qu'Yves écrivit à ce Roscelin contient une peinture assez singulière de l'esprit des Chartrains de ce temps : « *Ne venez pas dans notre ville*, lui disait-il, *car nos concitoyens, fort enclins à critiquer les autres quoique paresseux à se corriger eux-mêmes, pourraient bien, selon leur coutume, lorsqu'ils connaîtront votre vie, recourir aux pierres pour tout argument.* »

accabla de reproches Philippe, les évêques invités à ces noces criminelles, le légat Roger, qui avait prêté les mains à la célébration du mariage.

Le Roi répondit par la violence ; il suscita contre Yves, le vicomte Hugues du Puiset, seigneur brouillon et vindicatif, qui avait déjà des querelles de voisinage avec Notre-Dame. Il paraît que l'évêque s'était mis à dos les seigneurs du pays chartrain en voulant faire rentrer son église dans les biens, les privilèges et les droits utiles aliénés par son prédécesseur [1]. Un jour, le Vicomte enleva brusquement Yves et le jeta dans son donjon du Puiset (1093). Le peuple de Chartres, conseillé par les principaux habitants, résolut de recourir à la force pour tirer son pasteur de prison ; mais Yves détourna ses ouailles de ce parti extrême, en leur rappelant que l'incendie et la ruine des pauvres n'apaisent pas Dieu, que la guerre est le fait des loups et non celui des bergers, et qu'il saura supporter la prison, la déchéance, et même la mort, plutôt que de souffrir qu'une goutte de sang soit versée pour sa querelle [2]. Ce courage en imposa au Roi, qui fit mettre Yves en liberté ; toutefois il l'assigna, comme félon, à comparaître devant un conseil ou plaids d'évêques dans la ville de Reims, pour le mois de septembre 1094. A cette sommation, le prélat chartrain, peu d'avis de se livrer une deuxième fois aux mains de son ennemi, répondit avec sa rudesse ordinaire qu'il ne paierait jamais sa mître au prix de complaisances coupables, et que les maux dont il venait d'être accablé lui donnaient la mesure de la sécurité qu'il trouverait à la cour. « Laissez-moi » respirer un peu, disait-il en terminant, et vous verrez com- » ment je confonds mes calomniateurs [3]. » Yves, en effet, le

---

[1] Yves écrivait à l'abbé de Fécamp qu'il n'avait pas seulement à souffrir du mauvais vouloir du Roi, mais encore des perversités de quelques enfants du siècle, qui exerçaient de continuelles déprédations sur les propriétés ecclésiastiques. (Lettre, n° 19.)

[2] *Yves de Ch.*, lett., n° 20.

[3] *Ib.*, lett., n° 22.

fit bientôt voir : il refusa la médiation du sénéchal Guy de Rochefort, beau-frère de Hugues du Puiset, et poussa le légat du Pape, Hugues, archevêque de Lyon, à frapper Philippe et Bertrade d'excommunication dans le concile d'Autun (octobre 1094). Le Roi lâcha de nouveau les *Puisetiens, Puteacenses*, sur les terres de l'église de Chartres; mais le pape Urbain, venu en France pour prêcher la Croisade, foudroya le prince récalcitrant au concile de Clermont (novembre 1096). Alors, Philippe somma Yves de le suivre avec son contingent de chevaliers à une entrevue projetée entre le roi d'Angleterre et le duc de Normandie. L'évêque s'excusa sous prétexte qu'il ne pouvait communiquer avec un excommunié et que, d'ailleurs, presque tous les tenanciers de l'Église étaient frappés eux-mêmes d'excommunication pour avoir violé *la trève de Dieu* [1]. Ce danger évité, d'autres survinrent ; pendant que les gens d'Étampes ravageaient à outrance les terres du diocèse, le comte Étienne entamait avec Yves cette querelle qui dura trois siècles au sujet de la liberté du cloître [2]. C'était une complication qui aurait pu devenir funeste au pontife, si la croisade proclamée par le pape Urbain ne l'eût débarrassé de ses ennemis les plus acharnés (1096).

Le comte de Chartres, Étienne-Henri, s'enrôla l'un des premiers dans la sainte milice. Il partit à la fin de septembre 1096, avec Rotrou, fils du comte du Perche, Ebrard du Puiset, fils de Hugues, Philibert de Chartres, Miles de Braies, Gaufrid de Bérou, Normand de Morvillers, Isnard de la Garenne, et une foule d'autres seigneurs de la Beauce, du Gâti-

---

[1] *Yves de Ch.*, lett., n° 28.
[2] *Ib.*, lett., n°s 49 et 50. Yves soutient dans cette lettre, adressée au comte Étienne, que la justice séculière a toujours été bannie du cloître des chanoines, en vertu des décrets des comtes ses prédécesseurs et des statuts de l'Église, jusqu'à l'épiscopat du simoniaque Geoffroy 1er ; il ne pense pas que le droit de l'église puisse être anéanti par la perversité d'un seul homme. Quant à la demande que fait le Comte d'une garde, *securitas*, à Meaux, par les tenanciers de Notre-Dame, Yves déclare qu'il ne doit cette garde qu'à Chartres, et il laisse entendre qu'il n'est pas homme à en faire plus que de raison sur ce point.

nais, du Blésois et du Perche [1]. Parmi les chevaliers établis en Pouille et en Calabre qui suivirent l'étendard de Bohémond, prince de Tarente, figure le sire Boël ou Bodel, allié à la famille des vidames de Chartres. L'armée fut choyée à Constantinople par l'empereur grec Alexis, dont le comte Etienne célébra l'hospitalité dans une lettre adressée à la princesse sa femme [2]; puis les Croisés se mirent en route pour l'Asie-Mineure (1097). Après une bataille sanglante dans la vallée de Gorgoni, qui, perdue au début, fut gagnée par la valeur du comte de Chartres et de ses chevaliers, l'armée entreprit le siège d'Antioche. Les comtes de Vermandois et de Chartres campèrent devant la porte du Chien; le siège dura près de neuf mois; encore la ville ne fut-elle prise que grâce à la trahison d'un renégat. Le premier croisé qui pénétra dans les murs fut le chartrain Foucher Boël ou Bodel, beau-frère de la vidamesse Hélisende (1098) [3]. L'armée chrétienne ne

---

[1] Autres personnages du pays chartrain et des environs qui prirent part à la première croisade ou aux guerres qui suivirent la prise de Jérusalem : Foucher de Chartres, chapelain de Baudouin d'Edesse et historien de la Croisade (1096); N. Grenet (1096); Nivelon de Freteval (1097); Arnulf, fils d'Osburge (1101-1129); Giles Mansel (1101-1129); Hugues du Puiset (1106); Goslin ou Gauslin de Lèves (1107); Robert, maire de Ver (1115); Gaufrid de Berou, fils de Gaufrid (1115); Ansold de Beauvoir (1116); le fils d'Aganon de la porte Morard (vers 1116); Yves et Henry de la porte Morard (vers 1116); Guillaume de la Ferté, frère de Hugues, archevêque de Tours (1116); les deux fils de la matrone Berthe (1120); Payen Leloup, de Néron (1120); Etienne, abbé de Saint-Jean, fils de la vidamesse Hélisende, qui devint patriarche de Jérusalem (1120); Etienne, fils de Guichard (112.); Guy, comte de Rochefort (112.). (Cart. Saint-Père, passim. — Arch. dép., Invent. de Thiron, nos 88 et 140.) Souchet cite, en outre, Pierre d'Achères, moine très-docte; Gautier de Poissy et ses neveux; Gautier-sans-avoir, du Thimerais; Guillaume, Simon et Macé, ses parents. (Voir Souchet-Etienne, vol. 1er, p. 445; Mss. de la Bibl.)

[2] Voir *Bibliothèque des Croisades*, vol. 1er, p. 458.

[3] *Cart. Saint-Père*, vol. 2, p. 314, 320, 416 et suiv. — Guillaume de Tyr. — Raymond d'Agiles. — Raoul de Caen, § 62, nomme *Gouel carnotensis* le premier chevalier qui monta à l'échelle; c'est évidemment Boël de Chartres. — Michaud, *Hist. des Croisades*, vol. 1er, p. 318. — Coll. Guizot, vol. 23, p. 139.
L'auteur de la *Chanson d'Antioche* appelle Foucher, *Foucart*, et il ajoute :
Puis est montés Tangrés (Tancrède), et après Buiemont (Bohémond)
Et après ices trois monta *Raimbaus Creton*,
Li quens Rotous del Perce, après monta Yvon,

Et Evrars du Puisas . . . .
(*Chanson d'Antioche*, du pèlerin Richard (XIIe siècle), renouvelée par Graindor de Douay (XIIIe siècle); édition Paulin-Paris, 1848, vol. 2, p. 112 et 113.)

recueillit pas un grand profit de ce succès, car resserrée dans Antioche par une nuée de Musulmans, elle éprouva bientôt de telles misères, que beaucoup de chevaliers abandonnèrent la bannière de la croix. Le comte Etienne, il faut bien le dire, fut de ces derniers; on prétend même qu'il se fit descendre avec des cordes par dessus les murailles; toujours est-il que son retour en Occident jeta la consternation dans toute la France [1]. Cependant plusieurs chevaliers chartrains, restés fidèles à la fortune de Godefroy de Bouillon, prirent une part glorieuse à cette campagne qui, inaugurée par la bataille d'Antioche, où périt Ebrard du Puiset (28 juin 1098), se termina par la prise de Jérusalem, dont le chartrain Raimbaud Croton escalada le premier les remparts (15 juillet 1099) [2].

---

[1] Michaud, *ib.*, p. 329, et *Hist. des Croisades*. L'auteur de la chanson d'Antioche, d'accord en cela avec Foucher de Chartres et Guill. de Tyr, place la fuite du comte Etienne avant la prise de la ville et la raconte de la manière suivante :

Le Comte, envoyé à la découverte avec trente chevaliers, aperçoit l'armée musulmane du haut d'une montagne....

 Li quens s'est aresté, si s'apuie à l'arçon
 Et ot des Sarrazins et le bruit et le son,
 Ces buisines d'airain, ces timbres de laiton.
 Grant paor a li quens, si tint le chief embron,
 En l'ost Dieu repaira plains de sangmelison,
 Tos fu mornes et mas, le chief el caperon.

Les seigneurs lui demandent des nouvelles, mais il ne répond pas, tant il a peur. Godefroy de Bouillon voyant son trouble, lui dit qu'il est malade et qu'il ferait bien d'aller se rétablir à *Liserdete (Alexandrette)*....

 Et dist li quens Estievnes : « Or vous oi bien parler;
 » Sire Duc de Buillon, ce fait à mercier. »
 Al conte Estevenon font la bière aprester;
 A douze des plus povres de l'ost se fist porter;
 Douze deniers de Luque à chacun fist doner.
 Tant le portent aus cols, que solaus dut cliner
 Et quil ne puent mais Antioche viser;
 Li quens saut de la bière, n'i vault plus demorer,
 Car n'avoit point de mal; moult en fust à blasmer !

  (*Chanson d'Antioche*, ib., vol. 2, p. 83.)

[2] Orderic Vital fait naître Raimbaud Croton dans le Cambrésis; on connaît la prétention de la noble famille picarde *d'Estourmel* de descendre de ce chevalier; mais comme Raoul de Caen dit positivement qu'il était de Chartres, on ne trouvera pas mauvais que nous partagions son opinion. Les titres de cette époque nous font connaître à Chartres une famille *Craton* : le chevalier *Raimbaud Craton* souscrivit le 22 janvier 1105 à un titre de Saint-Père; *Eudes Craton* était vers le même temps

Pendant la croisade, l'évêque de Chartres avait vécu dans une intermittence de bons et de mauvais rapports avec ses voisins. Adélicie ou Alix de Rochefort, veuve du vicomte Hugues, gouvernait la maison du Puiset en l'absence de son fils Ebrard. Héritière de l'esprit turbulent de son mari, cette châtelaine encourait fréquemment par ses méfaits la censure des évêques d'Orléans et de Chartres (1098-1099)¹; Hugues, son second fils, devenu vicomte effectif par la mort d'Ebrard, ne demandait d'ailleurs pas mieux que de continuer la querelle de son père. Après de longues hostilités, l'évêque Yves jugea qu'il fallait faire intervenir l'autorité du Souverain-Pontife; une sentence d'excommunication arriva de Rome et frappa la mère et le fils ainsi que leurs adhérents². Ce fut alors que le comte Etienne, rentrant dans ses domaines, renouvela la contestation qu'il avait entamée avec l'évêque, avant son départ.

Les griefs étaient de plus d'une sorte : tantôt les gens du Comte s'installaient d'autorité, avec leurs chiens et leurs chevaux, chez les tenanciers de l'église et s'y faisaient défrayer sans payer; tantôt les officiers de la justice seigneuriale allaient instrumenter sur les terres ecclésiastiques et jusque dans le cloître de Notre-Dame. Ces attaques donnaient lieu à des représailles de la part des hommes d'armes de l'évêque; de sorte que, malgré *la trève de Dieu*, le pays était en état de guerre permanent. Yves essaya de la conciliation; des promesses de paix furent même échangées; mais de nouvelles voies de fait le déterminèrent à recourir aux menaces des foudres spirituelles. « Je ne vous envoie plus un pauvre clerc

---

chevalier du vicomte Hugues du Puiset. *(Cart. Saint-Père,* p. 214, 349 et 422. La légère différence dans le nom ne prouve rien contre l'assertion de Raoul de Caen, car les historiens des croisades sont rarement d'accord sur les noms; ce chevalier est appelé par les uns *Croton*, par d'autres *Creton*. (Voir *Vie de Tancrède*, par Raoul de Caen. — Coll. Guizot, vol. 23, p. 221.)

¹ *Lettres d'Yves*, nos 60, 61, 62.
² *Ib.*, nos 75 et 76.

» que vos injures effrayent, écrivit-il à Etienne ; voici un
» papier qui ne craint rien et qui exige hautement justice.
» Si vous ne réduisez pas vos hommes d'armes au pied de
» paix et si vous ne venez pas mardi prochain à l'arbitrage
» proposé, j'aviserai [1]. » Malgré la colère du Comte, Yves,
favorisé par les circonstances, sut l'amener à un désistement
complet.

Depuis la prise de Jérusalem, les croisés déserteurs étaient
devenus l'objet des railleries de chacun ; la comtesse Adèle
elle-même, si l'on en croit Orderic Vital, n'épargnait pas son
mari. Deux légats du pape Pascal II étant venus prêcher la
croisade à Poitiers en novembre 1100, le Comte s'empressa
de profiter de cette chance de réhabilitation. Avant son départ, il satisfit l'évêque, non-seulement à l'égard des petites
querelles de leurs gens, mais encore au sujet d'un droit plus
réel quoique plus vexatoire : lorsqu'un évêque mourait ou
était déposé, il était d'usage que les gens du Comte missent la
maison épiscopale au pillage. Etienne renonça solennellement
à cette singulière coutume (1100) par deux chartes qu'Yves fit
ensuite approuver par le Pape, *pour quelles eussent plus
d'autorité sur un peuple accoutumé de longue main aux
rapines* [2].

La nouvelle expédition du comte Etienne eut une issue bien
malheureuse. Dirigés par Raymond de Saint-Gilles, comte de
Toulouse, à travers les plaines de la Paphlagonie, les croisés
furent taillés en pièces par les Turcs sur les bords du fleuve
Halys ; Raymond ne dut son salut qu'à la généreuse bravoure
du comte de Chartres (1101). Les débris de l'armée, rejetés
dans le nord de l'Asie mineure, arrivèrent à Jérusalem en lon-

---

[1] *Lettres d'Yves*, n° 86.
[2] Arch. dép., *Chapitre*, A, n°s 29 et 30, C. X. — *Lettres d'Yves*, n° 94. — Bulles de Pascal II, de 1118, renouvelées par Innocent II, le 22 mars 1132. (Coll. Lejeune, Pièces mss. de Pintard. — Arch. dép., *Chapitre, Privil.*, A, n°s 28 et 32, C. X.)

geant les côtes et par la voie de mer. L'empereur Baudouin, qui s'était porté à leur rencontre jusqu'à Beryte, les introduisit dans la Ville Sainte, où le comte Etienne offrit ses souffrances au Sauveur du monde. A peine reposés de leurs fatigues, les chevaliers chrétiens, forcés de marcher contre les troupes du calife d'Egypte, subirent une nouvelle défaite près de Ramla. La plupart des hauts barons furent tués; quant à Etienne de Chartres, fait prisonnier par les infidèles, on n'eut pas de nouvelles bien certaines de son sort. On raconta cependant qu'il avait eu la tête tranchée le 18 juillet 1102 [1].

Ce coup frappa cruellement la comtesse Adèle; cette princesse, entourée de vassaux malintentionnés, peu soutenue par ses parents d'Angleterre et de Normandie qui se faisaient la guerre, restait seule, avec sept enfants mineurs, dont l'aîné, Guillaume, était presque idiot [2]. Elle reçut les consolations et les conseils de l'évêque Yves et de la vidamesse Hélisende, et fit de grands biens aux églises et aux monastères de ses domaines pour inaugurer sa tutelle [3]. Selon la coutume de son temps, elle voyageait beaucoup; mais son affection la portait de préférence vers le Blésois, antique berceau de la famille de son mari.

Le réseau féodal étreignait Chartres avec d'autant plus de force que l'autorité de la Comtesse y était moins immédiate.

---

[1] Michaud, *Hist. des Croisades*, vol. 2, p. 34.

[2] Enfants du comte Etienne-Henri: 1° Guillaume; 2° Thibault, qui devint comte de Chartres; 3° Etienne, comte de Mortain et de Boulogne, puis roi d'Angleterre; 4° Henri, évêque de Witton, en Angleterre (Voir *Nécrol. Notre-Dame*, 5 des ides d'août; Mss. de la Bibl.); 5° Eudes (Voir *Cart. Saint-Père*, vol. 2, p. 455); 6° Alix, mariée à Miles de Braies; 7° Mahault, comtesse de Chester, qui périt noyée dans *la Blanche-Nef*. (Voir Souchet-Etienne, vol. 1er, p. 450; Mss. de la Bibl.)

[3] *Lettres d'Yves*, n° 91. Pendant la Croisade, la comtesse Adèle avait promis de donner l'église et le chapitre de Saint-Martin-au-Val à l'abbaye de Marmoutiers (vers 1101) (Souchet-Etienne, vol. 1er, p. 450. — Doyen, vol. 1er, p. 80); cependant, après la mort de son époux (vers 1103), elle gratifia Saint-Père d'une prébende dans la même église. (*Cart. Saint-Père*, vol. 2, p. 309.) Vers cette époque, elle confirma la liberté du bourg Saint-Père, en faveur de ce dernier couvent, et lui fit don de certaines vignes près Saint-Lubin et du chemin allant de la porte Saint-Michel à cet endroit (1102-1104). (*Ib.*, p. 323, 408, 411.)

Le vicomte Hugues, investi peut-être d'une sorte de commandement en l'absence d'Adèle, dominait sur la grande Beauce; le côté du Drouais était occupé par la famille de Lèves, alliée aux vicomtes de Dreux, et par la maison de Châteauneuf, dont le représentant, Gervais, descendait de souche royale [1]; puis venaient les seigneurs de Courville, de Gallardon, de Meslay, d'Alluyes, de Beville, d'Illiers, de Friaize. Dans l'enceinte même de la cité, les Boël, Guillaume d'Aiguillon, Guillaume de Beauvoir, Yves et Chotard de la porte Morard devenaient de grands personnages. Au-dessous d'eux, surgissaient d'autres familles : les Flaud, les Cheron, les Barbou, les Broutesaule, les Grenet, les Maunoury. La Comtesse entretenait au palais de Chartres une foule d'officiers, parmi lesquels on remarquait Godefroy son grand-maître, Girard son sénéchal, Chotard son prévôt, Hubert-le-Roux, préfet de la ville.

L'église Notre-Dame et l'abbaye de Saint-Père se débattaient incessamment au milieu de ces puissants voisins. D'abord, les gens de la Comtesse se permirent, en invoquant le droit de banlieue, de s'approprier, comme épaves, les hardes de quelques prêtres décédés sans parents; puis le conseil d'Adèle, se fondant sur des précédents contestés, voulut obliger les chanoines de Notre-Dame à recevoir dans leur compagnie des bâtards ou des affranchis de sa domesticité. Les premières représentations d'Yves furent modérées; mais la violence des gens de la Comtesse l'engagea bientôt à tenir un autre langage. Par l'ordre d'Adèle, à ce que disaient ses familiers, les provendes de l'église avaient été saisies à Bonneval et à Châteaudun, et les caves du chantre Hilduin, situées dans la rue *des Corroyeurs*, avaient été entièrement pillées. « Après cet » outrage, écrivait Yves à la Comtesse, les chanoines me

---

[1] Ce Gervais affectionnait beaucoup le couvent de Saint-Père; il lui donna, vers 1107, le droit de prendre dans la forêt de Thimert assez de bois mort pour défrayer les feux de la cuisine, de la boulangerie et de la maison des infirmes, avec sauf-conduit pour les gens des moines en cas de guerre. *(Ib.*, p. 287.)

» prient de mettre l'interdit sur Chartres et sur tous vos do-
» maines. Réfléchissez, et au nom de l'attachement que je
» vous porte, remettons cette affaire au tribunal du Pape. »
L'entremise de Dimbert, archevêque de Sens, fit adopter ce
dernier parti; mais comme le jugement du Pape n'arrivait
pas, les officiers de la Comtesse, se croyant joués, violèrent la
liberté du cloître et effrayèrent tellement la majorité du Chapitre opposée à leurs désirs, que presque tous les membres du
clergé s'enfuirent de la ville (vers 1104). Alors Ricard, évêque
d'Albe et légat du Pape, ajourna le Chapitre à se trouver à
Blois, par-devant lui, pour discuter l'affaire; les chanoines
refusèrent, sous prétexte qu'ils ne seraient pas en sûreté dans
cette ville toute peuplée de la clientèle de la Comtesse. Sur ces
entrefaites, Guillaume, fils aîné d'Adèle, fit courir ses hommes
d'armes sur les terres de Sainte-Marie et ameuta contre le
clergé les habitants de Chartres soumis à son ban; une menace d'excommunication partit aussitôt de la bouche d'Yves.
Pour couper court à ces débats, le pape Pascal, de l'avis de
l'Évêque lui-même, laissa le Chapitre juge de la possibilité
d'admettre dans son sein des hommes de la *famille* des comtes ou des fiscalins royaux nés de légitimes mariages (1105).
Cette sentence, rendue dans un esprit de conciliation, ne fit
qu'irriter la Comtesse, qui défendit aux chanoines le parcours,
le pain et l'eau dans toute l'étendue de ses domaines. Cette
conduite *digne des Turcs* lui valut encore la menace des
armes ecclésiastiques [1].

Joyeux de se trouver une fois en conformité d'humeur avec
sa suzeraine, le vicomte Hugues ne cessait de dévaster le diocèse de Chartres. L'excommunication était son régime habituel; et les bandits à sa solde interceptaient les chemins de
telle sorte qu'Yves ne put se rendre au Concile assemblé d'a-
bord à Sens, puis à Paris, pour réconcilier le Roi avec l'Eglise

---

[1] *Lettres d'Yves*, nos 91, 101, 116, 120, 133, 134, 135, 147 et 179.

(1104)¹. Une nouvelle croisade vint encore tirer l'évêque de Chartres des mains de ses ennemis.

Bohémond de Tarente, prince d'Antioche, arrivé en France dans le commencement de l'année 1106 pour ranimer le zèle des chevaliers d'Occident, avait débuté par demander au Roi la main de sa fille Constance, qui, mariée avec Hugues, comte de Champagne, se séparait de lui pour cause de parenté. Yves avait activé de tout son pouvoir cette affaire de divorce²; aussi Bohémond choisit-il Chartres pour y célébrer son mariage. La comtesse Adèle déploya en cette occasion une magnificence digne de la noble maison de Thibault-le-Tricheur ; la cour de France n'eut qu'à se louer de la veuve d'un Prince *qui possédait autant de châteaux que l'année a de jours*. Après la cérémonie nuptiale, le prince d'Antioche, debout sur les marches de l'autel de la Vierge-aux-Miracles, invita les assistants à suivre l'exemple des premiers croisés, et tous les chevaliers, le vicomte Hugues en tête, prirent le signe de la Croix³.

Avant son départ, Hugues fit amende honorable à l'Évêque et lui légua même le soin de terminer un différend survenu entre lui et Rotrou, comte du Perche. Il s'agissait de la revendication que faisait chacune des parties du droit de protection d'un *casement* situé près de Courville. Dans l'origine, les chevaliers qui possédaient ce casement devaient le service militaire au Vicomte, pour prix de la protection. Mais Hugues ayant concédé ce droit, ainsi que le service qui en résultait, à Yves, seigneur de Courville, Rotrou, comte du Perche, suzerain de ce dernier, s'arrogea la protection, fit bâtir un fort sur le casement et y mit garnison. Hugues, au moment de

---

¹ *Lettres d'Yves*, nos 124 et 141.
² *Ib.*, n° 158.
³ Parmi les Chartrains qui se croisèrent alors, Souchet cite Simon d'Anet, Robert de Maule, Hugues-sans-Avoir, et Raoul de Pont, qui fut suivi par sa femme, fille de Goslin de Lèves. (Souchet-Étienne, vol. 1ᵉʳ, p. 459.)

TOME I. 6

quitter la France, et le seigneur de Courville, portèrent plainte au tribunal de l'Église, seul compétent pour juger les *Hiérosolymitains*. Rotrou, de son côté, en appela à la cour de la Comtesse, qui ne manqua pas de lui donner gain de cause. Alors une guerre d'extermination s'éleva entre Yves de Courville, Rotrou du Perche et Guy d'Étampes, beau-frère de Hugues et son représentant pendant la croisade; dans une rencontre, Yves fut fait prisonnier par son ennemi. Comme c'était enfreindre la trêve de Dieu, l'évêque de Chartres et l'archevêque de Sens, délégués du Saint-Siége, menacèrent Rotrou d'excommunication s'il persistait à méconnaître l'autorité de l'arbitrage ecclésiastique. On s'aperçut, néanmoins, que la question était embarrassante; car, de l'aveu même des clercs, il était fort douteux que la juridiction attribuée par le Concile de Clermont aux officialités diocésaines sur les biens des croisés, s'étendît aux possessions de leurs vassaux. Il fallut donc recourir à la voie si lente de l'appel au Pape. Pascal II vint en France en 1107 et célébra les fêtes de Pâques à Chartres, mais il ne paraît pas qu'il se soit occupé de cette affaire. Cependant Rotrou se fortifia, Hugues mourut en Palestine, et les malheurs qui accablèrent la maison du Puiset mirent à néant les prétentions des Vicomtes [1].

---

[1] *Lettres d'Yves*, nos 168, 169, 170 et 173. Yves de Courville donna aux moines de Thiron, nouvellement institués, des terres relevant du fief de Hugues du Puiset, qui approuva. Vers 1120, le même seigneur ajouta à son bienfait des revenus sur le marché de Courville; cet acte fut fait en présence de l'évêque Geoffroy, successeur d'Yves, et du consentement de Foulques du Chêne, *de Quercu*, son présomptif héritier dans le domaine de Courville. Quelques années après (avant 1128), Yves renonça au monde et vendit sa seigneurie de Courville au comte Thibault IV, moyennant 200 marcs d'argent, à la charge de maintenir dans leur intégrité les usages et coutumes du pays et d'acquitter ses aumônes et fondations pieuses. La charte de cette vente eut pour témoins Adèle, comtesse douairière, et Etienne, frère de Thibault acquéreur; le roi Henri d'Angleterre promit son arbitrage en cas de contestation, et le comte Thibault donna pour cautions et garants de sa parole, Geoffroy, vicomte de Châteaudun, Guillaume Goët le jeune, Guy de Gallardon, Goslin de Lèves, Hugues de Château-Thierry et André de Baudemont, grand-maître ou sénéchal de sa maison. (Arch. dép., *Cart. de Thiron*, invent., nos 92 et 93.) Cependant la seigneurie de Courville revint à Foulques, qui la possédait en 1128; elle passa ensuite dans la maison de Vieuxpont.

Le gouvernement du pays chartrain était confié à des mains bien inexpérimentées. Depuis quelques années, le jeune Thibault IV, second fils du comte Étienne, avait réussi, avec l'appui de sa mère Adèle, à déposséder son frère aîné Guillaume de tout l'héritage paternel. Quant à la vicomté, après le départ d'Hugues du Puiset pour la Palestine, elle était passée sur la tête de son neveu, le jeune Hugues, fils d'Ebrard. Ces deux seigneurs, le suzerain et le vassal, se sentaient disposés à batailler comme leurs ancêtres. Il y avait justement à la tête des affaires de France, un autre prince jeune et batailleur, Louis-le-Gros, fils aîné du Roi, qui passait volontiers son temps à réprimer les excès des grands vassaux voisins des domaines de la couronne. Il était alors en guerre avec le sénéchal Guy de Rochefort dont il avait répudié la fille Lucienne. Guy était le grand-oncle de Hugues du Puiset; ce dernier entraîna son suzerain Thibault dans cette querelle, et les troupes du comte de Chartres allèrent secourir le château de Gournay-sur-Marne, assiégé par Louis-le-Gros. Ce premier essai de révolte ne réussit pas à Thibault; le prince français l'obligea à regagner ses terres, où sa mère Adèle le contint pour quelque temps dans le devoir (1107).

[1] Furieux de la retraite de son seigneur, le vicomte Hugues se mit à ravager impitoyablement l'Orléanais et la Beauce. Les domaines du Roi, du Comte, de l'église Notre-Dame, de la prévôté de Toury et de Saint-Père furent pendant trois ans exposés aux plus horribles déprédations; les troupes combinées de Thibault, de l'Évêque et des monastères ne purent parvenir à repousser le loup-cervier du Puiset. Dans leur impuissance, le Comte et sa mère se tournèrent vers Louis-le-Gros qui avait succédé, en 1108, à son père Philippe Ier (1111) [2].

---

[1] Voir pour les *guerres du Puiset*: Suger, *Vie de Louis-le-Gros, Histoire des ministres d'État.* — Marc. *Histoire des guerres du Puiset*, Orléans, 1841.

[2] En 1111, le comte Thibault vint trouver le Roi au palais d'Étampes avec ses grands vassaux. (*Donation du brenage de Mantarville, faite à l'abbaye de Saint-*

Ce sévère justicier, après avoir inutilement assigné Hugues devant ses pairs, emporta, non sans peine, le donjon du Puiset et jeta le Vicomte dans la tour de Château-Landon. A ce siége mémorable, l'armée royale fut renforcée par des bandes ou *communautés* de paysans conduits par leurs curés. L'exaspération du peuple des campagnes était alors à son comble ; elle donna naissance aux *communes*, institutions de défense mutuelle avant d'être d'agression. Ce fut un curé qui pénétra le premier dans l'enceinte palissadée du château du Puiset [1].

La concorde ne subsista pas longtemps entre le Roi et le comte Thibault. Ce dernier ayant voulu bâtir une forteresse près du Puiset, Louis-le-Gros, qui n'avait pas abattu la puissance du Vicomte pour accroître celle du Comte, s'y opposa de toutes ses forces. Thibault trouva un auxiliaire naturel dans son oncle maternel Henri, roi d'Angleterre, déjà en guerre avec le monarque français au sujet de la possession de Gisors. Il parvint aussi à renouer la ligue des seigneurs du Gâtinais, du Vexin et du Parisis dont Guy de Rochefort était le chef, et à s'assurer le concours de Miles de Braies son ancien beau-frère, qui cependant avait obtenu par l'appui du Roi le château de Montlhéry (1112). Louis-le-Gros, alors occupé

Jean-en-Vallée, par Louis-le-Gros, datée du Palais d'Etampes, en 1111, l'an 2 de son règne, en présence des grands officiers de la couronne, du comte Thibault, de Guy du Puiset, frère de Hugues et vicomte d'Etampes, de Girard Boël, fils de la vidamesse Hélisende, d'Yves de Courville, de Nivelon et d'Ursion de Fréteval, de Goslin de Lèves, de Hugues de Saint-Cloud, et de Hugues Mauvoisin. — Arch. dép., *Cart. Saint-Jean*, inv., n° 82.)

Le Roi donna cette même année (1111), au couvent de Saint-Père, des lettres de protection contre les violences des seigneurs du Puiset. (*Charte datée d'Orléans, faite en présence du sénéchal Anselme de Garlande, et des autres grands officiers.* — *Cart. Saint-Père*, vol. 2, p. 719.)

[1] A la même époque (1112) le peuple de Laon, qui avait fait *commune* contre son Évêque, brûla la cathédrale, l'évêché et le quartier du clergé. Les prêtres de la ville s'enfuirent avec les reliques, qu'ils promenèrent dans la France, comme du temps des Nordmans ; arrivés près de Chartres la veille de la Nativité 1112, ils furent reçus hors de la cité par Yves et les chanoines, et conduits processionnellement, *depuis les vignes*, jusqu'à Notre-Dame, où les châsses furent déposées. (*Guibert. novig. op.*, lib. 1er, ch. 13, p. 553. *Hermann. monach.* — *Ex antiq. mss° ecclie Laudun.*)

aux affaires de Flandre, crut faire un acte de haute politique en opposant à Thibault son ancien ennemi Hugues du Puiset. Il le tira de sa prison de Château-Landon et lui rendit la liberté moyennant l'abandon de ses droits sur la succession d'Eudes, comte de Corbeil, son parent; Suger, moine de Saint-Denis et prévôt de Toury, conduisit cette négociation [1]. Mais Hugues ne fut pas plutôt rentré au Puiset qu'il se joignit au parti des mécontents. Le prévôt Suger faillit être la première victime de l'alliance de Thibault de Chartres avec le seigneur du Puiset; pendant qu'une ruse du prince chartrain l'attirait avec une partie de ses gens hors de sa prévôté de Toury, les alliés se présentèrent aux portes; quelques hommes d'armes demeurés dans la place soutinrent heureusement le siége jusqu'à l'arrivée des troupes royales.

Le Roi, qui avait appris en Flandre la nouvelle trahison du Vicomte, se hâta d'accourir en Beauce et d'attaquer le Puiset dont les Chartrains avaient fait leur place d'armes. Un premier assaut fut inutile; Louis-le-Gros courut de grands dangers en voulant se mesurer avec le comte Thibault, qui l'avait défié; deux fois il changea de cheval et on le vit, la bannière royale en main, essayer de gravir le revers du fossé qui couvrait les assiégés. Les troupes chartraines, aidées par un corps de Normands, forcèrent les Français à regagner précipitamment leur camp de Toury.

Louis-le-Gros reprit au bout de quelques jours une offensive plus prudente. Il commença par s'emparer d'une éminence qui dominait le château, la fit fortifier et y mit garnison; puis il porta son camp à Janville pour compléter plus rapidement l'investissement de la place. Un matin, les assiégés croyant en finir avec le Roi par un nouveau combat, tombèrent sur les travailleurs français et les firent rétrograder jusqu'au camp;

---

[1] En sortant de la prison du Roi, Hugues renonça, au profit de Saint-Père, à *de mauvaises coutumes* qu'il exerçait sur les domaines du couvent situés en Beauce. (*Cart. Saint-Père*, vol. 2, p. 452.)

mais, surpris au retour par les gens d'armes royaux, ils furent ramenés au Puiset l'épée dans les reins. Dans la déroute, le comte Thibault reçut une si grave blessure qu'il fit demander secrètement au Roi la permission de retourner à Chartres avec ses gens, promettant d'abandonner à jamais la cause du seigneur du Puiset. Louis accepta, les Chartrains partirent, et Hugues voyant que le fort n'était plus tenable, s'évada la nuit suivante par une issue secrète. Le Roi, maître du Puiset pour la deuxième fois, rasa de fond en comble ce manoir maudit.

Pendant que les seigneurs chartrains ruinaient leur propre pays dans ces luttes sanglantes, l'Évêque livrait une guerre non moins implacable aux vices de son clergé. La morale fort relâchée du dernier prélat avait introduit des abus que la rigidité d'Yves ne pouvait tolérer. Il avait appliqué jadis avec un plein succès ses plans de réforme aux chanoines de Saint-Quentin de Beauvais; il prétendit les imposer aux membres du chapitre de Notre-Dame, qui s'éloignaient depuis trop longtemps de la vie régulière et de l'observance des saints canons. Quelques scènes violentes lui ayant démontré qu'il avait affaire à des récalcitrants, il espéra gagner par la douceur ce que la force lui refusait. Pour exciter les chanoines à mieux remplir leurs devoirs religieux, il leur distribua chaque jour les revenus d'une demi-prévôté qui appartenait à l'évêché; or, les vieux vendaient leur portion et les jeunes la jouaient entre eux. Il voulut ensuite disposer de cette demi-prévôté en faveur de douze prêtres qui auraient formé une congrégation-modèle; les sujets lui firent défaut. Il se décida donc, de l'avis du légat du Pape et de la plus saine partie du clergé, malgré les récriminations des meneurs, à faire lui-même des gratifications proportionnées au zèle et à la piété de chaque serviteur de Dieu [1]. Ceux que cette disposition blessait ou humiliait, c'est-

---

[1] *Lettres d'Yves*, nos 182, 203.

à-dire les principaux dignitaires : le Doyen, le Chantre et les Prévôts, en appelèrent au Pape. Mais Yves, qui s'était rallié la majorité du Chapitre, attaqua à la face de l'Église la mauvaise administration des Prévôts. Comme ces dignitaires centralisaient entre leurs mains les revenus des prébendes, pressuraient les fermiers, ne rendaient jamais compte aux bénéficiaires, et que leurs exactions atteignaient clercs et laïcs, tout le monde avait intérêt à diminuer leur puissance. Aussi, les chanoines décidèrent-ils, en dépit de l'autorité royale, que dorénavant les provendes des prébendes se verseraient directement dans les greniers du Chapitre pour être distribuées en commun, et que les Prévôts se borneraient à la visite des lieux de leur obédience dans la limite des pouvoirs à eux attribués par les usages ecclésiastiques. Le pape Pascal confirma cette décision en termes qui lui valurent les remercîments de l'évêque de Chartres [1].

Yves n'avait pas attendu cette victoire pour porter la réforme dans l'église de Saint-Jean-en-Vallée. Vers 1099, il y introduisit des chanoines réguliers de Saint-Augustin et les affilia au chapitre de Notre-Dame en leur donnant la première année des revenus de chaque prébende vacante. L'abbé du couvent, élu par la communauté *et quelques hommes de bon conseil*, devait faire sa semaine à Notre-Dame de Chartres comme un véritable chanoine [2]. Les prêtres qui desservaient l'église du bourg Saint-André reçurent le 17 des kalendes de septembre 1108 une institution semblable [3].

Le prélat n'était pas avare des biens de ce monde pour les établissements réguliers qui répondaient à ses soins. L'abbaye de Thiron, récemment fondée par Rotrou, comte de Mortagne

---

[1] *Lettres d'Yves*, n°s 265, 271.
[2] *Ib.*, n° 286. — Confirmation par le pape Pascal, le 13 des kal. de mai 1108 (Lejeune, Mss. de Pintard), autre par le pape Eugène III, en 1150. (Arch. dép., *Chapitre*, inv., p. 237.)
[3] Bulteau, *Description de la Cathéd.*, p. 312. — Souchet-Étienne, vol. 1er, p. 461.

(1109), fut gratifiée en 1113 de la consécration épiscopale et d'une *charruée, carrucatam*, de terre située aux bords de la Thironne, près de Gardais, pour y construire les bâtiments claustraux [1]. Yves réunit à l'abbaye de Saint-Jean, les églises de Saint-Étienne au cloître, de Mondonville, de Lucé, de Saint-Nicolas de Courville et d'Ardelu, l'autel de Morancez, le juniorat de l'église de Pontgouin et la vicarie ou viguerie de la Vallée et de la terre des Mousseaux [2]; il confirma la donation de la terre de Mantarville, avec ses serfs et son fief de haubert, faite au même monastère par la vidamesse Hélisende [3]; consentit à la remise, aux religieux de Bonneval, de la chapelle de Saint-Innocent ou Saint-Vincent près de la porte Cendreuse qui leur avait été accordée par le vicomte Hugues [4], et investit régulièrement l'abbaye de Saint-Père de l'église de Hanches, présent du chanoine Payen [5]. On voit par les nomenclatures des biens de Saint-Martin-au-Val et de Saint-Cheron, que ces couvents eurent également part à la sollicitude du pontife chartrain.

La mort surprit Yves le 23 décembre 1115, au milieu de ses travaux. Il fut inhumé dans l'église de Saint-Jean-en-Vallée qu'il avait tant aimée et dont il était le second fondateur. Cet Évêque illustra pendant 25 ans le siége de Chartres. Homme de savoir, mais avant tout homme d'action, il ne créa pas, comme son devancier Fulbert, une école de philosophie; il fit

---

[1] Arch. dép., *Cart. de Thiron*, inv., n° 4. — *Lettres d'Yves*, n° 283.

[2] *Lettres d'Yves*, n° 286. La viguerie de la Vallée et des Mousseaux fut donnée à Saint-Jean par le vicomte Hugues; l'église de Saint-Nicolas de Courville avait été restituée au prélat par Yves, seigneur de ce lieu. (Arch. dép., *Cart. Saint-Jean*, invent., n° 1607.)

[3] Donation faite par Hélisende, pour le repos de l'âme de son fils le vidame Hugues et du consentement de Guillaume de Ferrières, époux de sa fille Elisabeth, vidamesse; témoins : Geoffroy de Lèves, Hugues de Lèves, Hugues de Berchères, Hugues Bœuf, Robert de Gallardon, Girard Boël. (Arch. dép., *Cart. Saint-Jean*, inv., n° 80.)

[4] Autre confirmation par l'évêque Geoffroy de Lèves, en 1118. (Arch. départem., *Pièces du Chapitre.*)

[5] *Cart. Saint-Père*. vol. 2, p. 593.

des moines, philosophes pratiques. Fulbert, nouveau Fortunat, vécut en communion littéraire avec le comte d'Aquitaine et avec les autres princes érudits de son temps ; il régna sur la scolastique et consacra les fleurs de son éloquence et la poésie de son cœur à la glorification de la Mère de Dieu ; Yves, mêlé, comme Grégoire de Tours, aux événements politiques de France, zélé promoteur du mouvement religieux qui décida les croisades, sut parler aux grands le langage d'un ministre du ciel qui ne transige ni avec les mots ni avec les faits. Fulbert, victime résignée, se servit timidement des armes de l'Église contre ses oppresseurs ; Yves, contradicteur énergique, remporta plus d'une victoire avec sa plume. Comme le bras qui châtie est aussi celui qui protège le mieux, les rois et les princes, frappés par Yves, recoururent souvent à ses conseils. Le prélat chartrain entretint une correspondance amicale ou sévère, mais toujours active et passionnée, avec les rois Philippe et Louis de France, Henri d'Angleterre, les papes Urbain et Pascal, les légats, les évêques, la comtesse Adèle, les comtes Étienne et Thibault, les seigneurs du Puiset et les fidèles de son diocèse. A cette époque où la politique revêtait les formes d'une théocratie armée, Yves consacra sa vie à réformer les mœurs des soldats de Dieu, soit qu'ils partissent pour la Palestine, soit qu'ils vécussent dans un cloître. Nul, il faut le dire, ne pouvait mieux que lui parvenir à ce but. Ses lettres nous dénoncent, tout à la fois, la force dans la volonté, le courage civil dans l'infortune, le génie dans la science de l'esprit humain. Il était en tout supérieur à son siècle, et rien, à notre avis, ne caractérise mieux cette supériorité que la réponse qu'il fit à Jean, évêque d'Orléans, sur la question de savoir si un homme libre, marié à une femme dont il ignorait la condition servile, pouvait la répudier de droit et en épouser une autre : « Si l'on consulte les lois du
» monde, lui écrivait Yves, on répondra que le mariage entre
» gens égaux en condition étant seul légitime, le divorce doit

» avoir lieu. Mais si l'on consulte la loi de Dieu qui nous fit
» tous égaux et qui ne s'inquiète pas des conditions sociales,
» on répondra *non*.... »[1]. « Rejetez, disait-il encore, ces pré-
» tendus jugements par l'épreuve du fer et du feu; c'est tenter
» Dieu, et j'ai vu très-souvent de cette manière des innocents
» punis et des coupables acquittés[2]. »

Aussitôt après la mort d'Yves, les chanoines, sans attendre l'assentiment du comte Thibault, nommèrent au siège vacant le fils de Goslin de Lèves, Geoffroy, prévôt du Chapitre, qui, par son mérite et la prépondérance de sa maison dans le pays chartrain, pouvait protéger l'Église contre les empiétements séculiers. Le Comte fut très-mécontent de cette élection; il usa même longtemps de violence à l'égard des chanoines et de Geoffroy qu'il chassa de la ville et dont il ne reconnut la dignité qu'en 1117, sur l'injonction du Pape.

Cependant ce Prince avait alors avec le roi de France une querelle qui pouvait suffire à son besoin de chicanes. Toujours lié d'intérêts avec son oncle Henri d'Angleterre, il avait emprisonné traîtreusement à Blois, Guillaume, comte de Nevers, à son retour d'une expédition dirigée par Louis-le-Gros contre Thomas de Marle, seigneur de Coucy (1116). Le roi Louis, occupé en Normandie, employa inutilement la prière et la menace pour obtenir la liberté de son fidèle vassal; Thibault, encouragé dans sa rébellion par son oncle d'Angleterre, refusa obstinément et mit toutes les terres de son obéissance en hostilité ouverte contre son souverain. Les revers du Roi le détournèrent de se venger jusqu'à la convocation du concile de Reims par le pape Calixte II, en octobre 1119. Dans cette

---

[1] *Lettres d'Yves*, n° 221.

[2] *Lettres d'Yves*, n°s 205, 232, 247, 252. Les nécrologes de Notre-Dame donnent les plus grands éloges à Yves. Il construisit un jubé magnifique dans la cathédrale; fit faire les bâtiments des écoles; édifia en pierres et sur un plan spacieux la maison épiscopale qui jusqu'alors était en bois; ajouta à l'enclos de cette maison un terrain qu'il acheta du vidame, et augmenta de tout son pouvoir le monastère des infirmes de Beaulieu. *(Nécrol.,* p. 37; Mss. de la Bibl.)

assemblée où le Pape devait remplir le rôle de médiateur entre les monarques anglais et français, Louis-le-Gros se plaignit amèrement de la conduite du comte de Chartres, son vassal ; mais Calixte remit les parties à un plus ample informé en leur recommandant d'observer la trêve de Dieu. Un traité ayant été conclu quelque temps après, Thibault consentit à rendre Guillaume de Nevers à la liberté. L'évêque Geoffroy avait beaucoup contribué à rapprocher les deux Rois par son esprit de conciliation et par l'onction de sa parole au concile de Reims. Sa sympathie pour Louis-le-Gros s'expliquait par les libéralités dont ce Prince ne cessait de combler l'église de Chartres. En 1118, le monarque français avait accordé aux serfs du Chapitre l'exemption du péage, *pedagium*, sur les terres de l'évêché de Chartres et le droit de témoigner devant les justices royales [1]. Cette faveur, sollicitée par le prélat, acheva de relever la condition des serfs de Notre-Dame que les serfs seigneuriaux regardaient déjà comme une sorte de liberté.

Après la signature de la paix, Thibault alla reconduire en Angleterre son oncle Henri. Il s'embarqua à Rouen sur le vaisseau de ce Roi le jour de la Sainte-Catherine, 1119 ; sa sœur Mahault, comtesse de Chester, le Comte son beau-frère, sa cousine Mathilde, femme de Rotrou du Perche, et ses cousins les fils d'Henri, dont l'aîné venait d'épouser la fille du comte d'Anjou, montaient un autre navire appelé la *Blanche-Nef*, qui s'engloutit en pleine mer avec tous les passagers. Thibault fut chargé d'annoncer au Roi, son oncle, cette horrible catastrophe, qui lui enlevait à la fois ses deux fils, sa fille, sa bru et sa nièce [2].

Dès l'année 1117, Geoffroy de Lèves avait voulu signaler

---

[1] Les lettres de Louis-le-Gros furent confirmées par des bulles d'Honorius II (1124-1130). (Arch. dép., *Chap.*, inv., p. 280.) Ursion de Meslay, fils de Nivelon de Fréteval, accorda, en 1138, aux hommes de corps du Chapitre, l'exemption du droit de *péage* sur ses domaines. (*Ib.*, loco cit.)

[2] Voir sur le naufrage de la *Blanche-Nef*, les chroniques d'Orderic Vital, de Guill. de Malmesbury, d'Huntington, de Florent de Wigorn et de Siméon de Durham.

sa prise de possession de l'évêché de Chartres par la fondation d'une maison religieuse. Il associa son frère Goslin à ses projets, et bientôt un nouveau monastère s'éleva près du château de leurs ancêtres, dans le village de Lèves. Le souvenir de la croisade, ravivé par l'aspect du site choisi, imposa à ce couvent le nom de Sainte-Marie-de-Josaphat [1]. L'Évêque lui donna les églises de Saint-Arnoult-des-Bois et d'Orrouer, avec les dîmes et des terres suffisantes pour former deux métairies. Le roi Louis-le-Gros (1117) et le pape Calixte (1119) confirmèrent cette première libéralité, qui fut suivie immédiatement d'un si grand nombre de donations, que, vingt-cinq ans après, le petit couvent, devenu un grand monastère, possédait treize églises avec leurs dîmes, et quinze métairies (1144) [2]. Les chanoines de Saint-Maurice s'étant prétendus lésés dans leurs droits par la fondation de Josaphat, Geoffroy obtint leur désistement en présence de la vidamesse Hélisende, de son fils et d'Hildebert, évêque du Mans (1120) [3].

Vers la même époque (1117), les moines de l'abbaye de Thiron établirent une succursale à Chartres, dans une maison située près du marché, *juxta forum* [4]. Ces religieux étaient fort aimés de l'évêque Geoffroy et du comte Thibault,

---

[1] Le monastère de Josaphat avait pour second patron *le bienheureux Saint-Jean l'Évangéliste*. *(Accord entre les seigneurs de Lèves et les religieux, en présence de l'évêque Robert, en 1256.* — *Extrait des cartul. blanc et rouge de Josaphat*, Arch. dép.)

[2] Arch. dép., *Extrait des cart. rouge et blanc de Josaphat*, pass.

[3] *Ib.*, p. 1re.

[4] Les moines de Thiron, dont le premier prieur à Chartres fut Hubert Lasnier, occupèrent d'abord une maison située près du marché, qu'ils avaient achetée, moyennant dix livres et douze deniers, d'Helduise, femme du boucher Glavin *(Acte passé, avec échange de fidejusseurs ou cautions, à la cour du sénéchal André de Baudemont, devant le prévot Etienne, et en présence d'Etienne, fils de Roger et de Thibault Claron, familiers du Comte.* Arch. dép., *Cart. Thiron*, invent., n° 57); puis, peu de temps après, ils échangèrent cette maison contre une autre, sise rue des Forgerons, *in vico fabrorum*, appartenant au forgeron Œnard, auquel ils laissèrent la jouissance de la forge qui s'y trouvait. *(Acte fait à Thiron le 8 des kal. de juillet, sous l'abbé Guillaume et le règne du roi Louis (le Gros).* — *Ib.*, n° 56.) Le carrefour voisin de la maison de Thiron est encore connu sous le nom de *Croix-aux-Moines*.

à cause de la réputation de science et de sainteté qu'avait laissée le bienheureux Bernard, leur premier abbé, et que soutenait leur abbé Guillaume. Aussi la maison de Chartres fut-elle abondamment pourvue de tous les biens de ce monde. Parmi les largesses de Thibault envers Thiron, on remarque une donation de six boulangers, d'un célérier, d'un forgeron, d'un cordier, d'un pâtissier, d'un closier et d'un foulon, tous serfs de ses domaines (1121)[1].

Au reste, la prospérité des couvents n'avait fait que s'accroître depuis la première croisade. Hugues de Châteauneuf établissait des chanoines réguliers à Saint-Vincent-des-Bois (vers 1120); Saint-Cheron ouvrait les portes de son église aux paroissiens trop nombreux de Saint-Barthélemy (vers 1115); trente-neuf églises relevaient de Saint-Père (1126); Saint-Jean créait un chapitre à Saint-Étienne (111.), Saint-Père, une confrérie ou maison de fraternité, à Saint-Hilaire (112.); l'ordre du Temple, à peine au berceau, fondait, entre Beauvoir et le bourg Muret, une maison de Hiérosolymitains (vers 1115); et les religieux de Marmoutiers recevaient en pur don l'abbaye de Saint-Martin-au-Val (1128)[2].

L'administration civile de Chartres était partagée, comme par le passé, entre les juridictions souvent rivales du Comte et de l'Évêque. L'innovation *communale* n'avait pas encore pénétré dans les murs; du moins on n'en rencontre aucune trace avant la fin du XIIIe siècle. Le préfet ou prévôt de la ville, officier amovible[3], rendait la justice et surveillait la

---

[1] Le comte Thibault confirma sa donation de 1121, par un acte de 1138, fait en présence du prévôt Hubert-le-Roux, de Mascelin de *Resconviller*, de Robert de Beaulieu, de Geoffroy de Grand-Pont, et de Pierre, fils du forgeron Payen, l'un des serfs donnés, sous le règne de Louis (le Jeune), fils de Louis (le Gros) et sous l'épiscopat de Geoffroy. (Arch. dép., *Cart. Thiron*, invent., n° 55.)

[2] Arch. dép., *Cart. Saint-Cheron*, et autres pass. — *Cart. Saint-Père*, pass. — Lejeune, *Notice msse sur les couvents*. — Arch. dép., *Chapitre, Reg. des privil.*, p 147, v°.

[3] Étienne, Hubert-le-Roux, Guillaume de Celles, Clément, furent prévôts de la ville de 1105 à 1150. (*Cart. Saint-Père*, p. 270 et pass. — Arch. dép., *Cart. Thiron*, invent., n°s 55 et 56.)

rentrée des tailles et coutumes sous la haute direction d'André de Baudemont, sénéchal ou grand-maître de la maison du Comte. Le palais de Chartres était habité par des chevaliers dont plusieurs, originaires du pays, avaient reçu de Thibault l'initiation au métier des armes. Simon de la Tour, Thibault-Claron, Guillaume, fils d'Ansold de Beauvoir, Guillaume d'Aiguillon, Yves de la Porte-Morard, étaient de ce nombre (1115-1130)[1]. De temps en temps, le Comte venait avec ses barons, les Sanction de la Ferté, les Nivelon et les Ursion de Freteval et de Meslay, les Yves de Courville, les Amaury de Levéville, les Goslin de Lèves, les Hervé de Gallardon, et jugeait en pleines assises les contestations élevées entre les gens de son domaine[2]. Les possessions du Roi dans la Beauce étaient administrées par des maires, des préfets et des prévôts, qui ressortissaient au siège de Janville[3].

La puissance de Thibault s'était fort augmentée par l'héritage qu'il avait fait, en 1125, du comté de Champagne. Son oncle, le comte Hugues, était mort en revenant de la campagne du Roi contre l'empereur Henri V. Le comte de Chartres, quelque partisan qu'il fût d'Henri d'Angleterre et de l'Empereur, dont il était l'allié par son mariage, n'avait pu refuser, en cette occasion, son droit féodal à Louis-le-Gros, et il commandait, avec Hugues de Champagne, un des principaux corps de l'armée qui fit rétrograder le prince teuton. Mais sa vieille inimitié contre son souverain le rappela bientôt dans les rangs des mécontents de l'intérieur.

Pendant qu'une nouvelle guerre retenait le Roi en Flandre (1126-1127), les turbulents seigneurs du Parisis renouèrent une ligue dont Thibault et son vassal, le vicomte Hugues, devinrent les principaux chefs. Ce dernier, à force de sou-

---

[1] *Cart. Saint-Père*, p. 446 et pass.
[2] *Ib., loco cit.*
Adam Harenc était préfet ou prévôt royal de Janville vers 1150. (*Ib.*, p. 468.)

mission et de prières, avait obtenu du Roi la faveur de rebâtir son manoir du Puiset; mais, une fois fortifié, il recommença ses brigandages accoutumés dans la Beauce et l'Orléanais. Le sénéchal Anselme de Garlande, envoyé contre lui, trouva la mort au pied des murailles du Puiset. En tout autre temps, le Vicomte eût payé cher cette prouesse; le Roi ne pouvait quitter le Nord, et Hugues fut si peu inquiété, qu'il tenait encore cour plénière au Puiset en 1128 [1]. Mais, après la pacification de la Flandre (1129-1130), le monarque porta la guerre en Beauce et contraignit de nouveau le Vicomte à quitter son repaire. Ce fut la dernière lutte de ce vassal insolent contre Louis-le-Gros; il abandonna la vicomté de Chartres à son fils Ebrard, et alla chercher en Palestine une fin malheureuse (1132-1133). Le Roi tourna ensuite ses armes contre Thibault. Il y eut quelques combats, une marche sur Chartres, arrêtée par les supplications des habitants et de l'Évêque, un siège et un incendie de Bonneval, tous faits assez peu éclaircis [2]. Les seigneurs chartrains, partisans de l'un ou de l'autre des belligérants, compliquèrent cette situation par des attaques particulières. On vit Ursion de Freteval marcher contre Geoffroy de Châteaudun, et tous deux sac-

[1] Anselme de Garlande vivait encore en 1123 (Arch. dép., *Cart. de Josaphat. Charte vidimée en 1505*); il n'a donc pas été tué en 1117, comme plusieurs historiens le disent. Il faut placer sa mort entre 1123 et 1128. A cette dernière époque, l'office de Sénéchal était possédé par son frère Etienne de Garlande, qui le passa, contre l'aveu du Roi, à Amaury de Montfort. En 1132, le sénéchal était Raoul de Vermandois. (Arch. dép., *Saint-Jean*, invent., n° 78. — *Cart. Saint-Père*, vol. 2, p. 643.)
Hugues du Puiset n'a pas émigré en 1120 et son château n'était pas détruit à cette époque, car, en 1128, il fit donation à Thiron de deux muids de vin qu'il percevait annuellement sur une vigne de ce couvent, par acte *passé en son château du Puiset*, du consentement de sa femme et de ses deux fils Ebrard et Bouchard, et en présence de Gauthier, prieur de Saint-Martin-au-Val, de Foulques de Courville, d'Eudes d'Allonnes, d'Amaury de Levéville et de toute la cour du Puiset, qui était alors *plénière, quæ tunc erat plenaria*. (Arch. dép., *Cart. Thiron*, invent., n°s 59 et 99.) Pour les aventures de Hugues en Palestine, voir Michaud, *Histoire des Croisades*, vol. 2, p. 113.

[2] Chartres fut aussi incendié vers cette époque; le feu s'arrêta à l'église Saint-Aignan. (Arch. dép., Livre de Guill. Bouvard, *Catal. des Évêques*, de 1527. — Bulteau, *Descrip. de la Cathéd.*, p. 302 et 312.)

cager les propriétés des moines de Thiron [1]. Enfin, une paix réconcilia momentanément le Roi avec Thibault, qui reprit le titre de *Comte Palatin* (vers 1135).

La mort soudaine du roi Henri d'Angleterre faillit valoir au comte de Chartres une fortune inattendue (décembre 1135). Les seigneurs normands, peu disposés à reconnaître pour souveraine la fille d'Henri, qui avait épousé en deuxièmes noces Geoffroy d'Anjou, surnommé Plantagenet, allèrent trouver le Comte au Neubourg, près Louviers, et lui offrirent la succession de son oncle; mais, tandis qu'ils entamaient cette négociation, un moine débarqué d'Angleterre annonça qu'Étienne de Chartres, comte de Boulogne, frère cadet de Thibault, avait passé la mer à la première nouvelle de la mort du monarque anglais, et s'était fait nommer roi à Londres. Le comte de Chartres, joué par son frère, retourna en Beauce; cependant il y gagna une rente de 3,000 marcs d'argent, qu'Étienne s'engagea à lui payer, comme prix de sa renonciation à la couronne anglo-normande (1136-1137). Cette aubaine lui advint par la volonté de Louis-le-Gros, qui lui donna bientôt après une grande marque de confiance.

En mourant, le duc Guilhem d'Aquitaine avait manifesté le désir que sa fille Aliénor épousât le fils du roi de France. Thibault fut chargé d'accompagner le jeune prince Louis en Aquitaine à la tête de 500 chevaliers; Geoffroy, évêque de Chartres, fit aussi partie de l'ambassade royale. Mais, à peine le mariage conclu, les nouveaux époux apprirent la mort du grand roi Louis-le-Gros; il avait succombé à une dissenterie le 1er août 1137. Louis VII, dit le Jeune, confiant son épouse à la garde de l'évêque de Chartres, se hâta de rentrer *en France*. Il apaisa, en passant, une révolte des

---

[1] En 1136, Geoffroy fut fait prisonnier par Ursion et jeté dans le donjon de Fréteval. (Arch. dép., *Cart. Thiron*, invent., n° 99.) L'évêque Geoffroy fut obligé d'excommunier le vicomte de Châteaudun, en 1145, pour ses violences continuelles envers Thiron; cependant ce seigneur et son rival Ursion se réconcilièrent avec le couvent à l'heure de la mort. (*Ib.*, n°s 123 et 140.)

gens d'Orléans, qui voulaient se mettre en *commune*, et qui, en effet, obtinrent un peu plus tard des privilèges sur lesquels furent basés ceux que l'on octroya aux Chartrains un siècle après.

La bonne intelligence entre le comte de Chartres et son souverain était un état trop anormal pour qu'il durât longtemps; quelques griefs, résultant de l'inexpérience de Louis et de la rudesse de Thibault, rompirent en 1141 cette paix factice. Notre Comte, dans ses vieux jours, s'était beaucoup rapproché du clergé. Il avait cultivé l'amitié du pape Innocent II pendant son séjour en France, et était devenu un admirateur passionné du plus grand docteur catholique de l'époque, Bernard, abbé de Clairvaux [1]. Ce saint personnage, également lié avec l'évêque Geoffroy, venait quelquefois à Chartres, près de ses deux amis. Or il advint, en 1140, que le Pape, sans attendre la présentation du Roi, nomma à l'archevêché de Bourges, Pierre de la Châtre, l'un de ses familiers. Louis-le-Jeune fit chasser de Bourges le nouvel élu, qui trouva asile et protection sur les terres de Thibault. En même temps, ce dernier refusa à Louis son devoir féodal à l'occasion d'une entreprise projetée contre le comte de Toulouse. Par représailles, le Roi détermina Raoul de Vermandois à répudier, sous prétexte de parenté, Gerberte, belle-sœur de Thibault, pour épouser Pétronille, sœur de la Reine. Cette insulte frappa le comte de Chartres au cœur; il se plaignit amèrement à saint Bernard et au Pape, et bientôt une sentence d'excommunication fut lancée contre le Roi et Raoul de Vermandois. Il en résulta une guerre horrible dans laquelle les domaines de Thibault furent mis à feu et à sang. Un jour, la ville de Vitry périt dans les flammes avec

---

[1] Innocent II reçut à Chartres la visite du roi d'Angleterre; ce monarque était logé chez la vidamesse Hellisende. (Orderic Vital. — Souchet-Étienne, vol. 1er, p. 484.) Pour les relations du Comte avec saint Bernard, voir la quatrième lettre de ce grand homme, dans ses œuvres choisies.

1,300 de ses habitants. Ce spectacle épouvantable troubla le cœur du Roi qui consentit, par le conseil de saint Bernard, à se rapprocher de son adversaire. On retira l'excommunication, et une paix définitive fut conclue entre Louis-le-Jeune et Thibault, dans une assemblée de barons tenue à Saint-Denis en 1144.

Ces querelles sanglantes n'empêchèrent pas Louis-le-Jeune de continuer à quelques établissements religieux du pays chartrain, notamment à l'abbaye de Saint-Père, la protection que leur avait accordée Louis-le-Gros. Le vicomte de Chartres, Ébrard du Puiset, zélé continuateur des œuvres de ses ancêtres, s'ingéniait à faire le plus de mal possible à ses voisins; n'osant pas s'attaquer aux puissances qui avaient si bien châtié son père, il s'était rabattu sur Saint-Père, qui possédait quelques domaines à sa portée. Il tombait chaque jour chez les *hôtes* du monastère, et, en vertu du droit de *past* et *gîte*, dévorait la substance de ces pauvres gens. Le Roi, pour mettre un terme à ces vexations, lui fit une menace si énergiquement formulée, que le coupable renonça *à ses droits* entre les mains de l'abbé Eudes. Une patente royale ou charte gardienne, datée de Paris en 1143, fut délivrée à cette occasion aux religieux de Saint-Père [1]. Mais les maux avaient été si violents et si continus, par ces temps de guerre, que les revenus du couvent s'en trouvaient fort réduits. Le peu qui rentrait dans les coffres de la maison était consacré aux besoins de l'église; de sorte qu'en 1145, trente ans après la mort d'Yves, le couvent, si célèbre jadis par la science de ses moines, n'avait plus de bibliothèque. Les quelques livres qui gisaient encore dans les armoires étaient rongés par les vers [2]. Lorsque les temps furent plus calmes, la sollicitude de l'abbé Guillaume porta remède à cet état de

---

[1] *Cart. Saint-Père*, vol. 2, p. 644.
[2] Corrosi tineis et pene deleti vetustate libelli, sparsim per armarium huc illucque projecti, qui.... non poterant nec renovari nec religari. *(Ib.*, p. 393.)

choses ; il en puisa les moyens dans la générosité des bonnes âmes, ravivée par la parole de saint Bernard.

On remarque à cette époque, en France, et particulièrement dans le pays chartrain, un retour vers l'esprit religieux de la croisade. La basilique de Fulbert n'avait pas encore reçu son plus beau couronnement ; les tours sortaient à peine de terre et le service divin, concentré dans une nef restreinte, répondait mal à l'affluence des fidèles et à la renommée de la Vierge-aux-Miracles. Les Chartrains, pour activer les travaux, sollicitèrent, en 1145, les secours des francs-maçons de Normandie. On vit alors se mettre à l'œuvre ces corporations d'ouvriers, pèlerins de l'architecture, qui promenaient leur pieuse truelle dans toute la France, au service de la mère de Dieu. C'était merveille, écrivait Haimon, abbé de Saint-Pierre-sur-Dives, que de voir des hommes puissants, fiers de leur naissance et de leurs richesses, accoutumés à une vie efféminée, s'atteler à un char pesant avec le serf de leurs domaines ! Ces travailleurs infatigables, éclairés la nuit par des torches placées sur des chariots, ne cessaient leur œuvre que pour chanter les louanges du Seigneur ; aussi les massifs des tours de Notre-Dame s'élancèrent-ils dans le ciel comme un témoignage irrécusable de l'enthousiasme chartrain ! C'est que la voix de Bernard annonçait la seconde croisade [1].

Après le désastre de Vitry, Louis-le-Jeune avait formé le vœu de prendre la croix ; l'abbé de Clairvaux encouragea cette résolution et la croisade fut proclamée dans l'assemblée tenue à Vezelay le jour de la Nativité 1145. Parmi les princes qui s'enrôlèrent sous la bannière du Christ, on remarqua Henri, fils aîné du comte Thibault. Saint Bernard étant venu, sur la demande de l'évêque Geoffroy, prêcher la guerre sainte

---

[1] Mabillon, *Annales bénédict.*, t. 6, p. 394. — *Hist. des Gaules*, t. 14, p. 319. — Bourassé, *Cathéd. de France*, p. 551. — De Caumont, *Cours d'antiquité monument.*, quatrième partie. — Dissertation de l'abbé Lebeuf sur une lettre de Hugues, archevêque de Rouen, insérée dans les *Annal. bénéd.*

à Chartres, en 1146, ses discours enflammèrent d'une telle admiration les seigneurs de la Beauce, qu'ils voulurent lui décerner le commandement de l'expédition. Mais l'exemple de Pierre-l'Hermite, si malheureux dans la conduite de la première armée de la Croix, détermina Bernard à décliner cette mission. Avec le jeune comte Henri et son épouse, partirent Geoffroy, vicomte de Châteaudun, Guillaume d'Aiguillon, les trois frères du Mesnil-Simon, Robert, frère de Geoffroy d'Orrouer, Philippe de Tréon, Eudes Brunel, Renaud et Hugues d'Ouarville (1147) [1].

Selon l'usage, les établissements religieux se ressentirent de la pieuse entreprise des chevaliers chartrains. Par un touchant souvenir des misères d'Orient, le comte Thibault voulut que les lépreux de Beaulieu, *lazari Belliloci*, priassent pour son fils Henri; il leur donna la dîme de ses moulins *de Corileto* et de son four du Châtelet (1146) [2], et obtint des taverniers de Chartres l'abandon annuel, au profit de ces infortunés, de la somme d'argent qu'ils avaient l'habitude de dépenser pour un repas de corps (1147) [3].

---

[1] Rossard et Bordas, *Hist. du Dunois*. — *Cart. de Thiron*, invent., n° 130. — *Cart. Saint-Père*, p. 469 et 646. — Philippe de Tréon, en partant pour la croisade, consacra à Dieu son fils Gauthier, et fit une donation de terres et de vignes au couvent de Saint-Père. (*Cart. Saint-Père*, ib.)
Renaud d'Ouarville rapporta de Constantinople, pour l'église Saint-Martin d'Ouarville, des reliques qu'il mit sous la garde des chanoines de Saint-Jean-en-Vallée, possesseurs de cette église, à la condition de les exposer, chaque année, le jour de saint Philippe, à la piété des fidèles. (Arch. dép., *Cart. de Saint-Jean*, invent., n° 242. Charte passée en présence de Garin, abbé de Saint-Jean, de Foucher, abbé de Sainte-Marie de Châteaudun, de Thibault, abbé de Saint-Cheron, d'Eudes de Montigny, de Gervais et de Galatin, chevaliers du Temple.)
Les trois frères du Mesnil-Simon eurent les mains écorchées par les infidèles, d'où ils prirent pour armes *d'argent à six mains de gueules*. (Souchet-Etienne, p. 498.)

[2] Actum apud Carnotum, anno ab incarn. dni m c xl vi, regnante Ludovico filio Ludovici, eo anno quo ipse, cum multo comitatu baronum, crucem assumpsit, Yerosolyman iturus, ad domandum paganorum contumaciam. (Arch. dép., *Grand-Beaulieu*.) Cet acte fut fait du consentement de la comtesse Mathilde et des princes Thibault et Etienne, en présence de Goslin d'Auneau, d'Adam Bruslard, de Pierre Boursault, de Geoffroy Chaillou, bourgeois de Chartres, familiers du Comte, et de Clément, prévôt de la ville.

[3] Acte passé dans la tour de Chartres en 1147. (Lejeune, Pièces manuscrites de Pintard.) La corporation des Taverniers était portée à la gourmandise, *ad ingluvium*;

L'évêque de Chartres, Geoffroy, mourut au commencement de l'année 1148. Il s'était montré le digne successeur d'Yves par son amour pour le bien, l'énergie de son caractère et l'orthodoxie de sa foi. Légat du Saint-Siège, sous Innocent II, il soumit à l'autorité de ce pontife les provinces méridionales attachées au parti de l'anti-pape Anaclet, et détruisit la simonie partout où il la rencontra sur son passage. Comme la noblesse de sa race le rendait l'égal des princes, il sut faire profiter l'église et les gens des domaines ecclésiastiques, des libéralités de ses puissants amis. Aussi le nécrologe de Notre-Dame l'appelle-t-il : *Notre père Geoffroy, de pieuse et douce mémoire*[1].

Pour renouer le fil interrompu d'une existence si digne de regrets, le Chapitre, de l'aveu de Suger, abbé de Saint-Denis et régent en France durant la croisade, ne crut pas pouvoir mieux faire que d'offrir le trône épiscopal à l'archidiacre Goslin de Lèves, neveu de Geoffroy. La régale, ouverte par la mort du dernier évêque et continuée jusqu'à ce que son successeur ait prêté serment entre les mains du Roi, alors absent, donna naissance à des débats entre le régent et le comte Thibault, qui prétendait en avoir les émoluments. Louis-le-Jeune demandait sans cesse des secours en argent ; l'abbé Suger parcourut les provinces pour en ramasser ; il n'oublia pas Chartres, la régale et le zèle aumônieux de ses habitants. Mais les offrandes envoyées en Palestine ne purent tirer les chevaliers français de leurs fâcheuses aventures. Le Roi revint en 1149. Le comte Henri, fils aîné de Thibault, avait, du moins, rapporté de la croisade un grand renom

---

sur les prières de Thibault, elle consentit à donner chaque année aux lépreux, pour leur pitance de la Toussaint, une somme de trente sous et à supprimer son repas annuel.

[1] Obit du 9 des kal. de février. *Nécrol. de N.-D.*, $\frac{s}{c}$ 39 ; Mss. de la Bibl. Geoffroy, malgré son amitié pour saint Bernard, dont il partageait la doctrine ascétique, soutint Abeilard dans le concile de Soissons de 1121, où le livre de la *Foi à la Trinité* de ce docteur fut condamné.

de bravoure et de noblesse; son père l'en récompensa bientôt.

Le vieux comte de Chartres et de Champagne, ce prince anglo-normand de cœur, qui pendant cinquante ans avait pesé d'un si grand poids dans la balance des destinées de l'État, mourut à Lagny-sur-Marne, le 8 janvier 1151, après avoir partagé ses vastes domaines entre ses trois fils aînés [1]. Henri reçut la Champagne; Thibault, Chartres et Blois; Étienne, le petit comté de Sancerre en Berry. Thibault et Étienne durent hommage-lige à Henri; de sorte que Chartres et Blois, ces terres natales de la famille, ne furent plus que des fiefs de second ordre, relevant du comté de Champagne [2].

[1] Thibault IV eut onze enfants de sa femme Mathilde, issue de race Teutone : 1º Henri, dit le Libéral; 2º Thibault V, dit le Bon; 3º Etienne; 4º Guillaume *aux Blanches-Mains*, évêque de Chartres, puis archevêque de Sens et de Reims; 5º Hugues, qui fut, dit-on, abbé de Citeaux; 6º Agnès, femme de Renaud de Mouçon; 7º Marie, femme d'Eudes, duc de Bourgogne; 8º Elisabeth, femme de Roger de Sicile; 9º Marguerite, religieuse; 10º Mahaut, femme de Rotrou du Perche; 11º Alix ou Adèle, femme de Louis-le-Jeune.

[2] On lit dans le registre des fiefs de Champagne, fº 66 (1192-1205) : « Comes » carnotensis et blesensis tenet comitatum cum omnibus feodis appendentibus a » comite Campaniæ, *et est suus homo ligius*, et Chasteldun et la Ferté de Vilenuel » cum feodis eisdem appendentibus et Blesium et Castrum Renardi et le Maantiz et » Marchaisnay et Galardun quæ sunt de feodo Carnoti cum omnibus feodis appenden- » tibus. » *(Mémoires de Joinville*, éd. Du Cange, dissert. 3.)

CHAPITRE VI.

DE THIBAULT V A ISABELLE.

Avoués du Chapitre.

(1130-1218.)

Thibault V, nouveau seigneur de Chartres et de Blois, débuta dans le monde politique par une escapade d'écolier. Il voulait se marier; or, comme le Roi venait de répudier sa femme Aliénor, il pensa que les beaux domaines de cette Princesse arrondiraient assez bien sa petite seigneurie. Il se mit donc aux aguets sur le chemin d'Aliénor qui retournait en Aquitaine, et lui offrit de prime abord *sa main ou la prison*. La Princesse dissimula; mais, la nuit venue, elle trompa la vigilance de ce prétendant discourtois, et gagna à toutes brides les frontières du Poitou (avril 1152). L'issue de cette affaire irrita d'autant plus vivement le prince chartrain, qu'Aliénor épousa peu de temps après Henri Plantagenet, duc d'Anjou et de Normandie, ennemi naturel de la maison de Chartres-Champagne. Louis-le-Jeune, reconnaissant trop tard la faute qu'il avait commise en divorçant avec Aliénor, voulut ressaisir l'Aquitaine l'épée à la main. Il forma une ligue à laquelle prirent part, avec le mari déchu, les amants malheureux de la Reine, Thibault de Chartres en tête. Mais Henri Plantagenet sut si bien négocier, qu'il parvint à désarmer le Roi sans coup-férir et à s'asseoir au mois de septembre 1154 sur le trône d'Angleterre.

Le comte Thibault reçut, en récompense de sa fidélité à la cause royale pendant ces débats, le titre et l'office de Grand-

Maître ou Sénéchal de France (1154). Il régla en cette qualité un différend survenu entre Renaud de Boutancourt et les moines de Saint-Père, pendant le pélerinage du Roi à Saint-Jacques-de-Compostelle, en 1155 [1].

L'évêque Goslin mourut cette même année. Son court épiscopat avait été bien rempli. Tout en s'occupant activement de la réforme de l'abbaye de Saint-Cheron d'après le modèle laissé à Saint-Jean par l'évêque Yves [2], il ne négligea pas le monastère de Josaphat, œuvre de sa famille. Il y reçut la sépulture à côté de ses oncles Geoffroy et Goslin. Le Chapitre choisit pour le remplacer le doyen Robert, dit le Breton, homme habile, qui eut d'abord à apaiser une petite contestation survenue entre les moines de Josaphat et les seigneurs de Lèves, au sujet de moulins qu'ils avaient bâtis dans leur cimetière (1156) [3]. Comme les deux derniers évêques reposaient sous les voûtes de l'église du couvent, une sorte de considération respectueuse portait le nouveau pontife à s'intéresser à ce lieu de repos, où son corps pouvait être enseveli un jour.

Thibault V, dont les domaines se bornaient au Blésois et au Chartrain, séjournait plus fréquemment à Chartres que ses prédécesseurs. Il était fort aumônieux pour les pauvres gens, pour les lépreux surtout, ces preuves vivantes des souffrances de la croisade. Pendant un de ses voyages, en 1158, il approuva le don fait par Gauthier de Friaize aux *Lazares* de Beaulieu, de son droit d'*escuage, scutum*, dans la monnaie de Chartres ressortissant au fief de Philippe de Meslay et à la justice royale. Le Roi voulut que, sauf la justice, tout ce que son titre de suzerain lui donnait sur cet *escuage* appartînt à la maladrerie. Le Comte en agit de même, en 1160, rela-

---

[1] *Cart. Saint-Père*, vol. 2, p. 647, 648 et 649.

[2] La réforme de Saint-Cheron fut approuvée par le pape Eugène III, en 1150. (Arch. dép., *Chapitre*, inv., p. 250.) L'évêque Goslin ajouta de nouveaux bâtiments très-somptueux à la maison épiscopale. (*Nécrol. de N.-Dame*, jour des kal. de février. Bibl. de la ville.)

[3] Arch. dép., *Extrait des cart. rouge et blanc de Josaphat*.

tivement à un autre *escuage* abandonné aux lépreux par Gauthier de Friaize, et qui dépendait du fief d'Ursion de Freteval [1]. Il gratifia également Beaulieu des revenus du tonlieu qu'il possédait sur la foire *des Infirmes* ou *de Saint-Simon-Saint-Jude*, autorisée par le comte Thibault III, en 1054 [2]. Ces libéralités s'exerçaient avec pompe, en présence des seigneurs et des bourgeois familiers du palais.

Mais la vie politique rappelait souvent le prince chartrain vers les affaires de France. En 1159, nous le voyons, par un retour singulier au parti anglais, faire alliance avec Henri Plantagenet et attaquer le domaine de la couronne. Cette tentative fut vivement repoussée par les deux frères de Louis-le-Jeune, Henri, évêque de Beauvais, et Robert, comte de Dreux. Le Vexin, le Gâtinais et les confins de la Normandie furent le théâtre de cette guerre, qui ne nous est pas bien connue. Le mariage du monarque français avec Alix de Champagne, sœur de Thibault, mit fin à la mésintelligence qui existait entre le Roi et son Sénéchal (1160).

La mort de l'évêque Robert-le-Breton, arrivée en septembre 1164 [3], fournit au comte de Chartres l'occasion de se lier d'une manière plus étroite encore avec le pays chartrain. Il avait un jeune frère nommé Guillaume, destiné à l'église depuis son enfance et déjà pourvu de plusieurs dignités canonicales dans les domaines de sa famille : il le fit nommer à l'évêché de Chartres. Jamais prélat de plus haut lignage n'a-

---

[1] Acte de 1158; témoins : Guillaume, fils d'Ansold, Foulques de Marolles, Girard de Meslay, Foucher, fils de Philippe de Meslay, Goslin d'Auneau, Ebrard du Puiset, le doyen Bernard, Clément, prévôt de la ville, Raoul de Plancy, maréchal du palais du Comte. — Acte de 1160; témoins : Guillaume Goët, Renaud d'Ouarville, Rahier de Vieuxvicq, Gauthier de Friaize, Girard de Meslay, et le prévôt Clément. (Beaulieu, *Cart. noir du Grand-Séminaire*, Bibl. de la ville.)

[2] Donation rappelée dans celle de même nature faite aux lépreux par Guillaume-aux-Blanches-Mains, frère de Thibault, *élu* évêque de Chartres vers 1165. (Arch. Hôtel-Dieu; *Papiers de Beaulieu.*)

[3] L'obit de Robert est inscrit dans les nécrologes de Notre-Dame au 9 des kal. d'octobre. Il fonda les abbayes de Claire-Fontaine, de Saint-Rémy-des-Landes, et de Saint-Cyr de Berchères.

vait illustré l'épiscopat chartrain; Guillaume surnommé aux Blanches-Mains, quatrième fils du grand Thibault, était le beau-frère du roi Louis-le-Jeune et le frère des comtes de Chartres, de Champagne et de Sancerre. Comme son mérite personnel n'était pas au-dessous de sa naissance, il devint bientôt le conseiller des princes dont il était le parent [1].

Ce fut vers la même époque que notre Comte obtint, par le crédit de la Reine, sa sœur, la main d'Alix ou Adèle, fille du Roi et de sa première femme, Aliénor d'Aquitaine. A en juger par les dépenses que Thibault fut obligé de faire pour assurer le pain aux gens de sa maison, la splendeur de la nouvelle cour de Chartres dut tourner au profit du commerce et de l'industrie. Les moulins du domaine étant insuffisants, le Comte déposséda les moines de Josaphat de leurs moulins du Désert, près Saint-Piat, en leur promettant un cens et quatre muids de froment à prendre dans ses greniers de Chartres (1164) [2]. Il trouva aussi le moyen d'améliorer par des concessions à titre onéreux les produits de sa seigneurie. Certains bourgeois, poissonniers de leur état, affermaient, à raison de 25 livres et 18 deniers de cens annuel, des étaux situés près de la tour, à l'endroit nommé la Poissonnerie, et dans les rues de la poissonnerie d'eau douce et d'eau de mer; Thibault leur accorda, par une charte de 1164, le monopole exclusif de la vente du poisson dans la ville, moyennant une augmentation de 10 livres de cens annuel et à la charge de faire brûler à perpétuité une lampe dans la chapelle de l'*Aumône* de Notre-Dame [3].

---

[1] L'élection de Guillaume souffrit quelques difficultés de la part du Chapitre; en 1167 et 1168, ce prélat ne prenait encore que le titre d'*évêque élu de Chartres*. (Voir Chartes de l'Evêque et du roi Louis-le-Jeune, au sujet du bois de Saint-Arnoult. Extrait du Cart. rouge de Josaphat, Arch. dép.)

[2] Acte passé sous l'abbé Gilbert. *Extrait du Cart. rouge de Josaphat*, p. 59. Arch. dép.

[3] Arch. de l'Hôtel-Dieu. Acte vidimé par le châtelain de Chartres le lundi avant l'Ascension 1306. Témoins de la charte de 1164 : Gauthier de Friaize, Foulques de Marolles, Guillaume de Chartres, Raoul de Gallardon, etc.

Les relations amicales que ces alliances de famille établirent entre le Comte et le Roi furent encore consolidées par la naissance de Philippe-Auguste, issu de la sœur des princes de Chartres-Champagne (1165). Aussi les troupes chartraines et champenoises suivirent-elles la bannière royale, en 1167, lorsque Louis-le-Jeune prit l'offensive contre le roi d'Angleterre [1]. Nonobstant leurs privilèges, les hommes de corps de l'église marchèrent à cette guerre avec les gendarmes du Comte; mais le Roi donna au Chapitre, en 1168, une déclaration portant qu'il n'avait prétendu ni porter atteinte aux prérogatives du clergé, ni soustraire ses serfs à leur juridiction exceptionnelle [2].

Les couvents et hôpitaux du pays chartrain profitèrent de l'entente cordiale des deux princes. Sans parler de la protection qu'il accorda à Saint-Père à l'exemple de ses prédécesseurs, Louis-le-Jeune octroya à Josaphat l'amortissement de la terre du Bouchot, près Épernon, et celui du bois de Saint-Arnoult, près Courville (1168) [3]. Thibault, de son côté, continuant ses aumônes à ses chers lépreux, approuva les donations de terres à Bouville et à *Chimard*, que leur fit Gauthier de Friaize et Foulques de Marolles (1168) [4], donna à Josaphat la dîme de ses moulins de *Fourmelly* et de *Subculet* sur l'Eure (1170) [5],

---

[1] Le roi Henri d'Angleterre incendia, dit-on, Brezolles et Châteauneuf, appartenant à Hugues de Brezolles, fils de Gervais de Châteauneuf, qui tenait le parti du roi Louis-le-Jeune. (Lefèvre, *Annuaire du département d'Eure-et-Loir*, 1843; Topog., chap. 1er. — L'abbé Fret, *Chroniques percheronnes*, vol. 1er, p. 45.)

[2] Arch. dép., *Invent. du Chapitre*, p. 280.

[3] La terre du Bouchot avait été donnée aux religieux de Josaphat par la dame Isabelle de Dourdan, et le bois de Saint-Arnoult leur provenait de la libéralité de Milon de Lèves. (*Extraits des Cart. blanc et rouge de Josaphat.*)

[4] Dans l'acte approbatif de la donation faite par Gauthier de Friaize, figurent comme témoins : Guillaume de Vieuxpont, seigneur du fief, Ebrard, vicomte du Puiset, Hugues de Gallardon, Joscelin d'Aunay, Raoul de Ver, Hugues, frère de Gauthier donateur, Renaud d'Ouarville, Crépin de Rochefort, Philippe Chesnard, Robert de Gallardon, Clément, prévôt de la ville, et Godefroy Chaillou, bourgeois. La charte de Foulques de Marolles contient à peu près les mêmes souscriptions. (*Cartul. noir du Grand-Séminaire*, *Grand-Beaulieu*, Bibl. de la ville.)

[5] *Extrait des Cart. blanc et rouge de Josaphat*, Arch. dép.

et constitua à Saint-Cheron une rente annuelle de dix livres à prendre sur son *ban* de Pâques et de la Pentecôte (1170)[1]. L'évêque Guillaume, qui avait une grande part aux déterminations du Roi et de Thibault, dirigeait volontiers leurs regards vers son diocèse. Ce prélat venait d'être promu à la dignité d'archevêque de Sens (1169), et, par une faveur toute particulière, il conservait les revenus et l'administration de Chartres et recevait le titre de légat du Saint-Siége. Il eut bientôt l'occasion de justifier cette haute position.

Henri Plantagenet, roi d'Angleterre, espérant que Thomas Becket, son chancelier, favoriserait ses plans de réforme des tribunaux ecclésiastiques, l'avait fait nommer archevêque de Cantorbéry. Mais, trompé dans son attente, il poursuivit Thomas d'une haine si furieuse que ce dernier fut forcé de chercher en France un refuge contre les violences de son seigneur. Le roi Louis, le comte Thibault et l'archevêque Guillaume aux Blanches-Mains, l'accueillirent à bras ouverts et essayèrent de le réconcilier avec Henri. Ce but, manqué à l'entrevue de Montmirail, le jour de l'Épiphanie 1169, ayant été atteint en apparence à celle de la Ferté-Bernard, le 22 juillet 1170, Thomas se hasarda à retourner en Angleterre. Tout semblait apaisé, lorsque les princes de France apprirent que l'archevêque de Cantorbéry avait été assassiné, le 29 décembre 1170, dans son église métropolitaine, par quatre chevaliers de la cour du roi Henri[2]. Le sang du martyr avait jailli sur un prêtre nommé Jean de Salisbury, qui devint sept ans plus tard évêque de Chartres. A cette nouvelle un cri d'horreur retentit d'un bout à l'autre de la France. Le roi

---

[1] Acte fait à Chartres, en présence de Raoul de Plancy, maréchal du palais, de Clément, prévôt, de Garnier, chambellan, d'Isnard, monnayeur, de Raoul, célérier, d'Hainon, chapelain, et de Guillaume, aumônier. (Arch. dép., *Cart. de Saint-Cheron*, Copie collationnée par le notaire Fraslon, le 6 septembre 1630.)

[2] L'un de ces chevaliers se nommait Renaud *Fitz-Urse*, c'est-à-dire *fils d'Ours*. Ne serait-ce pas un fils d'*Ursion* de Fréteval qui s'était déclaré pour le parti du roi Henri Plantagenet? (Voir *Hist. du Dunois*, Bordas et Rossard, Mss. de la Bibl.)

Louis demanda vengeance au Pape ; le comte Thibault écrivit au pontife romain que *les chiens de cour avaient versé le sang du juste ;* l'archevêque Guillaume jeta l'interdit sur toutes les possessions continentales du roi d'Angleterre.

Cependant les hostilités entre la France et l'Angleterre n'éclatèrent qu'en 1173, lorsque les trois fils d'Henri Plantagenet, Henri au Court-Mantel, Geoffroy, et Richard Cœur-de-Lion, s'unirent contre leur père avec le roi Louis et les princes champenois. Cette coalition de Français, de Chartrains, de Champenois et d'Angevins, quelque redoutable qu'elle fût, ne résista pas au choc des *Brabançons* à la solde du roi d'Angleterre. Louis-le-Jeune, battu près de Verneuil le 3 août 1173, lutta vainement une année encore et traita avec son ennemi en septembre 1174.

En 1177, Guillaume aux Blanches-Mains, promu à l'archevêché de Reims, transmit l'évêché de Chartres à Jean de Salisbury. Ce clerc fidèle, qui s'intitulait *évêque par la grâce de Dieu et les mérites du martyr saint Thomas,* était digne par ses vertus et sa science de cette haute position ; son épiscopat ne dura que trois ans (1180), mais il ne fut pas perdu pour la cause de l'humanité. Il arrivait souvent que les seigneurs séculiers revendiquaient, à titre de retour et comme *choses* de leurs domaines, les serfs affranchis par l'église. Jean de Salisbury fit cesser cette exorbitante prétention qui ne tendait à rien moins qu'à rendre illusoire tout affranchissement de serfs ecclésiastiques ; il obtint aussi que dorénavant aucun clerc traduit en justice ne pût être condamné à faire preuve par le duel, par le fer chaud ou par l'eau froide ou bouillante [1].

---

[1] *Nécrol. Notre-Dame*, à 39, 8 des kal. de novemb.; Mss. de la Bibl. — Jean de Salisbury donna à son église des reliques des saints Crépin, Crépinien et Gorgon, du sang de saint Thomas de Cantorbéry et le poignard dont il fut frappé. On lit dans le *Poëme des Miracles* :

    Et seint Tomas de Cantorbere
    De cui sanc ot illuec partie
    Et son coustel d'auceserie.

(*Poëme des Miracles*, Garnier, éd. Chartres, mir. 26, p. 173.) Jean fut inhumé à

Le roi Louis-le-Jeune, mort en 1180, eut pour successeur son fils, le prince Philippe, surnommé *Auguste*, neveu de l'archevêque Guillaume et des comtes de Chartres, de Champagne et de Sancerre. Ce nouveau monarque, qui avait été sacré par son oncle le 1ᵉʳ octobre 1179, du vivant de son père, commença par épouser Isabelle de Hainaut contre l'aveu de ses parents. Lié d'abord avec le comte Philippe de Flandre, oncle de sa femme, puis brouillé bientôt avec ce seigneur dont il ne voulut pas supporter la domination, il se vit, dès les premiers mois de son règne, obligé de recourir à l'amitié douteuse des princes anglais. Les possessions des maisons de Chartres-Champagne et de Flandre reçurent la visite des fameux mercenaires brabançons, et les oncles rebelles durent se soumettre à leur neveu et suzerain au commencement de 1182 [1]. Quelques années après, Philippe-Auguste eut encore un démêlé avec le comte de Flandre au sujet de la dot de la Reine; mais il s'était raccommodé alors avec ses oncles de Champagne, qui réussirent à rapprocher les deux ennemis au moment où leurs gens allaient s'attaquer (1185).

L'archevêque Guillaume, malgré les préoccupations de la politique, ne perdait pas de vue les intérêts de son ancien diocèse. Ses efforts tendaient surtout à faire rentrer entre les mains de l'Église les dîmes inféodées aux séculiers; les pontifes chartrains, ses prédécesseurs, avaient travaillé d'après cette pensée, mais il pouvait mieux qu'eux, par sa haute posi-

---

Josaphat. Sa bibliothèque, fort précieuse pour l'époque, passa à l'église Notre-Dame, qui posséda longtemps le manuscrit de son *Polycraticus*. Cet ouvrage n'existait plus en 1527. (Arch. dép., Livre de Guill. Bouvart, *Catalogue des Évêques* fait sous Louis Guillard.)

Cet Évêque s'est fait un nom célèbre dans la philosophie par ses deux ouvrages intitulés *Polycraticus* et *Metalogicus*. Il s'y montre le partisan et le continuateur d'Abeilard, rationaliste ou conceptualiste, c'est-à-dire presque *éclectique;* quarante ans plus tôt sa doctrine eût attiré les foudres de saint Bernard; mais déjà l'école avait appliqué à la théologie, malgré les efforts des spiritualistes, la formule dialectique : *Du doute naît l'examen, de l'examen la vérité.*

[1] En 1183, une bande de 7,000 Brabançons fut taillée en pièces, près de Châteaudun, par les *Capuciés*, paysans auvergnats formés en association religieuse et militaire.

tion et son influence, conduire à bien cette entreprise difficile. Grâce à son intervention, Josaphat recueillit les dîmes d'une terre, sise à Mignières, dans les domaines du seigneur d'Illiers (1170)[1] ; les lépreux de Beaulieu, avec l'approbation du comte Thibault et d'Ernaud de la Ferté, seigneur du fief, reçurent, de leur côté, une dîme à Bretigny (1176)[2]. Le Comte, qui n'était jamais en reste lorsqu'il s'agissait des lépreux, leur donna, en 1183, le revenu d'un *escuage* sur le change de Chartres, et Philippe-Auguste les gratifia, en 1185, d'une rente de deux muids de froment sur les moulins de Dourdan (1185)[3]. Parmi les libéralités de cette époque, il faut encore citer la confirmation par Thibault, du droit de taille et de justice que les religieux-chanoines de Saint-Jean exerçaient sur le bourg Muret (1181)[4] ; l'exemption du droit domanial de *terceau*, perçu annuellement sur les vignes de Saint-Cheron (1183)[5], et le désistement par le roi d'Angleterre de tous droits sur les terres et églises que l'abbaye de Saint-Père possédait en Normandie (1183). En même temps, le roi Philippe-Auguste renouvela aux moines de ce couvent les promesses de garantie faites par son père et son aïeul, pour réprimer l'audace des seigneurs du Puiset[6]. Hâtons-nous de constater que les princes et les prélats chartrains ne bornèrent pas toujours leurs largesses aux établissements religieux et que la cité, longtemps négligée, fut enfin admise à participer aux faveurs de ses maîtres.

L'évêque Jean de Salisbury avait été remplacé, en 1180, par

---

[1] *Cart. rouge et noir de Josaphat*, Arch. dép.

[2] Arch. du Grand-Beaulieu, *Hôtel-Dieu*.

[3] Mss. de Pintard, coll. Lejeune.

[4] Arch. dép., *Saint-Jean*, invent. 1106. Vidimus de l'official, du mois de décembre 1251.

[5] Arch. dép., *Saint-Cheron*, n° 2. Acte fait par le Comte et la Comtesse, du consentement de leurs enfants Thibault, Louis, Henri, Marguerite et Isabelle.

[6] Arch. de Saint-Père, *Cart.*, vol. 2, p. 660. Autre renouvellement de ces promesses par le roi Philippe III, en décembre 1284. (*Ib.*, p. 719.)

son ami, Pierre, abbé de Celles, puis de Saint-Remy de Reims. Ce bon pasteur employa les deux années de son épiscopat à faire exécuter ou à provoquer des travaux d'utilité publique, à faire cesser des coutumes féodales vexatoires et à répandre de larges aumônes. D'accord avec le comte Thibault, il racheta moyennant 1,000 livres les hommes de corps de l'église de l'obligation d'entretenir les fossés qui formaient alors la seule clôture d'une partie de la ville, et il fit construire à ses frais des murailles d'enceinte de la porte des Épars à l'église de Sainte-Foy. Le Comte, en consacrant les 1,000 livres qu'il avait reçues à un pareil travail sur un autre point, se reconnut pour l'avenir chargé de l'entretien des fortifications, du consentement de sa femme Adèle et de ses fils et filles, Thibault, Louis, Marguerite et Isabelle (1181) [1]. On se plaignait à juste titre de l'état de détérioration des rues; l'Évêque entreprit leur pavage, et pour encourager cette œuvre, il donna 100 livres à l'édilité chartraine. Mais ce qui rendit surtout ce prélat populaire, ce fut la modification qu'il obtint du Comte dans l'exercice du droit de *Banvin*. Suivant l'usage, il était défendu de vendre du vin en détail pendant un laps de temps que l'on appelait le *ban*, pour laisser au seigneur la facilité de vider ses celliers sans concurrence; Thibault consentit à abolir cette coutume, sous la réserve d'exiger pour tout droit trois sous par muid de vin vendu par les bourgeois tenant taverne pendant le ban. (1181-1182) [2]. Les abondantes charités de Pierre de Celles lui

---

[1] Arch. dép., *Invent. du Chap.*, p. 280; *Privil.*, F, n° 7. Pour construire les murs de la ville, les gens du Comte prenaient des pierres partout où ils en rencontraient. Il résulte d'un rôle de témoins, dressé vers 1193, que les sergents seigneuriaux enlevèrent, *ad construendum muros civitatis*, les pierres que le potier Herbert, avoué du Chapitre, avait rassemblées pour son usage particulier. L'Église prit fait et cause, et le Comte fut condamné à payer la valeur des matériaux enlevés. (Arch. dép., *Chap., Caisse des avoués.*)

[2] Les historiens locaux disent que la tourelle *Courte-Pinte*, voisine de l'église Sainte-Foy et de la porte Châtelet, qui fut construite vers cette époque à l'aide de l'impôt des trois sous par muid, prit son nom de la diminution obtenue par les taverniers sur la capacité ordinaire de la pinte; comme ils ne vendirent pas le vin moins cher, il en résulta que l'impôt frappa en réalité les consommateurs. (Doyen, vol. 1er, p. 293. — Chevard, vol. 2, p. 24.)

attirèrent à un si haut point l'amour de ses ouailles qu'à ses obsèques la foule se précipitait sur son cercueil et embrassait son cadavre [1]. Il eut pour successeur Renaud de Mouçon, de la maison de Bar, neveu par sa mère du comte Thibault.

On recevait depuis quelques années de tristes nouvelles de l'Orient. Les discordes des princes chrétiens avaient encouragé les infidèles; une bataille terrible qu'ils gagnèrent près de Tibériade, le 2 juillet 1187, fut suivie de la prise de la ville sainte. Dans ce péril extrême, Guillaume de Tyr, prélat fugitif de la Palestine, vint prêcher la croisade en France. Un *parlement* eut lieu entre les rois de France et d'Angleterre sous *l'ormel* de Gisors, le 21 janvier 1188, et la ligue chrétienne fut sur-le-champ proclamée [2]. Notre comte Thibault, ses frères de Champagne et de Sancerre, ses neveux Milon de Mouçon, comte de Bar, et Renaud de Mouçon, évêque de Chartres, prirent la croix. Rotrou, comte du Perche, Gislebert de Tardais, Renaud de Montmirail, seigneur d'Alluyes, Gauthier de Rambouillet, Gaufrid d'Érouville, Henri de Ludon, Renaud Crespin, Guy de Vaugrigneuse, Robert Gruel

[1] *Nécrol. Notre-Dame*, 11 des kal. de mars; Mss. de la Bibl. — Une excellente édition des œuvres de Pierre de Celles a été donnée par les Bénédictins, en 1671; on estime son traité *des Pains*, dédié à Jean de Salisbury, son livre *sur la Conscience*, le traité de la Discipline claustrale qu'il dédia à *son maître et ami*, Henri-le-Libéral, comte de Champagne, et un recueil de lettres dont un grand nombre sont adressées à Jean de Salisbury. Tous ces ouvrages paraissent antérieurs à son exaltation au siège de Chartres.

[2] Depuis la croisade de 1147, des chevaliers chartrains s'acheminaient chaque année vers la Terre-Sainte; c'était la caravane obligée des jeunes gens de haute naissance. En 1152, Thibault de Houville, pour faire partir son fils Henri, emprunta aux chanoines de Saint-Jean 35 livres chartraines, pour sept ans, moyennant une hypothèque sur la moitié d'un moulin à Gorget. (Arch. dép., cyrog. de 1152. *Saint-Jean*, inv. 720.) Selon l'usage, la somme ne fut pas remboursée et le gage resta aux prêteurs. (Arch. dép., Titre de 1181. *Saint-Jean*, inv. 721.) Vers 1165, Yves d'Illiers, l'un des plus grands feudataires du comté de Chartres, prit aussi la route de Jérusalem. Avant son départ, il promit aux mêmes chanoines de ne plus les troubler dans la possession du four de Saint-Maurice, que Girard Boël, son beau-père, leur avait donné en mourant. Ce four avait été construit par la vidamesse Hélisende, mère de Girard et aïeule de Legarde, femme d'Yves d'Illiers. (Arch. dép., Titre de 1168. *Saint-Jean*, inv. 749.) Eudes d'Allonnes, qui se croisa en 1179, gratifia les moines de Saint-Père de la redevance que les *hôtes* de ses domaines auraient dû lui payer pendant un espace de quinze années. (*Cart. Saint-Père*, Titre de 1179, vol. 2, p. 655.)

TOME I. 8

de la Frette, Guillaume de Prunelé, M. du Temple, Hugues de Moutiers, Gervais de Menou, Albéric d'Allonville, Jodoin de Beauvilliers, Guy de Chartres et une foule d'autres imitèrent leur exemple [1].

Au moment où la Beauce s'exaltait dans la pensée de la guerre sainte, la reine Élisabeth vint en pèlerinage à Chartres et sentit pour la première fois tressaillir dans son sein l'enfant qui fut Louis VIII (1188) [2].

Les années 1188 et 1189 se passèrent en préparatifs et en adieux. Thibault demanda des secours à ses vassaux ; ceux de Châteaudun et du petit bourg de Saint-Martin-du-Péan, près Bonneval, se signalèrent de telle sorte que le Comte leur donna des chartes d'affranchissement (1188-1189) [3]. Il songea ensuite à ses amis les lépreux, et leur donna une rente de

---

[1] Avant de partir pour Jérusalem, Gislebert de Tardais fit du bien au chapitre de Notre-Dame et donna à Saint-Chéron quatre muids de terre à Amilly, sous condition de les reprendre à son retour. (Arch. dép., *Chapitre*, Acte de 1190. — Ib., *Cart. Saint-Chéron.*) — Renaud de Montmirail affranchit les *hôtes* de Saint-Chéron demeurant à la Gaudaine de certains droits vexatoires qu'il exerçait sur eux. (Ib., *Cart. Saint-Chéron.*) — Gauthier de Rambouillet donna, pour huit ans, aux lépreux de Beaulieu deux muids de froment qu'il percevait sur leur moulin de Gourdez. (*Grand-Beaulieu*, *Cart. noir*; Mss. de la Bibl. Titre du jour des nones de mars 1189.) — Gaufrid d'Érouville fit donation à l'aumône Notre-Dame de vingt quartiers de terre, pour y placer vingt *hospices*. (Arch., *Hôtel-Dieu*. Acte de 1190, vidimé par l'official en janvier 1267.) — Henri de Ludon, allié à la maison du Puiset, s'était déjà disposé à passer en Orient en 1186. (Arch. du Grand-Beaulieu, *Hôtel-Dieu*. Acte de 1186.) — Renaud Crépin, dont le nom figure dans plusieurs chartes des Comtes et qui devint, en 1194, maréchal du palais du comte Louis, donna aux lépreux de Beaulieu, à son départ pour la Terre-Sainte, du consentement de Gila, sa femme, un des étaux qu'il possédait dans la boucherie de Bourg, à Chartres. (Titre de 1189. Mss. Pintard, coll. Lejeune.) — Guillaume de Prunelé, M. du Temple, Jodoin de Beauvilliers, sont cités dans une obligation *per fidem* datée d'Acre au mois de septembre 1191. (Titre appartenant à la famille du Temple de Rougemont.) Les noms des autres croisés sont rapportés par Souchet, Pintard, Doyen, Chevard et l'abbé Fret.

[2] Guillaume-le-Breton. — Sainte-Marthe, *Hist. généal.*, vol. 1er, p. 500. — Lenain de Tillemont, *Vie de saint Louis*, 1846. — Souchet-Étienne, vol. 1er, p. 520 ; Mss. de la Bibl.

[3] L'*Histoire manuscrite du Dunois* (Abbé Bordas et Rossard de Mianville) fixe la date de la charte communale de Châteaudun à l'année 1197, sous saint Louis. Cette ville fut d'abord gouvernée par douze notables, et, plus tard, par un Maire, trente notables et quatre échevins. Une charte insérée dans le manuscrit de la bibliothèque Sainte-Geneviève, série 3, n° 207, fait connaître que cet affranchissement eut lieu en février 1189, moyennant 50 écus d'or.

100 sous à prendre sur la recette du maître de la pelleterie (1189), une redevance en vivres sur la cuisine des comtes de Chartres et une rente de 40 sous chartrains sur son *ban de Pâques*, à percevoir le jour de son anniversaire (1190)[1]. Puis, il confia l'administration de ses domaines à sa femme, la comtesse Adèle, et s'achemina vers Paris, où l'attendait son royal neveu Philippe-Auguste.

Le roi de France, avant de partir, rédigea un testament politique au pied duquel le comte Thibault apposa son scel de sénéchal; le gouvernement du royaume fut remis à la reine-mère, Adèle de Champagne, et à l'archevêque Guillaume aux Blanches-Mains. La maison de Chartres-Champagne était, comme on le voit, à l'apogée de sa prépondérance.

La croisade ne répondit pas aux vœux du monde chrétien; les efforts des guerriers de l'Occident s'épuisèrent à la prise d'Acre (20 août 1191), que le roi Philippe-Auguste, miné par la fièvre et la dyssentrie, n'attendit même pas. L'évêque Renaud de Mouçon s'était garanti de l'épidémie en revenant en France dès 1190[2]; mais le comte Thibault, qui avait voulu partager jusqu'au bout les souffrances de ses frères d'armes, ne revit plus le pays chartrain. On apprit sa mort en 1191, peu de temps après le retour du Roi. La noble comtesse Adèle, en proie à la plus vive douleur, alla, avec ses enfants Louis, Thibault, Marguerite et Isabelle, cacher ses larmes dans les solitudes du Perche, auprès du saint homme Bernard, abbé de Thiron. Elle y passa dans la prière bien des jours lugubres, et ne voulut rentrer dans le monde qu'après avoir comblé la communauté de ses bienfaits. Elle ne put, néanmoins, déterminer les religieux à quitter leur

---

[1] Arch. Hôtel-Dieu, *Titre de Beaulieu*. — Mss. de Pintard, coll. Lejeune.

[2] Au mois de juillet 1190, Renaud de Mouçon, étant à Chartres, donna au chapitre de Notre-Dame la chapelle Saint-Serge et Saint-Bacche, au cloître; d'où il faut conclure qu'il était déjà revenu de la croisade. (Arch. dép., *Chapitre, Chapelles*, J, n° 1, caisse 6.)

désert pour un autre endroit plus agréable de ses domaines¹. Dans l'épanchement de son chagrin, la Comtesse se souvint aussi des lépreux de Beaulieu, les bien-aimés de son époux; elle leur donna un domaine à Berchères et fit confirmer cette donation par le comte Louis, son fils (1192). Ces malheureux reçurent encore, à la prière de l'archevêque Guillaume, une assignation annuelle de 40 sous de rente sur le *ban* de la Pentecôte (1193)². Enfin, pour ne rien oublier des souvenirs d'Orient, Adèle fit don aux religieux de Josaphat d'une métairie à Sours, à la charge de célébrer l'anniversaire de la mort de son époux (1192)³.

Le comte Thibault V fut, selon l'expression d'un légendaire, un prince illustre et magnifique, *clarissimus et magnificus*. Moins turbulent que son père, il pesa presque autant que lui, par son mérite personnel, ses charges et ses alliances, dans la balance des événements politiques. Il fut toujours l'ami des pauvres, et les grands travaux d'utilité publique entrepris sous son gouvernement témoignent de son désir d'améliorer la vie matérielle des peuples de ses domaines. Il mérita le nom de *bon*, que la postérité lui a conservé⁴.

Le nouveau seigneur de Chartres, Louis, fils de Thibault, avait épousé Catherine, fille aînée et héritière de Raoul, comte de Clermont, en Beauvoisis. Il paraît qu'il fit de Blois sa résidence favorite et que la comtesse Adèle, sa mère, retint l'administration du pays chartrain, à titre de douaire. Le commencement du veuvage de cette Princesse fut troublé par une discussion violente qu'elle eut avec le chapitre de Notre-Dame, au sujet de la liberté du cloître et des avoués (1192-93-94).

Par une coutume dont l'origine est inconnue, chaque cha-

---

¹ Détails rappelés dans une charte de 1195. (Arch. dép., *Cart. de Thiron*.)
² Arch. de l'Hôtel-Dieu, *Titres de Beaulieu*.
³ *Extrait des Cart. rouge et blanc de Josaphat*, Arch. dép.
⁴ *Nécrol. Notre-Dame*, 17 des kal. de février; Mss. de la Bibl.

roine avait le droit d'admettre dans sa domesticité des gens de la bourgeoisie chartraine, à l'exception de ceux du service particulier du Comte, et ces bourgeois jouissaient dès ce moment de la liberté du cloître, des privilèges ecclésiastiques et de l'exemption de toute taille et autre imposition seigneuriale. Ils n'étaient justiciables que du Chapitre, qui les défendait comme ses propres membres. On les appelait *avoués*, nom bizarrement choisi, puisque, partout ailleurs qu'à Chartres, il s'appliquait, dans le langage féodal, aux seigneurs laïcs protecteurs des établissements de main-morte. Les avoués du Chapitre, soustraits à la puissance du Comte, ne pouvaient se livrer à aucun commerce, mais ils avaient la faculté d'acheter du blé au mois d'août, du vin pendant les vendanges, et de vendre des étoffes tissées avec la laine de leurs brebis, sans payer le droit de *tonlieu*. Les liens de parenté qui existaient presque toujours entre quelques chanoines et la riche bourgeoisie, faisaient que très-souvent les avoués étaient choisis parmi les bourgeois puissants tombés dans la disgrâce du Comte, ou qui voulaient dérober leur fortune à la taille et aux exactions. Ainsi, du temps même du comte Thibault V, on avait vu Vincent, prévôt de la ville, entrer au service de l'évêque Guillaume aux Blanches-Mains, pour échapper sans doute à la rancune de son seigneur; un autre prévôt nommé Robert Tirel avait suivi son exemple, et il n'y avait pas longtemps que Gilon Colrouge, prévôt de la comtesse Adèle, était allé chercher dans la maison du chanoine-prévôt de Fontenay, un refuge contre la colère de sa châtelaine. Un privilège ainsi exploité venait frapper les comtes de Chartres dans ce qu'ils avaient de plus précieux : leur bourse et leur justice. Aussi les querelles étaient-elles très-fréquentes entre le Seigneur et le Chapitre; elles se traduisaient, du côté du Comte, par des attaques à main-armée dans l'intérieur du cloître, par des emprisonnements d'avoués et même de clercs dans la grosse tour, par le pillage des meubles appartenant aux bourgeois *de la famille* des chanoines ; l'Église n'avait qu'une seule arme, mais une arme irrésistible : l'excommunication. Plusieurs fois le fier Thibault avait dû céder devant la simple menace du Chapitre ; un jour d'interdit sur la ville avait suffi pour faire sortir de la tour Raoul de Vallée, bourgeois passé au service du chambrier Gislebert ; Foucher, taillable du Comte, devenu serviteur du chanoine Auger de la Poterne, avait recouvré sa liberté par un pareil moyen ; M° Hervé de Gallardon, autre chanoine, était parvenu à faire décharger des rôles de la capitation seigneuriale son avoué Hervé Breton, sur une sommation du sergent du Chapitre aux officiers du Comte. Malgré ces précédents, la comtesse Adèle ne craignit pas de s'engager dans une contestation de même nature au sujet de l'admission à l'*avouerie canoniale* de cinq bourgeois de Chartres soumis à son ban.

C'était quelque temps avant la croisade, et le pape Urbain III, saisi de l'affaire après maintes violences réciproques, avait nommé pour arbitres la Reine-mère et l'archevêque Guillaume. La sentence qui établissait une sorte de jouissance alternative, par les contestants, des bourgeois objet du litige, n'ayant satisfait personne, le pape Célestin III, sur l'appel du Chapitre, commit, pour juges définitifs, Michel, archevêque de Sens, et Manassès, archidiacre de la même église. L'enquête eut lieu avec une grande solennité ; on y vit comparaître, pour la Comtesse, la Reine-mère et l'archevêque Guillaume, les chevaliers Geoffroy Cointet, Geoffroy de Lèves, Pierre de Villebeton, Achard, Geoffroy Graons et Renaud Belin. Par une sentence de la veille des kalendes de mars 1194, les arbitres déclarèrent le Chapitre maintenu dans ses anciens privilèges et déboutèrent la Comtesse de ses prétentions [1]. C'était le premier titre régulier que l'église Notre-Dame possédât au sujet des avoués ; le Chapitre, jaloux de

---

[1] Arch. dép., *Chapitre, Caisse des avoués*.

tout ce qui touchait aux immunités du cloître, obtint des papes de nombreuses confirmations de cette décision et sut l'opposer fréquemment aux tentatives laïques. Dans notre ville dépourvue d'une charte communale, il n'était pas indifférent pour les bourgeois d'avoir une porte entr'ouverte du côté de la liberté [1].

Cette affaire n'était pas la seule qui réussît au gré des désirs du Chapitre. Une bulle de Clément III, datée du deuxième jour des ides de juin 1190, avait défendu à toute communauté de s'établir ou de bâtir chapelle dans la ville et banlieue sans le consentement préalable des chanoines de Notre-Dame [2]; une solution qui intéressait plus directement encore leurs intérêts particuliers, vint mettre fin, en 1193, à une vieille querelle qui déchirait la compagnie. Malgré la réforme de l'évêque Yves et les efforts de ses successeurs, les prévôts avaient repris l'administration des biens de l'église. Quoique pourvus de quatre prébendes importantes, connues sous les noms de Nogent, Fontenay, Amilly et Beauce, ils troublaient sans cesse les chanoines dans la jouissance de leurs prêtrières, dont ils revendiquaient la direction et la justice. Pour arrêter définitivement ces chicanes, l'archevêque Guillaume aux Blanches-Mains proposa, en 1174, un accord qui fut adopté quinze ans après par l'évêque Renaud de Mouçon et confirmé, en 1193, par le cardinal Melior, légat du pape Innocent III. Les prévôts furent contraints d'abandonner les grandes prébendes qu'ils possédaient et d'accepter en échange quatre prêtrières appelées Normandie, Mézangé, Auvers et Ingré [3].

---

[1] Le pape Célestin III confirma cette sentence le 4 des nones de juin 1196, cinquième année de son pontificat. (Arch. dép., *Chap.*, *Avoués*. — Coll. Lejeune.)

[2] Arch. dép., *Chapitre, Paroisses et Communautés*, R, n° 3, caisse 9.

[3] En 1014, Richard, duc de Normandie, donna à l'église Notre-Dame des terres dans le comté d'Evreux, qui formèrent la prêtrière de Normandie. *(Chapitre, Prévôté de Normandie*, Vidimus de .... Coll. Lejeune.) Les hommes de Mézangé, en Vendômois, devaient au titulaire de la prêtrière une somme annuelle de 100 sous pour droit de gîte et de procure (1191). — En 1210, Mathieu, maire de ce lieu, se reconnut serf du Chapitre, comme ses prédécesseurs, en présence de Miles, comte

Comme on remit, en même temps, à chaque chanoine, la libre administration de ses biens et la perception de ses revenus, la charge des prévôts se réduisit à une dignité purement honorifique. Philippe-Auguste donna son approbation à cet arrangement forcé [1].

Au mois de juin 1194, pendant que le légat Melior était à Chartres, un épouvantable incendie consuma la ville, et l'église de Notre-Dame, à l'exception des deux clochers construits hors œuvre [2]. Le Livre des miracles de la Vierge, traduit en vers français par M° Jehan Lemarchant, en 1262, nous a transmis le récit de ce funeste événement, de la douleur des clercs et des bourgeois, et de l'abandon que fit le Chapitre de trois ans de revenus pour la reconstruction du saint temple. D'abondantes aumônes, provoquées par les exhortations du légat, secondèrent le zèle du clergé, et la basilique que nous admirons aujourd'hui sortit des ruines de l'église de Fulbert [3].

---

de Bar et vicomte de Chartres. (Coll. Lejeune.) — La prévôté d'Auvers, située en Gâtinais, fut louée, en 1168, à un certain Pierre, après le décès du chanoine Hervé, titulaire. (Coll. Lejeune.) — Par une charte de 946, Hugues-le-Grand donna au Chapitre la terre d'Ingré, en Orléanais, du consentement de Hugues-Capet, son fils, et de Robert, son petit-fils. (Arch. dép., *Chap.*, Vidimus de 1298, caisse 30, A, n° 1.) En 1048, le roi Henri Ier renonça, au profit du Chapitre, au droit de vicarie qu'il exerçait sur Ingré. (Ib., *Prévôté d'Ingré*, n° 2, caisse 18.)

[1] Arch. dép., *Chap.*, Prévôtés, inv., p. 38.

[2] Personne ne songe plus aujourd'hui à contester l'incendie de 1194. Les travaux de MM. Chasles aîné, Rossard de Mianville et Benoist ont élucidé complètement la question. (*Recherches sur l'époque à laquelle la cathédrale actuelle a été construite*, suite du *Poëme des Miracles*, p. 281; Garnier, éd., Chartres. — *Annuaires du département d'Eure-et-Loir*, années 1844 et 1845.) Je me bornerai à ajouter : 1° que la donation de 60 sous parisis de rente, par Manassès de Mauvoisin au Chapitre, pour la reconstruction de l'église (*Nécrol.*, § 32, 12 des kal. de novembre; Mss. de la Bibl.), existe *en original* dans les archives du département, papiers du Chapitre, et qu'elle porte la date du 5 des nones d'octobre 1195; 2° que cette donation a été faite en présence de témoins, parmi lesquels figure, avec le doyen Gaufrid, son neveu, le chanoine Symon de Bérou, dont l'obit, inscrit au *Nécrol.*, § 37, sous la date du 13 des kal. de mars, mentionne une donation de 50 livres *ad opus ecclesiæ*; 3° que l'extrait de l'arrêt rendu par Philippe-Auguste contre les séditieux de 1210, extrait écrit vers la fin du XVIe siècle et qui se trouve aux archives du département (*Chap.*, Procès, reg. n° 8, cote A), constate une donation de 200 livres parisis par ce Prince, *ad opus edificationis ecclesiæ*.

[3]
    A Chartres prist en la cité
    Un feu qui ne fu pas a gens
    Car trop fu grant et domageus :

L'évêque Renaud de Mouçon fit reconstruire les bâtiments épiscopaux qui avaient été consumés par le feu.

> La ville ardi dou feu esprise
> Dont arse fu toute liglise,
> Dont il fu merueilleus domage,
> Ni remest voste nautre estage
> Tres et souliues confundi
> Lardeur du feu le plon fundi,
> Trebuchierent murs et mesieres,
> Briserent cloches et verrieres,

La chàsse où était la sainte chemise fut sauvée par le dévouement de certains clercs, qui la déposèrent dans la crypte. Alors le légat, *mestre Meilleur*, fit un appel aux bonnes âmes pour la reconstruction du saint temple :

> Quant li legat ot sarmonne
> Lors furent tuit abandonne
> Et li euesques et li chanoine
> Sans alonge querre naloigne
> De cidier i efforcicement
> Et sotroierent bonement
> Que il mestroient volentiers
> Dusqua. iij. ans tretous entiers
> De leurs rentes bien grant parties
> Mes que retenissent leur vies.

Les bourgeois s'exécutèrent aussi lorsqu'ils virent que la sainte chàsse avait été miraculeusement préservée du feu :

> Clers et boriois et rente et mueble
> Abandonerent en aie
> Chascun selon sa menantie.

Les maçons se mirent à l'ouvrage ; mais au bout de trois ans, le maître de l'œuvre n'avait plus d'argent à donner aux ouvriers. Alors la sainte Vierge pria son fils de faire des miracles dans le sanctuaire de Chartres, afin que tous les peuples, saisis d'admiration, fissent d'abondantes aumônes pour l'achèvement de l'édifice ; car la mère de Dieu

> ... voloit auoir merucilleuse
> Iglise et haute et longue et lee
> Si que sa per ne fu trouee

Les miracles eurent lieu et les dons arrivèrent :

> Lors vindrent gens de totes pars
> Qui en charrestes et en chars,
> Grans dons a liglise aportoient.

Les uns apportaient du froment, de l'avoine, de l'orge ; les autres....

> Fer et plon estret de minieres
> Et metal de toutes manieres,
> Li autres vins blans et vermaus,

des bijoux, de la vaisselle d'or et d'argent. On mettait le tout en vente, et les ouvriers, bien payés, travaillaient avec ardeur. (*Poëme des Miracles de la Vierge*, imprimé sous la direction de M. Duplessis, ancien recteur d'Académie, par Garnier, à Chartres, p. 17 et suiv.)

Au milieu de ces événements d'intérêt purement local, la guerre recommencée entre Philippe-Auguste et Richard Cœur-de-Lion, vint choisir pour son terrain les environs de Chartres. Au mois de mai 1194, pendant que le monarque français assiégeait la petite ville de Verneuil, il apprit que la cité d'Évreux était tombée au pouvoir des ennemis par la trahison de Jean-sans-Terre; il quitta brusquement son entreprise et courut sur Évreux. La ville fut incendiée; mais les reliques de saint Taurain, enlevées de la cathédrale par ordre du Roi, furent transportées à Chartres, qui, un mois après, devint aussi la proie des flammes. Richard prit promptement sa revanche. Un certain jour que Philippe-Auguste cheminait sur les terres du comté de Blois, près de Fréteval, manoir d'Ursion de Meslay, le roi d'Angleterre l'attaqua à l'improviste, faillit le faire prisonnier et enleva les bagages où se trouvaient la couronne, le scel royal et le chartrier du domaine. Le comte Louis se tourna, en 1197, contre son souverain; mais on ne connaît pas bien les détails de ces démêlés, qui furent de peu de durée.

Au redoublement d'aumônes et de fondations qui caractérisa les dernières années du XIIe siècle, on put reconnaître le sentiment d'exaltation religieuse, avant-coureur d'une croisade. Les chevaliers gémissaient des malheurs de Jérusalem, et les prêtres voyaient avec horreur l'hérésie vaudoise et albigeoise se propager dans le royaume. La guerre sainte, provoquée par le pape Innocent III, fut prêchée par Foulques, curé de Neuilly, au milieu d'un tournoi donné par le comte de Champagne; presque toute la jeune noblesse française qui assistait à cette fête prit la croix (1199). Une autre réunion, tenue à Chartres, en l'honneur de Blanche, fille du roi de Navarre et épouse du comte de Champagne, fut encore l'occasion d'un appel auquel les seigneurs chartrains répondirent [1].

---

[1] *Mémoires de Villehardouin*, éd. de 1657, n° 3. — *Généalogie de Joinville*, éd. Du Cange, 1668.

Avec le comte Louis, on vit s'enrôler sous la sainte bannière les vidames Robert et Guillaume, Renaud d'Ouarville et Renaud de Montmirail, vétérans des croisades, Jean et Garain de Friaize, le fameux Simon de Montfort, Gauthier de Goudonville, Guillaume de Coutes, Anselme de Poissy, Aubert de Tachainville, Galeran d'Auneau, Renaud Chesnard ou Canard de Louville, Miles de Bar, vicomte de Chartres. Étienne du Perche, Gervais et Hervé de Châteauneuf, Robert de Vieuxpont, seigneur de Courville, suivirent le comte Geoffroy du Perche [1]. Avant de partir, le comte Louis fit une donation

[1] Les trois frères Jean, Robert et Guillaume, prenaient en 1202 le titre de vidames de Chartres. Robert et Guillaume, qui se croisèrent, firent, en 1196 et 1202, des libéralités à Saint-Père et aux lépreux de Beaulieu sur leurs biens de Tréon et sur les cens qu'ils percevaient à Chartres et à la foire du Châtelet. *(Cart. Saint-Père*, vol. 2, p. 667. — Mss. de Pintard, coll. Lejeune. — Arch. du Grand-Beaulieu.) — En 1196, Renaud d'Ouarville accorda aux chanoines de Saint-Jean la confirmation de la donation d'une terre à Ossonville, en présence de Michel, alors prévôt de de Chartres. (Arch. dép., *Saint-Jean*, invent., cote 8.) — En 1202, Renaud de Montmirail donna satisfaction aux moines de Saint-Père, au sujet des violences qu'il exerçait sur leurs hommes du bourg de Saint-Romain de Brou *(Cart. Saint-Père*, vol. 2, p. 670); il gratifia aussi le Chapitre d'une rente de 50 sous chartrains à prendre sur ses cens d'Alluyes. Cette aumône fut confirmée en mai 1209 par Hervé, comte de Nevers, frère et héritier de Renaud. (Arch. dép., *Chapitre*, Papiers non classés.) — Le Chapitre et Saint-Père reçurent de Jean de Friaize, en mai 1202, la démission du droit de *voirie* qu'il possédait sur leurs biens d'Amilly, de Fontenay, de Saint-Aubin et de Mittainvilliers. (Arch. dép., *Chap.*, ib. — *Cart. Saint-Père*, vol. 2, p. 670.) L'hôtel-Dieu eut du même seigneur, dix charretées à trois chevaux, de bois mort, par chaque année. (Arch. de l'Hôtel-Dieu. Titre de mai 1202.) — Simon de Montfort confirma, en février 1198, les lépreux de Beaulieu dans les donations, à eux faites par ses prédécesseurs Amaury et Simon de Montfort et Guy de Rochefort, de certaines redevances à prendre sur les domaines d'Épernon et de Rochefort, parmi lesquelles figurent un cerf et un sanglier gras. (Arch. de Beaulieu, *Cart. noir*; Mss. de la Bibl.) — Étienne du Perche fit donation au Chapitre, en 1102, de 50 sous chartrains à prendre sur les revenus de Louvilliers, pour son anniversaire et celui de son frère Geoffroy, comte du Perche. (Arch. dép., *Chap.*, Papiers non classés.)

Mais la plus étrange donation que nous rappelle cette époque est celle dite des *Cinq-Semaines*. Les anciens seigneurs de Courville avaient accordé au prieur de Saint-Nicolas, membre de l'abbaye de Saint-Jean-en-Vallée, le domaine utile de cette petite ville pendant la dernière semaine des mois de février, mai, août et novembre; le prieur rendait alors haute et basse-justice et percevait à son profit les droits seigneuriaux. En 1197, Robert de Vieuxpont ajouta à ces quatre semaines la dernière semaine de juillet, en compensation des vexations dont il se reconnaissait coupable envers l'abbaye. Le droit des *Cinq-Semaines*, confirmé la même année par la comtesse Adèle, et, en 1289, par Guillaume de Vieuxpont, fut échangé en 1330, par l'abbaye de Saint-Jean, avec le sire Robert de Vieuxpont, contre 42 setiers de terre. (Arch. dép., *Saint-Jean*, invent., 1541, 1556.) Mon ami, Félix Bourquelot, fait mention, dans son excellente histoire de Provins, d'un droit à peu près semau chapelain de la tour et au chapitre de la Cathédrale [1], il affranchit de toute taille les sujets de l'abbé de Saint-Père demeurant à Mainvilliers et à Champhol, et se porta garant, envers le couvent, d'un cens de quatre sous que Guillaume, fils de Raoul de Plancy, jadis maréchal du palais du comte Thibault V, s'était engagé à payer aux religieux (1202) [2]; puis il confia l'administration de ses domaines à sa mère Adèle et à sa femme Catherine et alla s'embarquer à Venise (8 octobre 1202) sur des bâtiments préparés par les soins de ses fidèles chevaliers Jean de Friaize et Gauthier de Goudonville.

Il n'entre pas dans le cadre de cette histoire de raconter les merveilles de la croisade; nous dirons seulement qu'après le sac de Constantinople (avril 1204), l'empereur Beaudouin donna le duché de Nicée ou Bithinie au comte Louis de Chartres, et le duché de Philadelphie à Étienne du Perche, comme parts de butin. Notre Prince fit, en outre, la conquête d'un trésor bien autrement précieux : c'était la tête de sainte Anne, mère de la Vierge. Il s'empressa d'envoyer cette relique à Notre-Dame de Chartres, *afin que le chef de la mère reposât dans la maison de la fille.* La comtesse Catherine et tout le clergé reçurent ce présent avec de grandes démonstrations de joie, et il fut statué que le Chapitre prélèverait chaque année, sur les oblations faites à la châsse de sainte Anne, une somme de cent sous pour solenniser l'anniversaire du donateur [3].

Le comte Louis ne jouit pas longtemps de son nouveau duché; attaqué par les Bulgares devant Andrinople, en 1205, il périt d'une mort héroïque. Jean de Friaize le voyant criblé

---

blable accordé, en 1153, par le comte Henri-le-Libéral, aux moines de Saint-Ayoul de Provins. *(Hist. de Provins*, vol. 1er, p. 117; 1839.)

[1] Mss. de Pintard, coll. Lejeune.

[2] *Cart. Saint-Père*, vol. 2, p. 669 et 671.

[3] *Nécrol. Notre-Dame*, § 26, 17 des kal. de mai; Mss. de la Bibl. — Gervais de Châteauneuf rapporta de la croisade et donna à Notre-Dame de Chartres le chef de saint Mathieu, apôtre et évangéliste, qu'il avait *conquis* au sac de Constantinople. *(Nécrol.*, § 37, 2 des kal. de mars.)

de blessures, l'engageait à se retirer : « Non, s'écria-t-il, laissez-moi combattre et mourir ; à Dieu ne plaise qu'il me soit jamais reproché d'avoir fui le combat [1] ! » Avec lui succombèrent Jean de Friaize, Étienne du Perche, Renaud de Montmirail et autres seigneurs chartrains.

C'était pour la troisième fois qu'un comte de Chartres, descendant direct de Thibault-le-Tricheur, perdait la vie sur les champs de bataille d'Orient. Louis laissa de son mariage avec Catherine de Clermont, Thibault VI qui lui succéda, et une fille nommée Jeanne qui mourut jeune.

Pendant que le comte Louis succombait dans la croisade grecque, Simon de Montfort avait regagné sa patrie et s'était mis à la tête d'une autre croisade, en France, contre les hérétiques Vaudois et Albigeois (1206-1207). Secondé par les foudres de l'Église, il triompha du vicomte de Béziers et du comte de Toulouse, dans les seigneuries desquels il parvint à se maintenir. L'évêque de Chartres, Renaud de Mouçon, lui avait conduit un renfort de combattants pendant l'été de 1210. Il paraît que le jeune comte Thibault s'était aussi dirigé vers ces parages fort fréquentés par ceux qui désiraient gagner facilement les bénéfices de la guerre sainte, car une présence de quarante jours au camp de Simon de Montfort valait les indulgences plénières. Mais notre Prince ne s'en tint pas à cette gloire éphémère ; il passa, dit-on, en Espagne et se trouva le 16 juillet 1212 à la bataille de Las Navas de Tolosa, où une prodigieuse armée de Musulmans fut anéantie par les rois de Castille, d'Aragon et de Navarre.

Chartres était resté, probablement à titre de douaire, entre les mains de la comtesse Catherine, veuve de Louis. Cette Princesse avait une cour de justice, un maréchal du palais et un prévôt de la ville, qui fonctionnaient en son nom et auxquels l'année 1210 fut néfaste.

---

[1] *Mém. de Villehardouin*, liv. 7. — Michaud, *Hist. des Croisades*, vol. 3, p. 317.

Il y avait toujours jalousie entre les gens de la Comtesse et les avoués du Chapitre. Or, un certain dimanche d'octobre, sous prétexte qu'un serviteur du doyen Guillaume s'était permis d'injurier un serf de la Comtesse, la populace se précipita dans le cloître et fit le siège de la maison du doyen. Le Chapitre s'empressa de requérir l'intervention du maréchal et du prévôt de la ville, mais ces officiers, au lieu de s'opposer au désordre, se mirent à exciter la foule de telle sorte que les portes de la maison furent bientôt ébranlées et les fenêtres brisées à coups de pierres. Dès le début, le doyen avait jugé prudent de se réfugier dans la cathédrale; ceux de ses serviteurs qui n'abandonnèrent pas la place, se barricadèrent de leur mieux et répondirent aux assaillants par une pluie de tuiles et de morceaux de bois. Bon nombre reçurent des blessures mortelles. Le peuple, que cette résistance irritait de plus en plus, alla tirer des remises du cloître un grand chariot, et, s'en servant comme d'un bélier, enfonça l'huis principal. En un clin-d'œil, comme il se pratique d'ordinaire, tous les meubles de la maison furent brisés et jetés par les fenêtres; la nuit étant arrivée, les émeutiers terminèrent leur œuvre à la lueur des torches. On peut juger de l'effet que produisit cet acte de violence sur un clergé qui n'était pas habitué à souffrir la moindre atteinte à ses privilèges. Le lendemain, l'interdit le plus rigoureux fut lancé sur les églises du comté; on accorda seulement aux curés la permission de dire des messes basses, portes fermées, pour conserver les hosties nécessaires à l'administration du saint viatique, et de donner le baptême en dehors des édifices sacrés. L'autel de Notre-Dame fut dépouillé de ses richesses; on plaça le saint tabernacle au pied de l'autel comme au jour de la Passion, les châsses sur le pavé devant le tabernacle, et le crucifix devant les châsses. Chaque jour, un prêtre lançait du haut du jubé cette horrible malédiction qui s'appelle *la grande excommunication, l'anathême et la fulmination*. A ce moment solennel, les cierges étaient allumés et les cloches sonnaient en branle; à la dernière parole du prêtre, tout rentrait dans le silence et dans les ténèbres. La cloche du couvre-feu elle-même, ordinairement exemptée de l'interdit, dut se taire jusqu'à nouvel ordre.

Cette démonstration, ordinairement si efficace dans ce siècle, fut d'abord inutile; le peuple accueillait par des injures le prêtre fulminateur. Mais un incendie qui dévora les rues inférieures des rives de l'Eure et qui monta ensuite dans la haute ville, jeta la terreur dans les esprits révoltés; les récalcitrants crurent reconnaître le doigt de Dieu et furent disposés à se soumettre. Cependant, le doyen et le Chapitre s'étaient rendus, la semaine même du sacrilège, à la cour du roi Philippe, pour lui demander justice. Le monarque vint incontinent à Chartres, vit la désolation de Notre-Dame, regarda du haut des degrés du porche la maison saccagée, et, sans vouloir admettre les bourgeois en sa présence, commit trois de ses chevaliers pour faire l'enquête des deux côtés. La sentence fut prononcée à Paris, le jour de la Toussaint, par le Roi en personne; il condamna les officiers de la Comtesse à faire amende honorable entre les mains du doyen, dans la cathédrale, le prévôt stipulant pour les habitants, à rembourser le prix des objets détruits et à réparer la maison violée. Les garants de l'exécution furent le comte de Boulogne et le Roi lui-même. Alors l'interdit fut levé à la grande joie du peuple.

Ceci se passait pendant l'absence de l'Évêque. A son retour, le prélat trouva que Philippe-Auguste avait été trop indulgent; sur ses instances, le Roi prescrivit aux sacrilèges de payer 3,000 livres parisis d'amende, dont 500 pour l'Évêque, 1,500 pour le Chapitre et 1,000 pour le fisc, et de faire amende honorable, en pleine église, un jour de fête, *nuds en chemise*, portant des verges pour en être fustigés devant l'autel de la Vierge; ce qui fut littéralement exécuté. C'est ainsi, dit le notaire apostolique du XVI° siècle, qui nous a conservé le texte de ces sentences, qu'avec l'aide de Dieu et de la benoîte Vierge, l'église de Chartres se tira de cette tribulation [1].

En 1215, il y eut une autre querelle entre le Chapitre et le Comte, au sujet de la mise à mort du serviteur d'un chanoine, par ordre du prévôt de Chartres. Cette fois les églises ne furent pas interdites; les évêques de Paris, d'Orléans et de Senlis, arbitres choisis par les parties, condamnèrent le Comte, dans la personne de Hugues Saugier, prévôt-châtelain de Chartres, à livrer un serf au Chapitre, en récompense de l'avoué pendu [2].

Ces conflits permanents entre deux autorités rivales étaient, sans doute, fâcheux, mais nous ne saurions trop répéter que la liberté du cloître et les privilèges de clergie favorisaient l'émancipation de quelques familles chartraines autrefois taillables du Comte. Les corporations ecclésiastiques donnaient alors un exemple que les comtes suivaient peu; les mentions d'affranchissements remplissent les chartriers du XIII° siècle, et, pour ne citer qu'un fait concluant, nous dirons qu'en 1208, l'abbaye de Saint-Père donna d'un seul coup la liberté à 70 serfs de ses domaines [3]. Ce fut probablement à raison de cet antagonisme, que les seigneurs de Chartres retardèrent de près d'un siècle encore l'octroi d'une charte communale.

Le roi Philippe-Auguste eut à lutter, en 1214, contre une coalition redoutable des grands vassaux du nord, partisans de Jean-sans-Terre. Dans le partage que les alliés s'étaient fait à l'avance des seigneuries du Roi, l'empereur Othon

---

[1] Arch. dép., *Chapitre*, reg. n° 8, cote A.

[2] Acte des trois évêques, daté de Melun au mois de juillet 1215. (*Cart. eccl. Carnot.*, Bibl. nat., cart. 28 bis.) Pour que la réparation fût complète, on exigea que le serf donné au Chapitre fût porté par les gens du Comte, dans un lit, depuis les fourches patibulaires jusqu'au porche de l'église Notre-Dame; c'était le mort ressuscité. (Doyen, vol. 2, p. 300. — Chevard, vol. 2, p. 52.)

[3] *Cart. Saint-Père*, vol. 2, p. 673.

devait avoir Paris, l'Ile-de-France, l'Orléanais et la Beauce. Il n'en fut pas ainsi : la fameuse bataille de Bouvines, donnée le 27 août et dans laquelle les hommes d'armes du Drouais et du Perche eurent l'honneur de figurer, donna un nouvel éclat à la gloire du monarque français.

Il ne paraît pas que le comte Thibault VI prit part à cette guerre ; il avait rapporté la lèpre d'Espagne, et cette maladie exigeait la vie confinée des châteaux. Toutefois son repos fut profitable au commerce et à l'industrie de Chartres.

Depuis des temps reculés les laines beauceronnes avaient une grande réputation ; des artisans tisseurs ou texiers, peigneurs, cardeurs, feutriers ou *arçonneurs*, comme on disait alors, étaient venus pratiquer leur métier sur les bords de l'Eure et avaient donné naissance à un marché considérable de laines brutes, lavées, filées et manufacturées. Pour retirer un profit du commerce des laines, les seigneurs de Chartres ne manquèrent pas de préposer au lieu du marché un peseur juré, à la prud'hommie duquel tout acheteur ou vendeur était obligé de se rapporter, et qui percevait un denier par chaque pesée de soixante livres. Au mois de juillet 1213, le Comte accorda aux bourgeois et aux marchands de la ville la faculté de peser eux-mêmes leurs *aignelins* sans l'entremise d'un tiers, et il porta à soixante-trois livres le poids de la pesée donnant ouverture au droit fiscal. Il voulut aussi que deux paires de balances fussent placées à demeure au milieu de la maison de la *Pesée* ou *Perrée*, sous la garde des marchands. En 1214, Thibault rendit deux autres ordonnances relatives à l'exercice du métier d'arçonneur et de celui de vendeur de cendre pour le foulage des draps [1].

Ce Prince mourut au mois d'avril 1218, après avoir légué à l'église Notre-Dame une rente de 7 livres 10 sous, sur sa *Perrée*, et à l'aumône Sainte-Marie ou Hôtel-Dieu, une

---

[1] Mss. de Pintard, coll. Lejeune.

redevance annuelle d'un millier de harengs et d'une somme d'huile, sur son tonlieu [1].

En lui finit la ligne masculine des comtes de Chartres de la race de Thibault-le-Tricheur. Comme il n'avait pas eu d'enfants de ses deux épouses, Mahaud d'Alençon et Clémence des Roches, sa succession fut dévolue à ses deux tantes. Marguerite, femme de Gauthier d'Avesnes, prit possession du comté de Blois, et Isabelle, veuve de Sulpice d'Amboise, reçut en partage le comté de Chartres [2].

---

[1] La première de ces donations est datée de 1218, et faite, dit le Comte, *pro anniversario matris meæ*. (Arch. dép., *Chap.*, *Fondations du XIIIe siècle*, n° 11, cote B. — *Nécrol. Notre-Dame*, § 37, 10 des kal. de mai. Bibl.) La comtesse Catherine était probablement morte alors. La comtesse Adèle, veuve de Thibault V et aïeule de Thibault VI, que Doyen fait mourir à Constantinople vers 1210, datait de Belhomert, en mai 1215, l'approbation d'une donation de Gaufrid Berruyer aux lépreux de Beaulieu. *(Cart. noir de Beaulieu;* Bibl.)

La donation faite par Thibault VI à l'Hôtel-Dieu est consentie par la comtesse Clémence et datée de La Ferté-Villeneuil au mois d'avril 1218. (Arch. de l'Hôtel-Dieu.)

[2] Sulpice III, seigneur d'Amboise, époux d'Isabelle de Blois, était mort en 1214; il ne fut donc pas comte de Chartres, comme le disent quelques historiens. (Voir : *Histoire d'Anjou et d'Amboise*, par l'abbé de Marolles, 2e partie, p. 4. — *Essais historiques sur la ville d'Amboise*, par M. Cartier, p. 10; 1842.)

CHAPITRE VII.

D'ISABELLE A LA TROISIÈME ANNÉE DE CHARLES DE VALOIS.

Clôture du cloître. — Charte municipale.

(1215-1296.)

L'évêque Renaud de Mouçon avait précédé de quelques mois Thibault VI dans la tombe (8 septembre 1217). Sa mort fut pleurée par le clergé régulier et séculier, qu'il combla de biens, et dont il consolida les privilèges et les possessions par des confirmations authentiques [1]. On lui attribue la construction du château de Pontgouin, qui devint la maison de plaisance des évêques de Chartres [2]. Il avait le rang de *Pair de France* et scellait des lettres en cette qualité, en 1216 [3].

Ce prélat fut remplacé par Gauthier, abbé de Pontigny.

La comtesse Isabelle ne tarda pas à venir prendre posses-

---

[1] *Cart. Saint-Père*, vol. 2, p. 678, septembre 1215. — Arch. dép., *Extrait des Cart. rouge et blanc de Josaphat.* — *Nécrol. de Notre-Dame*, $^{b}_{c}$ 39, 8 des kal. d'août; Mss. de la Bibl. — Les associations ou traités d'alliance de monastère à monastère se multiplièrent dans le pays chartrain à partir de l'épiscopat de Renaud de Mouçon. Le moine d'un couvent affilié était sûr de trouver dans les monastères amis, secours et protection pendant sa vie et prières après sa mort. En 1214, les religieux de Josaphat s'affilièrent à l'abbaye de Thiron; en 1218, à celle de Saint-Benoist-sur-Loire; en 1223, aux moines de la Croix-Saint-Leufroy; en 1240, à ceux de Neaufle-le-Vieux; en 1272, au couvent de la Sainte-Trinité de Marigny. En 1320, les religieux de Saint-Cheron formèrent association avec ceux de Clairefontaine. (Arch. dép., *Cart. blanc et rouge de Josaphat. Titres de Saint-Cheron*, boîte 1re.)

[2] Si Renaud de Mouçon bâtit Pontgouin, ce fut dans les premières années de son épiscopat. En août 1210, il fut convenu dans un arbitrage passé en présence de l'Évêque, que Pierre de Villebeton et Odon Bechart, chevaliers, ôtages de Guy de Blois et des fils de Roscelin de Beauvoir, garderaient prison, *apud Pontem goeni*, en cas de non-exécution des conventions arrêtées. (Arch. dép., *Papiers du Chapitre.*)

[3] *Elém. de Paléographie*, par M. Natalis de Vailly, vol. 1er, p. 185.

sion de l'héritage fraternel. Elle se trouvait à Chartres au mois d'août 1218 et inaugurait son gouvernement par des donations aux Tourangeaux, ses fidèles [1]. C'est tout ce que l'on sait des débuts de cette Princesse qui donna, vers 1220, sa main et le titre de Comte à Jean de Montmirail, seigneur d'Oisy.

Le nouveau maître du pays chartrain pensa qu'il n'était pas indifférent de se faire bien venir des bourgeois et du clergé. Au mois de janvier 1222 il supprima la *maletote*, *malatosta*, imposée, au lieu de taille, sur les étoffes de laine fabriquées par les bourgeois de la rivière [2]. Puis, de concert avec son épouse Isabelle, il fonda, en 1225, un couvent de religieuses de l'ordre de Citeaux, au lieu dit Panthoison ou l'Eau, dans la paroisse de Saint-Victur de Ver [3]. Cela fait, il se disposa à partir pour la croisade contre les Albigeois.

Philippe-Auguste n'avait jamais donné une impulsion bien grande à cette guerre qui déchirait le midi de la France [4]. Mais, après la mort de ce monarque (1223) [5], son fils,

---

[1] Philippe Coraud, citoyen de Tours, obtint une rente de 100 sous chartrains sur le linage, *linagium*, de la porte des Épars. (Titre d'août 1218. Arch. dép., *Cart. de l'abbaye de l'Eau.*)

[2] Mss. de Pintard, coll. Lejeune.

[3] Les religieux de Saint-Père, qui possédaient la paroisse de Saint-Victur de Ver, consentirent à la construction du monastère par acte du mois de février 1225. Au mois d'avril suivant, Jean et Isabelle donnèrent au nouveau couvent 50 livres de rente, 30 à la Saint-Rémi et 20 à Pâques, sur leur *Perrée* de Chartres. En mai 1226, Edeline, dame de Ver, veuve de Robert de Chartres, et ses fils Ebrard, Guillaume, Renaud et Robert, amortirent la terre de Panthoison, vendue par les héritiers de Clément et Guyard de Panthoison à la comtesse de Chartres, pour les religieuses de l'Eau. En 1226 et 1227, Jean et Isabelle ajoutèrent à leurs bienfaits la donation d'un homme de corps, vivant et mourant, quitte et libre de toutes charges et d'une rente en blé sur les moulins du Coudray. Il faut encore citer, parmi les premiers bienfaiteurs de l'abbaye de l'Eau, le chevalier Garin de Friaize et sa femme Marguerite, vidamesse de Chartres, qui lui firent don, en 1226, d'une rente de dix livres dunoises à prendre sur le *faitage*, *festagium*, de Châteaudun. (*Cart. Saint-Père*, vol. 2, p. 686 et pass. — Arch. dép., *Titres de l'Eau*. Cartul. dressé par le notaire Fraslon en 1672.)

[4] Guillaume de Denonville se croisa en 1218 (*Cart. noir de Beaulieu*; Mss. de la Bibl.); c'est le seul croisé beauceron que les chartes nous fassent connaître depuis 1210.

[5] *Nécrol. de Notre-Dame*, 2 des ides de juillet. L'obit de Philippe-Auguste, inséré dans le nécrologe de Notre-Dame, renferme, sur les obsèques et sur le testament de ce grand Prince, des détails qui m'ont paru dignes d'intérêt, quoique dou-

Louis VIII, une fois affermi sur le trône, reprit en main les intérêts de Rome. Il se croisa, au mois de janvier 1226, avec les principaux seigneurs du royaume, parmi lesquels figurèrent le comte Jean d'Oisy, son beau-frère Gauthier d'Avesnes, comte de Blois, les deux frères Hugues et Gaufrid de Meslay, vidames de Chartres [1]; l'évêque Gauthier fut aussi du voyage. L'armée royale acheta chèrement la conquête d'Avignon, première étape du midi albigeois : le climat et les fatigues épuisèrent le jeune Louis VIII, qui vint mourir dans un village d'Auvergne, le 8 novembre 1226. Le prélat chartrain et le comte de Blois assistèrent le 29 novembre au sacre de l'enfant qui fut saint Louis. On ne sait si le comte Jean d'Oisy prit une part active aux troubles de la régence de Blanche de Castille qui amenèrent, vers 1227, les armées belligérantes dans le Perche; mais, on le voit, en 1230, prendre place au milieu des Pairs qui condamnèrent par contumace le rebelle Pierre Mauclerc, duc de Bretagne [2]. Quant à l'évêque Gauthier, il devint le familier et le conseiller de la Reine et l'accompagna dans la guerre de Bretagne, en 1231 [3].

---

nés en partie avec la chronique de Guillaume-le-Breton, dans le Recueil des historiens de France. J'en ai donc reproduit le texte en entier sous le n° 5 des appendices, fin de ce volume.

[1] Au mois de février 1226, le vidame Hugues de Meslay, saisi d'un mal subit, confirma à l'abbaye de Josaphat, du consentement de son premier-né Gaufrid, l'aumône qu'il lui avait faite, en prenant la croix contre les Albigeois, d'un demi-muid de blé sur son *gagnage* du bois de Lèves, provenant de l'héritage de Mabile, sa défunte épouse. Il eut soin de rappeler que cette aumône avait été faite en présence de son cher parent Goslin de Lèves, de son frère le vidame Gaufrid, et de son gendre Robert de Tachainville. (Arch. dép., *Titres de Josaphat*, inv.)
Au mois de mai de la même année, le vidame Gaufrid, au moment de partir avec le roi Louis, donna aux moines de Saint-Père deux boulangers de Tréon, quittes et libres de toutes charges. (*Cart. Saint-Père*, vol. 2, p. 684.)

[2] Pierre Mauclerc fut un des bienfaiteurs de l'œuvre de Notre-Dame. On le voit représenté avec sa femme Alix sous le socle du trumeau sur lequel s'élève la statue de Jésus-Christ, à la porte centrale de la façade méridionale de la cathédrale. Il fit faire la rose méridionale dans laquelle brillent les armes de Dreux-Bretagne, *échiquetées d'or et d'azur à la bordure de gueules et au franc-quartier d'hermine*. Sa figure se trouve dans une des fenêtres placées sous cette rose. (*Descrip. de la Cathéd.*, par l'abbé Bulteau, p. 102 et 195.)

[3] Dans son testament, daté de la veille de Saint-Nicolas 1234, l'évêque Gauthier déclare que, lors de son voyage en Bretagne avec la Reine-mère et le Roi, il a reçu

Quelques années après (1234), un événement assez considérable pour le comté de Chartres arriva, sans que ses possesseurs paraissent y avoir contribué directement. Thibault, comte de Champagne, et, en cette qualité, suzerain des comtés de Chartres, Blois et Sancerre, vendit à la couronne son droit de suzeraineté et de reversion, moyennant 40,000 livres tournois que le Roi paya, en son acquit, à la reine de Chypre [1]. Il y avait 83 ans que le comté de Chartres n'était plus qu'un arrière-fief.

Notre Comte, peu mêlé à la politique, ne se révèle jusqu'à sa mort, arrivée probablement vers la fin de 1235, que par des actes de bienfaisance. Il revêtit de son approbation, au mois d'avril 1231, une cession de sept livres tournois de rente sur le change de Chartres, faite par son amé et féal Étienne de Pomesson, aux pauvres de l'aumône Notre-Dame; il compléta la charte de la *Maletote* par un supplément du mois de mai 1232; exempta le couvent de Saint-Cheron, au mois d'août 1234, du droit domanial de terceau sur des vignes nouvellement achetées par les religieux, et confirma, au mois d'octobre 1235, une donation de dix sous de rente sur le *tonlieu* de Chartres, faite par Guillaume Meunier, chevalier, à l'abbaye de l'Eau [2].

Des fondations religieuses importantes, dues, sans doute, à la piété de Jean et au zèle ardent de l'évêque Gauthier, augmentèrent vers la même époque la milice monacale de Chartres. Les frères Prêcheurs ou Jacobins, enfants de saint Dominique, et les frères Mineurs ou Cordeliers, enfants de saint François, furent introduits dans la ville en 1231. Les

---

200 livres parisis dont il désire que la Reine soit remboursée. (Arch. dép., *Chap.*, Papiers non classés.)

[1] Les titres qui constatent cette vente et l'approbation de la reine de Chypre, sont rapportés dans les observations de Du Cange sur les Mémoires de Joinville, édition de 1668.

[2] Arch. de l'Hôtel-Dieu. — Mss. Pintard, coll. Lejeune. — Arch. dép., *Titres de Saint-Cheron et de l'abbaye de l'Eau*.

premiers se logèrent près de la maison des frères Templiers, entre les bourgs Muret et de Beauvoir, dans un lieu que leur assigna le doyen Hugues de la Ferté; les seconds s'établirent dans le faubourg, hors la porte des Épars [1]. L'année suivante, une congrégation de femmes nommées Filles-Dieu, prit possession d'une maison située près de l'église Saint-André [2]. Il est probable que la maladrerie de Saint-Georges de la Banlieue fut fondée sous l'épiscopat de Gauthier [3].

Ce prélat était mort à la fin de 1234 [4], non sans avoir laissé des preuves de son affection à son église et aux maisons religieuses et hospitalières créées de son temps: l'Eau, Saint-Jacques, les Cordeliers, les Filles-Dieu et la Banlieue. Modelé sur ses prédécesseurs, il fut un défenseur vigilant des privi-

[1] Rien de plus humble que la requête adressée au Chapitre par les Cordeliers pour obtenir leur admission à Chartres. Ils promettent, non-seulement de ne jamais rien acquérir, mais encore de ne demeurer à Chartres que comme des hôtes et des passagers, *tanquam hospites et peregrini*, et d'observer fidèlement les interdits du Chapitre. Cet acte est daté du mois d'avril 1231. Il paraît que ces religieux ne tinrent pas toujours parole, car ils furent rappelés à l'exécution de leur promesse par leur propre général, en 1239, et le Chapitre fut obligé de leur faire signifier *la requête à fin d'admission*, par exploit d'Ameline, son huissier, le 14 février 1663. Les Prêcheurs firent une semblable soumission au Chapitre avant d'entrer dans la ville. (Arch. dép., *Chapitre*, Papiers non classés. — Mss. Pintard, coll. Lejeune.)

[2] Les Filles-Dieu se logèrent d'abord à Saint-André, dans une maison que leur vendit Adam de Gallardon; en 1235, elles se transportèrent hors de la ville, dans un hébergement qui leur fut donné par Goslin de Lèves, aux termes d'une charte confirmée en 1239 par Thomas de Bruyères, fils de Goslin. (Arch. dép., *Filles-Dieu*. — Souchet-Etienne, vol. 1er, p. 557; Mss. de la Bibl.)

[3] Dans une note manuscrite de Pintard, commis en 1693 à la recette des revenus des maladreries, on trouve la phrase suivante: *Capella sancti Georgii, cui leprosaria domus Banleucæ est annexa, fundata a quodam nomine Bobone qui 4 kal. dec. anno 1249 decessit, ubi sepulturam eligit; ibique erant fratres ad serviendum Leprosos; vel a Mathilde comitissa Carn. circa annum 1255*. (Arch. de l'Hôtel-Dieu, *Maladreries*.)
Cette maladrerie existait avant 1249; en effet, l'évêque Gauthier laissa une somme d'argent aux *infirmes de la banlieue*, par son testament daté de 1234; la comtesse Isabelle, par acte de mai 1235, donna aux *Lépreux de la banlieue*, 40 sous de rente sur le tonlieu de Chartres (Mss. Pintard, coll. Lejeune. — *Extrait du Cart. des comtes de Chartres*. Arch. de la Bibl. nat., f° 79); enfin, par acte de juin 1237, le vidame Gaufrid de Meslay approuva une donation de deniers censuels faite par sa sœur, la vidamesse Marguerite, dame de Tachainville, à divers établissements, parmi lesquels figure *la léproserie de la Banlieue*. (Arch. dép., *Titres de Josaphat*.)

[4] Le testament de l'évêque Gauthier est daté de la vigile Saint-Nicolas (5 décembre) 1234; ce prélat n'était donc pas mort le 15 octobre précédent, comme le disent les historiens de Chartres.

lèges et des biens ecclésiastiques. Par ses soins, le Chapitre obtint justice des fils d'Hervé, seigneurs de Gallardon, qui avaient crevé les yeux et coupé les poings à deux hommes de corps de Notre-Dame; les coupables furent condamnés, par sentence arbitrale de Guarin, évêque de Senlis, du mois de mai 1224, approuvée par Louis VIII, à faire amende honorable, pieds nus, en chemise, dans les cathédrales de Chartres, de Paris, d'Orléans et de Meaux, et à recevoir la discipline des mains de l'évêque de Chartres [1]. Hugues d'Yvoy, chevalier, meurtrier d'un homme de corps du Chapitre, subit un pareil châtiment par arrêt du bailli de Chartres de 1228 [2]. En 1229, des querelles survenues entre Saint-Père et le seigneur Gaufrid d'Illiers, qui avait fait pendre un hôte de l'abbaye demeurant à Thivars, furent apaisées à la satisfaction des moines par l'intervention de l'Évêque [3]. Gauthier voulut être inhumé dans l'église de Preuilly, où il avait prononcé ses vœux monastiques.

Son successeur fut le doyen Hugues de la Ferté, le bienfaiteur des Jacobins, qui ne siégea que deux ans et qui fut remplacé (1236) par Albéric-le-Cornu, d'une noble famille de Picardie, professeur de droit civil et canon à Paris, et conseiller du Roi. Cet Évêque confirma, en 1240, les droits de dîme et d'oblations que Josaphat percevait sur Saint-Piat, et reçut, au mois de septembre 1241, la renonciation du chevalier Renaud du Tronchay, dit Maquerel, en faveur de Saint-Jean, aux prétentions qu'il élevait sur un hébergement situé au Breuil-Saint-Nicolas, dans la censive du prieur de Courville. Les autres actes où le nom d'Albéric figure sont étrangers à Chartres et à ses environs. Il mourut, dit le nécrologe de Notre-Dame, le 15 des kalendes de novembre 1244,

---

[1] Arch. dép., *Chapitre*, inv., p. 280 ; *Privilèges*, n° 8, cote F, caisse 10.
[2] Arch. dép., *ib.*
[3] *Cart. Saint-Père*, vol. 2, p. 685.

dans un château, près de Nevers dont son neveu Robert était évêque [1].

Après lui, Henri de Grez, archidiacre de Blois et frère du doyen Étienne, occupa deux ans le trône de Notre-Dame. On ne connaît d'intéressant de ce prélat que l'accord qu'il réussit à faire avec le roi Louis, au sujet de l'exercice du droit de régale, pendant la vacance du siège, après la mort de l'évêque Albéric. Décédé subitement à Melun le 2 des nones de décembre 1246, son corps fut rapporté à Chartres et enseveli près de celui de son frère le doyen, devant le maître-autel de l'église des Jacobins. Le Chapitre élut à sa place le sous-doyen Macé ou Mathieu, neveu de l'évêque Gauthier.

Pendant que les fidèles changeaient si fréquemment de pasteur, le comté vivait paisiblement sous l'administration d'Isabelle. Cette Princesse, qui poussa sa carrière jusqu'à la fin de 1248, fit de grandes aumônes au couvent de Saint-Cheron, dont les ressources étaient exiguës [2], et légua au Chapitre une somme de 500 livres, en réparation des torts qu'elle pouvait avoir causés aux gens de l'église [3]. Elle laissa son héritage à sa fille unique Mahaud ou Mathilde, issue de son mariage avec Sulpice d'Amboise, et veuve de Richard, vicomte de Beaumont.

Au moment où cette Princesse prenait possession du comté de Chartres, saint Louis partait pour la croisade. Dès l'année

---

[1] Arch. dép., *Cart. Josaphat. Saint-Jean*, invent., 1610.

[2] Donation au couvent de Saint-Cheron, par la comtesse Isabelle, d'un arpent de pré mesuré *à la perche de Sainte-Marie de Chartres*, à prendre dans la prairie située entre les moulins le Comte et le pont Saint-Martin-au-Val. (Arch. dép., Charte du mois de juin 1248, *Titres de Saint-Cheron*.) Autre donation à ce couvent par la même Princesse d'une rente de 40 sous sur la *Perrée* de Chartres, pour son anniversaire. (Ib., Charte du mois de novembre 1248, original vidimé par le notaire Fraslon le 6 septembre 1631.) Ces donations, ainsi qu'une autre de 20 sous de rente sur le tonlieu, sont rappelées dans un acte capitulaire de Saint-Cheron *du mois de janvier 1248*. (Ib., *Saint-Cheron*, boîte 1re.) L'année commençait à Pâques.

[3] Cette somme fut délivrée au Chapitre en 1249, par Guillaume de Bucy, évêque d'Orléans, et Mathieu, évêque de Chartres, exécuteurs testamentaires d'Isabelle. (Arch. dép., *Chapitre*, inv., p. 281.)

1245, un concile tenu à Lyon avait décrété la guerre sainte et voté des impôts sur le clergé. Mais cette fois l'enthousiasme ne fut pas complet; le clergé du nord résista à la levée des subsides et le Pape fut obligé de modérer les décrets de Lyon, à son corps défendant, comme on le voit par une bulle de mai 1247, conservée dans les archives de Saint-Père [1]. Peu de seigneurs chartrains prirent la croix; on ne cite guères que Nicolas de Cannes, archidiacre de Dunois, chapelain et conseiller, puis garde des sceaux du Roi [2], et Guillaume, fils aîné de la vidamesse Hélisende [3]. Hugues de Châtillon, comte de Blois et cousin de la comtesse Mahaud, s'enrôla aussi sous la sainte bannière, mais il mourut avant l'embarquement de l'armée chrétienne [4]. L'archidiacre Nicolas de Cannes et le vidame Guillaume périrent tous deux pendant cette campagne d'outre-mer.

Une guerre plus désastreuse pour les habitants de Chartres, se livrait alors dans les murs de la ville; c'était celle des Comtes et du Chapitre, l'éternelle question de la liberté du cloître et des privilèges de clergie.

Les hostilités, qui ne cessaient jamais complètement, devinrent plus vives vers 1250. Le prévôt de la Comtesse avait emprisonné des hôtes du Chapitre demeurant au clos Érard; une sentence de l'official, du jeudi après la Purification, l'obligea à renoncer à toute juridiction sur eux. Le même officier prétendait avoir droit de justice sur la maison dite de Sandarville, affectée en fief au maire de ce lieu comme prébendier de l'église Notre-Dame, et située rue Porte-Neuve; on citait de nombreux actes de violence commis par les prévôts Étienne de Saint-Martin et Pierre Bernard et par le

---

[1] *Cart. Saint-Père*, vol. 2, p. 697-698.

[2] *Nécrol. de Notre-Dame*, § 37, 4 des ides de mars; Mss. de la Bibl.

[3] Acte de Mathieu, vidame, daté d'avril 1252. Mss. de Pintard, coll. Lejeune. — Guillaume de Chartres, chapelain de saint Louis et historien de ce pieux monarque, accompagna son maître à la croisade.

[4] *Nécrol. de Notre-Dame*, § 37, 5 des ides d'avril.

viguier du Vidame sur les habitants de cette maison; le Chapitre se lassa, un procès fort long s'ensuivit, et, après enquête contradictoire, le prévôt fut condamné à verser 80 livres d'amende entre les mains du chantre, à titre de réparation de ses offenses [1].

Ce n'était encore là que les accessoires d'une affaire plus compliquée.

Depuis longtemps les chanoines poursuivaient la pensée de clore le cloître dont ils possédaient presque toutes les maisons. En 1251, Henri, archidiacre de Chartres, acheta, de l'abbaye de Saint-Jean, une place située entre sa maison et le jardin du prieuré de Saint-Étienne [2]. Un gros mur fut immédiatement élevé entre les vendeurs et l'acheteur, de sorte que, de ce côté, le cloître se relia presqu'à l'ancienne porte Évière. Comme les maisons canoniales régnaient sans interruption depuis cet endroit jusqu'à celui où se trouvait la porte Percheronne, avant la nouvelle clôture de la ville, le Chapitre se mit à revendiquer la propriété et la justice de la moitié de la rue longeant ces maisons. Il arriva que, vers la Saint-Pierre-aux-Liens 1251, le prévôt de la Comtesse saisit des pannerées de légumes et de verjus étalées dans cette rue, qui portait le nom de *rue Évière (rue au Lait)*. Comme les marchands pourchassés se trouvaient sur la moitié de la voie publique touchant les bâtiments du cloître, une sentence d'excommunication alla frapper l'audacieux prévôt et l'interdit fut lancé sur la ville et la banlieue. Déjà l'officier châtié avait déposé

---

[1] Arch. dép., *Chapitre*. — Rôle de témoins et transaction du jour de la lune après le dimanche de *Lætare* 1256. Les maires de Sandarville n'étaient pas toujours préhendiers de cette maison; elle fut souvent affectée aux chambriers du Chapitre, qui exerçaient la justice sur les hôtes y demeurant. Le Chapitre l'aliéna en .... moyennant une rente de 6 livres. (Ib., *Caisse des petites rentes*, Par. Sainte-Foi.) La mairie et la prébende furent rachetées, par le Chapitre, d'un maire nommé Thomas. (Ib., *Sandarville*, A, n° 2, caisse 110.) Une autre maison, dite aussi de Sandarville, située au bout des rues du Grand et du Petit-Beauvais, fit retour au Chapitre en vertu d'une transaction passée entre lui et un curé de Sandarville, le 19 décembre 1628. (Ib., *Petites rentes*, Note de l'archiviste du Chapitre.)

[2] Arch. dép., *Saint-Jean*, invent., n° 1286.

son appel à la cour de l'archevêque de Sens, métropolitain, lorsque, pour éviter une procédure éternelle, la Comtesse donna pouvoir à son fidèle, Gaufrid Rahier, châtelain de Chartres, de composer amiablement avec le Chapitre. Il fut accordé, le vendredi après la Pentecôte 1252, que le prévôt rapporterait sur les lieux du litige des pannerées de légumes et de verjus semblables à celles saisies; que, pour obtenir la levée de l'interdit, il consignerait provisoirement les amendes d'usage entre les mains de la reine Blanche, régente pendant l'absence du Roi, et que la question de propriété serait remise à l'arbitrage de Me Renaud de Lépine, chantre, pour le Chapitre, et de Me Michel de Cornouailles, dit Scot, pour la Comtesse. En cas de partage, le tiers-arbitre devait être frère Renaud Chardonel, de l'ordre des Prêcheurs [1].

Or, l'arbitre du Chapitre, Renaud de Lépine, fut assassiné pendant la nuit de l'octave de l'Assomption 1253, sur les marches de la cathédrale, au moment où il entrait à matines. Ce crime, qui avait été commis par Colin de Chavernay, frère du chanoine Hugues de Chavernay, de complicité avec deux chartrains nommés Gilbert dit *Cocus*, et Jacques dit *Besoce*, était la suite d'une rixe survenue le jour de la Pentecôte entre certains bourgeois de Chartres et quelques valets de chanoines, et dans laquelle deux de ces derniers avaient été tués. Lépine voulait provoquer une répression sévère; Chavernay, au contraire, qui tenait à une famille du pays, avait *avoué* les meurtriers pour les soustraire à la justice. Le Chapitre, consterné de ce crime, porta plainte au synode métropolitain assemblé

---

[1] Arch. dép., *Chapitre*. — Acte passé devant l'official. L'arbitrage devait se faire *sine strepitu advocatorum*, et il fut statué *quod neutra Partium effrenatâ multitudine testium in dicto negocio uteretur*. La Comtesse choisit pour cautions ou *fidejusseurs*, Jean Haudry, son clerc, Etienne Périer, son argentier, Mathieu Guespin, Etienne Lambert, Nicolas Chaillou, Gilbert de Saint-Hilaire, Michel de Cornouailles, dit Scot, Renaud et Foulques Barbou, Gilbert Colrouge, Etienne de Saint-Martin, prévôt, tous bourgeois de Chartres. Les fidéjusseurs du Chapitre furent, outre Renaud de Lépine, Barthélemy, chambrier, Pierre de Bordeaux, archidiacre de Vendôme, Guillaume d'Aulnay, Gauthier de Frescot, et Philippe de la Porte-Morard, chanoines.

alors à Paris; des informations furent faites par ordre de Gilon, archevêque de Sens; l'excommunication des coupables et l'interdit sur la ville et la banlieue furent publiés par Guillaume, évêque d'Orléans, le mercredi après la Saint-Martin d'hiver, et on donna aux chanoines la permission de se retirer à Mantes, sous prétexte qu'ils n'étaient pas en sûreté dans les murs de Chartres. Le pape Innocent IV ratifia ces mesures [1]. Les procès n'allaient pas vîte à cette époque [2] : pendant l'instruction, le Pape, l'archevêque Gilon, la reine Blanche, la comtesse Mahaud [3], passèrent de vie à trépas (1255-1256).

Le comté de Chartres fut dévolu, à titre de parenté, à Jean de Châtillon, comte de Blois, qui prit possession vers la fin de 1256, au milieu de ces embarras [4].

[1] Innocent avait relevé les chanoines du serment de résidence; mais, comme il mourut avant l'expédition des lettres, Alexandre IV, son successeur, renouvela la dispense octroyée par son prédécesseur et adressa, à cet effet, au Chapitre une bulle datée d'Agnanie, le 2 des kal. d'octobre 1255. (Arch. dép., *Chapitre, Privilèges*. Original sur parchemin.) Il approuva aussi, par une autre bulle datée de Latran, le 2 des kal. de mars 1257, la délibération prise par le Chapitre au sujet de la clôture du cloître. (Ib.) On doit à ces deux papes des bulles défendant expressément de recourir à la voie du duel judiciaire dans les contestations survenues entre le Chapitre et la Comtesse, au sujet des avoués et des hommes de corps. (Arch. dép., *Chapitre, Livre des privilèges* fait en 1494.)

[2] On arrivait à l'époque où les légistes ou *chevaliers ès-lois* allaient marcher de pair avec les *chevaliers ès-armes*. Tout devenait texte à procès, sujet de prétentions, objet de méfiances; en voici un curieux exemple : L'évêque Mathieu allait souvent visiter à Garnay, prieuré-membre de l'abbaye de Saint-Jean, le chanoine-prieur, qui était son chapelain et son ami. Les religieux de Saint-Jean s'émurent de ces visites réitérées et exigèrent du prélat, au mois de mai 1255, une déclaration portant qu'il n'avait aucun droit *de past et gîte* sur le prieuré de Garnay. (Arch. dép., *Saint-Jean*, invent., 1961.)

[3] La comtesse Mahaud avait épousé, vers 1254, Jean-le-Bon, comte de Soissons. Souchet rapporte un titre où le nom de ce Prince est énoncé (Souchet-Etienne, vol. 1er, p. 569; Mss. de la Bibl.); on ne sait rien de plus de son passage momentané dans la dignité de comte de Chartres. Doyen (vol. 1er, p. 165) et Chevard (vol. 2, p. 61 et 64) sont dans une complète erreur sur les alliances de Mahaud. Cette Princesse laissa à la léproserie de la Banlieue, par son testament vidimé au mois de décembre 1256, par Eudes, doyen de Blois, 10 livres de rente à prendre sur son tonlieu de Chartres. (Mss. Pintard, coll. Lejeune.)

[4] Voici la filiation de Jean de Châtillon : Marguerite, comtesse de Blois, sœur de la comtesse Isabelle et tante de la comtesse Mahaud, eut, de son mariage avec Gauthier d'Avesnes, une fille nommée Marie, qui épousa Hugues de Châtillon, mort en partant pour la croisade, en 1248. Jean de Châtillon était fils d'Hugues et de Marie, et, par conséquent, cousin issu de germain de la comtesse Mahaud, dont il hérita.

Cependant Henri, successeur de Gilon à l'archevêché de Sens, avait convoqué ses suffragants à Corbeil, après Pâques 1255. Par une sentence du mardi devant la Saint-Arnoult, les frères Chavernay furent condamnés à aller passer cinq ans à Oxfort, et Cocus et la Besoce à s'expatrier pour le reste de leurs jours [1]. En même temps, le synode conseilla au Chapitre d'acheter du Comte le droit de clôture du cloître, moyennant 1,000 livres une fois payées et 20 livres de rente. Cette proposition de rapprochement souffrit d'abord quelques difficultés; mais le roi Louis, qui voyait avec peine le pays chartrain sous le coup d'un interdit aussi prolongé, intervint et facilita la transaction. Au mois de mars 1256, Jean de Châtillon autorisa le Chapitre à fermer le cloître de murs, avec portes ou poternes, garnis de créneaux d'une moyenne hauteur, à la condition de n'élever ni tours, ni arceaux, ni aucune construction qui pût ressembler à une fortification [2], et enfin de renoncer à toute prétention sur le domaine et la justice de la rue Évière, cause première du débat.

Lorsqu'on en vint à l'exécution, on trouva des opposants parmi les laïcs qui possédaient quelques maisons dans l'intérieur du cloître. Le vidame Mathieu objecta que, soumis au bon plaisir du Chapitre pour gagner son hôtel par le chemin ordinaire, il devait au moins avoir la liberté de faire une ouverture sur le sentier descendant vers la basse ville et le séparant de l'église Saint-Étienne. La cause fut portée devant la cour du Roi et terminée au mois d'octobre 1258 par l'arbitrage de Philippe, sous-doyen, de Renaud de Beaumont et de Renaud Ligier, chanoines, qui décidèrent que le droit de clôture ayant été accordé, il n'appartenait à personne autre qu'au Chapitre de pratiquer des ouvertures extérieures dans

---

[1] Arch. dép., *Chapitre*, *Chanterie*, A, n° 3, caisse 11 ter.

[2] ..... in clausurà, seu portis, seu portallis, qurenellos altitudinis moderatæ facient, turres aliquas seu archias non facient, nec aliquod aliud quod ad forteleciam se extendat. (Ih., *Chapitre*. Acte de mars 1256.)

les bâtiments compris dans l'enceinte du cloître [1]. Pour que sa volonté ne fût plus entravée, le Roi envoya à Chartres Guillaume de Centignonville et Simon de Sépère, en qualité de commissaires à la fermeture du cloître. Le Chapitre, qui avait quitté Mantes pour Étampes en 1257, revint à Notre-Dame l'année suivante, lorsque les démêlés furent entièrement apaisés.

Ce moment de paix entre les Seigneurs temporels et spirituels de Chartres fut mis à profit par l'institut des frères Prêcheurs ou Jacobins, fondé récemment, comme on l'a dit plus haut, près de l'hôpital des chevaliers du Temple de Jérusalem. Ces religieux, protégés par le Roi et par le Comte, avaient une réputation de science qui attirait la foule dans leur église et leur faisait de nombreux amis. En 1258, quelques bourgeois généreux leur donnèrent ou vendirent à prix modéré les maisons, les hébergements et autres *héritages* qui les avoisinaient; de sorte que leurs possessions s'étendirent promptement depuis l'ancienne forteresse ou *Bretèche*, située à la tête du bourg Muret, jusqu'au four de l'Évêque, et de là, jusqu'à la maison des Templiers. Par une charte du mois de juin de la même année, le comte Jean leur abandonna ses droits de domaine et de justice sur ce quartier de la ville, qui portait le nom de bourg des Prêcheurs [2].

L'évêque Mathieu mourut le 2 des kalendes de janvier 1259. Dans les querelles du Chapitre avec le Comte, ce prélat s'était rangé du côté de ses anciens confrères les chanoines; aussi donnèrent-ils les plus grands éloges à sa mémoire [3]. Il avait

---

[1] Arch. dép., *Chapitre, Privilèges*.

[2] Donations aux Prêcheurs par la vidamesse Marguerite, femme de Robert de Tachainville, et par Nicolas, maire de Saint-Cheron. (Arch. dép., *Titres de Saint-Cheron*.) Ventes consenties aux mêmes religieux par Barthélemy, dit *le Cordonnier*, Jean Haudry, chanoine de Champeaux en Brie, Gauthier de Frescot, chanoine de Notre-Dame, et Michel de Gallardon. (Arch. dép., *Titres des Jacobins*.)

[3] Le nécrologe de Notre-Dame célèbre surtout l'incomparable humilité de Mathieu; il n'avait ni vêtements mondains, ni chevaux de luxe, ni domestiques de parade, ni nombreuse clientèle: il s'occupait d'agriculture, faisait défricher les bois

obtenu de saint Louis la renonciation au droit de *past et gîte*, que les rois percevaient chaque année dans les seigneuries épiscopales de Chartres et de Fresnay ; le pieux monarque assigna les 50 livres de rente, prix de cette renonciation, à la fondation des anniversaires du roi Louis son père, de Blanche sa mère, de son frère Robert comte d'Artois, et à la dotation des chapelles des Saints-Anges et des Saintes-Vierges dans la Cathédrale [1]. Mathieu eut pour successeur le doyen Pierre de Mincy, neveu de l'évêque Henri de Grez.

Ce pasteur eut la joie d'inaugurer sa mission par la dédicace de l'église de Notre-Dame presque entièrement terminée. Cette auguste cérémonie se fit le 17 octobre 1260, au milieu d'une foule immense, avide de gagner les indulgences accordées, pour la circonstance, par le pape Alexandre IV [2]. L'administration vicieuse de l'abbaye de Saint-Jean attira ensuite l'attention de Pierre de Mincy : après avoir réglé ou approuvé, en 1261, certains dons ou achats de dîmes à Thivars, qui ajoutaient au bien-être de la communauté [3], il rédigea, au mois de mars 1262, une ordonnance destinée à rappeler les religieux aux devoirs de la vie monastique. On trouve dans cette pièce une disposition qui témoigne du goût de l'Évêque pour l'étude des lettres et la conservation des livres ; aussi était-il docteur en droit civil et canon [4].

---

improductifs et marner les terres du domaine de l'évêché ; on lui dut l'acquisition de tout ce que Mathieu, chevalier de Berchères, possédait à Ermenonville, Mondonville et Berchères, ce qui fit cesser l'obligation imposée aux évêques de Chartres, lorsqu'ils venaient à Berchères, de fournir à ce chevalier et à son écuyer, le vivre, le foin, l'avoine et la chandelle.

[1] Fondation de 1259. Arch. dép., *Chapitre, Chapelles*, C, n° 1er, caisse 6.

[2] Bulle du jour des kalendes d'avril 1260. (Mss. de Pintard, coll. Lejeune. — Souchet, p. 317. — *Gallia Christ. ad instrum.*, vol. 8, p. 370.)

[3] Acte du mardi après le premier dimanche de Carême 1261, par lequel Pierre de Mincy approuve le rachat fait par l'abbaye de Saint-Jean, moyennant 140 livres chartraines, des dîmes grosses et menues que Guillaume de Goindreville, Guillaume de Dolmont et Eudes de Breuil, écuyers, percevaient, par droit héréditaire, dans la paroisse de Thivars et au lieu de Goindreville. (Arch. dép., *Titres de Saint-Jean*.)

[4] Au début de cette ordonnance, Pierre de Mincy fait l'exposé suivant : *Quum nobis esset denunciatum quod monasterium sancti Johannis in valleia carnot.,*

Un violent incendie, qui, cette fois, épargna la cathédrale, détruisit, le 10 juin 1262, une grande partie de la ville. Cet événement frappait les chartrains dans leurs biens matériels au moment où leur état spirituel était très-peu satisfaisant, car la cité se trouvait sous le coup d'un nouvel interdit. Il paraît que la mésintelligence fut occasionnée par la rivalité de deux familles puissantes de la bourgeoisie, les Barbou et les Colrouge. Dès l'année 1259, Renaud et Gilot Colrouge, disgraciés par le Comte, avaient été *avoués* par les chanoines; Gilot était même devenu maire du Chapitre. De là, réclamations, violences exercées par les officiers du Comte et son familier Barbou sur les personnes et les biens de ces avoués, interdit sur le comté et excommunication du châtelain, du prévôt et de Barbou : tel fut, comme d'habitude, le début de cette querelle [1]. Le Pape pria saint Louis d'intervenir; une sentence arbitrale, prononcée en 1263 par les évêques de Beauvais, d'Auxerre, d'Évreux, par Simon, prieur des frères Prêcheurs de Paris, et Henri de Vezelay, chanoine d'Auxerre, condamna le Comte et ses gens à des amendes honorables et pécuniaires; mais la situation n'en fut pas améliorée. Il y eut, de part et d'autre, un système de vexations fertile en incidents de pro-

---

tam in temporalibus quam in spiritualibus, esset multipliciter collapsum, et plures de monasterio super vicio incontinencie et aliis gravibus criminibus itreticos.... ad dictum locum accessimus.... Puis il impose des règles sévères pour la discipline intérieure et extérieure des religieux, et termine par cette disposition : *Item, statuimus quod omnes libri armarioli querantur diligenter et de cetero annis singulis, die mercurii post Penth., ad abbatiam eos defferant omnes canonici et alii qui eos habuerunt.... et nomina illorum scribantur et tradentur custodi librorum, nec de cetero alicui tradentur sine litteris vel bono memoriali.* (Arch. dép., *Titres de Saint-Jean.*)

[1] Une enquête préalable, entamée à la fin de l'année 1259 par le doyen de Chartres, pour le Chapitre, et par le trésorier de Beauvais, pour le Comte, arbitres auxquels on adjoignit, comme tiers-expert, Guy de Neaufle, doyen de Saint-Martin de Tours, fait connaître les conditions exigées pour passer de la *bourgeoisie* à l'*avouerie*. Les arbitres devaient, avant tout, rechercher si, au jour de l'avouerie, les bourgeois discutés étaient hors *d'état de marchandise et de vice d'usure*, et, à l'égard de Gilot Colrouge, si l'avoué pourvu de l'office de maire du Chapitre pouvait *marchander* (faire le commerce) et être cependant hors de la bourgeoisie et de la justice du Comte. (Arch. dép., *Papiers du Chapitre.* Acte fait après l'incarnation J.-C., m cc l noviesme. Pierre, doyen, Jean, comte.)

cédure et qui balotta pendant plusieurs années les justiciables entre les deux juridictions rivales. On connaît quatre bulles de Clément IV relatives à ce long procès, dans lequel toutes les forces vives de la chicane épuisèrent leurs ressources, et qui ne se termina qu'en 1271 [1].

Au milieu de ces débats, le comté de Chartres avait changé de possesseur. Le comte Jean l'avait donné en dot, au mois de février 1263, à sa fille Jeanne, fiancée à Pierre, troisième fils du Roi ; mais le mariage ne fut consommé que plusieurs années après [2], et Jean conserva jusqu'à sa mort le gouvernement du pays chartrain. On peut même dire que ses ordonnances les plus intéressantes pour l'histoire de la ville datent d'une époque postérieure aux fiançailles de Jeanne [3].

En janvier 1265, il conclut avec l'abbaye de Saint-Père une convention au sujet des droits fiscaux et de justice à exercer sur les foires qui se tenaient sur le territoire de ce monas-

[1] Voici un des épisodes de ce procès : Vers 1265, les gens du Comte avaient enlevé des chevaux, des sommes d'argent et des meubles appartenant au chanoine Arnoul de Béville ou Berville et à ses serviteurs ; par compensation, les officiers du Chapitre s'étaient permis d'exiger de quelques hommes de corps du Comte le paiement à la caisse du Chapitre de cens et rentes dus au domaine. La contestation fut portée devant la cour du sous-doyen, qui, sans délégation apostolique, la renvoya à l'arbitrage des chanoines Jean de Milly et Guy de *Torota*. Ceux-ci ayant prononcé en faveur du Comte, les perdants interjetèrent appel au Pape pour vice de forme ; l'instruction dura trois ans, au bout desquels Clément IV cassa la première sentence et nomma pour arbitres le prieur de Saint-Ursin et le doyen de Bourges. Les parties étaient, d'une part, le doyen, le Chapitre et le chanoine de Béville, et, de l'autre, le Comte, le bailli Isambert de Saint-Dié, et le châtelain Jean des Moulins. Il est probable que l'incident fut joint au fond et vidé par la sentence générale de 1271. (Arch. dép., *Chapitre, Privilèges*. Bulles de Clément IV, du 12 des kal. de décembre 1266, du 5 des kal. d'août 1267 et du 5 des kal. de février 1268.)

[2] Le mariage fut célébré à Saint-Germain-en-Laye, au mois d'août 1272. Le comte Jean et sa femme Adèle donnèrent à leur fille, par contrat de mariage, Chartres, vi.e et comté, et la seigneurie de Bonneval. (Mss. Pintard, coll. Lejeune. — *Histoire de Châtillon*, p. 68 des Preuves.)

[3] Le comte Jean avait quelquefois des scrupules touchant l'exercice des droits de seigneurie à Chartres après les fiançailles de sa fille. L'abbaye de l'Eau ayant acheté d'Eudes le boucher ou du four Boël, bourgeois de Chartres, dix setiers de terre à Ermenonville, demanda au Comte l'amortissement de ce bien, en sa qualité de seigneur du fief. Celui-ci consentit, mais il ajouta dans la charte : Que sa fille étant accordée au fils du Roi, si l'on venait plus tard à contester son amortissement comme fait depuis les fiançailles, il recommandait à ses héritiers de restaurer aux nonnains de l'Eau *la value* de cet amortissement. (Acte de janvier 1270. Arch. dép., *Titres de l'Eau*.)

tère pendant les trois fêtes de Saint-Pierre (18 janvier, 29 juin et 1ᵉʳ août). Il reconnut que les religieux possédaient, exclusivement à tous autres, le tonlieu, le minage et les *coutumes* diverses sur les marchandises vendues ou mesurées dans l'espace compris de la porte du couvent, dite *du Paradis*, au pont Saint-Père, du pont Saint-Père au pont Saint-Hilaire, du pont Saint-Hilaire au pont Taillehart, de ce pont à la maison de Thibault du coin du mur, *de cuneo muri*, vers la porte Cendreuse, et de cet endroit jusqu'à la porte du Paradis, en suivant le chemin escarpé de la colline de *Tencul*. La garde des foires et la basse-justice leur fut également accordée, ainsi que la liberté du transport ou *rotage* et le droit de justice dans l'étendue de leur prieuré de Saint-Lubin et du fief du pressoir de Jean de la Ferté ou du maréchal, dépendant de la mairie de Mainvilliers [1].

Au mois de mars de la même année, Jean donna son approbation à un accord fait entre la comtesse Mahaud et le couvent de Saint-Jean, relativement à la justice. Il fut admis que les chanoines possédaient justice haute et basse dans tous les lieux de leur censive intra et extra-muros, c'est-à-dire dans les bourgs de Saint-Jean et Muret, dans quelques maisons du quartier des Prêcheurs et de la porte Saint-Jean-de-Vallée, aux Vaux-Roux, à Repentigny, la Barre-des-Prés, la Croix-Jumelin, la Croix-Thibault et au four Saint-Maurice. En cas de condamnations à mort ou à mutilation par le juge du couvent, le coupable devait être remis au bras séculier pour l'exécution; c'était aussi au bailli et au prévôt de Chartres qu'il était donné de faire mettre le feu aux maisons des suppliciés, si la sentence du couvent avait prononcé cette aggravation de peine [2].

Le métier de la *rivière* fut réglementé de nouveau par le comte Jean, au mois d'avril 1268. Les us, coutumes et fran-

---

[1] *Cart. Saint-Père*, vol. 2, p. 706 et 707.
[2] Mss. Pintard, coll. Lejeune. Vidimus de 1294, tiré d'un ancien cartulaire.

chises du métier, tels que les avaient rappelés les ordonnances de Jean d'Oisy et d'Isabelle, furent placés sous la sauve-garde de douze jurés nommés chaque année et assermentés par-devant le châtelain. C'était le moyen de maintenir et d'augmenter la bonne renommée dont jouissaient dans le royaume les teinturiers, texiers, peigneurs, cardeurs et laveurs de Chartres [1].

Ces réglements prouvent que l'interdit ne portait pas un grand préjudice à l'administration et au commerce. Cependant les foudres de l'Église frappaient alors le comté de Chartres avec une extrême violence. Le roi Louis, qui venait de prendre de nouveau la croix avec son fils Pierre, futur comte de Chartres, et auquel s'étaient adjoints les chevaliers beaucerons Guillaume de Prunay, Guillaume de Minières, Hubert Chesnard, Simon de Menou et Guillaume de Sandarville (mai 1267) [2], ne voulut pas quitter la France sans essayer de réconcilier Jean de Châtillon avec le Chapitre. Il demanda aux chanoines, par lettre du jeudi après Saint-Pierre-Saint-Paul 1269, de rétablir les orgues, le crucifix et l'usage des sacrements, pour le pélerinage qu'il se disposait à faire à Notre-Dame avant son départ [3]. Le Chapitre s'exécuta probablement; néanmoins le Roi partit et mourut sans qu'un accord définitif eût pacifié les parties plaignantes.

Ce fut Philippe-le-Hardi qui parvint à faire accepter la mémorable composition du mardi après la Saint-Nicolas d'hiver 1271. Cet acte, que l'on peut appeler la charte des avoués, accorde au Chapitre le droit d'*avouer* dix bourgeois de Chartres, qui deviendront ainsi justiciables de l'église, eux et leurs gens, et jouiront de l'exemption du tonlieu, du banage et

---

[1] Mss. Pintard, coll. Lejeune. Il y a de ce Prince des ordonnances sur le syndicat du métier, sur les moulins à foulons, sur la cendre et les draps, sur la vente de la guède. (Arch. nation., J, 171-22; inv., t. 1, p. 102, v°.)

[2] *Mémoires de Joinville*, éd. de 1785, vol. 3, p. 312.

[3] Mss. Pintard, coll. Lejeune. La lettre de saint Louis est datée de Limours; ce Prince vint effectivement à Chartres au mois de janvier 1269. Il y était déjà venu en 1262. (*Ordonn. des rois de France*, vol. 8, p. 311.)

autres *coutumes*, sauf à jurer devant le prévôt ou le châtelain de ne jamais frauder les droits du Comte en couvrant de leurs privilèges des personnes étrangères à *leur famille*. Il fut stipulé, de plus, que l'*avouerie* ne pourrait jamais atteindre les usuriers manifestes, clause qui se ressentait des poursuites exercées par ordre de saint Louis contre les banquiers Juifs, Lombards et Cahorsins, fléaux des villes de commerce. Comme cette transaction privait le Chapitre d'un grand nombre d'avoués, le Comte fut tenu de lui donner 160 livres chartraines, à titre de récompense [1].

En juin 1274, l'évêque Pierre de Mincy affranchit, moyennant 400 livres tournois une fois payées, ses hommes de corps de Fresnay, d'Ymonville-la-Grande et de Trancrainville [2]. Il mourut quelques mois après cet acte de miséricorde (mars 1275), regretté du clergé dont il avait parfaitement administré le temporel, et des laïcs envers lesquels il s'était montré aumônieux et juste [3]. L'église de Chartres fut veuve de Pontife pendant cinq ans ; on attribue cette longue vacance du siège épiscopal à la mésintelligence qui, en dépit des traités, se glissait toujours entre le Chapitre et le Comte. Cette fois il ne s'agissait plus des avoués, mais la querelle, pour être moins sérieuse, n'en fut pas moins vive. Des monitoires délivrés par le doyen Guillaume Durand [4] au curé de Saint-Aignan, le jeudi après *Jubilate* et le samedi après la Résurrection 1278, nous apprennent que Jean Burelier, prévôt de la ville, avait fait abattre un étal exploité par le boucher Jean-le-Roux à la

---

[1] Mss. Pintard, coll. Lejeune. — Arch. dép., *Chapitre*, *Privilèges*.

[2] Ib., copie de M. Lejeune. Il y a un vidimus de la même année, le jour de la lune après la fête de saint Fabien et saint Sébastien.

[3] *Nécrol. de Notre-Dame*, 2 des kal. d'avril. Il reconstruisit la maison épiscopale de Berchères et fit bâtir à Pontgouin une superbe grange flanquée de tourelles. Il fut inhumé dans l'église des Jacobins, près de ses oncles Henri et Etienne de Grez.

[4] Ce doyen Guillaume Durand, surnommé *le Spéculateur*, à cause de son ouvrage intitulé *Speculum judiciale*, était fort habile en droit civil et canon. La bibliothèque de la ville possède plusieurs manuscrits de ses trois livres principaux : le *Speculum*, le *Rationale divinorum officiorum* et le *Repertorium juris civilis*.

boucherie de Porte-Neuve, dans les dépendances du cloître ; que ce même prévôt avait jeté en prison un *hôte* de l'église nommé Étienne-le-Tonnelier, *levant* et *couchant* sur la terre du doyen et du Chapitre au four de la porte des Épars ; que ni le prévôt ni son supérieur le châtelain Guillaume de Saint-Maximin ou Mêmin n'avaient voulu s'amender, et qu'il s'ensuivit un interdit sur le comté et une excommunication du prévôt, du châtelain et du Comte [1]. Il est probable que le procès finit faute de plaidants, car Guillaume de Saint-Mêmin fut remplacé en 1279 par Martin-le-Borgne, bailli d'Alençon, et le comte Jean mourut la même année. Malgré les longues disputes qu'il avait eues avec le clergé, ce Prince, qui ne vivait pas sur les lieux interdits, laissa au Chapitre une rente de 20 livres sur la prévôté de Châteaudun, pour son anniversaire [2].

Au moment où Jeanne et son mari Pierre de France entraient en possession du comté de Chartres, Simon de Perruché, archidiacre, était élu évêque (1279). Comme la régale, durant la vacance, avait été bonne pour les coffres de la couronne, le roi Philippe voulut laisser à l'aumône de Notre-Dame une preuve de sa munificence. Il lui donna au

[1] Comme le château était situé dans la paroisse Saint-Aignan, le curé de cette église avait la mission de sommer le Comte. Le monitoire que lui adressait à cet effet le doyen, rappelait les privilèges du Chapitre, les amendes imposées par le Roi aux violateurs de ses libertés, énumérait les griefs nouveaux et se terminait par cette phrase sacramentelle : « *Quam ob rem, vobis mandamus quatinus ad turrim illus-* » *tris viri comitis Carnotensis, sitam apud Carnutum, accedentes, dictum* » *comitem, dominum principalem et superiorem predictis preposito et Castellano,* » *publice moveatis, ut....* etc. ». Le curé, armé de cet *instrument*, sommait le Comte de redresser ses torts et de payer les amendes, sous peine d'excommunication. (Arch. dép., *Chapitre, Paroisses, Saint-Aignan.*) Dans un mandement du Chapitre, en date du jour de la lune avant la Nativité 1274, ordonnant au curé de Saint-Hilaire de se présenter chez Simon Floret, prévôt du Comte, pour exiger la restitution d'une *housse, houciam*, sorte de vêtement, que cet officier avait prise par violence dans la maison d'Arnoul de Saint-Benoist, sise au cloître, on fait connaître qu'il devra payer, pour amende, une somme de 100 livres d'or : « *Quia nobis* » *per privilegium speciale à superiore est indultum, quod in tantum debet nobis* » *et ecclesie Carnot. emendare qui immunitatem claustri et ecclesie Carnot. fran-* » *git.* » (Arch. dép., *Chapitre, Jurid. tempor.*, n° 3, cote F.)

[2] *Nécrol. Notre-Dame*, jour des nones de mai. Adèle ou Alix de Bretagne, veuve de Jean, passa en Palestine en 1287 et mourut l'année suivante.

mois d'août 1279, au quartier de Nicochet, une maison et un verger qui avaient appartenu à Nicolas de Chavernay, proche parent des meurtriers du chantre de Lépine [1]. Le comte Pierre ne jouit pas longtemps du domaine de sa femme; nous ne connaissons de lui qu'un acte d'août 1282, par lequel il approuva un échange de terres à Sours, fait entre le chevalier Renaud Huré et l'abbaye de Saint-Jean [2]; il partit pour l'Italie au commencement de l'année 1283 avec son frère Charles d'Anjou, et périt quelques mois après en Calabre, égorgé dans sa tente par une troupe d'almogavares siciliens à la solde du roi d'Aragon [3]. Quelques maisons religieuses se ressentirent de la douleur de la comtesse Jeanne : par acte du dimanche après l'octave de la Chandeleur 1283, la communauté des Béguines, récemment fondée, reçut une redevance mensuelle de quatre sous quatre deniers tournois sur l'*argenterie* de Chartres; au mois de mars de la même année, le couvent de Saint-Cheron obtint l'amortissement de certaines terres au bois Mi-Voie, lui provenant de Maurice des Moulins, écuyer [4].

Cependant l'interdit durait toujours; une tentative de rapprochement, faite par le Roi en 1281, ayant échoué, les habitants, nobles et bourgeois du pays chartrain, se mirent sur le pied de ne plus payer au Chapitre les cens et rentes qu'ils lui devaient. Les chanoines furent forcés de recourir à l'autorité du pape Martin IV, qui les arma, en octobre 1284, d'une bulle prononçant l'excommunication des mauvais

---

[1] Arch. de l'Hôtel-Dieu.
[2] Arch. dép., *Titres de Saint-Jean*.
[3] Le testament du comte Pierre, daté du mois de juin 1282, est rempli de legs charitables. Du Cange, auquel M. d'Hérouval, auditeur des comptes, en avait communiqué une copie, l'a inséré dans ses appendices aux Mémoires de Joinville (éd. de 1785, vol. 2, p. 306). Un des exécuteurs testamentaires de ce Prince fut son clerc, Guillaume de Châtellerault, prieur de Sainte-Radegonde de Poitiers, connu dans le pays chartrain par un arbitrage entre l'abbaye de l'Eau et Jean de Denisy, auquel il prit part, en 1279, avec le bailli Martin le Borgne. (Arch. dép., *Titres de l'Eau*.)
[4] Arch. dép., Papiers divers et *Titres de Saint-Cheron*.

payeurs [1]. Un autre compromis élaboré, vers 1286, par le bourgeois Renaud Barbou et par l'archidiacre de Blois, avorta également devant de nouvelles violences des deux parties. C'est encore un monitoire adressé au curé de Saint-Aignan (jeudi avant l'Invention de Saint-Étienne 1286), qui fait connaître cet incident de la guerre du Chapitre et des Comtes. Jean Colrouge, prévôt de Jeanne, et Renaud de Montdidier ou de Novion, bailli de Chartres, conduisaient aux fourches patibulaires un malfaiteur nommé Eudes le *tonnelier, dolarius*, qui se disait homme du Chapitre et réclamait à ce titre les privilèges ecclésiastiques. Quelqu'un ayant averti le doyen Guillaume Durand, celui-ci expédia vers le lieu de l'exécution son chapelain Robert de Saint-Maur, avec ordre de faire relâcher le condamné. Mais les gens de la Comtesse reçurent le messager à coups de pierre, et, comme il tournait bride pour regagner Chartres, le prévôt et le bailli le firent jeter à bas de son cheval et l'obligèrent à assister au pied du gibet à la pendaison du tonnelier [2]. Il n'en fallait pas tant pour rompre toute négociation.

Sur ces entrefaites, le comté de Chartres changea de maître. La comtesse Jeanne le vendit, en juillet 1286, au roi Philippe-le-Bel, moyennant une rente de 3,000 livres tournois et quittance de 5,000 livres qu'elle lui devait. L'auguste Comte parut, comme toujours, animé des meilleures intentions pour la paix : l'évêque Simon de Perruché, le légat Jean Chollet, cardinal du titre de Sainte-Cécile, d'une noble famille chartraine, le comte de Ponthieu et le bourgeois Renaud Barbou y travaillèrent en 1288 ; mais il y eut encore des obstacles, et tout ce que le Roi obtint du Chapitre fut un secours de 100 livres tournois, pour les affaires de la couronne [3].

---

[1] Mss. Pintard, coll. Lejeune. — Arch. dép., *Chapitre, Privilèges*.
[2] Arch. dép., *Chapitre, Paroisses*.
[3] Arch. dép., *Chapitre*, invent., p. 221. — Il y eut aussi octroi par Saint-Père du cinquantième de ses revenus. (*Cart. Saint-Père*, vol. 2, p. 724.)

Rien n'était encore terminé lorsque Philippe-le-Bel fit cadeau de Chartres à son frère Charles de Valois, comte d'Alençon et d'Anjou, par acte daté de l'abbaye de Sainte-Marie, près Pontoise (Maubuisson), le mardi dans la vigile de la Nativité de Saint-Jean-Baptiste 1293.

Jeanne, ex-comtesse et dernière descendante, en ligne directe, de Thibault-le-Tricheur, était morte en 1291, après avoir donné, par son testament daté du jour de Saint-Julien, des marques de sa générosité à l'Hôtel-Dieu, à Josaphat, à Saint-Père, à Saint-Jean, à Saint-Martin-au-Val, aux maladreries de Beaulieu et de la Banlieue, aux frères Cordeliers et Prêcheurs, aux Filles-Dieu, aux Béguines et aux Nonnains de l'Eau.

Les couvents de Chartres, ceux-là même dont l'existence ne remontait pas à une époque très-reculée, avaient atteint l'apogée de leur prospérité. Les frères mineurs ou Cordeliers, enrichis par d'abondantes aumônes [1], ne trouvant pas que leur maison du faubourg des Épars répondît à leur renom de sainteté et d'éloquence, car ils étaient devenus les rivaux des frères Prêcheurs, tentèrent de faire invasion dans la ville. Sous prétexte que les habitants ne pouvaient commodément fréquenter leur église en hiver à cause de l'éloignement et des mauvais chemins [2], ils obtinrent du pape Nicolas IV, en 1291, une bulle qui les autorisait à acheter, dans l'intérieur des murs, quelques bâtiments appartenant à l'abbaye de Marmoutiers. Mais il paraît que le Chapitre refusa son consentement, car les religieux ne sortirent pas du faubourg et furent obligés de réserver pour d'autres usages les

---

[1] Il faut citer parmi leurs premiers bienfaiteurs : Guillaume Chauvel, bourgeois de Paris, Guillaume Charpentier, bourgeois de Chartres, le Chapitre et l'évêque Albéric-le-Cornu, qui leur donnèrent, en 1240, des maisons voisines de leur couvent, un demi-arpent de vignes et des droits censuels. (Arch. dép., *Titres des Cordeliers.*)

[2] Par une bulle du 12 des kalendes de juillet 1270, le pape Clément IV avait autorisé les Cordeliers à prêcher et à confesser. (Arch. dép., *Titres des Cordeliers.*)

charités des bonnes âmes. Les monastères qui n'avaient pas à redouter les critiques du Chapitre savaient bien jouir de leurs richesses au grand jour. En 1295, alors que les édits somptuaires de Philippe-le-Bel défendaient aux particuliers ayant moins de 6,000 livres tournois de rente, l'usage de la vaisselle de métal précieux, le couvent de Saint-Père donnait à Barthélemy, son abbé démissionnaire, la jouissance viagère de 24 écuelles, 12 coupes, 12 drageoirs, 12 cuillers et d'un grand plat, d'argent [1].

En compensation de ce luxe commandé jusqu'à un certain point par l'idée populaire qui ne comprenait pas la dignité sans le faste et la richesse, chaque maison religieuse, chaque paroisse, avaient, comme annexe, un hôpital destiné aux pauvres et aux infirmes. Pour compléter ces établissements de bienfaisance, le vieux Renaud Barbou, ce premier et illustre membre du tiers-état chartrain, que les titres appellent *sire Renaud Barbou, familier du Roi et bourgeois de Chartres,* et dont le fils aîné parvint à la charge de bailli de Rouen, obtint de Philippe-le-Bel, au mois de janvier 1291, des patentes pour la fondation d'un hospice destiné aux aveugles. Une maison, un verger et une pièce de terre, hors la porte Drouaise, dans la censive du Chapitre, achetés en 1293 du bourgeois Renaud Chambellan, composèrent la première dotation de cet hôpital, qui porta longtemps le nom d'*Hôpital royal des six vingt aveugles de Saint-Julien et de Saint-Gatien* [2].

Alors qu'un simple bourgeois faisait de pareilles fondations, la bourgeoisie chartraine, depuis longtemps émancipée de

---

[1] *Cart. Saint-Père,* vol. 2, p 724. En outre de cette argenterie, Barthélemy eut la jouissance annuelle des revenus des terres du monastère, sises à Saint-Germain-en-Gâtine, à Clévilliers, à Abonville, d'une rente de 30 livres tournois, de redevances en foin et en vin, d'un clos près de Fontaine-Bouillante, de dix milliers de javelles et de cinquante monceaux de copeaux, de trois chevaux avec leurs harnais, de tous les meubles garnissant ses appartements.

[2] Arch. de l'Hôtel-Dieu, *Titres des Aveugles.*

fait, pouvait bien prétendre au droit de se gouverner elle-même. C'est ce que la force des choses fit comprendre à un prince, étranger, comme l'était Charles de Valois, aux rancunes et aux répugnances de la race de Thibault-le-Tricheur.

Dans le pays chartrain, les principes féodaux développés par les croisades avaient promptement fécondé la terre seigneuriale ; par une suite naturelle de cette révolution, le vasselage devait se substituer au servage. Dès 1124, un couvent des environs de Chartres, Saint-Germain de Coulombs, avait affranchi les serfs de ses domaines ; nous avons vu que les autres maisons religieuses du comté suivirent fréquemment cet exemple. De cette multiplicité d'affranchissements à différents titres qui tirait de la glèbe des individus, puis des familles, et enfin des paroisses entières, et qui mobilisait, si l'on peut parler ainsi, des choses regardées jusqu'alors comme immeubles par destination, il résulta, dans l'état des personnes, une confusion favorable à la cause du peuple. La taille ou capitation, *censum capitale*, ne fut plus appliquée avec la même certitude, et le temps aidant, on eut beaucoup de peine à suivre la trace *sociale* des gens de la campagne. En 1220, les hommes d'Abonville, de Boisville et de Germignonville avaient *si volontairement* perdu le souvenir de leur ancienne sujétion à l'abbaye de Saint-Père, que les moines invoquèrent vainement l'autorité de Philippe-Auguste pour les mettre à la raison [1]. Après de longues contestations, ceux de Morville, de Chevannes et de Boisville se rachetèrent, en 1258, moyennant 100 livres tournois, de l'imputation que *quelques uns leur adressaient faussement* d'être les hommes de corps de Saint-Père [2]. Une composition du même genre, intervenue en 1265, rassura pour l'avenir les gens d'Abonville contre toutes recherches

---

[1] *Cart. Saint-Père*, vol. 2, p. 683.
[2] *Ib.*, p. 701.

attentatoires à leur liberté [1]. Si des paroisses parvenaient à jeter du doute sur leur état social, on conçoit combien les individus isolés, que les guerres ou le commerce dérobaient si souvent aux regards, pouvaient facilement dissimuler leur origine. Aussi les chartriers de nos couvents sont-ils remplis de transactions faites avec des gens dont on suspectait l'*ingénuité*, sans pouvoir prouver la condition servile. Il devait entrer dans l'esprit des maîtres de se rattacher leurs serfs par les liens du vasselage, en leur constituant des fiefs. Dans les XII° et XIII° siècles, les mairies, les vigueries ou vicaries et les sergenteries couvrirent le sol chartrain ; les couvents et le Chapitre eurent une multitude d'officiers de justice et de service intérieur, qui, pourvus d'abord à titre viager, revendiquèrent bientôt leurs emplois comme un héritage, et finirent par en trafiquer comme d'une propriété [2]. L'Évêque donna en fief jusqu'aux offices de closier, de charpentier et de portier de l'évêché [3]. En ajoutant à ces *fieffés* de bas étage, les avoués du clergé et leurs familles, on verra que les individus marchant vers la liberté à l'ombre des cloîtres, faisaient masse dans les rangs de la population chartraine.

Les comtes n'avaient jamais mis beaucoup d'empressement à émanciper leurs bourgeois de Chartres ; cependant la lutte persistante qu'ils eurent à soutenir avec le Chapitre, fit sortir un assez grand nombre de familles de l'obscurité servile. Aux bourgeois avoués du Chapitre, le Comte opposait des conseillers bourgeois. Les familles de *Saunières*, *Cheron*, *Villène*, *Colrouge*, *Barbou*, *Chaillou*, *Bruslard*, *Boursault*, *Labelle*, *le Feron*, *Haudry*, dont plusieurs membres devinrent prévôts de la ville, franchirent de cette manière,

---

[1] *Cart. Saint-Père*, p. 711.

[2] Le sacristain, les cuisiniers, le pelletier, le cellerier du couvent de Saint-Père possédaient leurs offices en fief. (*Cart. Saint-Père*, vol. 1er, p. 277, 301, 302; vol. 2, p. 360.) Il en était de même dans les autres monastères.

[3] Voir les principaux titres concernant les fiefs de l'évêché, du Chapitre et des couvents, au n° 6 des appendices, fin de ce volume.

aux XII° et XIII° siècles, les premiers degrés de la classe inférieure. A la même époque, l'office supérieur de bailli, châtelain ou maréchal passa indifféremment de la noblesse à la roture; les noms de *Hugues Saugier* (1215), *Gaufrid Rahier* (1252), *Guillaume Manier* (1267), *Jean Burelier* (1268), *Gaufrid Pichart* (1272), *Hervé Giroust* (1292), appartiennent à des bourgeois légistes, encore serfs ou nouveaux affranchis. Ces parvenus avaient devant eux l'exemple de gens d'origine douteuse, que les croisades avaient fait chevaliers, *milites*: c'étaient les *Béchard*, les *le Sehenne*, les *Maunourri*, les *Huré*, les *Cholet*, les *Flaud*, les *Cointet*, les *Souriau*, les *Grenet*, les *Barat*, souches de la noblesse intermédiaire.

Les arts avaient pris un développement prodigieux, résultat naturel de la liberté de penser et d'agir octroyée aux artisans; la Cathédrale et Saint-Père, construits à la fin du XII° et dans le XIII° siècles, en sont un magnifique témoignage. Le commerce et l'industrie n'étaient pas restés stationnaires; les métiers, constitués en communautés, devenaient si riches, au XIII° siècle, qu'ils dotaient Notre-Dame de 47 verrières [1]; les plus importantes de ces corporations étaient celles des drapiers et pelletiers, des sergiers et texiers, des tanneurs et corroyeurs, se rattachant de près ou de loin au métier *de la rivière*, et celle des changeurs, négociants indispensables dans un temps où les valeurs monétaires variaient de ville à ville.

D'un autre côté, le goût des lettres et des sciences commençait à pénétrer chez les bourgeois. La création des universités, inaugurées si brillamment par les disputes des scolastiques, la restauration du droit romain, l'établissement des offices de tabellions et clercs-jurés attiraient les jeunes gens de la bourgeoisie sur les bancs de l'école ecclésiastique

---

[1] *Description de la Cathédrale*, par l'abbé Bulteau, p. 188 et suivantes.

de Chartres, dont la réputation s'était maintenue depuis Fulbert. Ils avaient sous les yeux les exemples de leurs parents, membres du Chapitre, auxquels la science du droit civil et du droit canon ouvrait les portes des plus hautes dignités. Parmi les littérateurs des XIIe et XIIIe siècles appartenant à Chartres, il faut citer *Arnaud*, abbé de Bonneval, le panégyriste de Saint-Bernard; *Bernard de Chartres*, le plus grand pédagogue de son temps, au dire de Jean de Salisbury [1]; le doyen *Étienne de Grez*, docteur en droit civil et canon; *Guillaume de Paris*, chancelier de Notre-Dame, puis archidiacre de Pincerais, surnommé *Bouche-d'Or; Constantin*, chancelier de Notre-Dame, docteur en droit civil et canon, et médecin distingué; Me *Jehan le Marchant*, traducteur du Poëme des Miracles de la Vierge; Me *Pierre Lombard*, chanoine et médecin du Roi [2]; Me *Pierre de Bordeaux*, archidiacre de Vendôme, personnage érudit, *vir litteratus;* Me *Nicolas Haudry*, de la famille chartraine de ce nom, chantre de Notre-Dame de Paris, théologien, maître ès-arts, médecin de l'école de Montpellier, jurisconsulte de l'école de Bologne; le doyen *Durand*, dit *le Spéculateur*, docteur en droit civil et canon; *Mathieu*, le vidame-poëte.

Telle était la société chartraine à la fin du XIIIe siècle; la bourgeoisie riche, puissante, alliée au Chapitre, pourvue des offices de confiance du Seigneur, payait la taille comme les serfs et n'avait pas encore le pouvoir officiel de connaître des affaires de la cité. Cependant l'homme le plus considérable de Chartres, celui que, depuis trente ans, les princes choisissaient pour conseil et pour familier, celui qui avait attaché

---

[1] Jean de Salisbury, *Metalogicus*, lib. 1er, cap. 24.

[2] Ce Pierre Lombard, clerc, puis chanoine sous-diacre, familier du chanoine Landulphe de Columpnia, en 1299, n'a rien de commun avec Pierre Lombard, *le maître des sentences*, qui fut évêque de Paris en 1159. La similitude de noms a probablement causé l'erreur dans laquelle sont tombés les historiens de Chartres à cet égard. (Voir *Nécrol. de Notre-Dame*, § 37, au 19 des kal. de février et les registres capitulaires, anno 1299.)

son nom comme arbitre aux transactions intervenues dans les querelles du Comte et du Chapitre, était *le bourgeois* Renaud Barbou.

Au mois de mars 1296, Chartres reçut enfin sa pancarte d'affranchissement et de commune, moyennant finance [1]. Voici l'analyse de cet acte mémorable :

Charles, fils de roi de France, comte de Valois, d'Alençon, de Chartres et d'Anjou, fait connaître les griefs proposés contre lui par les bourgeois ; ils soutenaient : 1° qu'ils ne devaient par an que 400 livres chartraines pour la taille ; 2° qu'ils n'étaient pas tenus de sortir du comté pour cas d'host ou de chevauchée ; 3° qu'ils ne devaient pas être mis en prison pour les cas où l'usage ne prononce qu'une amende de châtel ; 4° que, pour le cas de crime, les gens du Comte ne pouvaient les empêcher de donner caution de leur corps après un emprisonnement de trois quinzaines ou trois quarantaines ; 5° que leurs chevaux ne pouvaient être mis en réquisition pour le service du Comte, attendu qu'ils lui payaient, pour tenir lieu de cette coutume, une rente appelée *le message ;* 6° que le Comte devait leur garder *la coutume du contrat de*

---

[1] Cette année 1296 fut très-dure pour les taillables. Les seigneurs, pour subvenir aux dépenses probables de la campagne de Flandre, se procurèrent de l'argent par tous les moyens possibles. Voici ce qu'on lit dans les Chroniques de Saint-Magloire :

L'an mil deus cens et quatre vins
Et seize avec, que tant fu vins,
Fu tribulations au monde
Tant come il dura à la roonde
De rois, de princes et de contes
Dont je ne sai dire les contes
Quen Poitou, quen Anjou, qu'el Maine
En Gascoigne et en Touraine
En Normandie *et en Chartrain*
De ce suije très tot certain
Que en France que en Champaigne
Il n'y a nul qui ne se plaigne
Des coustumes qu'étaient levées
Seur blé, seur vin et seur denrées
Et mesmement seur tous mestiers

(Recueil de Barbazan, éd. Méon, vol. 2, p. 234.)

la ville, qui exige que les contractants soient jugés exclusivement par la justice locale en cas de contestation ; 7° enfin, qu'on ne pouvait les empêcher, *comme il était arrivé plusieurs fois*, de s'assembler et de nommer des gouverneurs ou procureurs pour traiter des affaires de la cité.

Sur ces griefs, le Comte, après avoir pris le conseil de bonnes gens, déclare : 1° qu'il décharge les bourgeois de Chartres, non-seulement des 400 livres dont ils se reconnaissent annuellement débiteurs, mais encore de toute redevance sous forme ou nom de taille [1] ; 2° qu'il les exempte de tout host ou chevauchée, à moins de nécessité manifeste et seulement dans les limites du comté, sauf le cas d'arrière-ban du Roi ; 3° qu'ils ne seront plus mis en prison pour les cas punissables d'une simple amende de châtel, pourvu qu'ils donnent caution pour le paiement de cette amende ; 4° que, dans les cas de prévention de crime sans intervention de partie civile, la prison préventive ne pourra durer que trois quinzaines ou trois quarantaines, après lequel temps la caution corps pour corps et biens pour biens sera admise pendant un an et un jour, et que, passé ce délai, si personne ne se présente pour accuser les prévenus, eux et leurs cautions seront quittes et libres de par la justice, à moins cependant qu'il ne s'agisse d'un flagrant délit ; 5° que leur réclamation au sujet de la réquisition des chevaux est fondée, la rente dite le message rapportant bien au Comte 30 livres par an ; 6° que l'us et la coutume du contrat de la ville seront exécutés comme ils le désirent, ainsi que les autres bonnes coutumes approuvées par l'usage ; 7° enfin, qu'il veut et entend que les bourgeois de Chartres puissent *s'assembler et élire des procureurs pour les causes, besognes, gouvernement ou nécessités de la ville et des citoyens*, en la forme et manière que les citoyens, bourgeois et manans d'Orléans le font et ont usé et accoutumé de faire.

[1] Chartres a joui de l'exemption de la taille jusqu'à la révolution de 1789.

Pour prix de cette transaction, le Comte reconnaît que les citoyens, bourgeois et manans de la ville et banlieue lui ont donné la somme de 12,000 livres tournois, moyennant quoi il engage lui, ses hoirs et tous ses biens, à la garantie des franchises chartraines, soumettant à tout jamais les comtes de Chartres à la juridiction des rois de France, pour le maintien des conventions arrêtées. La comtesse Marguerite, sa femme, donne son plein et entier assentiment aux promesses de son époux et tous deux apposent leur scel sur les lettres datées de Paris *l'an de l'incarnation Notre-Seigneur Jésus-Christ mil deus cens quatre vinz et seize dou mois de mars* [1].

Cette charte révèle l'existence de conventions tacites, d'usages et de coutumes sans texte écrit, garantissant à la bourgeoisie une sorte de liberté pratique. Il est évident, comme nous l'avons répété plusieurs fois, que le fait précéda le droit; il y eut régularisation et non octroi, contrat synallagmatique et non unilatéral. Chartres, enclavé dans le domaine royal, voyait depuis un siècle les villes d'Orléans, Mantes, Étampes s'administrant elles-mêmes; à ses portes, des paroisses restreintes étaient pourvues de chartes d'affranchissement; dans son voisinage, Bonneval, Châteaudun et plusieurs autres villes jouissaient des priviléges communaux; les idées d'émancipation avaient germé à Chartres comme ailleurs, et la commune était faite depuis cent ans lorsqu'elle fut autorisée. Une ordonnance de Philippe-Auguste, de 1183, permettait aux gens d'Orléans de nommer dix députés pour traiter des affaires de la cité [2]; selon les termes de la transaction de 1296, Chartres eut aussi ses dix représentants.

---

[1] Une copie entière et textuelle de la charte d'affranchissement a été insérée dans la *Pancarte*, cartulaire de la ville établi en 1697 par les soins de M. Nicole, président, lieutenant-général du bailliage et maire perpétuel.

[2] Registre des ordonnances du parlement de Paris, f° 87.

L'administration du comté de Chartres était alors confiée à Michel de Bray, bailli, Robert de Yenville, prévôt, Nicolas Vassal, tabellion, et Jean de Porte-Neuve, clerc-juré.

CHAPITRE VIII.

DE LA TROISIÈME ANNÉE DE CHARLES DE VALOIS A PHILIPPE DE VALOIS.

Procès ecclésiastiques. — Réunion du comté à la couronne.

(1296-1328.)

En octroyant aux Chartrains une pancarte municipale, Charles de Valois eut probablement moins en vue leur intérêt que le sien propre. Les 12,000 livres tournois stipulées dans la convention de 1296 payaient largement les concessions qu'il avait faites et qu'il ne pouvait plus refuser. Roi nominal d'Aragon en vertu d'une bulle du pape Martin IV (1284), comte d'Anjou et du Maine, par cession de son beau-père Charles II, roi de Naples (1291), exécuteur des projets du Roi, son frère, contre Jean d'Avesnes, comte de Hainault (1293) et contre les Anglais (1296), capitaine-général du Saint-Siège, pacificateur de la Toscane, prétendant au trône de Constantinople du chef de Catherine de Courtenai, sa seconde épouse (1298), chef de l'armée envoyée contre le comte Guy de Flandre (1300), ce Prince, mêlé depuis l'âge de quatorze ans à toutes les grandes affaires de France, menait une vie de combats et de politique qui ne lui permettait de songer à son petit domaine beauceron que pour en tirer le plus d'argent possible.

A l'exemple de Philippe-le-Bel, Charles ne s'était pas fait faute d'altérer ses monnaies baronales ; cette ressource ne lui suffisant plus, il obtint de son frère, en 1304, le privilège de faire frapper monnaie aux types royaux, en tel lieu que bon lui semblerait, jusqu'à la somme de 60,000 marcs d'argent et de 5,000 marcs d'or. Cependant les revenus ordinaires de ses comtés ne laissaient pas que d'être importants ; à Chartres, outre les *grosses coutumes* adjugées au Seigneur et les *menues coutumes* perçues de compte à demi avec l'Évêque [1], le domaine avait trouvé matière imposable jusque dans les actes de procédure des légistes. En 1303, Jean de Montigny prenait le titre de *clerc tenant à ferme l'escripture des lettres de la Tour*. Depuis longtemps les Comtes avaient abdiqué le rôle de justiciers en faveur de leurs baillis, châtelains ou prévôts; ceux-ci, devenus à leur tour de grands personnages, confièrent une partie de leurs pouvoirs à certains délégués, qui, sous les noms de tabellions, clers-jurés, gardes-scel de la châtellenie, se mirent à exploiter de leur mieux l'esprit processif des bourgeois. Ainsi la justice séculière fut amenée à délaisser complètement les décisions sommaires du code barbare pour adopter les formalités interminables du droit romain [2].

Quoiqu'il ne tirât aucun profit direct du comté de Chartres, propriété de son frère, Philippe-le-Bel n'oubliait pas la ville de son féal conseiller Renaud Barbou, mort récemment [3]. Par des patentes du mois de mai 1302, il confirma la *congrégation* des Aveugles dans la possession *libre et pacifique* d'une rente de 100 livres tournois dont elle jouissait, du chef de son fondateur, sur le châtelet de Paris [4]. La victoire de Mons-en-Puelle fournit bientôt après au monarque une belle occasion de témoigner son attachement à la cité chartraine

---

[1] Voir le n° 7 des Appendices, fin de ce volume, pour la consistance du domaine de Chartres et pour les *menues coutumes* perçues au Moyen-Age.

[2] Le style procédurier avait accompli depuis saint Louis une étonnante révolution, œuvre des *chevaliers ès-lois*. Voir, comme spécimen de ce changement, les deux titres des XIIe et XIVe siècles insérés sous le n° 8 des Appendices, fin de ce volume.

[3] Un Renaud Barbou, successeur d'Étienne Boileau dans la prévôté de Paris, donna, en 1270, des statuts au métier des *oublieurs*. (Monum. inédits, *Livre des métiers* d'Et. Boileau, Depping, p. 350.) Il est probable que ce magistrat était le bourgeois de Chartres.

[4] Archives de l'Hôtel-Dieu, *Titres de Saint-Julien*.

et à sa divine patrone. Dès le mois de septembre 1304, quelques jours après la bataille, au camp de Lille, il fit don à Notre-Dame de Chartres, en reconnaissance du succès de ses armes et pour le salut de sa chère épouse la reine Jeanne et de ses enfants, d'une rente de 100 livres parisis, payable chaque année le jour de l'Assomption [1]. La noblesse de Champagne, de Brie et du pays chartrain, sommée par l'évêque de Meaux et par Renaud Barbou, fils aîné du bourgeois de Chartres, avait suivi à la guerre de Flandre la bannière de Charles de Valois, qui fut un des héros de Mons-en-Puelle.

Les événements dans lesquels le seigneur de Chartres se trouvait engagé ainsi que tout le royaume, n'avaient pas détourné le Chapitre de la poursuite de ses droits réels ou prétendus. Simon de Perruche, mort en 1297, avait été remplacé sur le siège épiscopal par le sous-doyen Jean de Gallande, prélat dont l'humeur un peu vive n'était peut-être pas très-propre à apaiser les conflits. En 1294, le Comte et sa première épouse Marguerite avaient reconnu, par une *composition* formelle, le droit exclusif du Chapitre à la justice du cloître et de tous ses habitants. Mais il paraît que cet accord ne fut pas longtemps gardé, car les griefs se reproduisirent de telle sorte que la question de savoir si l'on n'excommunierait pas le comte Charles et le Roi fut agitée en plein Chapitre du vendredi après la Purification 1300. Le conseil privé du Comte, dans lequel siégeaient les chevaliers G. d'Harcourt et J. de Danisy, M° Radulf d'Harcourt, chanoine de Paris,

---

[1] Arch. dép., *Chapitre, Donations*, n° 3, cote C. Charles V confirma cette donation au mois d'août 1367; le Chapitre toucha pour la première fois la rente de 100 livres le jour de la lune après la Saint-Martin d'été 1305. (*Reg. capit.*, vol. 1er; Mss. de la Bibl.)
Pintard dit que Philippe-le-Bel vint à Chartres, et qu'après avoir fait ses dévotions à Notre-Dame, il fonda un service solennel sous le nom de Notre-Dame-de-la-Victoire, et offrit à la Vierge l'armure complète qu'il portait dans le combat. (*Hist. chron* ; Mss. de la Bibl.) Le service de Notre-Dame-de-la-Victoire fut célébré les 16 et 17 août de chaque année, jusqu'à la révolution. Voir, sur les armes de Philippe-le-Bel conservées au musée de la ville, la notice de M. Lejeune insérée sous le n° 9 des Appendices, fin de ce volume.

et David de Sesmaisons, bailli d'Angers, fut admonesté sans succès ; des commissaires ecclésiastiques envoyés à Paris, vers la fête de la Purification 1301, pour traiter de la paix, ne réussirent pas mieux. Quoique le nouveau bailli de Chartres, M⁰ Renaud de Bennes, ancien prévôt, parût animé de bonnes intentions et qu'il eût prêté spontanément le serment de garder les privilèges du cloître, l'interdit fut posé sur la ville et la banlieue pendant l'hiver de 1301 et les pièces du procès furent expédiées en cour de Rome [1]. L'effet de ce coup,

[1] Le Chapitre avait, à la même époque, procès avec le Roi devant les assises de Janville, au sujet de la justice de Berchères-la-Maingot (*Reg. capit.*, vol. 1ᵉʳ; Séance du mercredi après la Saint-Mathieu 1301), et procès avec le vidame Robert, au sujet de la justice de Nicorbin et d'Amouinville. (*Ib.*, Séance du samedi avant les Rameaux 1301.) Ses conseillers et avocats étaient Mᵉ Lambert du Château, chanoine professeur ès-lois, Mᵉ Pasquier Nivelon, official, Mᵉ Pierre Pélicon et Mᵉ Jean de Courbenton, clercs apostoliques.

Jamais les serviteurs de Notre-Dame n'avaient eu l'esprit plus disposé à la chicane. Cependant le prévôt de Chartres, Mᵉ Robert de Neufville, à l'exemple de son supérieur le bailli, montrait de la déférence pour le Chapitre et lui faisait rendre justice par ses subordonnés. Ainsi, il prescrivit 1º la restitution au Chapitre, des *coutumes* exigées à tort par le prévôt de Bonneval, de Mathieu Gaudicheau, *homme de corps de Notre-Dame*, qui avait acheté un cheval et vendu des porcs au marché de Bonneval (cette restitution fut faite sur le serment prêté par Gaudicheau que le cheval n'était pas destiné à être revendu, et que les porcs avaient été nourris dans sa maison); 2º la remise au Chapitre de la personne d'Isabelle, mairesse du clos du Chancelier, demeurant à la *Chancellerie*, hors la porte des Epars, que les gens du Comte avaient incarcérée, quoiqu'elle fût justiciable de Loëns. (*Reg. capit.*, vol. 1ᵉʳ; Séances du samedi après la Saint-Michel et avant la Saint-Rémi 1301; Mss Bibl.)

Un acte capitulaire du 2 mars 1301 (fin de l'année), fait voir avec quelle rigueur le Chapitre maintenait l'interdit mis sur la ville et la banlieue. Le prieur du Petit-Beaulieu ayant demandé la restitution, au profit de l'abbé et du monastère de Cluny, des gros et fruits de ce prieuré saisis par ordre du Chapitre, il fut délibéré que la pétition serait rejetée, attendu que le prieur, prédécesseur du demandeur, n'avait pas observé l'interdit, qu'il était mort *excommunié*, et que cependant le demandeur, alors compagnon du défunt, lui avait donné la sépulture ecclésiastique, nonobstant l'opposition de Mᵉ Pierre Pélicon, clerc-procureur du Chapitre, et qu'il avait même déchiré les lettres et mandements de la compagnie et chassé son clerc-procureur de l'enceinte du prieuré.

Les registres capitulaires font mention d'amendes payées, en 1301, par Guillaume de Esprolonga, clerc du bailli Renaud de Bennes, pour avoir concouru au mariage de Mathieu de Beauvais et de Pétronille, dans l'église de Sours, pendant l'interdit; par le prieur de Saint-Martin-au-Val, pour avoir célébré l'office pendant l'interdit; en 1303, par Fr. Martin, prieur de Lucé, pour même cause; en 1304, par Mᵉ Benoît de Bourges, clerc, pour avoir dit la messe à la chapelle de la Tour pendant l'interdit; par Fr. Michel, prieur de Saint-Lubin-des-Vignes, pour avoir ouvert les portes de son église le jour de la Saint-Lubin, pendant l'interdit; par Radulf Bedel, clerc de chœur de Notre-Dame, pour avoir donné la bénédiction nuptiale à Nicolas Trouble et à Aalise, nièce de l'ex-prévôt Guillaume de Montdidier, excommunié, dans la chapelle de Goindreville, en présence du prieur de Saint-Enau de Chartres,

amorti quelque temps par l'espoir d'un arrangement, se fit sentir avec violence à la fin de 1302. Le bailli et le prévôt furent excommuniés; et si le Comte et le Roi ne subirent pas le même sort, ils ne le durent qu'à la guerre de Flandre; mais on se promit qu'au retour de cette campagne les foudres de l'église iraient frapper ces princes s'ils refusaient de faire amende honorable.

Lorsque Philippe-le-Bel, alors au plus fort de sa querelle avec le pape Boniface, apprit les intentions des chanoines à son égard, il fit saisir leur temporel (1302)[1]. Cette mesure donna à réfléchir au Chapitre, qui, sachant que le Roi ne mollissait jamais avec le clergé, suspendit l'interdit et se mit en devoir d'entamer un traité avec le comte de Valois. Mais un incident imprévu vint envenimer de nouveau cette déplorable affaire et ajourner la transaction.

Le mercredi après la Saint-Michel 1303, à ce que nous apprennent les registres capitulaires, le bailli Renaud de Bennes et le prévôt Guillaume de Montdidier entrèrent au cloître avec une bande de gens armés, arrêtèrent le chanoine Eudes d'Agnanie qui était assis devant sa maison, et le conduisirent à la prison de la Tour avec ses familiers. Le sous-doyen, présent à cette scène, voulut faire des représentations; mais le bailli, brandissant son épée, enjoignit à tout le monde de se taire et fit traîner au cachot quelques prêtres qui protestaient. Le même jour, les curés de Saint-Aignan, de Saint-Saturnin, et de Saint-Hilaire furent arrêtés et incarcérés *en habits de chœur*. Ces violences, qui avaient eu tout Chartres pour témoin, déterminèrent le Chapitre à quit-

et tandis que Jean Lavandier, prêtre de chœur, faisait le guet; par Me Pastegras, prieur du Petit-Beaulieu, pour avoir parcouru la ville en annonçant à son de clochette l'office dans son église, le jour de la Madeleine, pendant l'interdit.

[1] Dans la séance capitulaire du jour de la lune après *Reminiscere* 1302, Jacques de la Ferté reconnut, en présence de Me Pasquier Nivelon et de Pierre de Senonches, qu'au moment de la saisie du temporel, il avait versé entre les mains des gens du Roi 758 livres 6 deniers, appartenant au Chapitre et dont il était détenteur. *(Reg. capit.; Mss. de la Bibl.)*

ter la ville. Il fut décidé que le sous-doyen et quelques chanoines resteraient comme gardiens de Notre-Dame et que les stagiaires pourraient faire leur temps d'épreuve ailleurs que dans la cathédrale. Pendant les années 1303 et 1304, le Chapitre erra de ville en ville, tenant ses assemblées dans les églises de Sainte-Croix d'Étampes, de Saint-Nicolas, de Saint-Bernard, de Sainte-Geneviève de Paris, et de Sainte-Marie-Madeleine de Mantes. Fort heureusement pour la paix publique, les négociations poursuivies à Rome et à la cour de France n'avaient pas cessé nonobstant ces débats; un projet de concordat élaboré par le doyen, le chancelier, l'archidiacre de Blois, le prévôt d'Auvers et le chanoine Raymond, fut présenté à l'examen des princes dans le courant de l'hiver 1304. Le besoin de repos et surtout la fermeté du Roi, qui ne voulait lever la saisie du temporel canonial qu'autant que le clergé déposerait les armes spirituelles, décidèrent enfin les chanoines à suspendre encore une fois l'interdit (fin de 1304).

Quelquefois l'excès du mal engendre le bien : une circonstance bizarre transforma tout-à-coup le Chapitre en champion de la tolérance religieuse. L'évêque Jean de Gallande, qui avait une querelle avec le comte Charles au sujet de leurs droits respectifs dans la justice de certains quartiers, s'étant avisé, vers l'Épiphanie 1304, de jeter l'interdit sur la ville et la banlieue, les chanoines résidents firent défense aux curés et aux monastères d'obéir à l'injonction du prélat, par la raison que, d'après les privilèges de Notre-Dame, nul autre que le Chapitre n'avait le pouvoir d'interdire l'exercice du culte et l'usage des sacrements à Chartres. Les prêtres se partagèrent en deux camps, et ce point litigieux de jurisprudence ecclésiastique donna naissance à un différend qui n'était pas encore terminé en 1308.

Pour faire preuve de bon vouloir envers les chanoines, le comte Charles avait retiré à Renaud de Bennes la charge de

bailli de Chartres pour lui donner celle de bailli d'Alençon. Mais le Roi qui ne savait pas céder, ordonna à ce magistrat, au mois d'août 1305, de présenter au Chapitre des lettres ainsi conçues : « Philippe, roi de France, aux Doyen, cha-
» noines et chapitre de Chartres, salut. Nous voulons que vous
» sachiez que nous avons fait paraître devant nous le bailli
» de Chartres, au sujet du fait pour lequel vous avez excom-
» munié nos gens, et qu'après l'avoir écouté en ses justifica-
» tions, nous ne l'avons pas trouvé en faute. C'est pourquoi
» nous vous prions de lui donner le bénéfice de votre absolu-
» tion, vous avertissant qu'en cas de refus, nous emploierons
» un moyen efficace pour terminer la contestation [1]. »

Le ton sec et bref de Philippe-le-Bel était ordinairement entendu. Après quelques délais pendant lesquels les articles de la transaction furent débattus, le Chapitre décida, dans les derniers jours de 1305, que l'absolution serait donnée aux baillis, prévôts et sergents du Comte, à l'exception de Guillaume de Montdidier, ancien prévôt, plus compromis que les autres par les antécédents de sa famille et par sa conduite personnelle envers le clergé [2].

Le mercredi après la Saint-Martin d'été 1306, Guillaume des Moulins, nouveau bailli, Girard de Dourdan, prévôt, et Guillaume de Batilly, avocat en la cour du Comte à Chartres, prêtèrent serment de respecter les privilèges du Chapitre. En retour de cet acte de soumission, le chapelain du Comte reçut la permission de dire la messe dans la chapelle de la

[1] *Reg. capit.* Séance du vendredi avant l'Assomption 1305. Mss. de la Bibl.
[2] Ce Guillaume de Montdidier, de la même famille que Renaud de Montdidier, bailli de Chartres en 1286 et ennemi déclaré du Chapitre, avait payé une amende, en 1300, pour avoir instrumenté dans le cloître et violé une maison canoniale. Il ne fut relevé de son excommunication qu'en 1307, après *amende honorable* et visite processionnelle à l'église de Saint-Martin-au-Val, *en chemise et brayes*. A cette occasion, Robert du Moulin-Neuf, notaire de la Tour du Comte, et Renaud de Senonches, le jeune, furent condamnés à des amendes : le premier, pour avoir placé un coussin sous les genoux du patient pendant la cérémonie de l'amende honorable, et le second, pour lui avoir jeté son manteau sur les épaules pendant la procession à Saint-Martin-au-Val. (*Reg. capit.*; Mss. de la Bibl.)

Tour, ce qui ne s'était pas fait depuis le commencement des troubles.

Enfin le fameux traité de justice si longtemps attendu fut rédigé à Pontoise, le lundi après la Saint-Mathieu 1306, par Jean de Chivry, ancien évêque de Carcassonne, et adopté par Charles de Valois et Catherine, sa femme, *Empérière de Constantinople*. Cet acte, complément de la charte des *avoués* de 1271, basé sur le principe de l'extradition réciproque des criminels, portait une atteinte réelle à l'inviolabilité du cloître comme lieu d'asile, car si la justice exclusive de ce lieu et des vingt-six maisons canoniales situées hors de son enceinte était reconnue aux chanoines, on stipulait formellement que le criminel, homme du Comte, réfugié dans le cloître, serait remis aux officiers seigneuriaux par le maire du Chapitre [1]. Il est vrai que la transaction contint une reconnaissance, au profit des chanoines, de la somme de 160 livres mise à la charge du Comte par l'acte de 1271, comme *récompense* des avoués supprimés. Le Chapitre ne toucha cette indemnité qu'en 1313 [2].

En 1312, le Comte avait terminé à l'amiable le discord qui existait entre lui et l'évêque Jean de Gallande. Un réglement du samedi après la Saint-Pierre-aux-Liens avait maintenu l'Évêque dans la justice de Mondonville, de Berchères, de

---

[1] Voir au n° 10 des Appendices, fin de ce volume, la traduction de cette transaction si importante pour la justice et l'état des personnes au commencement du XIV° siècle.

[2] Comme le Chapitre avait besoin d'argent pour ses affaires, fort négligées par suite de la saisie du temporel, M° Landulphe de Columpnia, chanoine plus riche que les autres, avança à la compagnie, le mercredi avant la Saint-Clément 1307, une somme de 100 livres, en échange d'un transport de même somme sur l'argentier du Comte; on lui donna en gage, pour plus de sûreté, la croix dite de *Guincestre*, l'un des plus précieux joyaux du trésor de Notre-Dame. Au bout de six ans de lenteurs occasionnées par les événements politiques et un peu par le mauvais vouloir des gens du Comte, Évrard de Thyenges, sire de Valery, et Pierre Honoré, bailli d'Alençon, commissaires de Charles de Valois, reconnurent la dette de leur maître (août 1313); une promesse de paiement pour le jour de la Toussaint fut donnée en chapitre de la Saint-Luc par M° Sance de la Fontaine, bailli de Chartres, en présence du prévôt Étienne Colrouge et des bourgeois Jean Colrouge et Hemeric Galopin. Enfin, le mercredi avant la Saint-Clément 1313, les 160 livres furent comptées aux chanoines par M° Jean de Montgison, tabellion-juré de la Tour, remplaçant l'argentier du Comte. (*Reg. capit.*; Mss. de la Bibl.)

quelques moulins de la rivière et du chemin de Nicochet depuis la maison donnée à l'hôtel-Dieu par le Roi, en 1279, jusqu'à Vauparfond; le prélat devait rester en possession de la moitié des *coutumes* perçues dans la ville, et un article particulier sur le fait du monnayage à Chartres réservait les prétentions des parties jusqu'à la convention à intervenir entre le Comte et le vidame Hugues de Meslay, chargé, à titre de fieffé de l'Évêque, de la justice des faux monnayeurs. L'exécution de ce réglement fut remise, par les plénipotentiaires de Charles de Valois, à la prudhommie du prévôt Étienne Colrouge, du procureur Robert des Moulins et du bourgeois Héméric Galopin. Ces délégués, par manière d'amende honorable, firent rapporter sur le territoire de Mondonville un gros orme que l'ex-bailli Renaud de Bennes en avait fait enlever, rendirent les effigies de Binet *Barbe-torte*, clerc tonsuré, et de Jacques Ribaudière, homme de l'Évêque, pendus par ordre du bailli et du prévôt, et prescrivirent à Richard, dit *Chicou*, pendeur ordinaire des voleurs et homicides du comté de Chartres, de relever de ses propres mains, en y accrochant le mannequin d'un pendu, les fourches patibulaires de la justice épiscopale de Berchères, détruites en 1303 par le prévôt Guillaume de Montdidier [1].

Les chanoines avaient compris depuis longtemps que le seul moyen de mettre un terme aux scènes violentes qui affligeaient si souvent le parvis de Notre-Dame, était d'achever le mur d'enceinte du cloître. Le chanoine Sequance ayant avancé quelque argent en 1299, les travaux furent poussés activement sous la direction de M° Jean des Carrières, *maître de l'œuvre de l'église* [2]. On augmenta aussi le nombre des gar-

---

[1] Le traité de 1312 est donné par extrait sous le n° 10 des Appendices, fin de ce volume.

[2] Jean des Carrières, maçon, *lathomus*, fut admis en qualité de *Maître de l'œuvre de Notre-Dame*, dans la séance capitulaire du samedi avant Noël 1300; on lui fit jurer de ne pas accepter l'office de *Maître de l'œuvre du Comte*, tant qu'il serait au service du Chapitre.

diens de nuit du cloître (1301-1304) [1], et on les arma de cottes de mailles, de bacinets et d'épées (1309) [2]. Ces précautions étaient d'autant plus nécessaires que le Chapitre n'avait plus la sympathie des habitants. Depuis la charte municipale, il devenait à peu près indifférent pour les gens de Chartres d'appartenir à la justice du Comte ou à celle des chanoines; l'interdit lancé à tout propos sur la ville indisposait les esprits contre le clergé. Aussi vit-on quelques familles importantes, les Colrouge et les Aresnard, qui cependant avaient des parents chanoines, les Sequart, les Breton, les Bernard, les La Ferté, les Goucet, les Eliot, rompre en visière avec le Chapitre, se faire exclure de l'*avouerie* et prendre hautement le parti du Comte (1302-1304-1316) [3].

Ces événements n'inquiétaient guères Charles de Valois, qui, éloigné de Chartres, n'agissait que par procureur, et suivait avec ardeur le courant des affaires du royaume [4]. Une croisade pompeusement annoncée, en 1307, pour la recouvrance de Constantinople et de Jérusalem, à la tête de laquelle le Comte devait naturellement se placer en sa qualité d'époux de l'*Empérière de Constantinople*, procura au Roi, selon son désir, deux décimes sur les revenus de l'église gallicane. Le chapitre de Chartres fut forcé de vendre la majeure partie des blés de ses greniers pour acquitter cet impôt qui, sous divers prétextes, fut encore exigé en 1310.

On ne voit pas que le lugubre drame des Templiers, qui se joua de 1307 à 1311, ait fait beaucoup de bruit à Chartres.

---

[1] Ces gardiens recevaient, chacun, 12 deniers de gages, par nuit, à la charge de sonner, chaque soir, le couvre-feu sur la grosse cloche, et, les jours de fête, sur deux cloches. (*Reg. capit.* Séances du samedi après la Saint-Nicolas 1304, et du jour de la lune après la Nativité de saint Jean-Baptiste 1310. Mss. de la Bibl.)

[2] *Ib.*, Séance du samedi après l'Assomption 1309. Ib.

[3] *Ib. passim.* Ib.

[4] Le comte Charles avait échappé miraculeusement à la mort, au mois de novembre 1305, lors du couronnement du pape Clément V, dans la ville de Lyon. Le continuateur de Nangis nous apprend qu'un vieux mur s'étant écroulé au moment où la procession papale sortait de l'église, le duc de Bretagne fut écrasé sous les ruines et le comte de Valois grièvement blessé.

On sait seulement que le Chapitre figura par députés au concile provincial de Paris, convoqué par l'archevêque de Sens au mois de mai 1310, qui condamna l'Ordre dans la province ecclésiastique, et que le comte Charles assista, vers la fin de 1311, avec son fidèle conseiller le sire de Valery, l'évêque Jean de Gallande et les chanoines Jean de Brosse et Jean de Jessia, au concile général de Vienne, où le pourvoi en cassation des condamnés fut rejeté. Les biens que les Templiers possédaient à Chartres et dans le comté passèrent aux chevaliers de l'hôpital de Saint-Jean-de-Jérusalem, en vertu des conditions réglées par le Roi et le Pape [1].

La mort de Philippe-le-Bel (29 novembre 1314), en appelant au trône le jeune Louis X, dit Hutin, donna le pouvoir effectif au comte Charles. Il en profita pour punir les anciens ministres de son frère, qu'il détestait; le plus important d'entre eux, Enguerrand de Marigny, fut pendu au gibet de Montfaucon la veille de l'Ascension 1315.

L'évêque Jean de Gallande trépassa à Berchères le jeudi

[1] On n'a que des renseignements fort incomplets sur l'établissement des Templiers à Chartres. La tradition fait connaître que leur maison principale était située à l'endroit où est aujourd'hui la Cour d'assises. Un cyrographe de 1183 apprend que cette maison touchait au four des frères de l'Aumône-Notre-Dame et à un terrain possédé jadis par Juquel *de Corileto*. (Arch. dép., *Chapitre, Maisons canon.*, K, n° 24, caisse 61.) Il résulte de deux actes capitulaires de 1320 et 1323, que les chevaliers de l'Hôpital avaient succédé aux Templiers dans la possession d'une autre maison située dans la rue du *Grand-Beauvoir*, et qui était tenue à vie par Me Radulf de Chivry, chanoine, puis doyen du Chapitre. *(Reg. capit.;* Mss. Bibl.) Les Templiers avaient à Sours un vaste domaine à eux aumôné par la comtesse Adèle en 1192.
L'ordre de Saint-Jean-de-Jérusalem, qui prit plus tard le nom de *Malte*, fut introduit à Chartres longtemps avant la destruction de l'ordre du Temple. On voit par un titre de Saint-Père (1129-1150) que le sellier Gauthier divisa, en mourant, sa maison sise en *la Sellerie* (rue des Trois-Maillets) entre les couvents de Saint-Père et de Josaphat et *l'hôpital des Hiérosolymitains*. *(Cart. Saint-Père*, vol. 2, p. 336.) Un acte de 1258 indique que les maisons des Hospitaliers de Chartres étaient situées à peu de distance de celles des frères Prêcheurs ou Jacobins, dans la censive de l'Evêque. (Arch. dép., *Jacobins.*) Enfin, dans un cyrographe de 1200 environ, frère Barthélemy est qualifié procureur des Hospitaliers du bailliage de Chartres, *procurator hospit. Carnoten. bajulie.* (Arch. dép., *Saint-Jean.*) En 1312, frère Jean Massut était commandeur de l'ordre de l'Hôpital à Ouarville; en 1316, cette commanderie appartenait à frère Jean du Sceau; en 1357, frère Gilbert du *Sceau* prenait le titre de Commandeur en chartrain; frère Thomas *de Valleran* était commandeur d'Ouarville en 1362. (Arch. dép., *Saint-Jean.*) Ouarville paraît avoir été au XIVe siècle le siège principal des possessions chartraines de l'ordre de l'Hôpital.

après la Saint-Rémy 1315 [1]. Il fut inhumé dans l'église des frères mineurs et remplacé, avec la permission du Roi donnée à Royaumont, par Robert de Joigny, chanoine de Notre-Dame depuis longues années. Ce prélat, neveu de Mahaud de Châtillon, troisième épouse du comte Charles, débuta par enjoindre au Chapitre de lancer des excommunications contre les rebelles flamands, selon l'ordonnance d'un concile provincial tenu à Sens vers la fin de 1315, et auquel le doyen et le chanoine Giles de Fortensia avaient été députés. Une dîme pour la guerre projetée par le Roi frappa les biens ecclésiastiques en 1317 et fut continuée jusqu'en 1319, alors même que le royaume, échu à Philippe-le-Long, n'était plus agité par la question flamande [2].

L'Évêque prenait avec ses anciens confrères un ton de maître qui ne leur plaisait pas; son zèle ardent pour le service du Roi et du prince Charles valait aux chanoines des demandes de subsides qui leur plaisaient encore moins. De là, des conflits continuels entre le Chapitre, Robert de Joigny et les gens du Comte.

Le soir du vendredi après la Trinité d'hiver 1319, au moment du couvre-feu, les bourgeois Jean et Guyot Breton, Pierre et Gilet du Muret, Pierre Convers, Jean Marescal, Adam Alart, Pierre de la Cour-Richeux, et autres, tous bouchers aux étaux de la Porte-Neuve, firent irruption dans le cloître, se portèrent vers la maison du chanoine-chambrier de la justice duquel ils relevaient, et poussèrent violemment les portes, en criant: « Ohé, chambrier, ribaud, détesta- » ble normand, sors, nous te cherchons toi et tes ribauds, » nous allons briser ton huis! » Les serviteurs du chambrier se présentèrent armés, une lutte s'en suivit et le sang coula. Le Chapitre fit arrêter les coupables, qui subirent la

---

[1] Jean de Gallande possédait un hôtel sur le quai des Célestins, à Paris. (Sauval, *Antiquités de Paris*, vol. 2, p. 264.)

[2] *Reg. capit.* Séance du jour de la lune après la Purification 1319. Mss. Bibl.

prison et payèrent les amendes réglées par les privilèges royaux[1].

On prit texte de cette rixe pour prescrire l'exercice le plus rigoureux de la justice du cloître. Les degrés de Notre-Dame, encombrés de vendeurs de cierges et de marchands de victuailles, furent dégagés de ces habitués suspects; M° Renaud, écuyer du chancelier, homme énergique, reçut l'office de portier du Chapitre, qui consistait à diriger les gardiens du cloître, à fermer les portes à la nuit tombante et à ne les ouvrir qu'à l'heure où les chanoines du dehors arrivaient à matines.

Il y eut aussi quelques sévices de la part des officiers du Comte envers le Chapitre pendant les années 1317, 1318 et 1319. Une sorte d'information en fut faite à la séance capitulaire de la Purification 1319; les chanoines obtinrent le changement du bailli de Chartres dont ils avaient à se plaindre. Cet officier fut remplacé par Thibault Oger, de Villeneuve-l'Archevêque, qui prêta le serment accoutumé dans la séance du samedi après le dimanche *où l'on chante Oculi mei*[2].

Mais ces querelles n'étaient que les accessoires du grand procès qui s'agitait entre le Chapitre et l'Évêque. Robert de Joigny s'arrogeait le droit de *mandement* dans ses rapports avec les chanoines; ceux-ci prétendaient ne relever que du Saint-Siège, et pour le prouver catégoriquement, ils refusèrent, en 1319, la porte de Notre-Dame à l'archevêque de

---

[1] Guillaume Goucet, Philippot de la Porte, Macé Guespin, Giles Chauvel, Simon de la Ferté, Jean Rogeron, Giles Harier, tous bouchers et citoyens de Chartres, *se purgèrent légitimement* de l'inculpation portée contre eux à l'occasion de la violation du cloître. (Voir : *Actes capit.* Séance du vendredi après la Trinité d'hiver et du mercredi après Saint-Barnabé 1319. Mss. de la Bibl.)

[2] Malgré les discordes qui divisaient ses habitants, Chartres continuait à être visité par de grands personnages. En 1318, Charles, comte de la Marche, qui depuis devint roi sous le nom de Charles-le-Bel, fit tenir dans nos murs son parlement ou conseil supérieur, dans lequel siégeaient Pierre de Villeblain, Étienne de Mornay, doyen de Saint-Martin de Tours, et Jean de Vaucelles, bailli de cette ville. (*Ordonn. des Rois de France*, vol. 11, p. 499.)

Sens, lors d'une tournée métropolitaine. Les prélats offensés s'unirent contre le Chapitre, qui riposta aux monitoires épiscopaux par l'excommunication de Guillaume de Billy, official de l'Évêque. Nous n'entrerons pas dans les détails de cette affaire dont les écrivains ecclésiastiques ont longuement parlé et qui n'eut pour les habitants qu'un intérêt indirect. Nous dirons seulement que le comte Charles, ses serviteurs, la majorité du peuple et la plupart des curés et recteurs de la ville suivirent la bannière de l'Évêque contre le Chapitre et les monastères. Le chanoine Jean de Jessia, l'un des membres les plus distingués de sa compagnie, qui avait été député par elle au concile de Vienne, déserta sa cause et devint le champion de Robert de Joigny ; ses collègues l'excommunièrent. Le chanoine Sequance, l'un des principaux meneurs du camp opposé, faillit monter sur le bûcher comme hérétique, pour avoir parlé légèrement de l'Évêque et de son official.

Au milieu de ces débats, le Chapitre fut frappé d'une contribution de 2,000 livres pour subvenir aux frais de séjour en France de deux légats du Pape. Il y a tout lieu de croire que l'Évêque et le Comte ne furent pas étrangers à l'assiette de cette énorme imposition. Les chanoines consternés décidèrent, dans la séance capitulaire du mercredi après la Purification 1320, que leurs confrères, Nicolas de Braye et Renaud *de Havesiis*, seraient envoyés vers le Prince pour essayer de transiger avec lui au sujet des démêlés de leurs gens et surtout au sujet de la taxe demandée. Cette démarche fut probablement inutile, car, bloqués dans leurs maisons ou pourchassés par les familiers de l'Évêque et du Comte, les chanoines se virent forcés, en 1321, de dispenser de l'office de matines, de peur qu'il ne leur arrivât malheur, ceux d'entre eux qui demeuraient hors du cloître.

Le Pape essaya d'intervenir par une bulle de 1321 qui annulait les interdits et les excommunications lancés de part et d'autre et défendait aux contestants d'user à l'avenir de ces mesures violentes. Ce fut en vain; les mauvais procédés continuèrent, quelquefois même jusqu'à effusion de sang.

Le mardi après l'Invention de la Croix 1323, le portier du Chapitre, M⁰ Renaud, auquel les gens de l'Évêque en voulaient particulièrement parce qu'il était le chef de la force armée des chanoines, et M⁰ Jean, chapelain du chanoine Pierre de Rochefort, rencontrés dans la cour de l'hôtel épiscopal, furent pris, battus et emprisonnés par les familiers et les *notaires* de Robert de Joigny. Plainte au Pape, convocation de tous les chanoines de Chartres présents en France, procédures, monitoires, etc., rien ne fut ménagé pour donner du retentissement à l'incident qui venait aggraver une situation déjà intolérable. Dans le Chapitre général de la Saint-Jean 1326, il fut interdit à tout chanoine ou clerc de chœur de recevoir *habits* ou pensions de l'Évêque tant que durerait le procès. On en était arrivé à ne plus espérer de remède que dans la mort de Robert de Joigny. Cette solution extrême ne se fit pas très longtemps attendre; l'Évêque trépassa à la fin de 1326, *après avoir reconnu ses torts envers le Chapitre de sa cathédrale*, à ce que disent Souchet et Pintard [1].

Pendant ces troubles qui durèrent près de trente ans, le

---

[1] Le Chapitre eut aussi quelques démêlés, en 1323 et années suivantes, avec le bailli de Chartres, Robert Bretel et les prévôts Etienne de Châteaudun et Simon Druet; mais il sut en sortir à son avantage. Dans la séance capitulaire du jeudi après la Madeleine 1326, Robert Bretel fut forcé de jurer qu'il n'avait pas excité les serviteurs de Charles de Valois contre le Chapitre et de désavouer les entreprises criminelles dont quelques-uns d'entre eux s'étaient rendus coupables. Le samedi après *Oculi mei* 1327, Tassin *de Platea*, sergent royal à Gisors, réintégra publiquement à la prison de Loëns, par exprès commandement du Roi, un clerc nommé Bernard de la Garde, qu'il en avait extrait de vive force. En accomplissant cette restitution, ce sergent cria trois fois : « Je restitue et ramène à la prison de Loëns, » Bernard de la Garde, que j'en avais violemment et indûment tiré et que j'avais » conduit à la Tour du Roi *à la demande et suggestion de Robert Bretel, bailli*; » de quoi j'ai gagé amende au Chapitre. » *(Reg. cap.;* Mss. de la Bibl.)

Cependant le bruit de toutes ces querelles n'avait pas assez de retentissement pour ébranler le crédit dont jouissait au dehors le sénat de Notre-Dame de Chartres. A cette époque même, plusieurs chanoines étaient employés par les princes à des affaires importantes. Nous voyons le doyen Jean Pate parcourir le midi de 1324 à 1327, comme général réformateur pour le Roi dans les pays de Navarre et de Bigorre, et régler, en cette qualité, les privilèges des villes de Castelnaudary et de La Bastide-Saint-Martin. *(Ordonn. des Rois de France*, vol. 12, p. 484 et 504.)

Chapitre n'avait pas eu seulement à lutter contre l'Évêque et le Comte; maintes fois les seigneurs du Chartrain s'associèrent indirectement aux querelles de leurs suzerains en attaquant l'illustre compagnie, soit à main-armée, soit par les exploits des sergents. Dès l'année 1299, une discussion fut engagée par le vidame à l'occasion de certaines *menues coutumes* qu'il prétendait lui revenir, le jour de la foire de l'Annonciation tenue au cloître, sur les marchandises étalées devant la porte de son hôtel. D'après le Chapitre, au doyen seul appartenait la recette des coutumes dues par les étalagistes aux jours de foire du cloître [1]. Le vidame fut condamné par ses adversaires, mais ses hostilités postérieures firent voir qu'il n'acceptait pas le jugement. En 1300, les délits contre les domaines et contre les personnes relevant de Notre-Dame étaient devenus si fréquents, qu'un homme de corps du Chapitre demanda et obtint la permission de faire placer une cloche dans une maison qu'il venait de bâtir au lieu des Ormes, près Amilly, afin d'appeler ses voisins au secours en cas d'agression [2]. Un procès long et brutal surgit, en 1301, entre les chanoines et les chevaliers Mathieu de Marly et Jean de Rochefort, au sujet de certains droits de justice à Gallardon [3]. La même année, le Chapitre eut à s'occuper de l'affaire de Guillaume et d'Étienne de Tessonville, fils d'Archambault de Tessonville, écuyer, détenus dans les prisons de Loëns sous prévention de meurtre sur les personnes du chanoine Pierre de Rochefort et du recteur de

---

[1] *Reg. capit.* Séance du mardi après *Isti sunt dies* 1299. Le procès fut soutenu devant le Chapitre par Pierre, procureur du doyen, à la requête de son maître, et par Robert Lupin, au nom du vidame. Le Chapitre, avant de se prononcer, ordonna que les deux deniers perçus par l'homme du vidame seraient déposés entre les mains du sous-chantre, et qu'on aviserait, après informations, à ramener les parties à un accord amiable. La garde du cloître appartenait au doyen depuis l'aurore jusqu'au couvre-feu, et c'était à raison de cette charge qu'il prétendait aux menues coutumes. (*Ib.* Séance du jeudi après la Saint-Denis 1317.) Voir, pour les *menues coutumes* perçues au cloître par le doyen et par le Chapitre, le n° 7 des Appendices, fin de ce volume.

[2] *Ib.* Séance du dimanche après l'Ascension 1300. Mss. de la Bibl.

[3] *Ib.* Séance du jour de la lune après *Jubilate* 1301. Ib.

l'église de Sainte-Marie de Conie en Dunois [1]. En 1307, le sire de Gazeran, de la maison de Saint-Prest, possesseur de vastes domaines près de Sours, encourut la disgrâce du Chapitre pour avoir fait appréhender au corps un homme que les chanoines disaient être de leur famille [2]. Mais, de tous les seigneurs chartrains, le plus hostile au clergé fut le sire Jean de Vieuxpont, seigneur de Courville, qui, de méfaits en méfaits commis sur les terres de l'église de Chartres depuis l'année 1313, finit par tomber, en 1323, sous le coup de l'excommunication du Chapitre [3].

Les seigneurs chargés de devoirs féodaux envers Notre-Dame profitaient de ces désordres pour se dispenser des actes d'hommage auxquels ils étaient tenus à raison de leurs fiefs. En 1308, le vidame Hugues de Meslay encourut une amende pour avoir omis de présenter à la grand'messe du jour de l'Assomption un épervier *volant et bien réclamé* dû aux chanoines prébendiers de Maintenon et de Bouglainval. Pareille omission fut constatée, en 1314, à la charge du chevalier Blondeau, seigneur de Maintenon [4].

Le premier acte du Chapitre, mis par le décès de Robert de Joigny en possession temporaire de la puissance épiscopale, fut de confier l'officialité de la cour de Chartres au chanoine Nicolas de Braye. Pendant plusieurs années le Chapitre fit tomber son ressentiment sur les partisans de l'évêque défunt. En 1331, un certain Robert de Jessia, parent de l'ancien chanoine, fut chassé de la domesticité du chanoine Pierre

---

[1] Ces personnages, après une longue prison préventive, furent mis en liberté sous caution de 1,000 livres et sur la parole d'Archambault de Tessonville, écuyer, leur frère, de Guillaume, dit *Courteheuse*, écuyer, et de plusieurs autres seigneurs du Dunois. (*Reg. capit.* Séance du vendredi avant Sainte-Marie-Madeleine 1301.)

[2] *Ib.* Séance du mercredi après Saint-Pierre-aux-Liens 1307. Ib.

[3] En 1313, Jean de Vieuxpont s'était oublié jusqu'à frapper en plein chapitre Pierre Boyleau, prêtre, et à injurier le chanoine Renaud de Bussy en présence de ses confrères et du chevalier G. d'Illiers. (*Ib. Amendes*, 1313, et séance du mercredi après Noël 1323. Ib.

[4] *Ib. Amendes*, 1308, et séance du vendredi après l'Assomption 1314. Ib.

Albin et privé des privilèges de clergie, parce que, du temps de Robert de Joigny, il avait été l'ennemi notoire de l'église, c'est-à-dire des prétentions du Chapitre.

On conçoit quelle perturbation cette longue période de débats scandaleux avait jeté dans la discipline du clergé, et, par contre-coup, dans l'esprit public. Le Chapitre continuait à présenter un étrange rapprochement des conditions sociales ; à côté des chanoines Barbou, Arresnard, Colrouge, Thierry, simples bourgeois d'origine, on voyait siéger Pierre de Rochefort, vicomte de Chartres, seigneur du Puiset et archidiacre de Langres ; Conrad, vicomte d'Évreux ; Jean de Meslay ; Jean, vicomte de Mons ; Nicolas, vicomte des vicomtes de Plaisance ; Renaud, vicomte de Bussy, et une foule de seigneurs italiens pourvus de canonicats par le crédit du comte Charles. Ces dignitaires, destinés aux honneurs de l'église, avaient un domestique considérable, des richesses en argenterie et en meubles précieux, des équipages de chasse [1] ; les mœurs de quelques uns d'entre eux n'étaient pas à l'abri de tout reproche [2]. Si leur importance de famille rehaussait l'éclat de la cour de Notre-Dame, elle venait en même temps ajouter un peu d'orgueil à l'esprit de corps déjà si prononcé

---

[1] Après la mort du doyen Thibault d'Aunay (1317), on constata que son écuyer Etienne de Penil avait soustrait et porté chez le chevalier Guillaume de Coutes, *19 henaps d'argent, 5 pots d'argent, 1 dragier d'argent, 4 pieds d'argent, 25 couverts d'argent, 4 plats d'argent, 29 écuelles d'argent, 5 petites écuelles d'argent, 1 calice d'argent, 1 henap à pied, 1 argent, une placière d'argent à mettre en une chape, 2 couvertoirs de menu ver, une panne de menu ver, de l'argent et des meubles.* (*Reg. capit.* Séance du jour de la lune après la Nativité 1317. Mss. Bibl.)
Les chanoines riches avaient des pages, des écuyers, des piqueurs, des chevaux, des chiens et des faucons. En 1312, on trouva dans la succession du chanoine Jean de Brosse, un cheval de chasse et deux faucons. Le Chapitre était jaloux de sa chasse et frappait d'amendes ceux qui se permettaient de chasser sur ses domaines. Les maires et les ecclésiastiques n'étaient pas plus épargnés que les autres ; en 1303, le chanoine Jean de Meslay intenta un procès à Gérard, maire de Saint-Aubin, qu'il accusait de chasser, avec des filets, dans les bois du Chapitre ; en 1308, on condamna, pour faits de chasse, Etienne, recteur de l'église de Berchères-la-Maingot. Les séances capitulaires du XIVe siècle se passaient quelquefois à régler les chasses de la compagnie ; ainsi, il fut décidé, le vendredi après le synode 1318, que les chanoines de Chartres pourraient aller chasser, pendant quinze jours, dans les bois de la prévôté d'Ingré, sans perdre leurs distributions. (*Reg. capit.* Mss. de la Bibl.)

[2] *Reg. capit.* Séance du samedi après l'Assomption 1325. Mss. de la Bibl.

du Chapitre. Les serviteurs des chanoines, les chapelains, clercs, marguilliers, gardiens de nuit, le bas-chœur, enchérissaient, comme il est d'usage, sur les doctrines de leurs maîtres. De là ces rixes continuelles avec les gens de l'Évêque et du Comte, qui, pendant le procès, se multiplièrent de telle sorte que de 1317 à 1327 il ne se passa, pour ainsi dire, pas une année sans qu'une effusion de sang, dans l'intérieur de la cathédrale, ne vînt nécessiter la purification et la réconciliation de l'église [1].

Revenu au calme de la vie religieuse, le Chapitre comprit qu'il fallait couper le mal dans sa racine. Une ordonnance du jeudi, lendemain de Saint-Jean 1327, rappela les chanoines à la stricte exécution de la constitution clémentine; on y passa en revue les détails les plus minutieux de la vie cléricale, sans même oublier le luxe de la toilette [2]. Le chefcier reçut l'ordre exprès de faire chasser de la nef de l'église, devenue une espèce de tripot, les crieurs de vin [3], les marchands de liqueur pimentée, les vendeurs de cierges, les ribauds et les enfants jouant au palet [4]. On chargea le chanoine Thierry de hâter la construction d'une bonne clôture au cloître, devant l'hôtel de l'Aumône, sur l'emplacement d'une vieille maison qui avait sortie dans la ville; enfin on prescrivit aux prébendiers de donner tous leurs soins à la mise en culture des terres stériles de leurs prébendes.

---

[1] Il fut décidé, dans la séance capitulaire du jeudi après la Purification 1327, que ceux qui répandraient le sang dans l'église seraient punis en raison de la qualité des personnes et de la gravité du délit, sans que l'amende pût être au-dessous de 5 livres, et que les coupables reconnus insolvables iraient passer un mois au moins dans la prison de Loëns. (Reg. capit. Mss. de la Bibl.)

[2] Ordinatum quod canonici honeste se gerant, prout alias exstitit ordinatum, et quod deferant caligas honestas prout in constitutione clementina continetur; item quod non deferant capillos crespinatos facientes rigotum.... (Ib.)

[3] Les crieurs de vin, proclamatores vini, se réfugiaient chez les chanoines pour échapper au droit de banvin du Comte. L'usage de crier le vin dans l'église était si invétéré, que le Chapitre dut autoriser les crieurs à continuer leur commerce dans une salle de la crypte, sous la Tour. (Reg. cap. Séances du jour de la lune après l'Invention de Saint-Étienne 1320 et du jeudi, lendemain de Saint-Jean 1327. Mss. Bibl.)

[4] Ib. Séance du mercredi après la Purification 1327. Ib.

Il faut dire, à la décharge du Chapitre, que les troubles ne l'empêchèrent pas d'affranchir, par la tonsure, à prix d'argent ou gratuitement, ceux de ses hommes de corps dont il avait à se louer, et, en particulier, les enfants des maires de ses domaines [1]. Parmi les affranchis, de 1300 à 1330, on trouve des membres de quelques familles qui eurent par la suite une certaine notoriété dans le pays chartrain [2]. Même au plus fort de leur procès, le besoin d'argent ne rendit pas les chanoines plus exigeants à l'égard des gens de leurs domaines. En 1306, 1308, 1313, 1321 et 1323, ils ne levèrent que moitié de la taille ordinaire, et, en 1324, année de grêle, ils firent remise de la taille entière à ceux qui avaient souffert du fléau [3]. La direction des écoles supérieures qui, d'après les privilèges de l'église, appartenait de droit au chanoine chancelier, continua à être tenue d'une main ferme par ce dignitaire. Chaque paroisse avait une école primaire ressortissant à l'école supérieure du Chapitre. Les maîtres de ces classes inférieures ne pouvaient apprendre à leurs élèves que les principes renfermés dans la grammaire de Donat [4], les études littéraires et philosophiques étant exclusivement du ressort de l'école canoniale. Cette dernière école avait pour directeur Me Thibault, curé d'Ymeray; Me Reger gouvernait l'école de Saint-Jean-en-Vallée, Me Luc celle de Sainte-Foy,

[1] Les affranchissements se multiplièrent tellement que le Chapitre, inquiet pour ses revenus, fit faire, en 1321, un rôle de ses hommes de corps, par chaque prébende, et décida que dorénavant on n'affranchirait plus personne sans un décret rendu en séance capitulaire générale. *(Ib.* Séance du jour de la lune après la Purification 1321. Ib.)

[2] Familles Sénéchaux, Leroux, Brulart, Grenet, Robert, Chevard, Hoyau, Gauchard, Pajot, Fournier, Binard, Godard, Hue, Baudoin, Vallet, Denis, Bélier, Porcher, Roussigneau, Hazon, Gautruche, Levesqueau. De 1330 à 1350, on trouve des affranchissements dans les familles Villain, Lambert, Quatresols, Piche, Bouvart et Cochin. *(Reg. cap.,* passim. Ib.)

[3] La taille était fixée alors à douze deniers par feux; la demi-taille produisit, en 1323, environ 300 livres.

[4] *Reg. capit.* Séance du mercredi après Saint-Vincent 1324. Mss. de la Bibl. — Le livre de Donat fut commenté aux IXe, X[e] et XIe siècles, par Smaragde, abbé de Saint-Mihiel, Luitbert, abbé d'Hirsange, et Rémi d'Auxerre. Au XIIIe siècle, Hugues Faidit publia une grammaire intitulée : *Donatus provincialis*.

et Mᵉ Guidomart celle de Saint-Michel (1319-1326)¹. En 1316, des travaux importants furent entrepris à la cathédrale, d'après les devis de Nicolas de Chaumes, maître de l'œuvre du Roi de France, de Pierre de Chelles, maître de l'œuvre de Notre-Dame de Paris, et de Jacques de Longjumeau, maître charpentier juré de Paris ². La chapelle Saint-Piat, ce hors-d'œuvre de Notre-Dame, qui rachète par de belles dispositions intérieures la lourdeur de ses tours et de ses contreforts, fut commencée en 1324; on y consacra l'argent des successions d'intestats, échues au Chapitre dans les archidiaconés de Dreux, de Vendôme, de Pinserais et de Blois, et chaque chanoine ajouta à ce fonds une contribution en argent ³.

Les événements politiques avaient marché avec rapidité pendant les lenteurs du procès ecclésiastique de Chartres. Le comte de Valois était toujours l'homme important du royaume, et il pesait si habilement sur l'esprit des rois, ses neveux, que ses plus détestables actions lui tournaient à profit. Philippe-le-Long, ému des plaintes continuelles provoquées par l'altération des monnaies chartraines, ne trouva pas d'autre moyen, pour y mettre un terme, que d'acheter de son oncle le droit de monnayage dans les comtés de Chartres et d'Anjou, moyennant la somme énorme de 50,000 livres tournois. Cette convention fut réglée par des lettres du Roi datées de Maubuisson *le lundi avant l'Ascension, quatorze jours en may, l'an de grâce* 1319, et ratifiées le lendemain par le Comte. Par ce même acte, Charles de Valois reçut du Roi, une autre somme de 50,000 livres tournois, « esquels nous

---

[1] Le Chapitre ne perdit jamais l'occasion d'encourager les études. En 1314, il fit une aumône aux pauvres écoliers de Saint-Honoré de Paris et leur octroya des lettres de quête pour toute l'étendue des domaines de l'église. *(Reg. capit.* Séance du mercredi après la Saint-André 1314. Ib.)

[2] Ces experts reçurent, pour leur procès-verbal de visite, 60 livres parisis, et chacun de leurs valets, 10 sous. *(Ib.* Séance du jeudi après la Nativité 1316. Ib.)

[3] Cet argent fut destiné : *ad opus fabricæ capsæ beati Piati martiris, cujus corpus requiescit in ecclesiâ carnotensi, ac etiam ad opus capellæ dicti Sancti de novo construendi inceptæ.* *(Ib.* Séance du mercredi après la Nativité 1324. Ib.)

» (le Roi) li sommes tenus par fin de compte fait entre nos
» gens et les siens diligemment sur plusieurs mises et dépens
» qu'il a fait du tems passé du sien propre au service de
» nostre chier père et nostre chier frère Louys, jadis, que
» Dieu absoille.... »[1]. Charles-le-Bel, monté sur le trône en
1322, après la mort de son frère Philippe-le-Long, subit également
l'influence de son oncle de Valois. En 1323 et 1324,
ce grand Prince fit pour son royal neveu la conquête de la
Guyenne. Ce fut son dernier exploit. Saisi d'une violente
maladie pendant laquelle l'image funèbre d'Enguerrand de
Marigny fut souvent présente à sa pensée, notre Comte expira
le 16 décembre 1325. Chartres échut à Philippe de Valois,
son fils, qui ne tarda pas à parvenir à une plus haute fortune.

Il paraît résulter d'un acte capitulaire du vendredi après la
Saint-Nicolas d'été 1325, que le roi Charles-le-Bel vint à
Chartres cette année[2]. Ce fut peut-être alors qu'il offrit à
Notre-Dame l'armure dont il était couvert à la bataille de
Mons-en-Puelle, étant comte de la Marche et à peine âgé de
dix ans. Ce monarque mourut le 31 janvier 1327, et son
cousin-germain Philippe de Valois, reconnu d'abord en qualité
de régent pendant la grossesse de la Reine, fut, après
l'accouchement de cette Princesse d'une fille, proclamé Roi
de France et sacré à Reims le 29 mai 1328.

Le domaine de Chartres fut réuni à la couronne pour deux
cents ans.

---

[1] Je reviendrai sur cet acte de vente dans l'article spécial sur la *monnaie chartraine*. M. Cartier a calculé que les 50,000 livres tournois données à Charles de Valois pour ses monnaies, représentent aujourd'hui 805,783 fr. 80 c. (*Recherches sur les monnaies au type chartrain*, 1846, p. 40.)

[2] Payé à Robert Fournigaut, 10 livres, *pro uno dolio vini presentato domino Regi*. (*Reg. cap.* Mss. de la Bibl.)

CHAPITRE IX.

TABLEAU DE CHARTRES AU XIVᵉ SIÈCLE.

On ne peut se faire aujourd'hui qu'une idée fort incomplète du Chartres féodal. Le vieux donjon de Thibault-le-Tricheur a disparu ; les artisans du *métier de la rivière* ont abandonné les bords de l'Eure ; plus de vie guerrière, plus de vie commerciale, et, il faut bien le dire, plus de vie religieuse.... Où sont les milliers de pèlerins qui venaient saluer la basilique de Marie? Où sont les monarques qui courbaient, après le combat, leurs fronts victorieux dans la poussière de la sainte crypte? De ce passé glorieux, Chartres conserverait à peine le souvenir, si les pierres de Notre-Dame ne se chargeaient de le transmettre aux générations.

C'est en interrogeant le monument admirable que le temps et les hommes ont épargné, c'est en suivant les rares débris archéologiques jetés comme des jalons dans la ville moderne, c'est en consultant les cartulaires contemporains, que nous parviendrons à reconstruire la cité chartraine du XIVᵉ siècle [1].

Voici d'abord les symboles lapidaires de la puissance spirituelle et temporelle : la cathédrale et le château. La cathédrale montre avec orgueil sa flèche hardie, ses voûtes élancées, ses nefs majestueuses, la flore étincelante de ses verrières, le monde mystique de ses sculptures. Le château, dont l'immense façade se déploie sur la crête de la colline, porte au

---

[1] Voir, pour les détails et pour les preuves, la *Topographie chartraine* insérée sous le n° 4 des Appendices, fin de ce volume.

ciel son donjon crénelé et plonge jusqu'au fond du vallon par un triple étage de contreforts et de terrasses.

Un cloître à physionomie austère, renferme la cathédrale et ses serviteurs. « Autrefois, dit un écrivain du XVIe siècle, il
» n'y avoit au cloitre que quatre maisons appelées *Prévôtés*,
» esquelles demouroient en commun tous les chanoines, *ainsi que l'antiquité desdites maisons le dénote*. Mais après la
» séparation des chanoines, ils acheptèrent des maisons et
» même des rues, de sorte qu'en clôturant c'étoit mettre une
» ville dans une autre.... Le cloitre tel qu'il est aujourd'huy
» (1568) a huit grandes portes fermant à clefs et guichets,
» clos de grosses murailles ; à l'intérieur du cloitre trois grandes places en forme de carrefour, l'une devant la porte
» royale, l'autre à droite d'icelle où se tient un marché, qui
» est l'ancien cloitre du temps que les chanoines vivoient en
» commun, l'autre ès côté gauche où sont les maisons de
» l'œuvre et des enfants de cœur. Plus quatre grandes rues,
» six ruelles, trente-trois grandes maisons nommées *perrons*,
» bâties dès l'antiquité ; la moindre se pourroit facilement séparer en trois grands corps de logis tels que sont les beaux
» de la ville, de sorte que ces 33 maisons font bien 100 ou
» 120 maisons pareilles à celles de la ville ; quatre églises :
» la Cathédrale, l'Hostel-Dieu, Saint-Estienne près la place de
» la maison du Vidame, où sont actuellement les religieux de
» Saint-Jean, Saint-Nicolas juxte l'hostel épiscopal.... En tout
» le cloitre y auroit place à bâtir 300 maisons semblables à
» celles de la ville [1]. » Cette description, faite à une époque où le cloître conservait encore son caractère primitif, peint fidèlement la petite ville sainte du Moyen-Age. Là demeurent les principaux dignitaires de l'Église, l'armée des officiers de Notre-Dame, les familiers des chanoines et les gens de leur police intérieure.

[1] Histoire mss. de l'huissier Duparc, p. 201, coll. Lejeune.

Quoique compris dans l'enceinte commune, le palais épiscopal, assis au chevet de la basilique, semble se dérober au contact immédiat des maisons canoniales. Ses vastes bâtiments sont habités par les ministres de la cour du Prélat, qui, à l'exemple de leur maître, ne vivent pas toujours en bonne intelligence avec les chanoines.

L'hôtel fortifié du Vidame touche le palais du pontife son seigneur; mais, au XIVe siècle, les devoirs de cet officier ont déjà changé de nature. Il n'est plus, comme au Xe siècle, un simple chef des hommes d'armes de l'Évêque; le vidame, patrimoine de la puissante maison de Meslay, oblige à peine à quelques actes d'hommage en retour de quelques droits utiles et honorifiques.

Aux quatre fêtes de la Vierge, des visiteurs, venus de tous les pays du monde, encombrent Notre-Dame; les marchands s'emparent des trois places voisines de l'église; l'agitation du commerce, la turbulence du camp des pèlerins s'unissent pour quelques jours à la pompe des solennités religieuses. Puis le calme se rétablit et la terre ecclésiastique s'endort, comme à l'ordinaire, au bruit de l'Angelus et de la psalmodie des chanoines.

Les murailles du cloître sont longées, en guise de fossés, par des chemins de ronde dont la propriété féodale a donné lieu à de violentes contestations [1]. Du côté méridional, la rue Évière (rue *au Lait*) part de l'ancienne porte Évière, *aquaria*, et suit la clôture canoniale jusqu'à la hauteur des Changes; c'est là que se tient le marché aux herbes. La continuation de cette rue prend le nom de rue au Ligneau (rue *Serpente*). Près de la porte Percheronne, le mur occidental du cloître est côtoyé par la rue aux Carneaux (rue *Sainte-Même*), qui aboutit à la porte du Châtelet. La rue Porte-Neuve (rue *du Cheval-Blanc)* limite au septentrion l'enceinte privilégiée, mais non les possessions du clergé, car les bourgs du Châtelet, de Beau-

---

[1] Voir ci-dessus, p. 138 et 139.

voir et des Vasseleurs (quartier *des Lices*) lui appartiennent presque tout entiers. C'est là que le trop plein de la population ecclésiastique trouve une demeure; voici la Cour-Richeux (impasse *du Cheval-Blanc*) avec ses maisons canoniales, la maison de Sandarville avec ses hôtes justiciables de l'Église, les étaux de la boucherie de Porte-Neuve, Loëns, chef-lieu de la juridiction temporelle du Chapitre. Dans les rues adjacentes du grand et du petit Beauvoir et dans celle des Vasseleurs, on ne rencontre guère que des logis de chanoines et des maisons de la censive de Notre-Dame ou de l'Évêque. Les fourches patibulaires et le four du Prélat occupent une partie de l'emplacement actuel du Grand-Séminaire. Toutefois deux établissements commerciaux, le marché aux chevaux et la halle aux merciers, ont trouvé place à l'extrémité de la rue Porte-Neuve et attirent les marchands vers ce coin écarté de la ville industrielle. Pour protéger les gens d'église contre les inconvénients du voisinage des maquignons, de grands poteaux en bois, ou lices, avec galeries couvertes, traversent la rue en face de la poterne de l'Évêque et permettent aux chanoines de gagner en sûreté leurs hôtels de la rue des Vasseleurs. Une continuation de la rue du Muret, connue sous le nom de rue Moutonnière ou de *Chies-Chinche*, longe, du côté de l'orient, la clôture du cloître qui est naturellement formée par les hôtels de l'Évêque et du Vidame, par l'église Saint-Étienne et par les parties encore subsistantes de l'enceinte de la ville au IXe siècle. Cette voie qui va déboucher dans le Bourg, près de la porte Évière, permet aux habitants des hautes campagnes du nord de la Beauce de conduire leurs laines vers les rues commerçantes du bord de la rivière, sans franchir les portes de la cité de Notre-Dame.

L'aspect de la ville est tout différent de celui du cloître; là, pas un endroit, pour ainsi dire, qui ne soit envahi par une fourmilière d'ouvriers. Voici, à l'ombre du château, la rue du commerce de l'argent, avec ses tables de changeurs;

groupés aux environs de cette voie fortunée ; d'un côté, se tiennent les boulangers de la halle au pain, les poissonniers, les cordonniers en cordouan ; de l'autre, les selliers-lormiers de la Sellerie (rue *des Trois-Maillets*) et les pelletiers de la rue de la Queue-de-Regnard (rue *du Soleil-d'Or*). Au bout de la rue des Changes on entendit longtemps le bruit des marteaux de la Monnaie ; les monnayeurs habitaient un quartier à part, soumis à la justice du Vidame et situé entre la porte Cendreuse et le four Boël. Au XIVe siècle, la suppression de l'atelier monétaire chartrain anéantit ce foyer industriel, mais elle laissa subsister quelques noms qui rappellent l'ancienne fabrique (rue *de la Vieille-Monnaie, maisons des Quatre-Coins*). A gauche de la Monnaie, en tirant vers la basse-ville, on arrive à l'église Saint-Vincent, membre de l'abbaye de Saint-Florentin de Bonneval ; son abside touche à la porte Cendreuse, construction déjà vieille de cinq siècles en 1300, sur laquelle le château des comtes vient s'appuyer, et qui domine le quartier de la vallée. En revenant du côté de la ville haute, on trouve l'église Saint-Martin-le-Viandier avec son cloître, le premier *parloir aux bourgeois*, la maison d'Angennes qui fera bientôt place à l'église Saint-Saturnin, la chapelle Saint-Sébastien, propriété de l'Évêque, l'hôtel et les jardins du Cygne, le grand four Boël, berceau féodal de l'antique famille chartraine illustrée par la première croisade. Les prisons de l'Évêque avoisinent cet endroit, et les étaux de la boucherie du four Boël, ou, par corruption, de *For-Boyau*, se dressent au centre de la rue qui va rejoindre le carrefour de la Pelleterie. De ce carrefour, dont l'hôtel de Feuillet occupe un des angles, la Grande-Rue (rue *du Grand-Cerf*) se dirige vers la porte des Épars, en laissant, à droite, le quartier paisible du prieuré de Sainte-Foy.

Si, de la porte des Épars, on s'enfonce vers les Halles, la population ouvrière ne tardera pas à reparaître. Ce sont, d'abord, les marchands de bois merrain, dont le commerce est alimenté par le vignoble de Chartres; puis les tonneliers, leurs voisins naturels, qui travaillent dans la rue de la Croix-aux-Moines de Thiron, près du marché *des Pierres* et de la place des Halles. Le terrain des Halles, au milieu duquel s'élèvent de grands marchés couverts dont le Comte et l'Évêque se partagent la propriété féodale, voit incessamment tourbillonner la foule des acheteurs et des marchands au détail. Des petits centres commerciaux occupent les abords du marché proprement dit; ici est *le Petit-Change*, là se trouve *la Poterie* de terre et d'étain; la *Hucherie*, qui contient les magasins des marchands et confectionneurs de bahuts, paraît se rapprocher de l'église Saint-Michel; un peu plus loin, près de la poterne Foucher-Nivelon et du four du Vidame, se dresse la *Buffeterie* ou *Étape-au-Vin*, marché du vin au détail et bureau des droits qui frappent cette denrée; la *Hanterie*, lieu de rendez-vous des marchands de bois en gros, touche le cimetière de Saint-Aignan; les enclumes des forgerons retentissent dans le quartier compris entre les Halles, l'église Saint-Aignan et la Monnaie.

A l'exception de la rue de la Croix-aux-Écuyers, où les hôtels des serviteurs du château sont encore debout, de la rue Saint-Père habitée par les bourgeois soumis au pouvoir temporel de l'abbaye, et de la boucherie de Bourg, vieille annexe de la tour des comtes, la basse-ville est entièrement envahie par les ouvriers *du métier de la rivière*. L'Eure, qui réunit ces nombreux artisans, se transforme, depuis Saint-Père jusqu'à Saint-André, en un vaste laboratoire. Sur la rive gauche, les feutriers ou *arçonneurs* occupent la rue de la Feutrerie (rue *des Béguines)*; dans les rues nommées aujourd'hui aux Juifs, Planche-aux-Carpes et de la Corroierie, se trouvent les ateliers des teinturiers, des laveurs de laine et des corroyeurs. Sur la rive droite, les cordonniers en gros cuir fabriquent leurs marchandises dans la rue des Sueurs, *Sutores* (rue *Coupe-Barbe)*; les foulons, les texiers, drapiers et sergers ont leurs ateliers dans la longue rue de la Foulerie; les tanneurs et les mégissiers qui leur succèdent travaillent à la mégisserie de la Petite-Rivière (rue de *la Tannerie*) et s'étendent jusqu'à la porte Gillard ou des Corneurs, *Corroyeurs*. Indépendamment des ateliers, on voit sur les bords de l'Eure certains établissements qui servent tout à la fois de marchés couverts et de bureaux de recette des droits fiscaux : telles sont les maisons de la Corroierie, de la Mégisserie et de la Foulerie ou *Perrée*. Plusieurs moulins appartenant à Saint-Père, à l'Évêque et au Chapitre, tournent dans la ville même et fournissent aux besoins du peuple travailleur. Les Juifs, quoique pourchassés par l'autorité ecclésiastique, qui regarde leur présence comme une souillure dans la cité par excellence de la Mère du Christ, ne peuvent se tenir éloignés du grand commerce chartrain; ils parviennent à se maintenir dans une rue qui porte encore leur nom et à ouvrir une synagogue près de l'église Saint-Hilaire.

La basse-ville n'est pas dénuée de monuments : on remarque l'abbaye de Saint-Père avec ses cloîtres, ses jardins en terrasses et sa merveilleuse chapelle accompagnée de l'église plus modeste de Saint-Hilaire; Saint-André, vieille collégiale au portique roman, à l'arche absidale hardiment jetée sur la rivière; la forteresse du vidame Guillaume de Ferrières, avec ses tours formidables et sa couronne de créneaux. Les couvents de la banlieue possèdent dans l'enceinte de la basse-ville des maisons de refuge auxquelles on donne le nom de *salles*. La salle Saint-Cheron est située dans la rue de la Foulerie; celle des Dames-de-l'Eau a sa façade sur la rue de la Corroierie, et, en retour, sur la rue d'Escoussoupe qui monte à Chinche; les religieux de Josaphat en ont une au bout de la rue Saint-André, à peu de distance de la porte Drouaise. Il ne faut pas oublier un établissement du même quartier, très-fréquenté au Moyen-Age : la maison des Étuves, rue de la Corroierie, près de l'hôtel Saint-Christophe.

Au nord, la basse-ville se relie à la ville haute par le Muret, rampe garnie d'habitations dont les moines de Saint-Jean sont seigneurs haut-justiciers. A l'extrémité droite de cette rue, en arrivant sur le plateau, on voit un groupe de maisons qui fut la propriété des religieux de Citeaux, les anciennes granges du Comte, la *Bretêche*, tête des fortifications du IX° siècle dominant le Muret, le couvent des Frères-Prêcheurs ou Jacobins et l'hôtel des chevaliers de l'Hôpital.

Les cimetières et charniers intérieurs avec leurs recluses, les hôpitaux des paroisses, les fours banaux, les croix des carrefours, les larges pierres sur lesquelles se paient les cens féodaux, les fourches patibulaires dressées sur les places publiques, ajoutent, si l'on peut s'exprimer ainsi, à la couleur locale de cette ville Moyen-Age, dont la physionomie est complétée par une ceinture de hautes murailles percée de neuf portes.

Les alentours de Chartres ont un aspect plutôt monacal que guerrier. En sortant par la porte des Épars, on aperçoit, à gauche, près du fossé, l'église Saint-Saturnin, le cimetière et la chapelle Saint-Thomas; à droite, près du marché aux Pourceaux, les grands clos de Feuillet et de la Chancellerie, domaines de Notre-Dame; en face, le faubourg des Frères-Mineurs ou Cordeliers, qui renferme, avec le couvent de ces religieux, la maison de l'Hôtel-Dieu appelée Nicochet, et qui conduit à l'église Saint-Pantaléon de Lucé. Un autre faubourg dont le point de départ est à peu de distance de l'église Saint-Saturnin, se dirige, le long du clos Notre-Dame, vers l'église Saint-Lomer de Luisant et l'abbaye des Dames de l'Eau, en passant devant Mautrou, lieu du supplice des faux monnayeurs. A gauche, dans les vignes, s'élève l'ancien couvent de Saint-Lubin, possédé à titre de prieuré par Saint-Père; il confine les dépendances de Saint-Martin-au-Val, autre couvent devenu l'un des prieurés de Marmoutiers. Le faubourg Saint-Martin, ou Saint-Brice, du nom d'une petite église voisine du prieuré, ramène, par une longue rue, vers la porte Saint-Michel de

Chartres, et, par le Bas-Bourg, ou Barbou, vers la porte du Paradis de l'abbaye de Saint-Père. De l'autre côté de la rivière et à l'extrémité de la grande prairie de Saint-Martin-au-Val, on trouve, à mi-côte, l'église de la Madeleine du Petit-Beaulieu, prieuré de l'ordre de Cluny, et, sur le plateau qui traverse le chemin d'Orléans, la léproserie célèbre de la Madeleine du Grand-Beaulieu. Cette maison, enrichie par la libéralité des Chartrains, se rattache à la ville par le faubourg du Puits-de-la-Chaîne *(la Grappe)*. En face de la porte Morard, le cimetière et le prieuré de Saint-Barthélemy occupent le versant de la colline dont la crête est dominée par le couvent de Saint-Cheron; à gauche, la maladrerie de Saint-Georges de la Banlieue se montre dans la plaine; en revenant vers la porte Guillaume, on longe les murs du clos de l'Évêque, vaste et fertile domaine, étendu sur le revers du côteau qui fait face à Chartres du côté de l'Orient. Les Filles-Dieu ont leur moutier en dehors de l'ancienne porte Imbout, sur le chemin de Reculet qui mène à l'église de Champhol.

Sur la rive gauche de l'Eure, à l'endroit nommé déjà la Barre ou la Bouche-des-Prés, l'Hôtel-Dieu, le Chapitre et les couvents possèdent des jardins de plaisance connus plus tard sous les noms de Beaurepaire, de l'Enfer et du Paradis. C'est de là que partent les vastes prairies de l'Évêque, qui bordent la rivière et se dirigent vers l'abbaye de Josaphat, extrême frontière de la banlieue chartraine. Ce grand monastère, monument de la piété des seigneurs de Lèves, est situé au pied de leur manoir féodal. Le souvenir de la croisade qui a présidé à la dédicace de Josaphat n'est peut-être pas étranger au choix du vocable de l'église de Lèves, dédiée à saint Ladre ou Lazare, patron des lépreux. Cette petite chapelle est une annexe de l'église collégiale de Saint-Maurice, dont les bâtiments dominent les maisons du faubourg de la porte Drouaise. Sur le penchant de la colline de Saint-Maurice, on voit l'hôpital des aveugles de Saint-Julien et Saint-Gatien, qui touche par ses jardins au grand clos de l'abbaye de Saint-Jean. Presque tout le côté septentrional des murs de la ville est bordé par les possessions de ce dernier couvent, l'un des plus beaux et des plus riches du pays chartrain. Dans son enceinte même, une église dédiée à la Madeleine sert de paroisse au faubourg Saint-Jean qui s'étend, par les Vauxroux, jusqu'à Saint-Hilaire de Mainvilliers, et, par le bourg *Mahé*, jusqu'à la porte Châtelet.

Les figures caractéristiques du Moyen-Age animent Chartres et sa banlieue. Au XIVe siècle, la robe a déjà pris le pas sur l'épée ; le château des Thibault est devenu le sanctuaire de la justice du Bailli et du Prévôt ; tandis que les hommes d'armes se confinent dans leurs châteaux ou battent le plat pays, les sergents ès-lois exploitent dans le cloître et dans la ville. Mais il reste encore le Juif au costume oriental, qui partage avec ses confrères de Cahors et de Lombardie le commerce lucratif de l'or, de l'argent et des riches étoffes ; voici le lépreux de Beaulieu avec sa crecelle, le pèlerin cosmopolite avec son bourdon, les corporations ouvrières avec leurs bannières armoriées, les clercs et les moines avec leurs processions. Dès le XIIe siècle, on rencontre à Chartres une colonie de Bretons :

> Ce sont Bretons, nés de Breteigne,
> De seint Mallon portent l'enseigne [1].

Ces Bretons, *qui Chartres aiment par costume,* sont, au dire du poète, des travailleurs *de grant proesce ;* ils possèdent une forteresse *clouse des fosez Sainte-Foi ;* la rue qu'ils habitent et dont ils ont *la baillie* se nomme *la Bretonnerie.* Il y en a de tout état : *Prestre, clerc et lei ;* mais ils conservent intacte la nationalité bretonne, ils tiennent entre eux *pallement et concille*, et lorsqu'il s'agit de travailler à la Cathédrale, ils

---

[1] *Poème des Miracles*, mir. 17 : *Dou miracle qui avint aus bons Bretons de Chartres*, p. 102.

se réunissent tous, *bretons et breites*, et s'attèlent au même chariot (1145-1200)[1].

Du sein de cette population, d'origine, de mœurs et de métiers si divers, surgirent, à la fin du XIIIe siècle, les familles notables de la cité, qui, par une possession continue des honneurs municipaux et des emplois de robe, prirent promptement la place de la noblesse rejetée au dehors et formèrent le noyau de cette bourgeoisie chartraine, si fertile en hommes d'élite, depuis le temps des Barbou jusqu'à celui des Haligre, des Félibien et des Nicole.

[1] La première venue de ces Bretons remonte peut-être à l'époque où la comtesse Berthe, fille du comte Eudes II et veuve d'Alain, duc de Bretagne, quitta la Bretagne pour habiter, à Chartres, le château de ses pères (vers 1050).

CHAPITRE X.

ÉTABLISSEMENTS RELIGIEUX EXISTANT AU XIVᵉ SIÈCLE [1].

§ 1ᵉʳ. — NOTRE-DAME.

« La cathédrale de Chartres est un des plus prodigieux » chefs-d'œuvre de l'architecture catholique » [2]. Cette exclamation, échappée à l'enthousiasme d'un archéologue distingué, doit servir d'épigraphe à ce chapitre.

Quoique la basilique de Notre-Dame n'ait pas été construite d'un seul jet, il règne dans son ensemble un caractère presque homogène. De la façade royale, bâtie dans le style hybride dit de *transition*, l'œil passe sans secousses au beau style ogival primaire du grand vaisseau; il y a parenté évidente entre ces deux parties principales du bâtiment, et l'on voit que les lois architecturales qui ont présidé à leur édification procédaient directement les unes des autres.

La Notre-Dame de Fulbert, consacrée en 1037 par son successeur Théoderic, n'avait ni tours ni clochers; le mouve-

---

[1] Pour compléter l'histoire de Chartres dans les temps anciens, il m'a paru convenable de donner, à la suite du tableau de la ville au XIVᵉ siècle, les monographies des établissements religieux et civils déjà florissants à cette époque, ainsi que des articles spéciaux sur le monnayage détruit en 1319, et sur le commerce chartrain, qui n'a jamais été si important qu'au Moyen-Age.

[2] Bourrassé, *Cathédrales de France*, p. 549. Notre-Dame domine toute la vallée et projette son ombre sur la plus grande partie de la ville.... Comme dit le poète des Miracles de la Vierge,

> A Chartres est sa mestre iglise,
> Qui si noblement est assise
> Que la dame tient souz sa main
> Et tout Chartres et tout Chartrein.

(Mir. 1ᵉʳ, p. 11 et 12.)

ment religieux de 1145 travailla à la doter de ce bel ornement. Le massif des tours, jeté hors-œuvre, put échapper à l'incendie de 1194 qui dévora le reste de l'église, et comme la construction de ce massif, ainsi que celle de la façade et du Clocher-Vieux, était alors toute récente, le saint temple du XIII° siècle vint s'y relier par un raccord insensible. L'avant-corps de 1145 fut mieux approprié à l'église de 1200 qu'il n'avait dû l'être à l'église de 1020.

La Cathédrale actuelle fut dédiée en 1260, mais la statuaire extérieure des façades et portiques ne se compléta que vers le commencement du XIV° siècle. On reporte à la fin du XIII° siècle l'édification de la sacristie; la chapelle Saint-Piat fut commencée en 1324, et la flèche ouvragée, appelée le Clocher-Neuf, date des premières années du XVI° siècle [1].

Plusieurs incendies éclatèrent dans le monument sans faire à son architecture de notables dégâts. Celui de 1836, le plus terrible de tous, dévora la vieille charpente des combles, qui fut remplacée en 1841 par une charpente en fer d'un travail curieux [2].

« La cathédrale de Chartres a la forme d'une croix latine;
» son abside est tournée vers l'est-nord, point de l'horizon où
» le soleil se lève le 24 juin, fête de saint Jean-Baptiste. Sur
» la longueur, la Cathédrale offre une nef centrale et des bas-
» côtés à droite et à gauche; autour du chœur et du sanctuaire,
» les bas-côtés sont doubles. Sur la longueur, elle a un porche

[1] On voyait, avant la Révolution, deux petits clochers sur le faîte du grand comble. Le premier, nommé *la Grue*, du nom de l'instrument en usage pour monter les matériaux, s'élevait au centre du chœur; le second, qui renfermait les six *commandes*, clochettes d'avertissement pour les sonneurs, se trouvait au-dessus du transsept. Ce dernier clocher, ou campanille, d'une construction élégante, avait été commencé en 1305, par M° Renaud, charpentier de Sens, et terminé, en 1310, par M° Simon, charpentier de Notre-Dame. *(Reg. capit.*, Chap. général de la Purification 1305. — Séance du jour de la lune après Saint-Mathieu 1310. Mss. de la Bibl.)

[2] Les historiens de Notre-Dame parlent avec admiration de cette charpente en bois que l'on nommait *la Forêt*. C'était, en effet, une œuvre très-remarquable et d'une parfaite conservation. (Voir Sablon, *Hist. de l'Église de Chartres*, 1697, p. 64; et l'intéressant ouvrage de M. Lejeune, intitulé: *Les Sinistres de la Cathédrale*, in-12, Chartres, Garnier.)

» à trois baies s'ouvrant à l'ouest, une nef centrale de sept
» travées, un vaste transsept, un chœur de quatre travées et
» un sanctuaire en rond-point. Au chevet, on compte sept
» chapelles; c'est le nombre mystique par excellence du Moyen-
» Age. Deux clochers élancés flanquent la façade occidentale.
» Aux deux extrémités du transsept il y a un porche en saillie
» et à trois baies; chaque porche est flanqué de deux tours
» carrées. Deux autres tours semblables sont élevées de chaque
» côté de la Cathédrale, à la courbure de l'abside. Une crypte
» immense s'étend dans toute la longueur des bas-côtés et
» sous les chapelles absidales » [1].

Les pierres employées sortent des carrières de Berchères-
l'Évêque; elles ont la dureté du fer et forment des blocs assez
rugueux, d'une énorme dimension. La hardiesse et la puissance des soubassements, dont une partie est apparente au niveau de la crypte, excitent au plus haut degré l'admiration des architectes [2]. Le même génie se révèle dans les constructions supérieures : murs, contreforts, tours, voûtes; c'est l'énergie et la force unies à l'élégance et à la majesté. Trente contreforts à ressauts contournent l'édifice et vont renforcer

---

[1] *Description de la Cathédrale de Chartres*, par l'abbé Bulteau, p. 24.
Voici, d'après le même ouvrage, les dimensions principales de l'édifice :

Longueur hors œuvre, y compris la chapelle Saint-Piat	154 mèt.	60 c.
Longueur dans œuvre	130	86
Longueur de la nef, jusqu'à la grille du chœur	73	47
Longueur du transsept, d'un trumeau à l'autre	63	30
Longueur de la crypte	110	08
Largeur moyenne de la crypte	5	50
Largeur de la façade royale, hors œuvre	47	90
Largeur de la nef principale, de centre à centre	16	40
Hauteur de la voûte de la nef centrale	37	25
Diamètre des trois grandes roses	11	56
Hauteur du clocher neuf	115	17
Hauteur du clocher vieux	106	50

La superficie totale de l'église, dans œuvre, est d'environ 5,200 mètres carrés; les verrières qui consistent en 115 grandes lancettes, 3 grandes roses, 23 roses moyennes et 6 petites roses, renferment 3,889 figures peintes; les sculptures représentent 4,272 figures humaines ou animales, et un nombre prodigieux d'ornements tirés des trois règnes.

[2] Viollet-Leduc, *Annales archéologiques*, t. 2, p. 340.

les voûtes. Ceux des flancs sont décorés d'une niche à pignon sur leur face extérieure; chacun d'eux sert d'appui à trois arcs-boutants. Le vide de l'arc intermédiaire est rempli par une série d'arcades dont les colonnes convergent vers un centre commun comme les rayons d'une roue, disposition heureuse qui donne de l'originalité à cette lourde pièce empruntée au style roman [1]. Chaque contrefort du tour du chœur est composé de deux arcs-boutants qui frappent le mur au-dessus et au-dessous d'arcades ogivales surmontées d'une rose. Des galeries extérieures d'une coupe gracieuse permettent de faire le tour de l'édifice à la hauteur de la corniche des bas-côtés et du mur gouttereau de la grande nef.

D'après le plan de l'architecte de 1200, six tours surmontées de clochers, distribuées aux deux bouts du transsept et à la courbure de l'abside, devaient accompagner les tours et clochers de la façade royale. Les massifs de ces tours, percés de baies ogivales à colonnettes, arrivent à la hauteur de la corniche de la grande nef, mais les clochers n'ont pas été construits. On peut s'en consoler en portant les yeux sur les deux clochers qui font la gloire de Notre-Dame de Chartres.

Le clocher *Vieux*, placé au sud de la façade royale, est remarquable par sa simplicité sévère et par la légèreté de ses proportions. « Ce clocher dont la base est pleine, massive et » sans ornements, se transforme à mesure qu'il s'élance en » une flèche aiguë à huit pans, percée de lucarnes, sans qu'il » soit possible de dire où cesse la construction massive et où » commence la construction légère [2]. » La tour carrée, qui sert de support à la flèche, est divisée, sur ses deux faces apparentes, en trois étages maintenus de la naissance au sommet par des bandes à ressauts insensibles, et percés de baies ogivales et de lucarnes. Il existe sur la face méridionale de la base

---

[1] Batissier, *Histoire de l'art monumental*, p. 513.
[2] Viollet-Leduc, *Ann. archéol.*, t. 2, p. 343.

deux ouvertures à plein cintre qui donnaient autrefois entrée dans la crypte, et trois statues mutilées bien connues des chartrains : *l'Ange au cadran solaire*, *l'Ane qui vielle*, *la Truie qui file*. La flèche, épaulée, sur les faces, par quatre frontons aigus à grandes lucarnes, et, sur les angles, par des contreforts en forme de fronton, est faite de pierres tendres taillées en écailles imbriquées. Du dernier étage construit en poterie, on ne peut contempler sans un sentiment d'effroi l'intérieur évidé de cette immense pyramide octogone dont les minces parois se maintiennent depuis sept cents ans par une simple loi d'équilibre.

Le massif qui porte le clocher septentrional appelé clocher *Neuf*, a été construit en même temps que le clocher Vieux. Il était surmonté au XIIIe siècle d'une flèche en bois recouverte de plomb qui fut incendiée par la foudre en 1506 [1]. La flèche actuelle est une des plus étonnantes créations de l'art du XVIe siècle. Son style, ogival tertiaire (gothique flamboyant), tranche un peu trop peut-être avec la sévérité majestueuse du reste du monument; mais lorsque l'on admire l'élégance des proportions, la délicatesse des arrêtes, la souplesse des arcatures et des baies ogivales; lorsque l'œil découvre les richesses d'une ornementation qui se plaît à revêtir toutes les formes de la fantaisie, on pardonne facilement l'anachronisme commis par l'ouvrier en faveur des merveilles sorties de son ciseau.

La base et les deux premiers étages sont percés d'ouvertures ogivales du même caractère que celles du clocher Vieux, mais de proportions différentes. Trois contreforts à ressauts, un peu massifs, dressés au centre et sur les angles, vont se terminer à la naissance du troisième étage auquel commencent les constructions du XVIe siècle; de larges baies ogivales, d'un

---

[1] Le service du guet de jour et de nuit se faisait autrefois dans la tour *de Plomb*; il y fut établi par ordre donné en chapitre général de la Saint-Jean 1359.

assez beau caractère, éclairent la salle qu'il renferme[1]. Chaque face du quatrième étage, qui contient deux cloches[2], est pourvue d'une arcade ogivale à baies trilobées, avec meneaux flamboyants; des arcades pleines, à colonnettes sveltes et serrées, accompagnent l'arcade principale. L'étage supérieur, où se trouvent quatre cloches, est percé de huit grandes baies ogivales surmontées de frontons très-aigus; une galerie carrée, d'un dessin délicat, le borde et se rattache au corps aminci du clocher par des contreforts avec arcs-boutants dissimulés sous la forme de clochetons à trois niches. L'artiste semble avoir épuisé toutes les ressources de son imagination à décorer cette partie de son œuvre; les fleurons, les guirlandes, les festons trilobés, les figures fantastiques serpentent le long des meneaux, pendent des voussures des arcades et couronnent les douze statues colossales des apôtres, réparties dans les niches des clochetons. Une richesse peut-être encore plus grande se fait remarquer dans l'étage octogone dit *la Chambre des Guetteurs;* on y admire une magnifique balustrade pourvue de huit frontons aigus et de huit clochetons à crochets internes fouillés avec une incroyable perfection[3]. Enfin, après avoir

---

[1] Une inscription commémorative de l'incendie de 1506 est placée dans la chambre du troisième étage, appelée *Chambre des Sonneurs*.

[2] La sonnerie de Notre-Dame de Chartres était très-célèbre. Yves fait connaître dans sa lettre 142e, que la reine d'Angleterre, Mathilde, donna des cloches à son église. Le gros bourdon de la première sonnerie, nommé *Marie*, et pesant 27,000 livres, provenait de la générosité de l'archidiacre de Vendôme, Pierre de Bordeaux, qui vivait au XIIIe siècle. Cette sonnerie, qui formait une octave parfaite, périt dans l'incendie de 1506, à l'exception du bourdon. En 1510, la reine Anne de Bretagne donna une cloche appelée *Anne*, de son nom; quatre autres cloches nommées *Gabrielle, Elisabeth, Jean-Baptiste* et *Catherine*, complétèrent, avec le bourdon *Marie*, la nouvelle sonnerie qui fut refondue en 1723. Toutes les cloches, moins une petite nommée *Piat*, furent brisées en 1792. De 1816 à l'incendie de 1836, il n'y eut que trois cloches : *Piat, Marie-Thérèse* et *Louise-Charlotte*. Les cloches qui composent la sonnerie actuelle ont été fondues en 1840 et 1845; elles portent les noms de *Marie, Joseph, Anne, Elisabeth, Fulbert* et *Piat. Marie*, bourdon, pèse 6,000 kilogrammes et donne le *sol*. (Voir l'intéressante *Notice historique concernant la sonnerie ancienne et moderne de l'église cathédrale de Chartres*, par Mgr Pie; Chartres, Garnier, 1841.)

[3] On lit dans la chambre des guetteurs une inscription relative à un commencement d'incendie qui eut lieu le 15 novembre 1674.

monté 378 marches, on arrive à l'étage du *timbre* ou *tocsin* qui renferme la cloche d'alarme. Cette lanterne octogone, figurant seize baies à tympans trilobés et à frontons aigus, enveloppe de ses festons élégants la base d'une flèche ou pyramide à huit pans, en écailles imbriquées, avec arêtes à crochets, qui termine d'une manière splendide l'admirable conception du maçon, ou, pour mieux parler, du grand artiste Jehan de Beauce.

L'étude des façades ne présente pas un moindre intérêt.

La façade occidentale, dite *Royale*, se compose « d'un perron » de six marches, d'un porche à triple baie historiée de » sculptures, d'un triplet ogival et vitré, d'une rose, d'une » balustrade avec trottoir, d'une galerie de Rois et d'un gâble » ou pignon orné d'une niche et terminé par une statue[1]. » Les chambranles, les tympans, les voussures, les parois et les colonnettes de chacune des baies sont tapissés d'un fond d'ornements de style roman ou bizantin sur lequel se détachent des groupes de statues formant diverses compositions religieuses ou allégoriques.

La baie centrale, aux proportions grandioses, est consacrée au triomphe du Christ. Le Sauveur, assis sur un trône, au sein d'une gloire ovoïdale, occupe le milieu du tympan ; autour de lui, les animaux évangélistiques, les vingt-quatre vieillards de l'Apocalypse, les anges, les prophètes, forment plusieurs cordons dans le tympan et dans la voussure. Huit statues colossales, sur dix qui existaient autrefois, se dressent, entre socle et dais, contre les parois de la baie ; à la longueur des bustes, à la justesse des corsages, à la raideur des draperies à plis serrés, à l'immobilité et surtout au caractère religieux des figures, on reconnaît la manière bizantine transmise par l'art roman aux imagiers du XIIe siècle[2]. Des scènes de la vie de

---

[1] Bulteau, ouvrage cité, p. 48.
[2] On pense que ces statues, ainsi que celles qui garnissent les parois des baies latérales, représentent les donateurs du portail.

Jésus-Christ et de Marie sont représentées sur les chapiteaux des colonnettes intermédiaires; les pilastres qui séparent la porte centrale des deux autres sont ornés de statuettes, parmi lesquelles on reconnaît un charcutier, un musicien, un armurier, un marchand, un boucher, un roi, saint Paul et saint Jacques-le-Mineur.

Le sujet sculpté dans le tympan de la porte latérale de gauche n'est pas déterminé d'une manière bien certaine par les savants; quelques-uns y voient la descente aux Lymbes, d'autres l'Ascension. Les apôtres et les anges environnent le Christ. Les cordons de la voussure sont remplis par les figures symboliques des douze mois de l'année et des douze signes du Zodiaque; une suite de scènes de la vie du Sauveur et de sa Mère garnit les chapiteaux, et cinq statues colossales, entre socle et dais, sont placées le long des parois.

La baie latérale de droite célèbre la sainte Vierge. Elle est assise sur un trône, au milieu du tympan, couronnée et tenant son fils sur ses genoux; deux anges lui présentent des parfums. Les cordons du tympan et les chapiteaux des parois offrent des épisodes de la vie de Jésus et de Marie; on y remarque, entre autres, l'Annonciation, la Visite à Élisabeth, la Naissance du Christ, l'Adoration des Bergers, la Présentation au Temple. Les cordons de la voussure sont occupés par les anges et par les figures allégoriques des arts et des sciences; on croit reconnaître la Musique avec Pythagore, l'Arithmétique avec Gerbert, la Rhétorique avec Quintilien, la Géométrie avec Archimède, la Philosophie avec Socrate, l'Astronomie avec Ptolémée et la Grammaire avec Chilon. Les parois de cette porte donnent place à six statues colossales, entre socle et dais.

Le triplet ogival qui domine le portail royal a des proportions grandioses et des contours d'une pureté sévère; la fenêtre centrale est d'un tiers plus haute que les deux autres. Au-dessus de ce triplet, on admire la disposition d'une magnifique rose du XIII° siècle, dont les douze colonnettes, surmontées d'arcades tréflées, rayonnent autour d'un moyeu commun. La naissance du pignon est ornée d'une galerie royale contenant seize niches et quinze statues de rois; les iconographes ne sont pas d'accord sur les personnages représentés par l'artiste [1]. Au milieu du triangle du pignon, on voit dans une grande niche trilobée et flanquée de clochetons, une statue de la sainte Vierge, et, au sommet de ce triangle, une statue colossale de Jésus-Christ.

La façade septentrionale qui termine le transsept du côté de l'Évêché est composée d'un perron de neuf marches, d'un porche en saillie protégeant trois baies ogivales, d'une balustrade avec trottoir, d'une galerie vitrée, d'une rose, d'une galerie couverte, d'une seconde balustrade et d'un gable.

La statue colossale de sainte Anne tenant dans ses bras sa fille Marie, s'élève sur le trumeau de la baie centrale; ce principal personnage indique que le portique est dédié à la sainte Vierge. Les statues colossales de Melchisedech, d'Abraham, de Moïse, de Samuel, de David, d'Isaïe, de Jérémie, de Siméon, de saint Jean-Baptiste et de saint Pierre garnissent les parois de cette baie; les figures d'Élie et d'Élisée occupent les angles des passages latéraux. Aux trois étages du tympan, le sculpteur a représenté la mort, l'assomption et le couronnement de Marie. On suit dans les cordons de la voussure un arbre de Jessé, accompagné des statues des prophètes et des femmes fortes de l'Ancien-Testament et de l'histoire d'Adam et d'Ève.

Les deux étages du tympan de la baie latérale de gauche sont consacrés à la naissance du Christ, au réveil des bergers et à l'adoration des mages. La paroi de gauche est tapissée des statues colossales d'Isaïe, de l'archange Gabriel et de Marie, symbole de l'Annonciation; celle de droite montre les

---

[1] Je pense, avec l'abbé Bulteau, que la huitième statue est celle de Pépin-le-Bref, et la dixième celle de Philippe Ier; Philippe-le-Hardi, sous le règne duquel la galerie a été close, occuperait la seizième niche. (Voir Bulteau, ouvrage cité, p. 64.)

figures de Marie, d'Élisabeth et d'un prophète, symbole de la Visitation. Les nombreux cordons de la voussure sont remplis par les figures allégoriques des dix vierges de l'Évangile, des douze fruits du Saint-Esprit, des degrés de la vie contemplative et de la vie active, et des quatorze béatitudes de l'âme et du corps [1].

Le jugement de Salomon et Job sur son fumier sont sculptés aux deux étages du tympan de la baie latérale de droite, et, au-dessus de ces tableaux, le Seigneur émergeant des nuages semble appeler les saints personnages au partage de sa gloire. Autour de lui et dans le premier cordon de la voussure, les anges adorateurs portent les ouvrages de la toute-puissance : le soleil, la lune, les étoiles, la torche, le glaive, le bouclier, la couronne. Les faits principaux de la vie de Sanson, de Gédéon, d'Esther, de Judith, de Tobie, se déroulent dans les cordons suivants de la voussure, dont l'extrémité extérieure est occupée par les signes du Zodiaque, des mois et des saisons. Les parois de cette porte sont ornées des statues colossales de Sanson, de la reine de Saba, de Salomon, de Jésus, fils de Sirach, de Judith et de Gédéon.

Autour des piliers qui soutiennent le porche, se dressent

---

[1] Plusieurs ouvrages ont été consacrés à la description explicative des figures de cette baie. (Voir, entre autres, le savant travail de M. Didron, inséré dans le tome VI des *Annales archéologiques*, et l'intéressant mémoire de madame d'Ayzac, intitulé : *Statues du porche septentrional de Chartres.*)
Parmi les béatitudes figure la *Liberté. Qu'est-ce que la liberté ? — C'est l'innocence*, dit Alcuin dans son fameux dialogue avec Pépin. A ce propos, M. Ozanam s'écrie : « Quand le monde barbare ne connaissait de liberté que celle de mépriser
» toutes les lois, il était beau de mettre la liberté dans l'accomplissement de la loi,
» dans le calme d'une conscience sans reproche, dans l'essor de l'âme, que rien ne
» sépare de Dieu. Cette Liberté, entrevue par le génie chrétien, ne s'effaça plus de
» son souvenir ; et lorsque au Moyen-Age les sculpteurs de la cathédrale de Chartres
» en peuplèrent les porches de cette multitude de statues qui figuraient toute l'ency-
» clopédie du temps, ils représentèrent *une jeune fille d'une pureté parfaite, les*
» *yeux levés au ciel, les pieds détachés de la terre;* et au-dessous ils écrivirent le
» nom qu'ils lui donnaient : LIBERTAS. » (Ozanam, *La civilisation chrétienne chez les Francs*, Paris, 1849, p. 524.) En voyant la statue chartraine, dont la main droite brisée portait un étendard et qui appuie la main gauche sur un bouclier chargé en relief de deux couronnes royales, on peut douter que la pensée exprimée par le savant professeur ait guidé le ciseau de l'imagier du XIIIe siècle.

les statues des bienfaiteurs de l'église. On croit reconnaître, dans celles des piliers de la baie centrale, les figures de Philippe, comte de Boulogne, et de Mahaut, sa femme, de Louis VIII, et d'Isabelle, sa fille, fondatrice de l'abbaye de Longchamps. Les statues des piliers de la baie latérale de gauche seraient celles de saint Ferdinand de Castille, de saint Louis et de Philippe-le-Hardi. Enfin, un archéologue distingué donne les noms de saint Savinien et de sainte Modeste aux deux statues du pilier de la baie latérale de droite qui fait face au clocher Neuf [1].

Ce résumé très-sommaire des richesses artistiques de la façade septentrionale de Notre-Dame ne peut donner qu'une idée fort imparfaite de ce monument, construit avec la chasteté de pensée et la conscience d'exécution de l'art roman, moins la raideur des figures et l'incorrection du dessin [2].

La façade méridionale, dont les proportions sont plus majestueuses encore, présente de semblables merveilles. Elle se compose d'un perron de dix-sept marches, d'un porche protégeant trois baies, d'une galerie vitrée, d'une rose, d'une galerie couverte et d'un gable.

La figure colossale du Christ, entre socle et dais, est adossée au trumeau de la baie centrale; sous le socle, on voit les figures de Pierre Mauclerc, comte de Dreux et duc de Bretagne, et d'Alix de Bretagne, sa femme [3]. Autour du Sauveur, et de chaque côté des parois, s'élèvent les statues colossales des apôtres foulant aux pieds leurs persécuteurs. Au centre du

---

[1] Bulteau, ouvrage cité, p. 98.

[2] Le portique septentrional excite à juste titre l'admiration des archéologues. (Voir: *Archéologie chrétienne*, par l'abbé Bourassé, p. 233. — *Iconographie chrétienne* et *Annales archéologiques*, par M. Didron. — *Mélanges d'archéologie*, par les R. P. Cahier et Martin.)
Ce portique, qui menace ruine, va être démonté pierre à pierre et reconstruit dans son état primitif, sous l'habile direction de M. Lassus, architecte du Gouvernement.

[3] Voir *suprà*, p. 133.

premier étage du tympan, Jésus, assis sur un trône, accompagné de sa Mère, de saint Jean, des anges tenant les instruments du supplice de la Croix, assiste au jugement dernier, symbolisé par le *Pèsement des âmes*. Les morts sortant du tombeau, les esprits célestes, les prophètes et les vierges occupent les cordons de la voussure.

La baie latérale de gauche est consacrée aux martyrs. L'histoire de saint Étienne est écrite dans le tympan ; dans la voussure se trouvent les principaux martyrs, les vierges sages, les vierges folles et les anges. Les statues colossales des parois représentent, à ce qu'on croit, les martyrs spécialement honorés à Chartres : saint Théodore, saint Étienne, saint Clément, saint Laurent, saint Vincent, saint Denis, saint Piat et saint Georges.

Le sujet de la baie latérale de droite est la glorification des confesseurs. L'histoire de saint Martin et de saint Nicolas remplit les deux parties du tympan ; la hiérarchie des confesseurs est reproduite dans les cordons de la voussure. Les statues colossales de saint Lomer, saint Léon, saint Ambroise, saint Nicolas, saint Martin, saint Jérôme, saint Grégoire-le-Grand, saint Avit, décorent les parois.

Les piliers de ce porche admirable, accostés de colonnettes cylindriques d'une seule pierre, offrent sur leurs plats de nombreux tableaux représentant des martyrs, des confesseurs, les vieillards-rois de l'Apocalypse, les vertus et les vices. Parmi les statues qui s'y trouvent, on croit reconnaître celles de saint Théodore, saint Saturnin, saint Piat, saint Thomas de Cantorbéry, saint Blaise, saint Vincent, saint Laurent, saint Cheron, saint Savinien, saint Aventin, saint Bacche, saint Serge, saint Lubin, saint Calétric, saint Avit, saint Solemnis et saint Mesmin.

Il nous est impossible de décrire les richesses des clochetons, des pinacles, des socles, des chapiteaux, des ornements de toutes sortes jetés à profusion dans l'œuvre du sculpteur. Terminons cet aperçu en disant que le portique du midi, couronné par une rose d'un goût exquis, par une splendide galerie de Rois et par un gable pourvu d'une statue colossale de la Vierge, fait le plus grand honneur à l'architecture du XIII° siècle; comme au portique septentrional, les statues, étudiées avec un soin extrême, ont perdu de la raideur bizantine sans rien perdre de la naïveté chrétienne; c'est l'art réel inspiré par la religion.

A droite de ce portique, et dans la cinquième travée de la nef méridionale, on remarque l'abside d'une chapelle bâtie hors-œuvre dans le style ogival tertiaire. Cette élégante construction, qui date de 1413, est ornée de quatre statues parmi lesquelles se trouvent les images du fondateur, Louis de Bourbon, comte de Vendôme, en habit monastique, et de Blanche de Roucy, sa femme; les autres semblent représenter le patron et la patrone de ces hauts personnages [1].

Maintenant que nous connaissons l'extérieur de l'antique cathédrale, pénétrons sous ses voûtes mystérieuses.

L'aspect intérieur de Notre-Dame illuminée au soleil couchant par les mille facettes de ses vitraux, transporte d'admiration; on comprend qu'un pareil monument n'a pu être édifié que par la foi et ne peut être habité que par Dieu. A cette admiration se joint un sentiment d'effroi, lorsque l'œil contemple la voûte dont les nervures retombent à une hauteur prodigieuse sur 52 piliers et 40 pilastres gigantesques. Trois parties bien distinctes se partagent la hauteur du vaisseau : les bas-côtés percés de verrières, en forme de lancettes, la galerie

---

[1] Au XIV° siècle, alors que la statuaire de l'église était toute neuve, le Chapitre veillait avec grand soin à sa conservation. Il résulte d'une mention insérée dans la séance capitulaire du samedi après la Saint-Turian 1307, que Gilot, dit Vendômeau, jeune fils de Jean Vendômeau, prévôt de la ville en 1298, fut condamné à une amende pour avoir frappé avec ses flèches, en tirant aux oiseaux, les mains, bras et visages des statues placées dans les portiques. En 1329 (séance capitulaire du mercredi dans la vigile du Saint-Sacrement), le Chapitre ordonna qu'il serait publié au prône, dans les églises de Chartres et banlieue, un mandement sévère contre ceux qui tirent de l'arc et de l'arbalète contre Notre-Dame, au risque d'offenser les statues et verrières.

ou *triforium* avec ses arcades légères et les grandes fenêtres géminées qui atteignent presque le voûtage. Ces ouvertures multiples, en faisant disparaître le mur, contribuent puissamment à la légèreté du saint temple.

Selon l'usage du Moyen-Age, le chœur est dérobé aux regards profanes. Malheureusement, du côté de la nef, l'antique Jubé [1] a fait place à une grille en fer et bronze doré et à deux bas-reliefs d'une pauvre exécution, représentant le Baptême et l'Annonciation [2]; mais la ceinture qui revêt les flancs et l'abside, subsiste encore pour la gloire de la sculpture d'ornements. Cette dentelle de pierre, commencée en 1514 par Jehan de Beauce, dans le style ogival tertiaire, continuée dans le style *Renaissance*, n'a été terminée que dans les premières années du XVIIIe siècle. Au-dessus d'un mur plein, décoré d'arcades ogivales ou surbaissées, de colonnettes, de bas-reliefs, de rinceaux et d'arabesques, se trouvent quarante niches séparées par des travées à claire-voie, ornées de quarante groupes presque tous relatifs à la légende de la Vierge, et couronnées par un dais à clochetons multiples. Toutes les formules de l'admiration ont été épuisées par les écrivains qui ont parlé de cet écrin magique de Notre-Dame de Chartres; des monographies d'une exactitude mathématique et du plus grand intérêt pour l'art lui ont été consacrées; nous ne pouvons mieux faire que de renvoyer nos lecteurs à ces ouvrages spéciaux, en nous associant à la pensée de leurs auteurs [3]. L'intérieur du chœur a

---

[1] Le jubé fut démoli dans la nuit du 24 au 25 avril 1763, et les débris, mutilés par les ouvriers, servirent à réparer les entrées du chœur. Des fouilles, faites en 1849 par M. Lassus, architecte du Gouvernement, ont heureusement restitué plusieurs fragments de cette construction remarquable; ils sont conservés dans deux salles de la crypte. Le jubé, *pulpitre* ou *ambo*, suivant les expressions des historiens, avait douze toises de long sur deux toises de large, et était *ouvragé tout autour d'histoires de l'ancien et du nouveau Testament, de figures et de compartiments en relief.* (Pintard, *Histoire de Chartres*, mss. de la Bibl.)

[2] Ces bas-reliefs, œuvre du sculpteur Berruer, sont accompagnés de quatre statues colossales représentant la Charité, l'Espérance, la Foi et l'Humilité.

[3] Voir: Doyen, *Histoire de Chartres*, t. 1er, p. 387. — Sablon, *Histoire de l'Eglise de Chartres*, p. 29. — Bourassé, *Cathédrales de France*, p. 563. —

été mutilé, à la fin du XVIII° siècle, selon le goût pitoyable de l'époque. Huit bas-reliefs en marbre, fort médiocres, ont remplacé les grandes tapisseries qui étaient tendues autrefois derrière les stalles. Derrière l'autel, fait en forme de sépulcre, s'élève un groupe colossal en marbre blanc représentant l'Assomption. Il est composé de quatre figures hautes de huit pieds ; la Vierge s'élance vers les cieux « *soutenue par des nues et trois anges qui semblent l'enlever et la soutenir* [1]. » Cette œuvre du sculpteur Bridan n'est certainement pas à sa place dans une cathédrale gothique, mais elle ne manque pas de mérite comme composition et comme métier.

La cathédrale comptait autrefois trente-neuf chapelles dans l'église supérieure ; il n'en reste plus aujourd'hui que onze mesquinement décorées. Nous devons citer d'abord la chapelle de la *Vierge-Noire*, incessamment visitée par les fidèles ; l'image peinte et dorée repose sur un pilier de pierre que les pèlerins baisent dévotement [2]. Il convient ensuite d'examiner la chapelle dite *des Martyrs*, fondée par le comte de Vendôme ; un triptyque du XIII° siècle du travail le plus curieux est placé sur l'autel en guise de tabernacle [3]. Les autres chapelles, destituées de leurs vocables primitifs, ne présentent plus aucun intérêt pour l'art.

Berty, *Dictionnaire de l'architecture du Moyen-Age*, p. 93. — Bulteau, *Description de la Cathédrale de Chartres*, p. 138. — *Histoire du tour du Chœur*, imprimée et annexée au mss. intitulé : *Recueil de mémoires pour servir à l'histoire de Chartres* ; Bibl. de la ville.

[1] Phrase du programme tracé par les chanoines au sculpteur Bridan, en 1767. M. Doublet de Boisthibault a publié un intéressant mémoire sur les mutilations que le chœur a subies depuis 1763 jusqu'en 1786.

[2] Cette image de la Vierge était anciennement placée devant le jubé, du côté septentrional, sur une colonne « *cavée des seuls baisers des personnes dévotes et catholiques.* » (Rouillard, *Parthénie*, p. 135.) Jetée dans un coin de la crypte en 1793, elle fut rétablie, vers 1806, dans l'endroit qu'elle occupe aujourd'hui, par les soins de M. Maillard, curé de Notre-Dame. (Bulteau, *Descript. de la Cathéd.*, p. 172.) Quoique moins célèbre que la Vierge-Noire *de la Crypte*, la Vierge-Noire *du Pilier*, livrée à la vénération du peuple en 1514, fut toujours l'objet d'une dévotion fort vive. (Voir la notice de M. Lejeune, insérée sous le n° 11 des Appendices, fin de ce volume.)

[3] La description de ce triptyque a été donnée par M. l'abbé Bulteau. (Ouvr. cité, p. 175.)

Nous avons déjà parlé de la chapelle Saint-Piat, bâtiment hors-œuvre qui se rattache à l'abside de la cathédrale par un escalier pratiqué à droite de la chapelle du rond-point, dite de la *Communion*. Cet édifice du XIVe siècle a intérieurement la forme d'un parallélogramme; sa voûte est formée de quatre croisées d'arêtes dont les nervures toriques retombent sur des demi-colonnes engagées dans le mur. Les chapiteaux et les clefs de voûte sont délicatement sculptés. Six belles fenêtres de style ogival tertiaire percent les murs latéraux; le mur oriental n'a qu'une fenêtre fort large, du même style, qui présente un dessin d'une belle disposition. Au-dessous de la chapelle supérieure se trouve une vaste pièce dont les chanoines avaient fait leur salle capitulaire et qui contient aujourd'hui des débris de sculpture, entre autres le tombeau de l'évêque Calétric [1]. Les archives du Chapitre étaient conservées dans la tour de gauche de la chapelle; la tour de droite, appelée *Painchaud*, servait de prison aux officiers de l'église. Avant 1793, Saint-Piat avait une flèche élégante qui ôtait à l'édifice la lourdeur que l'on serait tenté de lui reprocher maintenant [2].

Le cimetière des chanoines, appelé *cimetière Saint-Jérôme*, était situé à l'extérieur de la Cathédrale, à gauche du lieu capitulaire, près de l'évêché et de la maison du Vidame. Pour le former, le Vidame avait distrait de son terrain, en 1358, deux toises et demie, en large et en long, à la condition d'y avoir sa sépulture. Le cimetière fut béni la même année par l'évêque de Reusse, suffragant de l'archevêque de Varize sous le patriarche de Constantinople, qui faisait les fonctions épiscopales pendant l'absence de l'évêque Simon le Maye. En 1501, Me François Baudry, chanoine-chambrier, fonda, dans le cimetière, sous le vocable de saint Jérôme, une petite chapelle

---

[1] Voir *suprà*, p. 22, note 1.

[2] L'évêque Aimery de Château-Luisant fonda, en 1349, dans la chapelle Saint-Piat, douze canonicats, pour huit prêtres, deux diacres et deux sous-diacres, à la collation du Chapitre. Ces canonicats furent spécialement affectés aux chantres de musique, secrétaires et clercs de l'œuvre.

qui fut dédiée par l'évêque René d'Illiers, le jour de Saint-Jérôme 1502 [1].

L'intérieur de la sacristie est remarquable par ses riches dispositions; elle est voûtée de deux croisées d'arêtes à nervures toriques qui s'appuient sur des faisceaux de colonnettes et prend jour par quatre fenêtres ogivales très-bien dessinées.

L'immense vaisseau de Notre-Dame est éclairé par les plus belles verrières du monde. Les trois grandes fenêtres placées sous la rose occidentale, qui sont du XIIe siècle, offrent un magnifique spécimen de la peinture sur verre à son point de départ; presque toutes les autres verrières, roses et fenêtres, sont du XIIIe siècle, c'est-à-dire de l'époque la plus splendide de l'art du peintre-verrier. Notre cadre ne nous permet pas de donner la description artistique de tous ces tableaux éblouissants [2]; nous ne pouvons que les envisager au point de vue historique, c'est-à-dire par rapport aux donateurs.

En général, les verrières de l'étage inférieur sont dues à la piété des corps de métiers de la ville de Chartres, au siècle de saint Louis; celles de l'étage supérieur ont été données par des rois, des princes, des seigneurs, des prêtres du même temps. Suivons les bas-côtés en commençant par les lancettes de gauche, à partir du clocher Neuf:

Le premier vitrail est consacré à l'histoire du patriarche Noë, depuis la construction de l'arche jusqu'à la malédiction de Cham. Il a été donné par la corporation des charrons,

---

[1] Ordonné, en chapitre général de la Saint-Jean 1358, que la place donnée par le Vidame, située entre la maison épiscopale et la chapelle Saint-Piat, contiguë par le bas au chevet de l'église, et par le haut à l'hôtel ou tour dudit Vidame, sera bénie et consacrée, et qu'on y fera une chapelle oratoire et un cimetière pour y ensevelir à l'avenir les chanoines. *(Reg. capit.*, mss. de la Biblioth.; Souchet, p. 14 et 20; Rouillard, *Parthénie*, p. 145; histoire manuscrite ayant appartenu à M. Marie Saint-Ursin; mss. de la Bibl.) Du temps de Sablon (1680), on n'enterrait plus dans cet endroit que les domestiques et les officiers du cloître. *(Histoire de l'Église de Chartres*, p. 44.)

[2] M. l'abbé Bulteau a consacré à l'étude des vitraux le chapitre IV de son excellente monographie de Notre-Dame.

charpentiers et tonneliers, représentés, sur les médaillons inférieurs, dans l'exercice de leurs professions.

Les vignerons et taverniers sont les donateurs du second vitrail dédié à saint Lubin, le pâtre du Poitou qui devint évêque de Chartres. Il n'est pas sans intérêt d'étudier dans la bordure et dans les médaillons circulaires de cette fenêtre les us et coutumes des marchands de vin du XIIIe siècle.

La vie de saint Eustache remplit le troisième vitrail. C'est un présent de la riche corporation des pelletiers-fourreurs et drapiers dont les attributs occupent quatre petits cercles annexés au second médaillon losangé.

Le quatrième vitrail, qui retrace les principaux faits de l'histoire de Joseph, a été donné par les changeurs et monnayeurs; on voit, dans les deux médaillons inférieurs, ces négociants occupés à peser des pièces d'or et d'argent.

Les épiciers et apothicaires ont fait faire le cinquième vitrail dédié à saint Nicolas. Les trois médaillons inférieurs donnent la reproduction de scènes de ventes, et de manipulations de marchandises du métier [1].

On doit le sixième vitrail à la munificence des forgerons et maréchaux, figurés par des personnages qui forgent le fer sur l'enclume et ferrent un cheval. Ce tableau, auquel il manque sept panneaux, retrace l'image mystique de la nouvelle alliance.

Le dixième vitrail, dont le sujet est inconnu, a été donné par Gaufrid Chardonel, chanoine et archidiacre de Dunois, en 1242 [2].

Le onzième vitrail, dédié à saint Nicolas, est dû au cardinal Étienne, évêque de Palestrine, en 1240.

Les fenêtres n°s 12 et 14 sont garnies de belles grisailles;

---

[1] Il y avait au cloître une maison dite de *li Espiciers.* (*Reg. capit.*, Séance du samedi après Saint-Barnabé 1327.)

[2] Cette famille jouissait à cette époque d'une grande considération à Chartres. Voir *suprà*, p. 140.

les châteaux de Castille décorent leur bordure, en mémoire de la reine Blanche de Castille, donatrice.

La corporation des charrons, charpentiers et tonneliers, a donné le dix-septième vitrail, qui représente la vie de saint Julien-l'Hospitalier.

Le dix-neuvième vitrail, hommage des texiers ou tisserands, offre les légendes de saint Savinien et de saint Potentien, premiers apôtres de Chartres, et de sainte Modeste, fille et victime du proconsul Quirinus, gouverneur de la province.

On suit dans le vingtième vitrail, aumôné par les maçons et tailleurs de pierre, la légende de saint Cheron, zélé missionnaire de notre ville.

Le vingt-unième vitrail a été offert par les cordonniers; il retrace la vie de saint Étienne.

Le vitrail suivant, dit de saint Quentin, porte le nom du diacre Nicolas Lescine [1].

Les confrères de saint Vincent et les texiers sont les donateurs du vingt-troisième vitrail, dédié à saint Théodore et à saint Vincent.

La légende merveilleuse de Charlemagne et de Roland, qualifiés du titre de saints, et accompagnés de l'archevêque Turpin, du traître Ganelon et des autres personnages des romans du Moyen-Age, se déroule dans le vingt-quatrième vitrail, magnifique hommage de la corporation des pelletiers-fourreurs et drapiers.

Le vitrail suivant, dédié à saint Jacques, est encore un don de cette corporation.

Le trente-unième vitrail, placé au-dessus de la porte qui conduit à la chapelle Saint-Piat, reproduit l'image de ce saint au centre d'une grisaille rehaussée de médaillons chargés de fleurs de lis d'or. On pense que cette verrière a été faite vers

---

[1] Il y avait alors à Chartres une famille considérable du nom de Lescine, Leseine, ou Le Sehenne. Voir *suprà*, p. 157. Ce nom subsiste encore dans la Beauce, avec une orthographe différente.

1349, par ordre de l'évêque Aimery de Château-Luisant.

On est redevable aux maçons et tailleurs de pierre du trente-deuxième vitrail consacré à saint Sylvestre. Les ouvriers de ce métier au milieu de leurs travaux, et les outils à l'usage de leur corporation, comme l'équerre, le niveau, le marteau, sont peints dans les médaillons inférieurs.

La bordure de la grisaille qui remplit le trente-troisième vitrail est aux armes de Castille.

Deux chevaliers, dont l'un porte *de gueules à la bande d'argent accompagnée de six merlettes de même*, et l'autre *de gueules fretté d'or de trois traits*, ont donné le trente-sixième vitrail, relatif à l'histoire de sainte Catherine et de sainte Marguerite [1].

La légende de saint Thomas de Cantorbéry est représentée dans le trente-septième vitrail, offrande de la corporation des tanneurs.

Les cordonniers ont fait présent du trente-huitième vitrail dédié à saint Martin. On pense que cette peinture est l'œuvre de Clément, verrier chartrain, à cause de sa ressemblance avec des verrières de la cathédrale de Rouen, sorties des mains de cet artiste [2].

Une inscription qui se trouve dans le vitrail n° 43, dit du Zodiaque et des mois, porte à croire que ce bel ouvrage est dû à la piété du comte Thibault VI, le lépreux, qui aurait accompli, par ce présent, un vœu du comte du Perche tué en 1217. Le prince chartrain, à cheval et portant un écu *d'azur à la bande d'argent*, est peint dans un médaillon inférieur. Cependant on voit dans le médaillon voisin des personnages piochant et travaillant la vigne, qui ressemblent à des donateurs.

Le même Comte a donné le vitrail suivant, consacré à sainte Anne et à la Vierge.

---

[1] Le premier blason est celui de la maison de *la Frette au Perche*, et le second appartient à la famille *d'Estrés (Bresse)* ou à celle de *Montéjean*.

[2] Bulteau, ouvrage cité, p. 189 et 251.

Le vitrail quarante-cinquième, connu sous le nom de Notre-Dame-des-Neiges ou de la Belle-Verrière, a longtemps attiré les visites des pèlerins; il offre la figure de la Vierge tenant Jésus sur ses genoux. C'est une des plus belles productions de la peinture sur verre des premières années du XIII° siècle. Le pilier le plus rapproché de cette fenêtre avait un autel dédié à Notre-Dame-des-Neiges; un service particulier, avec procession, fondé par le sous-doyen Ebles du Puits, qui devint évêque en 1376, solennisait le pèlerinage de la Belle-Verrière [1].

Les vanniers sont les donateurs du quarante-sixième vitrail consacré à saint Antoine; ces artisans sont représentés dans les médaillons inférieurs.

Le vitrail quarante-neuvième, dit de saint Appollinaire, dont la partie inférieure a été garnie de nouveaux vitraux en 1328, par les soins du chanoine Thierry, *seigneur de loys*, offre, entre autres images, celle de saint Liphard, patron de quelques églises de la Beauce.

Les miracles de la Vierge étaient reproduits dans le cinquantième vitrail; mais quinze médaillons ont été remplacés par du verre blanc. Cette fenêtre provient des libéralités de la corporation des bouchers et charcutiers.

Les bonnetiers et feutriers ont donné le cinquante-deuxième vitrail dédié à la sainte Vierge [2]; le cinquante-troisième, qui retrace la parabole du bon Samaritain, est dû aux cordonniers, *sutores*.

Le cinquante-quatrième vitrail, consacré à la Madeleine, est un hommage de la corporation, fort ancienne à Chartres, des

---

[1] Rouillard, *Parthénie*, p. 141. — *Nécrologe de Notre-Dame*, jour des nones d'août, § 37, mss. de la Bibl.

[2] M. l'abbé Bulteau attribue cette verrière aux cordonniers. (Ouvrage cité, p. 259.) Les trois médaillons inférieurs représentent une scène de vente et des ouvriers en travail. Je ne puis reconnaître une chaussure dans l'objet vendu ou fabriqué; sa forme ronde par le haut et tronquée par le bas, me semble se rapprocher de celle d'un bonnet. L'ouvrier figuré dans le deuxième médaillon inférieur tient à la main un véritable chapeau avec ses bords. Les fabricants de chapeaux en laine feutrée formaient, au XIII° siècle, une des corporations du *métier de la rivière*.

éviers ou porteurs d'eau, *aquarii*, ou de celle des étuviers-baigneurs.

Enfin le vitrail le plus rapproché du clocher Vieux, dédié à saint Jean l'évangéliste, a été exécuté par le commandement des armuriers et selliers-lormiers.

Passons maintenant aux vitraux supérieurs de la nef, du transsept et du sanctuaire qui sont composés de deux lancettes et d'une petite rose, et partons de la fenêtre de gauche la plus voisine de la rose occidentale.

Le quatrième vitrail, décoré de la figure de saint Étienne, a été donné par les tisserands, fileurs et peigneurs de laine. On y voit des artisans du métier tissant ou tenant des peignes à la main; une femme prépare des bobines. La rose supérieure, avec l'image de saint Lubin, est due aux taverniers.

Les pelletiers-fourreurs et drapiers sont les donateurs du cinquième vitrail, dans lequel ils occupent les médaillons inférieurs; quatre apôtres sont peints dans les quatre médaillons supérieurs.

On doit le vitrail suivant, dédié à saint Nicolas, aux corroyeurs et mégissiers.

Le huitième vitrail, qui renferme l'image colossale d'un apôtre, est un présent de la corporation des changeurs. Le peintre a placé dans la partie inférieure de son œuvre des personnages vidant des sacs d'argent sur une table.

La corporation des portefaix, ancienne à Chartres, paraît avoir aumôné le neuvième vitrail dédié à saint Gilles.

Une inscription placée dans la rose des vitraux 11 et 12, qui représente une scène de labourage, semble indiquer comme donateurs les habitants d'un lieu nommé Nogent.

Dans la rose qui couronne les verrières 13 et 14, dédiées à saint Martin, on lit ces mots : *Viri Turonenses dederunt has III*, les gens de Tours donnèrent ces trois vitraux.

Le vitrail n° 16, dans le transsept septentrional, sur lequel est reproduite la scène de la présentation au temple, a été offert par Philippe, comte de Boulogne, fils naturel de Philippe-Auguste. Ce Prince est représenté d'abord au bas du vitrail, à genoux, avec une cotte blasonnée, puis, dans la rose supérieure, à cheval, avec un écu *blasonné de France au lambel de bâtardise de cinq pendants de gueules*. Mahaud, sa femme, est peinte au bas du vitrail voisin dédié à la sainte Vierge; cette Princesse porte une robe aux armes de son époux.

Les vitraux en grisailles, nos 19 et 20, sont bordés aux armes de France et de Castille.

Les armes de la reine Blanche se trouvent encore dans la rose qui domine les vitraux 21 et 22; cette rose représente Jésus tenant la boule du monde blasonnée de Castille.

Un chevalier portant *gironné d'argent et de gueules, de douze pièces, au lambel de cinq pendants d'azur brochant sur le tout*, et sa femme, sont donateurs des vitraux 25 et 26, dédiés à saint Eustache et à la Vierge [1].

Le premier vitrail du chœur à gauche, qui représente la figure de Marie, contient un écusson, au premier: *de Bar, qui est d'azur à deux barbeaux d'or adossés, semé de croix recroisetées de même*, et, au second: *de Chartogne, en Champagne, qui est de gueules à cinq annelets d'or, 2, 1 et 2* [2].

Le chanoine-chancelier Robert de Bérou, d'une illustre famille du pays chartrain, a fait hommage du vitrail vingt-huitième, dans lequel on voit deux groupes de pèlerins.

Les deux verrières voisines, riche présent de saint Ferdinand de Castille et de Jeanne de Dammartin, sa femme, ont été remplacées par du verre blanc en 1788. Le portrait équestre du monarque castillan se voit heureusement encore dans la rose supérieure.

C'est au comte Jean d'Oisy, mari d'Isabelle, comtesse de

---

[1] Ce blason se rapproche de celui de la famille poitevine *Rogres de Champignelles*. Le lambel est une brisure.

[2] L'explication du second blason est conjecturale, plusieurs maisons portant les annelets d'or sur champ de gueules.

Chartres, que l'on doit les vitraux 31 et 32, dédiés à saint Martin. Ce prince est représenté dans la partie inférieure de ces fenêtres, agenouillé et accompagné de son blason *d'azur semé de croix pommelées d'or, à la bande d'argent coticée d'or.* La rose supérieure donne encore son image; il est à cheval avec un guidon à ses armes [1].

Les deux vitraux suivants ont été remplis en verre blanc; mais on remarque dans la rose qui les couronne la figure de saint Louis, à cheval, tenant à la main un guidon d'azur aux fleurs de lis de France.

L'abside, dont nous touchons les verrières, contient sept grandes fenêtres, en lancettes, consacrées à la Vierge et à divers saints personnages.

La corporation des changeurs et monnayeurs a fait cadeau du premier vitrail de gauche relatif à la vie de saint Pierre, et l'artiste n'a pas manqué de peindre les donateurs étalant de l'argent sur une table.

La seconde verrière, qui renferme les images d'Ezéchiel et de David, est une offrande des bouchers; on y voit un boucher qui assomme un bœuf.

La troisième, remarquable par la figure d'Aaron, a pour donateurs Gaufrid, seigneur d'Illiers, sa femme Adeline et ses enfants, Guillaume et Gaufrid, qui sont représentés dans diverses attitudes. Guillaume tient en main une bannière *d'argent chargée d'une chausse de gueules.*

Le vitrail central, consacré à la vierge Marie, est un hommage de la corporation des laveurs, peigneurs et fileurs de laine, ou de celle des teinturiers. Des artisans du métier portent des pelottes de laine dans un grand panier [2].

---

[1] Les Châtillon, comtes de Blois, portaient: *de gueules, à trois pals de vair, au chef d'or.* Les armes de nos verrières ne sont donc pas celles de Jean de Châtillon, comte de Blois, qui, d'ailleurs, ne devint comte de Chartres qu'en 1256, par la mort de sa cousine Mahaud. M. l'abbé Bulteau me paraît avoir confondu Jean de Châtillon avec Jean d'Oisy. (Ouvrage cité, p. 207.)

[2] M. Bulteau (p. 195-196) pense que les donateurs sont les boulangers, et il

Cette corporation a encore donné le vitrail suivant, qui contient les figures d'Isaïe et de Moyse.

Les pelletiers-fourreurs ont fait exécuter la verrière voisine, n° 6, dans laquelle on voit Jérémie et Daniel.

Enfin la septième lancette, consacrée à la vie de saint Jean-Baptiste, provient des aumônes de la riche corporation des changeurs et monnayeurs.

Reprenons les grandes verrières du sanctuaire, du transsept et de la nef du midi, en revenant vers le clocher Vieux :

On voit dans la rose qui domine les trente-cinquième et trente-sixième vitraux, la figure équestre d'Amaury, comte de Montfort, portant un écu *de gueules, au lion d'argent grimpant et à la queue fourchue*. Ce seigneur est encore représenté de la même manière dans la rose placée au-dessus des vitraux 37 et 38.

Le portrait équestre de Raoul de Courtenay, avec un écu *d'or, à trois tourteaux de gueules, 2 et 1, et au lambel de cinq pendants d'azur brochant sur le tout*, se trouve dans la rose qui couronne les vitraux 39 et 40.

Le vitrail quarante-unième, dédié à saint Jean, à saint Jacques-le-Majeur et aux Mages, paraît provenir d'un seigneur de Montmorency que l'on voit, au bas du tableau, à genoux, et derrière lequel sont peintes les anciennes armes de cette maison, *d'or, croisé de gueules avec quatre colombes d'azur*.

On lit dans le quarante-deuxième vitrail l'inscription suivante : *Vitrea Colini de camera regis;* le panneau inférieur représente le donateur et sa femme jouant aux dés. Dans la rose, Jean de Beaumont, à cheval, tient un écu *d'or à deux*

---

prend pour des pains les marchandises contenues dans le panier; je ne puis partager cette opinion. L'inspection de la verrière dont il s'agit me porte à l'attribuer à la corporation des laveurs, peigneurs et fileurs de laine, ou à celle des teinturiers, appartenant l'une et l'autre au *métier de la rivière*. Les boulangers travaillèrent très-longtemps dans les fours banaux, à la solde des seigneurs; ils ne formèrent au plus tôt communauté à Chartres que vers la fin du XIIIe siècle, lors de l'établissement de la halle au pain; on ne peut pas croire que leur corporation naissante ait été assez riche pour donner une verrière à Notre-Dame.

lions passants de gueules et un guidon blasonné de même.

Henri Clément, dit le Petit-Maréchal, porte-oriflamme, a fait hommage du quarante-quatrième vitrail (dans le transsept), consacré à saint Denis. Ses armes, *d'azur, à la croix ancrée d'argent et à la bande de gueules brochant sur le tout*, resplendissent au bas de la verrière et dans un pétale de la rose supérieure.

Les verrières nos 47, 48, 49 et 50, à droite et à gauche de la grande rose méridionale, dédiées aux petits prophètes, sont des présents de Pierre de Dreux, dit Mauclerc, duc de Bretagne, de Jean Ier, son fils, et d'Yolande, sa fille. Ces magnifiques tableaux sont blasonnés aux armes de Dreux-Bretagne *échiquetées d'or et d'azur, à la bordure de gueules et au franc quartier d'hermine* [1].

Les tourneurs en bois sont les donateurs du vitrail 59, qui offre les images de Moyse et de saint Barthélemy, et du vitrail 60, sur lequel se trouve la figure de l'évêque Calétric.

A la bannière chargée d'une chausse de gueules, on reconnaît que le seigneur Gaufrid d'Illiers, et ses enfants, ont aumôné le soixante-deuxième vitrail consacré à saint Jacques-le-Mineur.

Enfin, on doit à la corporation des talemeliers-oublieurs et pâtissiers les verrières 65 et 66, qui représentent saint Pierre et saint Jacques-le-Mineur.

Il ne nous reste plus qu'à parler des trois grandes roses et des fenêtres qui les accompagnent.

La grande rose occidentale, dont on ne connaît pas le donateur, a été peinte au XIIIe siècle ; elle représente la scène du

---

[1] Le cinquante-sixième vitrail, représentant sainte Justine et sainte Colombe, est caché en partie par le buffet des orgues, bel ouvrage de menuiserie du XVIIe siècle. Je n'ai trouvé aucune mention des orgues de Notre-Dame avant le milieu du XIVe siècle. Au chapitre général de la Saint-Jean 1349, il fut ordonné que des orgues seraient faites avec l'argent du legs d'Etienne Belot, augmenté de 100 livres parisis des fonds de la fabrique et de 30 livres données par les chanoines Louis de la Vieuville et Erard de Dicy. En 1353, Jean de Châteaudun, enfant d'aube, fut envoyé à Paris pour y apprendre à jouer de l'orgue, et en 1357, on prescrivit aux proviseurs de la fabrique de veiller au placement de ces *petites orgues* et au paiement du salaire de l'organiste. (*Reg. capit.*, chapitres généraux de la Saint-Jean 1353 et 1357.)

Jugement dernier. Jésus assis sur un nuage occupe le centre d'une auréole quadrifoliée ; autour de lui sont les chérubins, les anges, les apôtres et les animaux évangélistiques. Dans le haut du tableau, les anges sonnent la trompette du jugement ; et, dans le bas, saint Michel pèse les âmes. Cette composition est rendue avec la magnificence de couleur habituelle aux artistes verriers du siècle de saint Louis.

Les trois grandes verrières inférieures appartiennent, comme nous l'avons dit plus haut, à l'art du XIIe siècle, reconnaissable par la raideur du dessin, la transparence des tons et le peu d'empâtement des couleurs. Le thème adopté par le peintre est la *Glorification du Christ*, vaste sujet déjà traité dans les sculptures du portail [1]. On voit dans la fenêtre de droite un *Arbre de Jessé*, Marie et Jésus, les sept dons du Saint-Esprit et les Prophètes. Les faits principaux de la vie du Sauveur sont racontés dans le vitrail central ; la fenêtre de gauche est consacrée à la Passion et à la Résurrection.

C'est saint Louis qui a fait hommage à la Reine des Cieux de la splendide rose septentrionale, dite *Rose de France*. Marie, placée au centre du tableau, tient son fils dans ses bras et reçoit les hommages des Thrones, des Anges, des Rois de Juda et des Prophètes, figurés dans les médaillons des trois cercles de la rose. Les armes de France *d'azur aux fleurs de lis d'or sans nombre* brillent dans douze quatre-feuilles entre les Rois et les Prophètes.

Cinq fenêtres, d'une hauteur calculée d'après la courbe de la rose, remplissent la partie inférieure du mur. Les vitraux dont elles sont garnies complètent la décoration par l'image

---

[1] M. l'abbé Bulteau fait observer très-judicieusement que si l'artiste du XIIe siècle qui a exécuté ces fenêtres, avait eu à peindre la rose occidentale, il y aurait, selon la loi de son époque, reproduit la scène du *Triomphe du Christ*, qui se trouve dans la sculpture du portail. Le peintre-verrier du XIIIe siècle, en retraçant dans cette rose la scène du *Jugement dernier*, a rompu cette uniformité mystique ; mais il s'est conformé à un usage de son temps, d'après lequel le tableau du *Jugement dernier* devait être placé à l'Occident. (Ouvrage cité, p. 191. — Cahier, *Mélanges d'archéologie, Symbolique chrétienne*, t. 1er, p. 78-84.)

de sainte Anne portant la jeune Marie, et entourée des personnages de l'Ancien-Testament. On voit, au bas de la verrière centrale, les armes de France, et, dans huit ouvertures particulières, les lis d'or de saint Louis et les châteaux de Blanche de Castille.

La grande rose méridionale, donnée par Pierre Mauclerc, comte de Dreux et duc de Bretagne, est consacrée à la *Glorification de Jésus-Christ*. Jésus, au milieu des animaux évangélistiques, des anges et des vieillards de l'Apocalypse, donne sa bénédiction au monde. L'écusson de Dreux-Bretagne charge les vitraux de douze quatre-feuilles de la rose.

Les cinq fenêtres placées sous cette rose représentent Marie et son fils, accompagnés des quatre grands prophètes et des quatre évangélistes. Les armes de Dreux-Bretagne sont reproduites au bas de la verrière centrale et les figures des donateurs : Pierre Mauclerc, Alexis de Thouars, sa femme, Yolande de Bretagne, sa fille, et Jean de Bretagne, son fils, occupent la partie inférieure des quatre verrières latérales.

Une crypte immense, œuvre de Fulbert, se développe sous les latéraux et sous les chapelles de la Cathédrale. Sa voûte « est formée de voûtes partielles à plein cintre, divisées par » carrés de cinq à six mètres de côté ; les arceaux se croisent » et vont retomber, avec les arcs-doubleaux, sur des pilastres » fort larges et fort simples [1]. » Treize chapelles, détruites en 1793, décoraient autrefois cette église souterraine. La plus remarquable était celle de *Notre-Dame-Soubs-Terre*, consacrée à la Vierge des Druides, *Virgini pariturœ ;* elle se trouvait sous le latéral gauche du chœur, à la hauteur de la chapelle actuelle de la Vierge-Noire. Les rois et les seigneurs, hôtes assidus de la sainte *Grotte*, se plurent à l'embellir par des présents magnifiques ; « toutes ses murailles, dit un historien, » sont revêtues de marbre, et son balustre est de la même

[1] Bulteau, ouvrage cité, p. 270.

» matière; ce n'est qu'or, que jaspe et peinture à l'entour de
» l'autel; et le lieu où le peuple se met pour prier la sainte
» Vierge est orné de belles peintures, qui couvrent haut et
» bas toutes les murailles et même toute la voûte [1]. » De ces
richesses, il ne reste plus que des peintures murales faites
vers le milieu du XVIIe siècle, qui représentent, entre autres
sujets, l'Annonciation, la Naissance du Christ, l'Adoration
des Bergers et des Mages, l'Assomption et le Vœu de Louis
XIII. La statue de la Vierge-aux-Miracles était en bois de poirier d'une couleur très-foncée; elle fut brûlée, pendant la Terreur (20 décembre 1793), devant la porte royale de la basilique, devenu le *Temple de la Raison* [2]....

Plusieurs autres chapelles conservent les traces de fresques du XIIIe siècle. Sous le sanctuaire et le maître-autel s'étend un grand caveau qui servait dans les temps reculés à cacher la Sainte-Châsse, les reliques et les richesses du trésor [3]; sa voûte

---

[1] Sablon, *Histoire de l'Église de Chartres*, 1698, p. 47.

[2] Tout a été dit sur le pélerinage de Notre-Dame de Chartres; mais pour donner une idée de l'affluence des visiteurs, même dans les plus mauvais temps, j'ajouterai qu'en 1338, année de la reprise des hostilités entre la France et l'Angleterre, la recette du tronc de la sainte Image, aux jours de Saint-Martin-d'Hiver, Saint-André et Sainte-Luce, produisit 98 livres tournois, représentant 2,352 fr. de notre monnaie. (*Reg. capit.*, Séance du jeudi dans l'octave de Saint-Martin-d'Hiver 1338.) Pendant plusieurs siècles, la ville de Chartres fit brûler chaque année devant l'autel de la Vierge de la crypte un gros cierge appelé le *Tour de cire de la ville*, et pesant 250 livres environ. (*Reg. des Echevins*, *passim*.)

[3] Au XVIIe siècle, les petites chambres pratiquées dans le mur de clôture du chœur, à droite et à gauche du maître-autel, renfermaient le Trésor; il y avait aussi des châsses au-dessus d'un autel placé derrière le maître-autel. Les plus précieuses reliques de Notre-Dame étaient, outre la Sainte-Chemise, le chef de sainte Anne (voir *suprà*, p. 124), sur lequel les chanoines juraient, à leur réception, qu'ils étaient nés de légitimes mariages, les chefs de saint Mathieu (voir *suprà*, p. 124) et de saint Théodore, des ossements de saint Piat, saint Taurin, saint Lubin, saint Calais, saint Solemnis et saint Béthaire, un morceau de la vraie croix.
Il n'appartenait qu'au seigneur du fief de Tachainville, vassal de l'Évêque, de nettoyer la châsse de la Sainte-Chemise. On lit dans un aveu rendu à l'évêque Robert de Joigny (1316) : Fief de Tachainville, au seigneur Jehan le Drouais.... « Item, la
» vuoille de grans Pasques laver la Sainte-Châsse et ni doit nul home metre la main
» se de par ledit monseigneur Jehan n'est, et vi setiers de vin moitié blan et moitié
» vermoil, 12 pains blanz de chapitre et une touaille de quoy ladite châsse est essuié,
» trois provendes d'avoine à cheval et trois mez de poisson. » (*Grand livre rouge*, p. 87; Mss. de la Bibl.)
Dans les temps de calamité, la Sainte-Châsse était portée en procession solennelle

est soutenue par cinq piliers qui supportent en même temps le groupe de l'Assomption.

On voit dans la crypte, de vastes caves autrefois destinées au vin des messes, un chenil, une piscine, et des fonds baptismaux du XIIe siècle. Sous le bas-côté septentrional de la nef, dans la partie du souterrain la plus rapprochée du clocher Neuf, se trouvaient des chambres en bois où demeurèrent d'abord des prêtres préposés à la garde des saints lieux, puis des sœurs ou filles dévotes chargées des mêmes soins et de la direction d'une infirmerie pour les pèlerins malades du feu des ardents. Cette infirmerie, dont on fait remonter la fondation à l'évêque Geoffroy de Lèves, portait le nom d'*Hôpital des Saints-Lieux-Forts* et était dotée d'un revenu assez considérable. « Les malades étaient retenus durant neuf jours pour » faire leurs dévotions, puis ils s'en retournaient guéris [1]. »

au couvent de Josaphat. (Voir, pour ces processions, le n° 12 des Appendices, fin de ce volume.)

Les richesses artistiques de cette Sainte-Châsse et des autres objets de prix qui composaient le Trésor ont été plusieurs fois décrites (voir Sablon, p. 124, et le Recueil manuscrit de M. Janvier de Flainville, Bibl. communale); il serait trop long de les énumérer dans cette note. La première tentative de spoliation dont on ait connaissance date de 1562; dans un pressant besoin d'argent, le Roi envoya un commissaire à Chartres pour enlever les joyaux du Trésor, mais le clergé et le peuple résistèrent, et l'agent royal ne put emporter que quelques pierres précieuses et des plaques d'or. Depuis cette époque, divers enlèvements eurent lieu au profit de l'Etat. Cependant la générosité des fidèles comblait promptement le déficit et le Trésor avait une valeur immense lorsqu'il fut transporté à Paris le 17 septembre 1793.

Il ne reste plus aujourd'hui, des anciens joyaux de Notre-Dame, qu'un calice en vermeil donné par Henri IV, un calice et des burettes du XVIIe siècle, une *nave* avec ses agrès, montée sur un pied ouvragé, et donnée en 1540 par Miles d'Illiers, évêque de Luçon et doyen de Chartres. La châsse nouvelle de la Sainte-Chemise, en cuivre doré et ciselé, a été donnée en 1822. Elle contient un coffret dans le style *Moyen-Age*, donné en 1849, dans lequel se trouve la sainte Relique. Elle est renfermée dans une armoire de la clôture absidale du chœur. Trois autres châsses, qui contiennent les reliques de Saint-Piat, exhumées en 1816 du jardin de l'évêché où elles avaient été enfouies pendant la Révolution, quelques ossements de saint Taurin et le chef de saint Castrin, reposent dans une armoire de la chapelle de Vendôme.

[1] Hist. de Souchet, p. 208; Mss. de la Bibl. — L'auteur du *Poëme des Miracles* dit qu'après l'incendie, le bruit des merveilles de Notre-Dame amena dans son temple force malades de tous pays :

    Auoit de malades grant presse
    Qui en liglise demoraient
    A Chartres et qui se gesaient
    Parmi liglise les ales
    Et en litieres et en les

Voilà un aperçu rapide des merveilles de Notre-Dame de Chartres [1]. Mais pour compléter cet admirable monument, il faut lui restituer en pensée son Chapitre composé de 17 dignitaires et de 72 chanoines, pépinière de prélats illustres, ses serviteurs de tous rangs : chapelains, matiniers, heuriers, marguilliers clercs et laïcs, la splendeur des cérémonies du Moyen-Age, le prestige de la Vierge-aux-Miracles et la foi de nos aïeux [2].

> Chacun garison et aie
> Atendoit de sa maladie.

L'un d'eux, guéri de ses maux, se voua par reconnaissance au service de l'infirmerie :

> Des malades qui en liglise
> Demoreroient recut la cure,
> Et leur vie et leur norreture
> Leur porchaca diligiaument.
>
> (Mir., 14, p. 91 et 92.)

Au XVIIe siècle, il n'y avait plus d'hôpital, le mal des Ardents ayant cessé de régner. La garde de la crypte fut dévolue alors à une dame, fille ou veuve, que l'on appelait *Dame des Grottes*, et qui avait des servantes sous ses ordres.

[1] Je ne saurais trop recommander à ceux de mes lecteurs qui désirent faire une connaissance plus intime avec la Cathédrale, l'excellent ouvrage de M. l'abbé Bulteau et les magnifiques planches de la Monographie publiée, par ordre du Gouvernement, sous la direction de MM. Lassus, Amaury Duval et Didron.

[2] Les dix-sept dignitaires du Chapitre étaient : le Doyen, le Chantre, le Grand-Archidiacre, l'archidiacre de Dunois, le sous-Doyen, le sous-Chantre, l'archidiacre de Pinserais, l'archidiacre de Blois, l'archidiacre de Dreux, l'archidiacre de Vendôme, le Chambrier, le Chancelier, le prévôt d'Ingré, le prévôt de Normandie, le prévôt de Mesangey, le prévôt d'Auvers et le Chevecier. En 1300, le partage des prébendes de Notre-Dame (au nombre de quatre-vingt-neuf prébendes entières et de six demi-prébendes) s'opérait ainsi : à Saint-Père, six prébendes; à Saint-Martin-au-Val, une prébende; à Saint-Jean-en-Vallée, une prébende; à Beaulieu, une prébende et demi; au maître de l'aumône de Notre-Dame, une demi-prébende; au maître de l'œuvre de Notre-Dame, une prébende; à tout le Chapitre, la prébende de Sandarville, spécialement affectée à l'usage des matiniers; à chacun des Doyen, sous-Doyen, Chantre, sous-Chantre, et Chambrier, deux prébendes; enfin à soixante-douze personnes du Chapitre, soixante-huit prébendes et quatre demi-prébendes. *(Livre blanc, et des Privilèges*, p. 153; Mss. de la Bibl.) Du temps de Sablon (fin du XVIIe siècle), on comptait aux offices de Notre-Dame cent-vingt personnes portant surplis.

Peu de chapitres fournirent autant de personnages célèbres que le chapitre de Chartres; il en sortit des papes, des cardinaux, un grand nombre d'évêques et de prédicateurs distingués. Cette compagnie, quoique bien réduite, n'a pas dégénéré de nos jours, et elle peut s'énorgueillir à juste titre d'avoir vu choisir un de ses membres pour occuper le trône de Saint-Hilaire de Poitiers.

Je donne, sous le n° 12 des Appendices, fin de ce volume, une notice sur les privilèges des chanoines et sur quelques usages et cérémonies bizarres de Notre-Dame de Chartres.

§ 2. — PALAIS ÉPISCOPAL.

Si l'on en croit certaines traditions qu'aucuns documents contemporains ne viennent d'ailleurs corroborer, les premiers évêques de Chartres établirent leur demeure dans le bourg du Châtelet [1]. On ignore à quelle époque la résidence épiscopale fut transférée au chevet de Notre-Dame. D'abord simple construction en bois, le palais fut édifié en pierre par l'évêque Yves qui, pour l'augmenter, acheta, vers 1100, une partie du terrain du Vidame; restauré avec magnificence par l'évêque Goslin de Lèves, vers 1150, il périt avec la cathédrale dans l'incendie de 1194. L'évêque Renaud de Mouçon, sous l'épiscopat duquel cet événement arriva, reconstruisit un autre palais que Pierre de Mincy, dans sa sollicitude pour le temporel de son siège, répara confortablement vers 1260.

Les bâtiments se développaient alors, d'un côté, sur le marché aux chevaux *(marché à la filasse)*, et de l'autre, sur la rue Moutonnière, prolongement de la rue Muret remplacé aujourd'hui par l'aile du jardin, la terrasse et les bas-vergers. La partie de la ville, voisine de l'enclos épiscopal, à l'angle de la rue Moutonnière et du marché aux chevaux, portait le nom de *coin du mur de l'Évêque* [2]. Les communs continuaient l'aile du marché aux chevaux jusqu'à la poterne des Lices ou de l'Évêque, et l'emplacement actuel d'une partie de la cour et de la grille d'entrée était occupé par la chapelle Saint-Serge et Saint-Bacche, appelée plus tard Saint-Nicolas. En 1414, la chambre des Comptes ou *librairie* du Chapitre fut construite, avec la permission du prélat chartrain, sur le ter-

---

[1] On dit aussi que la justice épiscopale se tenait, dans ces temps reculés, au lieu nommé *la Couronne*, à l'entrée du faubourg Saint-Jean. *(Supplément aux affiches chartraines*, 1785, p. 45.)

[2] Une famille importante à Chartres, aux XIIIe et XIVe siècles, était connue sous le nom du *Coin du Mur*.

rain situé entre la chapelle Saint-Nicolas et la porte de l'hôtel donnant sur le cloître [1]. On voyait encore au XVIIe siècle, dans la cour intérieure de l'édifice, une large pierre sur laquelle les poissonniers venaient soumettre leurs marchandises au havage du cuisinier de l'évêché.

Autrefois l'Évêque n'avait pour sortir de son palais que l'issue du cloître. Mais, en 1410, Martin Gouges, fatigué d'être, pour ainsi dire, le prisonnier du Chapitre, fit ouvrir une seconde porte sur *le Coin du mur*. Cette *entreprise* faillit donner lieu à un procès fort grave, les chanoines contestant au prélat le droit de violer ainsi la clôture du cloître; il fallut, pour apaiser le différent, que l'Évêque consentît à l'érection d'un portier, en titre d'office, chargé spécialement de la sûreté du cloître du côté de cette nouvelle sortie [2]. Cette porte fut murée, au XVIIe siècle, par ordre de M. l'évêque Léonor d'Estampes de Valançay, qui fit percer une grande porte au milieu du bâtiment longeant le marché aux chevaux.

En 1568, l'huissier Duparc écrivait ce qui suit : « L'évêché » est fort grand, bâti en forme de palais royal, avec grande » salle commune à se promener, parvis, escaliers, galeries » magnifiques, dignes d'un Roi. Cependant maintenant, » quand le Roi vient ici, il n'y peut que loger avec ses princi- » paux officiers, parce que, depuis cinq ou six ans, le grand » corps de maison est tombé en ruine et inhabitable [3]. » Le bâtiment fut relevé, et, à l'exception de Henri III qui, pour ne pas déranger l'Evêque par ses fréquentes visites, loua deux maisons devant la porte royale, tous les Rois venant en dévotion à Chartres, firent leur *Louvre* du palais épiscopal.

---

[1] Cette *librairie* fut faite avec l'argent que l'on put retirer des exécuteurs testamentaires du feu sire de Coucy, mort en Turquie. Elle devait d'abord être construite à Loëns, au-dessus du prétoire où se tenaient les plaids de l'official du Chapitre. (*Reg. cap.;* Séance du 7 août 1411.)

[2] Cet office tomba en des mains fort distinguées. Le prix en fut remboursé, vers 1680, par M. l'évêque de Neufville de Villeroi, au sieur de Soulaires, dernier possesseur. (Voir, pour les fiefs de l'évêché, le n° 6 des Appendices, fin de ce volume.)

[3] Histoire manuscrite de l'huissier Duparc, p. 201 et suivantes; coll. Lejeune.

Le palais actuel est dû presque tout entier à la munificence de M. l'évêque de Fleury, qui le fit construire vers 1760. Ses vastes proportions et son dessin grandiose en ont fait un des plus beaux évêchés de France. De la grille qui donne sur le cloître, près du portique septentrional de Notre-Dame, on pénètre dans une vaste cour plantée, au fond de laquelle s'élève un avant-corps ou portique à l'italienne. C'est de ce portique qu'un magnifique escalier simple et double donne tout à la fois accès dans les jardins et dans les appartements. Le bâtiment de droite, adossé à la cathédrale dont il va rejoindre la sacristie hors-œuvre, est connu sous le nom d'*aile de la Duchesse*, parce que madame la duchesse de Fleury, mère de l'Evêque, en avait fait son habitation. A gauche, les anciens communs existent toujours, mais ils sont dissimulés par l'exhaussement du terrain et par les arbres de la cour d'honneur. Derrière le bâtiment de façade et en retour sur le jardin intérieur appelé *la Terrasse*, se déploie une grande aile bâtie en 1702 par M. l'évêque Godet des Marais, qui contient les appartements de réception [1]. La terrasse, longue pelouse ombragée, s'étend, ainsi que nous l'avons déjà dit, sur les emplacements de la maison du Vidame et de la rue Moutonnière; elle contourne entièrement l'abside de Notre-Dame et domine toute la vallée de l'Eure. Un second jardin, également en terrasse, longe le grand mur de soutènement de la terrasse supérieure; il fut formé, vers 1780, au moyen de la suppression de la rue qui conduisait au collège de Pocquet, autrefois *le Tripot de Chic-Chinche*.

---

[1] Une pierre commémorative qui se trouve au bas du cabinet de Mgr, rappelle en ces termes la construction de cette aile : *Hanc episcopalem domum, penè labentem, instaurandam curavit Paulus, episcopus, anno Domini 1702.*
Les immenses salons de réception ne sont plus en rapport avec la vie modeste des prélats chartrains du XIXe siècle; car on peut dire que si nos évêques ont toute la dignité que comporte leur état, ils ne peuvent plus avoir l'état que comporterait leur dignité.
La chapelle, qui donne sur une vaste salle d'attente, est dédiée à saint Serge et saint Bacche. Au XIIe siècle, l'oratoire de l'évêque avait saint Martin pour patron; plus tard et jusqu'à la reconstruction du palais, la chapelle fut placée sous l'invocation de saint Nicolas.

De 1793 à 1821, l'administration départementale occupa le palais épiscopal. Le rétablissement de l'évêché de Chartres, en vertu du concordat du 11 juin 1817, r'ouvrit les portes de la maison des prélats chartrains à Mgr de Latil, qui prit possession de son siège le 8 novembre 1821.

Cette demeure presque royale répondait, comme on le voit, à la puissance temporelle et spirituelle d'un prélat qui comptait les plus hauts barons parmi ses vassaux et dont le diocèse était connu en cour de Rome sous le nom du *Grand Évêché* [1].

§ 3. — ÉGLISES PAROISSIALES DANS LA VILLE.

1° *Église paroissiale et collégiale de Saint-Aignan.*

L'église Saint-Aignan, rendue au culte en 1822, était autrefois la paroisse du château des Comtes.

Il ne reste plus rien des constructions qui suivirent les incendies de 1134 et de 1271; l'édifice actuel, commencé au XVIe siècle, ne fut terminé que vers 1630. A l'extérieur, Saint-Aignan présente une masse assez écrasée, malgré le rehaussement fait aux voûtes et à la toiture en 1625. La tour hors-œuvre qui flanque le côté septentrional de l'église, manque de grâce, quoique bâtie à l'époque de la *Renaissance*. La façade n'a de remarquable que le petit portail de gauche, orné d'arabesques d'assez bon goût et exécuté en 1541.

A l'intérieur, Saint-Aignan comprend une nef centrale et deux nefs latérales soutenues par dix-huit piliers et vingt pilastres [2]. Au-dessus des arcades ogivales de ces nefs règne un

---

[1] Voir sous le n° 13 des Appendices, fin de ce volume, une notice sur les privilèges de l'évêque de Chartres et sur la cérémonie de son entrée.

[2] Voici les principales dimensions de Saint-Aignan :
Longueur totale dans œuvre . . . . 47 mèt. 65 cent.

triforium composé d'arcades cintrées qui reposent sur des colonnettes corinthiennes à peine ébauchées. L'étage supérieur est percé de trente-trois fenêtres fort simples et les voûtes sont en bois. La chapelle absidale dédiée à la sainte Vierge et une autre chapelle sans autel située vers le milieu du bas-côté méridional, offrent des voûtes à nervures et à clefs du style flamboyant. La sacristie, qui est grande et bien disposée, occupe l'étage inférieur de la tour.

Malgré les mutilations qu'elles ont subies, les verrières de Saint-Aignan, qui datent du XVI° siècle, méritent d'attirer l'attention. On les attribue à Nicolas Pinaigrier, neveu de Robert Pinaigrier, l'auteur des vitraux de Saint-Hilaire transférés à Saint-Pierre. On remarque dans l'aile septentrionale la fenêtre consacrée à saint Denis, second patron de l'église, celle qui représente l'histoire de la vierge Marie, deux panneaux du vitrail le plus rapproché de l'autel absidal dans lesquels sont peints un personnage donateur, sa femme, ses cinq fils et ses sept filles. Les fragments des vitraux de l'aile méridionale sont précieux par leur exquise délicatesse; on y voit l'histoire de saint Pierre, de la Vierge et de saint Michel. Quelques panneaux représentant des armoiries subsistent encore dans l'étage supérieur; l'un d'eux contient ces mots : *Messieurs les Drapiers et Chosties* (chaussetiers) *ont donné ces présantes vitres.* 1567.

Sous le chœur et le rond-point s'étend une crypte fort ancienne restaurée au XVI° siècle; elle servait jadis de lieu de sépulture aux curés de Saint-Aignan et à quelques autres per-

Longueur de la nef	22 mèt.	75 cent.
Longueur du chœur	14	40
Largeur totale	29	90
Largeur de la nef centrale	10	»
Hauteur de la voûte	20	»
Longueur de la crypte	19	80
Largeur de la crypte	18	80
Hauteur de la crypte	4	30

(Bulteau, ouvrage cité, p. 303 et 310.)

sonnages de distinction [1]. A droite et à gauche de l'autel, le long du mur, se trouvaient de grands sépulcres en pierre, sans couvercles, fermés avec de la maçonnerie; un de ces tombeaux, ouvert le 12 mai 1642 renfermait des ossements qui y furent laissés. La tradition populaire en faisait les sarcophages de Donde, Monde et Ermenonde, sœurs de saint Aignan; ils furent détruits en 1793. La crypte sert à présent de chapelle pour les catéchismes.

Un cimetière en forme de terrasse, soutenu par un mur très épais, enveloppait l'abside de l'église [2].

L'office particulier de saint Aignan n'avait rien de remarquable, et les leçons en usage, tirées des anciens antiphonaires et bréviaires, ne contenaient que des louanges vagues sur le saint. Sa châsse ne renfermait, dit-on, que des cendres; les recherches opérées vers 1730 dans le trésor des titres de la fabrique, n'ont fait découvrir aucun procès-verbal d'enchâssement; on sait toutefois que l'évêque Pierre de Mincy remit les reliques en châsse après l'incendie de 1271. Il existait dans cette église une dévotion particulière pour saint Spire ou Exupère, dont la fête, qui tombait le cinquième dimanche après Pâques, donnait lieu à une procession solennelle autour de la paroisse.

Saint-Aignan avait un curé et un chapitre de sept chanoines, à la collation de l'Evêque [3].

---

[1] L'évêque Jacques Lescot, mort le 22 août 1656; Pierre Suyreau, fameux professeur de rhétorique au XVIIe siècle; Pierre Martin, curé et premier supérieur du séminaire, mort le 23 septembre 1661; Mes de Bricourt et Fromont, chanoines morts à la fin du XVIIe siècle; Jean Cadou, seigneur de Coutes, maire du Chapitre, mort en 1507.

[2] En 1762, un procès s'éleva entre MM. Juteau, propriétaires des jardins inférieurs, et les marguilliers de Saint-Aignan, au sujet des réparations à faire au grand mur de soutènement du cimetière. Ces derniers demandèrent l'intervention de la ville, attendu, disaient-ils, que le mur était un reste de l'ancienne enceinte du IXe siècle; mais cette allégation ne put être prouvée et ils perdirent leur procès par arrêt du Parlement du 26 mai 1762. *(Mémoire pour Mrs Juteau. Mr de Lattaignan, conseiller rapporteur. Semen, procureur. Paris, 1762.)*

[3] Rouillard dit que de son temps le revenu des chanoines de Saint-Aignan était assis « ez villages de Dondainville, Mondainville et Ermenonville, à une petite lieue » de Chartres, qui estoient les seigneuries de Donde, Monde et Ermenonde, sœurs » d'icelui S. Aignan, dont les tombeaux se voient encore ès-cryptes de l'église. »

Hist de Chartres.

ÉGLISE PAROISSIALE ET COLLÉGIALE DE St ANDRÉ
(É.GLISE DE St NICOLAS)
Xe Siècle

Déposé.

2º *Église paroissiale et collégiale de Saint-André.* — *Petite église de Saint-Nicolas.*

L'église Saint-André peut encore passer pour un monument digne d'intérêt, malgré les mutilations et les appropriations profanes qu'elle a subies depuis soixante ans. Sa fondation première se perd dans la nuit des temps; on pense qu'elle fut brûlée en 1134 et rebâtie dans la dernière moitié du XIIe siècle. Elle avait un Chapitre et desservait, comme paroisse, la plus grande partie de la basse-ville, ainsi que les quartiers Moutonnière ou Chinche, Muret, Mur-en-Muret, des Prêcheurs, des Vasseleurs et de Beauvoir, dans la ville haute [1].

La façade principale offre trois divisions archéologiques curieuses à étudier. La partie inférieure est percée de trois baies à plein cintre dont les archivoltes décorées d'ornements empruntés à l'art roman, tores, oves et zigs-zags, reposent sur des colonnettes du même style, à chapiteaux très-fouillés. Le perron qui précédait l'arcade centrale n'existant plus, on entre dans l'édifice par une petite porte latérale sans caractère. L'étage supérieur se distingue par un triplet ogival dont la forme élégante, mais encore pure et sobre d'ornements, rappelle l'architecture des premières années du XIIIe siècle. La

---

(*Parthénie*, deuxième partie, p. 149.) En 1730, les chanoines avaient, pour tout revenu, une dîme, à Mondonville, de 9 setiers de blé et autant d'avoine, et 24 livres en petites rentes. Leurs obligations, pour gagner ces fruits, consistaient à dire trois messes hautes par an, à Saint-Aignan, le jour du Sabat *in albis*, et les jours de Saint-Yves-le-Breton et de Saint-Aignan. Les chanoines étaient ordinairement des curés de petites paroisses de la Beauce, ou des clercs de l'œuvre et marguilliers de Notre-Dame.

[1] Voici les dimensions principales de Saint-André :

Longueur totale dans œuvre	39 mèt.	50 cent.
Longueur du transsept	31	"
Largeur de la nef	10	90
Largeur des bas-côtés	5	60
Hauteur de la nef	20	"

(Bulteau, ouvrage cité, p. 313.)

corniche qui sert de support à ce triplet est soutenue elle-même par des corbeaux à figures grotesques. Au-dessus du triplet, une rose brillante, du style flamboyant, « inscrite dans un » triangle semi curviligne et formée de trois cercles », remplit d'une manière fort heureuse le centre du gable aigu qui termine la façade.

Une tour carrée, massive et peu élevée, flanque le côté méridional du transsept [1].

A une époque qui n'est pas bien déterminée, mais qui remonte au plus tard au commencement du XIII° siècle, on jeta sur l'Eure une arche destinée à porter le chœur et le sanctuaire [2]. Cette annexe fut reconstruite au commencement du XVI° siècle, en style ogival tertiaire, par Jehan de Beauce, et, en 1612, une seconde arche, en prolongement de la première, relia l'église au quai de la rive droite et supporta la chapelle absidale dédiée à la Sainte Vierge. Ces constructions, dont Vauban vanta le mérite à Louis XIV, n'existent plus aujourd'hui; l'arche absidale s'écroula le 22 février 1805, et pour éviter un éboulement probable, l'arche du chœur fut démolie quelques années plus tard. Le

---

[1] La tour était surmontée d'un clocher qui fut détruit pendant la Révolution. On y avait placé, en 1556, quatre cloches, fondues par Jean Royer, dit Cadet, au prix de six-vingt livres *et une paire de chausses à son homme;* cinq autres cloches neuves les remplacèrent en 1630. (Arch. dép., *Livre de bois*, folio 226.)

[2] L'arche de Saint-André est mentionnée : 1° dans l'obit du chanoine Robert d'Ouarville, lequel laissa au chapitre de Notre-Dame 60 livres chartraines qui furent employées à acheter de Gaufrid de Gallardon un cens sur des maisons situées *intra portam Gillardi (aux Corneurs) et arcum sancti Andreæ;* Gaufrid de Gallardon, frère d'Adam de Gallardon, vivait en 1232 *(Nécrol.,* 3/5 39; Mss. de la Bibl., 4 des ides de juillet); 2° dans un censier de Notre-Dame, tenu par le chantre Renouard, en 1465 (Arch. départ., Papiers du Chapitre), où se trouve un article concernant un cens du Chapitre sur des maisons situées entre la porte *Gaillardi, alias des Corneulx, et l'arche Saint-André.*

En 1457, on renduisit le dessous de l'arche, aux joints du pavé recouvert par l'eau. (Ib., *Livre de bois*, folio 203, verso.) D'autres travaux de consolidation furent faits à l'arche, en 1606. (Ib.)

Les travaux exécutés au commencement du XVI° siècle furent payés au moyen d'une retenue sur la première année des revenus des prébendes vacantes. On excipa à cette occasion de certaines lettres adressées, vers 1170, par Pierre, cardinal du titre de Saint-Chrysogon, à l'archevêque de Sens, Guillaume aux Blanches-Mains, dont un vidimus du 7 décembre 1479 se trouvait dans le trésor de l'église. (Ib.)

déchirement des pierres fait encore reconnaître le point de départ de la voûte qui traversait la rivière.

L'intérieur de Saint-André présente trois nefs ; seize piliers cylindriques très-simples soutiennent la nef centrale et le transsept ; les arcades cintrées des travées sont dominées par une claire-voie sans triforium percée de lancettes sévères. Les fenêtres des nefs latérales n'ont rien conservé de remarquable ; celles du chœur étaient garnies de belles verrières peintes en 1582 par Marin le Vavasseur, maître peintre et vitrier de Paris [1]. Les voûtes en bois qui existent aujourd'hui datent de 1480 et sont l'œuvre de P. Courtier; les peintures et dorures dont il subsiste des traces ont été refaites en 1624 par Nicolas Pannier, peintre chartrain. Le jubé en bois fermant le chœur avait été édifié en 1501 par P. Courtier; il était orné de sculptures parmi lesquelles, si l'on en croit la tradition, on remarquait un porc battant le beurre dans une baratte. Les stalles du chœur dataient de 1422 [2].

La chapelle, située dans la partie droite de l'abside, attirait à juste titre la curiosité ; elle se nommait la chapelle des Chaline, parce qu'elle servait de sépulture aux membres de cette famille, et elle possédait une petite crypte dont la terre, par une propriété particulière, conservait les cadavres intacts [3]. Il existe dans le bas-côté septentrional une chapelle de style ogival tertiaire, ornée d'une voûte à nervures, avec clefs élégantes et piliers prismatiques à riches chapiteaux. On pense qu'elle fut fondée vers 1507 sous l'invocation de saint Ignace, et qu'elle est due au ciseau de Jehan de Beauce [4]. Des restes

---

[1] Il y avait quatorze verrières représentant l'*Histoire de la nativité de Moyse et comment les enfants d'Isaac furent délivrés de la captivité de Pharaon ;* elles coûtèrent 25 sous tournois par pied. (Arch. dép., *Livre de bois.*)

[2] Ces stalles coûtèrent 98 livres tournois. (Ib.)

[3] En 1725, on y trouva, dit Piganiol de la Force, sept corps entiers, parfaitement conservés.

[4] Les titres de Saint-André, et en particulier le Livre de bois, font mention, aux XIVe, XVe et XVIe siècles, des chapelles de Saint-Ignace, Saint-Michel, Sainte-Catherine, Notre-Dame-de-Pitié, Saint-Sébastien, Saint-Jean.

précieux de peintures murales du XIIIe siècle, formant trois tableaux contenus dans des arcades trilobées, se trouvent vis-à-vis cette chapelle, près de l'endroit où la chaire était placée.

Il y a sous l'église deux cryptes de la longueur du transsept; leur construction est très-simple; il ne paraît pas qu'elles aient jamais possédé d'autels.

Parmi les tombeaux placés dans Saint-André, on remarquait celui de Josse Clictou, chanoine de Chartres et théologal, mort en 1543 avec une grande réputation de science, et celui du fameux *maçon* Jehan Texier, dit de Beauce, constructeur du clocher neuf de Notre-Dame, d'une partie du tour du chœur et de l'arche de Saint-André, décédé le 29 décembre 1529.

Une sentence du bailli de Chartres, du 21 février 1451, apprend qu'il y avait alors dans cette paroisse une grande dévotion aux reliques de saint Loup, près de la châsse duquel brûlait sans cesse une multitude de cierges. Plusieurs autres reliques très-vénérées se trouvaient dans une châsse plaquée d'argent, ornée aux quatre coins de figurines d'argent représentant saint André, saint Pierre, saint Jean-Baptiste et saint Paul, et marquée d'un écu d'argent aux armes de la ville. Le 11 janvier 1490, cette châsse fut volée, avec beaucoup d'objets d'art précieux, par un prêtre vagabond nommé Rabier, dont nous raconterons la juste punition [1].

---

[1] Arch. dép., *Livre de bois de Saint-André*, folio 212, recto. Les voleurs prirent, outre la châsse, une croix d'argent doré contenant *du fust de la vraie croix*, les reliques et images saint André et saint Christophe, le reliquaire sainte Catherine, deux chandeliers et deux plats d'argent aux armes de Me Regnault du Moulin, chanoine-chambrier de Notre-Dame en 1411, des calices, un sacraire d'argent doré, un tableau d'argent doré *où sont peintes en azur les images Notre-Dame, saint Pierre et saint Paul*. Ils laissèrent plusieurs reliquaires en bois couvert d'argent contenant un os de saint Jacques, des cheveux de saint Nicolas, du bras de saint Blaise, des os de saint Léger, saint André, saint Jean-Baptiste et saint Denis, des ossements des onze mille vierges, *un morceau de la verge d'Aaron*, des cheveux de Notre-Dame.

Les reliquaires furent retrouvés le lendemain du vol; mais Charles IX, pressé d'argent, fit enlever, en 1562, le reliquaire Saint-Christophe, qui pesait 5 marcs 7 onces. (Ib., *Livre de bois*, anno 1475 et note marginale.)

Une petite église, sous le vocable de saint Nicolas, était accolée au flanc méridional de Saint-André; son abside portait au-dessus de la voûte de la fontaine Saint-André et son entrée donnait à peu près vis-à-vis la rue actuelle du cloître. Pour communiquer entre les deux églises, on avait percé en 1488 une galerie qui débouchait dans l'aile méridionale de Saint-André par une grande arcade encore apparente. Les renseignements que nous avons recueillis sur la construction et la décoration de Saint-Nicolas sont peu nombreux. On sait que sa couverture fut entièrement refaite en 1418 [1] et qu'elle possédait un petit clocher dans lequel on mit en 1587 une assez grosse cloche nommée Marie [2]; à l'intérieur, le tabernacle avec dais fleurdelisé du maître-autel datait de 1458 [3]; les fonds baptismaux de la paroisse, en forme de cuve byzantine pour le baptême par immersion, se trouvaient dans une chapelle décorée de quelques verrières peintes en 1465 [4]; une autre verrière représentant une lampe et une coupe devant *pour reposer le corps Jésus-Christ*, avait été donnée en 1409 par la corporation des texiers en draps *de la rivière* [5].

Saint-Nicolas, qui paraît avoir porté d'abord le nom de Saint-Gilles et Saint-Leu, fut fondé vers la fin du XIe siècle par le chapitre de Saint-André. Toutefois on ignore si les chanoines firent bâtir l'église pour leurs paroissiens ou si l'office paroissial y fut introduit seulement à l'époque où les conciles obligèrent les communautés à confier le soin religieux

---

[1] Cette couverture coûta 110 livres tournois. (Arch. dép., *Livre de bois.*)

[2] Cette cloche fut bénie le 12 mai 1587. (Ib.)

[3] Ib., *Livre de bois*, folio 204, verso.

[4] Ces verrières et celles du chœur coûtèrent 28 livres 17 sous tournois « *qui est plus beaucoup que valent de présent quasi toutes les verrières de ladite église; mais faut distinguer les temps.* » (Ib., folio 206, verso.)

[5] Les texiers de la rivière célébraient leur fête à Saint-Nicolas le 1er mai; ils donnaient aux gagers de la paroisse deux tiers des sommes payées par les compagnons du métier, pour l'entretien d'une lampe brûlant jour et nuit devant le Saint-Sacrement. (Arch. départ., *Livre de bois de Saint-André*. Ordonn. du bailli du 26 janvier 1389.) Une ordonnance du bailli du 17 juillet 1478 réduisit à 60 sous tournois, par maîtrise, la somme annuelle destinée à l'entretien de la lampe. (Ib.)

des peuples de leur dépendance à des prêtres séculiers. La paroisse proprement dite n'y fonctionnait déjà plus à la fin du XIV° siècle, car un rescrit de l'anti-pape Clément VII, donné vers 1380, appelle Saint-André église *paroissiale*. Les fidèles admis dans Saint-André furent d'abord cantonnés près de l'autel du Crucifix, à gauche de l'entrée du chœur; l'office paroissial se fit dans cet endroit jusqu'au dernier dimanche de décembre 1500, jour auquel les paroissiens envahirent tumultueusement le chœur. Il y eut à cette occasion un procès qui dura quarante ans, et qui finit, en 1541, par une transaction avantageuse pour les gens de la paroisse. Saint-Nicolas conserva les fonds baptismaux, le saint viatique pour les malades et l'huile pour les infirmes, jusqu'à sa démolition arrivée dans le courant du XVIII° siècle [1].

La paroisse Saint-André avait trois cimetières. Le plus grand occupait tout le centre du cloître. C'était le lieu ordinaire du marché aux pourceaux de la foire Saint-André; mais comme on s'aperçut en 1438, année de peste, que ces animaux foulaient et déterraient les corps des trépassés, messire Nicole, vicaire perpétuel de Saint-André et notaire du chapitre de Notre-Dame, obtint par lettres-royaux que dorénavant le marché se tiendrait près le pont *Bras-de-Fer*, hors la porte Imbout [2]. Le second cimetière embrassait le terrain situé entre les deux églises. Il était coupé en deux par un mur qui partait de la tour Saint-André et aboutissait à l'abside de Saint-Nicolas; la partie orientale dominant la rivière était connue sous le nom de cimetière *des Excommuniés;* la partie occidentale s'appelait le cimetière *des Innocents* [3]. La famille Courtin, qui possédait dans Chartres une censive assez

---

[1] Les baptêmes avaient encore lieu à Saint-Nicolas en 1716. (*Mémoire à consulter pour le chapitre de Saint-André, demandeur en complainte, contre messire Michel Duhan, prêtre, vicaire perpétuel de ladite église, défendeur.* Chartres, 1716.)

[2] Arch. dép., *Livre de bois*, folio 201, verso.

[3] Ces deux cimetières, réunis en un seul, furent bénis par l'évêque Miles d'Illiers, en 1480. (Ib., folio 205.)

importante, était enterrée dans ce cimetière, et sa sépulture se distinguait par une croix de fer [1]. Aux XIV⁰ et XV⁰ siècles, une recluse habitait ce triste séjour. Un autre cimetière, dit cimetière *Hâlle*, du nom d'une famille chartraine, s'étendait au-delà de la rivière, depuis l'arche de l'église jusqu'aux murailles de la ville. Il communiquait avec Saint-André par deux escaliers ménagés dans l'arche de la chapelle de la Vierge ; la porte principale ouvrait sur le quai. Il s'y trouvait une sépulture que le peuple révérait sous le nom de *Tombeau des trois Pucelles* [2].

Le cloître de Saint-André, remarquable par ses greniers et ses maisons canoniales des XII⁰ et XIII⁰ siècles, dont plusieurs existent encore, jouissait du droit de sauve-garde comme celui de Notre-Dame. On cite la restitution en effigie d'un prisonnier saisi en 1462 dans l'enceinte de cette terre privilégiée [3].

Nous avons déjà parlé de la réforme que l'évêque Yves introduisit, en 1108, parmi les religieux de Saint-André. Le clergé de la collégiale se composa dès lors de douze chanoines gouvernés par un doyen, et celui de la paroisse, de trois curés-vicaires perpétuels, à la présentation du Chapitre. En 1274, l'évêque Pierre de Mincy réunit les trois vicaries en

---

[1] Services et anniversaires de 1511. 8 novembre, pour Barbe Courtin, messe haute et libera sur la fosse, *au droit de la croix des Courtins*, entre lesdites églises Saint-André et Saint-Nicolas. (Arch. dép., *Livre de bois.*)

[2] Le tombeau *des Trois-Pucelles* était placé sous une arcade pratiquée dans les neuf pieds de terrasse que la ville possédait le long des fortifications. Le cimetière Hâlle ou Hasle, abandonné et repris, suivant les besoins, fut diminué, en 1737, par la construction du quartier de cavalerie, qui a été démoli en 1850.

[3] « Le jour de la vigile Saint-Sébastien 1462, M⁰ Jacques Mussard, licencié ès-
» lois demeurant à Dreux, réintégra par figure au cloître de céans, un prisonnier
» qu'il avait fait prendre à huit ou neuf pieds du presbytère du curé, en présence
» de Guillaume Petit, audiencier, Perin Lebeau, appariteur, et autres ; *qui est pour*
» *montrer la grandeur de la terre sainte dudit cloître et cimetière.* » (Arch. dép.,
Livre de bois, folio 206, recto.) La maison presbytérale, située au cloître, avait été affectée à l'usage des curés par Jehan Foulon, chanoine de Saint-André, aux termes de son testament accepté par l'évêque Gauthier, au mois de septembre 1234. (Arch. dép., *Titres de Saint-André*. Vidimus par les notaires Gillet et Leblond, du 9 juin 1657.)

deux, et en 1688, l'évêque de Neufville de Villeroi fondit les deux subsistantes en une seule. Il y eut pendant plusieurs siècles une série de procès entre le Chapitre et les vicaires perpétuels au sujet de la supériorité que le premier prétendait sur les seconds. Des sentences de 1504, 1532, 1535, 1537, 1685 et des transactions de 1541 et 1658 font connaître que parmi les privilèges du Chapitre, se trouvait celui d'établir des maîtres d'école et de statuer sur toutes les demandes relatives à l'érection de chapelle ou oratoire dans l'étendue de la paroisse [1].

Le chapitre de Saint-André, dont les prébendes n'étaient pas séparées, administrait ses revenus de diverses manières, d'après les délibérations capitulaires. Anciennement on distribuait le pain *de chapitre* à ceux qui avaient assisté à l'office; cet usage subsistait encore au XIVe siècle. Puis on mit les grains dans les greniers communs pour être distribués à chacun des prébendiers; on opérait encore ainsi au commencement du XVIIIe siècle [2]. L'œuvre de l'Eglise percevait des droits pour les oblations faites aux chapelles de Saint-Eman, de la porte Guillaume et des aveugles de Saint-Julien, situées dans la circonscription paroissiale; elle avait des cens et rentes sur un assez grand nombre de maisons de la ville et jouissait des biens de ceux qui trépassaient *intestats* en l'Hôtel-Dieu ou aumône de Saint-André [3]. Au temporel, les biens

---

[1] *Mémoire à consulter pour le chapitre de Saint-André, demandeur en complainte, contre messire Michel Duhan, prêtre, vicaire perpétuel de ladite église, défendeur.* Chartres, 1716. Cette pièce fait connaître qu'en 1230 l'évêque Gauthier donna 50 livres au chapitre de Saint-André, en récompense de la permission qu'il avait octroyée aux Frères-Prêcheurs de construire une chapelle dans leur couvent.

[2] *Mémoire à consulter pour le chapitre de Saint-André, demandeur, contre le sieur Lebeau, chanoine, défendeur;* Me Olivier, avocat, Jacques Pavye, procureur. Chartres, 1723.

[3] Au XVe siècle, l'œuvre de Saint-André recueillit les successions suivantes : en 1418, celle de la femme Ledon; en 1420, celle d'Arnoul Damanville, maître de l'Hôtel-Dieu; en 1421, celles de deux Anglais; en 1422, celle de la fille Michaud des Ormes; en 1470, celle de Philipote Demisarde et de la Gervaisote, recluses entre les deux cimetières; en 1489, celle du *bon Hermite,* qui avait succédé auxdites recluses. (Arch. dép., *Livre de bois de Saint-André,* p. 88, verso.)

de la paroisse étaient gérés par trois marguilliers ou *gagers* choisis parmi les bourgeois considérables [1]. Ces administrateurs savaient au besoin prendre avec vigueur les intérêts des paroissiens et veiller au maintien de la dignité du culte. « Dimanche, 28 février 1621, dit le Livre de bois de Saint-
» André, visite pastorale de M. l'évêque Léonor d'Estampes
» qui vient à la tablette et demande aux gagers, M° Robert,
» conseiller au baillage et siège présidial, Petit et Quatran-
» vault, marchands, s'ils avaient des plaintes à lui faire ;
» iceux se plaignent tout haut, en présence des curés, doyen
» et chapitre de Saint-André, du peu de dévotion, révérence
» et assistance que rendent les ecclésiastiques tant chanoines
» que habitués de ladite église et le mauvais exemple qu'ils
» donnent au peuple en plusieurs sortes, et l'auraient requis
» et supplié d'en charger son procès-verbal, ce qu'il a fait
» en promettant d'y apporter meilleur ordre. »

Aujourd'hui l'église Saint-André sert de magasin à fourrage pour la garnison.

3° *Église paroissiale de Sainte-Foy.*

Sainte-Foy était un prieuré-cure dépendant de l'abbaye de Saint-Jean-en-Vallée. On pense qu'édifiée, comme simple oratoire, du temps de Fulbert, dont un disciple écrivit la vie de la vierge d'Agen, cette église fut donnée aux religieux de Saint-Jean par l'évêque Yves et érigée en paroisse vers 1150 par l'évêque Goslin de Lèves. Elle desservait une partie de la ville et du Grand-Faubourg, le Châtelet, et, depuis la destruction de l'église de la Madeleine, le faubourg Saint-Jean et

---

[1] Il y avait, au XV° siècle, des marguilliers clercs qui étaient obligés de donner à dîner aux gagers laïcs le jour de Saint-André. Il leur était attribué 20 sous tournois pour la dépense. (Ib., *Règlement des marguilliers*, 1497.) On trouve parmi les gagers laïcs, aux XV°, XVI° et XVII° siècles, des membres des familles Haligre, Courtin, Jourdan, Loiseux, Cousin.

le bourg *Mahé*. Sainte-Foy fut comprise dans l'enceinte de la ville, lors des travaux de clôture exécutés par Pierre de Celles vers 1181 [1].

Il n'est pas facile d'étudier ce qui reste de Sainte-Foy, à cause des dégradations, changements et raccords de toute espèce qui ont dénaturé son architecture. L'église paraît avoir eu trois nefs et des latéraux au chœur [2]. Quelques piliers accusent le style du XVIe siècle; ils sont dépourvus de chapiteaux et présentent, au lieu de colonnettes cylindriques, des menaux prismatiques se rattachant les uns aux autres par des surfaces courbes concaves [3]. Le système de voûtage est très-simple; chaque voûte d'arêtes est appuyée sur deux arcs doubleaux, et ses nervures diagonales ont à leur point d'intersection une rosace sans ornements [4]. Dans la partie supérieure, on découvre une sorte de galerie du XVIIIe siècle, qui contournait le chœur.

La porte septentrionale de l'édifice existait encore il y a quelques années. C'était un assez beau spécimen de l'époque de transition, avec tores, oves, boudins et zigs-zags; sa construction pouvait remonter au commencement du XIIe siècle.

Le cimetière de Sainte-Foy, situé derrière l'église, occupait tout le terrain de la place actuelle et d'une partie des jardins adjacents. Il était ombragé, en 1240, de noyers énormes, et, en 1296, d'ormes dont le prieur et le prévôt du Comte se disputaient la possession [5]. Une portion de ce cime-

---

[1] Voir *suprà*, p. 112.

[2] Sainte-Foy, dit Pintard, a 24 toises de long sur 11 de large, dans œuvre. (Hist. mss., p. 572.)

[3] Le mur de clôture de l'édifice, du côté de la maison du prieur, avait été refait en 1502. (Ib.)

[4] Les armes de Michel de Champrond, procureur du Roi en 1502, se voyaient à une clé de voûte et dans une verrière. Ce personnage portait *d'azur, au griffon d'or, et à la bordure de gueules*. (Ib.)

[5] Ce procès terminé à l'avantage du prieur, ainsi que le constate un *instrument* public du notaire apostolique Jean de Flandria, en date du 15 des kalendes de septembre 1296, est curieux à examiner au point de vue des usages du temps et des droits auxquels les prévôts prétendaient à raison de leur charge; voici l'analyse

tière fut affectée, après l'édit de Nantes, à l'inhumation des protestants de la ville qui avaient leur temple au pont Tranchefêtu [1].

Les biens du prieuré, distincts de ceux de la paroisse, consistaient, au XVIIe siècle, en rentes sur deux maisons avec jardin au faubourg Saint-Jean, restes de l'aumône de la paroisse de la Madeleine, enclavée dans l'enclos des religieux de Saint-Jean-en-Vallée et détruite après le siège de 1568. Le prieur possédait aussi quelques cens sur des maisons de la ville. Les revenus de la paroisse, administrés par des *gagers* laïcs, étaient assis sur des maisons du voisinage de Sainte-Foy, parmi lesquelles se trouvaient la maison du *Grand-Cerf*, qui donna son nom à la *grande rue*, et la maison *des Carneaux*, située dans la rue connue sous ce nom au XIIIe siècle et appelée aujourd'hui *Sainte-Même* [2].

L'église Sainte-Foy a été convertie en salle de spectacle, en vertu d'une délibération du Conseil municipal du 22 frimaire an III (12 décembre 1794), sur la proposition du sieur Morin, architecte. L'inauguration de la salle fut faite, en 1797, par une société d'amateurs, dite *Société des Arts*.

---

de l'acte : Me Mathieu, prieur de Sainte-Foy, se rend aux plaids de la Tour, tenus par homme discret et sage, Me Robert de Yenville, prévôt de Chartres, et se plaint de ce que, par l'ordre dudit prévôt, un grand orme du cimetière a été abattu ; il offre de prouver que de temps immémorial les arbres du cimetière ont appartenu aux prieurs, et il appelle en témoignage huit vieillards dignes de foi, parmi lesquels se trouve Henri Gaidon, ancien prévôt. Le prévôt accueille les déclarations de ces gens, qui tous déposent en faveur du prieur. Henri Gaidon déclare, entre autres, qu'étant prévôt de Chartres, il y a environ quarante ans, il fit, *en cette qualité de Prévôt*, cueillir, une certaine année, toutes les noix des noyers du cimetière Sainte-Foy, et que, sur la réclamation du prieur, portée au tribunal du châtelain Isambert de Saint-Dié, il fut condamné à restituer immédiatement les noix enlevées. Convaincu par ces témoignages, le prévôt Robert fait rendre l'orme coupé au prieur Mathieu. (Arch. dép., *Titres de Sainte-Foy.*)

[1] En 1685, M. Nicole de Bainville, président en l'élection, propriétaire d'une maison donnant dans la ruelle de la Bourdinière, demanda aux échevins l'autorisation de faire boucher cette ruelle, parce qu'elle était occupée chaque nuit par des gens sans aveu qui franchissaient les murs du cimetière des protestants et y commettaient mille horreurs, au grand scandale du quartier. (*Reg. des Echevins*, séances des 10 et 31 juillet 1685.)

[2] Arch. dép., *Agenda du prieur de Sainte-Foy*, p. 25.

4° *Église paroissiale de Saint-Hilaire*.

L'église Saint-Hilaire, détruite pendant la Révolution, occupait la partie de la place de ce nom qui longe l'église Saint-Pierre. Elle dépendait au spirituel et au temporel du couvent de Saint-Père et desservait comme paroisse les habitants du bourg et de toute la partie de la ville-basse soumise à la juridiction des religieux.

On ignore l'époque précise de sa fondation; il n'en existait aucun titre lorsque le moine Paul fit, vers la fin du XIe siècle, le recensement des papiers de Saint-Père. La tradition apprenait alors que cette église avait été bâtie pour remplir une condition imposée dans une donation faite au couvent par un chevalier [1].

Le bâtiment de Saint-Hilaire, à l'extérieur et à l'intérieur, n'avait rien de remarquable. C'était une église refaite, sans caractère primitif, et très-basse [2]. Les chapelles principales étaient dédiées à saint Michel et à Notre-Dame-de-Pitié. En 1533, le chœur fut reconstruit et agrandi aux dépens d'un petit cimetière et de trois places d'étaux à bouchers donnant sur la rue du Puits-du-Crochet (rue de l'Ane-Rez) [3]. On plaça dans ce nouveau chœur des verrières dues à l'habile pinceau de Robert Pinaigrier [4].

---

[1] Voir *suprà*, p. 63. Le même chevalier avait donné au couvent de Saint-Père une terre à Mainvilliers, à la charge d'y bâtir une église dédiée à Saint-Hilaire. (*Cart. Saint-Père*, Agan., vol. 1ᵉʳ, p. 23 et 35.)

[2] Pintard donne à Saint-Hilaire 29 toises 1/2 de long sur 8 toises 1/2 de large. (Hist. manuscrite de Pintard, p. 571; coll. Lejeune.)

[3] En 1489, le 20 septembre, messire Philippe de la Chapelle, abbé de Saint-Père et protonotaire du Pape, se portant fort des religieux, abandonna aux paroissiens de Saint-Hilaire, moyennant 5 sous tournois de cens, trois places d'étaux à boucher, assises au chevet de l'église, le long du petit cimetière des enfants, sur la rue du Puits-du-Crochet. Les paroissiens, qui bâtirent le chœur sur ce terrain, en rendaient encore aveu aux religieux de Saint-Père, en 1649 : « It., trois étaux où est main-
» tenant le chœur et le maître-autel. » (Arch. dép., *Titres de Saint-Hilaire*.)

[4] Ces vitraux décorent aujourd'hui la courbure absidale du triforium de Saint-Père.

Le clocher, construit ou reconstruit au bas de l'aile droite vers 1460, donna lieu, en 1492, à un procès entre les paroissiens et les religieux, relativement *à sa jouissance*. Après deux ans de luttes, le couvent autorisa la paroisse à se servir de la *tour Saint-Hilaire* [1].

En face de la porte principale de Saint-Hilaire, se trouvait le presbytère, joignant, d'un côté, l'aumônerie de Saint-Père, de l'autre, le portail du couvent, et par derrière, *la garenne* [2]. Au commencement du XIIe siècle, les religieux avaient vendu cette maison aux confrères de Saint-Hilaire, prêtres desservant la paroisse, pour y mener la vie en commun sous la direction des curés [3].

Il y avait derrière le chœur un petit cimetière dit *de la Mort*, qui subsista jusqu'en 1786, et au bout de la rue du Puits-du-Crochet, près de la rivière et des remparts, un autre cimetière à l'usage de la paroisse. On construisit dans ce dernier endroit, au XVIe siècle, un hospice pour les *petits pauvres* ou *pauvres malades*, affecté spécialement aux pestiférés, pendant les contagions qui décimèrent la ville à cette époque. Ce cimetière est enclavé aujourd'hui dans l'enceinte du quartier de cavalerie.

Comme membre de l'abbaye de Saint-Père, Saint-Hilaire était compris au nombre des églises privilégiées soustraites par une bulle de Pascal II, de 1106-1107, à l'obédience du chapitre de Notre-Dame. Cette faveur donna lieu à des réclamations de la part du Chapitre et notamment du sous-doyen, qui prétendait autorité sur les paroisses de la ville. Vers 1124, une transaction conclue entre les religieux et le sous-doyen,

---

[1] Arch. dép.; *Titres de Saint-Hilaire. Actes de Pidoux, substitut du tabellion du Roi, du 15 mai 1492, et de Pigon, tabellion, du 2 mai 1494.*

[2] Arch. départ.; *Titres de Saint-Hilaire. Aveu de 1649, par Saint-Hilaire à Saint-Père.*

[3] *Cart. Saint-Père*, vol. 2, p. 353. On pense que les prêtres de Saint-Hilaire demeurèrent aussi dans la rue appelée *des Prêtres*, qui vient aboutir au carrefour du pont Saint-Hilaire.

réduisit aux seuls prêtres de Saint-Hilaire le privilège accordé par Pascal II et soumit les paroissiens au Chapitre, pour les cas d'admonestation, d'excommunication et d'absolution [1].

Vers 1182, l'évêque Pierre de Celles fut l'arbitre d'une contestation survenue entre les religieux de Saint-Père et les prêtres de Saint-Hilaire, au sujet des oblations faites à l'église paroissiale. Les premiers se disaient propriétaires de ces oblations, aux termes d'un privilège à eux octroyé par Jean de Salisbury; les seconds soutenaient le contraire. L'évêque décida que les curés de Saint-Hilaire donneraient chaque année aux moines 12 livres chartraines, en quatre termes, pour leur droit, et que les oblations de toute nature resteraient à la paroisse [2].

5° *Église paroissiale de Saint-Martin-le-Viandier.*

Il ne reste plus le moindre vestige de Saint-Martin-le-Viandier, *vitam dantis*, riche paroisse, dont la façade occidentale donnait sur la petite place qui porte encore aujourd'hui le nom de cloître Saint-Martin.

On a écrit que cette église se trouvait jadis hors des murs; peut-être fut-elle construite dans l'intérieur à l'époque des guerres avec les anglais, vers la fin du XIV° siècle. En 1404, l'évêque Jean de Montaigu fit une dédicace de Saint-Martin-le-Viandier et bénit le cimetière *nouvellement* donné à la paroisse par le bourgeois Guillaume Barbou. Le 15 septembre 1412, la dame Jacqueline, veuve de ce bourgeois, fonda dans

---

[1] *Cart. Saint-Père*, vol. 2, p. 259 et 288.

[2] *Cart. Saint-Père*, vol. 2, p. 689. On voit par ce titre, que les curés de Saint-Hilaire étaient tenus de célébrer l'office divin, à l'autel du Crucifix de l'église du couvent, les jours de Toussaint, Noël et Pâques. Ces jours là, toutes les oblations appartenaient aux curés célébrants. Un autre titre, du 12 avril 1543, fait connaître que les bénédictins de Saint-Père devaient chaque année, le jour de Pâques, aux paroissiens de Saint-Hilaire, 40 pintes de vin, pour administrer partout où besoin serait; c'était ce que l'on appelait *le vin de Pâques*. (Arch. dép., *Titres de Saint-Hilaire.)*

l'église une chapelle en l'honneur de saint Sauveur [1]. L'édifice fut agrandi du côté du chœur, en 1546, au moyen d'une donation faite aux marguilliers, par René Mallet et Jehanne Beschebien, sa femme, de 20 pieds de terrain, à prendre sur les dépendances de leur maison dite le *perron des trois Rois*, rue des Changes [2]. En 1643, la chapelle souterraine, qui était de la grandeur du sanctuaire, fut restaurée aux dépens de quelques particuliers et livrée au culte. On ajouta à la façade principale, en 1645, une espèce d'avant-corps ou de galerie en forme de péristyle [3]. A la même époque, les chapelles portaient les noms de Saint-Sauveur, Saint-Fiacre, Saint-Blaise, Saint-Roch, Notre-Dame-de-Pitié, Saint-Claude, des Trois-Marie, Saint-Jean, de l'*Ecce homo* et Saint-Côme [4].

L'église Saint-Martin était, en 1670, dans un état de délabrement tel que l'on fut obligé de la démolir pour éviter sa chute [5]. On s'occupa de sa reconstruction en 1672, ainsi que l'indique la mention suivante, tirée du registre des baptêmes et mariages de la paroisse : « Ce jourd'huy, 9e jour de mars 1672,
» nostre église de Saint-Martin-le-Viandier de Chartres estant
» tombée en ruine de fond en comble et ayant besoin d'estre
» réédifiée, vénérable et circonspecte personne Me Pierre
» Bertault, grand-vicaire de Mgr l'évesque de Chartres, cha-
» noine et sous-doyen de l'église cathédrale de Nostre-Dame
» de Chartres, patron et collateur de la cure de ladite pa-
» roisse de Saint-Martin-le-Viandier de Chartres, a béni et

---

[1] Histoire manuscrite Marie Saint-Ursin; Mss. de la Bibl. — Arch. dép., *Papiers du Chapitre*, invent., folio 95.

[2] Arch. dép.; *Saint-Martin-le-Viandier. Inventaire des titres. Acte du 24 mars 1546, devant Guichard, notaire.* Cette maison devint l'hôtel-de-ville, en 1571.

[3] Ib.; *Invent. des titres.*

[4] Ib.; *Invent.*, folio 200. *En 1645, le 3 janvier, célébration de l'office particulier de sainte Geneviève, fondé à perpétuité par la dame Geneviève Courtin.* La censive de la famille Courtin, dont j'ai déjà parlé, portait sur un assez grand nombre de maisons de la paroisse de Saint-Martin-le-Viandier.

[5] « Ordonné que, lors de la démolition de l'église Saint-Martin, les meubles,
» dorures, etc., seront transportés à la maison de ville. » *(Reg. des Echevins;* Délibération du 20 mai 1670.)

» mis la première pierre de la réédification de ladite église, au
» fondement du premier pilier qui soutient la tour du clocher,
» en présence de M° Martin Belet, prestre-curé de ladite
» église, de noble homme M° Estienne Guéau, lieutenant
» en l'élection de Chartres, de noble homme M° Hubert de
» Vaux, advocat en parlement, et de honorable homme Jean
» Lambert, marchand drapier en cette ville, gagers et pro-
» viseurs de la fabrique de ladite église, et de plusieurs
» autres [1]. »

Cette nouvelle église, qui n'avait de remarquable qu'un grand clocher élevé au côté droit du portail, fut détruite pendant la Révolution.

Saint-Martin-le-Viandier était bâti dans la censive du chapitre de Notre-Dame, aussi la collation de la cure appartenait-elle au sous-doyen [2]. En 1765, les revenus de la fabrique se montaient à 1,700 livres environ, et les dépenses annuelles à 800 livres [3]. Au XVII° siècle, c'était à Saint-Martin que les corporations des pelletiers, des orfèvres, des fourbisseurs et des imprimeurs-libraires fêtaient leurs patrons [4].

6° *Église paroissiale de Saint-Michel.*

L'église Saint-Michel, très-ancienne paroisse, avec le titre de prieuré-cure, longeait les murailles de la ville, à droite de

---

[1] Arch. de la mairie; *Septième registre des baptêmes de Saint-Martin-le-Viandier*. La nouvelle église avait 15 toises de long sur 8 de large, dans œuvre. (Hist. de Pintard; mss., p. 573; coll. Lejeune.)

[2] Le titre de monastère est donné à Saint-Martin-le-Viandier par une charte de juin 1247. (Arch. dép., *Abbaye de l'Eau; Invent. du notaire Fraslon.)* Il y avait probablement alors un collège de chanoines dans cette église; c'est ce qu'indiquerait le nom de *cloître* que porte encore la place Saint-Martin, au milieu de laquelle se trouvait une croix. Au XIII° siècle, on donnait quelquefois le nom de monastère aux églises collégiales.

[3] *Mémoire dans le procès pendant entre les marguilliers et les paroissiens, au sujet des quêtes.* M° Huchedé, avocat; Chartres, 1765.

[4] Arch. dép.; *Saint-Martin-le-Viandier, Livre des messes et obits.*

la porte de son nom. Elle fut détruite à l'époque révolutionnaire [1].

Nous ne savons rien de sa construction extérieure, sinon qu'elle avait, au XVe siècle, un grand clocher qui servit longtemps de but aux archers du Vidame pour tirer à l'oiseau. Ce clocher menaçant ruine en 1561, fut abattu et reconstruit immédiatement [2].

A l'intérieur, on remarquait cinq belles verrières des XVIe et XVIIe siècles. La première, dans le bas-côté gauche, presque au-dessus de la porte septentrionale, représentait le martyre de saints personnages auxquels des bourreaux arrachaient les entrailles avec des crochets. Près de la sacristie, dans une chapelle fondée par la puissante famille de Montescot, on voyait sur un vitrail la Naissance de Jésus-Christ et au-dessous les portraits des Montescot, donateurs [3]. Dans l'aile droite, à côté du confessionnal du curé, la première verrière offrait le tableau de la Cène, avec cette inscription : *Ceulx qui m'ont faist mérite Paradis. Dieu les y mette.* 1547.; la seconde était consacrée à l'épisode de la surprise de Chartres par le comte de Dunois, en 1432; on y voyait la porte Saint-Michel embarrassée par la charrette d'aloses que conduisaient les soldats du Roi déguisés en paysans. L'arbre généalogique de Notre-Seigneur étendait ses rameaux dans une troisième verrière rapprochée du rond-point [4].

L'église Saint-Michel avait été comprise dans l'enceinte de la citadelle construite par Henri IV après le siège de 1591;

---

[1] Il est fait mention de Saint-Michel dans un titre du 1er octobre 940. *(Cart. Saint-Père, Agan.*, vol. 1er, p. 26.)

[2] *Reg. des Échevins;* Séances de décembre 1545 et du 29 avril 1561. Souchet, qui mourut en 1654, dit qu'il vit, dans son enfance, tirer à l'oiseau contre le clocher de Saint-Michel ; c'était une tour carrée, hors œuvre, assise à l'extrémité de l'aile droite. L'église avait 16 toises 1/2 de long sur 12 de large, dans œuvre. (Hist. de Pintard ; mss., p. 571 ; coll. Lejeune.)

[3] Il y avait dans cette chapelle une plaque de marbre, sur laquelle était gravée l'épitaphe du sieur de Montescot, mort en 1626.

[4] Arch. dép.; *Papiers de Saint-Michel* et *Notes de l'abbé Brillon.*

des terres remplissaient le chœur et le bas-côté droit, et le service divin, pour les soldats de la garnison, se célébrait dans la chapelle Sainte-Anne, du côté gauche de la nef. En 1600, lorsque la citadelle fut démolie, les marguilliers ayant rendu compte à la chambre de ville des dégâts faits dans leur église, on leur donna, pour la réparer, les démolitions de la maison du gouverneur [1]. On fit aussi refaire la couverture et déblayer le cimetière [2].

Le prieuré dépendait autrefois de l'abbaye de Saint-Lomer de Blois, qui était collateur de la cure. Le titre de Saint-Michel, avec ses revenus, fut uni au collège de Chartres en 1663.

7° Église paroissiale de Saint-Saturnin.

L'église Saint-Saturnin était anciennement hors de la porte des Epars, à gauche, près du fossé. On ordonna sa démolition vers 1357, à l'approche des Anglais et des Navarrais; mais on conserva le cimetière et une chapelle, avec crypte, dédiée à saint Thomas de Cantorbéry. L'église fut reconstruite dans l'emplacement occupé aujourd'hui par la place Marceau [3]. Pour faciliter cette translation, l'Evêque abandonna une chapelle sous le vocable de saint Sébastien, qu'il possédait en face du grand four Boël, et la dame Marie d'Angennes, bourgeoise, fille de feu Pierre de Senonches, fit donation de ses maisons et jardins, situés près du même endroit [4]. L'église, dont le

---

[1] *Reg. des Échevins*, Séance du 7 mars 1600.

[2] *Ib.*; Séance du 18 juillet 1600.

[3] Ordonné que les chapitres particuliers vaudront chapitres généraux, pour tout ce qui se rapportera à la supplique des paroissiens de Saint-Saturnin, au sujet de ladite église, toute dévastée, à réédifier près du four Boël. *(Reg. cap.;* Chap. général de la Purification 1358; mss. de la Bibl.)
En 1393, l'ancienne église, quoique en ruines, avait encore des murailles. Il fut enjoint d'y déposer les tuiles du pressoir du clos Notre-Dame, que le Chapitre faisait rebâtir. *(Ib.;* Séance du lundi après Saint-Jacques et Saint-Christophe; ib.)

[4] La donation de Marie d'Angennes est datée du 16 décembre 1363. Elle fut faite, dit le titre, *en considération de la grande désolation de ladite église, laquelle,*

porche occidental regardait le four Boël, fut achevée en 1418 et démolie pendant la Révolution [1]; nous n'avons aucun renseignement précis sur l'édifice, tant à l'intérieur qu'à l'extérieur.

On détruisit la chapelle Saint-Thomas pendant le siège de 1568; la crypte ne fut comblée qu'en 1615, et le cimetière servit jusqu'en 1786, époque à laquelle on l'abandonna comme étant nuisible à la promenade et à la place des Barricades [2].

Au commencement du XIVe siècle, la paroisse de Saint-Saturnin eut plusieurs démêlés avec les Frères-Mineurs ou Cordeliers, ses voisins, au sujet des sépultures. Il arrivait assez fréquemment que des gens du faubourg, paroissiens de Saint-Saturnin, faisaient élection de sépulture dans le couvent des Frères, ce qui portait atteinte aux droits du curé. Celui-ci résistait, les notaires et les sergents instrumentaient, et des protestations publiques étaient faites pendant la cérémonie de l'inhumation. La procédure suivie en pareil cas nous paraît digne d'être mentionnée pour l'étude des mœurs du temps :

avec le presbytère et l'aumône d'icelui, ont été abattus et détruits pour cause des guerres, et de ce qu'au dit lieu aucun n'osait habiter ni converser par doute des ennemis du royaume qui par chaque jour étaient aux aguets de prendre à rançon et mettre à mort les paroissiens, ce qui empêche de porter les sacrements et de dire la messe fors qu'en lieux non convenables, impertinents et déshonnêtes et desquels il convient partir aux termes des louages.... La maison donnée et ses dépendances, au carrefour des rues du four Boël et de la Croix-aux-Moines, occupaient le coin si comme l'on va dudit four Boël en la rue du Cygne. La donatrice destine la grande maison de pierre, dite maison feu Rogier de Senonches, à la demeure du curé, et le surplus, pour réédifier en icelles aucune habitation où pourrait être fait le saint service. Le curé était alors Me Jehan du Moulin-Neuf et le marguillier Pierre Quatresolz.

Plusieurs historiens font de Marie d'Angennes une d'Angennes *des seigneurs de Rambouillet;* rien ne me paraît prouver cette assertion. Elle était fille de Pierre de Senonches, et la famille de Senonches appartenait à la bourgeoisie chartraine. Les registres capitulaires font connaître, de 1307 à 1320, deux membres de cette famille, Renaud de Senonches le vieux et Renaud de Senonches le jeune, qualifiés *bourgeois de Chartres* et possesseurs d'une maison au cloître. (*Reg. capit.;* mss. de la Bibl.)

[1] Histoire ayant appartenu à Marie Saint-Ursin, p. 4. — Hist. de Souchet, p. 17; mss. de la Bibl. C'était une église assez resserrée, en forme de hache longue; elle avait 19 toises de long sur 14 1/2 de large. (Hist. de Pintard; mss., p. 573.)

[2] *Reg. des Échevins;* Délibérations des 27 avril 1568, 27 octobre 1615 et 28 mai 1783.

Le 21 mai 1339, Jehan *de Caninginato*, notaire apostolique, sur la réquisition de frère Jean Arresnard, procureur fondé des religieux Cordeliers, se présenta dans l'église de Saint-Saturnin, pendant l'enterrement de l'enfant du nommé Henri Pasquier, boucher, de la paroisse, et s'adressant au père, lui dit: *Henri, n'avez-vous pas donné, de son vivant, votre enfant au couvent des frères Mineurs, pour qu'il y vécut pendant sa vie et qu'il y fut inhumé après sa mort? Dites-moi s'il en est ainsi et si vous persistez?* A quoi Henri répondit: *Il en est ainsi; je veux que le corps ici présent soit inhumé chez les frères Mineurs.* M° Pierre Milet, curé, interrogé à son tour par le notaire, refusa de livrer le corps, en disant: *Votre pétition n'est pas convenable; le père ne peut pas disposer du corps de son fils, mon paroissien, exposé dans mon église. Il n'appartenait qu'à moi, comme curé, de lui administrer les sacrements; personne ne pouvait et ne peut disposer de son corps, sans ma permission.* Le notaire dressa immédiatement procès-verbal de ce refus, dans le chœur même, en présence d'Étienne Bedel, prêtre, trésorier de l'évêque de Chartres, et de Garnier, changeur, citoyen de Chartres, témoins requis.

Le 28 mai, le même notaire, sur la réquisition de Fr. Richard, gardien des frères Mineurs, alla trouver le curé Milet devant la porte magistrale de Saint-Saturnin, dans la galerie qui conduit du presbytère au courtil de l'église, et lui fit une nouvelle sommation de livrer le corps du fils d'Henri Pasquier, qu'il avait inhumé dans son cimetière nonobstant la volonté exprimée par le père du vivant et après la mort de l'enfant. Le curé répondit: *Je vous entends; je me garderai de faillir*. De cette réponse le notaire dressa un *instrument public*, pour servir au frère-gardien, en présence des témoins et de Henri Pasquier.

Cependant l'affaire s'envenima, les Cordeliers portèrent plainte au Chapitre; et comme il fut prouvé que le décédé avait été, pendant sa vie, destiné au cloître par son père, le curé de Saint-Saturnin perdit son procès. Il fut obligé de reconnaître son tort et d'en rédiger déclaration par écrit le samedi 29 avril 1346, en présence du doyen de Chartres et du gardien des Cordeliers [1].

La cure de Saint-Saturnin avait été réunie en 1418 à la mense du Chapitre pour l'entretien des enfants de chœur. Cette réunion, confirmée par trois arrêts de 1488, 1568 et 1660, et par une bulle de Sixte IV, de 1475, fut attaquée comme abusive, en 1664, par M. l'évêque de Neufville de Villeroi, qui rentra, en vertu d'un arrêt du 24 août, dans la juridiction spirituelle de Saint-Saturnin, et obtint la réintégration du titre de la cure, à sa collation, sur la présentation du Chapitre. Cependant les revenus anciens ne furent pas restitués, car, en 1785, la cure de Saint-Saturnin ne valait pas plus de 80 livres par an, non compris le casuel.

§ 4. — CHAPELLES ET ORATOIRES DANS LA VILLE.

1° *Saint-Blanchard, dans le château des Comtes.*

Le titre le plus ancien que nous connaissions, sur la chapelle du château des Comtes, est une charte du mois de mai 1202, par laquelle le comte Louis, du consentement de sa femme Catherine et de son fils Thibault, donne à perpétuité au chapelain qui célébrera l'office divin à la tour de Chartres, deux muids de blé par an sur les moulins de Gourdez, à raison de deux setiers par mois, deux muids de vin sur les vignes du domaine à Chartres, une rente de cinquante sous sur le change, *pour sa robe*, et une autre de dix sous, pour son lumi-

---

[1] Arch. dép.; *Titres des Cordeliers*

naire[1]. Il résulte du même titre que le service de la chapelle avait été institué par le père du comte Louis, Thibault V, dit *le Bon*, qui mourut en 1191.

Le nom de Saint-Blanchard, *candidus*[2], que portait cet oratoire, lui fut peut-être donné vers le milieu du XIIIe siècle, en mémoire de la reine Blanche, mère de saint Louis, bienfaitrice de Notre-Dame de Chartres. Il était situé au bout de la grande salle du palais, et, depuis l'époque où les plaids du bailliage se tinrent dans l'ancienne demeure des Comtes, jusqu'à la Révolution, le chapelain dit, chaque jour, une messe à Saint-Blanchard, à l'issue de l'audience du matin. C'était aussi à la chapelle Saint-Blanchard que les confréries des notaires, avocats, procureurs et sergents fêtaient leur patron[3].

La chapellenie, à la collation du Comte, puis du duc de Chartres, était divisée, au XVIIIe siècle, en quatre portions dont la première appartenait aux frères Jacobins[4]. Ses revenus principaux consistaient alors en cens et rentes sur quatorze maisons des rues Chantault et Saint-André[5].

Saint-Blanchard périt avec le château des Comtes, au commencement de ce siècle.

2° *Saint-Eman.*

Saint Eman, l'apôtre chartrain du VIe siècle, avait, si l'on en croit la tradition, un ermitage à l'endroit de la colline où

---

[1] Voir *suprà*, p. 123-124. — Mss. de Pintard; coll. Lejeune.

[2] Saint Blanchard, *candidus*, prêtre de la Gaule, est cité dans la vie du pape saint Grégoire.

[3] Rouillard, *Parthénie*, deuxième partie, p. 153.

[4] Arch. dép.; *Titres des Jacobins*. Les possesseurs des autres portions étaient probablement les trois autres ordres mineurs de Chartres, les Cordeliers, les Capucins et les Minimes.

[5] En 1741, il y eut aveu, aux chapelains de la Tour, des maisons de leur censive. Une d'elles, appartenant au sieur Dauvray, exempt des gardes de feue madame la Dauphine, devait un sou de cens, payable chaque année, le jour de Saint-Martin, *sur la première marche de la grande croix du cimetière Saint-André*. (Ib.; *Titres des Jacobins.*)

fut bâtie la chapelle qui portait son nom. On pense que la piété publique transforma l'ermitage en chapelle peu de temps après la mort du saint. Son culte était déjà fort en honneur au Xe siècle, car Widbert, abbé de Saint-Père, écrivait son panégyrique ; au XIe siècle, l'abbé de Saint-Père, Landry, achetait, pour son couvent, un arpent de vignes appartenant à Dominicus, *prêtre de Saint-Eman* [1].

Il ne reste plus de la chapelle Saint-Eman, qui dépend d'une maison de la rue Saint-Eman, jadis de *la Rôtisserie*, au coin du tertre du même nom, que les deux murs latéraux, ayant trois pieds d'épaisseur, et une partie du pignon de l'est, avec les traces de deux lancettes ogivales et d'un plein cintre. Son abside était soutenue par une terrasse reposant sur l'ancienne muraille de clôture du IXe siècle [2].

La chapelle Saint-Eman, qui appartenait à l'abbaye de Saint-Florentin de Bonneval, avait été favorisée, en 1612, d'une bulle d'indulgences par le pape Grégoire XV ; elle possédait alors une association de pénitents gris des deux sexes et était desservie par le tiers-ordre de Saint-François.

Elle fut vendue pendant la Révolution.

3° *Saint-Etienne au cloître.*

On sait, par une mention insérée dans un nécrologe de Saint-Jean-en-Vallée, sous la date du 7 des kalendes de septembre, qu'Adelard, doyen du chapitre de Notre-Dame, détermina les chanoines, ses frères, à fonder une église en l'honneur de saint Etienne et donna, à cet effet, les places qu'il possédait près de la maison du Vidame, avec l'autel

---

[1] Voir *suprà*, p. 21 ; et *Cart. Saint-Père*, vol. 1er, p. 27.

[2] En 1508, cette muraille qui soutenait une partie de la ruelle Saint-Eman, *par laquelle on descend de rue de la Rôtisserie à rue qui mène à Saint-André*, menaçait ruine et fut l'objet d'une visite des échevins, *dans l'héritage de Jean Brotisseaux ou Broutesaule*. (*Reg. des Echevins*; Séance du 5 décembre 1508.)

de Morancez et trois arpents de vignes à Saint-Maurice [1].

L'emplacement de l'église, à l'extrémité de la terrasse de l'évêché, est encore visible; une ruelle qui se dirigeait vers le tripot de Chinche la séparait de l'hôtel du Vidame.

Nous avons dit plus haut que, vers 111., Yves donna Saint-Étienne aux religieux de Saint-Jean-en-Vallée qui en firent un prieuré [2]. La maison du prieur attenant à l'église occupait le terrain sur lequel s'élève le couvent actuel de la Providence; ses jardins en terrasses descendaient, comme aujourd'hui, jusqu'au Tripot et à la rue de la Corroierie.

Saint-Étienne était dans les temps anciens une église collégiale, soit que les fondateurs y eussent créé des canonicats, soit que les religieux de Saint-Jean en eussent fait une succursale de la maison-mère, sous la direction du prieur. Vers 1129, le comte Thibault IV signait, *dans la chambre des chanoines de Saint-Étienne*, un titre concernant l'abbaye de Saint-Père [3].

Une bulle de Sixte IV, du 7 des ides de novembre 1475, enleva le prieuré de Saint-Étienne à la mense conventuelle de Saint-Jean pour le réunir à la mense abbatiale, afin, dit ce document, qu'en temps de guerre, l'abbé pût y cacher les joyaux, ornements et meubles de la communauté et y faire continuer le service divin [4]. Cette prévision fut réalisée un siècle plus tard.

Vers 1500, les bourgeois de Chartres érigèrent dans l'église Saint-Étienne, avec l'approbation des échevins, une grande confrérie dite *de la Passion*. Cette association, civile autant que religieuse, joua un rôle dans la ville pendant les guerres de religion qui désolèrent le XVIᵉ siècle [5].

---

[1] Rouillard, *Parthénie*, deuxième partie, p. 152.
[2] *Cart. Saint-Père*, vol. 1ᵉʳ, p. 88 et 93.
[3] *Cart. Saint-Père*, vol. 2, p. 292.
[4] Arch. dép.; *Titres de Saint-Jean;* invent., n° 1,277.
[5] *Regist. des Échevins;* Délibérations du 9 octobre 1520 et du 30 juin 1523.

Lorsque les religieux de Saint-Jean-en-Vallée furent contraints d'abandonner leur couvent incendié pendant le siège de 1568, ils se réfugièrent dans le prieuré spacieux de Saint-Étienne, qui devint ainsi l'abbaye de Saint-Jean.

4° *Saint-Fiacre et Saint-Pantaléon, sur la porte Guillaume.*

Cet oratoire, établi au XIII° siècle pour l'usage des hommes d'armes de l'évêque tenant garnison dans la porte Guillaume, était à la collation des chanoines de Saint-André [1].

Il avait une certaine réputation au commencement du XVI° siècle. Le 30 septembre 1520, M° Guillaume Jumeau, chapelain de Saint-Fiacre et de Saint-Pantaléon, *auquel oratoire vient nombre de pélerins et pélerines faire des oblations*, se plaignit en chambre de ville d'un cordier voisin travaillant sur le chemin de ronde de la muraille, qui remplissait le lieu saint de ses filasses, et dont les ouvriers buvaient et mangeaient sur l'autel; il demanda qu'on délogeât le cordier et qu'on lui donnât sa place à bail, pour y bâtir une chambre de laquelle il pût pourvoir à la propreté de l'oratoire. On eut égard à sa requête et la place du cordier lui fut louée le 21 juin 1524, moyennant 27 sols 6 deniers tournois par an [2].

Après le siège de 1591, comme il importait de réparer et d'augmenter les fortifications, le gouverneur et les capitaines émirent l'avis qu'il conviendrait d'établir une échauguette sur le haut de la porte Guillaume, *dans l'oratoire Saint-Fiacre* [3]. Cette appropriation profane nuisit probablement au service divin et au pélerinage. Cependant l'oratoire existait encore au XVII° siècle.

---

[1] Rouillard, *Parthénie*, deuxième partie, p. 153.
[2] *Reg. des Echevins.*
[3] *Ib.*; Séance du 28 avril 1593.

5° *Saint-Serge et Saint-Bacche ou Saint-Nicolas, au cloître.*

La chapelle Saint-Serge et Saint-Bacche était située dans l'enceinte du cloître, du côté de l'*écritoire* de l'évêché, sur l'emplacement occupé aujourd'hui par une partie de la grille et de la cour d'honneur du palais épiscopal. L'évêque Renaud de Mouçon en fit donation au Chapitre en juillet 1190 [1]. Les historiens ecclésiastiques disent qu'au XIII° siècle la dévotion à Saint-Serge et Saint-Bacche était si vive que les fondations pieuses, services, obits, anniversaires, augmentèrent considérablement son revenu. On y institua, en l'honneur de la Conception, une confrérie connue au XIV° siècle sous le nom de *grande confrérie des Bourgeois*. Plus tard cette confrérie, composée principalement de jeunes clercs de Notre-Dame, prit pour patron saint Nicolas, qu'elle finit par imposer à la chapelle [2].

En 1597, le chanoine Thiersault fonda six canonicats à Saint-Nicolas; six autres bénéfices y furent créés par le chanoine Loupereau en 1614. Les titulaires étaient ordinairement choisis parmi les officiers du Chapitre et les prêtres habitués de Notre-Dame.

M. Godet des Marais, voulant agrandir la cour de l'évêché, obtint du Chapitre, en 1702, la cession de la chapelle Saint-Nicolas; elle fut détruite en 1703, et, dans le travail de démolition, le tombeau de saint Calétric et plusieurs autres grands sarcophages d'une haute antiquité furent mis à découvert [3].

---

[1] Voir *suprà*, p. 115, note 2.

[2] Souchet, mss. de la Bibl. — Chevard, vol. 2, p. 10 et suivantes.

[3] Acte de Poluche et Proust, notaires apostoliques, du 3 mai 1702. M. Godet des Marais, pour indemniser le Chapitre, lui fit construire, entre la poterne des Lices et la porte de l'évêché, une maison qui fut appelée *le Secrétariat du Chapitre*. Voir *suprà*, p. 22.

6° *Saint-Vincent, près la porte Cendreuse.*

On voit encore une partie de l'abside de l'église Saint-Vincent, à droite, en descendant à la Croix-de-Beaulieu par la rue Porte-Cendreuse; c'était un prieuré dépendant de l'abbaye de Saint-Florentin de Bonneval. On dit qu'elle fut construite, pour des chanoines, par un prêtre nommé Renaud, lorsque la ville était encore renfermée dans la clôture du IX° siècle. Quoi qu'il en soit, elle appartenait déjà, au XI° siècle, à la communauté de Bonneval, car, en 1097, l'évêque Yves en confirma la possession aux religieux [1]. En 1233, ces derniers devaient au vicomte Simon du Puiset dix deniers de cens sur leur maison de Saint-Vincent [2].

Le 17 août 1705, l'évêque Godet des Marais, autorisé par lettres patentes du Roi du mois de février 1699, admit la résignation que fit entre ses mains M. Antoine-Simon de Magny, prêtre, docteur de la maison et société de Sorbonne, du prieuré de Saint-Vincent de Chartres, membre de l'abbaye de Bonneval, en éteignit le titre et en unit les fruits aux petits séminaires du diocèse. M. de Fleury, jugeant que les bâtiments du séminaire de Saint-Charles étaient suffisants pour les besoins de son diocèse, vendit le prieuré de Saint-Vincent à M. Claude d'Avignon, conseiller du Roi, ancien maire et procureur de S. M. en la Maréchaussée, par acte du 27 septembre 1764 [3].

7° *Chapelles au cloître.*

En 1317, le chanoine Robert *de Domo maugis* obtint la permission d'élever une chapelle dans la maison qu'il faisait construire près de la maison des enfants de chœur et de la

---

[1] Arch. dép.; *Inventaire du séminaire de Saint-Charles*, troisième partie.
[2] Ib.; *Titres de Saint-Charles et ancien prieuré de Saint-Vincent.*
[3] Arch. dép.; *Titres de l'ancien prieuré de Saint-Vincent.*

Porte-Percheronne du cloître. Il ne reste plus aucune trace de cette fondation [1].

On voyait encore, il y a peu d'années, dans la rue de l'Hôtel-Dieu, à droite, en arrivant à la rue Percheronne, les restes d'une porte de chapelle romane, pourvue de chambranles ornés de zig-zags et d'un tympan sur lequel étaient sculptés deux anges émergeant des nuages. Cette porte, détruite en 1846 avec la maison dont elle faisait partie, devait être, sinon l'aînée, du moins la contemporaine de la façade royale de Notre-Dame [2].

§ 5. — ÉGLISES ET CHAPELLES HORS LA VILLE.

1° *Église paroissiale et collégiale de Saint-Maurice, au faubourg de la porte Drouaise.* — *Chapelle Saint-Lazare de Lèves.*

L'église paroissiale et collégiale de Saint-Maurice, dont l'emplacement est à peine reconnaissable aujourd'hui, était située dans le faubourg de la Porte-Drouaise, sur le haut de la colline, à gauche de la grande route de Lèves. On prétend que sa fondation première est due à saint Eman [3] et qu'elle appartenait à des religieux que l'évêque Geoffroi de Lèves transféra vers 1118 dans son monastère de Josaphat. Après cette translation, Saint-Maurice, possédé par des laïcs comme dîme inféodée, ne serait rentré dans le domaine ecclésiastique que sous l'épiscopat de Guillaume aux Blanches-Mains (1164-

---

[1] *Reg. capit.*; Séance du mercredi avant la Saint-Arnoult 1317.

[2] Je parlerai de la chapelle de l'Hôtel-Dieu dans le chapitre que je consacrerai à cet établissement. On aperçoit aussi dans le cloître, à l'angle de la rue Percheronne, à peu de distance de l'Étroit-Degré, les murs latéraux de la chapelle Sainte-Même, fondée au XVe siècle.

[3] Voir *suprà*, p. 21. Il existait une histoire manuscrite de Saint-Maurice par Claude Savart, ancien juge consul et premier *gager* de la paroisse, en 1706. La plupart des renseignements que je donne sur Saint-Maurice sont puisés dans les notes de l'abbé Brillon sur cet ouvrage, et dans le cartulaire déposé aux archives de la mairie.

1169); c'est ce qui résulterait d'une bulle d'Alexandre III qui confie l'église Saint-Maurice, *arrachée des mains infidèles*, à la sollicitude et au patronage des évêques de Chartres [1].

On sait que cette église fut détruite entièrement au XIIIe siècle et reconstruite bientôt après. Le nouvel édifice ne dura probablement pas longtemps sans avaries. La tour faite hors-œuvre derrière l'abside avait 36 toises de hauteur; les Huguenots la démolirent en 1568 et elle fut remplacée après les guerres par un clocher peu élégant [2]. Pendant le siège de 1568, le prince de Condé ayant fait jeter bas la couverture de Saint-Maurice, braqua son canon sur la ville, du haut des voûtes. Les échevins et gouverneurs de Chartres interdirent d'abord la reconstruction de cette couverture; elle ne fut refaite qu'en 1585, presque à plat, et sans porter sur les pointes des pignons [3]. En 1591, Henri IV fit de Saint-Maurice une écurie et un poste de mousquetaires [4].

A l'intérieur, l'église avait douze toises de hauteur et 72 pieds de longueur dans œuvre. Les bas-côtés étaient soutenus par douze piliers ronds, accostés de quatre colonnettes s'élançant vers les hautes voûtes; douze arcades donnaient ouverture aux bas-côtés sur la nef centrale. Au-dessous et à gauche du maître-autel, une crypte dite de Saint-Blaise contenait, dans trois tombeaux de pierre, les corps de saint Blaise, de saint Eman et de saint Pellegrin. La dévotion à saint Blaise était en grand honneur dans le Moyen-Age; on amenait devant son sépulcre les *frénétiques* ou épileptiques qui espéraient guérison par son intercession. Comme les cris de ces pauvres malades troublaient le prêtre à l'autel, un chanoine de Saint-Maurice, nommé Guillaume Fabri ou Lefébvre, qui mourut en 1201, fit

---

[1] Copie du XVIIIe siècle. *(Cart. de Saint-Maurice;* arch. de la mairie.)

[2] On construisit, en 1678, une sacristie sur une partie de l'emplacement de l'ancienne tour. Le nouveau clocher, qui appuyait trop sur les voûtes, fut étayé en 1671. (Hist. de Savart. — Abbé Brillon.)

[3] Ib.

[4] Ib.

établir derrière l'église, dans un lieu retiré, une chambre appelée le *berceau de saint Blaise*, où les *frénétiques* étaient sequestrés pendant le temps de leurs neuvaines [1]. Au côté droit de la crypte se trouvait une arcade habitée aux XIII° et XIV° siècles par une recluse préposée à la garde de ce lieu saint [2].

L'entrée du chœur était, selon l'usage, fermée par un jubé construit en 1572; ce monument intérieur fut démoli, sauf la croix du milieu [3], en 1679, et ses débris servirent à faire une chaire à prêcher. On remarquait encore les fonts baptismaux adossés au quatrième pilier de la nef, près de l'autel Sainte-Anne et Sainte-Radegonde ; un foyer, sorte de calorifère, pavé en échiquier et disposé au bas des fonts, servait à réchauffer les petits enfants après le baptême par immersion [4].

Peu d'églises en France étaient aussi riches en reliques que celle de Saint-Maurice ; elle en possédait huit châsses toutes pleines [5]. La tradition conservée par le chroniqueur Savart,

---

[1] Hist. de Savart. — Abbé Brillon.

[2] La récluse de Saint-Maurice était quelquefois nommée Dame des *Saints-Lieux-Forts* de la Cathédrale. *(Reg. capit.;* Chapitre général de la Saint-Jean 1357. Jour des kalendes de novembre 1391.)

[3] On avait une dévotion particulière pour cette croix, parce qu'elle resta debout lors du sac de l'église par les Huguenots, en 1568. (Hist. de Savart. Ib.)

[4] On trouva, en 1674, un puits sous les marches des fonts baptismaux. Trois autres puits existaient dans les dépendances de Saint-Maurice, le premier devant le portail royal de l'église, le second près du presbytère, et le troisième dans une vigne près du cimetière. (Ib.; et notes de l'abbé Brillon.)

[5] Au mois d'avril 1227, l'évêque Gauthier mit dans des châsses neuves les corps des bienheureux Eman et Pellegrin ou Pérégrin ; il résulte du procès-verbal de cette opération, que les reliques ont été reconnues authentiques par la constante tradition des prêtres et clercs de Saint-Maurice, *et par les vieilles écritures trouvées dans les anciennes châsses.*

Un autre enchâssement fut fait par l'évêque Pierre Beschebien, le samedi 23 avril 1457. L'inventaire dressé à cette occasion donne la nomenclature suivante des reliques contenues dans les châsses :

Première Châsse.

Saint Maurice.	Vraie Croix.	Pierre du Calvaire.
Saint Servestre.	Saint André.	Bras d'un Innocent.
Saint Suplice.	Saint Germain.	Doigt saint Laurent.
Saint Paoul.	Vestement saint Solein.	Bras saint Siméon.
Saint Ligier.	Vestement saint Pierre.	Doigt saint Symphorien.
Saint Jehan et saint Paoul.	Vestement saint Paoul.	Doigt saint Cheron.
Quatre coronnés.	Saint Sepulchre.	

fait connaître que le nom de Saint-Maurice fut donné à cette basilique parce que les Bourguignons fuyant devant Attila lui confièrent, en 636, la châsse du glorieux chef de la légion thébaine. Elle restitua probablement ce trésor qui appartenait alors à Saint-Germain d'Auxerre, car ce ne fut qu'en 1217 qu'elle dut à la munificence de l'abbé et des religieux de Saint-Maurice d'Agen quelques fragments des reliques de son patron [1].

La petite église Saint-Lazare de Lèves, fondée en 1120 et reconstruite en 1409, était une annexe de Saint-Maurice. Deux vicaires ou curés perpétuels desservaient alternativement les deux églises, soit par périodes biennales et triennales, soit viagèrement [2]. La paroisse comprenait Lèves, Chavannes,

Deuxième Châsse.

Cheveux Nostre-Dame.	Saint Eman.
Vestements Nostre-Dame.	Saint Pelerin.
De son sepulchre.	Saint Père et saint Paoul.
Sainte Avagude.	Chere saint Père.
Saint Gauboure.	Machoire saint Laurent avec les dents.

Huitième Châsse.

Le chef saint Eman, couvert de la peau et de partie des cheveux, et encore sanguineux.

Saint-Maurice possédait aussi la ceinture de sainte Thècle; c'était une bande verte, entrelacée de trois cordons et longue de cinq quarts. On la faisait toucher aux femmes en mal d'enfant.

Les reliques des autres châsses n'avaient point d'écriteau.

Le 24 décembre 1573, les reliques de Saint-Maurice, déposées à Saint-André depuis 1568 *par crainte des Huguenots*, furent rétablies dans leur église par les soins de l'évêque de Thou, qui en dressa procès-verbal. (Arch. de la mairie; *Cart. de Saint-Maurice.*)

Un dernier enchâssement eut lieu le 21 septembre 1698, sous la direction de messire Louis Patin, grand-vicaire de l'évêque Godet des Marais. (Extrait de l'*Histoire de Saint-Maurice*, par Savart.)

[1] Acte de 1217, *dans la fête de Saint-Jean et Saint-Paul*, par lequel Milesard, abbé de Saint-Maurice d'Agen, et tout le couvent, à la prière du doyen de Chartres, donnent à l'église Saint-Maurice de Chartres, et délivrent à M° Robert *du Coin du Mur*, chanoine de cette église, quelques ossements des bienheureux martyrs de la légion thébaine. (Arch. de la mairie; *Cart. de Saint-Maurice;* Copie collationnée par Claude Blanchard, chanoine, au mois de septembre 1527.)

[2] Hist. de Savart; *Ib.* Il existait à Saint-Lazare de Lèves une confrérie dite de la Charité, pour l'ensevelissement des morts; elle avait été fondée au XVII° siècle par un certain Jacques Petit, natif de Lèves, et ancien compagnon du Père Claude, ermite du bois de Lèves. (Ib.)

C'était à Saint-Maurice que les cordiers fêtaient leur patron. On avait institué dans la Barre-des-Prés, le Bourg-Neuf, Seresville, le faubourg de la Porte-Drouaise, et une partie de la rue Muret. Comme collégiale, Saint-Maurice possédait un Chapitre de neuf chanoines pourvus de cinq prébendes entières et de quatre demi-prébendes, à la collation de l'évêque; le premier chanoine en dignité portait le titre de Chevecier. Les curés étaient à la nomination de ce Chapitre [1].

Il est question *de la terre* des chanoines de Saint-Maurice dans plusieurs titres du Xe siècle [2]; en 1060, le domaine de l'église s'étendait assez au loin du côté de Mainvilliers [3]. Au XIVe siècle, la censive de Saint-Maurice frappait un grand nombre de maisons de la ville parmi lesquelles se trouvaient l'hôtel des Etuves, la *Salle* Saint-Cheron et la Foulerie du Roi; les chanoines, en leur qualité de curés primitifs de la paroisse et comme donataires de plusieurs seigneurs, possédaient aussi des dîmes sur les territoires de Béville, Levéville, Laideville, Ensonville, Tessonville, Screz, Magny, Houville, Abonville, Gignonville, Mainvilliers, Lèves, et sur les vignes du faubourg [4].

cette église, en 1539, une confrérie dite du Saint-Sacrement ou des Apôtres; les douze confrères ou apôtres, élus chaque année, faisaient leurs dévotions *vêtus à la judaïque* et portaient à la procession le dais et les instruments de la passion. La sobriété n'étant pas la vertu favorite de ces *bons apôtres*, on fut forcé de supprimer la confrérie, à ce que nous apprend une note de l'abbé Brillon. On cite encore, dans l'église Saint-Maurice, une confrérie dite de Notre-Dame-de-Liesse, établie par Jean Dubois Nattier, soldat luthérien, resté à Chartres après le siège de 1568, et converti au catholicisme. (Ib.)

[1] Hist. de Savart. Ib. Il fut décidé, par un acte de l'évêque Renaud de Mouçon, de 1215, que les curés seraient choisis de préférence parmi les chanoines. *(Cart. de Saint-Maurice;* arch. de la mairie.)

[2] Charte de l'évêque Eudes, du 9 février 974. — Autre, de 986, du temps de l'abbé Widbert, de Saint-Père. *(Cart. Saint-Père,* vol. 1er, p. 59 et 75.)

[3] La limite de cette terre était la route publique se dirigeant vers la porte Saint-Jean-de-Vallée, aujourd'hui la route de Châteauneuf. *(Cart. Saint-Père,* vol. 1er, p. 24.)

[4] Le Cartulaire de Saint-Maurice donne les comptes de cens et rentes et des baux à ferme pour les années 1208, 1219, 1257, 1264, 1304, 1358, 1377, 1387 et 1389. Des arrêts du Parlement des 26 août 1606, 14 mai 1611 et 11 août 1612, maintinrent les chanoines de Saint-Maurice, comme curés primitifs de Saint-Maurice et de Saint-Lazare, dans la jouissance de la dîme des vignes appartenant aux paroissiens; cette dîme fut calculée à raison de trois pintes par quartier de vignes ou de quatre pintes par poinçon de vin, au gré des débiteurs.

Ils étaient administrateurs de l'Aumône ou Hôpital de la paroisse [1].

Le chapitre de Saint-Maurice avait autrefois une justice qui s'exerçait près de la maison des Aveugles de Saint-Julien, hors la porte Drouaise; il la vendit dans le XIII° siècle au sieur de Chambon, sous-doyen, qui donna en retour une terre nommée *Cocatrix*, près de Châteauneuf, et le Bois-Hamon, paroisse de Bailleau-l'Évêque [2].

2° *Eglise paroissiale de Saint-Barthélemy.*

L'église paroissiale de Saint-Barthélemy, détruite pendant la Révolution, était située dans le faubourg conduisant à Saint-Cheron, au point de jonction de ce faubourg avec la rue qui descend vers la porte Guillaume. C'était un prieuré-cure dépendant du monastère de Saint-Cheron. On ne sait à quelle époque remonte la fondation de cette église dont il est question dans des titres de la fin du XI° siècle [3]. Vers 1115 [4], les religieux, pour satisfaire aux besoins spirituels des paroissiens, divisèrent la cure en deux portions; l'une, annexée à l'église même du couvent, desservit les habitants du Puits-Drouet et des environs; l'autre, conservée à Saint-Barthélemy, fut la paroisse d'une partie des faubourgs Morard et Guillaume et de quelques maisons de la ville, voisines de la Porte-Guillaume. Néanmoins, pendant plusieurs siècles, les fiançailles des pa-

---

[1] Cet hôpital était situé près de l'arche de Saint-Maurice, sous laquelle passe le torrent des Vaux-Roux. Il fut vendu au XVI° siècle, à la charge par le propriétaire de nettoyer l'église toutes les fois qu'il en serait besoin. (Hist. de Savart. lb.)

[2] Les chanoines vendirent le Bois-Hamon le 13 mai 1577, pour payer leur quote-part de l'aliénation de 50,000 livres de rentes du clergé, accordée au Roi par le Pape. *(Cartul. Saint-Maurice;* arch. de la mairie.)

[3] Vignes près de Saint-Barthélemy. — Actes de Saint-Père, antérieurs à 1077 et 1091. *(Cart. Saint-Père,* vol. 1er, p. 203, 216 et 238.) Voir *suprà*, p. 37, note 1re.

[4] Voir *suprà*, p. 93.

roissiens de Saint-Barthélemy se firent sous le porche de la tour carrée de Saint-Cheron [1].

Nous ne savons rien de la construction de Saint-Barthélemy, tant à l'extérieur qu'à l'intérieur. Cette église, qui fut saccagée plusieurs fois pendant les guerres de religion, ne conservait d'autres vestiges de l'ancien édifice que des cryptes assez vastes. Chaque année, le jour des Rameaux, les chanoines de Notre-Dame et le clergé de la ville venaient en procession adorer la croix du cimetière de Saint-Barthélemy [2].

3° *Église paroissiale de Saint-Cheron.*

Nous parlerons de la paroisse de Saint-Cheron dans l'article concernant le couvent de ce nom.

4° *Prieuré de la Madeleine du Petit-Beaulieu.*

En 1094, l'évêque Yves autorisa l'abbé de Cluny et les religieux de la Charité-sur-Loire à fonder une église et un monastère au Petit-Beaulieu près Chartres [3]. Cette maison, qui fut pendant plusieurs siècles un prieuré assez important de l'ordre de Cluny, ne consistait plus, à l'époque de la Révolution, qu'en un petit oratoire. Le prieur possédait quelques cens et rentes sur des maisons de la ville, entre autres sur celle de la rue *des Vasseleurs, alias des Lices*, qui, aux XVI° et XVII° siècles, servait ordinairement d'habitation aux Capitaines-gouverneurs de Chartres [4].

---

[1] *Histoire du monastère de Saint-Cheron*, p. 10; mss. de la Bibl.

[2] Le moine Paul, de Saint-Père, qui écrivait vers 1080, parle de la croix qui est dans le cloître, *in atrio*, de Saint-Barthélemy et jusqu'à laquelle s'étendent les vignes de Saint-Père. (*Cart. Saint-Père*, vol. 1er, p. 21.) Cette croix était en grande vénération dans le peuple.

[3] Arch. dép., *Inventaire du Chapitre*, p. 248, verso.

[4] *Reg. des Echevins*, délibération du 14 janvier 1670; Arch. dép., *Terrier de 1780, Titres du Chapitre* et *Inventaire*, p. 248, verso.

5° *Prieuré de Saint-Martin-au-Val. Église paroissiale de Saint-Brice.*

La fondation de Saint-Martin-au-Val, aujourd'hui l'hospice des vieillards et des aveugles au faubourg Saint-Brice, remonte presque à l'introduction du christianisme dans le pays chartrain. On pense que la première église fut bâtie en l'honneur de saint Martin-le-Blanc, évêque de Chartres, dont la mort se rapporte à l'année 245; le patron devint ensuite saint Martin de Tours. A part les traditions et les récits plus ou moins controversés des anciennes chroniques de Notre-Dame, les titres relatifs à Saint-Martin-au-Val sont d'une haute antiquité. Il est fait mention du *monastère* de Saint-Martin dans une charte d'Aganon, de 930; Graulf, abbé de Saint-Cheron, parle de la *terre* de Saint-Martin dans un titre de 949 [1].

Cette église conventuelle appartint aux évêques de Chartres jusqu'à l'épiscopat d'Ardouin, frère et successeur de Ragenfroy, qui la livra vers 955 au comte Thibault-le-Tricheur [2]. Nous avons déjà dit que les comtes récompensèrent quelquefois les services de leurs fidèles par des bénéfices en terres du domaine de Saint-Martin [3]; les établissements religieux et civils de Chartres reçurent aussi leur part dans les aumônes faites aux dépens de ce petit monastère. Au commencement du XIIe siècle, l'abbaye de Saint-Père et les Lépreux de Beaulieu possédaient deux prébendes de Saint-Martin, et les religieux de Saint-Jean-en-Vallée recevaient les annualités des prébendes vacantes par la mort des titulaires [4].

---

[1] *Cart. Saint-Père*, vol. 1er, p. 22 et 34.

[2] Voir *suprà*, p. 43.

[3] *Ib.*, p. 45, note 3. Aux Xe et XIe siècles, le domaine de Saint-Martin-au-Val avait déjà une assez grande étendue. Outre les abords du couvent, les chanoines possédaient des terres à Thivars et près de Saint-Cheron; ils étaient en querelle avec Saint-Père au sujet de la propriété de deux familles serves d'Emprainville; leur *majorat* ou *mairie* comprenait des terres situées près de Saint-Lubin-des-Vignes et de Saint-Lomer de Luisant, entre autres le lieu de Mautrou.

[4] Par un titre de 1102-1122, la comtesse Adèle donna à Saint-Père une pré-

Le comte Thibault IV, pour accomplir, dit-on, un vœu de sa mère Adèle, fit donation, en 1128, du monastère de Saint-Martin-au-Val avec toutes ses dépendances, aux moines de Marmoutiers. Geoffroy II, évêque de Chartres, chargé par un bref du pape Honorius II de mettre en possession ces nouveaux propriétaires, régla par une transaction du 18 janvier 1131-1132 les indemnités à payer aux Lépreux, à Saint-Père et à Saint-Jean. Il fut stipulé que Marmoutiers abandonnerait à Saint-Jean son prieuré de Saint-Nicolas de Courville, à la charge par Saint-Jean de servir chaque année aux Lépreux et à Saint-Père, évincés de leurs prébendes, une rente de soixante sous chartrains, quatre muids de froment *au fur de Loëns*, deux muids d'avoine, deux setiers de pois et deux muids de vin [1].

L'abbaye de Marmoutiers fit de Saint-Martin-au-Val un riche prieuré qu'elle réunit à la mense conventuelle de Bonne-Nouvelle d'Orléans et dont elle conserva la possession jusqu'en 1663. Le 20 mars de cette année, le chancelier Seguier acheta l'église et le couvent de Saint-Martin pour la communauté des frères Capucins de Saint-Lubin-des-Vignes, qui les occupa jusqu'à l'époque de la Révolution [2].

Par un usage dont on ne connaît pas l'origine, c'est à Saint-Martin-au-Val que les Évêques nommés de Chartres passent en retraite pieuse la nuit qui précède le jour de leur entrée solennelle dans la ville.

Les habitants du bourg Saint-Martin, aujourd'hui Saint-Brice, ceux du Coudray et du Bas-Luisant, avaient pour paroisse

---

bende de Saint-Martin-au-Val, possédée antérieurement par Bernard, son médecin. (*Cart. Saint-Père*, vol. 2, p. 309.) La prébende de Saint-Père, à Saint-Martin-au-Val, est mentionnée dans le privilège du pape Honorius II, daté de 1127. (*Ib.*, p. 262.)

[1] *Cart. Saint-Père*, vol. 2, p. 374. — Voir, pour Saint-Martin-au-Val, autrement dit le *Gros de Marmoutiers*, et pour les droits de repas et procure dus au chapitre de Notre-Dame les jours de procession, l'*Inventaire du Chapitre*, p. 251, verso; Arch. départ.

[2] Je parlerai dans la suite de cet ouvrage des Capucins de Saint-Martin-au-Val et de la situation de leur communauté lors de sa suppression.

l'église du prieuré. Il est question d'un curé de Saint-Martin-au-Val, indépendant des chanoines de ce lieu, dans un titre de 1101-1129 [1]. Vers la fin du XIV siècle, Saint-Martin ayant été ruiné par les Anglais, les religieux de Marmoutiers firent bâtir, en dehors de l'enceinte claustrale, pour les besoins de la paroisse, une église placée sous l'invocation de saint Brice. La cure fut alors divisée entre Saint-Brice, Saint-Lomer de Luisant et Saint-Julien du Coudray, chapelle connue jadis sous le nom de Saint-Thibault-des-Vignes.

6° *Prieuré de Saint-Lubin-des-Vignes.*

Le culte de Saint-Lubin, le pâtre du Poitou, que ses mérites élevèrent au trône de Solemnis et d'Ethère, prit naissance vers le VII° siècle dans le pays chartrain. L'église de Saint-Lubin-des-Vignes, desservie par une communauté de chanoines, et qualifiée de monastère dans les titres les plus anciens, tomba, on ne sait comment, vers le milieu du X° siècle, entre les mains des comtes de Chartres, qui disposèrent de la dignité d'abbé et des revenus conventuels en faveur de leurs fidèles. Nous avons déjà dit qu'en 981 Foucher se qualifiait abbé de Saint-Lubin par la générosité, *per largitionem*, de son seigneur le comte Eudes [2]. Ce Foucher, probablement de la maison de Fréteval, transmit Saint-Lubin à sa postérité après en avoir distrait, moyennant cens et rentes, six arpents de vignes, qui formèrent un domaine distinct connu longtemps sous le nom de clos Sigismond [3].

Il y a au midi, dans les vignes, écrivait le moine Paul à la fin du XI° siècle, une église construite en l'honneur de saint

---

[1] *Cart. Saint-Père*, vol. 2, p. 331.

[2] Voir *suprà*, p. 45, note 3.

[3] Il est question du clos Sigismond dans une charte de la comtesse Adèle au profit de Saint-Père, de 1102-1122. On voit par la même charte que le fief des seigneurs de Fréteval, Nivelon et Ursion son fils, s'étendait encore à cette époque sur une partie du territoire de Saint-Lubin. (*Cart. Saint-Père*, vol. 2, p. 411.)

Lubin, qui fut jadis une abbaye. Une matrone du nom d'Ermentrude, épouse de Nivelon, exprima en mourant le désir que cette église fût remise à Saint-Père avec les terres et les dîmes de sa dépendance, et, pour obtenir le consentement de son époux, car l'église en question était son patrimoine, elle lui légua ses bracelets et ses colliers d'or. Pendant sa vie, Nivelon ne tint pas compte du désir de son épouse; mais s'étant fait moine vers l'heure de sa mort, il pria vivement ses enfants d'accomplir la remise de Saint-Lubin aux religieux de Saint-Père. Payen, l'aîné, n'eut pas le temps de souscrire à la volonté de ses parents, car il fut tué, peu de temps après, en combattant contre Geoffroy Martel, comte d'Anjou, qui s'était emparé de Fréteval, manoir de sa famille. Mais son frère Foucher, qui, à la mort de Payen, se fit guerrier, de clerc qu'il était, touché par les prières de l'abbé Landry (1033-1067), abandonna à Saint-Père l'église de Saint-Lubin, avec son cimetière, toutes ses vignes et le cens qui frappait le clos Sigismond [1].

Saint-Lubin devint alors un prieuré dépendant de l'abbaye de Saint-Père, et ses possessions s'accrurent par les donations que lui firent la comtesse Adèle, en 1104 et vers 1115, et le chanoine Payen, de Saint-Martin-au-Val, en 1117. L'église du prieuré figure au nombre de celles dont parle le pape Pascal II dans le privilège qu'il donna à Saint-Père le 6 janvier 1106-1107 [2].

On ne connaît aucun fait digne de remarque sur le prieuré de Saint-Lubin, sinon que, vers 1120, le moine-prieur fut taxé à une redevance annuelle de deux sous, pour sa quote-part dans les frais du service solennel *des parents morts*, institué à Saint-Père le jour de la deuxième férie après les octaves de la Pentecôte, et qu'en 1145, une autre redevance annuelle

---

[1] Voir *suprà*, p. 60, et *Cart. Saint-Père*, vol. 1er, p. 25.
[2] *Cart. Saint-Père*, vol. 2, p. 258, 408 et 411.

VUE DE L'ABBAYE DE St PÈRE EN VALLÉE.
D'APRÈS UN DESSIN DE 1696. (Bibl. impér.)

de deux sous fut encore exigée de lui pour l'entretien de la bibliothèque du couvent [1].

En 1585, l'abbé de Saint-Père, Claude de Lorraine, concéda Saint-Lubin à l'évêque Nicolas de Thou, pour y placer des religieux capucins.

7° *Église paroissiale de la Madeleine.*

Nous parlerons de l'église paroissiale de la Madeleine dans l'article concernant le couvent de Saint-Jean-en-Vallée [2].

§ 6. — COUVENTS DANS LA VILLE ET DANS LA BANLIEUE.

1° *Abbaye de Saint-Père, ordre de Saint-Benoît.*

Nous avons raconté, dans le troisième chapitre de cette histoire, les vicissitudes du monastère de Saint-Père, depuis sa fondation jusqu'à sa restauration par l'abbé Alveus, en 954. L'état monumental de cette célèbre abbaye, à cette époque, ne nous est pas connu. Elle fut enclose de murs dans tout son périmètre par l'abbé Landry, vers le milieu du XI° siècle [3] et devint la proie des flammes, en 1077, sous l'abbé Hubert [4]. Il est probable que l'incendie presque général de 1134 la détruisit de nouveau, ainsi que l'église [5], et

---

[1] *Cart. Saint-Père*, vol. 2, p. 359 et 393.

[2] On peut encore ranger parmi les églises et chapelles de la banlieue chartraine, les prieurés de Saint-Lomer de Luisant, de Saint-Pantaléon de Lucé et de Saint-Hilaire de Mainvilliers; les églises, chapelles et oratoires du bois de Lèves, de Champhol, de Gourdez, d'Ouerray, de Goindreville, etc.

[3] .... *in quodam croto, juxta peribolum quod edificavit venerabilis Landricus abbas in circuitu cœnobii. (Cart. Saint-Père*, vol. 1er, p. 109.)

[4] *Ib.*, p. 226.

[5] *Apothecarius moralis sancti Petri Carnot.;* mss. de la Bibl. — *Cart. Saint-Père*, prolégomènes de M. Guérard, n° 245.

que les bâtiments furent rétablis dans la seconde moitié du XIIe siècle.

En 1407, l'abbé Etienne le Baillif fit exécuter de grands travaux d'embellissement et d'utilité, parmi lesquels le plus remarquable fut la reconstruction du cloître, en style ogival tertiaire. Ce promenoir, qui occupait l'emplacement actuel de la cour intérieure de la caserne, était borné, au septentrion, par l'église, au midi, par le grand réfectoire et la grande cuisine, à l'orient, par le dortoir, à l'occident, par les greniers, celliers et caves. « Chaque côté du cloître, dit un
» historien de Saint-Père, a onze arcades d'une pierre très-
» belle et très-polie; celui devant le chapitre en a douze....
» Quatre colonnes taillées en une seule pierre soutiennent et
» divisent ces arcades, qui sont taillées en cordons et rem-
» plies d'une rose et de formes de feuilles de trèfle ornées de
» feuillages et autres ornements, et dedans et dehors, soute-
» nues par une seule colonne qui est au milieu de l'arcade;
» et toutes les colonnes de ce cloître ont leurs bases de pierres
» bien taillées et leurs chapiteaux taillés en feuillages, fruits,
» oiseaux et autres figures. Chaque colonne n'a que treize
» pouces quelques lignes de circonférence [1]. » A trois des angles de ce cloître se dressait une statue colossale, entre socle et dais; c'étaient les figures de saint Pierre, de saint Paul et de saint Etienne. La statue de saint Benoît se trouvait près de la sixième arcade, en face des deux portes du lieu capitulaire, comme pour rappeler aux frères capitulants la règle instituée par leur saint fondateur [2].

Détruit par un incendie, le 3 mai 1584, le dortoir ne fut

---

[1] *Histoire de l'abbaye de Saint-Père*, par D. Bernard Aubert (1672); mss. de la Bibl.

[2] Le terrain fut exhaussé par suite de ces travaux. Il y a quelques années, des ouvriers qui creusaient un égout dans la cour intérieure de la caserne, trouvèrent à trois mètres de profondeur de grandes tombes de pierre renfermant des ossements et construites en forme d'auge, suivant la coutume du XIIe et du XIIIe siècle.

Il existe au cabinet des Estampes de la Bibliothèque impériale une vue du cloître et de l'abbaye de Saint-Père.

reconstruit que longtemps après, car, en 1609, l'évêque Philippe Hurault donna 1,164 livres tournois pour l'achever. On voyait encore, à l'époque où écrivait don Bernard Aubert (1672), à l'extrémité gauche de la cuisine, aile méridionale, un très-vieux bâtiment, de forme carrée, qui avait échappé à tous les désastres de l'abbaye et qui remontait probablement à la restauration du Xe siècle. L'abbatiale était située au septentrion, dans une avant-cour dont l'issue donnait, du côté de la ville, entre le presbytère et l'église paroissiale de Saint-Hilaire, en face de la rue Saint-Pierre.

En 1700, sous l'abbé Philippe V de Lorraine, le dortoir, le chapitre et les archives furent édifiés à neuf; ce sont les bâtiments qui existent aujourd'hui.

L'enclos de Saint-Père, qui a peu changé depuis les temps les plus reculés, était borné, à l'orient, par un mur distant « de 24 toises du cours de la rivière », à l'occident, par la colline plantée de bois, dite la *Garenne de Saint-Père*, au nord, par l'église Saint-Hilaire, au midi, par le mur et le fossé de la ville [1]. La prise d'eau de la rivière qui alimentait ce fossé, entrait par un canal dans le jardin des religieux et sortait du couvent par un conduit souterrain qui débouchait dans la rivière, au bout de la rue de l'Âne-Rez. Les jardins de Saint-Père et les promenades de la Garenne étaient renommés pour leurs belles dispositions et pour les points de vue dont on jouissait en les parcourant.

Après l'incendie de 1134, le moine Hilduard fut chargé par son abbé de la réédification de l'église du couvent. Il fit le chœur et les bas-côtés, mais, faute d'argent, le travail fut interrompu [2]. La nef et les bas-côtés datent du XIIIe siècle;

---

[1] Dès le XIe siècle, un chemin descendait de la route de Saint-Martin-au-Val vers la Courtille et séparait le couvent et le bourg Saint-Père, du Bas-Bourg ou Barbou. La porte du couvent donnant sur ce chemin était nommée porte *du Paradis*. (Voir *suprà*, p. 64 et 147.) Du côté de la rivière, le terrain de 24 toises en dehors du couvent fut occupé par un cimetière et par l'hôpital du Puits-du-Crochet.

[2] Hilduard « fut obligé de faire un mur du côté de l'occident pour clore le chœur

on construisit de nouveau le chœur vers la fin du règne de saint Louis et l'abside ne fut terminée que dans les premières années du XIVᵉ siècle. Malgré ces remaniements, l'édifice, parfaitement proportionné, est d'une grande élégance et tient un rang très-distingué parmi les églises secondaires de France.

A l'extérieur, on remarque principalement la légèreté des contreforts de l'abside; ils sont surmontés « par des cloche- » tons qui forment autour du sanctuaire de petites tourelles » élégantes, comme autant de sentinelles préposées à sa » garde. » A l'extrémité occidentale de l'église, se trouve une tour carrée dont les murs ont dix pieds de largeur au-dessus des voûtes de la nef; sa construction paraît dater du Xᵉ siècle. L'aspect intérieur de Saint-Père est éblouissant. La hardiesse du chœur, la légèreté des colonnes qui s'élancent vers les voûtes, la riche structure du triforium ou galerie, et, plus encore, la splendeur des verrières [1], étonnent et ravissent tout à la fois.

Avant 1793, l'ameublement de l'édifice était digne de son architecture. On admirait dans le chœur un retable d'autel, de style renaissance, orné de bas-reliefs en albâtre de la façon

---

» et borner son ouvrage. En creusant les fondations de ce mur, on rompit une voûte » en forme de chambrette, dans laquelle se trouvait le corps de saint Gilduin, enve- » loppé d'une dalmatique, d'une tunique et d'un cilice.... » (Bulteau, p. 280.) Gilduin, d'une noble famille bretonne alliée à celle du Puiset, mourut en 1067, à Saint-Père, où il s'était arrêté en revenant d'un pèlerinage à Rome. Ses reliques reposent aujourd'hui dans une crypte de la petite église de Champhol.

[1] Les verrières de Saint-Pierre garnissent trente-six grandes lancettes et datent, presque toutes, du XIVᵉ siècle. Elles sont généralement d'une exécution très-remarquable. L'abbé Bulteau fait observer que ces tableaux étincelants sont rangés dans un ordre méthodique heureusement combiné. Du côté gauche de la nef figurent les apôtres et les faits évangéliques; du côté droit, les confesseurs et les faits du martyrologe; dans le chœur, les bienheureux, les prophètes, les martyrs, se pressent autour du Sauveur « porté, petit enfant, sur les bras de sa mère, et homme, sur » l'arbre de la croix. » Ainsi, toutes les verrières de l'église semblent converger vers un centre commun qui est Jésus-Christ.

Après la révolution de 1793, on a remplacé les grisailles qui ornaient le *Triforium*, dans la courbure absidale, par des vitraux retirés de l'église Saint-Hilaire et dus à Robert Pinaigrier, célèbre peintre-verrier du XVIᵉ siècle. (Voir *Description de Saint-Pierre*, par l'abbé Bulteau, p. 292.)

de François Marchand, maître imagier d'Orléans en 1543 [1]; des stalles de bois, sculptées en 1531 par Jacques Bourdon et Denis de Montaudouin, menuisiers de Chartres, garnissaient le sanctuaire; un jubé renaissance (1543), décoré de cinq grandes statues et de neuf bas-reliefs, ouvrage de François Marchand, dérobait le chœur à la vue des profanes [2].

Il ne reste plus rien aujourd'hui de ces richesses artistiques; mais, en compensation, on a placé dans la chapelle absidale dédiée à la Sainte-Vierge, une collection d'émaux magnifiques représentant les douze apôtres. Cette œuvre des plus précieuses, exécutée en 1547 par l'émailleur Léonard Limousin, ornait autrefois l'église du château d'Anet. La chapelle de la Vierge contient aussi une assez belle statue en marbre, représentant Marie; elle est due au ciseau de Bridan. On voit dans le trésor de la sacristie le crucifix qu'Henri III apporta à Chartres, lors de son pèlerinage de 1582.

Il y avait dans l'église de Saint-Père une grande dévotion pour sainte Soline, vierge d'Aquitaine, martyrisée à Chartres peu de temps après l'introduction du christianisme. Les religieux de Saint-Père, qui possédaient ses ossements, les emportèrent avec eux à Saint-Germain d'Auxerre après les dévastations de l'évêque Hélie, et les ramenèrent triomphalement vers 950. On sortait la châsse de sainte Soline pour obtenir de la pluie; d'où cette sainte était communément appelée *la sœur de saint Taurin*.

L'abbaye de Saint-Père, l'une des plus importantes de l'ordre de Saint-Benoît, subit en 1650 la réforme de la congrégation de Saint-Maur. Elle eut des abbés crossés et mitrés [3],

---

[1] Ce retable en albâtre, représentant la Passion, avait coûté 1,225 livres tournois. Il fut enlevé le 17 septembre 1793 par Sergent et Lemonnier et transporté au Musée national de Paris.

[2] Les débris du jubé, transportés d'abord dans le dépôt des Petits-Augustins de Paris, ont été employés à décorer une chapelle de l'église de Saint-Denis; ils s'y trouvent encore aujourd'hui.

[3] Par une bulle de 1412, le pape Jean XXIII confirma l'abbé de Saint-Père dans le droit de porter la crosse et la mitre. (Mss. de Pintard, coll. Lejeune.)

résidants jusqu'en 1491, et commendataires jusqu'à la réunion de la mense abbatiale à la mense épiscopale, en 1778 ¹. Une foule de dignitaires, dont les plus distingués étaient le Prieur, le Sous-Prieur, les Prévôts, le Chambrier, le Bibliothécaire, l'Aumônier et l'Econome, dirigeaient au Moyen-Age les affaires de la communauté, au temporel et au spirituel ; cette administration s'étendait sur vingt-quatre prieurés et sur quatre-vingt-une cures ². Les possessions territoriales des religieux, très-considérables au XIVᵉ siècle, donnaient encore un revenu assez élevé à la Révolution ³ ; à Chartres, ils possédaient, entre autres biens, plusieurs moulins, les eaux de la rivière depuis les herses de la Courtille jusqu'au pont Saint-Hilaire, une censive, des fours banaux, des droits coutumiers sur les foires de Saint-Père et la justice du Bourg. Cette justice, l'une des plus belles prérogatives de l'abbaye, s'exerçait par un bailli « tenant ses plaids le mercredi et le vendredi de » chaque semaine en un très-bel auditoire bâti dans la cour

---

¹ Les principaux abbés de Saint-Père furent Alveus († 954); Widbert, auteur de la Passion de Saint-Eman († a. 985); Foucher, auteur d'une histoire des Croisades († 1171); Etienne le Baillif († 1416); Germain de Ganay, évêque d'Orléans († 1521); Charles Hemard de Denonville, cardinal († 1540); les trois abbés du nom de Hurault, dont l'un devint évêque de Chartres (de 1595 à 1635); Louis Barbier de la Rivière, duc et pair, évêque de Langres († 1670); les deux princes Raimond et Philippe de Lorraine (de 1670 à 1702). Le dernier commendataire fut l'abbé Joseph Alphonse de Véri, auditeur de Rote.
Avant que l'abbaye ne fût donnée en commende, il y eut plusieurs abbés résidants appartenant à des familles chartraines ; on peut citer, entre autres, Guy Colrouge († 1272), Vincent Gastelier ou Gatelet († 1299), Pierre Plume ou à la Plommée († 1349), Pierre Chouart († 1429), Jean Jourdain († 1465), Jean Pinard († 1480).

² Les prieurés et cures de Saint-Père étaient situés dans les évêchés de Chartres, Orléans, Evreux, Séez, Rouen et Coutances. Les biens appartenant au couvent dans ce dernier diocèse lui provenaient d'Arefaste, seigneur normand, dénonciateur des hérétiques d'Orléans (voir *suprà*, p. 56, note 1ʳᵉ) ; ils consistaient dans le prieuré de Saint-Pierre du Ham et dans la cure de Saint-Hermolend de Gouberville. Les religieux de Saint-Père, préposés à l'administration de cette partie lointaine du domaine conventuel, eurent souvent à souffrir du voisinage des puissants et turbulents seigneurs de Reviers.

³ En 1776, la mense abbatiale produisait 33,233 livres en argent, sans compter les redevances en nature. Le revenu conventuel était à la même époque de 22,551 livres, non compris les redevances. En 1790, ce même revenu fut évalué à 23,307 livres en argent, 540 setiers de blé et 202 minots d'avoine ; les charges, rentes constituées, pensions, oblats et décimes, se montaient à 10,298 livres.

» d'entrée et proche la grande porte¹. » Le bailli, qui avait sous ses ordres un lieutenant et des tabellions, disposait, pour l'exécution de ses sentences, de prisons et de fourches patibulaires.

Les moines de Saint-Père avaient, aux processions générales, le pas sur les autres religieux de la ville; ils marchaient immédiatement après le clergé de la cathédrale, au côté droit, qui est celui de l'Evêque ². Cette distinction honorifique était justifiée par la puissance de cette célèbre abbaye et par la réputation de science et de vertu attachée de tout temps aux fils de saint Benoît.

Lorsque les officiers municipaux de Chartres firent la visite de Saint-Père, les 23 avril, 14 et 15 mai 1790, par ordre de l'Assemblée nationale, il ne restait plus au couvent que huit religieux présidés par D. Le Bas, prieur. Six religieux et le prieur se sécularisèrent; les deux autres, D. Bourdon de Launay et D. Sarrazin, déclarèrent persister dans leurs vœux monastiques.

2° *Abbaye de Saint-Jean-en-Vallée, ordre de Saint-Augustin* ³.

Nous n'avons aucun renseignement sur l'état matériel de la première abbaye de Saint-Jean, dont la construction re-

---

[1] Les privilèges accordés en 985 à l'abbaye de Saint-Père, par le roi Lother, à la sollicitation du comte Eudes, relativement au droit de justice et à la liberté du bourg de Saint-Père, furent toujours reconnus et respectés par les possesseurs du domaine de Chartres. On connaît un titre de la comtesse Adèle, veuve du comte Etienne-Henri (vers 1103), qui condamna son prévôt Chotard à restituer aux religieux une amende de 20 sous pour sang versé, *effusi sanguinis*, perçue indûment dans le *détroit* du bourg de Saint-Père. (Copie d'un *titre de Saint-Père*, coll. Lejeune.)

[2] *Cartul. Saint-Père*, prolégomènes de M. Guérard, n° 261. Les religieux de Saint-Père possédaient autrefois, dans l'église de Chartres, six prébendes, sur les douze qui leur avaient été données vers 954 par Ragenfroy. En 1508, ils échangèrent ces bénéfices contre la terre de Giroudet et la remise de 25 livres auxquelles le Chapitre avait droit, pour les repas des dignités, lors des processions annuelles faites au monastère. (Accord passé en Parlement, le 14 juillet 1508, approuvé par les vicaires-généraux d'Erard de la Marck, évêque de Chartres et de Liège, le 15 août 1509. — *Invent. du Chap.*, folio 234; Arch. dép.)

[3] L'ordre de Saint-Augustin affectionnait la résidence de Chartres, où il avait deux maisons. En 1395, une compagnie d'Augustins déchaussés tenta de s'établir près du pont de Saint-Barthélemy, hors la porte Guillaume, mais l'Evêque et le

monte au commencement du XI⁰ siècle [1]. Elle était située à l'extérieur des murs de Chartres, du côté septentrional, dans le lieu connu encore aujourd'hui sous le nom de clos de Saint-Jean-en-Vallée. Depuis la porte Drouaise jusque près du rond-point de la promenade actuelle des Charbonniers, les murs du couvent longeaient ceux de la ville, le fossé entre deux [2]. On prétend que le clos de Saint-Jean renfermait des vestiges d'un ancien château habité par la comtesse Adèle, veuve du comte Etienne-Henri [3]. La porte du monastère qui regardait la ville, s'appelait porte de *Vallée*, porte *Saint-Jean-de-Vallée*, porte de *pierre-de-Vallée* [4].

Un incendie ayant dévoré l'abbaye de Saint-Jean en 1215, elle fut reconstruite immédiatement sur un plan grandiose; on remarquait parmi les bâtiments, celui destiné à l'hôpital des pauvres et à l'infirmerie des moines [5]. Il y eut, sans doute, de nombreux changements depuis cette époque jusqu'au XVI⁰ siècle; tout ce que nous savons, c'est qu'en 1555, deux jours avant la Saint-Jean, les grandes eaux firent irruption dans le monastère, et que, le 12 octobre suivant, le vent abattit le clocher, qui tomba dans l'église tout d'une pièce, *sans se démolir* [6].

Chapitre firent partir ces nouveaux venus qui ne leur avaient pas demandé permission. (Histoire de Souchet, p. 15, recto; mss. de la Bibl. — *Livre des priviléges du Chapitre*, folio 5, recto; ib.)

[1] Voir *suprà*, p. 58.

[2] La ville et le couvent de Saint-Jean se disputèrent longtemps la propriété de l'herbe et des broussailles qui croissaient dans le fossé. En 1225, l'official du Chapitre donna gain de cause au couvent contre le prévôt de Chartres, et sa sentence fut confirmée par l'official de Sens, métropolitain, en mars 1248. *(Titres de Saint-Jean,* invent., n° 1,108, Arch. dép.) Cependant, il résulte d'une délibération des échevins, du 28 janvier 1498, que la ville s'opposait, comme propriétaire, à l'enlèvement, par les chanoines de Saint-Jean, des pierres et cailloux qui se trouvaient dans le fond du fossé, vis-à-vis le monastère.

[3] Rouillard, *Parthénie*, deuxième partie, p. 177, verso.

[4] *Cart. Saint-Père*, vol. 1ᵉʳ, p. 24. — *Titres de Saint-Jean*, invent., n° 1,116 *et passim;* Arch. dép.

[5] .... *Quasdam domos, cum virgulto, sitas juxta domum elemosynariam Sancti Johannis in Valleia Carnot*. (Acte de janvier 1282; *Titres de Saint-Jean*, invent., n° 758; Arch. dép.)

[6] Journal de Jean Bouvard, sergent royal à Chartres. Mss. communiqué par feu M. Marchand père.

Le couvent de Saint-Jean ayant été brûlé par les Huguenots en 1568, les religieux durent chercher un autre asile. Ils se réfugièrent d'abord dans leur prieuré de Sainte-Foy, mais l'exiguité du local et l'impossibilité de l'agrandir, les déterminèrent à se rendre dans le prieuré de Saint-Etienne, au cloître. Ils y joignirent une maison que le Chapitre leur vendit et firent élever de vastes bâtiments sur l'emplacement de l'ancienne maison du prieur. En attendant qu'ils possédassent une église digne de la communauté, les religieux continuèrent leur office dans la petite église paroissiale de la Madeleine, située dans l'enceinte de leur ancien couvent, et qui, malgré son voisinage, avait échappé aux fureurs des Huguenots. Après leur installation définitive à Saint-Etienne, la Ville ayant donné l'ordre de démolir l'église de la Madeleine, ses paroissiens furent réunis à ceux de Sainte-Foy, et il ne resta plus dans le clos de Saint-Jean que la maison de l'hôpital ou aumône paroissial.

Les bâtiments conventuels de Saint-Jean (ancien prieuré de Saint-Etienne), occupés aujourd'hui par les dames de la Providence, datent de 1640. L'église du Prieuré, entièrement reconstruite en 1686, fut consacrée par Mgr Godet des Marais, le 23 août 1697; elle a été détruite pendant la Révolution.

Nous avons dit que, vers 1099, l'évêque Yves introduisit à Saint-Jean des chanoines réguliers [1] dont Pierre de Mincy opéra la réforme en 1262. L'ordonnance de ce dernier prélat peut donner une idée de l'administration intérieure d'un couvent d'Augustins au XIIIe siècle. Par ce réglement, défense est faite à tout chanoine d'avoir plus de trois chemises, trois paires de chausses, trois braies, trois pelisses et trois surplis; les aumusses doivent être en peau d'agneau, de renard ou de chat, et les robes, en étoffe de laine blanche, noire ou grise, soit dans l'abbaye, soit dans les prieurés. Il est prescrit

[1] Voir *suprà*, p. 87.

de tenir la tonsure très-ample et de laisser une couronne de cheveux, coupés assez ras pour ne jamais couvrir les oreilles. Quant aux dispositions pénales, en voici les principales : Pour être sorti du dortoir avant le signal du prieur, privation de vin pendant un jour; même punition pour n'être pas monté au dortoir au signal donné; pour avoir rompu le silence aux heures et lieux où il est de rigueur, la discipline en plein chapitre; pour être sorti du cloître sans permission, privation de vin pendant un jour et discipline en plein chapitre; pour avoir franchi la dernière clôture, sans permission, le cachot; pour avoir mangé de la viande aux jours défendus par la règle, privation de vin pendant autant de jours que le péché a été commis de fois; pour le péché d'incontinence de la chair, séquestration en charte privée; pour vol, même punition; pour révolte et désobéissance continue à la règle de saint Augustin, séparation à tout jamais du reste de la communauté et réclusion éternelle dans un cachot étroit, *comme il est de coutume dans les autres maisons religieuses*. Pierre de Mincy termine par la défense absolue d'admettre des femmes dans l'intérieur du monastère, même sous le prétexte de *pratiquer des saignées* ou de soigner les infirmes, et de les autoriser à stationner ou à manger dans la maison du portier [1].

En 1628, l'évêque Léonor d'Estampes de Valançay fit opérer une autre réforme à Saint-Jean, par les soins de plusieurs religieux génovéfains [2].

Les chanoines de Saint-Jean jouissaient du privilège d'hériter de leurs parents, faveur accordée par des bulles d'A-

---

[1] Voir *suprà*, p. 144, note 4.

[2] Cette réforme ne se fit pas sans difficulté. L'Evêque appela secrètement près de lui, en mars 1628, le R. P. Baudouin, prieur de l'abbaye de Saint-Vincent de Senlis, lui adjoignit deux religieux de Saint-Cheron, se rendit avec eux au couvent de Saint-Jean, déposa le prieur, nomma le Père Baudouin à sa place, donna les clés à Fr. Anne d'Agnicourt, religieux de Saint-Cheron, et la garde de la sacristie à Fr. Louis Mercier, du même couvent, et ne se retira qu'après que les chanoines eurent promis soumission. Pendant ce temps, les suisses de l'Evêque tenaient la porte d'entrée hermétiquement fermée. (*Hist. de l'abbaye de Saint-Cheron*, p. 44, verso; mss. de la Bibl.)

lexandre IV (1254) et de Grégoire X (1271); ils excipaient d'une bulle d'Innocent IV (1245) pour ne se soumettre qu'à l'excommunication papale [1]; nous avons vu qu'au XIIIᵉ siècle le *détroit* de leur justice haute et basse comprenait plusieurs quartiers de la ville et de la banlieue [2]; leur abbé prenait le titre de premier chanoine-né de Notre-Dame et il précédait le Chapitre en cette qualité dans toutes les cérémonies [3]. Ces droits et privilèges, joints au souvenir de l'ancienne splendeur de l'abbaye, avaient donné aux chanoines de Saint-Jean un rang distingué parmi les religieux réguliers de Chartres.

Le couvent de Saint-Jean possédait aux XVᵉ et XVIᵉ siècles le collège de Bourgogne à Paris et entretenait six boursiers au collège de Navarre [4]. Sa censive était fort étendue [5]; il avait de toute ancienneté deux fours banaux, l'un à Saint-Maurice et l'autre dans la rue Porte-Neuve, près de l'hôtel de la *Levrière*; le domaine du Paradis, voisin de Beaurepaire, à la Barre-des-Prés, lui appartenait également [6]. Parmi ses plus beaux et ses plus riches prieurés, il faut citer ceux de Saint-Nicolas de Courville, Theuvy, Garnay et du Tremblay.

Les familles considérables du pays chartrain donnèrent de bonne heure aux chanoines des marques de leur pieuse libéralité; les Vidames, sans doute en mémoire d'Etienne, fils de la vidamesse Hélisende, abbé de Saint-Jean, puis patriarche de Jérusalem en 1120, les Chollet, les Vieuxpont de Courville, les sires d'Ouarville, entre tous autres, comblèrent

---

[1] *Titres de Saint-Jean*, invent., n° 1,230; Arch. dép.

[2] Voir *suprà*, p. 147.

[3] Voir *suprà*, p. 87 et Sablon, *Hist. de l'église de Chartres*, p. 96.

[4] Baux de 1410, 1541, 1563. Saint-Jean louait le collège de Bourgogne 70 livres tournois par an. *(Titres de Saint-Jean*, invent., nᵒˢ 637 à 643; Arch. dép.)

[5] Le locataire de l'auberge de la ville de Dreux ou des Trois-Rois, ancien four Saint-Jean, au faubourg Saint-Maurice, était tenu, le 22 septembre de chaque année, de fournir aux religieux de Saint-Jean une table et un tapis, pour recevoir les cens dus à cette époque au monastère. *(Histoire de Saint-Maurice*, par Savart; notes de l'abbé Brillon.)

[6] Pour les fours banaux et le Paradis, voir *Invent. des titres de Saint-Jean*, nᵒˢ 763, 765 et 1,034.

Saint-Jean de leurs bienfaits pendant les siècles des croisades. Il faut croire que cette grande richesse reçut de funestes atteintes lors des guerres de religion, car, au siècle dernier, les revenus de la maison ne dépassaient pas 7,150 livres en argent, 880 setiers de blé et 190 minots d'avoine.

La dignité d'abbé fut possédée, par des réguliers, jusqu'en 1556, et, depuis cette époque jusqu'à la Révolution, par des commendataires dont le dernier fut M. l'abbé Dromgold.

Les officiers municipaux chargés de visiter Saint-Jean, en 1790, trouvèrent dans la maison onze religieux qui se sécularisèrent [1].

3° *Abbaye de Saint-Cheron, ordre de Saint-Augustin* [2].

Le culte de saint Cheron, apôtre du pays chartrain, remonte à l'époque de sa mort, fixée au Ve siècle par les Bollandistes [3]. Les chroniques ecclésiastiques enseignent qu'un citoyen nommé Secran ayant bâti une église de clercs-chanoines dans le faubourg de Chartres, lieu présumé de la sépulture du martyr, une vision miraculeuse de l'abbé Aper, contemporain de l'évêque Pappolus (vers 570), fit découvrir l'endroit où reposait le corps du saint [4]. Le bruit des miracles opérés par son intercession donna naissance à un pèlerinage, et pendant plus de quatre cents ans, dit l'historien du couvent, le peuple de Chartres fit élection de sépulture dans l'en-

---

[1] Procès-verbal de la visite des officiers municipaux au couvent de Saint-Jean, le 23 avril 1790; Arch. de la Mairie. Le passif consistait alors en 15,900 livres, capital de rentes constituées, et en 1,900 livres de dettes.

[2] Il existe à la Bibliothèque de la ville une histoire manuscrite de l'abbaye de Saint-Cheron, composée par un religieux de cette maison vers le milieu du XVIIe siècle. J'y ai puisé plusieurs détails intéressants.

[3] Voir *suprà*, p. 20.

[4] Baillet, *Vie des Saints*, vol. 2, p. 448. — *Les Bollandistes*, t. 6, *Mai*, p. 802. Il y avait dans la haute Beauce, une famille puissante du nom d'*Aper*, sanglier; en 1096, Pierre Aper était un des fidèles du vicomte Hugues du Puiset. (*Cart. Saint-Père*, vol. 1er, p. 240.)

clos de Saint-Cheron ¹. On rapporte que, vers 658, le roi Clother III aumôna de grands biens au nouveau monastère, en reconnaissance de la guérison d'un de ses fils.

Les Nordmans détruisirent Saint-Cheron en 858, lors du sac de Chartres; toutefois cet événement n'empêcha pas le couvent de prospérer, car les titres font connaître qu'au milieu du Xe siècle ses domaines étaient considérables et sa censive étendue ². L'évêque Geoffroy de Lèves, qui paraît s'être beaucoup occupé de ce monastère au spirituel et au temporel, reconstruisit les bâtiments vers 1138. Mais cette maison était destinée à passer par une alternative périodique de ruines et de restaurations. Les habitants de Chartres détruisirent la grosse tour de l'église en 1357, dans la crainte que les Anglais n'en fissent une forteresse, et les guerres de cette époque portèrent un tel préjudice aux religieux placés entre les assiégés et les assiégeants, que la misère les obligea à vendre une partie de leurs propriétés rurales ³. Lorsque les temps devinrent meilleurs, des quêtes abondantes suppléèrent à l'indigence de la communauté, et l'abbaye fut complètement réédifiée de 1462 à 1501. Survinrent les Huguenots, qui l'incendièrent en 1568 ⁴. Pendant un siècle et demi, une demeure

---

¹ Il est question du cimetière de Saint-Cheron dans un titre de l'abbaye de Saint-Père, du 13 juin 949. (*Cart. Saint-Père*, vol. 1er, p. 33.) Le clos de Saint-Cheron portait dans les temps reculés le nom de *Pierre couverte*, *Petra pertusa*; c'était probablement un souvenir druidique.

² Au Xe siècle, la vallée de l'Eure s'appelait *vallée de Saint-Cheron*; le couvent possédait plusieurs moulins, des maisons et de vastes champs de vignes. La dotation que l'évêque Ragenfroy constitua à Saint-Père, en 949, porta sur des terres de la censive de Saint-Cheron. (*Cart. Saint-Père*, vol. 1er, p. 33, 34, 57, 58 et 76.)

³ Acte de l'abbé Robert (c. 1380); *Titres de Saint-Cheron;* Arch. départ. Le début de cette pièce peut donner une idée du style ampoulé de l'époque : .... domus nostræ erumpnosam attendentes pauperiem, *quæ debitorum penè irrefragabili volutabatur flumine;* cum ex facultatis nostræ tenuitate nobis non daretur resurgere, elegimus de rebus nostris quasdam vineas et quasdam terras, quæ nobis, tum pro loci remotione, tum pro habitantium damnosa frequentatione, tum pro ipsius loci infructuosa laboratione, *plus incommodi conferebant quam commodi, plus oneris quam honoris*, et eas, in debitorum solutionem, statuimus venundandas.

⁴ Le 9 mars 1570, acte d'association aux prières du couvent, pour tous ceux qui contribueront de leurs deniers à la restauration de l'église ruinée par les guerres.

mesquine suffit aux moines, qui parvinrent à rebâtir leur grande église en 1640; mais ce ne fut qu'en 1722 que l'abbatiale et les bâtiments réguliers, dont une partie subsiste encore, s'élevèrent sur les débris accumulés des trois premiers monastères [1].

L'église Saint-Cheron était « longue de 27 toises, non compris le rond-point, et large de 6 toises 4 pieds »; elle n'avait ni bas-côtés, ni transsept, ni galerie. De larges tombes, parmi lesquelles on remarquait celles des évêques de Chartres Pierre Beschebien (1458) et René d'Illiers (1507), et de l'abbé Jacques Ricoul, évêque de Termes (vers 1520), formaient le pavé du chœur. On voyait sous le sanctuaire une grotte disposée en forme de reposoir pour recevoir la châsse de Saint-Cheron. Les autels principaux étaient ceux de la messe de Prime, derrière le maître-autel, de la Vierge, de Sainte-Même [2], de de Saint-Liénard et de Saint-Sébastien; on admirait, avant 1568, des stalles hautes et basses et un jubé élégant, exécutés en 1501. A l'extérieur, le monument n'avait de remarquable qu'une tour construite en 1401, massive, carrée, voûtée et servant de porche à l'église, dont elle ne dépassait pas la muraille en hauteur.

L'eau de la fontaine de Saint-Cheron, improprement appelée de Sainte-Même, conserva beaucoup de crédit jusqu'au siècle dernier pour la guérison de la fièvre; la tradition ap-

---

[1] La première pierre du grand bâtiment fut posée le 17 avril 1722, par Mre François Boule, chevalier, trésorier du Roi, et par dame Jeanne Mandat, son épouse. On fit de grands embellissements intérieurs en 1757 et 1769.

[2] Sainte Même ou Mesme, *Maxima*, était, suivant la légende insérée dans le nouveau bréviaire de Versailles, fille de Maximin ou Mesmin, préfet de Dourdan au Ve siècle. Convertie à la foi chrétienne, elle eut la tête tranchée par ordre de son propre père. Ce dernier se fit ensuite chrétien et devint évêque d'Orléans. Il est fait mention d'une translation des reliques de cette sainte pendant les guerres des Normans, au IXe siècle; peut-être furent-elles déposées à Saint-Cheron, car on croit que les ossements conservés dans l'église de la petite paroisse de Sainte-Mesme, près Dourdan, proviennent de notre abbaye. Toujours est-il que le culte de Sainte-Même fut en grand honneur à Saint-Cheron pendant plusieurs siècles et qu'une chapelle lui fut dédiée dans la rue de Chartres qui porte encore aujourd'hui son nom. Dourdan, patrie de sainte Même, fit partie du diocèse de Chartres jusqu'en 1791.

prenait qu'après son assassinat sur le chemin du Parisis, saint Cheron, tenant sa tête dans ses mains, s'était rendu au bord de cette fontaine, où on l'avait trouvé en prières, avec un cerf buvant à ses côtés ¹.

La relique la plus précieuse de l'église était le corps de son patron. L'évêque Pappolus, au dire des nécrologes du couvent, le plaça dans un édicule de bois lamé d'argent, soutenu par des petits piliers de cuivre doré et orné d'une crette et de boulettes sur le couronnement et sur les pentes des quatre côtés ². Le chef, séparé du tronc, reposa d'abord dans un vaisseau d'argent en forme de coupe; puis il fut renfermé, en 1507, par l'abbé Ricoul, dans un autre vaisseau d'argent doré porté sur quatre lions de même matière, donné par Fr. Pierre Champnoir, prieur des Granges-le-Roi. Pendant les guerres de religion, les religieux avaient caché la châsse de saint Cheron dans leur *Salle* de la rue de la Foulerie; ils allèrent processionnellement retirer ce dépôt sacré le 18 octobre 1614. On ouvrit, en 1656, la châsse primitive, qui tombait de vétusté, et on la remplaça par un élégant coffret de bois doré et ciselé. Une seconde ouverture fut faite le 15 avril 1681 par M. de Brisay, vicaire-général et procureur de M. l'évêque de Neufville de Villeroi; il en retira un morceau d'ossement du bras, long de deux travers de doigt, qui fut donné à la paroisse de Saint-Cheron-Moncourone, sur la demande de M. de Lamoignon, marquis de Bâville, avocat-général au parlement ³.

---

¹ Le grand sceau de Saint-Cheron représentait, d'un côté, le saint portant sa tête, et, de l'autre, un cerf.
Les armoiries du couvent, enregistrées au droit de 25 livres le 15 juin 1697, étaient *de gueules, au cerf d'argent, en chef d'une bande d'azur à trois fleurs de lis engagées d'or*, avec mitre et crosse d'or.

² D'après cette description, la châsse de saint Cheron devait ressembler beaucoup à la châsse de saint Potentien, qui fait partie de la collection d'émaux du musée impérial.

³ Procès-verbal de Pintard, notaire apostolique. Archives départementales; *Titres de Saint-Cheron*, boîte première.

Le chapitre de Notre-Dame posséda, on ne sait trop comment, l'abbaye de Saint-Cheron depuis le milieu du Xe siècle jusqu'à l'épiscopat de Goslin de Lèves (1148-1150). Ce prélat fit cesser cet état de choses anormal en donnant le couvent aux chanoines-réguliers de Saint-Augustin [1]. La discipline claustrale s'étant relâchée pendant les troubles du XVe siècle, une réforme radicale fut jugée nécessaire. Le 6 octobre 1524, deux religieux de Saint-Victor de Paris se présentèrent à Saint-Cheron, assistés des chanoines de Notre-Dame Thiersault et Taillebois, et de MM. Christophe de Herouard, lieutenant-général du bailliage, et Jean Plume, procureur du Roi; ils exposèrent le projet de règlement et le firent accepter séance tenante par la communauté. Les principales dispositions de cet acte prononçaient l'exclusion absolue des femmes de l'enceinte des lieux réguliers, l'obligation de garder la clôture, le rétablissement de tous les offices de jour et de nuit, la défense d'aller trop souvent à la ville, de fréquenter les jeux de paume ou les étuves et de porter des habits mondains. Les réformateurs prescrivirent en outre l'affiliation immédiate de la maison de Saint-Cheron avec les autres maisons de son ordre [2].

Une seconde réforme, entreprise en 1623 sur l'invitation du cardinal de la Rochefoucault, fut complétée en 1625 par M. l'évêque d'Estampes de Valançay. Les religieux réformés commencèrent en 1629 à se livrer à l'éducation de la jeunesse.

Une paroisse, avec titre de prieuré-cure, était annexée à l'église abbatiale; elle desservait le faubourg de Saint-Cheron et les hameaux voisins. L'abbé Ricoul sépara, en 1511, le cimetière des paroissiens de celui des gens de la ville, et, lors

---

[1] Le pape Eugène III donna, en 1150, une bulle d'approbation pour l'introduction des Augustins dans le monastère de Saint-Cheron par l'évêque Goslin de Lèves. (Arch. dép.; *Chapitre*, inv., p. 250.)

[2] *Histoire manuscrite de Saint-Cheron*, p. 42; Bibliot. communale.

de la réforme de 1524, le presbytère du curé, qui était peu convenable, fut reconstruit en dehors des bâtiments réguliers. M. de Neufville de Villeroi jugea utile, par décret du 9 avril 1684, d'unir les biens de la cure à la mense conventuelle; toutefois le titre de curé-prieur fut conservé au religieux chargé de la desserte de la paroisse. Jadis l'office paroissial se célébrait dans la grande nef, à l'autel de la Vierge; après la réforme du XVIIe siècle, les religieux, pour être plus isolés, reléguèrent les fidèles dans la petite chapelle Sainte-Même, annexe hors-œuvre de l'église. Les habitants de Saint-Cheron, devenus très-nombreux, adressèrent à ce sujet des plaintes à M. l'évêque Godet des Marais; ce prélat intervint au mois de mars 1696 et prescrivit le rétablissement de la paroisse dans la nef, ce qui fut exécuté non sans protestations [1].

L'époque la plus brillante de l'abbaye de Saint-Cheron, au point de vue temporel, paraît avoir été le XIIIe siècle. Entourée de la protection des papes et favorisée par les princes et les seigneurs [2], elle possédait les prieurés de Saint-Germain

---

[1] Les paroissiens disaient, par l'organe de leurs gagers Mathurin Vivien et Etienne Feray, qu'étant plus de 500, par suite de l'augmentation de la population de Saint-Cheron, lieu de franchise non sujet à la taille, ils ne pouvaient tenir dans la petite chapelle Sainte-Même. Le prieur Trudaine répondait qu'il ne serait pas convenable de commettre à des paysans les jeunes gens distingués dont l'éducation était confiée à la communauté, et qu'il en réfèrerait à M. Testu, abbé commendataire. (Procès-verbal du 12 mars 1693, par M. Godet des Marais, assisté de François Regnault, chanoine de Saint-André, son aumônier, et de Jean Poluche, acolyte, son secrétaire. — Autre, du 18 du même mois, par M. Louis Isambert, docteur en Sorbonne et chanoine de Notre-Dame, délégué par l'Évêque pour remettre l'ordre dans la paroisse de Saint-Cheron. Arch. dép., *Titres de Saint-Cheron.)*

[2] Bulles de protection par les papes Eugène III (1145-1153), Alexandre III (1178), Luce III (1182) et Honorius III (1216). Donations par la comtesse Isabelle et le comte Jean d'Oisy (voir *suprà*, p. 134 et 137), par Renaud de Montmirail et Gislebert de Tardais (voir *suprà*, p. 114), par l'évêque Mathieu (c. 1250). Dans les siècles suivants, les principaux bienfaiteurs de Saint-Cheron furent les évêques Beschebien (1458) et René d'Illiers (1507), et M. Louis le Boulanger, bourgeois de Paris, qui donna 12,000 livres au couvent, en 1755.

En 1241, les religieux, de concert avec Etienne, doyen du chapitre de Notre-Dame, convertirent en une redevance de 10 livres et 12 deniers, le repas *d'eschaudez*, de chair de porc et de vin de Chartres qu'ils étaient tenus de fournir aux clercs de chœur de la cathédrale, à la procession de la cinquième férie après Pâques. (Acte de l'abbé Denis, avril 1241; coll. Lejeune.) En 1244, ils obtinrent du chevalier Rahier de *Arcagio* un désistement formel au droit qu'il s'arrogeait, de prendre, avec

de Dourdan, de la Gaudaine, de Saint-Cheron-du-Chemin, de Saint-Barthélemy et des Granges-le-Roi [1]; sa censive frappait un grand nombre de maisons de la ville et de la banlieue, et l'hôtel de la rue de la Foulerie, connu sous le nom de *Salle Saint-Cheron*, lui assurait un refuge dans les murs de la cité [2]. En 1320, le comte Charles de Valois octroya aux chanoines le droit de colombier [3]; une charte-gardienne leur fut accordée par Louis XI, le 18 août 1474, en échange de prières pour lui, son père et les trépassés [4].

L'abbaye fut occupée, jusqu'en 1541, par des abbés réguliers, et, depuis cette époque, par des commendataires dont le dernier fut M. l'abbé Rivière [5].

Le 23 avril 1790, jour de la visite à Saint-Cheron des officiers municipaux de Chartres, il ne restait plus dans cette maison que quatre religieux, y compris M[ire] Nicolas-Etienne Malot, curé-prieur de la paroisse. Les revenus an-

---

deux amis, quand bon lui semblait, un repas chez le prieur de la Gaudaine. (Arch. dép.; *Titres de Saint-Cheron.*) Tout en se débarrassant de ces redevances incommodes, les chanoines savaient profiter des redevances de même nature attribuées à leur maison par l'usage ou par des titres. Les prieurs étaient tenus, pour concourir à la solennité des obits, de verser à l'économe du couvent des *faisances* en nature, dites *Pitances;* par un réglement de 1215, l'abbé Joscelin prescrivit de consommer chaque pitance le jour de l'obit auquel elle correspondait, ... *ut sic, de bonis temporalibus refecti, dominum collaudamus pro defunctis, et uberiores Deo gracias referamus.* (Arch. dép.; *Saint-Cheron,* boîte première.)

[1] Acte capitulaire de janvier 1248. (Arch. dép.; *Saint-Cheron,* boîte première.)

[2] Dans les temps reculés, la salle Saint-Cheron porta le nom de *salle Ysambert de Gallardon (Compte de Saint-Maurice, 1389;* Arch. de la Mairie); ce seigneur, qui vivait à la fin du XIIe siècle, en avait probablement fait don au couvent. L'abbé Gabriel de Galifet fut autorisé, par arrêt du conseil du 26 février 1746, à faire démolir cette vieille maison.

[3] Acte du jeudi devant les Cendres 1320. (Arch. départ.; *Saint-Cheron,* boîte deuxième.) En 1402, Jean Michon, citoyen de Chartres, donna six-vingt écus d'or à la couronne pour la fondation du grenier et du colombier de Saint-Cheron.

[4] Cette pièce est datée de Chartres. (Arch. dép.; *Titres de Saint-Cheron.)*

[5] Les principaux abbés de Saint-Cheron furent Jacques Ricoul, évêque de Termes (1501-1514); Barthélemy Simon, évêque de Sébaste (1514-1536); Claude de Sainctes, docteur de Navarre, député au concile de Trente et évêque d'Evreux (1536-1541); Hugues Salel, premier commendataire, poète traducteur d'Homère et de Virgile (1541-1552); Guillaume d'Aubermont, chanoine-chambrier de Notre-Dame, échevin ecclésiastique de Chartres (1571-1580), l'abbé Testu, membre de l'Académie Française (1710).

nuels s'élevaient à 8,391 livres en argent, 175 setiers de blé et 230 minots d'avoine; les dettes se montaient à 10,000 livres environ.

Le petit séminaire est établi aujourd'hui dans les bâtiments de l'ancien couvent de Saint-Cheron.

4° Abbaye de Josaphat, ordre de Saint-Benoît.

L'abbaye de Josaphat, que l'évêque Geoffroy de Lèves et son frère Goslin construisirent vers 1117 [1] dans un des sites les plus riants de la vallée de l'Eure, *à l'instar du couvent des Bénédictins fondé dans la vallée même de Josaphat, en Palestine*, eut, comme les autres maisons religieuses de la banlieue chartraine, des phases d'infortune et de prospérité.

Un historien du couvent [2] dit que la communauté confiée par Geoffroy aux soins de l'abbé Girard, se recruta, dès son origine, parmi les religieux de l'ancien monastère de Fermetot, près Pont-Audemer, ruiné par les guerres d'Henri Ier d'Angleterre et de Louis-le-Gros. La maison de Fermetot passa, en effet, aux moines de Josaphat et leur servit de lieu de refuge dans les jours de malheur. Ils s'y retirèrent en 1432, après la destruction complète de leur couvent sous l'abbé Jean, lors de la surprise de Chartres par le Dunois [3]. Josaphat ne sortit de ses ruines et ne rendit un gîte à ses anciens habitants que sous l'abbé Michel, qui siégea de 1443 à 1471. Il est probable que les guerres de religion apportèrent à l'abbaye leur contingent de désastres; néanmoins elle ne périt pas par

---

[1] Voir *suprà*, p. 92.
[2] *Histoire de Josaphat*, par D. Fabien Buttereux, 1668; mss. de la Bibl.
[3] *Extrait des cartulaires rouge et blanc de Josaphat;* Arch. dép. Les religieux étaient encore à Fermetot en 1449. (*Ib.*) Les guerres du XIV° siècle avaient déjà occasionné la ruine presque complète de Josaphat; il résulte d'une information faite par l'official de Chartres, en 1351, que les religieux, appauvris, ne pouvaient trouver dans leurs propres ressources cinq mille livres à consacrer aux réparations du couvent. (*Ib.*)

l'incendie, car nous savons qu'Henri IV, malade, y séjourna pendant le siège de 1591. De grandes réparations aux lieux réguliers, entreprises vers 1650 sous l'abbé Henri d'Orléans de Rothelin, furent continuées jusqu'à complet achèvement par son frère et successeur, Gabriel d'Orléans de Rothelin. La plupart des bâtiments qui existent encore aujourd'hui datent de cette restauration.

L'église, dédiée vers 1169 par l'archevêque Guillaume-aux-Blanches-Mains, partagea le sort bon ou mauvais du couvent. On y voyait, au XIIIe siècle, une chapelle dite des Infirmes, qui communiquait avec l'infirmerie des religieux [1]; une autre chapelle, sous l'invocation de saint Nicolas, renfermait la tombe de l'abbé Girard, mort en 1152 en odeur de sainteté [2]; d'autres sépultures, dont les plus remarquables étaient celles des évêques Geoffroy de Lèves (1148), Goslin de Lèves (1155) et Robert-le-Breton (1164), décoraient la basilique. L'église, bâtie après la destruction de 1432, avait une large nef et des latéraux autour du chœur.

Josaphat possédait quelques reliques de prix; en 1449, l'official de Chartres dressa procès-verbal de l'ouverture d'une châsse dite de Saint-Blaise, qui avait stationné auparavant dans la paroisse de Saint-Marcoul de Mantes et chez le prieur de Saint-Blaise de la Brosse; un autre reliquaire dont M. l'évêque de Neufville de Villeroi fit l'ouverture solennelle, en 1671, contenait le chef entier de sainte Euphémie et des ossements de saint Théodore. Mais ce qui donnait surtout de la réputation à l'église de Josaphat, comme lieu de pèlerinage, c'était le souvenir du dépôt que Philippe de Valois y avait fait

---

[1] Radulf de Saunières, doyen de Brou, donna à Josaphat, en 1224, plusieurs maisons à Chartres, Lucé, Saint-Maurice, et une terre à Ollé, pour l'entretien de la chapelle des Infirmes et le service de l'infirmerie du couvent. (Arch. dép.; *Extrait des cartulaires rouge et blanc de Josaphat.*)

[2] Avant la ruine du couvent, en 1432, les infirmes venaient faire des prières sur le tombeau de l'abbé Girard *et obtenaient souvent guérison*. (Hist. de D. Buttereux; mss. de la Bibl.)

de la sainte couronne d'épines. Depuis cette époque (c. 1328), jusqu'au milieu du siècle dernier, le peuple de Chartres venait, chaque année, dans la nuit du Vendredi-Saint, faire ses dévotions au monastère; les plus zélés remplissaient ce devoir pieds nus, la tête couverte d'un grand drap blanc. Par un autre usage dont l'origine est peut-être due au même souvenir, jamais la châsse de la Sainte-Chemise ne sortait de Notre-Dame, en procession générale, que pour être portée à Josaphat [1].

Avant la ruine du couvent par le fait des guerres, la communauté était des plus florissantes; on y comptait jusqu'à cinquante religieux. Une réforme y fut introduite en 1546 par Louis Millet, abbé et grand-archidiacre de Meaux. En 1622, M. François de Loménie, abbé et évêque de Marseille, voulut faire réformer de nouveau le monastère par des religieux de Saint-Germain-des-Prés; cette mesure, retardée par quelques obstacles intérieurs, fut exécutée en 1640, sous l'épiscopat et d'après l'injonction de M. l'évêque Léonor d'Estampes de Valançay.

L'abbaye de Josaphat, quoique moins bien partagée que celle de Saint-Père, ne laissa pas que de réunir, dès le Moyen-Age, de très-vastes possessions. Au XIII° siècle, elle gouvernait un grand nombre de cures réparties principalement dans les archidiaconés de Chartres, de Pincerais, de Dunois et de Dreux [2]; elle avait encore au XVII° siècle onze prieurés, dont

---

[1] On peut admettre aussi que ces processions de la Sainte-Châsse à Josaphat furent instituées en mémoire de la déroute que l'évêque Gancelme fit éprouver aux Nordmans, dans la vallée de Lèves, en 911.

Pendant plusieurs siècles, les enfants de chœur de Notre-Dame furent dans l'usage de faire, chaque année, au temps des vendanges, une chevauchée *à âne* au couvent de Josaphat. Tous les ans, le doyen de ces enfants élevés à la maîtrise, adressait un discours latin au Chapitre pour lui demander la permission d'exécuter cette procession bouffonne. L'usage n'en cessa que peu de temps avant la Révolution. (Documents sur le Chapitre; coll. Lejeune.)

[2] Confirmation par l'évêque Renaud de Mouçon des droits et privilèges de Josaphat sur un grand nombre de paroisses de son diocèse. (Acte de septembre 1215, adressé à l'abbé Guérin. Arch. dép.; *Titres de Josaphat.*)

les plus importants étaient ceux de la Brosse, près Mantes, et de Chalo-Saint-Mard, près Etampes [1]. A Chartres, sa censive frappait plusieurs maisons; elle possédait deux fours banaux et une maison de refuge dite *Salle Josaphat*, près la porte Drouaise [2]; à Lèves, son enclos comprenait les fertiles prairies du bord de la rivière et des moulins [3]. Ses principaux bienfaiteurs, dans les temps anciens, furent les seigneurs de Lèves, les comtes Thibault IV et Thibault V, les rois Louis-le-Gros, Philippe de Valois et Charles V, et le comte Charles d'Orléans [4].

Il résulte du procès-verbal dressé par M. Poulin de Fleins,

---

[1] Les terres de la Brosse provenaient au couvent de la donation qui lui en avait été faite par Hugues Le Roux, seigneur des environs de Mantes. (Acte d'amortissement, par Louis-le-Gros, de 1123. Vidimus par Jean Berziau, bailli de Chartres, du 13 octobre 1505; Arch. dép.) Le domaine de Chalo avait été aumôné à Josaphat par divers personnages, et, entre autres, par Menier, châtelain d'Etampes. (Acte daté de Saint-Germain-en-Laye, au mois de décembre 1222; ib.)
Dans le pays chartrain proprement dit, la possession la plus importante et la plus ancienne des religieux était la seigneurie de Saint-Arnoult-des-Bois. Le fief principal de cette paroisse relevait de Josaphat en foi et hommage, à charge d'aveu, de dénombrement, de cheval de service et autres droits. En 1681, les demoiselles de Raimbert, héritières de ce fief, remplirent le devoir féodal envers l'abbé Gabriel d'Orléans de Rothelin et payèrent 100 livres de rachat, prix de l'abonnement alors fixé pour chaque mutation. (Arch. dép.; *Titres de Josaphat.)*

[2] Actes de 1170-1173, par lesquels la vidamesse Marguerite, ses fils Jean, Robert et Guillaume et l'archevêque Guillaume-aux-Blanches-Mains, renoncent à toutes prétentions sur le four de Josaphat, situé près de la porte Drouaise. (Arch. départ.; *Titres de Josaphat.)* La maison appelée *salle Josaphat* avait été aumônée aux religieux par Bérenger, prêtre-recteur de Champhol. (Acte de janvier 1224, passé devant l'official Robert *de Cuneo muri;* Arch. dép.) En 1459, une maison rue Saint-André, aujourd'hui rue de la Brèche, fut donnée à Josaphat pour y établir un pressoir. *(Extrait des cartulaires rouge et blanc;* ib.)

[3] En 1248, Thomas de Bruyères, seigneur de Lèves, autorisa les moines de Josaphat à clore de murs de pierres leurs prés de Josaphat joignant la rivière, mais à la condition que cette clôture ne nuirait pas au cours de l'eau vers les moulins inférieurs, qui lui appartenaient. (Acte daté du Plessis, près les Bruyères, la veille de la Saint-Martin d'été; Arch. départ.) Déjà en 1156, sur la plainte de Milon de Lèves, on avait fixé un repère aux moulins des religieux, pour empêcher la retenue arbitraire des eaux au préjudice des moulins inférieurs. (Acte devant l'évêque Robert-le-Breton. Voir *suprà*, p. 104.)

[4] Les biens de Josaphat relevant du Comté et de la Couronne furent amortis par Thibault IV, au XIIe siècle, et par le roi Charles V, en 1367. (Livre de Jean Marchand, avocat. Mss. du XVIII siècle, communiqué par feu M. Marchand père.) Le 2 janvier 1414, Charles, duc d'Orléans et de Valois, comte de Blois et de Beaumont, seigneur de Coucy, donna aux religieux de Josaphat une rente de 10 livres tournois, sur le comté de Dunois, payable par Pierre Renier, son trésorier. (Arch. dép.; *Titres de Josaphat)*

maire de Lèves, les 4, 5 et 17 mai 1790, que la communauté de Josaphat se composait alors de sept religieux, y compris D. Renard, prieur, qui manifestèrent tous l'intention de se séculariser. La bibliothèque était riche de 3,000 volumes. Les revenus s'élevaient à 27,190 livres en argent et 40 muids de blé; le chiffre des charges annuelles (pensions, gros et demi-gros aux curés et vicaires de Feucherolles, Ablis, Gas, Boutervilliers et Neuvy) se montait à 3,531 livres [1].

L'ancien couvent de Josaphat, auquel des bâtiments nouveaux et une chapelle ont été ajoutés, est occupé aujourd'hui par un hospice d'incurables et de vieillards infirmes, qui a pris de son fondateur le nom d'Asile d'Aligre.

5° *Chevaliers du Temple, et chevaliers de Saint-Jean-de-Jérusalem.*

Nous avons donné, dans le chapitre VIII de cette histoire, les seuls renseignements qui nous soient parvenus sur les Templiers de Chartres [2].

Les Hospitaliers ou Chevaliers de Saint-Jean-de-Jérusalem, connus plus tard sous le nom de Chevaliers de Rhodes, puis de Malte, réunirent, en 1312, aux biens de leur ordre, à Chartres, les maisons que possédaient les Templiers. Néanmoins cette agglomération de propriétés ne forma en aucun temps une commanderie, et le chapitre de Notre-Dame s'opposa toujours à ce que les Hospitaliers fissent bâtir dans leur hôtel une chapelle ou même un simple oratoire [3]. En 1496,

---

[1] Les principaux abbés de Josaphat furent Girard (1117); Michel (1443); Jean Neveu, évêque de Senlis, premier commendataire (1472); Jacques du Terrail, frère du chevalier Bayard et évêque de Glandèves (1523); Louis de Charni, évêque de Glandèves (1535); René de Birague, chevalier et chancelier de France, puis cardinal (1578); François de Loménie, évêque de Marseille (1622); Henri d'Orléans de Rothelin (1642); Gabriel d'Orléans de Rothelin (1651).

[2] Voir *supra*, p. 173.

[3] Arch. dép.; *Reg. des Privilèges du Chapitre, Cap. de Capellis et oratoriis*, folio 5, recto.

le procureur des Chevaliers, chargé de la régie des revenus de Chartres, et demeurant dans la maison de l'Ordre voisine de celle des Jacobins, fut obligé, malgré la prépondérance militaire et religieuse de ses maîtres en France, de composer avec les gagers de Saint-André, moyennant quelques sommes de deniers, pour éviter d'être mis à la taille comme un simple paroissien [1].

Cette position subalterne dans les rangs de la milice monacale chartraine décida probablement l'Ordre à se défaire de ses domaines urbains. Vers 1656, il céda aux Carmélites l'antique maison des Templiers et disparut définitivement de la liste des gens de main-morte de Chartres.

6° *Frères-Mineurs, dits Cordeliers, ordre de Saint-François.*

Les Cordeliers, dont l'établissement dans le Grand-Faubourg remonte, comme nous l'avons déjà dit [2], à l'année 1231, virent augmenter assez promptement leurs possessions chartraines. Un siècle après leur fondation (1325), ils avaient censive sur vingt-cinq maisons de la ville, ce qui ne laissait pas que d'être contraire au vœu de pauvreté absolue exigé par la règle de Saint-François.

L'importance morale de ces religieux grandit en même temps que leur fortune matérielle. En 1270, le pape Clément IV les autorisa à prêcher et à confesser [3]; une école de théologie fut établie dans leur couvent en 1391 [4]; l'évêque

---

[1] Arch. dép.; *Livre de bois de Saint-André.*

[2] Voir *suprà*, p. 135 et 153.

[3] Voir *suprà*, p. 153, note 2. La bulle de Clément IV fut promulguée à Paris le 7 des nones de mars 1270, par Radulf, évêque d'Albe, légat du Saint-Siège. — Le 6 novembre 1553, le Roi donna permission aux religieux de l'ordre de Saint-François, nommés Cordeliers, de prêcher dans toutes les paroisses du royaume. (Arch. dép.; *Titres des Cordeliers.*)

[4] Autorisation par le Frère Jean, général des Frères-Mineurs, en date, à Paris, du 18 février 1391. (Ib.)

René d'Illiers, par décret du 6 avril 1494, leur permit d'administrer le sacrement de l'Eucharistie aux fidèles étrangers au diocèse [1]. Ils firent bientôt concurrence aux frères Prêcheurs ou Jacobins pour les prédications officielles de l'Avent et du Carême; aux XVe, XVIe et XVIIe siècles, le corps de ville les avait en même recommandation que leurs confrères, et, chaque année, l'aumône municipale venait grossir les revenus de la maison [2]. La sainteté de la vie des fils de saint François, durant la première période de leur séjour à Chartres, leur attira de si vives sympathies, que beaucoup de personnages considérables firent élection de sépulture dans leur église [3].

Mais, avec le temps et la richesse, les mœurs des Cordeliers perdirent de leur pureté, et, en 1502, le Pape fut forcé de prescrire la réformation de tous les établissements de l'ordre dans la province de France. Cette œuvre ne s'accomplit pas sans difficultés; des désordres éclatèrent en plusieurs endroits du royaume, et, pour les prévenir à Chartres, le roi Louis XII crut devoir enjoindre aux magistrats de la ville de prêter au besoin main-forte aux religieux réformateurs [4]. En 1503, les Cordeliers de Chartres se rangèrent si strictement au vœu de pauvreté, qu'ils congédièrent la confrérie de la Croix, érigée, chez eux, moyennant une redevance annuelle, par les compagnons du Vidame [5].

Cependant cette réforme radicale faillit compromettre

---

[1] Acte du jour de la lune après le dimanche de *Judica*. (Arch. dép.; *Titres des Cordeliers.*)

[2] L'aumône municipale, d'abord de 100 sous, fut portée à 10, puis à 20 livres, applicables à la provision de harengs pour le Carême. *(Reg. des Échevins, passim.)*

[3] J'ai raconté dans l'article de Saint-Saturnin, les démêlés qui s'élevèrent au XIVe siècle entre les curés de cette paroisse et les Cordeliers, au sujet des sépultures. L'évêque Jean de Gallande fut inhumé dans l'église du couvent, en 1315. (Voir *suprà*, p. 174, et *Registres capit.*) Par testament du mardi avant l'Ascension 1304, la dame Isabelle, veuve du chevalier Renaud de Boncigny, paya 70 livres sa sépulture chez les Cordeliers. (Arch. dép.; *Titres des Cordeliers.*)

[4] Lettre du roi Louis XII, en son conseil, datée du 14 novembre 1505 et contresignée Brulart, adressée aux magistrat, bailli ou son lieutenant à Chartres. *(Ib.)*

[5] Histoire manuscrite de Souchet, p. 20, recto; Bibliot. communale.

l'existence du couvent, car, en 1516, la détresse extrême des religieux les aurait empêchés de réparer leur église qui tombait en ruines, si la vigilance de l'autorité civile ne leur fût venue en aide. M⁵ Regnault de Gyvès, licencié ès-lois, juge et garde de la prévôté de Chartres, voyant que les Cordeliers auxquels la règle défendait *de manier argent* étaient obligés d'avoir recours à des receveurs laïcs, d'ordinaire peu fidèles, et que les ressources précaires de la maison diminuaient chaque jour, rendit, le 4 juin 1516, à la prière de plusieurs *notables personnes*, un arrêt portant autorisation de placer un tronc dans l'église du couvent pour les offrandes destinées aux réparations de l'édifice [1].

Les Cordeliers avaient été plusieurs fois sur le point d'entrer en ville, d'abord, sur leur sollicitation, en 1291, et, ensuite, à cause des guerres, en 1358 [2]. La destruction totale de leur couvent, par ordre de M. de Linières, gouverneur de Chartres, lors du siège de 1568, les fit admettre enfin dans l'intérieur des murs [3]. On consentit à leur donner asile, pour neuf ans, dans l'hôpital Saint-Hilaire, rue Saint-Pierre, et ils durent s'occuper pendant ce temps à construire une nouvelle habitation. L'emplacement choisi, dépendant de la vigne de Saint-Père, était compris, au midi, entre la porte Saint-Michel et la tourelle de Saint-Père, au couchant entre cette tourelle et un point correspondant au second pilier du clocher carré de Saint-Père, au nord entre ce point et la maison dite le Mont-Saint-Michel, rue Saint-Michel, et au levant entre les derrières de cette maison et la porte Saint-Michel.

---

[1] L'arrêt porte qu'il est rendu pour le cas spécial et par dérogation aux règles de l'ordre. (Arch. dép.; *Titres des Cordeliers.*)

[2] Voir *suprà*, p. 153. Lettre de Charles, fils aîné du roi de France, régent du royaume, duc de Normandie, dauphin de Viennois, datée de Louvre-lès-Paris, le dernier mai 1358 et adressée au bailli de Chartres, prescrivant à ce magistrat de trouver aux Cordeliers un lieu convenable dans la ville, attendu que leur couvent extrà-muros doit être rasé, pour empêcher les ennemis de s'y loger. *(Ib.)*

[3] Voir *Mémoire à consulter pour les religieux Cordeliers*. Chartres, 1766. (Arch. dép.; *Titres des Cordeliers.*)

M{ire} Charles d'O, seigneur de Vérigny, chevalier des ordres du Roi, remit aux religieux une somme de 1,000 livres pour le paiement de ce terrain, dont la désignation et le mesurage définitifs furent faits par les échevins et les gens du Roi, le 10 février 1569 [1]. Pour avoir une entrée sur la rue Saint-Michel, les Cordeliers achetèrent, le 13 décembre 1568, une maison appartenant au sieur Denis Boilleau, marchand, moyennant 400 livres tournois que leur donna la dame de la Barre, veuve de messire Jean d'Estouteville, seigneur de Villebon, chevalier des ordres du Roi, capitaine de cinquante hommes d'armes et lieutenant-général au gouvernement de Normandie [2]. Les constructions furent poussées avec activité, et les Frères purent quitter l'hôpital Saint-Hilaire avant l'expiration des neuf années ; mais, sous prétexte d'indemnités, ils ne voulurent plus restituer à la ville ce vieil édifice. Il y eut, à ce sujet, une longue contestation dont le récit trouvera place dans cette histoire.

Les bâtiments du couvent des Cordeliers, qui subsistent encore pour la plupart, renfermaient une église avec sacristie [3], un cloître, une salle capitulaire, une bibliothèque, un réfectoire et un dortoir à cellules. La communauté avait con-

---

[1] Acte entre les Cordeliers et Saint-Père, passé devant Nicole, tabellion, le 3 juillet 1568. Procès-verbal de visite et mesurage, après débats contradictoires ; présents à l'assemblée de ville, MM. de Mincray, lieutenant-général du bailliage ; Jean Thomas, premier avocat du Roi ; Pierre Simon, procureur du Roi ; Léonard Chaillou, second avocat du Roi ; M{res} Macé Cochard et Jean Bodin, chanoines, échevins ecclésiastiques ; Sieurs Macé Trossart, Jean Moreau, Marin Compaignon, Thomas Gervaise, Jean Lambert et André Durand, échevins laïcs ; Me Pierre Nicole, licencié ès-lois, avocat de la ville, et Me Martin Lapoustoire, procureur des manans et habitants. (Arch. dép.; *Titres des Cordeliers.*)

[2] Actes devant Nicole, tabellion, du 13 décembre 1568, et devant Pastey, tabellion, des 3 janvier et 6 février 1569. (*Ib.*)

[3] La première pierre du chœur de l'église fut posée, le 12 janvier 1583, par un délégué du Chapitre, qui avait contribué pour 100 écus aux dépenses de la construction. La ville vint plusieurs fois au secours des religieux pour l'entretien ou l'embellissement de leur couvent. (*Reg. des Echevins;* délibérations des 18 février 1625 et 20 juillet 1627.) L'église reçut, en 1710, une grille à l'entrée du chœur, et, en 1712, de belles orgues de la façon d'Adrien Labbé, facteur à Evreux. (Archives départementales; *Ib.*)

servé son terrain du faubourg des Epars et une petite chapelle en marqua la place jusqu'à l'époque de la Révolution [1].

En 1766, on comptait encore dans la maison dix religieux profès, huit étudiants et deux frères lais; le revenu, y compris les quêtes, s'élevait à 4,000 livres environ [2]. Mais, lors de la visite des officiers municipaux de Chartres, le 23 avril 1790, il ne restait plus au couvent que six religieux qui vivaient avec 2,250 livres environ, en rentes et aumônes [3].

Le collége communal occupe aujourd'hui l'ancien couvent des Cordeliers.

7° Frères Prêcheurs, dits Jacobins, ordre de Saint-Dominique.

Comme nous l'avons dit plus haut [4], les frères Prêcheurs ou Jacobins n'entrèrent à Chartres qu'en 1231, mais l'édification des bâtiments régulièrs commença vers 1224 et fut poursuivie jusqu'à parfait achèvement, quoique avec lenteur, grâce aux libéralités du doyen Hugues de la Ferté, de l'évêque Gauthier et des religieux de Saint-Jean-en-Vallée. La première messe conventuelle fut célébrée, le dimanche de l'octave de la Fête-Dieu 1231, dans une vieille chapelle concédée aux nouveaux venus par les Templiers, leurs voisins.

L'église du couvent, grande et d'un beau style, reçut des embellissements vers le commencement du XVII° siècle. Elle était parfaitement desservie, et l'éloquence traditionnelle des Frères attirait chaque année la foule des fidèles aux prédica-

---

[1] Déclaration par les religieux, pour se conformer à l'édit du Roi sur les mainmortes et nouveaux acquêts, qu'ils possèdent au faubourg des Epars une petite chapelle *à l'endroit où anciennement estoit leur couvent*, et quatre petites maisons attenant. (Acte de Libour du 17 novembre 1653.) Ces biens leur appartenaient encore en 1766.

[2] *Mémoire à consulter pour les religieux Cordeliers*, 1766. (Arch. dép.; *Titres des Cordeliers*.)

[3] *Ib.*

[4] Voir *suprà*, p. 135 et 143.

tions de l'Avent et du Carême. C'était aussi la basilique la plus riche en sépultures d'hommes illustres ; on y voyait les tombeaux des comtes Thibault VI (1218)[1] et Jean de Châtillon (1279), ceux des évêques Gauthier (1234), Hugues de la Ferté (1236), Albéric-le-Cornu (1244), Henri de Grez (1246), Mathieu (1259), Pierre de Mincy (1275)[2], Guérin d'Arcy (1376) et Miles d'Illiers (1493)[3]. Suivant plusieurs privilèges des papes, l'église et le cimetière des Jacobins étaient lieux de franchise ; les religieux eurent au XIVᵉ siècle une grave contestation à ce sujet avec la justice séculière, et leur droit fut maintenu par arrêt du Parlement[4].

L'enclos de la maison, accru par des aumônes successives, comprenait dans son enceinte, à la fin du XVᵉ siècle, l'ancien édifice appelé *la Grange-le-Comte*[5], quelques-uns des hôtels de Citeaux et la plus grande partie des terrains avoisinant les murs de la ville, depuis la poterne de Saint-Jean-en-Vallée jusqu'à la porte Drouaise ; le chemin de ronde côtoyait le jardin du couvent. Pendant les guerres des XIVᵉ et XVᵉ siècles, le mouvement continuel des soldats de la garnison fit maintenir à tout venant l'accès libre des remparts ; lorsque les temps devinrent plus calmes, les rôdeurs et les femmes de mauvaise vie remplacèrent les hommes d'armes et fixèrent de préférence leur domicile nocturne dans le chemin de ronde contigu aux possessions des Frères. Ce voisinage déplut à juste titre à la communauté, qui obtint du corps de ville, en 1531, la permission de clore chaque bout du rempart d'un mur percé

---

[1] Le mausolée de ce prince, construit plusieurs années après sa mort, était de marbre blanc ; sa statue, qui le représentait en guerrier couvert de la cotte de mailles, reposait sur un sarcophage soutenu par des personnages en pleurs.

[2] Nécrol. de Notre-Dame, 2 des kalendes d'avril 1275 ; Bibl. communale.

[3] Miles d'Illiers, inhumé d'abord dans la chapelle de l'évêché, ne fut transporté aux Jacobins qu'en 1519.

[4] Arrêt du 21 mai 1376 ; *Titres des Jacobins*. Je parlerai plus bas des faits qui donnèrent lieu à cet arrêt remarquable.

[5] La Grange-le-Comte avait été donnée aux Jacobins par le comte Jean de Châtillon, au mois d'août 1258.

d'une porte [1]. Les sièges de 1568 et de 1591 ayant amené la démolition momentanée de cette clôture, le rempart redevint, pendant la nuit, le repaire de la bohême chartraine et servit, pendant le jour, de vaine-pâture aux chevaux et bestiaux des gens du quartier; en 1627, les Jacobins firent entendre de nouvelles plaintes aux échevins et les huis furent rétablis, en 1630, par ordre du prévôt Couard [2]. Dès lors, le chemin de ronde fut incorporé dans le jardin des religieux, auxquels on loua la tourelle de la *Prêcherie*, située en face de l'infirmerie du couvent. En 1735, Messieurs de la ville les autorisèrent à établir une galerie suspendue de l'infirmerie à la tourelle, et, en 1738, ils purent faire raser cette tourelle jusqu'à la hauteur de la muraille [3].

En 1631, les Carmélites nouvellement établies au bout de la rue des Vasseleurs *(rue des Lices)* et, en retour, sur la rue qui prit de leur maison le nom de *Sainte-Thérèse*, voulurent s'emparer de cette dernière voie publique, dont une partie était bordée par le jardin des Chevaliers de Malte et par une vaste maison canoniale. Mais les Jacobins s'opposèrent de toutes leurs forces à l'entreprise des religieuses, par le motif que cette rue était la seule qui fût viable par charrois, du côté des marchés de la haute ville, pour l'approche des provisions du couvent; que les processions du Chapitre et des paroisses de Saint-André et de Saint-Maurice la prenaient toujours à cause de sa largeur, et que sa suppression détournerait les fidèles des quartiers supérieurs de la fréquentation de leur église. Ils firent d'ailleurs observer, ce qui avait bien son importance, que, possesseurs de vingt-cinq toises de murs et de plusieurs masures en cette rue, ils éprouveraient un préjudice matériel à l'exécution du projet des Carmélites.

---

[1] *Reg. des Echevins;* Délibérations des 6 juin 1531 et 1er juin 1557.

[2] *Reg. des Echevins;* Délibération du 13 juillet 1627, et Ordonnance du prévôt du 3 octobre 1630; *Titres des Jacobins.*

[3] *Ib.;* Délibérations des 20 novembre 1735 et 19 février 1738.

Cette défense fut goûtée par le corps de ville, et la rue Sainte-Thérèse échappa à la destruction [1].

Quoique bien vus par les grands seigneurs, les Jacobins de Chartres ne furent jamais riches. Le 14 avril 1671, lorsque les échevins dressèrent, à la requête de M. l'avocat général de Harlay, suivant ordre du Roi et arrêt du Parlement, l'état des biens possédés par ces religieux, on constata qu'ils avaient, en revenu foncier, rentes et fondations, 1,500 livres, deux muids de blé et 90 livres environ de quête, 500 livres pour les prédications de l'Avent et du Carême, et 600 livres de casuel ; on en conclut *que seize à dix-sept religieux pouvaient vivre honnêtement dans la maison*. La communauté se composait alors de dix profès et six novices [2].

Les officiers municipaux constatèrent, en 1790, que les revenus s'élevaient à 2,200 livres, en rentes et fermages. Il y avait encore à cette époque six frères profès, qui tous manifestèrent l'intention de persister dans leurs vœux de religion. L'un d'eux, le frère Adrien-Joseph Maès, docteur en Sorbonne et prédicateur distingué, avait été provincial de son ordre en France.

Le couvent des Jacobins a été détruit pendant la Révolution. Les bâtiments édifiés sur son emplacement sont occupés aujourd'hui par les sœurs hospitalières de Saint-Paul.

8° *Béguines.*

Les Béguines, religieuses non cloîtrées, instituées à Liège, en 1173, par Lambert Beggh, s'établirent à Chartres, vers 1280, dans une maison de la rue de la Feutrerie, entre le pont Saint-Hilaire et le pont Taillehart.

---

[1] *Ib.;* Délibération du 4 février 1631.
[2] Arch. dép.: *Titres des Jacobins.*

Elles furent protégées d'une manière toute spéciale par la comtesse Jeanne, qui leur fit de larges aumônes après la mort de Pierre de France, son époux (1283), et qui ne les oublia pas dans son testament (1291)[1]. En 1304, une autre puissante dame du pays chartrain, Isabelle, veuve du chevalier Renaud de Boncigny, les gratifia, en mourant, d'une aumône de cinq sous[2]. C'est tout ce que nous savons des Béguines de Chartres, dont l'ordre fut supprimé, en France, vers la fin du XIVe siècle.

La rue qu'elles habitaient prit leur nom, qu'elle conserve encore aujourd'hui.

9° *Filles-Dieu*, ordre de Saint-Augustin.

On ne connait pas la date précise de la fondation, à Chartres, des sœurs converses, appelées par le peuple *Filles-Dieu*. Nous avons dit plus haut[3] qu'en 1232, le chevalier Adam de Gallardon vendit à cette congrégation, pour le prix de 50 livres chartraines, une place de maison située dans la *petite rivière*, près de Saint-André. Quelques années plus tard, Goslin de Lèves et Philippa, son épouse, donnèrent *à ces pauvres filles converses* un emplacement de leur censive, au lieu dit *Reculet*, qui prit le nom de faubourg des Filles-Dieu; leur fils, Thomas de Bruyères, seigneur de Lèves, approuva cette donation par acte du mois de mai 1239. Ce fut là que les Filles-Dieu bâtirent un couvent et une église sous l'invocation de saint Jean l'évangéliste[4]. Vers 1257, elles rachetèrent,

---

[1] Voir *suprà*, p. 151 et 153.
[2] Testament du mardi avant l'Ascension 1304; *Titres des Cordeliers;* Arch. dép
[3] Voir *suprà*, p. 135, note 2.
[4] Au mois de septembre 1257, Jean de Bruyères et sa femme Eustachie consentirent aux Filles-Dieu l'amortissement d'un jardin contigu *au chevet de leur église* et qui leur avait été donné par Vincent, curé de Saint-Prest. (Arch. départ.: *Titres des Filles-Dieu.)*

moyennant 100 livres chartraines, de Jean de Bruyères, seigneur de Lèves, et d'Eustachie, sa femme, 47 sous 10 deniers de surcens, que ces personnages tenaient en arrière-fief de l'Evêque, à cause du clos l'Evêque, et qui frappaient sur les bâtiments et *pourpris* de la communauté [1].

Parmi les libéralités qui rendirent la maison des Filles-Dieu florissante dans les temps anciens, il faut signaler celle de Gaçot d'Aunay, écuyer, qui leur donna, au mois de juillet 1271, quinze arpents de terre dans la paroisse d'Aunay-sous-Auneau [2]. Ces religieuses eurent aussi leur part des aumônes testamentaires des fidèles, et on les trouve portées pour 10 sous dans le testament de la dame Isabelle, veuve du chevalier Renaud de Boncigny (1304).

La règle de Saint-Augustin, modifiée par les évêques de Chartres, avait été appliquée à la congrégation des Filles-Dieu ; mais, pendant le XVe siècle, certains abus, dont on accuse principalement les prieures Simone Chantault et Belotte de la Bretonnière, nécessitèrent l'intervention des prélats ; il fut même besoin d'un arrêt du Parlement pour rappeler les religieuses à l'ordre. Vers 1550, l'évêque Louis Guillard, reconnaissant l'insuffisance des efforts tentés par ses prédécesseurs, reconstitua la communauté sur des bases sévères et en fit une véritable maison régulière ; il s'occupa en même temps d'accroître les biens des Filles-Dieu et de réparer leur couvent. Son ouvrage ne fut pas de longue durée ; en 1568, les huguenots du prince de Condé brûlèrent l'édifice, qui ne fut reconstruit, en 1574, que pour retomber sous les coups des huguenots du roi de Navarre.

La dame Louise de Chambes de Montsoreau, pourvue du prieuré par Henri III, en 1589, et maintenue par Henri IV, remit, après le siège de 1591, quelques parties des bâtiments

---

[1] Arch. dép.; *Titres des Filles-Dieu.*

[2] Jean Barat, chevalier, Simon Barat, écuyer, et Perin d'Aunay, écuyer, approuvèrent cette donation, comme seigneurs féodaux. *(Ib.)*

en état. Le grand corps de logis qui existait avant la Révolution fut construit, au commencement du XVII° siècle, par la prieure Anne de Bouran. La maison des Filles-Dieu reprit alors son ancienne splendeur, nonobstant certains désordres passagers [1], et les religieuses se livrèrent avec succès à l'éducation des jeunes filles appartenant aux familles distinguées de la province.

Le procès-verbal rédigé le 22 juin 1790 par les officiers municipaux de Chartres, constate qu'il se trouvait aux Filles-Dieu vingt-et-une dames de chœur, six converses, neuf pensionnaires religieuses [2] et vingt-et-une pensionnaires séculières. La prieure était madame Cyre-Françoise de Goussancourt. Les revenus du couvent consistaient en 3,820 livres en argent, et 285 sacs de blé, indépendamment du prix payé par les pensionnaires.

Il ne reste plus aujourd'hui aucun vestige de la maison de Saint-Jean des Filles-Dieu.

10° *Abbaye de l'Eau, ordre de Citeaux.*

L'abbaye des dames de l'Eau, ordre de Citeaux, fondée en 1225 par le comte Jean d'Oisy et sa femme Isabelle, dans un site riant des bords de l'Eure, au lieu dit Panthoison ou l'Eau, paroisse de Saint-Victur de Ver et censive des religieux de Saint-Père, fut, dès les premiers temps de son existence, dotée à l'envi par les puissants seigneurs du pays chartrain [3]. L'enceinte de ce nouveau couvent étant devenue trop res-

---

[1] Au mois d'octobre 1663, la prieure Diane-Angélique de la Motte-Vilbert d'Apremont fut condamnée, par sentence du bailliage, après enquête de l'official, à la peine de la réclusion perpétuelle, pour ses nombreux déportements. Il avait été constaté par des matrones sages-femmes que cette prieure était *hermaphrodite*.

[2] Au nombre des pensionnaires religieuses était la dame Geneviève-Gabrielle de Gyvès, bernardine de la maison de Courville supprimée, issue d'une famille fort ancienne du Pays chartrain et de l'Orléanais.

[3] Voir *supra*, p. 132.

treinte en 1229, ses augustes fondateurs prirent soin de l'étendre en achetant de Nicolas, fils de Guy, ancien maire et homme-lige de Saint-Père, des terres et maisons dépendant du fief de Panthoison [1].

Quelques années plus tard, les religieuses de l'Eau possédaient une censive à Chartres, dans la paroisse de Saint-Martin-le-Viandier (1247) [2], des étaux à la boucherie de Bourg, pour l'usage de l'infirmerie (1257) [3], et une grande place à bâtir dans la rue du Marché-au-Merrain (1262) [4].

Le comte Jean de Châtillon, héritier des bonnes dispositions de ses prédécesseurs, constitua aux nonnains, en 1256, une rente de 10 sous par semaine, payable par son argentier sur le domaine de Chartres [5]. Ces libéralités enrichirent le couvent, qui prospéra jusqu'à l'époque désastreuse des guerres avec les Anglais.

De même que les autres établissements religieux de la banlieue chartraine, l'Eau avait dans la ville une *Salle* ou maison de refuge; elle était située près de Saint-André, en face du pont de Ponceaux *(pont des Minimes)*, au coin de la Corroierie et de la rue d'Escoussoupe [6]. En 1357, à l'approche des ennemis, les religieuses s'y réfugièrent; elles y stationnèrent plusieurs années et ajoutèrent aux bâtiments une chapelle spacieuse surmontée d'un clocher. Cette construction, qui avait été faite sans la permission du Chapitre, ne fut pas vue de bon œil; le sénat de Notre-Dame excipa de ses privilèges, et après une longue procédure il obligea, en 1361, les dames

---

[1] *Cart. Saint-Père*, vol. 2, p. 686. — *Gallia christ.*, t. 8, inst., coll. 361. Panthoison était un des plus anciens fiefs de Saint-Père; vers 1130, il devait au couvent un cheval de service. *(Cart. Saint-Père*, vol. 2, p. 384.)

[2] Donation par Guillaume Gode, écuyer, juin 1247. (Arch. dép.; *Titres de l'Eau*; cartul. du notaire Fraslon, 1672.)

[3] Donation par Ameline de Barro, avril 1257. *(Ib.)*

[4] Donation par Agnès, dite *la Marchande du marché au merrain*. *(Ib.)*

[5] Acte fait *à Chastiaudun, le samedi prochain après la Saint-André l'apôtre, l'an de l'Incarnation m cc lvj, ou mois de décembre*. *(Ib.)*

[6] Voir Topographie chartraine, n° 4 des Appendices, fin de ce volume.

de l'Eau à jeter bas le clocher, à payer une amende et à demander humblement la faveur de conserver à Chartres un simple oratoire [1].

La communauté, de retour à l'Eau, se vit contrainte par pénurie de refaire une abbaye avec les ruines de l'ancienne. Cependant, en 1377, le comte de Blois prescrivit à son argentier de payer les rentes anciennement octroyées aux religieuses et supprimées pendant les guerres [2]; peu à peu l'aisance revint dans le couvent, et vers 1530, des bâtiments entièrement neufs furent édifiés.

Mais de nouveaux malheurs fondirent sur le monastère. En 1568, les Huguenots le réduisirent en cendres et les religieuses se retirèrent encore à Chartres, attendant des jours meilleurs [3]. Lorsque la reconnaissance générale de l'autorité d'Henri IV eut rendu le calme à la France, l'abbaye de l'Eau sortit de ses ruines; la communauté obtint quelques indemnités de ses pertes, et la vente qu'elle fit de sa maison de ville aux religieux minimes, en 1618, lui procura des ressources suffisantes pour achever les constructions. Depuis cette époque jusqu'à la suppression des établissements religieux, l'Eau n'eut plus à souffrir de la mauvaise fortune.

Le 23 juin 1790, les officiers municipaux de Ver trouvè-

---

[1] Procuration, en date du 13 janvier 1364, donnée par l'abbesse et le couvent de l'Eau, à un mandataire, pour exécuter la décision du Chapitre. (Arch. dép.; *Titres de l'Eau* et *Livre des Privilèges du Chapitre*, folio 5, recto.)

[2] Mandement du 10 avril 1377, adressé par le Comte à son receveur du Dunois, par lequel il explique que *ses revenues de Dunois ayant été moult amenuies par les guerres, les assignés et aumonés n'ont pu être payés par plusieurs années passées des rentes qu'ils avoient sur lesdites revenues*, mais qu'il entend qu'à partir de ce jour les nonnains de l'Eau reçoivent leurs rentes, *d'autant qu'elles lui font remise des arrérages*. Ce mandement, daté *du chastel de Blois*, en son conseil, *en quel estoient mons. de Beaumont, mons. de Donstenoie, mons. de Senzell, Mes Regnault Pinart et Godescalle de Bracle*. (Arch. dép.; *Titres de l'Eau.*)

[3] Presque tous les originaux des titres du couvent périrent lors de l'incendie de 1568, ce qui fit que les religieuses, dans l'impossibilité d'en justifier aux officiers royaux, demandèrent et obtinrent des patentes de dispense, en date des 13 juin 1580 et 30 août 1649. En 1672, on réunit toutes les copies que l'on put se procurer, et le notaire Fraslon forma le Cartulaire qui existe encore aujourd'hui dans les archives du département.

rent au cloître dix-neuf dames de chœur et dix sœurs converses. Les revenus de la maison se composaient alors de 2,300 livres en argent, 45 muids de blé, 180 minots d'avoine et 12 muids de vin [1].

[1] J'aurais désiré ajouter, à cette revue des établissements religieux de Chartres, quelques détails sur la maison et la chapelle des moines de Thiron, rue du Bois-Merrain ; je n'ai rien trouvé à cet égard qui fût digne d'être rapporté. Louée par ces religieux, puis aliénée, la maison de Thiron devint, vers le XVIe siècle, l'hôtel du *Court-Bâton*, nom sous lequel on la désigne encore aujourd'hui.

CHAPITRE XI.

ÉTABLISSEMENTS CIVILS EXISTANT AU XIVe SIÈCLE.

§ 1er. — FORTIFICATIONS.

Comme nous l'avons dit au chapitre IV de cette histoire [1], il résulte des écrits du moine Paul, de Saint-Père, que les habitants, chassés de la basse ville lors du sac de 858, se réfugièrent sur la colline et bâtirent du côté de l'orient une grande muraille qui dominait toute la vallée, depuis Saint-Michel jusqu'au Muret. La poterne Foucher-Nivelon, les portes Cendreuse, Evière et Neuve furent percées dans cette muraille [2]. Mais peu à peu les Chartrains redescendirent vers leurs anciennes demeures, et les travaux de clôture, exécutés

---

[1] Voir *suprà*, p. 62 et suivantes.

[2] Voir *suprà*, p. 232, note 2, et 255. A part la terrasse de Saint-Aignan et les murs de soutènement de quelques maisons de la rue Saint-Eman, qui subsistent encore aujourd'hui et auxquels des conjectures plus ou moins concluantes donnent une haute antiquité, on ne retrouve plus aucune trace de la clôture orientale de Chartres au IXe siècle.
La poterne Foucher-Nivelon prit son nom de Foucher, fils de Nivelon de Freteval, qui vivait dans la dernière moitié du XIe siècle. Elle était située vers le point du tertre Saint-François qui correspond à l'abside de Saint-Aignan.
On voit au pied de l'ancienne chapelle Saint-Vincent des assises énormes qui dépendaient de la porte Cendreuse. Les historiens disent que cette porte était ainsi appelée parce qu'elle s'ouvrait en face de la croix aux Ecuyers (croix de Beaulieu), au pied de laquelle on donnait les cendres le premier jour du Carême. On commença la démolition de la porte Cendreuse en 1504; elle n'existait plus en 1566. *(Reg. des Echevins;* Délibérations des 19 avril 1504 et 10 septembre 1566.)
La porte Evière, *Aquaria*, donna son nom à la rue Evière, aujourd'hui rue au Lait, à l'une des portes du cloître et au tertre appelé longtemps *Evier* et maintenant *Saint-Eman*. Les habitants de la haute ville prenaient par la porte Evière pour se rendre à la fontaine Saint-André. Sa démolition remonte à une époque très-reculée.
On n'a aucun renseignement sur la porte Neuve, théâtre de la valeur des soldats de Gancelme. (Voir *suprà*, p. 36.) Elle donna son nom à la porte du cloître ouvrant sur Beauvoir, et jusqu'au XVe siècle, la rue dite aujourd'hui du *Cheval-Blanc* s'appela rue *Porte-Neuve*.

dans les X⁰, XI⁰ et XII⁰ siècles, rattachèrent à la nouvelle enceinte les bourgs Muret, Saint-André et le Bourg proprement dit. Il est question dans les titres antérieurs au XII⁰ siècle, des portes Drouaise, Imbout, de la poterne Tireveau et de la porte Morard. Suivant quelques écrivains locaux, un mur partant de la porte Morard allait regagner la porte Cendreuse, en longeant, à gauche, les bâtiments et la garenne de Saint-Père, restés au dehors; ce ne fut, en effet, que vers la fin du XIII⁰ siècle que le célèbre couvent des Bénédictins entra dans la cité [1].

Du côté de l'occident, les vaincus de 858 construisirent une muraille qui contournait l'église de la Vierge, enveloppait un terrain peu étendu et se dirigeait vers Saint-Michel. Les noms des portes pratiquées dans cette fortification font connaître sa direction d'une manière assez précise : les titres antérieurs au XII⁰ siècle parlent de la porte Saint-Jean-de-Vallée, qui était située probablement près de l'entrée actuelle de la rue des Lices, de la porte Percheronne, dont le nom est resté à l'une des rues du cloître, et de la porte *qui est devers Saint-Michel*. Dans les X⁰, XI⁰ et XII⁰ siècles, les faubourgs de Beauvoir, Châtelet et Saint-Michel prirent de l'importance et finirent par être incorporés dans la ville au moyen d'un fossé. Lorsque le comte Thibault V et l'évêque Pierre de Celles entreprirent, en 1181, les fortifications de la haute ville, ce fossé formait encore la seule défense de Chartres du côté de la plaine; les travaux du Comte et de l'Évêque complétèrent la jonction des faubourgs à la cité mère.

Les fossés de la haute ville furent, sinon creusés, du moins restaurés, lors de la construction des murailles; mais les fortifications de la basse ville, depuis la Courtille jusqu'à la porte Imbout, ne reçurent cette annexe indispensable que vers le

---

[1] *Cartul. de Saint-Père*, Prolégomènes, n⁰ 244.

milieu du XIVᵉ siècle. Jusqu'à cette époque on regarda comme un fossé suffisant le bras de rivière qui prend naissance au-dessus de la Courtille et va rejoindre le fossé actuel près de l'endroit nommé le *Vieux-Trou*. Jusqu'à la Révolution, ce bras de rivière fut connu sous le nom des *Vieux-Fossés*, et la pêche en fut affermée au profit de la ville en même temps que celle des *Fossés-Neufs* [1].

[1] Après la clôture de l'abbaye de Saint-Père par l'abbé Landry, vers 1060, les religieux, comme je l'ai déjà dit, firent creuser un fossé partant de la Courtille et longeant la muraille méridionale du couvent jusqu'à un conduit voûté qui introduisait l'eau de la rivière dans leurs jardins. Lorsque l'on voulut comprendre le monastère et le bourg de Saint-Père dans l'enceinte de Chartres (fin du XIIᵉ siècle), la muraille de l'abbé Landry, flanquée de tourelles, fut rattachée à la porte Saint-Michel et continua la ligne des fortifications de la cité du côté du midi. Pour compléter la défense, on donna plus de largeur au fossé dans lequel coulait la prise d'eau et qui portait le nom de fossé de *Barbou* (Bas-Bourg). Il paraît que la ville et le couvent eurent promptement des querelles de voisinage; on connaît un mandement adressé en 1286 par Philippe-le-Bel au bailli de Gisors, juge des cas royaux du comté de Chartres, qui ordonne le maintien des religieux dans leurs *droits anciens*, à la condition qu'ils ne feront aucune innovation qui puisse nuire à la solidité des fortifications de Chartres, *ita tamen quod non permittas quod ipsi abbas et conventus aliquam novitatem faciant, per quam fortalicium villæ Carnotensis deteriorari contingat*. Les droits du couvent, méconnus par la ville, consistaient principalement dans ses prétentions à la propriété et à la pêche du Barbou. Lors du creusement des fossés neufs, de la Courtille à la porte Imbout, de 1354 à 1360, de nouveaux démêlés s'élevèrent entre la ville et les religieux; en 1368, ces derniers, se disant propriétaires du fossé de Barbou, et, d'ailleurs, possesseurs, à raison de leurs moulins, de l'eau de la rivière depuis les herses de Launay (la Courtille) jusqu'au pont Saint-Hilaire, prétendirent que les fossés neufs « *qui naguères ont été faits pour la fortification d'icelle ville* » leur étaient nuisibles, parce que, d'une part, ils prenaient leur eau, et que, de l'autre, les poissons nourris dans le Barbou s'échappaient par ces nouveaux fossés. Ils obtinrent d'abord des lettres-royaux qui confirmèrent leurs prétentions à la propriété du Barbou; mais, sur l'appel des habitants, le bailli royal de Chartres les débouta par sentence du 30 octobre 1392.

Louis XI, dans le but d'indemniser les Chartrains de leurs dépenses pour les fortifications, concéda à la ville, par lettres-patentes du 14 décembre 1467, moyennant quarante sous de rente, le droit domanial de pêche des fossés et l'émondage des arbres plantés sur les rives. (Lettres registrées en la chambre des comptes et au bailliage de Chartres, les 24 octobre et 13 novembre 1472, signifiées au receveur du Domaine en 1668 et représentées de nouveau à la chambre des Comptes le 12 septembre 1739.) En vertu de cette concession, la ville afferma sans contestation la pêche des fossés anciens et neufs, jusqu'au milieu du siècle dernier. Mais, au mois de juin 1741, Dom Benoist Goujet, prieur de Saint-Père, reprenant le litige soulevé par ses auteurs, obtint de M. Bouvart, alors maire, et de M. Legrand, intendant du duc d'Orléans, une reconnaissance des droits du couvent à la pêche et à l'usage du fossé du Barbou, à partir de la première tour après le cavalier Saint-Michel jusqu'aux herses de la Courtille. Sous la mairie de M. des Ligneries, vers 1768, la ville s'opposa de nouveau aux tentatives des religieux, un procès s'en suivit et les parties étaient encore en instance lorsque la Révolution éclata. Le fossé de Barbou, dont il ne reste plus trace, a été desséché et comblé lors des travaux

Autant qu'on peut en juger par les rares vestiges encore subsistants et par les plans plus ou moins fidèles conservés à la Bibliothèque et dans quelques cabinets, les fortifications de Chartres, dans leur état le plus complet, participaient du système défensif usité sous saint Louis. Une enceinte de murailles avec chemin de ronde à l'intérieur et larges fossés à l'extérieur, des tours, cylindriques pour la plupart, disposées le long des courtines et fortifiant les angles, neuf portes ou poternes épaulées par des contreforts ou flanquées de grosses tours, telles sont les dispositions principales qui rappellent l'art du XIIIe siècle. Dans le siècle suivant, qui vit naître les armes à feu, la porte Guillaume reçut sa tête de pont ou bastille, et les portes des Epars, Saint-Michel et Drouaise, furent munies de ravelins et de basses-cours. Nous n'avons des XVe et XVIe siècles, que des restes d'échauguettes ou guérites disposées en encorbellement, mais on doit aux premières années du XVIIe siècle les travaux avancés de la citadelle, près la porte Saint-Michel, dont il reste encore une haute muraille *à redans*, c'est-à-dire à angles de vive arête, saillants et rentrants comme ceux d'un bastion.

Examinons de plus près l'enceinte fortifiée de Chartres.

exécutés, il y a quinze ans environ, pour l'agrandissement de la caserne de cavalerie.

Après l'ouverture des fossés de la Courtille à la porte Imbout, les anciens fossés, formés par la réunion des petits bras de l'Eure appelés *le Couasnon* et *le Petit-Buot*, qui arrosent les faubourgs de la Grappe, Guillaume et des Filles-Dieu, furent accensés par la ville aux propriétaires riverains, pour y établir des usines, sauf réserve de la pêcherie. On construisit le moulin Allabre en 1438, par suite d'une aliénation de cette nature; d'autres actes de 1549 et 1581 concédèrent des places sur ces vieux fossés aux sieurs Corbeil, Rabâche et Chabin, parcheminiers. Les vieilles délibérations des Echevins et les comptes les plus anciens des receveurs des deniers des communes et patrimoniaux accusent des recettes faites au profit de la ville pour concessions de places, pêche, émondage des arbres dans les *vieux fossés*. (*Reg. des Echevins*; délibérations de 1438, 1506, 1520, 1594, etc. — *Comptes* de 1481, 1558, 1566, 1584, etc.) Une sentence du bailliage, du 7 mars 1473, fait connaître que *les vieils fossés, estant hors les portes Moral et Guillaume, et passant par le moulin d'Aloyau*, ont été visités, sur l'ordre de la ville, par les nommés Lemaire et Poitrinol. (Arch. de la Mairie; Extraits des pièces de la procédure faite depuis 1750 jusqu'à la Révolution, dans l'instance pendante entre la ville et Saint-Père.)

Cette tradition constante et ce nom de *vieux fossés* donné depuis des siècles à la fausse rivière, corrobore l'opinion de ceux qui pensent qu'avant les invasions normandes la ville s'étendait jusqu'à ce bras de l'Eure.

La porte occidentale, appelée des Epars, *Sparrarum*, *de Expairis* [1], était un édifice assez considérable, flanqué de deux éperons, avec basse-cour et ravelin. Les ouvrages avancés commençaient vers le point central de la place actuelle des Barricades, où venaient aboutir les fossés Saint-Michel et Sainte-Foy. Le siège de 1591 prouva la bonne assiette de cette porte, qui ne fut détruite que dans les premières années de ce siècle [2]. De la porte des Epars à celle du Châtelet, la courtine était protégée par la tourelle Courte-Pinte, dont nous avons déjà parlé [3]; l'huissier Duparc nous apprend que, de son temps (1568), elle avait trente-six pieds de hauteur, six d'épaisseur en haut et douze en bas. A la fin du XVIᵉ siècle, on construisit dans la partie du mur faisant

---

[1] *Spara* ou *sparra*, en italien *sparango*, d'où *sparapetto*, en français *barre*, *parapet*; Civitas solis *sparis* circumsepta.... Porta *sparrarum*, porte des Epars ou des Parapets. *(Glossaire* de du Cange, vº *spara* et *sparra.)* En 1210, Gohier et Simon, fils du chevalier Roscelin de Beauvoir, possédaient un cens sur des maisons situées dans le quartier des Epars ou des Parapets, *apud Sparras*. (Arch. départ.; *Titres de Saint-Père.)*
Les abords extérieurs de la porte des Epars ne furent nivelés que fort tard. A gauche, en sortant de la ville, se trouvait l'église Saint-Saturnin, à droite, un grand bâtiment dit *le Tripot de Babylone*, dont il est fait mention dans un titre du Chapitre de 1250 environ, et qui subsistait encore en 1515. *(Titres de l'Hôtel-Dieu.)* En face de la porte, à l'entrée du chemin du couvent des Frères-Mineurs *(Grand-Faubourg)*, il y avait un monticule que l'on abattit en 1555, *pour y asseoir le pavé de la ville*. *(Reg. des Echevins;* Délibération du 14 janvier 1555. Le marché aux pourceaux (place du marché aux vaches, aujourd'hui *marché aux chevaux)*, situé à droite, en sortant de la porte, était encore inégal au milieu du XVIᵉ siècle; on y voyait un moulin à vent, construit en 1553 par le sieur Lapoustoire, procureur au bailliage. Ce terrain ne fut aplani qu'en 1731. (Arch. de la Mairie; Délibérations des Echevins et comptes municipaux.)

[2] La basse-cour de la porte des Epars fut démolie en 1779. *(Notice manuscrite de M. Hérisson, sur les murs et chemins de ronde, 1831;* Arch. de la Mairie.)

[3] Voir *suprà*, p. 112, note 2. Cette tour fut concédée, à cens et rente, en 1747, à M. d'Avignon, receveur des tailles, propriétaire d'une maison située au carrefour Sainte-Foy. *(Reg des Echevins;* Séance du 29 décembre 1747.) La contrescarpe des fossés Sainte-Foy, entre les portes des Epars et Châtelet, vis-à-vis la tourelle Courte-Pinte, était déjà occupée, en 1437, par *les buttes* des Archers du Vidame. En 1686 et 1687, la ville fit niveler cette butte élevée et lui donna le nom de *Cours Philippe*, en l'honneur de S. A. R. Monsieur, prince apanagiste; les travaux de terrassement furent exécutés à l'entreprise, par le sieur La Chaume, sergent de la compagnie de Beaumont, au régiment de Languedoc. En 1690, cette promenade reçut trois rangées d'ormes, fournis par Tronson, jardinier à Saint-Maurice. *(Reg. des Echevins, passim.)* Le cours Philippe, appelé de nos jours *butte des Barricades* ou *de la Foire*, a été mis au niveau du sol du marché aux chevaux, en 1846.

face au portail de Sainte-Foy, un cavalier bastionné que l'on nomma le *fort d'Hercule* [1].

Nous avons peu de choses à dire de la porte Châtelet [2], démolie depuis vingt ans environ. Elle subit plusieurs transformations dont la principale, qui lui donna plus de hauteur et de largeur, eut lieu en 1520 [3]. Plusieurs tourelles défendaient la muraille jusqu'à la porte Saint-Jean; la plus forte, placée en sentinelle avancée, de manière à battre le faubourg Saint-Jean et le bourg Châtelet ou *Mahé*, portait le nom de tourelle de *l'Eperon* ou du *Fer-à-Cheval* [4]. Ce petit fortin, dans lequel on établit un moulin à poudre au XVIIe siècle [5], disparut avec les autres fortifications de ce côté de la ville, lors de l'établissement de la rampe qui conduit de la porte Châtelet à la porte Saint-Jean (1837). En 1523, la courtine voisine de la tourelle du Fer-à-Cheval ayant eu besoin d'être reprise à neuf, quelques membres de l'échevinage profitèrent de l'occasion pour faire sceller leurs blasons dans la maçonnerie, en pendant de celui de S. M.; les gens du Roi s'en offensèrent et ils firent ordonner l'enlèvement des pierres armoriées, comme irrévérencieuses pour l'écusson royal [6]. Dans la suite, les représentants du Prince devinrent moins rigides sur le point d'honneur, car, en 1702, les armes de la ville et celles de M. Nicole, maire perpétuel, furent acco-

---

[1] *Reg. des Echevins;* Délibération du 25 février 1597.

[2] Porta *Castelleti* ou *de Castelleto.* Ce nom fut peut-être donné à la porte en souvenir du premier palais des évêques, situé, dit-on, dans le faubourg *Mahé*, aujourd'hui *le Vidame* et *la Couronne.* Le vieux cintre de cette porte, qui menaçait ruine, fut démoli en 1732. *(Reg. des Echevins;* Délibération du 15 août 1732.) Il y avait au XVIe siècle, sur le rebord des fossés de la porte, un moulin à vent connu sous le nom de moulin *Lohu;* il fut détruit en 1562 par ordre de M. d'Eguilly, gouverneur. (Arch. de la Mairie; *Comptes municipaux.)*

[3] *Reg. des Echevins;* Délibération du mois de septembre 1520.

[4] *Ib.;* Délibérations de 1510, 1523, 1524 et 1583.

[5] Ordre à Bourgeois, poudrier à canon, d'enlever sous huitaine son moulin à poudre de la tourelle de l'Eperon, attendu que ce moulin incommode les ecclésiastiques et gens d'étude de la rue de Beauvais. *(Reg des Echevins;* Délibération du 8 août 1662.)

[6] *Ib.;* Délibération de 1524.

lées à celles de S. A. R. le duc d'Orléans, apanagiste, dans un pan de mur construit à neuf près de la porte Châtelet [1].

La porte ou plutôt la poterne Saint-Jean, dont le cintre a été détruit il y a peu d'années, rappelait par son nom le vieux couvent de la vallée; elle n'eut jamais une grande importance et resta bouchée pendant des siècles entiers [2]. La muraille qui, de cette poterne, allait regagner la porte Drouaise, et dont on suit le développement tout le long de la butte des Charbonniers, était protégée par la tourelle du *Groin-Pasteau*, ainsi appelée du nom d'une famille de la haute bourgeoisie chartraine aux XVe et XVIe siècles [3], et par le cavalier dit de la Prêcherie, à cause de son voisinage avec le couvent des Jacobins ou Frères-Prêcheurs. Cette dernière fortification, construite sur une ancienne tourelle, à l'approche des armées protestantes, couvrit efficacement la porte Drouaise pendant les sièges de 1568 et de 1591, en battant les Filles-Dieu et le clos l'Evêque, occupés par l'ennemi [4].

---

[1] *Reg. des Echevins;* Délibération du 24 avril 1702.

[2] Cette porte fut bouchée depuis les guerres de la fin du XVIe siècle. Antérieurement, la ville la louait à des particuliers, moyennant une redevance annuelle, et à la charge de l'ouvrir et de la fermer à l'heure accoutumée. (Arch. de la Mairie; Baux de 1547 et de 1557.) Au XVIIe siècle, on fit de la porte Saint-Jean un magasin à poudre dont le chanoine Le Feron, échevin ecclésiastique, obtint la suppression comme nuisible aux voisins. *(Reg. des Echevins;* Délibération du 21 février 1686.) Les fossés creusés entre la porte Saint-Jean et la porte Drouaise furent refaits en 1492. *(Reg. des Echevins;* Délibération des 2 et 9 octobre 1497.) La contrescarpe de ces fossés, fortement labourée par les mines des Huguenots, en 1591, longeait le chemin dit *des Charbonniers de Bailleau* et les murs du clos de Saint-Jean-en-Vallée; on l'applanit en 1732 pour en faire une promenade qui reçut le nom de *Nouveau-Cours* ou *Butte des Charbonniers*. Les travaux se prolongèrent longtemps, car, en 1737, la route neuve des Charbonniers, de la Couronne à Saint-Maurice, n'étant pas encore praticable, on fut obligé de réparer, pour le passage des voitures publiques venant de la route de Paris, le chemin du Pélican (aujourd'hui les Carmélites) et de la Croix-Jumelin. On commença à combler, en 1771, pour faire une contre-allée à la butte des Charbonniers, les fossés suivant les murailles, à partir du *jeu de Paume* jusqu'à la tourelle de *l'Eperon* ou du *Fer-à-Cheval*. *(Reg. des Echevins,* passim.)

[3] Me Esprit *Pasteau* ou *Pateau* fut échevin et receveur des deniers communs en 1525. La rue Planche-aux-Carpes porta longtemps le nom de *l'Orme-Pasteau*. En 1586, le moulin des Cinq-Ruelles était appelé *moulin des Pasteau*. *(Reg. des Echevins,* passim.)

[4] Je parlerai plus au long du cavalier de la Prêcherie, en racontant les sièges de 1568 et de 1591. Le jeu de longue-paume qui existe encore aujourd'hui dans l'an-

Dominée par les collines de Saint-Jean, de Saint-Maurice et des Filles-Dieu, la porte Drouaise devint naturellement le point de mire des canons huguenots, lors des grands sièges du XVIe siècle. C'était une lourde masse carrée, précédée par un énorme ravelin de forme ronde contenant des logements de gens de guerre [1]. En 1508, Jean Lemaire, marchand mercier, obtint du corps de ville la permission d'asseoir contre cette porte, au-dessus des armes du Roi, une image *belle et honneste* de Notre-Dame, en bonne pierre, de quatre pieds de hauteur [2]. Si l'on en croit la tradition populaire, cette statue recueillit dans son giron les boulets tirés contre elle, en 1568, par l'artillerie du prince de Condé; demeurée intacte au milieu des ruines, elle fut pendant longues années l'objet de la vénération du peuple [3]. Sous une voûte souterraine de la porte Drouaise se trouve une fontaine assez abondante, dont les eaux vont se perdre dans la rivière, en suivant le fossé; c'était dans ce petit ruisseau que l'on remisait le grand bateau de la ville servant à la navigation de l'Eure, aux XVe et XVIe siècles [4]. La muraille encore debout, qui faisait communiquer la porte Drouaise à la rivière, est célèbre dans nos annales sous le nom de *la Brèche;* rasée presque au niveau du sol pendant le siège de 1568 par les batteries ennemies braquées du Clos-l'Evêque et des Filles-Dieu, elle fut défendue avec tant d'acharnement par la milice bourgeoise et les

---

cien fossé, en dehors de la porte Drouaise et au-dessous du cavalier de la Prêcherie, fut établi en 1627 par Guillaume Macé, maître paumier. *(Reg. des Echevins;* Délibération du 19 janvier 1627.)

[1] En 1586, la ville fit marché, moyennant vingt-six écus, avec le maçon Macé Drouault, pour la sculpture et le scellement, dans le mur extérieur du ravelin de la porte Drouaise, nouvellement reconstruit, des armoiries du Roi, de M. le Chancelier, de M. de Sourdis, de M. de Réclainville, de M. l'Evêque et de MM. du Chapitre, avec colliers d'ordres et chapeaux de triomphe. *(Reg. des Echevins;* Délibération du 29 juillet 1586.) La porte avait un réduit flanqué de tourelles, dans lequel se trouvait un bâtiment dit *le Petit-Gaillon (gaiola,* geôle, prison); pendant la paix, la ville louait cet édifice. *(Reg. des Echevins;* Délibération du 1er mars 1529.)

[2] *Reg. des Echevins;* Délibération du 19 septembre 1508.

[3] Sablon, *Histoire de l'église de Chartres*, p. 176 et 177.

[4] En 1520, on refit à neuf la fontaine Drouaise. *(Reg. des Echevins.)*

troupes de la garnison, que tous les assauts des Protestants échouèrent et qu'ils abandonnèrent leur entreprise. En mémoire de cet événement, on scella dans le nouveau mur une statue de la Vierge dont il ne reste plus que d'informes vestiges et une inscription en vers latins que le temps a respectée [1].

Pour ne pas rompre la chaine des fortifications, on avait jeté sur l'Eure deux arches massives qui soutenaient une tourelle carrée. Cette construction était connue sous le nom de *la Lethinière*; on l'appelait aussi la tour *des Grandes-Herses*, parce que l'ouverture des arches pouvait être interceptée par de lourdes herses de fer qui tombaient du haut de la tourelle dans la rivière au moyen de rainures pratiquées sur les côtés des cintres [2]. De la Lethinière à la porte Imbout ou du Château, la courtine s'appuyait sur deux tourelles qui subsistent encore en partie; la porte et les tourelles protégeaient la pointe du vieux Château ou Massacre [3]. La porte Imbout, murée vers

[1] Cette inscription sera donnée *in extenso* dans le chapitre relatif au siège de 1568

[2] Je ne sais pas d'où vient le nom de *Lethinière* que j'ai rencontré pour la première fois dans un titre de l'Hôtel-Dieu, de 1464. Cette tour fut refaite en 1508 pour faciliter la navigation de la rivière; elle était pourvue d'un *cadran* que l'on vendit à la même époque. (*Reg. des Échevins;* Délibérations des 7 novembre et 7 février 1508.)

[3] Il y avait derrière Saint-André, près de l'arche de Lethinière, à l'intérieur des murs, et dans la pointe de terre formée par la jonction de la rivière de la ville avec le bras dit *les Vieux-Fossés*, un jardin et une masure connue sous le nom de *Vieux-Château*. Quelques historiens pensent que là s'élevait, dans les premiers siècles, le château des Rois, à Chartres; aucun document, aucun titre, n'autorisent cette opinion, et l'on ne trouve aucune mention de ce château avant la fin du XVe siècle. Une pièce recueillie par Pintard (coll. Lejeune) fait connaître que Louis XI avait un jardin à Chartres, paroisse Saint-André, *où il voulait faire bâtir un château;* ce prince vint, en effet, visiter fréquemment Notre-Dame de Chartres pendant son règne; il data de Chartres un grand nombre d'ordonnances et l'on peut admettre sans difficulté qu'il désira posséder un logis dans nos murs. De cette circonstance sera venu le nom de *château* donné au jardin et à la petite maison du Roi. Le terrain qui passa, en 1528, du domaine royal entre les mains de madame Renée, duchesse de Ferrare et de Chartres, avait été accensé à la ville, en 1520, moyennant 15 livres tournois de rente, pour y établir un abattoir ou *massacre*. Les comptes municipaux justifient des paiements de la redevance dont il s'agit, faits par la ville en caisse du domaine du Roi ou du prince apanagiste, jusqu'à la fin du siècle dernier. (Comptes de 1531, 1558, 1574; Délibération du 8 octobre 1667; Arch. de la Mairie. — Note sur la consistance du domaine de Chartres, par M. Marchand, avocat et garde des terriers de l'apanage, 1786; Archives de l'Empire.)

la fin du XVe siècle, était située près du batardeau du *Vieux-Trou*, point de jonction du petit bras de l'Eure avec le fossé de la ville; elle présentait une face épaulée par deux tourelles crénelées [1]. Le siège de 1591 lui fut fatal, ainsi qu'à la porte aux Corneurs, sa voisine. Cette dernière porte, également murée, appartenait en fief à l'Évêque; elle était construite à l'extrémité de la rue dite encore aujourd'hui *impasse des Cornus* [2]. Plusieurs petites tourelles en encorbellement flanquaient la muraille entre la tour aux Corneurs et la porte Guillaume.

L'aspect grandiose du donjon de Guillaume de Ferrières peut consoler de la destruction presque générale des fortifications chartraines [3]. La porte Guillaume offre, en effet, aux re-

[1] *Porta Ainboldi (Cart. de Saint-Père*, Hagan., p. 25), porte *d'Ainboli* ou *d'Aimbault*, dite par corruption *Imbout*. C'était une des plus anciennes portes de la ville; on la trouve mentionnée dans des titres du XIe siècle. Peut-être dut-elle son nom à son fondateur. Un personnage appelé *Ihuncbold*, souscrivait, avec Oda, épouse du vidame Renaud, à un titre de Saint-Père antérieur à 1080. *(Cart. de Saint-Père*, vol. 1er, p. 142.)
En 1438, on transporta le marché Saint-André près du pont Bras-de-Fer (pont des Filles-Dieu), *hors porte Imboust, par quoi il est à présumer que ladite porte ouvrait lors.* (Arch. dép.; *Livre de Bois de Saint-André*, folio 201, verso. Écriture du commencement du XVIe siècle.) La porte Imbout, déjà murée à l'époque où ce passage du Livre de Bois fut écrit, demeura bouchée jusqu'à sa destruction. La ville la donnait à cens et rente au propriétaire du jardin limitrophe; elle était possédée à ce titre, en 1729, par Mre Bordel du Vaugouin, chanoine de Notre-Dame, qui en rendait 22 sous par an. (Arch. de la Mairie. Acte de ville du 27 avril 1729, signé Bouvart, Bouvet de Guignonville, Duhan de Mézières, Sénéchaux et Vaillant; dans cette pièce la porte est nommée *Imbault.)*
En face de la porte Imbout, se trouvait le batardeau, *dos-d'âne* ou déversoir du *Vieux-Trou*, destiné à maintenir le fossé plein ou à vider son eau dans la fausse rivière, suivant les besoins. On rencontre les mentions suivantes dans les comptes municipaux et les délibérations des échevins : « *1577, on refait les caves du dos-d'âne de la porte Imboult.* » — « *1596, 14 mai, sur l'ordre de M. de Sourdis, gouverneur, on répare le bâtardeau du Vieux-Trou, devant la porte Imboust, proche la brèche du siège de 1591.* » — « *1618, 20 novembre, rupture du dos-d'âne et versoir près porte Imboust.* » Le lit du fossé ayant été mis de niveau avec la fausse rivière (Vieux-Fossés), on a supprimé le batardeau du Vieux-Trou; on dit qu'il existe encore au fond de l'eau quelques traces de la maçonnerie *des caves du dos-d'âne.*

[2] La porte aux *Corneurs, Corneulx, Cornus,* c'est-à-dire aux *Corroyeurs*, *Porta Coronatorum*, s'appelait aussi, au XIIIe siècle, porte *Gillard* ou *Guillard*, sans doute du nom de son constructeur. (Voir *suprà*, p. 234, note 2.) Cette porte n'est pas mentionnée dans les titres antérieurs au XIIe siècle.

[3] Le vidame Guillaume de Ferrières, deuxième du nom, fils de la vidamesse Élizabeth, auquel on attribue la construction de la porte Guillaume, vivait dans la seconde moitié du XIIe siècle.

gards de l'amateur un admirable spécimen de l'architecture militaire de la fin du XIIe siècle. A l'extérieur de la ville, le massif central défendu par deux tours d'une belle structure, présente dans sa partie basse une porte ogivale sans ornements; au-dessus des jambages de la porte, on voit deux ouvertures longues et étroites occupées autrefois par les leviers du pont-levis; dans une troisième ouverture pratiquée près de la tour de droite, jouait le levier de la passerelle. Des niches et des socles privés de leurs statues ou écussons, se trouvent au milieu de l'enfoncement cintré qui circonscrit les deux premières ouvertures. Toute cette construction est couronnée à son sommet par un parapet à créneaux taillés en biseau, qui repose sur une série de consoles formant mâchicoulis. Du côté de la ville, la porte est cintrée et la façade tronque les deux tours au tiers de leur épaisseur. Dans la basse-cour intérieure, un vaste escalier de pierre, bâti en dehors comme un perron, conduisait, il y a peu d'années encore, au premier étage de la porte. Les trois étages divisés maintenant en petites chambres, sont dénués de tout intérêt artistique; on cherche en vain l'autel de saint Fiacre et de saint Pantaléon, placé jadis dans une salle supérieure à laquelle on pouvait monter par des marches donnant sur le rempart. Au XVIe siècle, la forteresse communiquait par son pont-levis avec une bastillette à deux tourelles, assise dans une île dessinée par le fossé [1]. Telle était, et telle est encore à peu de choses près, la porte Guillaume; quoique dominée par les hauteurs de Saint-Barthélemy et de Saint-Cheron, elle en imposa toujours à l'ennemi et jamais la ville ne fut entamée de son côté.

Entre les portes Guillaume et Morard, on remarquait la tourelle Tireveau, *Trievitulus*, ancienne poterne dont il est

---

[1] Cette fortification avancée fut détruite en 1730, en vertu d'un arrêt du Conseil. (*Reg. des Echevins*; Délibération du 17 janvier 1730.)

fait mention dans des titres du XIe siècle [1]. La porte Morard [2], édifice informe détruit il y a peu d'années, ne conservait plus dans les derniers temps aucun vestige de son architecture primitive; elle avait une basse-cour, mais elle était dénuée de grands ouvrages extérieurs, ce qui lui valut quelques avaries pendant les guerres. Cependant sa position était importante, car elle battait la Courtille et les petits bras par lesquels l'ennemi eût pu détourner l'eau de la rivière. Près du batardeau qui alimente les fossés creusés au XIVe siècle, l'Eure était traversée, à son entrée dans la ville, par des arches semblables à celles de Lethinière [3]. La tour construite sur ce point et de laquelle on faisait jouer les herses, portait le nom de tourelle *de Launay* [4]; de l'autre côté, une petite prise d'eau, dite le fossé *de Barbou (Bas-Bourg)*, côtoyait la muraille jusqu'à l'escarpement de la colline [5]. La défense de cette partie de la muraille qui allait se rattacher par une courbe au ravelin de la porte Saint-Michel, était complétée par deux tourelles principales :

[1] La rue du Puits-d'Or, qui aboutit à la rue du Puits-Berchot, portait encore en 1773 le nom de rue *Tireveau*. (*Titres de l'Hôtel-Dieu*; Pièce relative à une maison rue Tireveau, paroisse Saint-Hilaire.)

[2] Cette porte, de même que les portes Ainbolt (Imbout), Gillard (aux Corneurs) et Guillaume, paraît tirer son nom de celui de son fondateur. Un seigneur appelé *Morardus* signait, avant 1070, un titre de Saint-Père, avec le comte Thibault, le vicomte Gilduin et le vidame Hugues. Le nom de ce personnage se trouve encore au pied d'un autre acte de Saint-Père, antérieur à 1102. (*Cart. Saint-Père*, vol. 1er, p. 123 et 140.) Une des familles les plus puissantes de Chartres, au XIIe siècle, avait adopté le surnom de *Porte-Morard*, *Porti-Moratus* ou de *Porta-Morardi*.

[3] Le batardeau construit à la Courtille pour alimenter les fossés neufs, donna lieu à de fréquentes réparations. Au mois de janvier 1499, les grandes eaux l'emportèrent, et la rivière, se précipitant par l'ouverture, abandonna presque son lit ordinaire à travers la ville; d'autres dégâts très-considérables eurent lieu en 1506, 1558, 1615 et 1691. (*Reg. des Echevins*, passim, et Comptes municipaux.)
Le pont de la Courtille fut édifié en bois au mois de juillet 1513 par le charpentier Jean d'Ingauville; on l'appelait *le Pont qui tremble*, et il portait encore ce nom au siècle dernier. Il fut reconstruit en 1589 et en 1696, également en bois et pour les piétons seulement. En 1763, les échevins firent des démarches près de l'intendant d'Orléans pour obtenir qu'on le remplaçât par un pont en pierre; mais ce ne fut qu'en 1767 que ce projet reçut son exécution. (*Reg. des Echevins*, passim.)

[4] Cette tourelle prenait son nom de la courtille de Launay, paroisse de Saint-Brice, aujourd'hui hameau de 18 habitants, dépendant de la commune de Chartres.

[5] Voir *supra*, p. 310, note 1.

l'une, située à la hauteur du clocher carré de Saint-Père, s'appelait la tourelle de Saint-Père ; l'autre, placée sur la terrasse de la garenne du couvent, se reliait aux débris de l'enceinte du IXe siècle [1].

Seule forteresse de la ville du côté du Midi, la porte Saint-Michel, composée d'un corps de bâtiment flanqué de tourillons élancés, était pourvue, à l'extérieur, d'un ravelin de grande dimension, pareil à celui de la porte Drouaise [2]. Cette entrée

---

[1] Au commencement du XVIe siècle, les religieux de Saint-Père firent construire dans leur enclos, mais à six pieds seulement des murailles, un corps d'hôtel qu'ils appelèrent le *Petit-Gaillon*. Les habitants réclamèrent parce que ce logis avait vue par dessus les fortifications et que, d'ailleurs, il n'était pas à la distance légale de quatorze pieds du rempart. L'affaire fut portée devant le bailli de Blois par lettres-royaux du 13 août 1511, et ce magistrat ordonna la démolition immédiate du bâtiment en contravention. (*Reg. des Échevins*, année 1511.)

En 1623, la ville jugeant nécessaire d'élargir le fossé et le chemin de la Courtille à la porte Saint-Michel, prit aux religieux de Saint-Père, moyennant une indemnité de 130 livres, vingt-six perches de terre sur leurs jardins des Bas-Bourgs. En 1741, sous la mairie de M. Bouvart, les échevins firent combler une partie notable du fossé Saint-Michel, ce qui donna plus de développement à la rampe de la Courtille. Enfin, vers 1770, M. des Ligneries, alors maire, rectifia la pente du chemin et planta à droite et à gauche les massifs de tilleuls et d'ormes qui ont été abattus en 1846. Ce dernier travail exigea des emprunts de terrain aux riverains; Saint-Père y perdit une partie de sa Courtille, dite des *Grands-Noyers* ou de *Mon-Plaisir*, située à gauche de la route, en quittant le *Pont qui tremble*.

Ce fut à l'occasion de ces expropriations que les religieux intentèrent à la ville le procès du *Barbou*, dont j'ai parlé plus haut (p. 310, note 1). En 1774, sous la mairie de M. Parent, ils joignirent à leur première demande la revendication 1° de tous les remparts bordant les murailles du côté de leur couvent; ils s'en disaient propriétaires, d'abord à titre gratuit, depuis 1684, par don de la ville, qui, elle-même, avait été gratifiée par Henri IV, en 1591, du droit de rempart, fossés et fortifications, puis, à titre onéreux, moyennant 1,500 livres versées à la caisse du Domaine, suivant le rôle arrêté au Conseil le 13 mars 1696; 2° d'un terrain vague, situé au bout de la ruelle Saint-Michel et séparé de leur garenne par les débris de la clôture du IXe siècle; ils reconnaissaient bien que la ville leur avait accensé cet endroit le 11 juin 1697, *parce que les mauvais garnements qui s'y donnaient rendez-vous incommodaient fort les Pères Cordeliers;* mais ils s'en prétendaient propriétaires primitifs et sans interruption depuis Lothaire jusqu'à la construction de la citadelle, et ils justifiaient de leurs droits par les chartes de leur cartulaire du XIIe siècle; 3° du lieu dit les *Poulies* ou la *Mégisserie de Saint-Père*, situé hors la porte Morard et planté d'arbres par les échevins en 1739 (c'est le terrain triangulaire, bordé d'allées de marronniers, qui longe le fossé, à gauche, en sortant de la porte); ils soutenaient que cette place, servant, dans les temps anciens, *d'étendoir* pour les drapiers et les mégissiers, et, dans les temps modernes, de champ pour la foire Saint-Barthélemy, leur avait été vendue, suivant acte de juillet 1221, par Alix, fille d'Hermann *de Exclusis*. (Arch. de la Mairie, *Mémoire pour les religieux de Saint-Père*. 1774.)

Ces griefs, dont la plupart étaient soutenables, furent mis à néant par la Révolution.

[2] Le ravelin de la porte Saint-Michel fut démoli en 1737. L'année suivante on

de Chartres, que les soldats du comte de Dunois surprirent en 1432, subit de vives attaques pendant le siège de 1568. La citadelle qu'Henri IV fit bâtir après le siège de 1591, ayant compris dans son enceinte tous les abords de la porte et la moitié de l'église Saint-Michel, on augmenta la force des ouvrages avancés en construisant le cavalier *à redans* dont il reste une partie et qui avait pour mission de couvrir le chemin par lequel la garnison descendait à la rivière[1]. La muraille très-cintrée qui séparait la porte Saint-Michel de la porte des Epars, était épaulée par plusieurs tourelles; l'une d'elles, dont on peut encore admirer les vastes proportions, était située au-dessus de la porte royale de l'église Saint-Michel; une autre, dite *la tour Gaillard*, se dressait à peu de distance de la porte des Epars, en face de l'ancien cimetière Saint-Thomas.

Les fortifications ont subsisté, presque intactes, jusqu'au commencement de ce siècle. Les démolitions successives des portes et les aliénations des murailles au profit des riverains ont fait disparaître en moins de cinquante ans ces vieux débris d'un autre âge, témoins glorieux des prouesses de nos pères.

---

abattit la guérite de la porte, dans laquelle les évêques étaient reçus lors de leur entrée; cette guérite menaçait ruine depuis longtemps. *(Reg. des Echevins;* Délibérations des 20 septembre 1737 et 12 février 1738.)

En faisant des fouilles dans les fossés de la porte, en 1615, après la démolition de la citadelle, on découvrit des fondations de brique et une mosaïque représentant des serpents et des oiseaux, émaillés de vert et d'azur, dans un petit caveau où se trouvaient une forge et un puits. (Hist. mss. ayant appartenu au médecin Marie Saint-Ursin, p. 22; Bibl. commun.) Les fossés, murailles et remparts, de la porte Saint-Michel à la porte des Epars, ont été aliénés il y a vingt ans environ et remplacés par les constructions assez élégantes qui bordent aujourd'hui la *butte Saint-Michel*. Cette promenade, nivelée et replantée lors de ces derniers travaux, avait été garnie de plantations d'ormeaux en 1736. *(Reg. des Echevins;* Délibération du 21 novembre 1736.)

[1] Une partie des fortifications de la porte Saint-Michel servait déjà de citadelle avant la construction faite par Henri IV. Une délibération des échevins, du 21 mars 1552, prescrit la visite *des murs de la citadelle, derrière les jardins de Saint-Père,* pour savoir quelles sont les entreprises de l'abbé. *(Reg. des Echevins;* Arch. de la Mairie.)

§ 2. — CHATEAU DES COMTES.

« Cet ancien palais a son frontispice haut et élevé vers
» l'orient et son aspect sur la rivière d'Eure, les prairies et
» les coteaux des vignobles. Bâti tout de pierre dure, il a sa
» forme en tour carrée. Les murailles surpassent la couver-
» ture, lesquelles sont par le haut bordées de créneaux à façon
» antique. Tout le bâtiment est composé de trois étages et
» gros piliers de pierre en forme ronde, et, par le dehors,
» appuié d'autres gros piliers carrés à forme plate qui pren-
» nent le bâtiment de bas en haut où ils vont en aménuisant
» et sans lesquels piliers longtemps y a que tout le bâtiment
» fut tombé... En l'enclos duquel bâtiment sont deux grandes
» salles l'une desquelles est à présent fondue, plusieurs cham-
» bres hautes et basses, l'audience où l'on plaide et autres
» chambres où l'on tient le conseil. Y sont aussi les prisons
» qui sont des cachots bien étroits et de bonne garde pour les
» prisonniers et le tout bâti à la façon de très-grande antiquité,
» comme appert même par la première porte de son entrée qui
» porte marque de l'entrée d'un fort château... J'ai spécifié
» tout ceci, parce que je vois cet ancien palais fort proche de
» sa ruine [1]. »

Lorsqu'un chroniqueur chartrain du XVIe siècle donnait cette description, le manoir de Thibault-le-Tricheur, quoique délabré, était encore, à l'extérieur, à peu près tel que l'avaient vu les comtes de Chartres. Ses distributions intérieures chan- gèrent avec ses hôtes, lors de la réunion du comté à la cou- ronne; les grandes salles des princes chartrains furent trans- formées en prétoire, en chambres du conseil, en *écritoires* pour les greffiers tenant les écritures de la grosse tour, en ap-

---

[1] Hist. mss. de l'huissier Duparc, p. 144; coll. Lejeune.

partements à l'usage des baillis. La chapelle de Saint-Blanchard resta seule, pour rappeler le passage des anciens maîtres.

Le bâtiment principal, qui occupait presque tout l'espace compris entre la porte Cendreuse et la Poissonnerie, était cerné du côté des Changes par une enceinte de fortes murailles. Une espèce de donjon carré s'élevait dans la cour intérieure; il fut démoli en 1587 [1]. On admirait les jardins de ce palais dont les terrasses, soutenues par des voûtes profondes, étaient protégées, du côté de la rue des Ecuyers et de la Boucherie-de-Bourg, par une muraille flanquée de tourelles et munie de contreforts à ressauts. Les tourelles et les voûtes servirent de magasins à poudre pendant les guerres du XVIe siècle [2].

Plus d'un souvenir intéressant pour les Chartrains se rattachait au château des comtes; la justice s'y rendit pendant cinq siècles; les États provinciaux furent plusieurs fois réunis dans ses murs; c'était dans sa grande salle que se tenaient les assemblées générales des habitants; c'était dans sa chapelle que l'Évêque, à son entrée, jurait de ne pas aller à l'encontre des droits du Prince; c'était à son greffe que les grands-baillis et gouverneurs venaient, en personne, faire enregistrer leurs provisions; c'était à sa porte que les tenanciers, fieffés et vassaux, faisaient acte de foi et hommage, aveu et dénombrement, à *cause de la grosse tour de Chartres*.

Le vieux palais trompa pendant deux siècles et demi les sinistres prévisions de l'huissier Duparc; plus d'un membre de la génération actuelle se le rappelle encore, et ses prisons, qui savaient si bien garder leur monde, ne se fermèrent pour toujours qu'après la destruction des brigands de la *bande d'Orgères*. La place Billard occupe aujourd'hui la plus grande partie du terrain du château; on peut lui reprocher, sans doute,

---

[1] *Reg. des Echevins;* Délibération du mois d'août 1587.
[2] *Ib.;* Délibération du 21 octobre 1550.

d'avoir brusquement rompu avec le passé féodal de ce quartier, mais elle embellit la cité, et elle conserve la mémoire, sinon de l'époque héroïque des Thibault, du moins de l'administration bienfaisante d'un vertueux magistrat.

§ 5. — HÔTEL-DE-VILLE.

On a peu de renseignements sur le premier *Parloir aux bourgeois* de Chartres. Il était situé dans le cloître Saint-Martin-le-Viandier, en face de l'église, et allait regagner par ses jardins les grands *oustels* du Cygne et de Feuillet [1]. Au mois de février 1411, Charles VI voulant témoigner son contentement aux habitants, leur fit donation de l'hôtel du Cygne, qui venait d'être confisqué sur un bourgeois de Châteaudun nommé Denis Estrivart; cette maison, réunie à l'hôtel-de-ville, fut transformée en arsenal; on pratiqua dans l'intérieur une vaste salle voûtée et l'on y déposa la poudre à canon et les autres munitions de guerre [2]. Les distributions intérieures et l'ameublement de cet hôtel-de-ville ne sont pas connus; on sait seulement qu'en 1506 la grande chambre du conseil avait une belle cheminée garnie d'une *toilette de toile noire, calandrée et semée de fleurs de lis;* les registres des délibérations étaient renfermés dans un coffre fermant à deux clefs [3].

Avec le temps, le *Parloir aux bourgeois* se délabra de telle

---

[1] L'hôtel-de-ville, place Saint-Martin-le-Viandier, se trouvait dans la censive du chapitre de Notre-Dame. (*Censier du Chapitre*, 1465, 1534; Arch. dép.)

[2] La *voûte* aux poudres fut réparée en 1506 et 1539. (*Reg. des Echevins;* Délibérations des 30 septembre 1506 et 19 novembre 1539.)

[3] *Reg. des Echevins;* Délibérations des 30 septembre et 6 février 1506. On se plaignait déjà en 1525 du désordre des archives de la Mairie, dont on avait soustrait diverses pièces; en 1595, ce désordre n'ayant pas cessé, on fit un inventaire nouveau et quatre serrures furent posées sur les armoires. (*Ib.;* Délibérations du 17 octobre 1525 et du 21 novembre 1595.)

sorte que les échevins durent songer à l'abandonner [1]. Ils achetèrent au mois de mai 1571 le grand hôtel dit le *Perron des Trois-Rois*, rue des Changes, que l'évêque Beschebien avait construit en 1414 [2], et en firent la maison-commune. La porte ogivale du *Perron des Trois-Rois*, qui existe encore aujourd'hui, donnait vis-à-vis l'entrée du château des comtes ; les bâtiments intérieurs, ménagés sur les côtés d'une grande cour, touchaient l'abside de l'église Saint-Martin-le-Viandier. Au XVIe siècle, les greffes et la chambre de ville occupaient les ailes de la cour; on louait au profit de la commune la maison de la rue qui, depuis sa construction, servait d'hôtellerie sous l'enseigne des *Trois-Rois*, et dans laquelle descendaient tous les grands personnages de passage à Chartres [3].

L'administration municipale demeura au Perron des Trois-Rois jusqu'en 1792 ; à cette époque elle s'installa à loyer dans l'hôtel de Montescot, rue de la Fromagerie, propriété des hospices, qu'elle finit par acquérir en 1824 [4].

§ 4. — HALLES.

Il y avait, au Moyen-Age, au milieu du marché des *Pierres*, actuellement la place des Halles, plusieurs corps de bâtiments dans lesquels les marchands au détail étalaient leurs marchan-

---

[1] Cet hôtel fut vendu au mois d'octobre 1571 à la dame Madeleine Lebeau, veuve Richard. (Arch. de la Mairie; Maison du Cygne.)

[2] *Reg. des Echevins;* Délibération du 29 mai 1571. Cette maison coûta à la ville 4,602 livres tournois.

[3] Baux emphytéotiques de 1574, 1577 et 1595. (Comptes des Receveurs des deniers communs; Arch. de la Mairie.) Le Perron des Trois-Rois était situé dans la censive *des Courtins*, qui appartenait, au XVIIe siècle, à M. Simon, lieutenant-général au bailliage et siège présidial. *(Reg. des Echevins;* Délibérations des 28 septembre 1609 et 13 mars 1631.)

[4] Bail du 6 novembre 1792; Acte de vente du 19 janvier 1824; Archives de la Mairie.

dises sur des dalles de pierre ou des tables de bois. L'un de ces bâtiments était exclusivement consacré à la vente des draps, un autre à la vente des cuirs et un troisième au débit des menues denrées.

Le Comte et l'Evêque étaient seigneurs féodaux, par moitié, des grandes halles, et ils percevaient à ce titre des *menues coutumes* sur les objets vendus et sur les acheteurs et vendeurs [1]; mais ils aliénèrent successivement les étaux, à charge d'un cens, au profit de particuliers ou d'établissements religieux qui exploitaient par eux-mêmes, ou faisaient exploiter par d'autres moyennant un surcens. Aux XIVe et XVe siècles, un grand nombre d'étaux des halles appartenaient à l'Hôtel-Dieu et au chapitre de Notre-Dame.

Les bâtiments des halles n'avaient rien de monumental, à en juger par les plans et dessins qui nous restent de la ville au XVIe siècle; la plus grande partie tombant de vétusté, fut démolie en 1584 [2]. Un siècle plus tard, en 1684, le sieur Jacques Aubert, fermier du domaine du duché de Chartres, proposa au conseil du Duc de faire construire sur la place des halles une boucherie publique, pour concentrer dans cet unique endroit la vente de toutes les denrées et marchandises; il se disait, dans cette requête, le restaurateur du marché *et de l'ancienne halle*. Les échevins, auxquels la demande fut communiquée, la repoussèrent par des motifs de convenance pour les habitants, et contestèrent au sieur Aubert le titre qu'il se don-

---

[1] On lit dans l'histoire manuscrite de l'huissier Duparc, p. 101 : *Souloit avoir, n'a pas longtemps, en la place dudit marché, trois halles closes et fermées, l'une à l'Evêque, l'autre au duc de Chartres et l'autre à la ville, esquelles chacun deux prenoit son tribut, comme ils prennent encore de ce qui se vend ès-dites places.* Cette phrase, copiée textuellement par Rouillard *(Parthénie,* deuxième partie, p. 186, v^o), a été reproduite, à la forme près, par Doyen *(Histoire de la ville de Chartres,* vol. 1er, p. 35); néanmoins, je doute que jamais la commune ait possédé une des halles, car on ne trouve, dans les comptes des Receveurs des deniers communs et patrimoniaux, aucune mention de cens et rentes ou menues coutumes qui puisse se rapporter à une propriété de cette nature.

[2] *Reg. des Echevins;* Délibération de mai 1584. L'Evêque et le duc de Ferrare et de Chartres ayant voulu vendre les matériaux des halles, la ville y mit opposition.

naît, attendu qu'il n'avait fondé aucun bâtiment sur la place des halles, laquelle était *vague et à découvert* [1].

Il n'existait pas à Chartres de halle, proprement dite, pour les bouchers ; le commerce de la boucherie se faisait, de temps immémorial, sur des étaux de pierre ou de bois et dans des échoppes hideuses, édifiés en trois endroits de la ville : près du Four-Boël, à la Porte-Neuve du cloître, et dans le Bourg, sous les murs du château. La boucherie du Four-Boël ou Forboyau occupait, depuis le porche du Grand-Four jusqu'au carrefour de la Pelleterie, le centre d'une vaste rue appelée successivement ou même simultanément rue du Cygne, du Forboyau, du Cul-Sallé, de la Boucherie. Elle était située, pour une partie, dans la censive de l'Evêque, et, pour le surplus, dans celle du Chapitre ; les étaux de Forboyau, comme ceux des grandes halles, devinrent, à titre de donation ou de vente, et à charge d'un cens envers les seigneurs féodaux, la propriété de particuliers et d'établissements publics. C'était la plus grande boucherie de la ville. Les étaux et les échoppes de la boucherie dite Porte-Neuve, placés au milieu de la rue Porte-Neuve *(du Cheval-Blanc)*, encombraient tout l'espace compris entre la rue de Beauvoir et les Lices, dans la censive du Chapitre. Ces constructions grossières étaient si incommodément disposées que, vers 1102, les chanoines supplièrent la comtesse Adèle de faire démolir un grand étal de son domaine, qui déversait les eaux pluviales dans leurs greniers et dont le toit saillant fermait l'entrée du cloître aux chariots chargés de matériaux pour la réparation des combles de l'église [2]. Ce ne fut toutefois qu'au milieu du XVIe siècle que des démolitions et alignements bien entendus dégagèrent la porte neuve du cloître et les abords de Loëns [3]. Des échoppes disposées de

[1] *Reg. des Echevins ;* Délibération du 28 novembre 1684.
[2] *Nécrologe de Notre-Dame ;* Mss. de Saint-Etienne, 9 des kalendes de janvier.
[3] La maison dite *des Etaux*, qui était bâtie *au milieu de la rue*, entre la porte Neuve et Loëns, fut démolie en 1550, à l'occasion de la venue du Roi à Chartres. *(Reg. des Echevins ;* Délibération du 21 octobre 1550.)

chaque côté de la ruelle qui porte encore le nom de rue de la Petite-Boucherie, près l'escalier de la *reine Berthe*, constituaient *la boucherie royale de Bourg*. Cette boucherie établie originairement dans la terre du Comte, pour le service du château, devint, par le fait, le lieu d'approvisionnement des habitants de la basse ville ; la plupart des étaux étaient possédés par l'Hôtel-Dieu, Beaulieu et l'Abbaye-de-l'Eau. Les trois boucheries de Chartres subsistèrent jusque vers la fin du siècle dernier [1].

Au XIV° siècle, le vin des vignobles chartrains se débitait à la *petite Buffeterie dou Chastelet* et à la *grande Buffeterie* ou *Etape-au-Vin*. On ne sait trop où était située la *petite Buffeterie* dont le roi accorda amortissement aux aveugles de Saint-Julien en 1336 ; quant à l'Etape-au-Vin, elle conserve encore aujourd'hui son nom, sa place et sa galerie couverte. Des piliers qui soutiennent cette galerie surplombée de maisons informes, un seul rappelle, par l'ornementation de ses plats et de son chapiteau, l'art de la Renaissance. Les étaux de l'Etape-au-Vin devaient un cens au Vidame, propriétaire de la censive, à cause de son four et de l'ancienne poterne de Foucher, fils de Nivelon.

La Poissonnerie, dont les étaux, les échoppes et la galerie se dressaient dès le XII° siècle sous les murs du château, n'a pas dû changer de forme depuis cette époque jusqu'à nos jours. On peut admirer sur cette place deux maisons de bois élégamment sculptées, dont l'une portait au XVI° siècle le nom d'hôtel *des Barbeaux* ou *du Saumon*, et l'autre, celui d'hôtel du *Cœur-Joyeux* ou de *la Truie-qui-File*. L'hôtel-Dieu, le Chapitre et les couvents étaient les principaux propriétaires des étaux de la Poissonnerie, dont ils payaient cens au Comte.

La rue de la Petite-Cordonnerie, voisine de la Poissonnerie,

---

[1] Il y eut aussi, au Moyen-Age, près de l'Etape-au-Vin et dans le cloître Saint-Hilaire, quelques étaux de boucher, accensés par le Vidame et par le couvent de Saint-Père, propriétaires féodaux de ces *détroits*.

qui hébergeait les savetiers et les marchands de souliers en cordouan, était décorée du nom de *Halle aux Souliers;* elle contenait des échoppes et des étaux accensés par le Comte.

Vers la fin du XIIIe siècle, on édifia dans la terre du Comte une halle au pain, donnant, par un pignon, sur la rue des Changes, et faisant saillie, par l'autre pignon, sur la place de la Poissonnerie. Les boulangers vendaient, à couvert, leurs marchandises sur des étaux rangés parallèlement à ceux des poissonniers d'eau douce et d'eau de mer. Au XVe siècle, presque tous les étaux de la halle au pain appartenaient aux lépreux de Beaulieu [1]; cette halle, fort délabrée en 1523, fut sans doute supprimée vers le milieu du XVIe siècle.

La halle aux merciers, autre établissement d'institution princière, était construite près des lices de l'Évêque, en face de la rue des Vasseleurs *(aux Lices).* Vers 1268, le bailli Isambert de Saint-Dié fixa à cinquante livres la somme annuelle que les merciers devaient au Comte pour droit de halle [2]; Louis XI, dans un de ses accès de ferveur pour Notre-Dame de Chartres, donna au Chapitre, par lettres-patentes du mois de décembre 1480, une rente de trente livres à prendre sur la redevance des merciers [3]. On ne sait rien de la disposition de la halle, qui n'existait plus depuis longues années en 1786 [4].

---

[1] D'après un compte des cens et rentes de Beaulieu, de 1487-1488, on voit qu'à cette époque, les étaux de la halle au pain étaient baillés par la Léproserie, à la charge d'un cens, aux sieurs Jehan Metivier, Michel de Champrond, avocat du Roi, Philippot Gervaise, Jehan le Vasseur, au lieu des Filles-Dieu, Geraudin Perraux, Benoist Ernault, Jehan du Moulin, Noël Mauvoisin et Gilot Mahon, au lieu de Gilot Savart, de l'abbé de Saint-Vincent-des-Bois, de l'abbé de Saint-Cheron et des Dames des *Saints-Lieux-Forts. (Titres de Beaulieu;* Arch. de l'Hôtel-Dieu.) Le prieur de Beaulieu rendit, en 1623, foi et hommage du fief de la halle au pain à M. le duc de Nemours et de Chartres. (Pièces recueillies par Pintard; collection Lejeune.)

[2] Transaction rappelée dans une charte du comte Charles de Valois, datée de Paris, le samedi après la Sainte-Luce 1319. *(Titres de Saint-Jean,* n° 1,107 de l'inventaire; Arch. dép.)

[3] *Papiers du Chapitre;* Fondations du XVIe siècle, cote D, n° 53; Arch. dép.

[4] Etat sommaire des cens et rente dûs au Domaine, extrait des anciens cueillerets, par M. Marchand, avocat et garde des archives du duc d'Orléans en son duché de Chartres, 1786. (Arch. impér., section Domaniale, série Q, carton 205.)

Nous ne pouvons omettre de classer parmi les établissements publics de la même espèce, les étaux ou tables des changeurs disposés dans la rue des Changes, depuis le cloître jusqu'aux Quatre-Coins, et dans la rue du Petit-Change, près de la place des Halles. On doit reporter à la seconde moitié du XIe siècle la fondation de ces boutiques qui, par suite de transactions entre deux autorités rivales, appartenaient en toute propriété au domaine du Comte, quoiqu'elles dépendissent, pour la justice, du fief de l'Evêque et de son vidame. Il y eut à Chartres jusqu'à trente-neuf tables de changeurs fonctionnant pour le service du commerce. Le domaine possédait encore, en 1464, vingt-deux de ces tables, mais elles tombaient de vétusté et dix seulement étaient louées moyennant 4 ou 5 livres par an. On prit alors le parti de bailler les places à cens et rente, pour y construire des maisons [1].

Près des lices et de la halle aux merciers se trouvait la maison du *Poids du Roi*, dans laquelle les marchands étaient tenus de faire peser tout ballot de marchandises excédant le poids de 25 livres; chaque pesée donnait ouverture à la perception d'un droit au profit du domaine [2]. Cette maison fut démolie en 1740 pour dégager la rue du Vieux-Marché-aux-Chevaux *(Marché-à-la-Filasse)* [3].

Le métier de la Rivière avait aussi sa maison de *haut pesage*, suivant l'expression du censier domanial; c'était *la Perrée*, établissement dont nous avons déjà eu plusieurs fois l'occasion de parler [4]. Annexée au moulin à Foulon de la petite

---

[1] Bail passé le 6 juillet 1464, en vertu d'une autorisation de la chambre du Trésor, datée de Chartres le 22 février 1462 et signée Danieli. Les preneurs furent les sieurs Geraudin Peraux, apothicaire; Colas Lelarge, libraire; Guillaume Perdreaux, cordonnier; Pierre d'Estampes et Gilot Mahon, marchands; on leur imposa la condition de construire les maisons en droite ligne, depuis la halle au pain jusqu'au bout des Changes, en venant *devers* la Tour. (Pièces recueillies par Pintard; coll. Lejeune.)

[2] Etat sommaire des cens et rentes dus au Domaine, en 1786, par M. Marchand. (Arch. imp.)

[3] *Reg. des Echevins;* Délibération du 31 août 1740.

[4] *Perreia, Perreta, Perrata, Perteria, Porreta, Preya.* La signification de ces

rivière et voisine de la porte Guillaume et des trois moulins, la maison de la Perrée se trouvait dans la censive du Chapitre; elle existait dès le XIIe siècle et subsista dans le même endroit, sous le nom de *Foulerie*, jusqu'à la dépréciation de la manufacture de draps, dans le courant du XVIe siècle. Cette foulerie avait été donnée à l'église Notre-Dame, par Louis XI, au mois de décembre 1480. Vers 1560, dans le but de rendre à la draperie chartraine son ancienne renommée, le domaine fit construire un moulin à foulon, avec poids public, près du pont des Filles-Dieu, dit le pont Bras-de-Fer; on devait y peser les peaux de mouton et y fouler les draps, serges, étamines, tiretaines et couvertures, moyennant une redevance. Ce moulin, donné à cens et rente aux sieurs Bourdon et Poitevin, tanneurs-foulons, le 9 septembre 1575, ne fonctionna pas longtemps; il fut vendu et converti en moulin à farine vers la fin du XVIIe siècle [1].

mots, traduits par celui de *Perrée*, embarrasse singulièrement les étymologistes. Du Cange pense que les mots *Perreia* et *Preya* rappellent que l'établissement dont il s'agit était situé dans le *Pré du Comte*; il fait venir les mots *Perteria* et *Porreta* de celui de *Porta*, parce que la *Perrée* était située près de la porte de la ville. Charpentier trouve dans le mot *Perrée* un synonyme de ceux *Perroy* et *Perrail*, qui signifiaient, en vieux français, *parvoi*, *bords*, *rive* : on disait *le perroy de la mer*; *Perrée* voulait donc dire le *quai* de l'Eure dont les marchands avaient fait une espèce de bourse et sur lequel étaient dressées les balances pour le pesage des peaux.

Il me semble que l'on peut trouver une explication tout aussi plausible des mots *Porreta*, *Perreta*, *Perrata*, en les tirant du mot *Petra*. On lit dans la charte de Thibault VI, de juillet 1213, déjà citée page 129 : *Unusquisque emptor et venditor dabit mihi unum denarium de unaquaque perrata*, c'est-à-dire de chaque *Pierrée*. En effet, la *Pierre* était le nom que l'on donnait dans les foires de Champagne et de Brie, au poids en usage pour le pesage des laines; la *Pierre de Provins* appartenait en 1238 à la comtesse de Roucy; en 1270, le Comte percevait un denier pour *chaque pierre du poids* de Provins; il est question des *petræ* et des *lapides* de Provins, comme poids pour les peaux de moutons, dans une charte de Philippe-le-Bel de 1288. (Bourquelot, *Histoire de Provins*, vol. 1er, p. 417 et 418. — *Extenta comit. Camp. et Br.*; gros cahier in-folio des Archives impériales. — Perard, *in Burgundicis*, p. 562.) Il n'y avait rien d'étonnant que le Pays chartrain, la Champagne et la Brie, possédés longtemps par les mêmes princes, et unis par des rapports commerciaux sans cesse renaissants, eussent adopté le même poids pour un produit commun aux trois provinces, et que Chartres, comme Provins, eût eu ses *Pierres* et sa maison de la *Pierrée* ou *Perrée*.

[1] Bail passé, à la requête du procureur du Roi et du receveur du Domaine, par Me Noël de Bunes, notaire à Chartres, le 9 septembre 1575. (Arch. de la Mairie; *Titres des Tanneurs et Corroyeurs*.)

Les maisons de la Corroierie et de la Mégisserie, autres bureaux de recette des droits domaniaux, étaient également situées dans la *Petite-Rivière*. On ne sait rien de ces établissements, que le Domaine paraît avoir aliénés fort anciennement; en 1468, ils appartenaient indivisément, avec la justice qui en dépendait, à messire Michel de Crouy, seigneur de Saint-Piat, et à la veuve de Pierre Descourtils, bourgeoise de Chartres [1]. Le fief de la Mégisserie figure au nombre des fiefs pour lesquels il fut fait acte de foi et hommage à M. le duc de Nemours et de Chartres, en 1623; le propriétaire était alors M. de Baigneaux d'Orvilliers [2].

§ 5. — HOTEL-DIEU DE NOTRE-DAME.

La fondation première de l'Hôtel-Dieu ou Aumône de Notre-Dame remonte probablement à Louis-le-Débonnaire qui prescrivit, en 819, d'édifier, près de chaque cathédrale, un cloître et un hôpital. Toutefois, les nécrologes apprennent que la comtesse Berthe fit construire l'Aumône dans une place qu'elle avait achetée de Foucher, fils de Girard, et qu'elle y joignit un four pour l'usage des infirmes [3]. Cette comtesse Berthe est probablement la sœur de notre comte Thibault III, qui, après la mort d'Alain, duc de Bretagne, son époux, vint achever sa vie à Chartres dans les bonnes œuvres et dans la prière (1050-1080). Un des vicomtes du Puiset, du nom d'Ebrard, gratifia l'Aumône nouvelle d'une somme d'argent pour l'établissement d'un aqueduc [4]. La pieuse maison, détruite par un incendie que

---

[1] *Titres de Saint-Aignan;* Arch. dép.
[2] Pièces recueillies par Pintard; coll. Lejeune.
[3] *Nécrologe de Notre-Dame*, § 39; Mss. de la Bibl.; 3 des ides d'avril.
[4] *Ib.*, § 37; 12 des kalendes de septembre.

l'on croit être celui de 1134, dut son rétablissement complet aux libéralités du chevecier Bernard [1].

Le projet de transporter l'Hôtel-Dieu dans un lieu plus convenable, n'est pas nouveau. En 1302, quatre chanoines furent délégués par leurs confrères pour s'occuper de cette translation, et l'enquête eut pour résultat, sinon le changement proposé, du moins l'agrandissement des bâtiments par l'annexe d'une maison canoniale [2]. Les remaniements succesifs de l'édifice en ont fait une sorte de mosaïque dans laquelle il n'est pas facile d'assigner la part de chaque siècle. Cependant on distingue, dans la maçonnerie du flanc septentrional donnant sur la place de la porte royale de Notre-Dame, des arcades cintrées et ogivales primaires, sans ornements, qui éclairaient jadis la chapelle. La lampe des *malades* ou des *Poissonniers*, fondée en 1164 par Thibault V [3], brûla pendant bien des siècles dans le sanctuaire de l'Aumône, et son maître-autel fut orné, en 1490, d'un beau retable de pierre, œuvre du rouennais Jehan Pasquier, représentant l'histoire de la Passion [4].

La haute administration de l'Hôtel-Dieu, au temporel et au spirituel, appartenait de toute antiquité au chapitre de la Cathédrale ; il nommait le Maître ou Proviseur, *procurator magistralis*, recevait les comptes et chargeait, chaque année,

---

[1] *Nécrologe de Notre-Dame*, § 39 ; 2 des nones de mars. Bernard, chevecier, *capicerius*, figure dans plusieurs titres importants de Saint-Père, de la première moitié du XIIe siècle. (*Cart.*, vol. 2, p. 264, 307, 469 et 470.)

[2] *Reg. capit.*; Séance du vendredi après la Saint-Nicolas d'été 1302. En 1320, le Chapitre, qui avait donné une maison canoniale pour agrandir l'Hôtel-Dieu, cessa de lui servir une aumône de 10 livres qu'il lui faisait, chaque année, depuis 1224, sur les petites boutiques du cloître.
Il est question, depuis quelques années, de transporter l'Hôtel-Dieu dans un vaste terrain du pavé de Bonneval.

[3] Voir *suprà*, p. 106. On a des lettres de François Ier, du 26 juillet 1535, qui reconnaissent à l'Hôtel-Dieu le droit de prendre chaque année 50 sous de rente, sur les étaux de la Poissonnerie, pour l'entretien de la lampe des malades. (*Titres de l'Hôtel-Dieu.*)

[4] Ce retable coûta 17 livres tournois. (*Titres de l'Hôtel-Dieu*; compte de 1490-1491.)

une commission de chanoines de s'enquérir des besoins de l'hôtel et de la vie des frères et sœurs infirmiers. Le Chapitre conserva sans contestation cette importante fonction, à l'exclusion de l'Evêque, jusqu'à l'arrêt rendu par le Conseil-d'Etat, le 10 août 1700, au profit de Mgr Godet des Marais. Les détails intérieurs de la maison étaient confiés aux soins d'une confrérie de prêtres et de laïcs, hommes et femmes, appelés frères et sœurs condonnés [1]. Il y avait ordinairement dans la communauté six prêtres, y compris le maître et le recteur ou curé de Chauffours [2]. La nomination du maître se faisait en pleine séance capitulaire et en présence des frères et sœurs [3]; le récipiendaire prêtait aussitôt serment de bien remplir sa charge et de reconnaître en toutes circonstances la suprématie du Chapitre. Les frères et sœurs laïcs étaient reçus à la majorité des suffrages par la confrérie assemblée. Ils faisaient vœu de se consacrer pour le reste de leurs jours au service des malades et versaient à la caisse commune, quelquefois tout leur avoir, et toujours une certaine somme pour droit de *joyeuse entrée* [4]. On vit souvent des ménages se *condonner* à l'Aumône.

---

[1] *Condonati, Donati. Laïci qui sese et bona sua monasteriis donabant et offerebant.* (Du Cange, *Glossaire*, v° *Condonatus*.)

[2] La cure de Chauffours appartenait à l'Hôtel-Dieu, ainsi que la mairie et la justice de ce lieu, comme je le dirai plus bas. Par lettres datées d'Orléans, le 31 janvier 1339, le roi Philippe fit remise aux confrères du dixième biennal octroyé à la Couronne par le Saint-Siège, sur les possessions du clergé, attendu que les revenus de la cure et de tout le domaine de Chauffours étaient affectés aux besoins des pauvres malades. (*Titres de l'Hôtel-Dieu.*)

[3] « Lequel maistre tous les ans au chapitre général de la S. Jehan, rapporte les » clefs d'icelle, pour sçavoir s'il sera continué, ou un autre subrogé en sa place. » (*Parthénie*, deuxième partie, p. 161.) En cas de mort du maître, les prêtres-confrères condonnés remettaient les clefs au Chapitre, qui ordinairement leur en confiait la garde et leur laissait l'administration provisoire de l'hôtel, jusqu'à la nomination d'un nouveau maître. (*Titres de l'Hôtel-Dieu*; Séance capitulaire du 31 mars 1481.)

[4] *Pro jucundo ingressu Guillelmi Chauveau et ejus uxoris, fratrum Elemosynœ. LX lib.* (*Titres de l'Hôtel-Dieu*; Compte de 1381.) Les confrères de l'Hôtel-Dieu étaient très-jaloux de leur droit de nomination et des privilèges qui en résultaient. En 1355, le roi Jean ayant pourvu, de son chef, Me Richard Girard, clerc, d'une place de confrère de l'hôtel, le maître et les frères et sœurs ne voulurent ni l'admettre ni lui octroyer pension sur les biens de la communauté. Le bailli de Chartres leur décerna une contrainte, mais, sur leur opposition, le Roi, mieux informé, annula les poursuites, et, par commission du 24 mai 1356, renvoya l'affaire aux requêtes

Plusieurs règlements rappelèrent de siècle en siècle les officiers et les simples confrères aux devoirs de leur mission. Une ordonnance de 1343 détermine les rapports des officiers de l'Aumône envers le Chapitre ; une autre, de 1392, qui concerne spécialement les obligations des confrères envers les malades, renferme les dispositions suivantes : Défense aux frères et à tous employés de découcher de leurs chambres ou dortoirs ; ordre au prêtre de semaine de célébrer assidûment l'office divin et de recevoir chaque jour les confessions des malades ; ordre de mettre les médicaments sous la garde d'une sœur ; ordre à toutes les autres sœurs de soigner, lever, coucher les malades, ainsi que le font les servantes ; ordre à la sœur de service d'allumer la lampe de nuit au premier coup du couvre-feu et de veiller à ce qu'elle brûle toute la nuit ; enfin défense à tous frères ou sœurs de remplir un office qui ne leur aurait pas été confié par les chanoines-administrateurs ou par le maître de l'Aumône [1]. Ce règlement fut en vigueur jusqu'en 1662, époque à laquelle le Chapitre, voyant que les condamnations de femmes se ralentissaient, composa avec le supérieur général des prêtres de la mission de France pour l'introduction, dans l'Hôtel-Dieu, des religieuses de son ordre, dites sœurs de la Charité ou sœurs *grises* [2]. En 1789, le personnel se composait de cinq prêtres, dont l'un était, tout à la fois, maître et receveur comptable, et de huit religieuses hospitalières ; deux comités, formés de membres du Chapitre, se partageaient l'administration supérieure ; l'un était chargé de l'ordonnancement des dépenses et de la vérification des comptes, l'autre, des procès, des constructions et des nominations de médecins, chirurgiens et

---

du palais, où elle reçut une solution conforme aux droits des opposants. (*Titres de l'Hôtel-Dieu* ; Notice manuscrite sur le service de l'hôtel.)

[1] *Reg. capit.* ; Chapitre général de la Purification, séance du mercredi des Cendres 1392.

[2] *Titres de l'Hôtel-Dieu* ; Articles débattus avec le supérieur-général des prêtres de la congrégation de la Mission.

aides [1]. Les prêtres furent congédiés à la Révolution, mais les religieuses demeurèrent à leur poste sans être inquiétées ; cependant plusieurs d'entre elles quittèrent, en l'an II de la République, pour refus du serment civique [2].

Les rois, les princes, les comtes de Chartres et les seigneurs, grands et petits, du pays chartrain, se partagèrent la tâche d'enrichir l'Hôtel-Dieu de Notre-Dame. Les principaux domaines de cette maison dataient des XI⁰, XII⁰, XIII⁰ et XIV⁰ siècles ; il faut citer, parmi les plus anciens, les terres d'Erouville ou Saint-Germain-le-Gaillard, aumônées en 1190 et 1196 par le chevalier Gaufrid d'Erouville et par Isabelle de Saint-Germain [3], les maisons de Beaurepaire et de l'Enfer, situées à la Barre-des-Prés et léguées par Pierre de Berou, en 1274 [4], la maison et le four de Nicochet donnés par Philippe-le-Hardi, en 1279 [5], la mairie de Chauffours, avec la justice du lieu, vendue, en 1287, par le maire Yvonnet et Gilette, sa femme [6], les maisons et places du Marché-au-Merrain, provenant des libéralités de la famille Chardonneau, en 1293 [7], la Précarie

---

[1] *Titres de l'Hôtel-Dieu;* Notice manuscrite sur le service de l'Hôtel-Dieu. Il résulte de cette notice que les registres et comptes étaient tenus avec toute la régularité exigée par la déclaration du 22 décembre 1698, sur les hôpitaux.

[2] *Ib.;* Procès-verbal des officiers municipaux de Chartres.

[3] Voir *suprà*, p. 114, note première. — *Titres de l'Hôtel-Dieu;* Charte de 1190 vidimée par l'official au mois de janvier 1267. Cet acte, extrêmement important pour l'état des personnes au XII⁰ siècle, fait voir que les *hôtes*, *hospites*, n'étaient pas toujours des colons ou fermiers ; ces paysans, quoique assujettis au cens capital et à la justice seigneuriale, de même que les serfs, pouvaient, *d'après l'usage de l'église de Chartres*, engager et même vendre les terres qu'ils cultivaient ; *hospites predicti terram quam ad excolendum suscipient, secundum consuetudinem beate Marie, invadiare poterunt vel vendere.*
Titres de l'Hôtel-Dieu; Chirographe de 1196. Les biens donnés par Isabelle, sa fille Marie et son gendre Robert de Varize, dépendaient du fief de Robert, chevalier de Saint-Germain.

[4] *Ib.;* Testament de janvier 1274. *Quodquod possideo versus buccam pratorum.* La maison de Beaurepaire servit d'hôpital pour les pestiférés, pendant les grandes contagions des XVI⁰ et XVII⁰ siècles.

[5] Voir *suprà*, p. 151.

[6] *Titres de l'Hôtel-Dieu;* Acte fait en Chapitre, au mois de juin 1287. La mairie de Chauffours coûta 101 livres chartraines et trois pièces de terre.

[7] *Titres de l'Hôtel-Dieu;* Donations par Giles Chardonneau et par Marie Chardonneau, veuve de Renaud Chaillou. Décembre 1293.

ou Prêtrière du pont des Arches, cédée, en 1299, par le Chapitre, à la sollicitation du chanoine Sequance[1]. Au XIVᵉ siècle, elle possédait, outre ces biens, des terres à Fontenay-sur-Eure, Blanville, Gasville, Dammarie, Amilly, Lucé, Seresville, Mondonville, Gâtelles et Boncé ; elle percevait une dîme de vin sur les vignobles de la Croix-Thibault et du Coudray ; sa censive comprenait trente-trois maisons de la ville, les étuves Saint-Christophe, quelques étaux de la Poissonnerie, de la halle au Pain, des boucheries Porte-Neuve, de Forboyau et de Bourg, des halles aux Frippiers et aux Cuirs ; le domaine lui payait une rente annuelle de sept livres sur les changes ; elle avait, dans la rue des Ecuyers, un grand hôtel dit l'*Ecu-de-Bretagne* ou *la Cave-de-l'Aumône*. Son casuel se composait de la recette du tronc, de la location d'étaux mobiles à l'usage des marchands étalant devant la façade aux jours de foire du cloître, et du produit des quêtes faites annuellement par les confrères dans les diocèses de Chartres, Troyes, Sens et Orléans. Les dons de *joyeuse entrée* et les donations testamentaires, très-fréquentes alors, augmentaient encore son revenu[2].

L'Hôtel-Dieu eut de bonne heure une justice ; l'*official de l'Aumône* est cité dans l'acte de Gaufrid d'Erouville, de 1190. Cette justice s'exerçait par un bailli qui connaissait, en appel, des causes jugées par les maires ruraux. Au XVᵉ siècle, le

---

[1] *Titres de l'Hôtel-Dieu ;* Acte du jeudi après la Purification 1299, vidimé par l'official le jeudi après la Saint-Clément 1305. Le chanoine Sequance, personnage très-aumônieux, donna au Chapitre, en récompense de la cession faite à l'Hôtel-Dieu, quelques maisons sises au cloître, près de la Chanterie, *in capite Canatorie*. Le même chanoine fit creuser un puits devant l'Aumône, pour l'usage des infirmes, et constitua à la maison une rente de 60 sous, sur la mairie de Bennes, pour l'achat des cordes nécessaires au service de ce puits.

[2] Le compte des recettes, de la Saint-Jean 1381 à la même époque de 1382, rendu au Chapitre par Mᵉ Jehan de Brosse, prêtre, maître et proviseur de l'Aumône, présente les résultats suivants : 1º 115 muids de blé et autres céréales ; 2º 6 muids de vin ; 3º les cens et loyers ordinaires sur trente-trois maisons et jardins ; 4º 116 livres chartraines trouvées dans le tronc ; 5º 4 livres, pour les étaux mobiles ; 6º 60 livres, pour *joyeuse entrée* des époux Chauveau, *condamnés ;* 7º 47 livres provenant des quêtes ; 8º 80 livres de la succession de Marguerite de la Noue, sœur condamnée ; 9º 50 livres léguées par les chanoines Grégoire Chantault et Etienne Roger. *(Titres de l'Hôtel-Dieu.)*

bailli avait un lieutenant-conseiller pour suppléant, et des huissiers pour l'exécution de ses sentences [1].

Plusieurs rois de France accordèrent, pendant les guerres, des lettres de sauve-garde à l'établissement charitable de Notre-Dame, et les panonceaux royaux préservèrent plus d'une fois du pillage les propriétés des pauvres infirmes [2].

Aujourd'hui l'Hôtel-Dieu, qui est en même temps hôpital militaire, contient cent lits, et est desservi par les sœurs de Saint-Vincent-de-Paule, et par deux médecins et un chirurgien, sous la haute direction de la commission administrative des hospices réunis de la ville de Chartres.

§ 6. — HOTELS-DIEU DES PAROISSES.

Au Moyen-Age, chaque église paroissiale, à l'instar de Notre-Dame, avait à sa porte une maison de charité. Les petites *Aumônes* de Chartres, dont la fondation remontait aux XIII° et XIV° siècles et qui étaient administrées, sans règles fixes et selon les temps et les ressources, par les marguilliers des paroisses, furent supprimées, à l'exception de celles de Saint-Hilaire et de Saint-André, lors de la création du bureau des pauvres, en 1555. Nous n'avons que des renseignements

---

[1] Les familles importantes ne dédaignaient pas les places de juges de l'Aumône. En 1401, M° Jehan de Laubespine était conseiller et lieutenant du bailli de l'Aumône et recevait 10 livres 5 sous de gages annuels; en 1454, les fonctions de bailli étaient remplies par M° Jehan Grenet.

[2] Les titres de l'Hôtel-Dieu font mention des lettres de sauve-garde ou chartes-gardiennes données à la maison par les rois Jean (1351), Charles VI (1381), Charles VII (1449), Louis XI (1461), Charles VIII (1483), Louis XII (1498), Louis XV (1719). La charte de Charles VII, datée de Chinon, le 4 juin 1449, la vingt-septième année de son règne, après avoir institué, pour gardiens de la *Maison-Dieu*, les sergents royaux Nicolas Hurault, Jacques Fournigaut, Nicolas Chamiau, Jehan de Chalons, Jehan Doulcet, Michel Banguet, Jehan Le Fachu et Jehan Aulart, dispose que les causes de l'Aumône ressortiront directement au Parlement de Paris, ou, s'il ne siège pas, aux Requêtes du Palais.

fort incomplets sur ces établissements; mais, quels qu'ils soient, nous croyons devoir les donner, pour remplir notre tâche d'historien monographe, c'est-à-dire minutieusement exact.

La dame Jeanne la Chauvelle, veuve de Pierre des Fontaines, bourgeoise de Chartres, autorisée par lettres de Nicolas, abbé du Breuil, au diocèse d'Evreux, en date du 1er avril 1369, laissa à l'église Saint-Aignan, aux termes de son testament du 8 octobre 1410, une maison, rue aux Fèves, dans la censive de cette abbaye, pour y établir un hôpital à l'usage des pauvres de la paroisse; elle ajouta à ce don un revenu de dix livres et douze lits garnis [1]. En 1557, la ville, agissant au nom du Bureau des pauvres, mit cet hôpital, alors supprimé, en adjudication, et les gagers de Saint-Aignan, quoique dépossédés de leur administration, s'en rendirent preneurs à emphytéose de trois vies de 59 ans chacune, à charge d'un canon, des droits censuels et de certaines fondations [2]. Ce bail emphytéotique prit fin en 1718, et, au bout des dix années de jouissance accordées, d'après l'usage, à la fabrique, au moyen de la finance du sixième denier de la ferme, la maison fut vendue à des particuliers.

L'Aumône Saint-André, située dans la rue du même nom, était gouvernée au XVe siècle par un maître qui recevait son institution de la fabrique. Nous avons dit que les successions de ceux qui trépassaient dans l'hôpital paroissial appartenaient

---

[1] Cette maison, qui devait un denier de cens à l'abbaye du Breuil, avait été acquise par Pierre des Fontaines, *per devotionem, per facere quoddam hospitale seu Elemosinam, pro Christi pauperibus et mendicantibus hospitandis, more domorum Dei aliarum parochiarum, et benigniter tractandis.* Jeanne-la-Chauvelle racheta, moyennant dix livres, le cens qui pesait sur l'immeuble et imposa à la fabrique la charge de faire célébrer à Saint-Aignan, tous les ans, le premier vendredi après Noël, une messe des trépassés pour elle et son mari. La délivrance du legs fut faite par le neveu de la donatrice le 3 juin 1417. *(Extrait des titres de Saint-Aignan;* communiqué, en 1719, par M. Aillet, gager de la paroisse, à l'abbé Brillon; Mss. de la Bibl.)

[2] Adjudication, par décret devant l'évêque de Chartres, du 9 mai 1557, après trois publications. *(Ib.)*

à l'œuvre de Saint-André [1]; elle jouit de ce privilége jusqu'en 1555. La maison remise alors au Bureau des pauvres, ne fit que changer de destination de bienfaisance : au lieu de recevoir les malades de la paroisse, elle fut affectée aux pauvres femmes en voyage. En même temps, comme le terrain permettait de s'étendre jusqu'à la rivière, on y construisit un hospice pour les vieillards ou *Bons-Hommes*. En 1652, le vertueux évêque Jacques Lescot fonda un refuge, pour les petites orphelines, dans la maison dite de *Morainville*, voisine de celle occupée par les *Bons-Hommes*; quelques années après, les petits orphelins, placés d'abord par le prélat dans la rue Saint-Hilaire, furent réunis aux vieillards. Ces hôpitaux n'étaient séparés que par une seule maison dont le Bureau se rendit acquéreur en 1730 [2]; cette annexe permit la fusion des deux établissements, et l'ancienne Aumône Saint-André, devenue l'hospice des vieillards et des orphelins, subsista dans ces conditions jusqu'en 1791.

Aucun souvenir notable ne se rattache à l'Hôtel-Dieu Sainte-Foy, sinon qu'il touchait à la maison du prieur et qu'il servit, en 1571, d'hôpital temporaire pour les pauvres voyageurs [3]. On le loua ensuite au profit du Bureau.

L'Hôtel-Dieu Saint-Hilaire, l'un des plus considérables de la ville, touchait, d'un côté, au presbytère de Saint-Hilaire, de l'autre, à une vaste habitation qui devint l'hôtellerie de la *Corne-de-Cerf*; par devant, à la rue Saint-Père, et, par derrière, à la portion de la garenne et du clos de vignes des Bénédictins dans laquelle les Cordeliers édifièrent leur couvent après le siège de 1368. On prétend que cette Aumône, établie vers le milieu du XIIIe siècle, prit la place de la synagogue des Juifs. Elle fut conservée en 1555, à titre d'hôpital des pauvres

---

[1] Voir *suprà*, p. 240, note 3.

[2] Cette maison appartenait au sieur Auvray, tanneur, et dépendait de la censive des Guérin. (*Titres de l'Hôtel-Dieu*; Bureau des Pauvres.)

[3] *Reg. des Echevins*; Séances du 10 octobre 1570 et du 23 mars 1571.

voyageurs; mais, comme nous l'avons fait connaître dans l'historique du couvent des Cordeliers, la ville, ayant prêté cet édifice à ces religieux, pour neuf années, à partir de 1569, ne put jamais rentrer en possession. Ce fut à grand peine que le petit bâtiment donnant sur la rue, usurpé d'abord comme tout le reste, fit retour à son ancienne affectation qu'il conservait encore au commencement du XVIIIe siècle. Pour s'emparer définitivement du grand corps de logis, les Cordeliers excipèrent d'une donation du roi Henri III en date du 2 août 1575 et d'un arrêt du Parlement du 12 janvier 1576 recognitif de ce don, fait, disaient-ils, pour les indemniser de la perte de leur couvent du faubourg des Epars et pour les aider, par l'emploi des matériaux, à terminer leur nouveau monastère. Ils commencèrent, en effet, la démolition, nonobstant l'opposition et l'avis motivé des échevins, du 14 novembre 1576. Le substitut du procureur général du Roi intervint à son tour et fit cesser momentanément l'entreprise des religieux, par le motif que l'hôtel en question était une église. A cette objection, les fils de saint François répondirent qu'à la vérité, on avait construit jadis, au bout de la grand'-salle de l'hôpital, un autel entouré de quelques vieilles images, entre autres de celle de saint Clet, et que le clergé et les paroissiens de Saint-Hilaire avaient l'habitude d'y venir en procession les dimanches de l'Avent et du Carême et d'y chanter les offices le jour de saint Clet; mais, ils soutinrent que ce lieu qui leur servait de bûcher, n'avait jamais été consacré, et ils firent offre aux gens de Saint-Hilaire, soit de leur rendre l'image de saint Clet pour la mettre dans une des chapelles de la paroisse, soit de la transporter dans l'église du nouveau couvent, où la fête du saint serait célébrée comme par le passé [1]. Quelle qu'ait été

[1] Mémoire adressé par les Cordeliers à MM. du bailliage, pour faire lever l'opposition du substitut du procureur-général. (Arch. départ.; *Titres des Cordeliers.*) Dans cette pièce, les religieux racontent qu'ils ont demandé inutilement aux Echevins une somme de deniers pour rebâtir leur couvent dans la ville, mais qu'on ne voulut rien faire de plus que de leur accorder un refuge misérable et précaire dans

la résistance de la ville, toujours est-il que le bâtiment, objet du litige, demeura aux Cordeliers, qu'ils en démolirent une partie et louèrent le reste, en 1583, à François Lesgu, adjudicataire du Grenier-à-Sel, pour en faire un dépôt de cette denrée[1]. Après ce premier usage profane, l'antique hôpital tomba, en 1603, entre les mains du sieur Lecesne, nouveau locataire, qui le transforma, malgré les plaintes des gagers et marguilliers de Saint-Hilaire, en un jeu de paume baptisé du nom de *Tripot de Charlemagne*[2]. La mémoire de ce tripot se conserva jusqu'au milieu du XVIIIe siècle[3].

Il ne nous est parvenu aucun document sur l'aumône Saint-Martin-le-Viandier; le silence des titres à cet égard nous fait même penser que cette paroisse n'en posséda jamais.

L'aumône Saint-Michel, rue Saint-Michel, à peu de distance de l'Etape-au-Vin, réparée par ordre des échevins, en 1556, devint, quelques années après, le Grenier-à-Sel de la ville.

En 1304, l'hôtel-Dieu Saint-Saturnin, situé à cette époque hors de la porte des Epars, fut doté par Isabelle, veuve du chevalier Renaud de Boncigny, d'un lit garni, *unum lectum furtum*, et d'une rente de soixante sous[4]. Cet hôpital, transféré dans la ville en 1357, en même temps que l'église, ne put trouver place à côté d'elle, et fut installé dans une maison de la rue *Vidée*, près du pilori des Halles.

l'hôpital Saint-Hilaire; qu'alors ils se sont rappelés que, dès l'an 1359, sous le règne du roi Jean, comme on allait démolir, par crainte des Anglais, le monastère qu'ils possédaient dans le faubourg, Charles, fils du Roi, intima aux gouverneurs de Chartres l'ordre de leur bailler *intrà-muros* un logis convenable, ce qui fut approuvé par le pape Innocent VI; et que, forts de ce précédent, ils se sont retirés vers le roi Henri qui, de sa pleine autorité, leur a fait l'octroi, en toute propriété, de l'hôpital dont la possession leur est contestée.

[1] Bail passé devant Bouvart, le 14 avril 1583.

[2] Lettre d'appel des gagers, du 22 octobre 1603. En 1628, la veuve Jacques Bréant reprit le bail de Lecesne, moyennant 24 livres de rente aux Cordeliers. (Acte de Bouvart, du 8 août 1628.)

[3] « *Une place de maison où anciennement estait le jeu de paume et de boule de Charlemagne.* » (Reconnaissance d'héritages tenus à cens des Cordeliers; Acte de Salomon, notaire de Saint-Père, du 21 décembre 1730.)

[4] *Titres des Cordeliers;* Acte du mardi avant l'Ascension 1304.

Nous avons fait mention des aumônes de la Madeleine et de Saint-Maurice dans les articles spécialement consacrés aux églises Saint-Maurice et Sainte-Foy [1]. Nous ne savons absolument rien des aumônes Saint-Barthélemy, Saint-Cheron et Saint-Brice, si tant est qu'elles aient existé.

§ 7. — HOPITAL ROYAL DES SIX-VINGTS AVEUGLES DE SAINT-JULIEN ET DE SAINT-GATIEN.

Nous avons déjà fait mention dans cette histoire de l'hôpital royal des Six-Vingts aveugles de Saint-Julien et de Saint-Gatien [2], fondé en vertu de lettres-patentes adressées par Philippe-le-Bel à son amé et féal, Renaud Barbou le vieux, et datées du château du Louvre de Paris, au mois de janvier 1291.

Ce titre important mérite d'être analysé :

Le Roi fait connaître que Renaud Barbou possède sur l'Argenterie de Chartres une rente de 160 livres tournois qui lui provient tant de ses acquêts que des largesses de Jean de Châtillon, comte de Blois, de Pierre, comte d'Alençon et de Jeanne, comtesse de Blois, et qu'en considération de la fidélité et du dévouement dudit Barbou pour ses auteurs et pour lui-même, il lui accorde la permission : 1° de fonder, hors des murs de Chartres, dans un lieu qu'il se propose d'acheter, contenant quatre arpents à la mesure de Notre-Dame, une maison et ses dépendances, pour héberger de pauvres aveugles et autres pitoyables personnes ; 2° de doter cette maison d'un revenu de 60 livres tournois, à prendre sur la rente susdite ; 3° d'y établir, en qualité d'administrateur des biens et de dispensateur des revenus, un bourgeois de Chartres exempté,

---

[1] Voir *supra*, p. 243 et 265, note première.
[2] Voir *supra*, p. 154.

pour ce, de la taille. Philippe ajoute qu'il prend sous sa protection l'hôtel, ses biens et ses habitants, et qu'il entend que son aumônier soit spécialement chargé dudit hôpital, qu'il le visite et reçoive les comptes de l'administrateur, soit par lui, soit par procureur, aussi souvent qu'il le jugera convenable [1].

Cette marque de bienveillance anticipée, donnée par Philippe-le-Bel au projet de Renaud Barbou, et cette mise de la maison future sous la main de l'aumônier du Roi, par assimilation à l'hôtel des Quinze-Vingts de Paris, fit passer l'hôpital de Chartres pour une fondation royale.

Fort de l'autorisation de son souverain, Barbou acheta, d'abord, en 1292, une terre de deux setiers, faisant partie de l'héritage de Renaud dit Chambellan ou Chambellenc, clerc, fils de feu Jean Chambellan, bourgeois de Chartres, située hors de la porte Drouaise et tenant, d'un côté, aux vignes des lépreux de Beaulieu, et, de l'autre, aux murs du clos de l'abbaye de Saint-Jean-en-Vallée, dans la censive des chanoines de Notre-Dame, qui l'amortirent en chapitre général de la Purification de la même année [2]. Puis, le lundi après Pâques 1293, il compléta son œuvre en se rendant acquéreur, moyennant 80 livres chartraines, du surplus du *Lieu* de Renaud Chambellan, consistant en une maison, un *pourpris* et une terre, dans le même endroit. Les bourgeois Jean-le-Flamanc et Henri-le-Portier se firent garants de l'exécution du marché [3]. L'amortissement de ces biens fut également octroyé par les chanoines, moyennant un cens et sous réserve de la justice, en chapitre général de la Purification 1294 [4]. L'hôpital était dès-lors établi, mais il lui manquait une chapelle. L'évêque Simon de Perruché y pourvut, sur la demande de Barbou, par une charte du

[1] *Titres des Aveugles;* Arch. de l'Hôtel-Dieu.

[2] *Ib.* Il est exprimé dans cet acte que la fondation de l'hôpital a pour but le soulagement de pauvres gens *de Chartres et de la banlieue.*

[3] *Ib.* Acte passé devant le châtelain de Chartres, par Jehan de Porte-Neuve, clerc juré de Nicolas Vassal, tabellion du Roi à Chartres.

[4] *Ib;* Arch. de l'Hôtel-Dieu; Vidimus du vendredi après l'Ascension 1337.

mois de novembre 1294 qui augmenta singulièrement les priviléges du fondateur. En effet, le Prélat ne se contenta pas d'autoriser Barbou à ouvrir une chapelle pour l'usage des pauvres aveugles, il lui donna le droit de nommer et de changer à sa volonté le chapelain et voulut, qu'après sa mort, ce droit passât à Renaud Barbou, bailli de Rouen, son fils, après celui-ci à Bertaud Barbou, son autre fils, après Bertaud aux fils du bailli de Rouen, après ces derniers aux fils de Bertaud, après ceux-ci aux fils de feu Etienne Barbou, et enfin, après le décès de tous les sus-nommés, au plus proche parent de Renaud, et ainsi de suite, en allant de l'aîné au plus jeune. En outre, par une disposition qui empiétait un peu sur la prérogative royale, il régla que l'administration et l'audition des comptes appartiendraient au fondateur, après sa mort à Renaud, son premier-né, après celui-ci à Bertaud, son second fils, et ensuite à l'aumônier du Roi [1]. Les chanoines de Notre-Dame donnèrent leur assentiment à ce règlement [2].

Le vieux Renaud Barbou, premier maître et administrateur, mourut en 1298, après avoir légué à son hôpital une rente de cent livres tournois sur la Prévôté de Paris [3]; il fut remplacé dans la maîtrise par son fils Renaud, ancien bailli de Rouen, auquel les actes donnent les titres de *Familier du Roi et second fondateur de l'hôtel*. Sous son administration, les aveugles acquirent des rentes sur la Prévôté de Paris (1304) [4] et sur plusieurs maisons de la Cordonnerie de Chartres (1308) [5],

---

[1] *Titres des Aveugles*. Un titre de Philippe-le-Bel, de février 1292, avait déjà autorisé Barbou à donner 20 livres de rente sur l'Argenterie de Chartres, pour la fondation d'un chapelain. *(Petit cartul. des Aveugles*, fait vers 1704; Arch. de l'Hôtel-Dieu.)

[2] *Ib*. Acte du chapitre général de la Purification 1294. Les chanoines prétendaient que personne n'avait le pouvoir d'ouvrir une chapelle à Chartres sans leur autorisation.

[3] Voir *suprà*, p. 164.

[4] Acte passé devant Pierre de Dicy, garde de la prévôté de Paris, le mardi après la Sainte-Luce, au mois de décembre 1304. Le vendeur est *Jehannot, dit le Tailleur, fils feu Guillaume de Saint-Germain, jadis Tailleur le Roy de France*. (Archives de l'Hôtel-Dieu; *Titres des Aveugles.*)

[5] Amortissement de ces rentes, par acte de Charles de Valois, du mois d'avril 1308. *(Ib.)*

une censive possédée par le fief de la cuisine de Saint-Père sur des biens donnés à la maison (1309)¹, des vignes, terres et maisons à Sèche-Côte (1314)². En 1311, l'évêque Jean de Gallande voulant imiter l'exemple de son prédécesseur Simon, consacra un cimetière pour la sépulture des gens domiciliés dans l'hôpital, sous la condition, par les aveugles, de payer aux marguilliers de l'église Saint-Maurice une rente de quatre livres, à titre d'indemnité³. Toutes les acquisitions faites dans le comté de Chartres par Renaud Barbou, deuxième du nom, jusqu'à concurrence de 40 livres de rente, furent approuvées en 1318 par le comte Charles de Valois⁴.

Renaud Barbou quitta ses fonctions en 1322 et rendit, à son départ, le compte des recettes et dépenses, depuis le jour du décès de son père jusqu'au dimanche où l'on chante *Cantate*, 1320. Ce compte ne témoigne ni d'une excellente administration ni d'une grande prospérité. Les recettes se montaient à 2,302 livres chartraines et les dépenses à 3,612 livres, ce qui établissait le maître en avance de 1310 livres dont il déclara décharger les frères et sœurs aveugles. Barbou nomma, pour le remplacer dans la maîtrise, le chapelain Martin et le bourgeois Nicolas Salger ou Sauger⁵.

---

¹ Transaction avec Saint-Père, du 10 des kalendes de juin 1309. (Archives de l'Hôtel-Dieu; *Titres des Aveugles.*)

² Acte passé devant Sauce de la Fontaine, bailli de Chartres, et sous le scel de la Châtellenie, le samedi après Saint-Jacques et Saint-Christophe 1314, par lequel Etienne Barbou, fils de feu Etienne Barbou, vend à son oncle Renaud Barbou, fils de Renaud Barbou, premier du nom, des terres, vignes et maisons à Sèche-Côte, lui provenant de la succession dudit Renaud Barbou I⁽ᵉʳ⁾, son aïeul, moyennant 200 livres chartraines. *(Ib.)*

³ Acte devant l'official, du 3 des kalendes de novembre 1311. *(Ib.)* Les curés de Saint-Maurice prétendaient hypothèque sur les rentes foncières des Aveugles, à raison des oblations, sépultures, cens et dîmes qu'ils revendiquaient sur l'église de l'hôpital, bâtie dans leur paroisse. Une transaction consentie par Renaud Barbou, en présence de l'Evêque, le lundi après *Oculi* 1308, admit leurs prétentions, et l'on voit, par une quittance du 9 novembre 1311, qu'ils reçurent, pour indemnité, trois muids de terre, six livres de rente et soixante livres comptant. D'autres reconnaissances des mêmes droits leur furent données en 1433 et 1481. *(Petit Cartul.;* Ib.)

⁴ Acte daté de Paris au mois d'avril 1318. Approbation, entraînant amortissement, donnée par le roi Jean, neveu du comte Charles, au mois de décembre 1352. Autre consentie par Charles VI, au mois de mai 1374. *(Ib.)*

⁵ *Ib.*

Le premier immeuble que les Aveugles possédèrent dans l'enceinte de Chartres paraît avoir été *une petite chose*, appelée *la Buffeterie dou Chastelet de Chartres*, en la censive des héritiers de Renaud Barbou, valant neuf livres de rente par an. Philippe de Valois leur en accorda amortissement par lettres de juin 1336 [1]. L'hôtel n'était encore à cette époque qu'un *pouvre hospital moult petitement fondé*, suivant l'expression du titre royal.

Lors du passage du roi Jean par Chartres, en 1356, son aumônier Me Michel de Braiche, *indigne maistre en Théologie* comme il s'intitule, alla visiter l'*ospital monsieur Saint-Julian et monsieur Saint-Gratian*, selon le devoir de sa charge, et reconnut qu'il était urgent de reformer la police de l'établissement. La congrégation des Aveugles accrédita immédiatement, près du seigneur aumônier, *en son ostel du cloistre Nostre-Dame à Paris*, une députation de quatre frères qui reçut, le 7 mars 1357, une ordonnance réformatrice en 85 articles. L'examen de cette charte dont l'autorité dura jusqu'à la Révolution, révèle toute l'organisation intérieure de l'hôpital; en voici les principales dispositions :

Dorénavant le nombre des pauvres, frères et sœurs, sera toujours de six-vingts, selon le commandement inséré dans la bulle du Pape (article 1er) [2]. Les prières et oraisons faites à la maison, seront *mises en espécial entente et appliquées pour le bien du Royaume, du Roy, de la Royne, et de leurs enfans, pour Mr de Valoys, et sa femme et enfans, trépassez piéça, qui grands biens fist à l'ostel, et pour le fondeur et hoirs du fondeur...* (art. 3). Le chapelain nommé par l'aumônier, sur la présentation du bourgeois maître de l'hôtel, sera curé de l'hôpital et *maistre quant à l'espiritualité;* il remplira,

---

[1] Lettres données à Livry en Launay, par le Roi, à la relation de l'aumônier Martin. *(Titres des Aveugles.)*

[2] On croit qu'il s'agit d'une bulle du pape Célestin V, de 1294. Le nombre des frères et sœurs avait été également fixé à six-vingts, par une lettre du roi Jean, d'avril 1350. *(Petit Cartul.;* Arch. de l'Hôtel-Dieu.)

dans l'intérieur de la maison, et à l'égard des frères et sœurs, toutes les fonctions du saint ministère ; il dira chaque jour une messe *à notes*, fera l'office de Matines comme on le fait aux Quinze-Vingts de Paris, et recevra, chaque année, outre vingt livres de rente [1], la part d'un frère dans les biens et aumônes (art. 6, 8, 9, 21 et 37). Le chapelain sera secondé par un clerc qui touchera sept deniers par jour, *se très grand pouvreté ne l'empeche*, et à moins que *il y eust un pouvre preudhomme clerc qui pour moins voulsist exercer ledit office* (art. 10). L'aumônier du Roi est et sera toujours souverain et patron du lieu, il nommera aux places sur la présentation de la congrégation, et nul ne pourra être privé de son office ou de sa place que par son ordre (art. 1 et 18) [2]. Un bourgeois de Chartres *de la ligniée aus Barbous, tant comme durera, sera maistre, et appelé Maistre et Garde de la communité, toutesvoies est sera pardessous l'aumosnier ; et de cest lignage sera tousjours pris celi maistre*... Le maître sera, comme par le passé, exempt de toutes coutumes, taille, et chevauchées du Roi ; il prendra, chaque année, quarante sous, *pour un pourcel* (art. 19, 80 et 81) [3]. Le chapelain-curé et le bourgeois-maître visiteront et recevront les comptes de l'hôtel et ordonneront les corrections raisonnables, sous l'autorité du Roi et de son aumônier (art. 20). Les mêmes fonctionnaires éliront *le plus*

---

[1] Au lieu de 20 livres de la première fondation, le chapelain-curé prenait, au XVIIe siècle, une somme de 120 livres, pour ses gages annuels. (*Petit Cartul.*; Archives de l'Hôtel-Dieu.)

[2] Le Roi nommait quelquefois, de son chef, aux places d'aveugles vacantes ; on connait des lettres de nomination données par Louis XII, en 1504 et 1510 ; mais le plus souvent les places étaient conférées par le Grand-Aumônier ou par ses grands-vicaires, à Chartres. L'institution des vicaires-généraux du Grand-Aumônier, pour la surveillance de Saint-Julien, ne paraît pas antérieure à 1528 ; ces officiers n'étaient pas toujours ecclésiastiques, car on compte parmi eux MM. Christophe de Hérouard, Jean de Mineray et Pierre Simon, lieutenants-généraux du bailliage, pendant le XVIe et le XVIIe siècles. *(Ib.)*

[3] Cette dernière redevance fut contestée. Des lettres de chancellerie de septembre 1490 font connaître que M^{ire} Jean de Rely, aumônier du Roi, ayant visité Saint-Julien, réforma plusieurs abus et fit particulièrement défense à Jean des Moulins, maître de l'hôpital, de prélever, chaque année, 20 livres, *pour un pourceau gras*. *(Ib.)*

souffisant homme voiant de l'ostel, qui sera appelé *Ménistre*. Chaque jour, ce personnage, aidé de sa femme, fera la distribution des aumônes et pitances aux frères et sœurs ; il remettra, chaque matin, aux frères et sœurs, les petites boîtes de quête et rendra, chaque dimanche, compte de leur contenu ; il fera les rondes de nuit et de jour dans les *rues* de l'hôtel. Ses gages sont fixés à dix sous quatre fois l'an, vingt sous vers la saint André d'hiver, plus à la part ordinaire d'un frère (art. 22, 24, 25 et 26). Il y aura continuellement à la porte de l'hôtel un *baçin* (tronc), sous la surveillance de frères et sœurs choisis à cet effet par le maître, le curé et le ministre (art. 28). L'argent sera gardé dans une huche à trois clés ; le maître, le curé et le ministre en auront chacun une. On observera la même règle pour la garde du scel de la communauté (30 et 33). Des chapitres seront tenus *en un lieu commun de l'œuvre*, pour ouïr les quêteurs sur leurs missions, entendre les plaintes, s'il s'en élève, et régler les affaires de l'hôtel pour le profit de tous (art. 35)[1]. Outre le chapelain-curé, il y aura un chapelain d'institution royale, *qui chantera pour le Roi et les royaux trépassés;* ce prêtre sera frère, prendra sa portion comme un frère et touchera, en outre, 12 livres par an, sur l'hôtel (art. 36). Il est ordonné à chaque frère et sœur de porter sur son vêtement une fleur de lis, *à un croissant parmi, à la différence de ceux de Paris* (art. 40)[2]. Nul n'est reçu en l'hôtel sans examen préalable de sa moralité et sans prêter serment de garder les statuts de la communauté ; tout entrant donne ses biens à l'hôtel, toutefois si un ménage reçu a des enfants, ces derniers prennent moitié des biens et l'hôtel le surplus (art. 44 et 46). Les punitions applicables aux frères et sœurs

---

[1] Une ordonnance des grands-vicaires du Grand-Aumônier, en date du 21 juin 1537, prescrit aux frères de ne traiter des affaires de la maison que sous la présidence du maître ou desdits grands-vicaires. En cas de contestation entre eux, pour des questions d'intérêt particulier, ils seront jugés par le maître en premier ressort et par les grands-vicaires en appel. *(Petit Cartul.;* Arch. de l'Hôtel-Dieu.)

[2] Cette disposition est tirée d'une lettre du roi Jean, d'avril 1350. *(Ib.)*

sont de plusieurs sortes : pour sortie de l'hôtel sans permission, privation de portion pendant trois jours; pour médisance, même privation pendant le même temps; pour injures et jurements, si c'est un homme, le fouet, à raison de trois coups *raisonnables* par frère, si c'est une femme, même châtiment administré par les sœurs, *en lieu obscur;* pour quête par la ville sans permission et dans l'intention de s'approprier les aumônes, perte de pain et d'argent pendant huit jours; pour vol, exclusion sans rappel possible; pour ivrognerie habituelle ou coups de couteau, même peine... (art. 58, 60, 61, 62, 65). La cinquième partie de toutes les recettes formera un fond de réserve pour l'entretien de l'hôtel et autres affaires communes (art. 31, 32 et 73). Le chapelain-curé, le ministre et les clercs, voyants ou non, seront tenus à résidence continuelle (art. 82).

Ces statuts qui, par une faveur nouvelle, plaçaient à perpétuité dans la famille Barbou l'office de maître et garde de l'hôpital Saint-Julien, étaient calqués, quant à la partie religieuse et administrative, sur le règlement en vigueur aux Quinze-Vingts de Paris dont l'aumônier du Roi avait également la haute direction. Mais, quelque bien ordonné qu'il fût, un règlement ne pouvait donner à l'hôpital de Chartres les richesses qui lui manquaient. Or, non-seulement jamais les revenus ne permirent d'héberger 120 pauvres, mais les malheurs des temps forcèrent plus d'une fois la petite congrégation à chercher gîte dans la ville et à vivre de la charité publique.

Au moment même où les Aveugles recevaient la pancarte de Michel de Braiche, les habitants de Chartres, effrayés par les Navarrais cantonnés à Evreux, détruisaient l'hôtel Saint-Julien et employaient les matériaux à la réparation des fortifications. Au mois de janvier 1360, les malheureux évincés erraient encore dans les rues, sans pouvoir se faire indemniser de leurs pertes qui montaient, d'après estimation, à 250 deniers d'or à l'écu ¹. L'abbé de Saint-Jean, voyant leur profonde misère, adressa en 1368, à Jean Barbou, leur maître, une charte qui les rendit participants aux aumônes et oblations du couvent ². Ils n'avaient encore rien touché de la ville au mois de mai 1376 ³, et si l'hôpital était reconstruit, ils le devaient, moins à leurs propres ressources, qu'aux générosités de quelques particuliers. On voit, par lettres patentes de Charles VI, du mois de mai 1380, qu'il n'était alloué à chaque frère, pour vivre, qu'un denier tournois par jour ⁴.

Cette première catastrophe rendit la congrégation plus prévoyante; elle appliqua ses faibles revenus et le produit d'une partie de ses quêtes à la création d'un refuge assuré dans les murs de Chartres, et, à force de privations, elle parvint à ce but vers la fin du XIVᵉ siècle. L'endroit choisi par les Aveugles fut une petite rue détournée, de la paroisse Saint-André, peut-être le lieu où se trouvait cette *Buffeterie* amortie par Philippe de Valois en 1336. Ils y bâtirent une vaste salle à laquelle Thibault Gousset, chanoine de Saint-André, joignit généreusement une maison en 1421 ⁵.

Bien leur en prit, car les Anglais, maîtres de Chartres, démolirent Saint-Julien vers 1432, peu de temps avant la réduction de la ville à l'obéissance du Roi. En attendant la ces-

---

¹ On voit, par un procès-verbal d'enquête passé devant Barthélemy Prévoteau, lieutenant du bailli, le mercredi après *Reminiscere* 1359, que le *merrain* pris par les habitants dans l'hôtel Saint-Julien, valait *six vins et huit florins d'or au mouton*, et que celui enlevé d'une petite maison voisine de l'hôpital, appartenant également aux Aveugles, était estimé *quarante escus de Jehan;* d'où il résulte que la ville devait à la congrégation *onze vins et douze escus de Jehan.* (*Titres des Aveugles.*) Par lettres du 15 janvier 1360, le roi Jean fixa le dommage à 250 deniers d'or à l'écu et ordonna au bailli d'appeler les procureurs des habitants à sa barre et de les forcer à payer. (*Ib.*)

² *Ib.*

³ Lettre de Charles VI, au bailli, du 6 novembre 1374. — Ordonnance du bailli, Denis Prévoteau, du 23 mai 1376, contenant assignation aux procureurs des habitants, pour l'affaire de Saint-Julien. (*Ib.*)

⁴ Lettres-patentes accordant aux Six-Vingts exemption de tout impôt. (*Ib.*)

⁵ Cette maison, située au coin de la rue Dorée et de la rue Saint-Julien, était, en 1421, dans la censive des Hospitaliers de Sours, et, en 1454, dans celle de Mᵉ Jehan Grenet, à 17 deniers de cens. (*Ib.*)

sation des hostilités, les Aveugles se retirèrent dans leur nouvel hôtel ; mais les Français ne les traitèrent pas mieux que les ennemis ; loin de les défendre, les soldats de la garnison s'approprièrent le peu qui restait de l'ancienne maison ; il ne fallut rien moins, pour mettre un terme à ces vexations, que l'intervention directe du comte de Dunois qui donna aux pauvres gens des lettres de sauvegarde, en 1434 [1].

On ne sait pas comment l'hôtel Saint-Julien du faubourg sortit de ses ruines ; toujours est-il que la congrégation y vécut assez paisiblement pendant un siècle et demi. Elle profita de cette période de repos pour agrandir et compléter son établissement de la paroisse Saint-André. Au mois de septembre 1478, Jean Plumé, receveur du domaine royal, lui bailla à cens une place de 14 pieds de long sur 11 de large, dépendant d'une ancienne ruelle inhabitée, et donnant près de l'*ostel* et *appartenances* de l'hôpital, en la rue *Neuve-Saint-André* (rue Saint-Julien) [2].

Vers cette époque, un procès assez bizarre s'éleva entre les Six-Vingts de Chartres et les Quinze-Vingts de Paris. Les Aveugles chartrains qui puisaient dans le coffre des quêtes le plus clair de leur revenu, allaient fréquemment faire des tournées à Paris, revêtus de houppelandes à la fleur de lis ; les Aveugles de Paris s'en émurent ; ils prétendirent que leurs confrères de Saint-Julien trompaient le public et qu'eux seuls, Quinze-Vingts, pouvaient porter la fleur de lis, *comme enfants du Roi*. Les invalides de Chartres répliquèrent qu'eux aussi, étaient de fondation royale, que, de temps immémorial, ils avaient la fleur de lis pour *enseigne*, et qu'ils étaient autorisés par leurs règlements à quêter dans le royaume. Ces pré-

---

[1] Lettres valables pour vingt ans, données à Blois le huitième jour de juillet 1434, par *Jehan Bastard d'Orliens, comte de Pierregort, seigneur de Romorentin, grand chamberlanc de France, lieutenant général du Roy, nostre Sire, sur le faict de la guerre és duché d'Orliens, comtés de Blois, Dunois, Chartrain et environs*. (*Titres des Aveugles.*)

[2] *Ib.*

tentions rivales engendrèrent un procès qui porté d'abord au tribunal du Prévôt de Paris, fut renvoyé par-devant M^{ire} Jean, abbé de la Butoire-les-Senlis, conseiller et aumônier du Roi, seul commissaire en cette partie par le fait de sa charge. Ce haut dignitaire mit les plaideurs d'accord en prononçant, le 14 novembre 1477, une sentence par laquelle les Six-Vingts étaient maintenus dans le droit de quêter à Paris et de porter la fleur de lis sur la houppelande, à la condition de joindre à cette marque honorable *un croissant de couleur blanche*, conforme à l'étalon approuvé par l'aumônier du roi Jean [1]. Il paraît, en effet, que les Aveugles de Chartres supprimaient le croissant distinctif et recevaient, au moyen de cette fraude, des aumônes que les bourgeois de Paris croyaient donner aux Quinze-Vingts.

Le siège de 1568 fut fatal à Saint-Julien. A l'approche des huguenots, M. de Linières, gouverneur, fit mettre le feu à l'hôpital, et, pendant les attaques, le canon du ravelin de la porte Drouaise détruisit les murs respectés par l'incendie, qui servaient de retranchements aux assiégeants [2]. Ce dernier malheur détermina les Aveugles à quitter définitivement le faubourg; ils s'établirent dans leur hôtel de la ville, et obtinrent du roi Charles IX, le 7 octobre 1568, la permission de construire une chapelle sur le terrain donné à cens à l'hôpital, en 1478 [3].

---

[1] Archives de l'Hôtel-Dieu; *Titres des Aveugles*. Cette sentence est datée de Paris, en l'hôtel des Quinze-Vingts.

[2] La brèche faite pendant le siège fut réparée en partie avec les démolitions de l'église Saint-Julien. Les aveugles en retirèrent 30 écus sous, que la ville leur paya en 1576. Les pierres de l'hôtel furent employées à la réfection du *dos-d'âne* de la porte Imbout. (*Comptes des Receveurs des deniers communs*, 1576-1577; Archives de la Mairie.)

[3] Ces lettres disent que l'hôpital ayant été ruiné *pour la tuition de la ville*, à l'occasion des guerres qui ont eu lieu *même en la présente année* (1568), les Aveugles se sont retirés dans une petite maison sise à Chartres, paroisse Saint-André, *entre laquelle et la dite église y a assez distance et pavé malaisé à cause du mont et du val, ce qui est de difficulté pour de pauvres aveugles, surtout en hyver*. C'est pour ce motif que le Roi accorde la permission demandée. (*Titres des Aveugles.*) La congrégation avait déjà fait célébrer l'office divin dans sa maison de la paroisse

Si les pauvres de Saint-Julien ne furent jamais grandement dotés, malgré leur origine presque royale, ils ne manquèrent pas de bulles des papes, pour leur église, et de patentes des rois de France, pour leur maison. Vingt-un titres pontificaux, de 1330 à 1685, accordent des indulgences à ceux qui visiteront, à certains jours de l'année, la chapelle Saint-Julien [1], et fulminent des anathèmes contre les détenteurs des biens de l'hôtel; huit titres royaux, de 1380 à 1730, prononcent, au profit des Aveugles, l'exemption de tout impôt, mettent leurs personnes et leurs possessions sous la garde du monarque, confirment leurs privilèges et invitent tous les évêques, curés et abbés du royaume, à les recevoir charitablement, avec leurs *campanes*, *boîtes* et *reliques* [2].

Il paraît qu'à l'époque de sa plus grande prospérité, l'hôpital ne donnait asyle qu'à soixante-dix pauvres, voyants ou non voyants. Ce nombre alla toujours en décroissant, et il n'était plus que de quinze environ, dans la seconde moitié du siècle dernier. En 1790, les revenus qui ne dépassaient

---

Saint-André, lorsqu'elle l'habitait, de 1432 à 1440 environ; le Livre de Bois de Saint-André, folio 203, verso, fait connaître que les Aveugles donnaient, chaque année, pendant cette période, une redevance de cinquante sous à la paroisse, pour les oblations de leur chapelle. (Arch. dép.; *Titres de Saint-André.*) Les Aveugles louèrent, par bail du 12 décembre 1570, l'enclos de leur ancien hôtel, contenant quatre arpents, sous la réserve de la place de l'église et du cimetière. *(Ib.)*

[1] Bulle d'indulgence donnée à Lyon le 24 novembre 1487, par Charles, cardinal du titre de Saint-Martin *in montibus*, archevêque et comte de Lyon, primat des Gaules et légat en France, accordant cent jours d'indulgence à ceux qui visiteront la chapelle des Aveugles à certains jours de l'année, et entre autres aux fêtes de saint Julien et saint Gatien. — Autre bulle d'Innocent XI, publiée le 8 novembre 1685, qui attache un privilège et une indulgence pour les âmes du purgatoire, à l'autel de saint Evroult, dans l'église des Six-Vingts Aveugles de Chartres. *(Titres des Aveugles.)*

[2] Les lettres-patentes de sauve-garde, données à Saint-Julien, par Louis XIV, au mois de mars 1661, témoignent de la confusion que l'on faisait alors de cette maison avec les Quinze-Vingts de Paris et de la persuasion où l'on était de son origine royale. Voici le préambule de ces lettres: *Parmi toutes les fondations des Rois de France, il n'en est guères de plus recommandables que celles des Quinze-Vingts Aveugles de Paris et des Six-Vingts Aveugles de Chartres, instituées pour recevoir des gens de guerre qui s'étaient croisés et auxquels les Sarrazins avaient crevé les yeux. Le bienheureux saint Louis eut la pensée d'établir des lieux pour les recevoir et les nourrir....* Ces lettres furent enregistrées en Parlement le 10 mars 1661. *(Ib.)*

pas 4,000 livres, ayant été réduits à 1,800, par suite de la vente d'une partie des biens, opérée pour subvenir aux besoins urgents de la maison, la position des Aveugles devint plus précaire encore. Longtemps il ne leur fut attribué que 12 livres par mois; en 1819, ils ne recevaient encore mensuellement qu'une rétribution de 21 fr., et l'insuffisance notoire de cette somme les obligeait à recourir, pour vivre, aux aumônes de la rue. A la même époque, Saint-Julien devait plus de 7,000 fr. aux autres hospices de Chartres et il fallut faire appel à la générosité chartraine pour empêcher la ruine complète de la fondation de Renaud Barbou [1]. Un secours inattendu vint heureusement tirer la vieille congrégation de sa misère; par testament du 11 novembre 1837, une pieuse dame, madame Renouard de Saint-Loup, lui laissa un domaine à Levainville, d'un revenu de 14,000 fr. L'exiguïté du terrain de Saint-Julien se refusant aux agrandissements et aux améliorations que cette donation permettait de faire, l'administration des hospices réunis obtint, en 1839, la trans-

---

[1] Notice de M. Billard, maire de Chartres, sur la situation critique de l'hôpital des Aveugles. Chartres, 20 janvier 1819; imprimerie de Durand-le-Tellier.

La famille Barbou fut, jusqu'en 1792, en possession de la maîtrise de Saint-Julien, selon l'art. 19 des statuts de 1357. Voici les noms des maîtres dont le chartrier des Aveugles fait mention : (1291) Renaud Barbou le vieux; (1298) Renaud Barbou le jeune; (1322) Nicolas Sauger; (1368) Jean Barbou; (vers 1440) Nicolas des Moulins, procureur au parlement de Paris (ce Des Moulins descendait des Barbou par Martin des Moulins, l'un de ses ancêtres, qui avait épousé une fille du vieux Renaud Barbou); (1489) Jean des Moulins, procureur en parlement; (1492) Jacques des Moulins, Me ès-arts et bachelier ès-lois; (1510) Jean Nicole, gendre de Jacques des Moulins, avocat et conseiller au bailliage, maître pendant cinquante-huit ans; (1568) Jean Tunais ou le Tunais, procureur au bailliage, époux de Robinette Desmazis, fille de Jean Desmazis et de Catherine Barbou; (1571) François le Tunais, procureur au bailliage; (1610) Guillaume le Tunais, procureur au bailliage; (1646) Pierre le Tunais, procureur au bailliage (ce maître eut un long procès, au sujet de la préséance, avec le curé et le grand-vicaire du Grand-Aumônier; le cardinal de Coislin donna gain de cause à son grand-vicaire par sentence du 16 décembre 1702); (1690) Charles Courtois, gendre de Michel le Tunais, avocat au bailliage; (1744) Michel Charles Courtois, avocat au bailliage. Ce dernier étant mort en l'an II de la République, M. Masson, son neveu, revendiqua la maîtrise; mais sa requête fut rejetée par un arrêt du Préfet, du 10 germinal an XI, motivé sur ce que les titres fondamentaux de Saint-Julien, c'est-à-dire les lettres de 1291 et de 1294, mettaient l'hôpital sous la main de l'aumônier du Roi et n'accordaient aux Barbou que le droit de nomination du chapelain.

lation des Aveugles dans un vaste bâtiment annexé à la maison de Saint-Martin-au-Val, au faubourg Saint-Brice, occupée par les vieillards et les orphelins. Aujourd'hui cet établissement compte vingt-cinq ou trente aveugles, dont huit sont entretenus aux frais du département [1].

§ 8. — MALADRERIE DE LA MADELEINE DU GRAND-BEAULIEU.

L'hospice de la Madeleine du Grand-Beaulieu, fondé vers 1054 par le comte Thibault III [2], fut transformé en maladrerie ou léproserie aussitôt que la hideuse maladie, triste conquête de l'Orient, vint s'implanter en France. Nous n'avons pas omis de rapporter les donations exceptionnelles dont cette maison fut l'objet, telles que les droits sur la foire de Saint-Simon-Saint-Jude (1054 et 1158) [3], les *escuages* sur la monnaie chartraine (1158, 1160 et 1183) [4], les redevances sur les bans de Pâques et de la Pentecôte (1190, 1193) [5], les

---

[1] L'administration des hospices vendit, il y a quelques années, l'ancienne maison de Saint-Julien, à M. Mondésir, curé du Coudray, qui la légua, en mourant, à M. le chanoine Bonnet, à la charge expresse d'entretenir la chapelle et d'y continuer la célébration de l'office divin. D'après la volonté du testateur, cette maison devra être transmise, successivement et viagèrement, à des ecclésiastiques, sous la même condition. La chapelle, dont l'architecture n'a rien de curieux, est décorée d'une toile remarquable représentant Jésus guérissant des malades, due au pinceau de M. Camille Marcille.

[2] Voir *suprà*, p. 60.

[3] *Ib.*, p. 60 et 105. Pendant les huit jours que durait cette foire, les Lépreux avaient le droit de placer à chaque porte de la ville des gardiens qui percevaient, pour le compte du Grand-Beaulieu, les redevances de toute nature que les marchands payaient habituellement au Domaine. Ils touchaient aussi les *menues coutumes* dues par les acheteurs et les vendeurs, et cette recette ne laissait pas que d'être importante, parce qu'il était enjoint à tous les ménages de Chartres et de la banlieue de se pourvoir à la foire. (Titre de Thibault V; pièces recueillies par Pintard, coll. Lejeune.)

[4] *Ib.*, p. 104, 105 et 111.

[5] *Ib.*, p. 115 et 116.

pitances sur la cuisine du Comte (1190)¹. On sait, par un passage de Guillaume de Jumièges, que le roi Henri d'Angleterre acheva d'une manière magnifique les bâtiments de l'hôpital des lépreux de Chartres, *Xenodochium Elephantisiorum, Carnoti manentium* (c. 1120). Les biens de cet établissement si favorisé au XIIᵉ siècle par les comtes Thibault IV, Thibault V et Louis, ne firent que s'augmenter dans la suite ²; il possédait déjà, aux XIIIᵉ et XIVᵉ siècles, une censive qui s'étendait sur les paroisses de Saint-Cheron-du-Chemin, Umpeau, Champseru, Escorpain, Châtaincourt, Louville, sur trente maisons avec vergers et jardins à Chartres, sur deux étaux de la boucherie de Porte-Neuve, deux tables de la rue des Changes, vingt-trois étaux de la halle au pain et un étal de la boucherie de Bourg; il avait une maison de refuge dans la ville, en face de la porte Cendreuse, à l'endroit dit la Croix-des-Ecuyers, aujourd'hui la Croix-de-Beaulieu; en 1524, ses revenus étaient évalués par les échevins à 6,000 livres tournois ³.

L'administration spirituelle et temporelle de la Léproserie était confiée à une confrérie de prêtres et de laïcs, hommes et femmes; les lépreux en faisaient partie et concouraient à

---

¹ Voir *suprà*, p. 115. Ces pitances, dues par chaque jour où le Comte couchait à Chartres, consistaient en 12 deniers pour les vivres, 12 setiers de vin, 12 deniers pour le pain ou 60 pains *de cour, curiales, si panes curiales habuerit curia.*
Pour compléter la nomenclature des biens de Beaulieu, le lecteur peut recourir aux pages 100, 107, 111, 114, 115, 123, 153 et 267 de ce volume, et au *Cartulaire noir* de la Léproserie, curieux manuscrit de la Bibliothèque communale.

² Il faut citer parmi les plus illustres bienfaiteurs du Grand-Beaulieu, les comtes Thibault III, Thibault IV, Thibault V et Louis (de 1054 à 1205); les deux comtesses Adèle (1103-1192); la comtesse Jeanne (1291); les rois Henri Iᵉʳ d'Angleterre (1120) et Philippe-Auguste (1185); les vicomtes Ebrard du Puiset (1189), Miles de Bar (1210), Simon de Rochefort (1240) et Guy de Rochefort, évêque de Langres (1253); l'archevêque Guillaume-aux-Blanches-Mains (1193); les vidames Jean, Robert et Guillaume (1196-1202); les chevaliers Simon de Montfort (1198), Ursion de Freteval (1186), Gauthier de Friaize (1158), Foulques de Marolles (1168), Ernaud de la Ferté (1176), Gauthier de Rambouillet (1189), Guillaume d'Aiguillon (1208), Robert de Bérou (1216), Bouchard de Marly (1226), Yves de Vieuxpont (1243), Philippe Chenard de Louville (1270).

³ Comptes des cens et rentes du Grand-Beaulieu, années 1380, 1382, 1487 et 1488. *Titres de Beaulieu*; Arch. de l'Hôtel-Dieu.

l'élection du prieur ou maître. Ce fonctionnaire, toujours ecclésiastique, recevait de l'Evêque les pouvoirs spirituels, comme curé de l'hôpital, et restait soumis, quant au temporel, à la haute surveillance du Comte [1]. Les fondateurs, puis, après eux, la comtesse Adèle (c. 1103) et le comte Thibault IV (de 1102 à 1152), avaient su intéresser la ville au gouvernement du Grand-Beaulieu, en affectant à perpétuité au service des lépreux quatre bourgeois que cette fonction affranchissait de tout impôt et de toute autorité séculière, même de la justice des prévôts, viguiers et sénéchaux du Domaine [2]. Cette institution eut pour résultat de donner au bailli et au procureur du Roi, puis aux échevins, une sorte d'entrée dans l'administration intérieure et des prétentions à la garde de la maison; mais ce ne fut pas sans opposition de la part de l'Evêque et des confrères. Au commencement du XIVe siècle, il y eut entre ces puissances rivales, des démêlés assez graves pour motiver l'intervention de Philippe de Valois; des lettres-patentes de ce Prince, en date de mars 1332, placèrent le Grand-Beaulieu sous la protection immédiate des rois de France, et confirmèrent les confrères dans la jouissance *de leurs anciennes franchises, libertés, administration de la maison et élection du Prieur* [3]. Néanmoins on voit par une

---

[1] Les comtes tinrent toujours à conserver leur suprématie sur le temporel du Grand-Beaulieu. Par lettres datées du Vivier-en-Brie, le lundi devant Noël 1311, le comte Charles de Valois donna à Evrard de Thyenges et Pierre Honoré, ses plénipotentiaires, les pouvoirs nécessaires pour traiter avec l'évêque Jean de Gallande, au sujet des contestations qu'ils avaient entre eux, mais il leur défendit expressément de rien accorder touchant *la garde de la Maladrerie du Grand-Beaulieu*, qu'il entendait se réserver pleine et entière, comme par le passé. (Voir Appendice n° 10, fin de ce volume.)

[2] .... *Volo, ergo, et instituo ut neque Vicariis, neque Prefecto, neque Dapifero meo, nec cuiquam vidicarie potestati subjaceant.... Si verò aliquando forisfecerint et in causam pro foris facto suo, me absente, vocati fuerint, in præsentia mea exequendi justiciam plegios dent, cum venero ad justiciam vocati, me presente, respondeant, justiciam faciant et accipiant.* (Titre de Thibault V; 1152-1191. — *Cartul. noir du Grand-Beaulieu;* Mss. de la Bibl.)

[3] Le vu des pièces de l'arrêt du Conseil-d'Etat du 17 novembre 1693, relate une copie vidimée de ces lettres, en date du 3 décembre 1436; elles avaient été approuvées par lettres de Charles VI, de mars 1416. (*Ordonnances des Rois de France*, vol. X, p. 397.)

délibération du corps municipal du 16 décembre 1505, que la ville n'avait pas renoncé à ses prétentions à la visite de la léproserie et au droit d'autorité sur les malades, les frères et sœurs *condonnés* et le Prieur.

Jusqu'au concordat de François Ier (1515) les nominations du Prieur ou Maître furent faites en assemblée générale des confrères et approuvées par l'Evêque ou ses vicaires-généraux [1]. Il paraît résulter d'un acte de 1420 que les sœurs avaient à leur tête une prieure; du moins, une sœur, nommée Jeanne Lauboyne, prenait alors ce titre et adressait en cette qualité une supplique à l'Evêque, pour l'inviter, au nom des frères prêtres et des frères et sœurs laïcs, tant sains que lépreux, à désigner pour prieur un ecclésiastique de son choix. Les suffrages tombaient quelquefois sur un prêtre séculier, mais plus souvent sur un frère de la maison, chanoine affilié à l'ordre de Saint-Augustin [2]. A partir de 1516, les provisions des prieurs furent délivrées en cour de Rome, sur la présentation du Roi; le premier prieur nommé de la sorte fut M[ire] Claude Andry. En cas de vacance, le Roi donnait, pour l'administration du Grand-Beaulieu, des lettres d'économat, comme pour les bénéfices consistoriaux et à nomination royale; on en vit un exemple sous Charles IX (août 1572), après le décès de M[ire] Guillaume Bertrand, sieur de Villemort, maître des requêtes et prieur.

Les sœurs condonnées semblent avoir eu au XIVe siècle le

---

[1] Election, en chapitre de la confrérie, de Nicolas de Villefranche, prêtre, frère profès de la maison (1348); idem, de Jean de la Fontaine, prêtre et frère profès (1363); élection par l'Evêque, sur la demande expresse des frères et sœurs, de Jean Loiseleur, prêtre et frère profès (1420); élection en chapitre de Michel Perrin, prêtre et frère condonné (1436); idem, de Mathieu Lelièvre prêtre (1456). Ce dernier prieur ayant obtenu en 1457, du pape Calixte III, des bulles de permutation avec Robert Bonnejoye, pourvu en commende de l'église paroissiale de Saint-Maxe de Menüe, les confrères de Beaulieu et l'Evêque firent des protestations, attendu que Bonnejoye n'avait pas été élu en chapitre. (Renseignements puisés dans le vu des pièces de l'arrêt du Conseil-d'Etat du 17 novembre 1693.)

[2] On pense que ce fut Yves de Chartres qui donna, vers 1115, aux prêtres et frères de Beaulieu la règle de Saint-Augustin.

monopole de la connaissance des cas de lèpre. On lit, en effet, dans les registres capitulaires de Notre-Dame, sous la date du mardi après le Synode 1328, que Guillaume Marel, recteur de l'église paroissiale de Mignières, fut déchu, comme infecté de lèpre, d'après la visite des sœurs de Beaulieu, *expertes à connaître et palper les lépreux et pour ce instituées* [1]. Comme la maison du Grand-Beaulieu était la principale léproserie du diocèse de Chartres, les personnes attachées à son gouvernement passaient pour fort habiles en fait de lèpre, et leurs consultations faisaient loi dans toute la Beauce. Il arrivait souvent que des individus suspects de lèpre, étaient conduits *aux épreuves à Beaulieu;* le jugement des experts décidait, sans appel possible, du sort de ces malheureux [2].

Un acte du 3 mai 1440, rapporté dans le vu des pièces d'un arrêt de la chambre royale du 22 septembre 1676, relate quelques-uns des statuts de la Léproserie, en ce qui touche les malades. Tout lépreux dont l'admission au Grand-Beaulieu était autorisée, arrivait processionnellement avec le curé, les marguilliers et les paroissiens, croix et bannière en tête; le

---

[1] .... *Expertas et statutas ad cognoscendum et palpandum infectos.* (*Reg. capit.;* Mss. de la Bibl.)

[2] La terreur qu'inspirait la lèpre avait fait adopter au Moyen-Age les mesures de précaution les plus grandes pour éviter le contact des malheureuses victimes de cette horrible maladie : « Aussitôt qu'un cas de lèpre était constaté, le malade était condamné à une séquestration perpétuelle, les prêtres l'emmenaient à l'église en chantant les prières des morts, puis quand il était arrivé devant l'autel, on le dépouillait de ses habits, que l'on remplaçait par une robe noire, et le malheureux *omézel* (lépreux), après avoir entendu, entre deux tréteaux, l'office pour les trépassés, était conduit, soit dans une léproserie, soit dans une cabane située loin des habitations. Si la misère le forçait à venir mendier sur les grandes routes, il avait à la main une crécelle ou *claquette* pour avertir les passants de sa présence, mais il devait toujours se tenir éloigné d'eux. Il lui était défendu d'entrer dans les églises, les moulins, les lieux où l'on cuisait le pain; de se laver dans les fontaines et les ruisseaux; toujours vêtu de sa robe noire, il ne devait toucher aux denrées ou aux objets qui lui étaient nécessaires, qu'avec une baguette. » (*Dict. encyclopédique,* par Le Bas, tome X, p. 181.)
Les lépreux riches ou nobles n'étaient pas autrement traités que leurs confrères pauvres ou de condition servile. La léproserie du Grand-Beaulieu compta parmi ses habitants Roger Fortin, seigneur de Réveillon en partie (1122) (*Cart. Saint-Père,* vol. 2, p. 543); Nivelon, fils de Gaufrid de Grand-Pont (1188) (*Livre noir de Beaulieu;* Arch. départ.); Barthélemy, fils de Sulpice-le-Changeur (1222) (*Ib.*); Gauthier de Gonville, oncle de Gilon, seigneur de Gonville (*Ib.*); Guillaume Marel, curé de Mignières (1328) (*Reg. capit.,* cités).

Prieur-Maître, en le recevant au nombre des confrères, lui intimait l'ordre de ne jamais sortir sans permission de l'enceinte de l'hôpital, de fournir une déclaration de ses biens meubles et immeubles et de ne pas les aliéner sans son consentement ; puis il lui faisait jurer, sous peine d'être chassé, de ne frapper personne, de ne point dérober, de ne commettre aucune luxure, et de laisser en toute propriété à la maison les meubles garnissant sa cellule, le tiers de ses biens patrimoniaux et la moitié de ses acquets.

« Les *Frères ladres* du Grand-Beaulieu portaient des manteaux de couleur *gris-brun*, appelés *sarrots*, à l'instar des Minimes, pour les distinguer des prêtres et des autres hommes. Ils faisaient faire et payaient eux-mêmes leurs habits ; ils achetaient et portaient des chaperons à bourrelets, à l'usage des séculiers ; ils étaient logés dans des petites chambres ou cellules.

» Les sœurs avaient leur logement et leur chapelle dans la cour, du côté du grand chemin, et se trouvaient ainsi séparées de la maison commune et de la chapelle des hommes [1] ; elles étaient vêtues d'étoffe de *laine grise*.

» Le Prieur et les prêtres confrères étaient vêtus de *robes noires*, agrafées par devant, de même que les prêtres séculiers ; ils portaient un bonnet violet, avec le chaperon à bourrelet sur l'épaule gauche ; et pour pourvoir à cette dépense, comme à son entretien, ils avaient droit, sur les revenus du Grand-Beaulieu, à une somme même plus forte que celle qui leur était nécessaire pour cet objet.

» En 1443, Pierre Beschebien, évêque de Chartres, ordonna que les confrères condonnés porteraient un habit *roux*

---

[1] La chapelle, ou plutôt l'église de la Madeleine du Grand-Beaulieu, fut consacrée en 1134, par l'évêque Geoffroy de Lèves.
Au Moyen-Age, les chantres et les enfants de chœur de Notre-Dame faisaient, chaque année, dans le courant d'octobre, une *chevauchée* à Beaulieu, pour y chanter les *obits* des lépreux trépassés. En retour, la confrérie était tenue de fournir un bon repas à ces visiteurs. Ce droit de pitance fut converti plus tard en une redevance en argent. (Arch. dép.; *Titres du Chapitre*, invent., p. 247.)

et une *chappe noire*; et messire Louis Guillard, aussi évêque de Chartres, procédant à la réforme du Grand-Beaulieu, selon l'arrêt du dernier mars 1529, statua : *qu'ils porteroient une grande lettre L, de demi-pied de long, de drap roux, en leurs robes, au côté senestre devant leur poitrine, parce qu'ils faisoient l'épreuve des ladres; qu'ils devoient les toucher, les visiter et parler à eux; qu'ils pouvoient être infectés, et qu'il étoit à propos qu'ils portassent cette marque, pour faire connaître au peuple l'état où ils étoient.*

» Les frères clercs et les frères laïcs appelèrent de ce statut, et le parlement, le 23 décembre 1533, ordonna qu'il ne serait point exécuté à l'égard du prieur et des frères clercs, et par conséquent il le confirma à l'égard des laïcs [1]. »

Le changement introduit dans la nomination des prieurs par le concordat de François Ier, fut très-préjudiciable aux intérêts et à l'ordre intérieur du Grand-Beaulieu. Le 9 septembre 1523, les lépreux et malades saisirent la chambre de ville d'une plainte en forme contre le prieur Claude Andry, qu'ils accusaient de les traiter fort mal et de ne leur donner ni nourriture convenable, ni soins suffisants. Ce Prieur, qui ne résidait pas, confiait l'administration à un procureur peu scrupuleux. Les échevins déléguèrent deux d'entre eux pour faire une enquête, et d'après les conclusions du rapport, ils délibérèrent, dans la séance du 17 mars 1524, *qu'il serait remontré à Me Jean Grognet, vicaire-général de l'Evêque, que Beaulieu a été jadis institué pour loger, substanter et soigner les malades de l'un et l'autre sexe, natifs de la ville, et leur administrer les sacrements; qu'il y avait jadis un Prieur et des religieux confrères jusqu'au nombre de vingt ou trente prêtres, et une Prieure avec vingt ou trente sœurs religieuses, pour le service et gouvernement des malades de lèpre; qu'à présent il n'y a ni prieur résident, ni reli-*

---

[1] Extrait d'une intéressante *Notice historique sur la maladrerie du Grand-Beaulieu*, par M. Lejeune. Orléans, 1833, p. 8 et 9.

gieuses, mais un procureur aux deniers demeurant à Chartres et deux ou trois gens d'église qui ne sont suffisants pour le prieuré, qui a 5 ou 6,000 livres de revenu et que ce revenu est malversé quant à l'entretien des malades; qu'en conséquence, il serait prié d'y mettre ordre et d'y établir nombre compétent de gens d'église. A son arrivée dans son diocèse, l'évêque Louis Guillard prit l'affaire en main et commença une instruction pour parvenir à la réforme désirée; mais, à la fin de 1525, les anciennes rivalités se réveillèrent au sujet de la superintendance de la maison, la ville et le prélat contestèrent vivement, le parlement fut saisi et le procès ne se termina que par un arrêt de mars 1529, qui attribua à l'Evêque seul le droit de police sur Beaulieu [1].

La réforme se fit promptement et nous en avons rapporté plus haut quelques particularités; mais il paraît que l'œuvre de Louis Guillard ne subsista pas longtemps. Les malversations continuelles des prieurs et l'abandon complet dans lequel végétaient les malades attirèrent de nouveau l'attention du corps de ville auquel les lettres-patentes du Roi du 19 juillet 1556, sur l'établissement du bureau des Pauvres, et l'édit d'avril 1561, sur le gouvernement des hôpitaux, donnaient le pouvoir de pénétrer dans les murs de la Léproserie. A la réquisition des échevins, le procureur général du Roi au parlement de Paris ordonna la saisie du temporel du prieuré et en adjugea les fruits, revenus et émoluments au bureau des Pauvres, sauf les frais d'entretien des malades et infirmes. Le 18 janvier 1562, on fit élection de quatre notables pour administrer la maison, et le 7 juin 1563, une sentence du bailliage afferma, par adjudication, le temporel saisi au sieur Jean Gauville. Cet état de choses dura huit ans, nonobstant les réclamations du Prieur. Enfin, le 22 juin 1569, M° Bertrand de Villemort, prieur, offrit de donner chaque

---

[1] Arch. de la Mairie; *Reg. des Echevins*, passim.

année 800 livres à la caisse des pauvres, pour obtenir mainlevée de la saisie; le corps de ville jugea cette proposition insuffisante, et, dans la séance du 19 juillet, il posa pour conditions au demandeur d'avoir à nourrir et soigner tous les malades de Beaulieu, avec l'assistance de six prêtres et quatre clercs, de verser annuellement 900 livres au bureau des Pauvres, et de consacrer par an 500 livres, jusqu'à parfait achèvement, à la réparation des bâtiments de l'hôpital, ruinés par les Huguenots. Une transaction sur ces bases fut passée, le 30 novembre, devant Me Jehan Guignard, notaire, et la ville consentit la main-levée; le parlement approuva cet arrangement par arrêt du 1er février 1570. Le droit des Pauvres, ainsi consacré, fut respecté, non-seulement par les prieurs commendataires, mais encore par les évêques, après la conversion de la léproserie en séminaire [1].

La cessation presque complète de la lèpre, au XVIIe siècle, rendant moins utile l'hospice du Grand-Beaulieu, M. l'évêque de Neufville de Villeroi jugea qu'un séminaire y serait convenablement placé. Il obtint, au mois de mars 1659, la résignation de M^{ire} Charles-François de la Vieuville, prêtre,

---

[1] Arch. de la Mairie; *Reg. des Echevins*, passim. Vu des pièces de l'arrêt du Conseil du 17 novembre 1593. — Les prieurs, successeurs de M. de Villemort, soulevèrent encore quelques difficultés; un procès engagé par la ville contre Me Yves le Breton, prieur, fut appointé par transaction du 24 octobre 1595, à la charge par ce Prieur de payer 800 écus au sieur Jacques de la Motte, son prédécesseur, et 100 écus, le jour de Pâques, au bureau des pauvres. (*Reg. des Echevins.*)

La sentence du bailliage, de 1563, donne des détails assez curieux sur la vie des malades et infirmes de Beaulieu à cette époque : « On fournissait aux lépreux, savoir, à chacun, tant homme que femme, et par repas, un pain pesant une livre et demie, froid et rassis, six camuses et une pinte de vin par jour, plus ce qui leur était nécessaire pour leur pitance, en chair, poisson, sel, verjus, vinaigre et autres choses; plus, à chacun, 12 sous 8 deniers tournois lorsqu'ils communiaient les jours de Pâques, de Noël, de la Pentecôte, de l'Assomption et de la Toussaint; plus, pour s'esjouir entre eux la veille des Rois, un gâteau où il y avait une fève, avec double pitance de vin; plus, pour quatre malades, une charretée de bois par chaque mois, depuis Pâques jusqu'à la Saint-Rémy, et une charretée et demie, depuis la Saint-Rémy jusqu'à Pâques; plus, pour chaque malade, tant homme que femme, par semaine, deux sacs de charbon, le bois et le charbon devant être rendus et livrés devant leurs portes; les hommes avaient, chacun, pour leur vestiaire, 30 sous tournois, et les femmes 15 sous; on leur fournissait, pour trois, une chambrière, laquelle, outre ses gages, était entretenue de souliers. » (*Notice historique sur la maladrerie du Grand-Beaulieu*, par M. Lejeune, p. 17.)

prieur commendataire du prieuré conventuel séculier du Grand-Beaulieu-lez-Chartres, de l'agrément du Roi et de son oncle Gaston d'Orléans ; puis, par un décret du 12 novembre, il prononça la suppression immédiate du titre de prieur, l'extinction des places de prêtres et clercs desservants, au fur et à mesure des décès des titulaires, et la réunion de tous les biens, église, bâtiments, revenus, droits, domaines, au séminaire à établir en ce lieu. A cette occasion, le Roi donna, en décembre 1659, des lettres-patentes qui furent enregistrées au Grand-Conseil le 18 février 1660 et au Parlement le 29 mai suivant.

La maladrerie du Grand-Beaulieu avait existé à l'état d'hôpital pendant plus de six cents ans.

§ 9. — MALADRERIE DE SAINT-GEORGES DE LA BANLIEUE.

Nous avons peu de choses à dire de la Maladrerie ou Léproserie de Saint-Georges de la banlieue, fondée dans la première moitié du XIIIe siècle. La comtesse Isabelle, la vidamesse Marguerite, dame de Tachainville, et l'évêque Gauthier paraissent avoir été ses premiers bienfaiteurs [1]. En 1229, les religieux de Saint-Cheron, curés-primitifs de la paroisse de ce nom dans la circonscription de laquelle se trouvait l'hôpital naissant, permirent aux lépreux d'avoir un chapelain et un cimetière pour leur usage particulier [2] ; on peut donc faire remonter à cette époque la fondation de la chapelle placée sous l'invocation de saint Georges [3]. Les comtesses

---

[1] Voir *suprà*, p. 135.
[2] *Histoire de Saint-Cheron*, p. 25 ; Mss. de la Bibl. communale.
[3] Rouillard, Pintard et les historiens modernes attribuent, d'après un obit, la fondation de la chapelle de Saint-Georges de la Banlieue à un certain Bobon, qui mourut le 4 des kalendes de décembre 1249.

Mahaud (1256) et Jeanne (1291) donnèrent à la Banlieue des marques de leur munificence [1], et, en 1304, cet établissement fut du nombre des maisons religieuses et charitables auxquelles le testament de la dame Isabelle, veuve du chevalier Renaud de Boncigny, assigna des aumônes [2].

Un édit de Louis XIV, du mois de décembre 1672, ayant uni toutes les maladreries et léproseries du royaume à l'Ordre hospitalier et militaire de Saint-Lazare de Jérusalem et de Notre-Dame du Mont-Carmel, on fit, des anciens hôpitaux de Saint-Georges de la Banlieue et de Saint-Maur du Pont-Tranchefétu, une petite commanderie dont le titulaire était, en 1693, le chevalier Pierre Vallier, seigneur d'Anjou et de la Boissière, capitaine d'une compagnie de chevau-légers [3]; les terres de la Banlieue rapportaient alors 900 livres de revenu. Mais l'Ordre ne jouit pas longtemps de la donation un peu irréfléchie du grand Roi; les anciens hospices annexés à Saint-Lazare, dont la plupart avaient changé de destination, intentèrent des procès aux chevaliers; les villes se plaignirent de leur côté, et Louis XIV se décida à prononcer, au mois de mars 1693, la révocation de l'édit de 1672. L'intendant d'Orléans confia l'administration provisoire de la Banlieue à M. Alexandre Pintard, bourgeois de Chartres [4]; puis, au mois de janvier 1695, l'Hôtel-Dieu de Notre-Dame fut mis

---

[1] Voir *suprà*, p. 141, note 3, et 153.

[2] *Titres des Cordeliers;* Arch. dép.

[3] Les chevaliers de Saint-Lazare voulurent aussi revendiquer la propriété de l'ancienne léproserie du Grand-Beaulieu, convertie en séminaire depuis 1659; mais ils eurent à soutenir avec l'Evêque un long procès, dont je rendrai compte en parlant des établissements existant à Chartres à l'époque de la Révolution.
La léproserie de Saint-Maur du Pont-Tranchefétu était administrée, au XIVe siècle, par un délégué du Chapitre *(Registres capitul.;* Chapitre général de la Saint-Jean 1354); en 1693, les biens de cet ancien hôpital rapportaient 84 livres au chevalier d'Anjou.

[4] Commission de Mre Jubert de Bouville, marquis de Bizy, intendant d'Orléans, en date du 24 avril 1694, qui charge le sieur Pintard de recevoir les revenus des maladreries et léproseries du diocèse de Chartres, à compter du 1er juillet 1693. Compte fourni par Pintard, en vertu de cette commission, des recettes effectuées par lui, depuis le 1er juillet 1693 jusqu'au 31 décembre 1694. (Arch. de l'Hôtel-Dieu; *Maladreries.)*

en possession des biens de cette maison, par application de l'article 2 de la déclaration royale du 24 août 1693.

La Léproserie, ou plutôt la *ferme* de la Banlieue, fit partie des domaines de l'Hôtel-Dieu jusqu'à la Révolution ; vendue par les administrateurs du district, le 13 messidor an III, elle passa, après plusieurs mutations, entre les mains de M. le Marquis d'Aligre, qui la fit entrer, en 1828, dans la dotation de l'hospice de Josaphat, dit Asile d'Aligre.

Ainsi, les biens donnés en 1200 aux lépreux de Chartres retournèrent de nos jours aux pauvres et aux infirmes de Chartres.

§ 10. — LOËNS.

En sa qualité de seigneur ecclésiastique, gros-décimateur et haut-justicier, le chapitre de Notre-Dame avait besoin de greniers pour conserver ses blés, de fours pour cuire son pain, de prétoire pour rendre sa justice et de prisons pour incarcérer les coupables de ses domaines. Les bâtiments appropriés à ces divers usages, étaient renfermés dans un enclos nommé Loëns [1], voisin de la cathédrale, de la porte Neuve du cloître et des Lices.

La fondation des greniers de Loëns remonte probablement à une haute antiquité ; toutefois nous n'en pouvons parler avec certitude qu'à partir du XII° siècle. Il est question dans l'obit d'Eudes, fils du comte Etienne-Henri (1102-1109), d'un étal à boucher de la *porte Neuve*, qui déversait les eaux

---

[1] On trouve dans du Cange, *Loetum : locatio, conductio ;* en français : *loyer, adjudication, criée.* C'était à Loëns que se faisaient les baux, les adjudications et les criées de la juridiction du Chapitre. Cette étymologie, déjà proposée, me paraît assez plausible.

de pluie dans la maison du *grenier capitulaire* [1]. En 1120, on employait habituellement dans les titres, les expressions : *blé de Loëns, mesure de Loëns* [2]; le blé de Loëns se disait du froment de choix, parce que les chanoines n'admettaient à Loëns que des grains de première qualité; on entendait par *mesure de Loëns*, les vases qui étaient adoptés par le Chapitre pour le mesurage des grains, et dont les étalons se conservaient à Loëns; ces mesures de capacité différaient, quant à la dimension, de celles en usage dans les terres du Comte [3]. Comme la plupart des établissements religieux du pays chartrain, et, par conséquent, leurs vassaux, suivaient la coutume des chanoines de Notre-Dame, il en résultait que les deux tiers des transactions dans lesquelles on stipulait un paiement en blé, imposaient aux contractants *le blé et la mesure de Loëns;* il arrivait même que, pour plus de sûreté, les parties convenaient d'opérer la livraison et le mesurage à Loëns [4]. La valeur du setier de blé de Loëns était fixée, cha-

---

[1] *Nécrologes de Notre-Dame*, 9 des kal. de janvier; Mss. de la Bibl.

[2] .... *Duos annone modios in Loen.* (Acte de 1119-1128; *Cartul. Saint-Père*, vol. 2, p. 312.) .... *Quatuor modios et dimidium annone de Loen.* (Acte de 1131-1132; *Ib.*, p. 375.) On se servait aussi, à la même époque, dans le langage des affaires, des mots : *Blé du réfectoire de Notre-Dame.... Quinque modios annone advalens, et ad precium refectorii beate Marie Carnotensis.* (Acte de 1156; *Titres de Josaphat;* Arch. dép.) Dans le siècle suivant, on précisait mieux la signification des termes : *Blé de Loëns, ... Quatuor sextarios bladi, ad valorem bladi de Loeno.* (Acte de 1223; *Titres de l'Hôtel-Dieu.*) Enfin, on disait encore : *mesure de Chartres, valeur de Loëns, ... Unum modium bladi, ad mensuram Carnoti et ad valorem Loenii.* (Acte de 1257; *Titres de Saint-Jean*, n° 1,629 de l'invent.)

[3] En 1338, les mesures de capacité en usage à Loëns étaient plus grandes que celles du Comte. (*Reg. capitul.;* Séance de la Saint-Jean-Baptiste.) En 1373, ces mesures étaient tellement fausses, que le Chapitre décréta leur réforme; on convint de faire une mine et un minot égaux en capacité aux mesures de même espèce usitées jadis à Loëns, de telle sorte que deux *minots* ne dépassassent pas une *mine;* on ordonna, de plus, aux chanoines et à tous autres soumis à la juridiction de l'église, d'apporter à Loëns leurs mesures pour les faire régler par le Maire, d'après les nouveaux étalons. (*Ib.;* Séance de la Saint-Jean-Baptiste.) Enfin, pour éviter les erreurs qui se commettaient continuellement, le Chapitre prit le parti, en 1402, de faire égaliser les mesures des grains et du vin de Loëns, aux mesures du Roi employées à Chartres. (*Ib.;* Séance du mardi après l'octave de la Purification.)

[4] .... *Provisum est ut monachi Sancti Petri, ad vivendum et recipiendum supradictam annone, avene et pisarum mensuram, aliquem de suis in Loen transmittant.* (1131-1132; *Cartul. Saint-Père,* vol. 2, p. 375.)

que année, dans les chapitres généraux, d'après les cours des marchés [1].

Deux officiers de l'église, ordinairement ecclésiastiques, nommés *clercs de Loëns*, avaient la haute direction des greniers. La mission de ces fonctionnaires, qui prêtaient serment en séance capitulaire, consistait à veiller à la conservation des grains, à presser les fermiers et autres débiteurs retardataires et à tenir registre des quantités en magasin et de celles livrées aux boulangers de Loëns et du four Boël. Les clercs rendaient annuellement le compte de leur administration [2].

Dans le double but d'assainir les greniers et de faciliter l'approche des voitures, les chanoines avaient eu le soin d'asseoir le bâtiment, comme un rez-de-chaussée, sur le magnifique souterrain voûté qui subsiste encore. Construit et reconstruit à diverses époques, le bâtiment des greniers n'offre rien de remarquable [3].

Nous ne saurions reconnaître aujourd'hui la place occupée jadis par les fours. Au XIVe siècle, les boulangers prenaient par adjudication ou à forfait l'entreprise du pain du Chapitre et recevaient, pour salaire, un *avantage* en nature, par chaque muid de blé [4].

L'emplacement des prisons ne nous est pas mieux connu. Le geôlier et le portier, sergents du Chapitre, prêtaient ser-

---

[1] Voir, pour les estimations du blé, l'Appendice n° 14, fin de ce volume.

[2] *Reg. capitul.*; Séances du jeudi après Saint-Pierre-Saint-Paul 1300, du vendredi après la Saint-Arnoult 1309, et *passim*. Les clercs de Loëns avaient la jouissance d'une maison située près de la porte Neuve du cloître. *(Ib.;* Séance du jour de la lune après la Saint-Laurent 1323.)

[3] Au XIVe siècle, le mauvais état des greniers attira deux fois l'attention du Chapitre. En 1330, on consacra à leur réparation 60 livres tournois, prix de l'affranchissement de Renaud de Reboulin et de sa femme. *(Reg. capitul.;* Séance du mercredi après la Saint-Vincent.) En 1394, on décida qu'ils seraient refaits à neuf et couverts en tuiles. *(Ib.;* Séance de la Purification.)

[4] Guillaume Georges, boulanger, s'engage à faire le pain de Loëns; il rendra cinquante pains de vingt-six onces chacun, par setier de froment, et on lui fera *un avantage* de trois mines par muid. *(Ib.;* Séance du mercredi après la Saint-Jean 1374.)

ment et portaient pour insigne de leur dignité, une verge de bedeau. Ces officiers, choisis d'ordinaire dans les rangs des marguilliers laïcs, des heuriers et des matiniers de Notre-Dame, étaient souvent renouvelés, à en juger par les nombreuses mentions consignées dans les registres capitulaires; ils résignaient leurs offices en Chapitre, par l'inclinaison des verges et par la remise qu'ils en faisaient aux nouveaux promus [1].

Nous avons dit que la justice du Chapitre se rendait à Loëns; aussi, le juge portait-il le nom de *Maire de Loëns, garde général de la juridiction temporelle de Notre-Dame.* Dans l'origine, ce magistrat ne fut, comme les autres maires seigneuriaux, qu'un homme de corps chargé de la recette des amendes, de la collecte de la taille, de la conservation des biens, de la répression des délits de minime importance; il participait du garde-champêtre et du juge-de-paix. Au XIVe siècle, les chanoines connaissaient encore, en séances capitulaires, des crimes et délits graves, tels que vols, rixes, meurtres, profanations d'église, etc. [2]; mais déjà le maire de Loëns était un jurisconsulte. En 1319, la mairie appartenait à Pierre de la Porte, avocat en cour laïque, *in foro seculari*, et elle continua depuis lors à passer à des gens de robe, praticiens ou maîtres-ès-lois. Vers le XVe siècle, le Chapitre remit entièrement à son maire le soin de rendre haute, moyenne et basse justice [3]. La charge de juge du Chapitre échut souvent à des familles bourgeoises assez rele-

---

[1] *Reg. capit.*; Séances du jeudi après Saint-Simon-Saint-Jude 1311, du samedi 26 juin 1368, et *passim*.

[2] Les registres capitulaires mentionnent un grand nombre de cas criminels jugés directement par le Chapitre. La sentence prononcée en 1329, dans l'affaire d'homicide Gastellet, donne au doyen et à tous les chanoines réunis en corps, le titre de *Juges ordinaires de l'église.... Judices ordinarii, de antiqua consuetudine, nostre ecclesie Carnotensis, hactenus que pacifice observata.* (*Reg. capit.*; Séance du mercredi avant la Saint-Barthélemy.)

[3] En 1371, le Chapitre chargea son maire, Simon de Laubespine, de faire dresser des fourches patibulaires dans tous les lieux du domaine de l'église où il y en avait eu jadis. (*Ib.*; Séance du mercredi après les Brandons.)

vées; les Laubespine et les Grenet la possédèrent au XIVᵉ siècle; les Haligre et les Nicole la franchirent aux XVIᵉ et XVIIᵉ siècles, pour monter aux premiers emplois de la cité et de l'Etat [1].

Les audiences du maire de Loëns se tenaient tous les mardis de l'année dans la salle souterraine du XIIIᵉ siècle, qui a bravé jusqu'à présent les injures du temps et des hommes [2]. Ce monument mérite une description particulière :

Descendons par l'escalier de quarante-et-une marches qui prend naissance dans la cour; nous trouverons à la dix-huitième marche une porte ogivale pourvue d'un tympan circonscrit dans un trilobe, et vingt-trois autres degrés nous ferons pénétrer, à l'intérieur, jusqu'au sol du souterrain. Nous admirerons d'abord l'élégance sévère de cette vaste salle, dont les trois nefs sont soutenues par douze piliers du plus beau style ogival primaire, puis nous nous demanderons avec étonnement comment il est venu à l'esprit des chanoines d'édifier un pareil prétoire pour un simple juge-de-paix. C'est qu'il est à supposer que cette pièce immense servait primitivement de cave au Chapitre; on disait autrefois le *vin de Loëns* comme le *blé de Loëns;* or on sait avec quel luxe les communautés religieuses construisaient les caves destinées à recevoir les vins et autres denrées de leur récolte ou de leurs dîmes [3]. Comme garde-général des biens de l'église, le Maire tenait dans ce lieu son bureau de recette et son petit tribunal de police; il y procédait aux baux, aux marchés, aux ventes à la

---

[1] On peut consulter, sur la juridiction temporelle du Chapitre, le *Trésor de Notre-Dame de Chartres*, par Auguste de Santeul. Chartres, 1841, p. 75 et suiv.; et le *Supplément aux Affiches chartraines*. Chartres, 1785, p. 10 et suiv.
Le dernier maire de Loëns (1789) fut M. Louis Le Tellier, avocat au Parlement et au bailliage et siège présidial.

[2] *Règlement fait au bailliage et siège présidial de Chartres.* Chartres, 1773, p. 69. Six autres justices subalternes tenaient leurs audiences dans l'enclos de Loëns. (*Ib.*, p. 64.)

[3] Voir à l'Appendice n° 15, fin de ce volume, une note de M. Lejeune, sur l'appropriation de Loëns à l'usage du culte, pendant la reconstruction de Notre-Dame, après l'incendie de 1194.

criée intéressant le Chapitre. Peu à peu le cercle des attributions de cet officier secondaire s'élargissant, son auditoire devint plus nombreux [1]; d'un autre côté, la division mieux tranchée des prébendes permit à chaque chanoine de toucher directement les fruits auxquels il avait droit ou de convertir en argent les redevances en nature; alors les caves et les greniers se désemplirent et l'antique souterrain fut acquis dans son entier aux gens de justice [2].

Le voûtage ogival de Loëns est d'arêtes; les voûtes, pourvues de nervures ou arêtiers croisés, vont retomber par une courbe gracieuse sur les tailloirs octogones qui protègent les chapiteaux des piliers. Distribués par six, de chaque côté de la maîtresse nef, les piliers sont cylindriques et bien proportionnés. Huit fleurons à crochets, roulés en volute sous chaque angle du tailloir, décorent la partie supérieure du chapiteau; à la partie inférieure, de larges feuilles trilobées occupent l'entre-deux des fleurons et reposent sur l'astragale qui contourne le fût. Chaque pilier, terminé par deux tores dont l'un affecte la forme déclive, s'appuie sur un socle polygonal élargi à sa base par une saillie à pans coupés. La cave de Loëns a 135 pieds de long sur 60 pieds de large.

L'enclos de Loëns est occupé depuis la Révolution par la manutention des vivres de la guerre [3].

---

[1] Déjà, en 1303, les affaires civiles ressortissant au maire de Loëns donnaient lieu à des assemblées considérables et à des plaidoiries d'avocat. A cette époque, le Chapitre, sur le point de quitter Chartres mis en interdit, crut devoir assurer l'exercice continu de la justice de son maire, en disposant qu'au besoin les plaids de Loëns seraient transférés dans l'église Notre-Dame, comme lieu d'asile. *(Reg. capit.;* Séance du mercredi après la Saint-Michel 1303.)

[2] L'enceinte de Loëns était souvent insuffisante. Aussi, en 1508, pour faciliter les opérations de ventes d'héritages, *par décrets, criées et subhastations*, pratiquées par le maire de Loëns, on fit insérer dans la coutume de Chartres, article 85, une clause qui permettait au Chapitre de faire les criées de sa juridiction de *Loing* au marché de la ville, en demandant assistance aux officiers du Roi. *(Coutumier général*, de Bourdot de Richebourg. *Coutume de Chartres*, chap. XIV, vol. 3, p. 712.)

[3] En 1848, les clubistes chartrains tinrent leurs séances dans la salle souterraine de Loëns.

§ 11. — MAISONS ROMANES ET OGIVALES.

Beaucoup d'autres monuments civils existaient à Chartres au commencement du XIVᵉ siècle; nous citerons, en particulier, l'hôtel ou plutôt le quartier de la Monnaie, les maisons fortifiées du Vidame, de Lèves, des Bretons, de Hubert Leroux ou Mallet et le four Boël. Notre Topographie chartraine renfermera les renseignements incomplets que nous possédons sur ces édifices entièrement détruits aujourd'hui [1], et nous nous bornerons à parler ici de trois hôtels Moyen-Age dont quelques parties encore intactes renferment de véritables beautés architecturales.

A l'entrée de la rue Chantault, près du cloître Saint-André, on voit, sur la droite, une maison décorée au premier étage d'une corniche et de deux ouvertures à cintres surhaussés. La double archivolte de chacune de ces fenêtres, lisse comme dans le pur roman, repose, du côté de la muraille, sur deux colonnettes engagées, placées dans les pieds-droits, et, au milieu, sur un faisceau central formé de trois colonnettes élégantes. La colonnette extérieure du faisceau se compose d'un tailloir massif et arrondi lequel s'appuie sur une sorte d'abaque à dentelures, d'un chapiteau à deux rangées de feuilles d'acanthe très-fouillées dont la rangée supérieure se recourbe en volutes sous les pointes de l'abaque, d'un astragale sans filet, d'un fût lisse et cylindrique et d'une base attique; les deux colonnettes intérieures du faisceau présentent les mêmes dispositions. Les deux colonnettes engagées de la fenêtre de gauche ont des chapiteaux assez bizarres; celui de la colonnette extérieure représente deux oiseaux à long bec et à huppe, buvant dans une coupe, et celui de la colonnette

[1] Voir Appendice nº 4, fin de ce volume.

intérieure, une grande figure humaine encadrée dans un zigzag.

Ces chapiteaux rappellent, par leur fini, l'art de la fin du XIe siècle ou du commencement du XIIe; ils sont traités avec la délicatesse qui signale les sculptures du portail de Saint-André. Aussi pensons-nous que les fenêtres cintrées dont il s'agit, véritables hors d'œuvre dans la maison qui les contient, dépendaient jadis des greniers du chapitre de cette collégiale.

La seconde maison remarquable est située dans la rue du Cygne; c'est un bâtiment à double pignon sous lequel s'étend une cave carrée à deux nefs et à pleins cintres. Les voûtes retombent sur huit colonnes latérales accompagnées de huit colonnettes engagées dans les murs et sur un énorme pilier central. Ce pilier est cylindrique, pourvu d'un tailloir, d'un chapiteau grossier et d'un socle massif; les colonnes ont plus de grâce; de larges feuilles composent leur chapiteau, qui est compris entre un tailloir en tablette et un astragale; leur fût, assez svelte, se termine par deux tores et repose sur une base carrée. Les chapiteaux arrivent à peu près à la hauteur de la rue, ce qui suppose un complet bouleversement du sol; aussi pour rendre cette maison habitable, a-t-on établi sur les tailloirs des colonnes et du pilier, le plancher des pièces du rez-de-chaussée. Les deux grands cintres d'ouverture de la cave vont toucher à la corniche sur laquelle s'appuient les fenêtres ogivales du premier étage. Ces fenêtres, au nombre de quatre, deux sur chaque façade, sont de simples lancettes dénuées de tout ornement.

Les caves des maisons voisines ont aussi des voûtes et des colonnes. Ces constructions dépendaient-elles du four Boël, prison des hommes d'armes de l'Evêque, ou bien appartenaient-elles au grand hôtel du *Cygne*, dont les titres parlent si souvent? Nous laissons ces conjectures à l'appréciation du lecteur.

Une maison canoniale du XIIIe siècle, sinon du XIIe, subsiste encore dans le cloître, en face du portail méridional, à l'angle gauche de la sortie sur la rue des Changes. Comme dans la plupart des habitations de cette époque, la seule partie de l'édifice qui nous soit parvenue sans détérioration, est le premier étage. On y admire un triplet ogival, d'une grande élégance, quoique d'une grande sévérité. Chaque ouverture est ornée d'une double archivolte torique dont l'extrados reçoit un cordon de zig-zags romans. L'archivolte de la fenêtre de droite s'abat, d'un côté, sur deux colonnettes romanes, à chapiteaux fleuris et à bases attiques, et, de l'autre côté, sur un faisceau central de colonnettes semblables; les autres ouvertures présentent les mêmes dispositions. Le côté de cette maison qui donne sur la rue des Changes est également décoré de fenêtres ogivales de style primaire.

CHAPITRE XII.

COMMERCE ET INDUSTRIE.

L'agriculture fut pendant bien des siècles l'unique richesse de la Beauce ; à l'époque où Lutèce, petite capitale d'un petit royaume mérovingien, était encore renfermée dans l'île de la Seine, son marché aux grains portait déjà le nom de notre province [1]. Cependant cette fertilité de la terre chartraine, exploitée au profit exclusif de possesseurs ignorants et rapaces, n'assurait qu'imparfaitement le bien-être de la population ; le commerce et l'industrie n'existaient pas, car de pauvres serfs, travaillant pour les maîtres qui les faisaient vivre, ne pouvaient avoir la volonté d'améliorer leurs produits, puisqu'ils n'avaient pas la possibilité d'en trafiquer. Les instincts commerciaux et industriels se développèrent lentement ; ils furent la conséquence naturelle de la révolution sociale qui finit par substituer le vasselage au servage. On sait combien les croisades favorisèrent l'émancipation de la classe inférieure, mais on recueillit, à Chartres, plus directement qu'ailleurs, les fruits de ce grand mouvement religieux. Poussées par un besoin de déplacement extraordinaire, les masses se dirigèrent en même temps et vers l'Orient et vers les sanctuaires renommés de l'Europe ; des milliers d'hommes commencèrent alors ces promenades gigantesques qui les conduisirent, pendant tout le Moyen-Age, de Notre-Dame-de-Liesse à Jérusalem, de Rome à la Sainte-Baume, de Saint-Jacques-de-Compostelle à Notre-Dame de Chartres ; dans les

---

[1] Depping ; Introduction au *Livre des Métiers*, d'Estienne Boileau, p. 51.

villes fréquentées par les pèlerins, on produisit d'abord en raison de la consommation, puis on noua des relations avec les pays étrangers, on tenta l'exportation des marchandises, en un mot, on inventa le commerce. A Chartres, le premier et le principal champ de foire fut le cloître de la basilique de la Vierge-aux-Miracles.

Le commerce de la Beauce était, au XIIIe siècle, à l'apogée de sa prospérité. Parmi les villes dont les marchands fréquentaient la fameuse foire du Landit, le poète signale

> Nogent le rotro et Dinem,
> Manneval, Torot et Caën,
> Louviers et Breteul et Vernon,
> *Chartes*, Biauvais, cités de nom;

Puis il ajoute :

> Et après trouvai Boneval,
> Nogent le roy et Chastiaudun [1].

Toutefois, le génie féodal, prompt à saisir les occasions de gain, sut tirer un parti lucratif de cette direction des esprits vers le négoce. On ne peut lire sans étonnement la nomenclature des droits fiscaux inventés et perçus à Chartres. Le Comte et l'Évêque, sans parler du chapitre de Notre-Dame, du couvent de Saint-Père, du Vicomte, du Vidame, et des autres seigneurs ecclésiastiques et laïcs, *chacun en son détroit*, se partageaient les *menues coutumes*, c'est-à-dire les redevances établies sur les denrées et marchandises fabriquées, vendues ou en transit, et sur les fabricants, marchands, acheteurs et simples passagers [2]. Ces charges, quoique bien lourdes, avaient du moins l'avantage d'assurer aux commerçants une protection fort nécessaire en ces temps orageux.

---

[1] *Dit du Landit rimé;* Recueil Barbazan, éd. Méon, vol. 2, p. 304 et 305. En 1552 il y avait encore, à Paris, dans la rue de la Vieille-Juiverie, une halle de dix-neuf maisons, appelée halle de Beauce. (Sauval; *Antiquités de Paris*, vol. 1er, p. 145.)

[2] Voir le tableau des *menues coutumes*, au n° 7 des Appendices, fin de ce volume.

Les foires de Chartres eurent presque la réputation des foires de Brie et de Champagne; les principales se tenaient au cloître pendant les quatre fêtes de Notre-Dame, à savoir: la *Chandeleur* (Purification), la *Marcesche* (Annonciation), la *Mi-Aout* (Assomption) et la *Septembresce* (Nativité); trois autres avaient lieu près du couvent de Saint-Père pendant les trois fêtes de saint Pierre; les environs de la porte Drouaise et le chemin du Pont-aux-Malades recevaient les marchands de la foire de Saint-Simon-Saint-Jude; ceux de la foire de Saint-André étalaient dans le cloître et dans le cimetière de l'église de ce nom. Les principaux articles livrés en vente étaient les grains, la cire, les fers, le chanvre, la laine en suint et filée, les pelleteries, les toiles, les draps, serges et étamines, les feutres, les cuirs, la guède pour teinture, la cendre gravelée, les chardons pour le pluchage des étoffes. A ces marchandises, dont la plupart, produites par le pays ou manufacturées dans la ville, s'enlevaient pour d'autres contrées, il faut ajouter les denrées de consommation immédiate, pain, vin, viande, poisson, nécessaires à l'alimentation de la foule qui visitait les foires.

La population ouvrière que nous avons vue resserrée, pendant le servage, autour des manoirs et des monastères, se trouva tout naturellement transformée en corps d'état, lorsque l'agitation commerciale eut pénétré dans les ateliers chartrains. Comme il était de l'intérêt des seigneurs de maintenir sur leurs terres des gens qui payaient à la caisse domaniale un tribut considérable, ils accordèrent de bonne heure aux artisans de chaque métier certaines franchises, certains droits dont la jouissance fut réglée par des espèces de chartes. L'organisation des métiers en corporations ou syndicats remonte au plus tard, dans notre ville, à la seconde moitié du XIIe siècle. Ce fut cette organisation qui fit ranger Chartres au nombre des villes *de loi,* c'est-à-dire des grandes cités marchandes « ayant juridiction de police sur le fait des mé-

» tiers et des délits qui s'y commettaient, avec la faculté
» d'élire ceux qui devaient l'exercer selon des statuts parti-
» culiers [1]. » Il y avait en France dix-sept villes de loi ou
jurées; « Chartres, dit un vieux titre, est une des 17 villes
» jurées de France où les métiers sont distincts et séparés,
» et chaque métier a ses statuts [2]. » L'étude que nous allons
faire de quelques-unes de ces corporations nous apprendra
par quelle fatalité le commerce chartrain, si prospère au
XIII° siècle, est revenu de nos jours à son point de départ,
et se concentre exclusivement, comme à l'époque mérovingienne, dans la vente des laines et du blé.

1° *Métier de la Rivière.*

De toutes les corporations chartraines, la plus célèbre au
Moyen-Age fut sans contredit celle connue sous le nom de
Métier de la Rivière; elle comprenait les *Texiers*, divisés
en drapiers et sergers, les cardeurs et laveurs de laine, les
arçonneurs ou feutriers, et les teinturiers; ses membres
étaient appelés, par excellence, les *Bourgeois de la rivière
de Chartres.*

La première ordonnance réglementaire qui nous soit parvenue touchant le commerce des laines, date du mois de
janvier 1213; elle émane du comte Thibault VI et porte le
titre de *Charte de la Perrée aus Marchans.* Nous avons
déjà parlé de cette pièce qui rappelle les coutumes anté-
rieures, fixe la perception du droit fiscal par chaque pesée
de soixante-trois livres et prescrit la pose de deux paires de

---

[1] Bourquelot; *Histoire de Provins*, vol. 1er, p. 421. — *Glossaire du droit français*, par Laurière, v° *Loi.* — *Ordonnances des Rois de France*, vol. III, p. 411,
note, et vol. XIX, p. 533.

[2] Sentence rendue par le bailli de Chartres, le 17 juillet 1478, dans le procès
pendant entre le métier *de la Rivière* et les marguilliers de Saint-André. *(Livre de
bois de Saint-André;* Archives départ.)

balances dans la maison de la Perrée [1]. Le Comte adresse son réglement aux marchands de Chartres et à ceux *de toutes les régions*, qui viennent vendre à Chartres leurs laines ou *aignelins*, ce qui fait supposer un commerce déjà fort étendu [2].

Sous le comte Jean d'Oisy (1218 à 1235), les franchises et anciennes coutumes du métier de draperie furent promulguées par des lettres dont voici le passage le plus remarquable :

« Des 12 jurez comme ils doivent faire et user :

» Li borgeis de la rivière de Chartres doivent avoir 12 juréz
» qui sont tenu à garder la drapperie de Chartres et l'ordon-
» nance et doivent estre chacun an remués et mis nouviaux
» et doivent faire les serrements pardevant le chastelain de
» Chartres de garder ladite drapperie aux us et aux coustu-
» mes anciennes. Et ce que iceux 12 juréz font : Li 12 juréz
» dient que les us et les coustumes de la drapperie de Chartres
» sont telz que draps sains, raides et *blods* et *piarts* ne doi-
» vent estre que de aignelins sains de laine et dient que tous
» draps raiéz doivent avoir 21 aulnes ès leur moison [3], et sac-
» quittent pour foulleure, iceux draps qui sont de 21 aulnes
» ès leur moison, pour 12 deniers et maille, et plus non ; et
» toute la grousse drapperie qui est en la laine de cens ou de
» plus, doit de chascune aulne 2 deniers pour foulleure, ex-
» cepté les biffes raides qui se doivent acquitter pour 12 de-

---

[1] Voir *suprà*, p. 129.

[2] .... *Statui quod omnes mercatores, tam de Carnoto, quam de universis regionibus qui apud Carnotum aignelinos vendunt, punderabunt illos eque et juste....* etc. (Pièces recueillies par Pintard ; coll. Lejeune.)

[3] On entend par *moison* la longueur de chaîne d'une pièce que l'on veut mettre sur le métier. La longueur des étoffes différait selon les villes manufacturières ; Arras faisait ses draps de quarante-six aunes, Douai de vingt-sept, Cambrai de trente-une, Saint-Quentin de trente-cinq, Abbeville de vingt-quatre, Beauvais de quatorze, Etampes de onze. Chartres les fit ordinairement de vingt-une aunes, pour revenir, foulés, à vingt aunes de Paris ; cependant, à l'article du recueil de l'Apostoile intitulé : *Ci comancent li foires de Champaingne et de Brie*, dans lequel l'auteur traite des *moisons des dras qui vienent aux foires*, on lit : *Rains, Vitry, Saint-Disier, Poperingues et Chartres, XXX aulnes. (L'Apostoile*, mss. de la Bibl. impériale, édité par Crapelet, Paris, 1831.)

» niers et comme les draps qui ont 21 aulnes ès leur moison,
» et plus non ¹. »

Le même Prince, tout en songeant, comme on le voit, aux exigences de son trésor, ne voulut pas détourner les chartrains, par des charges trop pesantes, du métier de draperie. Il fit cesser, en 1222, la perception d'une *coutume* dite *maletote* qui frappait chaque pièce d'étoffe de laine sur le métier, et exempta de tout droit, en 1232, les serges beiges, *de bigaria*, fabriquées par les Bourgeois de la Rivière, pour leur usage personnel ². On doit aussi à Jean d'Oisy des ordonnances concernant les moulins *foulerets*, l'ordre pour fouler les draps et le dédommagement en cas de perte, le lavage et le tissage des laines, la teinture en guède, les draps *entechiés qui n'ont pas droit moison*, les *barragans* ou *bourras qui n'ont 20 aulnes ou plus*; ces ordonnances, ainsi que d'autres de la comtesse Catherine de Clermont, veuve du comte Louis, et du comte Thibault VI, son fils (1205-1218), sur la vente de la guède et de la cendre, et sur les draps coupés, furent approuvés au mois d'avril 1268, par le comte Jean de Châtillon, à la requête des Bourgeois de la Rivière ³.

Au commencement du XIV° siècle, la communauté obtint, des officiers de justice et du procureur du Roi, la révision complète de ses statuts. On réduisit à six le nombre des jurés éligibles chaque année par les gens du métier, sur la convocation des maîtres; ces jurés, auxquels on remit,

---

[1] Pièces recueillies par Pintard; coll. Lejeune. Au XIII° siècle, le commerce de la laine et de la draperie acquittait les *menues coutumes* suivantes : par chaque mesure de laine vendue au marché, une obole; par chaque acheteur d'*aiguelins*, deux deniers; par chaque coupon d'étoffe de laine vendu sur les étaux, en foire ou au marché, une obole; par chaque coupon acheté pour revendre, une obole; par chaque coupon vendu n'importe où, si le vendeur n'appartient pas à un syndicat, une obole; par chaque coupon acheté par un bourgeois à un marchand, une obole. (*Grand livre rouge*, p. 317; Mss. de la Bibliothèque communale.)

[2] Voir *suprà*, p. 132 et 134.

[3] Voir *suprà*, p. 148, note 1ʳᵉ. Pintard trouva ces pièces dans un vidimus de Guillaume de Saint-Mémin, châtelain de Chartres, en date du vendredi après la Saint-Pierre-aux-Liens 1278; le vidimus était transcrit lui-même dans un vieux cartulaire manuscrit dont l'auteur chartrain n'indique pas l'origine.

avec l'assistance des maîtres, le gouvernement et la police de la communauté, furent tenus de se rendre, tous les jours, à cinq heures du matin, à midi, et à *vespres*, à la maison de la foulerie du Roi, pour faire la visite des draps, serges et tiretaines, fabriqués à Chartres et à trois lieues à la ronde; on défendit à tout foulon de fouler ou mouiller les draps avant que les jurés eussent déclaré qu'ils étaient bons, loyaux et marchands; en cas de contestation, entre les jurés et le fermier de la foulerie, pour la malefaçon, il fut convenu que les draps seraient portés à l'hôtel du maître-syndic du métier, pour être, plus à plein, vus et examinés; quatre fois l'an, ce maître-syndic, accompagné de son sergent, dut visiter les autres maîtres texiers-drapiers de la ville et banlieue pour vérifier si les laines étaient pleines, de largeur et moison conformes à l'étalon ou échantillon modèle, rejeter les mauvaises et condamner les contrevenants à l'amende ou leur interdire le métier pendant deux ou trois jours, de l'avis des jurés; on disposa que le rôle des amendes serait présenté, après chaque visite, par le maître-syndic et son sergent, au receveur du domaine du Roi; enfin, il fut accordé que, pour indemniser le maître-syndic et les jurés de leurs soins et démarches, ils dîneraient ensemble, quatre fois l'an, du produit des *bienquictances* ou deniers de sortie des apprentis.

Il paraît que les anciens statuts de la communauté exigeaient que chaque individu, à son entrée en apprentissage, donnât aux maîtres et compagnons, suivant certain devoir appelé *montée*, un dîner du prix de 20 ou 25 livres tournois, moyennant quoi la maîtrise lui était octroyée pour douze deniers ou cinq sous au plus, à la fin de ses quatre années d'épreuve. Mais, comme les maîtres et les gens du Roi s'aperçurent que les avances considérables qu'il fallait faire au début, détournaient du métier bon nombre de personnes, ils jugèrent expédient de prescrire que l'accomplissement des *devoirs* des apprentis se remettrait à leur sortie d'apprentissage, qu'ils paieraient alors, pour *bienquictance*, au maître-syndic et à ses jurés, un déjeûner coûtant 5 ou 7 sous 6 deniers tournois et au plus 15 sous tournois, et offriraient, au jour de leur admission à la maîtrise, un dîner général aux maîtres et compagnons.

Cette organisation nouvelle de la communauté des drapiers-sergers fut reconnue par une ordonnance du bailli Guillaume Mauvinet, du 26 janvier 1389 [1].

Les guerres avec les Anglais, et les fléaux, tels que maladies contagieuses et disette, qui les accompagnèrent dans le pays chartrain, firent certainement un grand tort à la fabrique de draps. En 1418, quoique le métier de draperie fût encore, au dire d'une ordonnance de Charles VI, *le plus principal des habitants et dont plus de gens de commun se mêlent et entremettent* [2], les maîtres et jurés ne se dissimulèrent pas la décadence de leur industrie; ils en accusèrent la concurrence et la contrefaçon et demandèrent au bailli Etienne Deprez, des garanties contre les fraudeurs. Les lettres qu'ils obtinrent de ce magistrat méritent d'être analysées :

« Les maîtres et jurés de la draperie remontrent que ce métier est un des plus anciens et notables de la ville; qu'il nourrit beaucoup de monde; qu'il fait, par ses produits, la réputation de Chartres aux foires du Landit, de Châlons et autres, et qu'il a rendu la ville une des 17 jurées de France, pour

---

[1] Tous ces renseignements, sur les statuts du métier au XIVᵉ siècle, sont contenus dans une sentence du bailli de Chartres, du 17 juillet 1478. (Arch. départ.; *Livre de Bois de Saint-André.)*

Les drapiers de Chartres étaient assez puissants à cette époque pour résister aux désirs du chapitre de Notre-Dame; ils avaient fait entre eux, on ne sait pourquoi, un *statut* d'après lequel il était expressément interdit à tout membre de la communauté de porter ou de faire porter des pièces de drap, à choisir, chez les chanoines. Ceux-ci furent longtemps obligés, malgré leurs plaintes, de se pourvoir dans les boutiques ou sur les marchés; enfin, Bertaud Barbou, maître drapier fort influent, ayant brigué, en 1340, la qualité d'avoué du Chapitre, les chanoines lui imposèrent pour condition de faire casser le statut qui leur déplaisait, ce qui eut lieu. *(Reg. capit.;* Chapitre général de la Saint-Jean 1340.)

[2] Ordonnance de 1416; *Recueil des ordonnances des Rois de France*, vol. X, p. 382.

le fait de draperie; que, grâce aux bons statuts fort anciens qui régissent le métier, les draps de Chartres sont très-estimés des marchands étrangers pour leur bonne façon; que cependant les habitants de plusieurs petites villes et villages des environs fabriquent des draps de moison semblable à celle des draps de Chartres, et les font passer aux marchands pour draps de Chartres; qu'à défaut de marque apparente prouvant que les draps ont été visités par les jurés, il est difficile aux marchands de ne pas être trompés à cet égard et qu'il en résulte un grand blâme et déshonneur pour la draperie chartraine. »

« Pour remédier à cet état de choses, les requérants proposent les dispositions suivantes qui sont acceptées par le bailli :

» 1° Tous les draps marchands, de la moison et façon de Chartres, porteront une marque en plomb, représentant, d'un côté, l'image de Notre-Dame avec le nom *Chartres* imprimé au-dessus, et, de l'autre, un *chartrain* aux armes de la ville; cette marque sera attachée à chaque drap après qu'il aura été visité et approuvé par les jurés, passé à la foulerie du Roi, mis à la poulie [1] et scélé à la cire;

» 2° Aucun drap ne sera délivré à celui à qui il appartiendra qu'après avoir été ainsi marqué;

» 3° Il sera payé aux jurés deux deniers pour chaque marque;

» 4° Celui qui sera convaincu d'avoir ployé ou apprêté des draps sans la marque, payera au Roi 10 sous tournois d'amende pour chaque pièce; les draps seront saisis, visités, et les fabricants punis selon les statuts du métier, en cas de malefaçon; dans le cas où la saisie ne pourrait avoir lieu, les

---

[1] On appelait *Poulie* le lieu où les draps étaient étendus, pour sécher, après le foulage. Les titres nous font connaître les Poulies de la barre de Beaulieu, hors la porte Morard (1221; *Cartul. de Saint-Père*, vol. 2, p. 683), et celles du Gord (1326; *Registres capitul.;* Séance du jour de la lune après la Saint-Barnabé). Il existe encore une impasse, dite *des Poulies*, aboutissant à la rue Coupe-Barbe et à la muraille, entre la porte Guillaume et la porte Morard.

coupables seront poursuivis, pour le paiement de l'amende, devant le bailli, requête du procureur du Roi, ou devant le maître du métier, requête des jurés.

» C'est ainsi qu'il en est usé dans les bonnes villes du royaume, comme Rouen, Evreux, Saint-Lô, Bernay, *Montivilliers*, et ès bonnes villes de Flandre. »

Ces lettres, données sous le scel aux causes du bailliage de Chartres, le vendredi 16ᵉ jour de septembre 1418, furent approuvées par Charles VI, en juin 1419, et confirmées par Louis XII, en février 1501 [1].

Nonobstant les précautions prises pour rendre à la draperie de Chartres son ancienne réputation, le haut commerce persista à la répudier. Quelques efforts furent encore essayés au XVIᵉ siècle; en 1505, le corps de ville, croyant trouver la cause de la ruine du métier dans la longueur de l'apprentissage, demanda aux officiers du Roi de permettre à toute personne quelconque *d'ouvrer en draperie et faire draps sujets à visitation, loyaux et marchands* [2]; on disposa un moulin, près du pont *Bras-de-Fer*, pour le foulage des draps fins et des serges, et le receveur du domaine fut chargé d'apposer la marque sur chaque pièce, avant la mise en vente et au moment de la perception du droit de foulage [3]; ces tentatives échouèrent toujours devant la supériorité des produits des villes normandes, favorisés par une préparation des laines mieux entendue, par des réglements locaux mieux ordonnés et par des facilités commerciales mieux appropriées aux habitudes des marchands de Paris.

Mais le Métier de la Rivière ne cessa pas avec la fabrique de

---

[1] *Ordonnances des Rois de France*, vol. XI, p. 11, et vol. XXI, p. 297. — Archives impériales, section administ., *Trésor des Chartes*, reg. 234, folio 388, verso. — Autres confirmations par Henri II, en 1548 (*Trésor des Chartes*, reg. 258, folio 313), par Charles IX, en 1566 (*Ib*, reg. 264, folio 321), par Louis XIV, en 1656 et 1667. (*Reg. des Ordonnances du parlement de Paris*, 3, N, folio 310. Arch. impér., section admin., E. 1736.)

[2] *Reg. des Echevins;* Délibération du 6 août 1505; Arch. de la Mairie.

[3] *Titres des tanneurs et corroyeurs;* Ib.

draperie fine; il se jeta résolument dans la confection des gros lainages, tels que serges à deux étaims et drapées, doublures, tiretaines, couvertures trémières, étoffes beiges, etc.; il y réussit pendant près de deux siècles. En 1626, en comptait encore dans la ville 250 maîtres-sergers employant, chacun, trois cardeurs, ce qui suppose, avec les laveurs, les fileurs, les tondeurs, les compagnons et les apprentis, une agglomération de plus de deux mille ouvriers travaillant la laine [1]. Les étoffes confectionnées à Chartres servaient principalement à l'habillement des troupes et des gens de la campagne.

Le restaurateur des manufactures du royaume, le grand Colbert, n'oublia pas la vieille fabrique chartraine. En 1666, il dépêcha vers le corps municipal les sieurs Guy Pocquelin et François de la Croix, délégués des drapiers de Paris, dans le but de reconstituer sur de nouvelles bases la corporation des sergers. Les 28 et 30 novembre, des statuts furent élaborés, en chambre de ville, par les délégués, le lieutenant-général maire, les échevins et les principaux fabricants [2]; on inséra dans ce réglement, dont nous donnons une analyse développée [3], tout ce qui pouvait intéresser l'administration

---

[1] *Reg. des Echevins;* Délibération du 18 août 1626; Arch. de la Mairie.

[2] Voici les noms de ces fabricants, tous maîtres sergers à Chartres : Michel Chaufart, Gabriel Macé, Thomas Girard, Bastien Tronson, Jean et Philippe Besnard, Pierre Huilleret, Jacques Hezard, Pierre Dolnois, Claude Gasnier, Pierre Doublet, René Rousset, Jean Guesdron, Jean Montmireau, Edme Legendre, Jean Gauthier, Louis Hoyau, Mathurin Pepin, Michel Camiaille.

[3] ADMINISTRATION DU MÉTIER. — Défense absolue aux sergers, maîtres de moulins et foulons, de travailler les dimanches et fêtes. — Célébration de la fête de la communauté à Saint-Hilaire, le deuxième dimanche de septembre, et injonction d'y assister, sous peine de cinq sous d'amende contre tout défaillant. — Obligation, sous même peine, aux maîtres-jurés en charge et à ceux qui l'ont été, d'assister aux convois des maîtres du métier et de leurs femmes. — Communauté composée de tous les sergers travaillant dans la ville, les faubourgs et les lieux jouissant des franchises d'icelle, même de ceux qui n'ont fait aucun apprentissage; inscription de leurs noms et de leurs promesses d'obéissance aux statuts, sur les registres de la ville et sur ceux que tiendront les maîtres-jurés, dans le délai d'un mois à partir de la publication du nouveau réglement; acte de cette inscription délivré par le greffier, moyennant 15 sous pour tout droit; passé le mois, défense à quiconque de travailler ou faire travailler en sergerie, sans un apprentissage préalable. — Admission des maîtres-sergers et ouvriers forains et étrangers dans les rangs de la communauté chartraine, en justifiant d'un apprentissage dans leur pays ou en faisant un ap-

du Métier et tendre au perfectionnement du travail; on mit à profit, en cette circonstance, l'expérience du passé et les lumières du présent, par une heureuse combinaison des an-

prentissage de trois ans à Chartres et en payant les droits ci-après réglés et sans aucuns droits de festins; *ils seront dès-lors déclarés naturels et regnicoles et dispensés de lettres de naturalisation, mais s'ils quittent le royaume, tous leurs biens seront confisqués au profit du Roi.* — Dispense d'apprentissage pour les fils de maîtres âgés de quinze ans au moins, ayant travaillé deux ans chez leurs pères et reconnus capables; ils prêteront serment avant leur réception à la maîtrise pardevant les échevins, le tout *gratis*. — Même dispense pour les fils de veuves de maîtres, âgés de quinze ans au moins et ayant travaillé deux ans chez le même maître. — Défense à tout maître de prendre, chaque année, plus d'un apprenti et de le garder moins de trois ans, et obligation de porter aux maîtres-jurés le brevet d'apprentissage, pour inscrire le nom de l'apprenti sur le registre à ce destiné. — Au bout de trois ans, réception de l'apprenti à la maîtrise, après chef-d'œuvre vu et examiné par les maîtres-jurés en charge et six anciens maîtres-jurés, et prestation de serment, par le nouveau maître, devant les échevins. — Prix de la maîtrise fixé à 30 sous; *devoirs* de 20 sous à chacun des jurés et anciens jurés visiteurs du chef-d'œuvre, de 30 livres tournois à la communauté, pour ses affaires, et d'une livre de cire à la confrérie; pas de festins avant comme après la réception. — Le jour de Saint-Roch, chaque année, élection, pour deux ans, en assemblée générale du métier, en l'hôtel-de-ville et en présence de deux échevins, de trois jurés choisis parmi les maîtres, prestation de serment par ces jurés, et élection, par les six jurés en exercice, d'un syndic et d'un clerc. — Visite par les jurés, une fois la semaine, des marchandises sur métier; examen du nombre des filets, portées et fautes, et procès-verbal du tout, pour, en cas d'abus, être prononcée, par les échevins, une amende de vingt livres contre les coupables. — Six visites générales, chaque année, par les jurés, chez tous les maîtres de dehors, à trois lieues à la ronde, y compris Pontgouin et Courville; chaque maître leur donnera dix sous, par visite; saisie des mauvaises marchandises et condamnation des coupables, par les échevins, selon les cas. — Défense absolue aux maîtres-sergers de vendre en détail serges ou autres draperies, et aux marchands drapiers, de faire fabriquer par des ouvriers à leur compte, sous peine de 50 livres d'amende. — Chaque membre du métier donnera huit sous, par an, pour la confrérie.

MANUFACTURE. — Les serges ordinaires auront 42 portées, à 34 fils par portée, soit 1,428 fils; elles auront, *en écru sur le métier*, une demi-aune et un seize de large, pour revenir, foulées, à demi-aune entière de Paris, et 21 aunes et 1/4 de long, pour revenir à 20 aunes de Paris. — Les serges en treize plus fines auront 45 portées à 34 fils, soit 1,520 fils, et mêmes longueur et largeur que dessus. — Les plus fines auront 60 portées à 34 fils, soit 2,040 fils, demi-aune un quart de large, sur le métier, pour revenir à demi-aune un seize de Paris, longueur comme ci-dessus. — Les serges trémières sur étaim, sans entre-fils, auront 36 portées à 34 fils, soit 1,224 fils; elles auront, de large, sur le métier, deux tiers d'aune, pour revenir, foulées, à demi-aune de Paris, et de long, sur le métier, 30 aunes, pour revenir, foulées, à 23 ou 24 aunes de Paris. — Les serges plus grosses, trèmes sur trèmes, auront 24 portées à 34 fils, soit 768 fils, mêmes longueur et largeur que dessus. — De plus, les maîtres pourront faire fabriquer draps et étamines, conformément à leurs antiques statuts, pourvu que ce soit du nombre des fils et portées spécifiés dans ces statuts, de la largeur d'une aune de Paris et de la longueur de 20 à 22 aunes de Paris au retour du moulin. — Ordre à tous sergers de mettre, au chef et au premier bout des serges, la première lettre du nom et du surnom de celui à qui appartient la pièce et, à l'égard des draps et étamines, les

ciens statuts avec les principes de l'ordonnance sur les manufactures, du 8 avril 1666. On sait le brillant succès qui couronna presque partout l'entreprise de Colbert; Lyon, Sedan,

premières lettres des noms et surnoms de ceux auxquels appartiendront les pièces, les dits noms faits au métier, avant le foulage; nul ne pourra vendre une pièce de drap, écrue ou foulée, qu'elle n'ait été visitée et marquée par les maîtres-jurés, sous peine de confiscation, de cent livres d'amende la première fois, et de renvoi de la communauté en cas de récidive. — Six deniers d'amende, par faute, pour le tisseur-serger qui fera ouvrage sale, fils saillants, duites saillantes, érapes et érapos, échelles, duites doubles. — Défense à tout tisseur-serger, de quitter son maître avant l'achèvement de la pièce commencée, et au maître, de congédier son ouvrier avant de l'avoir averti vingt-quatre heures à l'avance. — Dix sous d'amende pour pour tout ouvrier qui quittera sa besogne pour aller au cabaret; *dix livres d'amende au cabaretier, perte du prix de la consommation et prison pendant trois jours.* — Le foulon qui aura gâté une pièce en la laissant trop échauffer, percer ou vider par excès de foulure, de telle sorte qu'il se trouve du manque, sera condamné à une amende arbitrée par les échevins. — Toutes les marchandises en écru ou foulées seront apportées, par les ouvriers de la ville et de trois lieues à la ronde, au bureau de la maison de ville, pour là être visitées et marquées, d'un côté, du sceau royal aux armes de sa majesté avec la légende : *Louis XIV, restaurateur des arts et manufactures*, et de l'autre, du plomb ou cachet de la ville; au lieu du sceau royal toute pièce defflectueuse sera marquée d'un sceau rond et plat. — Aucun procès ne sera entrepris par les jurés sans le conseil des douze plus anciens jurés hors de charge et l'avis des échevins, sous peine des frais du procès et de cent livres d'amende. — Assemblée des jurés et des anciens deux fois par an, pour examiner les affaires de la communauté et arrêter les comptes en l'hôtel de ville, en présence des maire et échevins. — Les jurés feront des visites chez les peigneurs travaillant en étaims propres à faire draps et serges, et s'ils trouvent chez eux des étaims faits de laine defectueuse, pleures morines et avalis, ils les saisiront et en feront leur rapport aux échevins, qui condamneront les peigneurs coupables à telle amende que de raison, selon les cas. — Les maîtres travaillant pour le compte d'autres maîtres, à cause de leur indigence, et les compagnons tisseurs, sergers, peigneurs et cardeurs employés à la manufacture de sergerie de Chartres, ne pourront les engager, ni retenir les marchandises et les ustensiles à eux confiés, sous peine d'être poursuivis comme voleurs domestiques, et lesdits objets ne pourront être saisis chez qui que ce soit, sinon pour loyers des maisons occupées par les maîtres. — Les échevins sont constitués les seuls juges, sans appel, des contestations qui pourraient survenir entre les maîtres et les compagnons, pour le fait de la manufacture des serges; lesdits maîtres et compagnons devront exécuter le jugement, sous peine de 50 livres d'amende. — Les amendes sont applicables, savoir : moitié à l'hôpital général du bureau des pauvres de Chartres, un quart à la confrérie de la Trinité des maîtres sergers, un quart au dénonciateur; les amendes seront versées au receveur des deniers de la ville, qui en rendra compte aux maire et échevins. — Tous les mois, assemblée générale à la chambre de ville où assisteront les échevins, quelques marchands drapiers pour ce appelés, les jurés et les six plus anciens maîtres, pour rendre compte des visites faites et des abus découverts, dresser procès-verbal des abus et des remèdes et l'expédier à M. Colbert.

Fait en l'hôtel commun de la ville de Chartres, le 30e jour de novembre 1666; signé à la minute, Simon, lieutenant-général et maire, Guéau, M. Fouet, Janvier, Martin, Le Tunais, Beurier et Feré, échevins.

Ces statuts furent homologués par arrêt du Conseil-d'Etat du 26 février 1667, signé Guénégaud, et acceptés par les maîtres du métier le 20 décembre 1669.

Louviers, Elbeuf, lui durent leur fortune; cependant l'industrie de Chartres ne put ou ne sut profiter du mouvement général; écrasée par la concurrence des ateliers normands qui, tout en adoptant la fabrication des draps fins, façon de Hollande, ne renoncèrent pas à la draperie commune, elle baissa d'année en année et s'évanouit complètement vers le milieu du siècle dernier [1]. La bonneterie, déjà florissante à Chartres, remplaça avec avantage la sergeterie.

Après la draperie, la branche la plus importante du Métier de la Rivière au Moyen-Age, paraît avoir été la feutrerie ou arçonnerie, c'est-à-dire la préparation des laines pour la chapellerie commune. Les ouvriers feutriers ou arçonneurs [2] se fixèrent à Chartres vers le commencement du XIIIe siècle; leurs rapports avec les bourgeois furent réglés par une ordonnance de Thibault VI, dont voici la traduction : « Certains arçonneurs voulant prendre domicile dans notre ville de Chartres, nous leur en accordons la permission à la condition que si un bourgeois confie à un arçonneur sa laine ou ses *aignelins*, l'arçonneur, sa besogne faite, rendra au bourgeois la laine ou les aignelins, au poids arbitré par les sages hommes de notre conseil; de plus, tout individu qui voudra à l'avenir se faire arçonneur à Chartres, jurera d'abord de bien remplir les devoirs de son métier; ainsi feront tous les arçonneurs actuels.

---

[1] En 1787, la communauté des marchands drapiers examina, suivant le désir du duc d'Orléans, si la ville tirerait avantage du rétablissement de l'ancienne fabrique de draperie du pays; des essais eurent lieu et l'on reconnut, balance faite du cours moyen des laines et du prix de la main-d'œuvre, comme peignage, cardage, filature, etc., que la dépense absorberait et dépasserait le bénéfice. Ainsi les pièces d'essai confectionnées coûtèrent de revient 1,714 livres 2 sous, et ne furent vendues que 1,389 livres 2 sous 9 deniers. Toutefois, on fut d'avis qu'il ne fallait pas se décourager, les essais étant toujours plus chers que la fabrication en grand. (Arch. de la Mairie; *Registre des délibérations de la communauté des drapiers;* Séances des 9 février et 24 décembre 1787. MM. Leboucq, juge consul, Petit-Cerville, syndic de la communauté, Bouvet-Jourdan, adjoint.) Il ne paraît pas que l'on ait donné suite à ces tentatives.

[2] Arçonneur, *arconnarius*, ouvrier qui se sert de l'arçon, espèce d'archet garni d'une corde à boyau; on arçonne les poils et les laines pour les ouvrir, les diviser et les disposer à se bien feutrer. *(Dictionnaire technologique;* Paris, 1822. — *Glossaire* de Du Cange, v° *Arconnarius.)*

Si un bourgeois livre de mauvaise laine à l'arçonneur, ce dernier sera tenu de le faire reconnaître au bourgeois; si le bourgeois ne veut pas en convenir, l'arçonneur sera obligé de faire constater la qualité de la laine par notre prévôt ou notre châtelain de Chartres. Donné, au mois d'août, l'an de grâce 1214, par la main de Thierry, notre chancelier [1]. » Les feutriers de Chartres dont les produits s'écoulaient avantageusement sur les marchés de Paris et d'Orléans, consommaient la plus grande partie des laines d'agneaux de la Beauce; leur industrie cessa, vers le XVIe siècle, d'être exploitée séparément de la chapellerie.

2° *Métier de la Tannerie et des Sueurs.*

Le métier de la Tannerie et des *Sueurs*, *sutores*, comprenant les tanneurs, corroyeurs, mégissiers et parcheminiers, les sueurs et courvoisiers ou cordonniers en gros cuir, les *cordouaniers* ou cordonniers en *cordouan* et travaillant de *mégie*, constitua assez longtemps pour Chartres une véritable spécialité commerciale.

Le premier document écrit dans lequel il soit question des tanneurs de Chartres comme corporation, est un réglement du châtelain Isambert de Saint-Dié, de juin 1265, relatif aux contestations existant depuis longues années entre les tanneurs et les bouchers, sur l'état et le mode de livraison des peaux. On y décide que les tanneurs de la ville et banlieue auront, à l'exclusion de tous autres, le monopole de l'achat des peaux provenant des animaux abattus par les bouchers; que ces derniers ne pourront vendre ou faire vendre leurs peaux, hors ou dans la ville, avant de les avoir offertes aux tanneurs et de les avoir fait priser par les *menneurs* ou *jurés* des deux

---

[1] Pièces recueillies par Pintard; coll. Lejeune.

métiers, sous peine d'une amende de dix sous par peau; que les peaux devront être achetées par les tanneurs, le jour même de la tuerie des bêtes ou le lendemain au plus tard; que les différends survenus entre le vendeur et l'acheteur seront jugés par deux menneurs, un de chaque métier, nommés, savoir : le menneur tanneur par les bouchers et le menneur boucher par les tanneurs; enfin que si ces menneurs ne s'entendent pas sur une prisée de cuirs, la cause sera portée devant le châtelain, qui jugera après avoir pris conseil des prud'hommes de chaque métier et condamnera à une amende de dix sous le menneur trouvé en tort de prisée. Ce règlement fut approuvé par le comte Jean de Châtillon, au mois d'août 1265 et par le roi Philippe de Valois, en 1342 [1].

Une sentence rendue par le bailli Sance de la Fontaine, le lundi après la saint Vincent 1311, fait connaître un autre privilège de la corporation des tanneurs. Le magistrat décide, à la requête de Perrot-*le-Caoursin*, maître des sueurs et de la tannerie, et sur les déclarations des jurés tanneurs et courvoisiers, que la coutume du métier défend à tout marchand forain de vendre des cuirs à Chartres ou banlieue pour plus de douze deniers et maille, hormis aux quatre fêtes de Notre-Dame, sous peine de confiscation de la marchandise au profit du Comte [2].

On voit par ces titres que, contrairement à ce qui se passait dans le reste du royaume, les tanneurs et cordonniers de Chartres ne formaient, aux XIIIe et XIVe siècles, qu'une seule corporation.

---

[1] *Ordonnances des Rois de France*, vol. VII, p. 398.

[2] *Ib.*, vol. V, p. 272. — *Trésor des Chartes*, reg. C, p. 295. Les maîtres consultés par le bailli furent Michiel Mellin, Regnault Dangor, Gilles Diarville, Jehan Troullart, Regnault Diarville, Estienne Neveu, tanneurs; Vincent Druet, Gieffroy Auschier, Gillot Tout-Bien, Berthelot de Saint-Martin et Gillot, son fils, courvoisiers. Les témoins furent mons. Nicholas de Morville, chevalier, Goier, son frère, Jehan Goncet, Simon Barbou, Hameri Galopin, Ocren du Bois, Bonneraye, mestre Jehan Coulerouge, Robert Huet, Gilles Barbou, Sance de la Porte, et autres bourgeois.

En 1345, Philippe de Valois donna aux tanneurs de Paris, oubliés dans l'organisation commerciale du prévôt de Saint-Louis, Etienne Boileau, des statuts qu'il déclara communs à tous les tanneurs de France et qui établirent, dans chaque ville jurée, quatre syndics pour la garde et la police, un apprentissage de cinq ans, une visite rigoureuse et une marque des cuirs tannés, avant leur exposition en vente. Il est probable que le métier de Chartres compléta ses coutumes par l'adjonction de quelques-unes des dispositions de l'ordonnance royale. Les privilèges des tanneurs et cordonniers réunis, reconnus *par tel tems et si long qu'il n'est mémoire du contraire*[1], furent confirmés, en 1369, par Charles V, en 1390, par Charles VI, en 1461, par Louis XI, et en 1484, par Charles VIII[2].

Les corroyeurs furent d'abord confondus avec les tanneurs; mais leur industrie prit une telle extension qu'ils reçurent, en 1448, des coutumes particulières[3]. Ils en jouirent jusqu'en décembre 1761, époque à laquelle un arrêt du conseil les annexa de nouveau au métier de la tannerie[4]. La cessation presque absolue du commerce des cuirs forts détermina cette fusion.

Dans le but apparent de remédier aux imperfections de la fabrication des cuirs, mais, en réalité, par besoin d'argent, on imagina, aux XVIIe et XVIIIe siècles, d'établir en titre d'office et moyennant finances, un contrôle de la tannerie payé par les gens du métier. A Chartres, il y eut, par édit de février 1628, création d'un office de *prud'homme visiteur de cuirs;* par édit de juin 1630, création de trois offices de

---

[1] Sentence du bailli Mahieu des Quesnes, sur l'enquête de Denis Prévoteau, son lieutenant, en date du vendredi 3e jour de janvier 1364. (Recueil des *Ordonnances*, vol. V, p. 272.)

[2] *Ib.*, vol. XIX, p. 333.

[3] *Trésor des Chartes*, reg. CCXXIV, p. 137.

[4] Archives impér., section administ., E, 1365, et *Titres des Tanneurs;* Arch. de la Mairie.

jurés-vendeurs de cuirs; par édits de mars et décembre 1691, création de trois offices de *syndics-jurés héréditaires;* par édit de mars 1694, création de deux offices d'*examinateurs des comptes de la communauté;* par édit de février 1745, création de quatre offices d'*inspecteurs et contrôleurs des cuirs...*[1]. Il est vrai que, pour ne pas subir les caprices de ces fonctionnaires, la communauté prit le parti d'acheter la plupart des offices et d'en revêtir quelques-uns de ses membres ou des gens à sa dévotion; il s'en suivit que les cuirs ne furent pas meilleurs, mais qu'ils furent vendus plus cher. En 1746, la charge de prud'homme, réservée par le domaine et mise en adjudication, rapportait encore 600 livres de revenu au duc d'Orléans[2].

Un édit du mois d'avril 1777 ayant supprimé les jurandes, M. Foreau, conseiller au bailliage et lieutenant-général de police en exercice, dressa, le 5 mars 1778, l'inventaire des biens meubles et immeubles du métier des tanneurs et corroyeurs de Chartres. La chambre syndicale était alors située rue de la Tannerie, paroisse Saint-André, et le sieur Leclair, maître tanneur-corroyeur, régissait la communauté en qualité de procureur-juré. La reconstitution de la corporation eut lieu la même année, suivant procès-verbal de remise des titres et papiers aux nouveaux syndics, rapporté le 4 août par M. Vallet de Lubriat, conseiller au bailliage, faisant fonctions de lieutenant-général de police. Mais cette réorganisation ne dura pas longtemps; le métier des tanneurs-corroyeurs fut dissous définitivement en 1790[3].

---

[1] *Titres des Tanneurs;* Archives de la Mairie.

[2] *Ib.* Quelques-unes des charges créées furent supprimées par arrêt du Conseil du 3 août 1738, et les finances réglées à 48,153 livres, payables par le duc d'Orléans.

[3] La corporation des tanneurs possédait, en 1556, une fosse près le *dos-d'âne* des fossés de la porte Morard; elle avait aussi, sur les Vieux-Fossés, un moulin à tan chargé de 40 sous de rente envers le duc d'Orléans. Chaque maître tanneur et corroyeur devait 14 sous par an, le jour de la Saint-André, pour l'acquit des menues coutumes, un cens annuel de 9 deniers, et 30 sous, une fois payés, pour prix de la maîtrise. (*Menues coutumes* et *Consistance du domaine,* n° 7 des Appendices.)

Au Moyen-Age, les tanneurs, attirés à Chartres par la bonne qualité des peaux, la facilité avec laquelle ils s'en procuraient, les vertus de l'eau de la rivière pour la préparation des cuirs et l'abondance de l'écorce produite par les forêts voisines, rassurés d'ailleurs contre toute concurrence par les privilèges du métier, travaillaient avec courage et avec profit. Les cuirs forts, sortis de leurs ateliers, trouvaient un débit assuré sur les marchés de Paris, Orléans et Tours. Ils occupaient une place honorable parmi les corporations de la ville, portaient aux cérémonies publiques un bannière *tiercée, en fasce, d'or, d'hermine et d'azur*, et célébraient avec pompe à l'église Saint-André, la fête de saint Louis, leur patron. A l'époque de la Révolution, l'antique splendeur de la tannerie chartraine était déjà fort éclipsée et l'on attribuait la stagnation des affaires à la difficulté de se procurer des peaux, des huiles et des dégras, ainsi qu'au défaut d'aménagement des forêts et aux coupes anticipées.

La présence continuelle à Chartres d'une foule de religieux, gens d'études et de savoir, favorisa particulièrement l'industrie des parcheminiers. Ces ouvriers devinrent assez nombreux, au XIV° siècle, pour former avec les mégissiers une communauté distincte de celle des tanneurs. Leur bannière, qui empruntait ses pièces aux armoiries des tanneurs et des cordonniers, était *tiercée, en fasce, d'or, d'hermine et de vair*; ils avaient de vieux statuts dont ils obtinrent une confirmation en 1670 [1].

Les sueurs ou cordonniers en gros cuirs, alimentaient, au XIV° siècle, les halles de la Petite-Cordonnerie et quelques étaux des grandes halles. La bonne qualité de la matière

---

[1] Lettres patentes de Louis XIV, de décembre 1670. (Archives impér., section administ., F, 2,591. — Parlement de Paris, *Ordonnances*, 3, Z, folios 366 et 367.) Plusieurs familles se perpétuèrent dans la parcheminerie; la plus importante fut la famille Chabin, dont un membre, qui exerçait encore la profession de parcheminier au commencement de ce siècle, fit aux hospices une donation consignée sur une pierre que l'on conserve à la mairie.

première devait naturellement faire estimer la marchandise ouvrée; aussi les fréquentes mentions de ventes ou de locations d'étaux à souliers, et de cens perçus sur les échoppes de savetiers, qui se rencontrent dans les Cartulaires, portent-elles à croire que le nombre des marchands et des acheteurs était très-considérable. Les chaussures confectionnées à Chartres s'enlevaient pour la haute Beauce et pour l'Orléanais, dans les quatre foires de Notre-Dame. Quoique réunis au métier de la tannerie, les cordonniers avaient une bannière particulière *tiercée, en fasce, d'or, de vair et de pourpre* [1].

En 1484, les cordonniers furent constitués en corporation particulière et reçurent des statuts auxquels on apporta des modifications en 1507 [2]. Les courvoisiers, savetiers et carreleurs se séparèrent du métier en mars 1526 [3]; ils obtinrent un réglement qui fut confirmé par ordonnance de décembre 1674 [4]; mais un arrêt du Conseil, du 22 mars 1774, prononça la fusion des deux communautés en une seule qui prit le nom de métier des *Maîtres Cordonniers* en neuf et en vieux [5]. Pendant un certain temps, les *cordouaniers*, ouvriers employant le cordouan (cuir de cordoue) et travaillant *de mégie*,

---

[1] Chaque cordonnier devait au domaine un cens annuel de 9 deniers, et 30 sous, une fois payés, pour prix de la maîtrise. Le tarif des menues coutumes était ainsi fixé : de chaque cordonnier vendant souliers de cuir de vache, un denier le jour des Rameaux; de chaque courvoisier et coupeur débitant morceaux de cuir, une pite ou obole, par chaque marché de samedi et jour de foire. *(Consistance du domaine et Menues coutumes.)*

[2] *Ordonnances des Rois de France*, vol. XIX, p. 332. Ces statuts, établis pour parer aux abus que commettaient les mauvais ouvriers du métier, *au grand dommaige, destriment du peuple et chose publique, victupère et déshonneur desdits cordonniers et maîtres jurés de la ville*, contiennent les dispositions suivantes : 1° chef-d'œuvre par tout aspirant à la maîtrise; 2° réception des aspirants, par les maîtres, au vu du chef-d'œuvre et après payement des droits et devoirs appartenants à la confrérie de Saint-Crépin et Saint-Crépinien; 3° réception, sur chef-d'œuvre, mais gratuite, des fils de maîtres; 4° examen de la suffisance des aspirants à la maîtrise, d'après les ordonnances et coutumes de la cordonnerie de Paris.

[3] *Trésor des Chartes*, reg. CCXLIII, folio 253. — Parlement de Paris, *Ordonn.*, 4, B, folio 228.

[4] Parlement, *Ordonn.*, 4, B, folio 233.

[5] Arch. impér.; section administ., E, 1,500.

formèrent une corporation à part [1]; ils rentrèrent vers le XVIᵉ siècle dans la grande communauté des artisans en chaussure.

La cordonnerie chartraine n'a plus aujourd'hui qu'une importance purement locale.

3° Métier de la Queue de Regnard.

La communauté de la *Queue de Regnard* comprenait les pelletiers-fourreurs, les gantiers, les guêtriers, les lingers et les fripiers.

Le goût prononcé des seigneurs et des membres du haut clergé pour les fourrures précieuses, rendit très-florissant, au Moyen-Age, le métier des pelletiers. Nous savons par le moine Paul que le couvent de Saint-Père avait, au XIᵉ siècle, un atelier de pelleterie [2]; au commencement du siècle suivant, nous voyons le roi Louis-le-Gros demander à l'évêque Yves deux paires de peaux de chats sauvages du pays chartrain [3]; vers la même époque, le chevalier Thibault Claron donnait, comme pot de vin, à Payen de Fains, duquel il avait acheté une terre, trois magnifiques peaux de chats sauvages, valant 35 sous, et un anneau d'or *du prix de cinq sous* [4]; enfin, en 1189, le comte Thibault V aumônait aux lépreux de Beaulieu une rente de cent sous, sur la caisse du *maître de la pelleterie* [5]. Ces mentions portent à croire que la réputation des pelleteries chartraines franchissait, au XIIᵉ siècle, les murs de la cité; toujours est-il que la corporation des pelletiers de notre ville devint assez riche pour donner, au XIIIᵉ siècle, plusieurs verrières à Notre-Dame.

---

[1] La maîtrise des cordouaniers coûtait 60 sous.
[2] *Cartul. de Saint-Père*, vol. 2, p. 301.
[3] *Lettres d'Yves de Chartres*, n° 202; édit. Cottereau, 1647.
[4] *Cartul. de Saint-Père*, vol. 2, p. 315.
[5] Voir *suprà*, p. 114 et 115.

les jurés, mais sans chef-d'œuvre ni autres déboursés qu'une livre de cire à la confrérie et un déjeûner à tous les maîtres; 8° défense à tout maître de continuer une robe ou fourrure commencée par un autre, sans motif raisonnable ou sans avoir appelé celui qui aurait entrepris le premier le travail, sous peine de 10 sous tournois d'amende au profit de la confrérie [1].

La mode des habillements en fourrures disparut vers le milieu du XVI° siècle.

4° Métier des Fèvres et Maignans, et communauté des Orfèvres.

Le métier des *Fèvres* (forgerons) et des *Maignans* (chaudronniers) comprenait les armuriers, éperonniers, fourbisseurs, chaudronniers, cloutiers, épingliers, maréchaux, œuvres-blanches, serruriers ayant forges, et tous marchands vendant clous, fer, et marchandises de fer ouvré. Cette corporation était une des plus anciennes de Chartres. Dès le XII° siècle, les forgerons donnaient leur nom à une rue voisine du grand marché; cette rue, dite aujourd'hui de la *Clouterie*, s'appela jusqu'au XVIII° siècle rue *aux Fèvres* [2].

La matière première ne manquait pas dans notre pays; nous avons déjà rapporté une charte de 1208 qui parle d'une dîme sur le minerai recueilli à Oinville [3]; le poème des Miracles de la Vierge nous fait connaître que les pieux habitants de

---

[1] *Ordonnances des Rois de France*, vol. XIX, p. 633. — Trésor des Chartes, reg. CCXI, folio 183. Ces statuts furent révisés, à la requête de Jehan Merle, procureur de la communauté des pelletiers de Chartres, en présence des avocats et procureur du Roi, par M° Jehan Baudry, licencié ès-lois, lieutenant-général du bailliage.

[2] La maîtrise coûtait 60 sous tournois; chaque maître devait à la Saint-Rémi un cens annuel de 10 deniers, augmenté de 8 deniers pour les maréchaux, à cause de leur *fosse à embattre;* chaque marchand forain du métier devait, par an, un cens de 8 sous 6 deniers.
Il était dû, en outre, comme *menue coutume*, pour chaque cent de fer vendu au marché, un denier par le vendeur et un denier par l'acheteur. *(Consistance du domaine; Tableau des menues coutumes.)*

[3] Voir *suprà*, p. 5, note 2.

Les pelletiers étalaient leurs belles marchandises dans la rue qui porta successivement les noms de rue de *la Pelleterie* et de *la Queue-de-Regnard* et qui s'appelle aujourd'hui rue *du Soleil-d'Or*. On plaçait les fourrures dans des bahuts ou coffres, *archæ*, dont les portes étaient ouvertes et qui se présentaient aux amateurs par l'embrasure de la fenêtre de la boutique. En temps de foire, les pelletiers vendaient sur des étaux, comme les autres marchands, et, pour favoriser le commerce de ceux de Chartres, le domaine n'avait fixé qu'à deux oboles par an la menue coutume de chaque bahut de pelleteries, tandis que tout marchand étranger payait une obole par chaque garniture d'habillement et deux deniers par chaque robe fourrée, vendues sur le marché [1].

Les statuts des pelletiers de Chartres, aussi vieux que la corporation, furent confirmés par Charles VIII, en 1485. Voici leurs principales dispositions : 1° établissement de quatre maîtres jurés, élus et choisis par les autres maîtres, pour faire la visite des marchandises et des marchands de la ville et banlieue; 2° apprentissage d'une année chez un maître, et chef-d'œuvre par l'aspirant à la maîtrise; 3° payement, par l'aspirant, de 60 sous tournois à la confrérie et de 5 sous à chacun des quatre officiers du Roi à Chartres, pour droit d'assistance au rapport des jurés sur la capacité du récipiendaire; 4° défense à tout marchand de mettre en vente, à Chartres, en ouvroir ou fenêtre ouverte, des marchandises de pelleterie, s'il n'est maître du métier; 5° défense aux maîtres d'employer en manteau des peaux de mouton avec des peaux d'agneau, ou de mettre des peaux de saison avec des peaux hors de saison; 6° confiscation, au profit du Roi, des peaux reconnues mauvaises par les jurés et amende contre les délinquants; 7° réception des fils de maîtres, sur examen de capacité, par

---

[1] La maîtrise coûtait 30 sous et chaque pelletier devait 9 deniers de cens, par an. *(Consistance du domaine et Tableau des menues coutumes.)*

la Beauce fournissaient aux constructeurs du temple détruit par l'incendie de 1194 :

> Fer et plon estret de minieres,
> Et metal de toutes manieres. [1]

Au Moyen-Age, parmi les ouvriers chartrains qui mettaient en œuvre ce produit du sol, les armuriers occupaient la première place. Le poète provençal, historien de la guerre des Albigeois, s'écrie, dans le récit du sac de Béziers par les Truands, le 22 juillet 1209, « tout brûle alors, les palais et » les maisons, et dans les palais les armures, maint heaume, » maint jambart, qui avaient été faits à *Chartres*, à Blayes, » à Edesse.... [2] »

Les armuriers et les autres artisans travaillant pour l'équipement des chevaliers et des coursiers de guerre, tels que les fourbisseurs, les selliers-lormiers et les éperonniers, demeuraient près du château, sur la paroisse de Saint-Martin-le-Viandier. La *Sellerie* était le nom que portait anciennement la rue des *Trois-Maillets*; et quelques titres font connaître que la rue dite aujourd'hui rue de *Chuisnes*, s'appelait autrefois rue *du Heaume*.

Dans une ville aussi religieuse que guerrière, le métier des fondeurs de cloches marchait de pair avec celui des armuriers. Il est à croire que cette industrie fut en pleine prospérité dans les siècles des croisades, qui dotèrent la cité et la banlieue d'un nombre considérable d'églises; la beauté des sonneries de la cathédrale et des monastères semble prouver que l'on avait sous la main le métal et les metteurs en œuvre. Au XVIe siècle, le métier de Chartres fournissait encore d'habiles ouvriers fondeurs; Georges d'Amboise, fameux bourdon de Rouen, « *qui bien 36 mille poise* », fut coulé, le 2 août 1501, par maître Jehan le Maçon, de Chartres, *home de façon*, qui

---

[1] *Poëme des Miracles*, mir. IV, p. 40. — Voir *suprà*, p. 121.
[2] *Hist. de la guerre des Albigeois*, en vers provençaux, traduct. de Fauriel, p. 421.

mourut de joie d'avoir réussi ; la cloche donnée à la cathédrale de Chartres par Anne de Bretagne, en 1510, sortit des ateliers du chartrain Pierre Noël; en 1556, Jehan Cadet, autre chartrain, fondit quatre cloches pour l'église Saint-André [1].

Les orfèvres devaient être habiles, dans la patrie adoptive de la mère de Dieu. Nous savons que, dès le XIe siècle, ces artistes habitaient un quartier qui portait leur nom, *domus aurifabrorum* [2]; ce quartier n'était probablement pas éloigné de l'église Saint-Martin-le-Viandier, car les industries unies par le lien syndical se déplaçaient rarement, et nous voyons qu'au XVIe siècle la confrérie des orfèvres célébrait dans cette paroisse la fête de son patron. L'art des premiers siècles a produit, à Chartres ou pour Chartres, quelques ouvrages d'orfèvrerie extrêmement remarquables, tels que la crosse de l'évêque Ragenfroy, le livre d'argent de Saint-Père, la châsse de la Sainte-Chemise, et le triptyque de la chapelle de Vendôme [3]; nous voudrions pouvoir attribuer avec certitude ces beaux morceaux aux orfèvres chartrains. Quoi qu'il en soit, le pélerinage de la Vierge-aux-Miracles, fertile en *ex voto*, enri-

---

[1] Voir la *Notice historique concernant la sonnerie ancienne et moderne de la cathédrale de Chartres;* Garnier 1841, p. 10 et suivantes.

[2] Voir *suprà*, p. 65. — *Cartul. de Saint-Père*, vol. 1er, p. 24.

[3] La crosse de Ragenfroy est due à un orfèvre émailleur nommé *frère Guillaume;* c'est un magnifique ouvrage des premiers temps de l'émaillerie. Ragenfroy étant mort en 955, on fait naturellement remonter à la première moitié du Xe siècle la crosse qui porte son nom, c'est l'opinion la plus accréditée parmi les savants; toutefois, M. Léon de Laborde conteste cette date et pense que les émaux de la crosse dite *de Ragenfroy*, ne sont pas antérieurs au XIIe siècle. *(Notice sur les émaux du musée du Louvre*, p. 33.) Cette crosse n'est plus en France.

Le Cartulaire de Saint-Père, dit *Codex argenteus*, manuscrit de la Bibliothèque impériale, était revêtu d'une couverture d'argent, enrichie de pierreries et de figures émaillées, *figuris encausto pictis;* cette riche couverture du XIIe siècle disparut en 1793. Un orfèvre du nom de Robert vivait vers 1115 dans l'intimité des religieux et souscrivait, comme témoin, à plusieurs des actes du couvent; peut-on lui attribuer la couverture du *Codex argenteus*?

La châsse de la Sainte-Chemise, si l'on en juge par les descriptions qui nous en restent, avait des pièces de toutes les époques de l'orfèvrerie. Il est probable que les artistes du pays contribuèrent à l'ornementation de ce monument patriotique.

On n'a aucun renseignement certain sur l'origine du joli triptyque émaillé conservé dans la chapelle de Vendôme, à Notre-Dame; avant la révolution il appartenait à l'église Saint-Aignan.

chit la corporation des orfèvres et la rendit très-importante. En 1556, les gardes-jurés du métier demandèrent à la chambre de ville la réduction du nombre des maîtres au chiffre de huit, suivant l'édit du Roi, de mars 1554; mais les échevins, considérant la population de Chartres *qui est siège présidial*, et les conditions favorables dans lesquelles se trouvait la confrérie, décidèrent que le nombre des maîtres pouvant occuper compagnons et apprentis, serait fixé à douze [1]. En 1789, la communauté n'avait plus que cinq ou six agrégés. La bannière des orfèvres chartrains était *tiercée, en fasce, d'argent, de gueules et de sable*.

5° Banquiers et Changeurs.

Le commerce d'argent, pratiqué depuis les temps mérovingiens par les usuriers Juifs, fut perfectionné, aux XIII° et XIV° siècles, par les banquiers Italiens, soumis à la juridiction des maîtres et gardiens des foires de Brie et de Champagne. Les relations suivies de la draperie chartraine avec les foires de Troyes, Lagny, Châlons, et Provins, amenèrent dans nos murs ces célèbres banquiers; ils y firent, comme partout, le change, le prêt et le courtage des marchandises. Plusieurs documents fournissent la preuve et de leur immixtion dans les affaires privées des chartrains et du crédit dont jouissait leur papier sur la place de Chartres.

En 1312, nous voyons un simple clerc, nommé Guillaume de Montmirail, porteur d'une lettre des maîtres des foires sur la dame de Mignières, se faire mettre en possession, sans débats, de la terre de cette dame, à défaut de paiement d'une dette de cinquante livres chartraines [2]. Le Chapitre lui-même, malgré sa puissance, s'empressait d'obéir aux

---

[1] *Reg. des Echevins;* Séance du 1er juin 1557.
[2] *Reg. capitul.;* Séances du mercredi et du vendredi après *Jubilate* 1312.

réquisitions de ces négociants. Il arriva, en 1314, qu'un italien nommé Guillaume Barthélemy, compagnon banquier de la société des *Escarcheleux* de Sienne, quitta furtivement les foires de Champagne et alla se réfugier à Chartres chez un de ses amis, familier du chanoine Pierre de Rochefort, où il mourut. Les gardiens des foires, à la requête des compagnons changeurs de la société des *Angoissoles*, créanciers du fugitif, sommèrent le Chapitre de procéder à la saisie des biens laissés par Barthélemy; on s'empressa de satisfaire à cette demande et d'expédier aux requérants l'inventaire exact de l'avoir de leur débiteur. Cependant ces gardiens s'appelaient *Caïn* de Sainte-Ménéhould et *Macar* de Maruel, noms qui devaient sonner bien mal aux oreilles orthodoxes des chanoines [1]. En 1315, le Chapitre fut mêlé plus malencontreusement aux affaires commerciales des banquiers champenois. Ayant été sommé par les gardiens des foires de Champagne, de payer, en sa qualité de légataire de l'évêque Jean de Gallande, au marchand Wascelin *de Gaudano*, une somme de 120 livres due par le prélat, le Sénat de Notre-Dame chargea les exécuteurs testamentaires de se présenter à la barre du tribunal consulaire des foires, pour faire valoir des motifs d'excuse. Mais toutes les démarches furent inutiles, et, comme les affaires de la compagnie, alors en mauvais état, l'obligeaient à retarder la libération, l'archidiacre de Gâtinais en l'église de Sens, prébendier de Notre-Dame et l'un des exécuteurs testamentaires de Jean de Gallande, fut forcé, pour éviter aux chanoines le désagrément des poursuites, d'engager au paiement de la dette tous ses biens meubles et immeubles, droits, créances, actions et fruits de sa prébende. Le Chapitre, sous cette caution, put obtenir délai jusqu'au jour de l'Assomption 1317 [2]. Un exem-

---

[1] *Reg. capitul.;* Séances du vendredi après la Nativité Saint-Jean-Baptiste et du mercredi après la Saint-Pierre-Saint-Paul 1315.

[2] *Reg. capitul.;* Séances du mercredi après les Rameaux 1315, du vendredi après la Saint-Martin d'été et du mardi après la Saint-Barthélemy 1317.

ple, plus frappant encore, de l'autorité des maîtres et gardiens des foires de Champagne dans les lieux qu'ils exploitaient, quelle que fût la condition des personnes, se produisit à Chartres en 1343. M° Guillaume Chollet, chanoine de Notre-Dame, d'une famille illustre du pays, accusé de déloyauté, dans une opération commerciale, eut à subir, en face de sa compagnie, les poursuites du sergent des foires, et se vit privé préventivement de ses distributions, même de l'entrée de l'église, jusqu'à preuve complète de son innocence [1].

L'établissement des foires de Lyon, en 1445, porta un coup funeste aux foires de Brie et de Champagne; d'un autre côté, la décadence de la draperie chartraine au XV° siècle, fit cesser les grandes affaires d'argent qui se traitaient sur notre marché; les banquiers retournèrent dans le Midi, et quelques pauvres changeurs, locataires des vieilles *tables* du domaine, suffirent aux besoins du petit commerce qui continua périodiquement à venir détailler sur les étaux du cloître, à la suite des pèlerins de Notre-Dame [2].

Certaines causes particulières, telles que les guerres, les épidémies, les concurrences, la rareté fortuite des matières premières, la dépréciation, dans les temps plus modernes, de marchandises recherchées au Moyen-Age, ont contribué, sans doute, à la ruine des industries diverses qui vivifièrent si longtemps Chartres; mais il faut attribuer à une cause générale et prédominante la décadence de ces grandes réunions

---

[1] *Reg. capitul.*; Chapitre général de la Purification 1343.

[2] Je me suis borné à parler, dans ce chapitre, des métiers qui influèrent pendant plusieurs siècles sur les destinées commerciales de la ville; on trouvera, sous le n° 7 des Appendices, fin de ce volume, quelques renseignements sur les métiers secondaires.

dont le pélerinage de la Vierge-aux-Miracles fut le prétexte, et le commerce le véritable but. A l'époque où les communications étaient lentes et difficiles, où les objets de luxe et ceux même de nécessité ne se trouvaient que dans des lieux éloignés les uns des autres, on se réunissait en caravanes, on se dirigeait vers les foires, immenses bazars où les marchands se donnaient rendez-vous de tous les points du royaume, on échangeait les produits de sa terre ou de son métier contre les denrées étrangères, on approvisionnait quelquefois sa maison pour plusieurs années. Aujourd'hui que les distances n'existent plus, que le moindre village est abondamment pourvu de tout et en toute saison, que chacun se procure facilement le nécessaire et le superflu, les déplacements sont inutiles et les foires n'ont plus de raison d'être.

L'intérêt commercial qui s'attachait jadis aux manufactures de la ville s'est heureusement reporté sur l'agriculture du pays, et si nos foires de mai et de septembre ne conservent plus la moindre trace de leur splendeur passée, nos grands marchés de blé, de laines, de moutons, de chevaux, prouvent qu'en cessant de compter parmi les cités industrielles, Chartres n'a pas abdiqué son titre de capitale de la Beauce.

MONNAIES CHARTRAINES

CHAPITRE XIII.

MONNAIE DE CHARTRES.

Si l'on ne peut attribuer avec certitude aucune monnaie gauloise à la cité des Carnutes, les travaux des numismates modernes prouvent, du moins, qu'elle était en possession d'un atelier monétaire dès les premières années de la conquête romaine. On a restitué à Tasget, roi des Carnutes et allié de César (57 avant J.-C.), une pièce curieuse, en bronze coulé, ayant pour légende, d'un côté, le nom Tasgitios, autour d'un Pégase, et, de l'autre, le mot ΕΛΚΕΣΟΟΥΙΧ autour d'une tête d'Apollon derrière laquelle on distingue une feuille de lierre [1].

L'époque mérovingienne figure dans la collection chartraine par un trien barbare portant, au droit, la légende Carnotas C, autour d'une tête informe, et, au revers, le nom du monétaire Blidomvndo, autour d'une croix ancrée [2]. On

---

[1] N° 1 de la planche de monnaies. — Cette attribution, proposée par M. de la Saussaye, en 1837, dans la Revue de Numismatique, a été généralement adoptée par les savants.

On trouve en Sologne et dans le *camp* d'Amboise, anciennes terres des Carnutes, beaucoup de pièces gauloises muettes, représentant, d'un côté, un Pégase, et, de l'autre, une tête de loup béante. En comparant ces pièces avec celle de Tasget frappée évidemment sous l'influence romaine, M. de la Saussaye émet l'opinion que la même pensée a pu motiver la substitution de la tête d'Apollon à celle du loup gaulois; en effet, λύκη veut dire Lumière et λύκος Loup, « d'où les noms de Lycios,
» Lycegène, Lycegénète, donnés à Apollon. » Le celtique *Bleiz* ou *Blaiz*, signifie Loup; ce mot se rapproche singulièrement du nom *Belsia* ou *Blesia*, Beauce....
« La Beauce, comme la Lycie, aurait donc été la terre de la lumière et des loups;
» comme la Lycie, la Beauce aurait honoré d'un culte particulier le dieu Soleil ou
» le dieu Loup, l'Apollon Lycegénète, et aurait mis son effigie sur la monnaie
» locale. » Cette étymologie du nom *Belsia*, Beauce, est trop heureuse pour que nous ne l'acceptions pas.

[2] N° 2 de la planche de monnaies.

connait aussi une pièce en argent, dont l'exécution se rapproche de celle des monnaies de Pépin-le-Bref; elle présente, au droit, une colombe tenant une fiole dans son bec, avec la légende Carnotas, et, au revers, un monogramme central composé des lettres m a d, surmonté d'une petite croix ornée de bandelettes, et accompagné, à droite et à gauche, d'une croisette et de trois points et, au bas, d'un cercle perlé. Cette pièce se place, comme transition, entre les monnaies chartraines des deux premières races [1].

Les monuments de l'époque carlovingienne sont plus nombreux : il faut citer d'abord un denier d'argent sur lequel on voit, au droit, un personnage nimbé, tenant de chaque main une longue croix byzantine et touchant des pieds une croisette; les lettres c. a. r. n. occupent les espaces laissés libres par le dessin; au revers, les lettres R x F remplissent toute la surface du champ, comme dans les deniers ordinairement attribués à Pépin-le-Bref (752-768) [2]. Quelques deniers chartrains de Charlemagne (768-814) contiennent, au droit, le nom Car lus, en deux lignes, et, au revers, le nom Carnoti ∞, autour d'un gros huit [3]; d'autres ont, au revers, le nom Carnotas ou Carnoa ∞, autour d'une croisette simple ou ornée d'un cercle de perles [4]. Les pièces chartraines de Charles-le-Chauve (840-877) ont, au droit, le monogramme carlovingien entouré de la légende Gratia Di rex, et, au revers, une croisette centrale, circonscrite dans un cercle perlé autour duquel on lit les mots Carnotis civitas [5]. Un

---

[1] N° 3 de la planche de monnaies. Cette pièce a été éditée pour la première fois par M. Cartier dans son savant ouvrage intitulé : *Monnaies au type chartrain*, 1846; p. 221 et pl. XV.

[2] N° 4 id.

[3] N° 5 id.

[4] N° 6 id.

[5] N° 7 id. L'édit de Pistes, promulgué par Charles-le-Chauve en 854, défendait de battre monnaie ailleurs que dans dix cités, dont Chartres ne faisait pas partie; il paraît évident, par les pièces connues de cette époque, que cet édit ne fut pas exécuté.

denier d'Eudes (887-897) porte, au droit, dans un cercle perlé, le nom odo figuré par un d entre deux croisettes évidées, accompagné, en haut et en bas, de deux autres croisettes pleines, et, dans les espaces libres du champ, de quatre I en croix transversale; la légende Gratia Di rex contourne le champ; au revers, cette pièce renferme une croisette dans un cercle perlé, avec la légende Carnotis civitas [1]. Sur un denier que l'on peut attribuer à Charles-le-Simple (897-923), se trouve, d'un côté, le dessin du *Temple chrétien*, avec la légende Carnotis civitas, et, de l'autre, une croix cantonnée de quatre boules avec la légende Carlus rex es; ces deux dernières lettres sont peut-être l'abréviation du mot *episcopus* et désigneraient une monnaie épiscopale [2]. Enfin, on possède une obole chartraine sur laquelle on reconnait, d'un côté, la croisette avec la légende Cartis civitas, et, de l'autre, le monogramme de Raoul (923-936) entouré de la légende remarquable Tetbaldus. cm. i.; c'est la première monnaie chartraine qui nous donne le nom d'un comte [3].

Le type des monnaies baronales chartraines de la période capétienne est devenu, par la bizarrerie de son dessin, le sujet des controverses de la numismatique moderne. Les anciens auteurs ont cru y voir des caractères arabes, hébraïques, syriaques ou phéniciens, des plans de ville, des instruments de torture, un gibet avec sa corde, des pieux, des pyramides, etc. [4]; on le rencontre sur les monnaies du Perche, de

---

[1] N° 8 de la planche de monnaies.

[2] N° 9 id. — Voir, au sujet de cette pièce et des pièces épiscopales au type *du Temple*, les *Dernières observations* de M. Cartier, p. 7, et l'*Essai sur les monnaies du Maine*, par M. Hucher, p. 30 et suiv.

[3] N° 10 id. Cette pièce curieuse, trouvée lors des travaux de nivellement de la butte des Barricades, il y a quelques années, fait partie de la collection de M. Des Haulles.

[4] Thevet, *Cosmographie universelle*, t. II, p. 583. — Bernier, *Histoire de Blois*, in-4°, p. 317. — Tobiesen-Duby, *Traité des monnoies des prélats et barons de France*, t. II, p. 20 et 161, pl. 71, 73, 78, 88 et 106. — Pintard, hist. manusc., et mémoire inséré dans un recueil de l'abbé Brillon, mss. de la Bibliot. commun. — Chevard, *Hist. de Chartres*, t. II, p. 169 à 191.

Châteaudun, de Montoire, de Blois, de Vendôme, de Romorantin, de Saint-Aignan, de Selles-sur-Cher, près Vierzon, de Brosse, près Montmorillon, et d'Huriel, près Montluçon; ainsi, il a pénétré bien au-delà des limites du comté de Chartres, dans le Berry, dans le Poitou et jusqu'au fond du Bourbonnais.

Les savants sont d'accord sur ce point que l'invention des signes caractéristiques du monnayage chartrain de cette époque appartient plutôt à l'Evêque qu'au Comte. En effet, presque toutes les monnaies baronales au type chartrain sortent de lieux situés dans l'ancien diocèse de Chartres ou de pays limitrophes; et quoique ce vaste territoire, gouverné, au spirituel, par un seul évêque, fût fractionné, au temporel, en un grand nombre de seigneuries, on n'y fit usage que d'un seul type baronal. Les comtes de Chartres et de Blois, qui furent aussi comtes de Champagne et de Brie, frappèrent, en cette dernière qualité, à Reims, Troyes et Provins, une monnaie différente, quant au type, de celle de Chartres et Blois; « les » princes de la maison de Châtillon eurent des monnaies » comme comtes de Saint-Pol, et cependant lorsque cette fa- » mille acquit par ses alliances le comté de Blois, le type » chartrain y fut continué. Les comtes l'auront adopté par » une sorte de soumission à l'autorité épiscopale, par respect » pour l'évêque de Chartres, ou par nécessité, étant inté- » ressés à continuer un type déjà usité dans le pays lorsqu'ils » s'arrogèrent le droit de frapper monnaie [1]. » Si, à ces observations presque décisives, on ajoute les preuves résultant de la convention de 1312 et des autres titres authentiques dont nous parlerons bientôt, on ne conservera pas de doute sur l'origine épiscopale du type baronal chartrain.

Mais quelle fut la pensée première de ce type et que doit-on voir dans les signes dont il se compose? c'est sur cette question complexe que la critique ne peut s'entendre.

---

[1] Cartier, ouvrage cité, p. 13.

En rapprochant du type chartrain adopté à Blois, une monnaie ou médaille gauloise, dont l'origine chartraine n'est pas démontrée, et le trien mérovingien du monétaire Blidomund, Lelewel trouva quelques points de ressemblance entre la tête à diadème profilée sur ces pièces et le dessin de notre type, tourné d'une certaine façon. Il en conclut que les évêques de Chartres adoptèrent, pour leur monnaie, la tête gauloise ou mérovingienne, en lui attribuant la représentation d'un prélat, d'un saint, ou d'une sainte, peut-être de Notre-Dame de Chartres; avec le temps, ce dessin, déjà très-grossier, aurait dégénéré sous le coin des comtes [1].

A ce système, ingénieux sans doute, on a opposé un système non moins ingénieux et qui nous paraît plus concluant.

Il est admis en numismatique que plus le titre et le poids des monnaies baronales sont élevés, plus les pièces sont anciennes. Or, les deniers chartrains les plus lourds et les plus purs, c'est-à-dire les plus anciens, ne présentent aucun signe qui ressemble de près ou de loin à une tête humaine. La figure principale et invariable de ces deniers est une espèce d'équerre, dressée comme une potence, de laquelle pend un objet quelconque ayant la forme d'un demi-cercle allongé; ce demi-cercle est accompagné lui-même d'un autre cercle allongé, à bordure dentelée. Les figures accessoires sont des besants, des croisettes, des fleurs de lis, etc., qui déterminent le haut et le bas de la pièce.

MM. Cartier, s'inspirant de notre histoire locale, pensent que cette potence et ces cercles allongés représentent la fameuse bannière que l'évêque Gancelme composa avec la tunique et le voile à bordure orientale de la Sainte-Vierge et qu'il arbora sur la porte Neuve, lors du siège de 911; en effet

---

[1] Lelewel, *Numismatique du Moyen-Age*, première partie, p. 168 et pl. III, 33. — Id., *Etudes numismatiques*, type gaulois, p. 441 et pl. II, 8. — MM. Duchalais et Fillon, dont on connaît l'érudition numismatique, pensent aussi que le type chartrain doit son origine à une *tête*; ils le font venir d'une tête de saint Martin ou d'une effigie de Louis-le-Débonnaire, empreintes sur des deniers de Tours, puis sur des monnaies de Chinon.

« l'apparition du type chartrain date de cette époque désas-
» treuse où les descendants de Charlemagne perdent leur
» puissance et sont incapables de défendre le territoire. L'u-
» nité souveraine n'existe plus, et chaque localité résiste iso-
» lément aux attaques des barbares. Dans beaucoup de villes,
» les évêques, par une usurpation légitime, se mettent à la
» tête des affaires et sauvent leurs peuples menacés. A Char-
» tres, Gantelme négocie des secours et ranime le courage
» des habitants en leur donnant pour bannière les reliques
» vénérées de la Vierge; cette bannière devient, par consé-
» quent, le symbole de leur gloire et de leur délivrance. Que
» mettrait-on sur la monnaie locale, si ce n'est ce signe? »
On voit, sur les plus anciennes monnaies frappées à Chartres,
au côté droit de la potence centrale, une figure composée de
trois pointes renversées et réunies par le haut, dans laquelle
MM. Cartier reconnaissent la lettre M, en caractère cunéiforme; sur les monnaies dunoises de la même époque, l'M cunéiforme chartraine est remplacée par une M gothique; cette
lettre ne serait-elle pas l'initiale du nom *Maria*, accompa-
gnant la bannière de la mère de Dieu [1]?

Il suffit de jeter un coup-d'œil sur le dessin d'un denier
chartrain de la première émission, pour apprécier le mérite
du système de MM. Cartier. Ainsi, le glorieux épisode de la
victoire chartraine aurait son histoire numismatique, écrite,
au Moyen-Age, sur la monnaie des évêques et des comtes, et,
dans les temps plus modernes, sur les armes de la ville. Les
chartrains ne peuvent manquer d'accueillir avec joie cette
explication des signes hiéroglyphiques de leur blason [2].

---

[1] Cartier père et fils; *Dernières observations sur les monnaies au type chartrain;* 1849, p. 21 et suivantes. — M. Jeuffrain avait, le premier, reconnu que le
signe caractéristique du type chartrain pouvait être une bannière, et il en faisait la
bannière du comte Etienne-Henri, chef du conseil de l'armée des croisés, en 1097.
(*Observations numismatiques à l'occasion de quelques monnaies des XIe et XIIe
siècles;* Tours, 1832, p. 10.)

[2] Les armoiries de Chartres sont de *gueules, à trois besants d'argent chargés du
type chartrain de sable; trois fleurs de lis d'or, en chef, sur fond d'azur.*

Les pièces anciennes, deniers et oboles, du monnayage baronal chartrain, toutes anonymes, remontent probablement aux premières années du XIe siècle [1]. Les deniers, d'un titre très-bon, pèsent de vingt-six à vingt-huit grains; leur module est grand et leur légende cunéiforme; ils montrent, au droit, une croix enfermée dans un grenetis autour duquel se trouvent les mots CARTIS CIVITAS, et, au revers, la potence et sa bannière accompagnées, à gauche, de la frange dentelée, et, à droite, de l'M cunéiforme; le revers contient, en outre, trois besants ou tourteaux perpendiculaires, l'un placé au-dessus de la branche de la potence, l'autre entre l'arbre de la potence et la bannière pendante, le troisième, au-dessous du précédent, près du rebord inférieur de la pièce [2]. Dans les deniers d'une date plus récente, dont le titre, le poids et le module sont sensiblement altérés, on remarque les différences typiques suivantes: au droit, un des cantons de la croix renferme un besant; au revers, tantôt l'M cunéiforme est placée entre deux besants, tantôt elle est remplacée par une croisette entre deux besants ou par une fleur de lis. Ces remarques sont communes aux oboles anonymes, dont les plus anciennes pèsent de onze à douze grains [3].

Les seules monnaies baronales dont l'attribution soit certaine appartiennent à Charles de Valois, dernier comte (1293-1319). Ces pièces, deniers et oboles, sont, sauf quelques exceptions, d'une fabrication détestable et de très-bas aloi; la plupart ont, au droit, une croix dans un grenetis, avec la

---

[1] Les cartulaires, et notamment ceux de Saint-Père et de Saint-Cheron, nous font connaître, aux XIe et XIIe siècles, les monnayeurs chartrains dont les noms suivent : Walter ou Gauthier, en même temps changeur (a. 1080), Etienne (c. 1098), Hugues, Gaufrid, Milon (c. 1101), Radulf, Osbert, Rainaud (c. 1116), Normand (1137), Hisnard (1170).

[2] No 11 de la planche de monnaies.

[3] Dans la première moitié du XIIe siècle, le denier de Chartres se rapprochait, quant au poids, des deniers de Paris et de Pontoise; il ne pesait, en moyenne, que 20 grains et valait, intrinsèquement, 10 centimes 4/10cs de notre monnaie. (Guérard, *Cartul. de Saint-Père*, prolégomènes, nos 180, 181 et 182.)

légende K. Com. Cartis. Civis., et, au revers, le type chartrain accompagné, à droite, de la fleur de lis, au lieu de l'M [1]. Quelques pièces du même Prince diffèrent du type précédent en ce qu'au droit, la croix est cantonnée d'une fleur de lis au deuxième, et qu'au revers, le besant central est remplacé par une rosace de petits besants. Sur une obole d'une exécution que les remontrances royales avaient, sans doute, rendue moins mauvaise (après 1315), la fleur de lis se trouve au centre, et la rosace, au côté droit de la potence. Les deniers les plus purs de Charles de Valois pèsent dix-neuf grains et demi.

Les sommes énoncées dans les titres et contrats chartrains de la fin du Xe siècle et du commencement du XIe, sont stipulées payables en marcs d'or et d'argent, en onces d'or, en sous-écus. Dans le courant du XIe siècle, les livres, les sous, les deniers et les oboles n'ont pas généralement encore de qualification baronale; ce n'est qu'au commencement de 1100 que ces diverses monnaies sont distinguées communément par l'adjectif *carnotensis*. Nous n'avons trouvé que deux titres du XIe siècle dans lesquels il soit fait mention de la monnaie chartraine; le premier est une lettre de 1019 environ, adressée par l'évêque Fulbert à l'archevêque de Rouen, qui parle d'une somme de 100 livres en monnaie chartraine, *centum libras nummorum carnotensium*, que la femme séparée de Galeran désire donner au monastère où elle doit prendre le voile [2]; le second, antérieur à 1070, constate le paiement d'une somme de 40 sous écus chartrains, *XL solidos nummorum carnotorum*, fait, en présence du comte Thibault III, par Landry, abbé de Saint-Père, à Rahier, gendre de la matrone Berthe [3]. Pendant les XIIe et XIIIe siècles, la monnaie chartraine fut en pleine

---

[1] N° 12 de la planche de monnaies.
[2] *Fulberti carnotensis epistolæ*, apud D. Bouquet, vol. X, p. 459, B.
[3] *Cartul. de Saint-Père*, vol. 1er, p. 124.

faveur dans le pays, et il serait trop long d'énumérer les titres qui en parlent. A partir du XIV⁰ siècle, les stipulations de paiements en cette monnaie deviennent plus rares dans les contrats importants, à cause des altérations commises par Charles de Valois, mais elles ne cessent pas complètement, comme on l'a pensé [1]; on les rencontre même après l'année 1319, date de la suppression définitive du monnayage baronal chartrain [2].

A Chartres, l'usage de la monnaie locale ne fut jamais exclusif. De tout temps, les Parisis, les Tournois et les pièces au type chartrain frappées ailleurs que dans la ville, circulèrent sans difficulté; on trouve aussi des paiements faits en pièces d'Etampes et de Provins, en livres angevines, en pites et en oboles poitevines [3]. Ces dernières monnaies, d'une valeur des plus minimes, furent d'un emploi journalier au XIII⁰

---

[1] Cartier, ouvrage cité, p. 31.

[2] Voici quelques titres du XIV⁰ siècle, tirés des registres capitulaires, qui constatent l'emploi de la monnaie chartraine, dans des conventions assez importantes, sous le gouvernement de Charles de Valois et même après sa mort :
En 1309, le lundi après Saint-Vincent, le Chapitre affranchit, par l'imposition des mains, Pierre, closier du clos l'Evêque, son homme de corps, moyennant *25 livres chartraines*.
Le mardi après *isti sunt dies* 1310, le Chapitre donne à perpétuité, moyennant une redevance annuelle de *50 sous chartrains*, un étal à boucher de la porte Neuve du cloître.
Le vendredi après *Jubilate* 1312, *50 livres chartraines*, formant le prix d'une terre saisie sur la demoiselle de Mignières, à la requête des maîtres des foires de Champagne et de Brie, sont remboursées à l'acquéreur par l'archidiacre de Blois.
En 1313, le samedi après l'Invention de la Croix, on fixe à *40 livres chartraines* la pension annuelle d'Etienne, dit Grenet, maire de Léville.
La même année, le mercredi avant la Saint-Clément, le comte Charles fait payer au Chapitre, *en bonne monnaie chartraine*, la somme de 160 livres, mise à sa charge par la convention de 1306.
En 1315, le vendredi après *Cantate*, dans un paiement fait au Chapitre, pour bois vendu, l'acquéreur donne 118 livres 3 sous 6 deniers, en *chartheins* et *blesays*.
En 1317, le mercredi avant la Saint-Arnoult, le Doyen prend en précarie les petites boutiques adossées à l'église, en face de l'Aumône, moyennant une redevance annuelle de *50 sous chartrains*.
Le mercredi après la Saint-Nicolas d'hiver 1330, le Chapitre enjoint à Robin Guiot, maire de Ligaudry, de faire résidence en sa mairie, sous peine d'une amende de *15 livres chartraines*.

[3] 20 livres *stampensis monete*, 50 sous *pruvignensis monete* (a. 1120. Titres de Saint-Jean, invent., n⁰ 77; Archives départ.), 80 livres *andegavensis monete* (1190. Donation au Chapitre par Gislebert de Tardais; *Ib.*).

siècle, ainsi qu'on peut en juger par les mentions insérées dans le tableau des *menues coutumes* [1]; on s'en servait encore au XIVe siècle, malgré leur dépréciation, et les registres capitulaires font connaître que, le vendredi après la Purification 1342, on réprimanda un clerc de la cathédrale pour avoir dit en public que « les Francoys ne font pas offrandes » de cellins (esterlins) côme font les Angloys, mès y font » offrandes de quarretiers et de *poitevines qui rien ne va-» lent.* » En 1315, le Chapitre touchait de Bertault, le closier de Blois, une somme composée de chartrains, de blésois, de petits tournois, de parisis à la table, de doublons de 13 deniers, de deniers de Saint-Louis, de mailles de quatre, de cornus et de florins à l'aignel [2]. Les monnaies royales étaient reçues partout, mais il est probable que l'on décria, à Chartres, les monnaies baronales autres que celles dont la circulation nous est révélée par des titres; c'est ce qui se pratiquait d'ordinaire dans les villes pourvues d'un atelier monétaire, et ce qui semble résulter d'ailleurs de l'existence dans nos murs, dès la seconde moitié du XIe siècle, de la riche corporation des changeurs [3].

Il est difficile de préciser l'époque à laquelle les comtes de Chartres s'emparèrent du monnayage exercé jusqu'alors par les évêques; peut-être ces deux autorités rivales eurent-elles pendant quelque temps deux ateliers fonctionnant en concur-

---

[1] Voir le tableau des menues coutumes sous le n° 7 des Appendices, fin de ce volume. — La *pite, picta, poitevine,* valait la moitié de l'obole ou le quart du denier; il ne paraît pas que l'on ait rencontré jusqu'à ce jour de pite incontestable, et c'est ce qui a fait penser qu'elle n'était qu'une monnaie de compte, de même que le sou d'argent, au XIIIe siècle, et le denier, avant l'adoption du système décimal. Cependant les énonciations des *menues coutumes,* desquelles il résulte que l'on imposait dans certains cas une pite de redevance à l'acquéreur, ou une pite au vendeur, ou enfin une pite sur l'objet exposé en vente, portent à croire que, dans l'origine au moins, la pite figurait en nature dans la série des monnaies frappées à Melle ou dans les autres ateliers poitevins.

[2] *Reg. capit ;* Séance du vendredi après *Cantate* 1315; Bibl. communale.

[3] Walther ou Gauthier et Odielard étaient changeurs à Chartres avant 1080. (*Cartul. de Saint-Père,* p. 195, 203, 206 et 224.)

rence, car nous avons vu que Thibault-le-Tricheur, au lieu de continuer de prime abord le type épiscopal, fit frapper ses monnaies au type carlovingien. Toutefois, lorsque le changement définitif s'opéra au profit des comtes, les prélats surent conserver la moitié des droits seigneuriaux grevant le monnayage; ils abandonnèrent ensuite ces droits à leurs vidames, à titre de fief. On trouve dans le livre des fiefs de l'évêché un acte de juillet 1229, par lequel le sire de Meslay, en sa qualité de vidame, fait aveu à l'Évêque de la moitié de toutes les redevances et des droits de justice qu'il tient de lui sur la monnaie, les monnayeurs, le change et les changeurs [1]. Parmi les points litigieux débattus entre le comte Charles de Valois et l'évêque Jean de Gallande dans la convention de 1312, ceux relatifs à la monnaie ne furent pas les moins importants. Charles, avec ses habitudes de fraude, avait fréquemment foulé aux pieds les droits de l'Évêque et de son vidame; l'acte de 1312 expose, de la part de l'Évêque, que le vidame Hugues de Meslay tient la *chose* de lui, « que le Comte ne puet
» fere monnoie en la comtée de Chartres que il ne la face en
» la ville, et chacun mille ledit messire (le vidame) doit avoir
» saize livres, et avec ce, certaines personnes de Chartres
» doivent garder les coings avec émolument lequel ils tien-
» nent doudit messire en arrière-fief de l'Évêque, et plus, que
» la justice des faus monnoiers, en quelque manière que ils
» soient faussaires, doit appartenir audit messire [2]. » On lit dans un censier du XIVe siècle que la monnaie et la justice sur le fait de fausse monnaie et sur le change où sont les

---

[1] *Livre rouge de l'Evêché*, f° 61, verso; Mss. de la Bibl. communale.

[2] *Livre blanc de l'Evêché*, f° 178; Mss. de la Bibl. communale. — Voir le n° 10 des Appendices, fin de ce volume. — Le Comte ne souleva pas d'objections, mais il prétendit que l'affaire de la monnaie intéressait plus particulièrement le Vidame, qui était déjà en instance à ce sujet.

A la fin du XIVe siècle, l'arrière-fief de la garde des coins existait encore, quoique le monnayage fût supprimé depuis longtemps; il était possédé par les sieurs Renaud Lambert, Pierre Thiénard, Michel Breton, et par les hoirs du sieur Maréchal. (Hist. manusc. de Duparc, p. 101 : coll. Lejeune.)

39 tables de changeurs sont tenus en fief de l'Évêque et que les gardiens des coins peuvent décliner toute action personnelle qui les amènerait devant la justice du Comte [1]. Quoique le monnayage fût aboli depuis des siècles, les évêques de Chartres ne manquèrent pas de rappeler leurs anciens droits, lorsque l'occasion s'en présenta; des aveux et dénombrements rendus au Roi par Louis Guillard, le 22 mars 1539, et par Nicolas de Thou, en 1574, font mention « du droit de mon-
» noie, delaquelle le S^{gr} de Meslay anciennement avoit la
» garde des coings et droit de justicier les faux monnoyeurs
» en nostre terre, au lieu de Mautrou, et tenoit le tout de nous
» en foi et hommage et de présent ne usons du dict droit [2]. »

Cette indivision, entre l'Evêque et le Comte, des droits directs, utiles et honorifiques sur le monnayage et sur le change, paraît donc avoir été tranchée de la manière suivante : à l'Evêque, ou à son vidame, la directe de la monnaie, constatée par une redevance sur la fabrication et sur le change, et par le droit de justice sur les monnayeurs, les faux monnayeurs et les changeurs; au Comte, le monnayage et ses bénéfices, les revenus du change et la propriété utile des tables ou boutiques de changeur. Les comtes, et Charles de Valois en particulier, exploitèrent leur part d'une manière déloyale [3]; les exactions de ce dernier prince et de ses monnayeurs jetèrent même une si grande perturbation dans les affaires commerciales du pays, que Philippe-le-Bel fut obligé

---

[1] Extrait du livre de l'évêché, dit le Parchemin, f° 7. (Pièces recueillies par Pintard; coll. Lejeune.)

[2] Cartier, Dernières observations, p. 9, note. Parmi les fiefs pour lesquels il fut fait acte de foi et hommage à M. le duc de Nemours et de Chartres, en 1623, on trouve Craches, qui est la censive de la monnoye qui est les quatre coings. (Pièces recueillies par Pintard; coll. Lejeune.)

[3] On lit dans les registres capitulaires :
« Le mercredi après la Pentecôte 1308, les exécuteurs testamentaires de Jeanne, comtesse de Blois et d'Alençon, morte en 1292, avisent le Chapitre que cette princesse lui a laissé, pour son anniversaire, une somme de 100 livres de mauvaise monnaie, valant 33 livres 6 sous 8 deniers de bonne monnaie. »
Ainsi, la livre de mauvaise monnaie perdait les deux tiers de sa valeur nominale.

d'intervenir. Ce monarque, malgré son peu de scrupule en fait de monnayage, ne se souciait pas d'être imité par les seigneurs; pour inviter indirectement son frère de Valois à respecter les ordonnances de saint Louis, il le consulta, en 1305, sur les moyens à prendre pour empêcher l'altération et déterminer le titre et le poids des monnaies. Le travail des commissaires délégués à cet effet fut résumé dans l'ordonnance rendue en 1315 par Louis Hutin, pour la réforme des monnaies royales et baronales; voici l'article relatif aux monnaies chartraines : « Item, la monnoye de Chartres qui est à M. de
» Valois. Les deniers doivent être à 3 d. 6 gr. de loy, argent
» le roy, et de 19 s. 6 d. de poids, au marc de Paris, et les
» mailles doivent être à 2 d. 21 gr. de loy, argent le roy, et
» de 17 s. 4 d. de mailles doubles, au marc de Paris, et ne
» pourront faire que la dixième partie de mailles, c'est-à-dire
» 900 l. de deniers et 100 l. de mailles. Et aussi vaudront les
» deniers et les mailles dessus dites, avallués, l'un parmy
» l'autre, à petits tournois et à mailles tournoises, 3 s. 4 d.
» moins que petits tournois, c'est-à-dire que 14 deniers de
» la monnoye dessus ditte ne vaudront que 12 petits tournois.
» Et doit faire le coing de sa monnoye, devers croix et devers
» pile... » Suivant les calculs de M. Cartier, le denier chartrain, taillé selon cette ordonnance, pesait dix-neuf grains et demi, et valait intrinsèquement 6 centimes $342/1000^{es}$; ce qui met la livre chartraine, de 240 deniers, à 15 francs 22 centimes, et la maille, obole chartraine, à 3 centimes [1].

Le réglement de Louis Hutin paraît en avoir imposé pen-

---

[1] Cartier, ouvrage cité, p. 35 et suivantes. — Pintard, qui, seul de tous les historiens du pays, s'est occupé sérieusement des monnaies chartraines, avait eu connaissance de l'ordonnance de Louis Hutin, conservée, de son temps, dans un manuscrit sur parchemin de la bibliothèque de Sainte-Geneviève; il devait la communication de cette pièce précieuse au Père de Sarrebrousse, bibliothécaire de la maison, savant distingué et éditeur de l'ouvrage du Père du Moulinet intitulé : *Cabinet de Sainte-Geneviève*. Pintard avait aussi consulté Le Blanc, le Père Hardouin, bibliothécaire de Louis-le-Grand, l'abbé Bizot, Vaillant, numismates renommés; il possédait quelques pièces chartraines anonymes et de Charles de Valois, qu'il a décrites dans son mémoire.

dant quelque temps à Charles de Valois; on rencontre, en effet, des deniers de ce comte qui pèsent dix-neuf grains et demi, et dont la fabrication semble postérieure à 1315. Mais il revint promptement à ses anciennes habitudes d'altération, et, cette fois, avec si peu de retenue, que la monnaie chartraine perdit presque tout crédit dans le commerce. Cet état de choses, menaçant pour la fortune du comté de Chartres, détermina, comme nous l'avons déjà dit, le roi Philippe-le-Long à se rendre acquéreur, moyennant 50,000 livres tournois, du droit de monnayage exercé par son oncle Charles dans le Chartrain et dans l'Anjou [1]. Le début de l'acte du 14 mai 1319 qui consacre cette vente, est de nature à édifier sur la moralité des monnayeurs chartrains et de leur seigneur.

« Philippe ..... sçavoir faisons que comme nous eussions
» approché et fait convenir devant nous les gens monnayers
» de notre très cher, amé et féal oncle Charles comte de
» Valois, sur le fait de ses monnoyes de Chartrain et d'An-
» jou, et fait leur montrer comment ils ont mesusé esdites
» monnoyes en les ouvrant et forgeant d'autre poids et d'autre
» loy qu'ils ne deussent, dont nous et nos subjets estions
» deceuz et endommagiez; eux proposant à leurs deffenses au-
» cunes raisons par lesquelles ils se vouloient purger et mon-
» trer leur inocence. Toutes voies, pour eschiver et oster
» toute matière de discort qui puet naistre et venir par occa-
» sion de nous et de nostre dit oncle, eu délibération et
» consel, avons sur ce accordé en telle manière, que il, dès
» maintenant pour li et ses successeurs, vend, baille et de-
» laisse perpétuellement à tousiours, à nous et à nos succes-
» seurs rois de France, ses coings et ses monnoyes de ses ter-
» res et comtez de Chartrain et d'Anjou, sans y jamais ouvrer,
» ny tenir coing, ne faire monnoye en nom de li ny de ses

---

[1] Voir *suprà*, p. 183.

» successeurs. Et nous ly donnons et octroyons à une fois
» cinquante mil livres de bons petits tournois; et le quittons
» et absoilons, et ses monnoyers dessus dits aussi, de toutes
» amendes et peines qu'ils peussent encourre vers, pour cause
» de mesuz et forfait qu'ils peussent avoir fait es monnoyes
» dessus dites..... »

Le comte Charles donna, le lendemain, son consentement en la forme suivante : « Nous Charles, fils de Roy de France,
» comte de Valois, de Chartres et d'Anjou, à tous ceux qui
» ces présentes lettres verront et orront, salut : scavoir faisons
» que nous avons veu, tenu, leu et diligemment regardé et
» pleinement entendu les lettres de notre très chier seigneur
» Mons' Philippe, par la grâce de Dieu roy de France, conte-
» nant la forme qui s'en suit : Philippe, etc..... lesquelles
» choses touttes et chacune d'icelles, si comme il est contenu
» ez dittes lettres, nous recognoissons et confessons aussi
» avoir esté faittes et accordées par nous si comme dessus est
» escrit, et les louons et agréons, ratiffions et approuvons de
» certaine science pour nous et nos successeurs. En tesmoing
» de ce et a greigneur fermeté avons fait mettre nostre scel
» en ces presentes lettres qui furent faittes et données à Mau-
» buisson du costé de Pontoise, le mardi devant l'Ascension,
» quinze jours en may, l'an 1319 [1] » etc.

Les méfaits que Charles de Valois commit en matière de monnayage, pendant 26 ans (1293-1319), eurent pour résultat, non-seulement de jeter sur la place une masse de pièces de bas aloi, mais encore de pervertir la conscience publique et de faire de Chartres le lieu de recel des monnaies décriées du royaume. On disait proverbialement *les flans de Chartres*[2],

---

[1] *Traité de la cour des Monnaies*, par Germain Constans, 1658, p. 16 et 17 des preuves. — Le Blanc, *Traité historique des monnaies de France*. — Recueils mss. de l'hôtel des monnaies de Paris.

[2] *Flaons* ou *flans de Chartres*, proverbe du recueil de l'*Apostoile*. Je pense que ce proverbe s'appliquait, non à une pâtisserie en réputation, comme le dit Crapelet, mais aux monnaies chartraines du XIIIe siècle, qui, par leur état de détérioration, ressemblaient à des *flans* de métal, dépourvus d'empreintes.

pour désigner des pièces fausses. Dans le but de mettre un terme à ces pratiques illicites, Charles VI prescrivit au bailli, par lettres du 13 août 1388, de punir les gens de Chartres qui s'efforçaient de glisser, dans le commerce, des *blancs deniers d'argent, rognés et décriés*, de saisir ces monnaies et de les faire porter chez les changeurs *au marc pour billon*, pour être cisaillées [1].

La revue numismatique de 1843, p. 384, fait mention d'une pièce frappée au nom d'Hercule d'Est, duc de Ferrare, qualifié duc des Chartrains, DUX CARNUTUM. Ce Prince, qui possédait le duché de Chartres, comme apanagiste, du chef de Madame Renée de France, fille de Louis XII, sa femme, ne battit jamais monnaie à Chartres; la pièce dont il s'agit sort probablement de son duché de Ferrare où il jouissait de toutes les prérogatives de la souveraineté [2].

---

[1] *Ordonnances des Rois de France*, vol. VII, p. 208.

[2] Le musée de Chartres possède environ trente pièces au type chartrain, frappées à Chartres, Châteaudun, Blois, Vendôme et dans le Perche. Il est fâcheux que, par suite d'un malentendu, la collection de M. Cartier, riche de plus de 180 monuments numismatiques chartrains, ait été perdue pour notre ville. Le musée conserve, en outre, quelques jetons municipaux, aux noms de Jean Nicole, maire, d'André Félibien, seigneur des Avaux et de Javercy, de Nicolas-André Félibien, vicaire-général et doyen du Chapitre, de Joachim de Bruet, seigneur de la Chesnais, et d'Anne Félibien, sa femme.

Ceux de mes lecteurs qui voudront faire une étude plus approfondie de la numismatique chartraine, trouveront un traité complet sur la matière, dans les ouvrages de M. Cartier, intitulés : *Monnaies au type chartrain*; Paris, 1846, et *Dernières Observations*; 1849. Je les engage aussi à lire les mémoires adressés à la Société des Antiquaires de France, sur le même sujet, par MM. Duchalais et Cartier fils.

APPENDICES.

APPENDICE N° 1.

CATALOGUE DES ÉVÊQUES DE CHARTRES,

D'après : 1° la *Gallia Christiana*, tome VIII, p. 1,095 (1744); 2° l'édition des Lettres de Fulbert, par de Villiers (1608); 3° l'*Apothecarius moralis*, manuscrit de Saint-Père, conservé à la Bibliothèque communale (1373); 4° la vieille chronique de l'église de Chartres, manuscrit faisant partie de la même collection (1389).

	1° LISTE DE LA GALLIA CHRISTIANA 1.			2° LISTE PLACÉE EN TÊTE DES LETTRES DE FULBERT 2.			3° LISTE DE L'APOTHEGARIUS.		4° LISTE DE LA CHRONIQUE.
Anno.	NOMINA.	Rexit annis.	Ab anno.	NOMINA.	Rexit annis.		NOMINA.	Rexit annis.	NOMINA.
36	1. Adventinus I.	30	36	1. Adventinus 3.	30	1.	Adventinus.	30	1. Adventinus.
»	2. Optatus.	»	63	2. Optatus.	40	2.	Optatus.	40	2. Optatus.
»	3. Valentinus.	»	103	3. Valentinus.	53	3.	Valentinus.	53	3. Valentinus.
»	4. Martinus Candidus.	»	156	4. Martinus Candidus.	44	4.	Martinus Candidus.	44	4. Martinus Candidus.
»	5. Anianus.	»	200	5. Anianus.	45	5.	Anianus.	45	5. Anianus.
»	6. Severus.	»	245	6. Severus.	35	6.	Severus.	35	6. Severus.
»	7. Castor.	»	286	7. Castor.	43	7.	Castor.	43	7. Castor.
»	8. Africanus.	»	324	8. Africanus.	44	8.	Africanus.	44	8. Africanus.
»	9. Possessor.	»	364	9. Possessor.	35	9.	Possessor.	40	9. Possessor.
»	10. Polychronius.	»	387	10. Polychronius 4.	23	10.	Polychronius.	23	10. Polychronius.
»	11. Palladius.	»	430	11. Palladius.	28	11.	Palladius.	28	11. Palladius.
»	12. Arboastus.	»	468	12. Arboastus.	12	12.	Arboastus.	12	12. Arboastus.
»	13. Flavius.	»	481	13. Flavius.	14	13.	Flavius.	14	13. Flavius.
490	14. Solemnis, Sollempnis, Solemnius, Solemnis.	»	425 5	14. Solemnis.	31	14.	Solemnis.	»	14. Solemnis.

(*Chroniques de Sigebert et d'Albéric.*)

511	15. Adventinus II. (*Premier synode d'Orléans.*)	»	»	»	»	»	»	»
533	16. Ætherius. (*Second synode d'Orléans.*)	»	515	15. Eutherius [6].	10	15. Ætherius.	10	15. Etherius.
549	17. Leobinus. (*Cinquième concile d'Orléans.*)	»	525	16. Leobinus.	12	16. Leobinus.	10	16. Leobinus.
557	18. Chaletricus. (*Troisième concile de Paris.*)	»	537	17. Calctricus.	14	17. Caletricus.	12	17. Calctricus.
573	19. Pappolus. (*Quatrième synode de Paris.*)	»	»	»	»	»	»	»
594	20. Betharius [7]. (*Plusieurs chroniques.*)	»	»	»	»	»	»	»

[1] Les Bénédictins, rédacteurs de la *Gallia*, font connaître qu'ils se sont servis, pour leur travail, de trois vieilles listes, dont l'une est tirée d'un manuscrit du XIIe siècle, de la bibliothèque des Jésuites, l'autre du Livre blanc de l'évêché de Chartres, manuscrit du XIIIe siècle, et la troisième de l'*Apothecarius moralis* de Saint-Père, manuscrit de 1373. Ils confessent que la matière est très-embrouillée et ils regardent comme très-douteuse la succession non interrompue des pontifes chartrains, depuis Aventin jusqu'à Solemnis. L'ouvrage de ces savants, composé avec l'esprit de critique qui les distingue, est encore aujourd'hui le meilleur guide à suivre en pareille matière.

La première colonne du tableau ci-dessus, dont le titre est le mot *anno*, indique, non la première année de l'épiscopat de chaque évêque, mais la date du document authentique dans lequel le nom de l'évêque est mentionné pour la première fois.

[2] Cette liste, quoique dressée par un docteur en théologie, adopte sans discussion les noms fournis par la Chronique et par l'Apothecarius; elle fourmille, non-seulement de fautes d'impression dont le lecteur peut facilement faire justice, mais d'erreurs de chronologie et d'histoire qui témoignent d'une négligence impardonnable; je la donne parce qu'elle fut la première imprimée. Celle de Rouilliard, qui la suivit de près, transcrivit fidèlement les leçons de la Chronique et de l'Apothecarius; toutefois elle corrigea quelques-unes des dates du sieur de Villiers. Souchet, tout en marchant dans la même voie, amenda sur plusieurs points le travail de ses devanciers; les autres écrivains locaux, qui précédèrent les Bénédictins, se copièrent mutuellement et n'ajoutèrent rien à ce qui existait avant eux.

Depuis la *Gallia*, le seul auteur qui se soit occupé sérieusement de cette partie de l'histoire ecclésiastique de Chartres, est Doyen. Il dit avoir conféré les anciens catalogues avec un manuscrit de D. Samuel, bénédictin, contenant des remarques et corrections sur la *Gallia*. Je ferai connaître successivement les modifications proposées par Doyen.

[3] De Villiers ajoute : *A beato Petro consecratus, anno Domini 56, Sanctorum Potentiani, Saviniani, Altini, Odaldi martyrum socius.*

[4] Entre Polychronius et Palladius, Doyen place Villicus, qu'il fait vivre en 439 et qui, d'après la légende de sainte Geneviève, aurait donné le voile des vierges à la jeune bergère de Nanterre.

[5] C'est évidemment 495 qu'il faut lire.

[6] *Ecclesiam in honorem sanctorum Prisci et sociorum construxit.* (De Villiers.)

[7] Après Bethaire, Doyen place, Berthégésile (623), Malard (637), Gausbert (653), et Lantegésile (663), lequel ne figure pas dans la liste de la *Gallia*; puis viennent Déodat (674), Pronius ou Dronius (678), Berthigrame (680), Agyrardus (687), Agathius (696), Léobertus (698), et Haynius (708).

424

Anno.	1º LISTE DE LA GALLIA CHRISTIANA.		2º LISTE PLACÉE EN TÊTE DES LETTRES DE FULBERT.			3º LISTE DE L'APOTHECARIUS.		4º LISTE DE LA CHRONIQUE.
	NOMINA.	Rexit annis.	Ab anno.	NOMINA.	Rexit annis.	NOMINA.	Rexit annis.	NOMINA.
»	21. Magnohodus.	»	551	18. Magolbertus.	13	18. Magnebodus.	13	18. Mugoldus.
»	22. Sigoaldus.	»	564	19. Sigoaldus.	12	19. Sigoaldus.	12	19. Sigoaldus.
»	23. Mainulphus.	»	572	20. Mainulphus.	11	20. Mainulphus.	11	20. Mainulphus.
»	24. Theobaldus I.	»	588	21. Theobaldus.	10	21. Theobaldus.	10	21. Theobaldus.
625	25. Bertegisilus, Leodegisilus, Lancissulus. (Concile de Reems.)	»	598	22. Lancegisilus.	11	22. Lancissilus.	»	22. Lancegisilus.
644	26. Malardus seu Malchardus. (Synode de Châlon.)	»	610	23. Malardus.	14	23. Malardus.	14	23. Malardus.
658	27. Gaushertus. (D'après Mabillon.)	»	734	24. Gaubertus.	10	24. Gaubertus.	»	24. Gaubertus.
»	»	»	624	25. Godebertus.	10	25. Godebertus.	6	25. Gaudebertus.
»	28. Deodatus.	»	644	26. Deodatus.	4	26. Deodatus.	4	26. Deodatus.
»	29. Domo, Dromo.	»	947	27. Dromus.	4	27. Dromo.	4	27. Dromus.
»	30. Promo, forte Dromo.	»	950	28. Pronius.	2	28. Promo.	11	28. Promus.
»	»	»	652	29. Papulus.	3	29. Papulus vel Papolus.	7	29. Papulus vel Pabolus.
»	»	»	755	30. Betharius.	16	30. Betharius.	16	30. Betharius.
679	31. Berthegrannus. (D'après du Fourny.)	»	679	31. Berthegrannus.	7	31. Berthegrannus.	7	31. Berthegrannus.
686	32. Haynius ? (Ib.)	»	686	32. Haynius.	8	32. Haynius.	8	32. Rainius vel Hainius.
689	33. Agirardus, Aidradus, Airardus, Aicardus, Haigradus, Haigrandus.	»	694	33. Haigrandus.	4	33. Haygrandus.	4	33. Haygrandus.
698	(Synode de Rouen.) 34. Agatheus. (D'après du Fourny.)	7	698	34. Agatheus.	7	34. Agatheus.	7	34. Agatheus.

425

706	31	35. Leobertus. (*D'après les fr. Sainte-Marthe.*)	705		35. Leobertus.	10	35. Leobertus.
»	»	36. Hado.	715		36. Hado.	11	36. Hado.
»	»	37. Flavinus.	726		37. Flavinus.	15	37. Flavinus.
»	»	38. Godalsadus.	741		38. Godasaldus.	19	38. Godasaldus.
829	»	39. Bernoïnus³, Hermoïnus, unde Hieronymus. (*Concile de Paris.*)	769		39. Hieronymus.	10	39. Hernoïnus.
840	»	40. Helias⁴. (*Synode de Sens.*)	779		40. Helias.	36	40. Helias.
853	»	41. Buchardus. (*Concile de Soissons.*)	815		41. Buchardus.	26	41. Buchardus.
855	»	42. Frotboldus. (*Synode de Boulogne.*)	841		42. Frotboldus.	14	42. Frotboldus.
859	»	43. Gislebertus, Gislevertus, Willebertus, Galenerius, Galeverius, Gallherus.	853		43. Galenerus seu Galterus⁶.	12	43. Galenerus.
885	»	44. Aimo seu Haimo⁷. (*D'après les Bollandistes.*)	867		44. Aymo.	12	44. Aymo.
»	»	45. Gerardus.	877		45. Geraldus.	4	45. Girardus.
889	»	46. Aimericus I. (*Miracles de saint Vandrille.*)	881		46. Aymericus.	10	46. Aymericus.

¹ Cette date et celles qui accompagnent les noms Dronus, Pronius et Betharius ne se comprennent pas.

² Sur la liste de Doyen, Haynius se trouve placé entre Leobertus et Magnobodus ou Magobert.

³ Doyen fait deux personnages distincts de Hieronymus et de Bernoïnus ; le premier aurait vécu en 807 et le second, en 817.

⁴ Après Hélie, Doyen place Aitard (849), sur la foi d'Argentré qui dit, dans son histoire de Bretagne, qu'Aitard, évêque de Nantes, chassé par les Nordmands, vint à Chartres, où il fut reçu en la même qualité.

⁵ *A Paganis captus trucidatur et civitas incenditur.* (De Villiers.)

⁶ *Hic Rollonem fugavit tunicâ virginis Mariæ.* (De Villiers.) Ce fait n'appartient pas à Gislevert ou Galenerus, mais de Villiers n'y regarde pas de si près et il le restituera dans un instant à son véritable auteur.

⁷ Aimo ne figure pas dans la liste de Doyen.

Anno.	1º LISTE DE LA GALLIA CHRISTIANA.		2º LISTE PLACÉE EN TÊTE DES LETTRES DE FULBERT.			3º LISTE DE L'APOTHECARIUS.		4º LISTE DE LA CHRONIQUE.
	NOMINA.	Rexit annis.	Ab anno.	NOMINA.	Rexit annis.	NOMINA.	Rexit annis.	NOMINA.
898 aut 911.	47. Waltelmus, Wattelmus, Wantelmus, Gantelmus, Antelmus, Gancelmus. (Toutes les chroniques.)	»	891	47. Gancelinus [1].	36	47. Gancelinus.	36	47. Gancelinus.
931	48. Aganus. (Cartul. de Saint-Père.)	»	926	48. Haganus.	15	48. Haganus.	15	48. Haganus.
954	49. Ragenfredus. (Ib. et Mabillon.)	»	941	49. Ragenfredus.	14	49. Ragenfredus.	20	49. Ragenfredus.
»	50. Harduinus.	»	955	50. Hardoynus.	31	50. Hardoynus.	36	50. Hardoynus.
962	51. Vulfardus. (Ib.)	»	986	51. Vulphardus.	11	51. Vulphardus.	11	51. Ulphardius.
966	52. Odo. (Chronique de Frodoard.)	»	997	52. Odo.	10	52. Odo.	10	52. Odo.
c. 1005	53. Rodulfus. (Cartul. de Saint-Père.)	»	1006	53. Rodulphus.	10	53. Radulphus.	10	53. Rodulphus.
1007	54. Fulbertus.	»	1017	54. Fulbertus [2].	15	54. Fulbertus.	15	54. Fulbertus.
1029	55. Theodoricus. (Dédicace de Saint-Aignan d'Orléans.)	»	1031	55. Theodoricus [3].	7	55. Theodoricus.	7	55. Theodoricus.
1052	56. Agobertus, Aagonerius, Aslexertus. (Titre de la Chasse-Dieu.)	»	1031	56. Agobertus.	7	56. Agobertus.	7	56. Agobertus.
1063	57. Hildegarius [4]. (Synode de Rome.)	»	»	»	»	»	»	»
1065	58. Robertus I [5]. (D'après Mabillon.)	»	1044	57. Robertus.	16	57. Robertus.	16	57. Robertus.
1070	59. Arraldus, Ayraldus, Adraldus. (Marlenne et Mabillon.)	»	1090	58. Arraldus.	6	58. Arraldus.	6	58. Arraldus.

427

1075	60. Robertus II [6]. *(Synode d'Orléans.)*	»	»	59. Gaufridus [7].	»	»	59. Gaufridus.
1077	61. Gaufridus I. *(Orderic Vital.)*	»	1066	60. Yvo.	3	3	60. Yvo.
1090	62. Yvo.	»	1092	61. Gaufridus.	16	25	61. Gaufridus.
1116	63. Gaufridus II, de Leugis.	»	1116		22	22	
1148	64. Goslenus, de Leugis.	»	1138	62. Geslenus.	10	6	62. Gausselinus.
1155	65. Robertus III. *(Cartul. de Josaphat.)*	»	1148	63. Robertus.	19	19	63. Robertus.
1165	66. Guillelmus I, ad albas manus.	»	»	»	»	»	»
1176	67. Johannes I, Salisberiensis.	»	1164	64. Johannes.	16	»	64. Johannes.
1181	68. Petrus I, de Cellis. *(D'après Robert du Mont et d'Achery.)*	»	1180	65. Petrus.	»	7	65. Petrus.
»	69. Raginaldus de Monciaco. *(Robert du Mont.)*	»	1187	66. Guilelmus [8].	2	2	66. Guilelmus.
1182		»	1189	67. Reginaldus [9].	38	28	67. Raginaldus.

[1] *Hic Rollonem qui civialem obsederat, camisiam deferens beatæ virginis Mariæ, fugavit.* (De Villiers.)

[2] *Hic festum nativitatis virginis Mariæ, primus in Gallia celebrasse dicitur, qui et legendas has approbatæ consuetudinis composuit.* (De Villiers.)

[3] *Sub hoc ecclesia igne consumpta.* (De Villiers.) C'est une erreur grossière ; l'incendie de la cathédrale eut lieu sous Fulbert.

[4] D'après les Bénédictins, Hildier, disciple de Fulbert, aurait occupé, par intrusion, le siège de Chartres à la mort d'Agobert et aurait été déposé dans un synode tenu à Rome en 1063.

[5] Doyen assigne à Robert la date de 1060, à Arrald celle de 1067 et à Geoffroy Ier celle de 1077.

[6] Ce Robert ne figure pas dans la liste de la *Gallia*; peut-être l'épiscopat d'Arrald ne date-t-il que de 1075, époque où le pape Grégoire VII lui écrivit au sujet du roi Philippe Ier ; alors Robert II serait le même personnage que Robert Ier.

[7] *Tempore Urbani papæ secundi depositus.* (De Villiers.)

[8] Guillaume n'est pas placé ici à son ordre véritable ; on sait pertinemment qu'il succéda en 1165 à Robert-le-Breton, et plusieurs titres de 1167 et de 1168 le désignent comme *évêque élu de Chartres*. La même erreur existe dans le catalogue du livre dit de Guillaume Bouvart, fait en 1527, sous l'épiscopat de Louis Guillard. (Mss. des Archives départementales, f° 400, encre rouge.)

[9] *Hic contra Albigesios profectus est — Gaguinus.* (De Villiers.) Renaud de Mouçon remplaça Pierre de Celles en 1182. Presque toutes les dates données par de Villiers sont erronées.

1º LISTE DE LA GALLIA CHRISTIANA.			2º LISTE PLACÉE EN TÊTE DES LETTRES DE FULBERT.			3º LISTE DE L'APOTHECARIUS.		4º LISTE DE LA CHRONIQUE.
Anno.	NOMINA.	Rexit annis.	Ab anno.	NOMINA.	Rexit annis.	NOMINA.	Rexit annis.	NOMINA.
1219	70. Galterus. *(Chronique d'Albéric.)*	»	1217	68. Galterus.	16	68. Galterus.	16	68. Galterus.
1234	71. Hugo, de Feritate. *(Ib.)*	»	1223	69. Hugo.	13	69. Hugo.	»	69. Hugo.
1236	72. Albericus Cornutus. *(Ib.)*	»	1246	70. Albericus.	10	70. Albericus.	»	70. Albericus.
1243	73. Henricus de Gressu. *[D'Achery.]*	»	1256	71. Henricus.	6	71. Henricus.	»	71. Henricus.
1247	74. Matheus de Campis.	»	1262	72. Matheus.	9	72. Matheus.	»	72. Matheus.
1260	75. Petrus II, de Minciaco.	»	1261	73. Petrus de Minciaco.	15	73. Petrus de Minciaco.	»	73. Petrus.
1277	76. Simon I [1].	»	1286	74. Simon de Perrucheio.	20	74. Symon de Perrucheio.	»	74. Symon.
1298	77. Johannes II, de Garlanda. *(Chron. de Guill. de Nangis.)*	»	1306	75. Johannes de Galerda.	8	75. Johannes de Gualanda.	»	75. Johannes de Gallande.
1315	78. Robertus IV, de Joigniaco.	»	1312	76. Robertus de Joigniaco [2].	12	76. Robertus de Joigniaco.	»	76. Robertus de Joigniaco.
1327	79. Petrus III, de Capis.	»	1326	77. Petrus de Capis.	2	77. Petrus de Capis.	»	77. Petrus de Capis.
1328	80. Johannes III, de Plessio-Pasté.	»	1328	78. Johannes Pasté.	3	78. Johannes Pasté.	»	78. Johannes Pasté.
1332	81. Aimericus II, de Castro lucii.	»	1331	79. Aymericus, de Castro lucii.	10	79. Aymericus de Castro lucii.	»	79. Aymericus de Castro lucii.
1342	82. Guillelmus II, Amici. *(D'après du Fourny.)*	»	1342	80. Gulielmus Amici.	8	80. Guilielmus Amici.	»	80. Guilielmus Amici.
1349	83. Ludovicus I, de Vaucemain.	»	1350	81. Ludovicus de Vaucé.	7	81. Ludovicus de Vauccmiami.	»	81. Ludovicus de Vaucemain.
1357	84. Simon II, Lemaye, Lemaire.	»	1357	82. Simon le Maye.	3	82. Simon Majoris.	»	82. Symon Lemaye.

429

1361	85. Johannes IV, de Angueronte.	1360	83. Johannes de Angeronte.	8	83. Johannes de Angerante.
1368	86. Guilelmus III, de Chanaco.	1368	84. Guilielmus de Chenaco.	2	84. Guillelmus de Chenaco.
1370	87. Guarinus de Arceyo.	1370	85. Guarinus de Arceio.	6	85. Garinus de Arccio.
1376	88. Ebbo vel Ebbo de Podio.	1377	86. Ebbo de Podio.	3	86. Ebbo de Podio.
1380	89. Johannes V, Fabri.	1379	87. Johannes Fabri.	12	87. Johannes Fabri.
1390	90. Johannes VI, de Montacuto.	1382	88. Johannes de Montacuto.	22	88. Johannes de Montcacuto.
1406	91. Martinus Gouge, de Charpaignes. (D'après les fr. Sainte-Marthe.)	1410	89. Martinus Gonge.	5	(Fin de la liste de la Vieille Chronique.)
1415	92. Philippus I, de Boisco giloudi.	1415	90. Philippus de Boisgiront.	3	
1418	93. Jordanus, cardinalis des Ursins [3].	»	»	»	
1419	94. Johannes VII, de Frigniaco.	1418	91. Johannes de Fotiniaco.	13	
1432	95. Robertus IV, Delphimus.	1432	92. Robertus Delphinates.	2	
1434	96. Theobaldus II. (D'après les fr. Sainte-Marthe.)	1434	93. Theobaldus le Moyne.	7	
1441	97. Petrus IV, de Comborn [4]. (Registres du Vatican.)	»	»	»	

[1] Ce prélat paraît n'avoir été nommé qu'en 1279; il fit son entrée au mois de juillet 1280.

[2] *Hic, missam celebrando, pluviam impetravit.* (De Villiers.) Le catalogue de Guillaume Bouvart fait mention de ce prélat à l'année 1314, puis il ajoute: *Cerebrum sancti Johannis Baptistæ, apud Nogentum Rotrodi, in veteri antiquo ecclesiæ materia repertum, post multa miracula in promptu facta, in vasculo argenti deaurato recondidit.*

[3] Jordan, cardinal des Ursins, qui ne figure que sur la liste de la *Gallia*, fut pourvu en commende de l'évêché de Chartres, après la mort de Philippe de Bois-Gilouî.

[4] Les Bénédictins font succéder à Thibault-le-Moine un certain Pierre de Comborn, qui ne prit certainement pas possession et dont il n'est fait mention, en qualité d'évêque de Chartres, que dans les registres du Vatican.

	1º LISTE DE LA GALLIA CHRISTIANA.		2º LISTE PLACÉE EN TÊTE DES LETTRES DE FULBERT.			3º LISTE DE L'APOTHECARIUS.		4º LISTE DE LA CHRONIQUE.
Anno.	NOMINA.	Rexit annis.	Ab anno.	NOMINA.	Rexit annis.	NOMINA.	Rexit annis.	NOMINA.
1443	98. Petrus V, Bechebien.	»	1444	94. Petrus Bechebien.	9	»	»	»
1459	99. Milo de Islariis.	»	1459	95. Milo Dilliers.	13	»	»	»
1493	100. Renatus de Islariis.	»	1495	96. Regnatus Dilliers.	20	»	»	»
1507	101. Erardus seu Evrardus de la Marck.	»	1515	97. Erardus de Marcha.	»	»	»	»
1525	102. Ludovicus II, Guillard.	»	1556	98. Ludovicus Guillard.	»	»	»	»
1553	103. Carolus I, Guillard.	»	1558	99. Carolus Guillard.	»	»	»	»
1573	104. Nicolaus de Thou.	»	1573	100. Nicolaus de Thou [2].	»	»	»	»
1598	105. Philippus II, Huraltus.	»		*(Fin de la liste des Lettres de Fulbert.)*		»	»	»
1620	106. Leonorius d'Estampes.	»				»	»	»
1641	107. Jacobus Lescot.	»				»	»	»
1657	108. Ferdinandus de Neuville.	»				»	»	»
1692	109. Paulus Godet des Marais.	»		»		»	»	»
1710	110. Carolus II, Franciscus des Monstiers de Mérinville.	»		»		»	»	»
	(Fin de la liste de la Gallia Christiana.)							

[1] Il y a évidemment là une faute d'impression, c'est 1526 qu'il faut lire. Quant à la date de 1558 donnée par de Villiers à la première année de Charles Guillard, elle est également erronée. Ce prélat ne fit, il est vrai, son entrée qu'en 1558, mais il fut sacré en 1553. (De Villiers.)

[2] *Post illum designatus episcopus Philippus Hurault, qui nunc ecclesiam Carnotensem summa cum prudentia rexit.* (De Villiers.)

Successeurs de M. de Mérinville.

1746. — Pierre VI, Augustin-Bernardin de Rosset de Rocosel de Fleury.
1780. — Jean-Baptiste I, Joseph de Lubersac.
1791. — Nicolas Bonnet (évêque constitutionnel).
    (Interruption de 1793 à 1821.)
1821. — Jean-Baptiste II, Marie-Anne-Antoine de Latil.
1824. — Claude-Hippolyte Clausel de Montals.
1853. — Louis III, Eugène Regnault.

APPENDICE N° 2.

RÉSUMÉ DES OPINIONS DES HISTORIENS SUR THIBAULT-LE-TRICHEUR.

Parmi les anciens historiens, la chronique de Saint-Bertin ou Sithui, terminée en 1294 [1], fait de Thibault-le-Tricheur un fils du danois Gerlon, cousin de Rollon, premier duc de Normandie.

Frodoard dit qu'il reçut le comté de Blois, par inféodation, de Hugues de France [2]; en effet, Thibault est appelé *vassal* de Hugues, dans le fragment donné par les Bénédictins, vol. VIII, p. 305. Selon Albéric des Trois-Fontaines et Guillaume de Jumièges [3], il aurait acquis ce domaine en 904, du chef normand Hasting. C'est aussi l'opinion de François Pithou.

Les écrivains du XVII° siècle ont adopté une autre version. Les frères Sainte-Marthe, du Bouchet, le père Labbe, pensent que Thibault-le-Tricheur était fils de Richard, comte de Troyes, et de Richilde, fille de Robert-le-Fort. Ils disent que, lors de l'avènement de Hugues-Capet à la couronne, le comté de Blois appartenait depuis deux siècles à la famille de Robert-le-Fort, que ce prince le donna à sa fille Richilde en la mariant à Richard de Troyes, et que Thibault-le-Tricheur, fils de Richard et de Richilde, recueillit ce comté dans l'héritage maternel.

Toutefois André Duchesne est d'un sentiment opposé; il écrivait à ce sujet au sieur Camusat : « J'ai étudié sur l'origine des comtes de Champagne et n'ai trouvé aucune preuve; parmi les anciens, le seul Sighebert dit qu'ils venaient de Gerlon le danois, ce qui a été suivi par les autres. Thibault-le-Tricheur, que l'on fait fils de Gerlon, a restauré l'abbaye de Saint-Florent de Saumur, de laquelle j'ai vu les titres, et il y en a aucuns de lui, mais il n'y nomme pas son père. Seulement il dit en l'un où il donne Saint-Louant de Chinon à ladite abbaye, que l'archevêque de Tours l'avait baillé (Saint-Louant) en fief *à son père* ; d'où il semble qu'on pourrait conjecturer que sondit père avait été comte de Touraine aussi bien que lui. De plus, y a dans ladite abbaye de Saint-Florent une petite chronique qui dit que Thibault-le-Tricheur était de race royale : *ex prosapiâ regiâ*, sans en dire plus; et par un ancien catalogue des archevêques de Bourges, est porté que l'archevêque Hugues, fils de Thibault-le-Tricheur, était neveu de Richard, son prédécesseur, *nepos Richardi predecessoris sui;* d'où l'on peut inférer que ce Richard était frère de Thibault. »

Souchet partage la manière de voir de Duchesne. Il pense que l'opinion de ceux qui font du Tricheur un fils de Gerlon est dénuée de tout fondement, et que ce prince n'est pas davantage fils de Richard, comte de Troyes, attendu qu'aucun document ne donne le nom d'un Richard parmi les comtes de Champagne, et que Thibault ne reçut aucun secours de la Champagne pendant sa guerre avec les Normands. Souchet croit que notre premier comte était d'origine tourangelle ou angevine, parce qu'il

---

[1] D. Bouquet, vol. 9.
[2] Ib.
[3] Ib., vol. 8 et 9.

tenait en fief de l'archevêque de Tours, le lieu de Saint-Louant de Chinon, dont il fit donation à Saint-Florent de Saumur, et que l'acte de confirmation de ce don, émané de l'archevêque de Tours, fait connaître que ce fief était tenu des archevêques de Tours, par Thibault, *tout comme par ses prédécesseurs et son père*. Thibault possédait en Anjou, Touraine, Blésois, Perche, Dunois et Chartrain, de grands biens qui n'avaient pas pu lui être tous donnés par Hugues-le-Grand ; son mariage avec la fille du comte de Vermandois, issue du sang de Charlemagne, prouve suffisamment sa haute naissance.

Parmi les modernes, l'abbé Bordas et M. Rossard de Mianville exposent les divers systèmes proposés sur Thibault, mais ils évitent de se prononcer catégoriquement ; ils repoussent, comme dépourvue de preuves, l'opinion de ceux qui font du danois Gerlon le père de Thibault, et ils invoquent à ce sujet l'autorité de l'avocat général Séguier, qui examina à fond la question, en 1767, dans le procès élevé entre le président de Saint-Michel et le duc de Luynes, relativement à la patrimonialité du comté de Dunois [1].

« Dès 924, disent-ils, Thibault est qualifié *comte du Palais*, dans un diplôme du roi Raoul en faveur de Saint-Lomer de Blois, diplôme qui se conservait à la chambre des comptes de cette ville, *do et concedo, precibus amici mei Theobaldi incliti comitis palatii victus*, etc.; c'est la seule qualification qu'il ait prise dans les actes que nous avons de lui. Le cartulaire de Saint-Florent de Saumur contient les vers suivants :

> *Qui, vivus, turres altas construxit et edes,*
> *Unum Carnotum, sed apud Dunenses reatum*
> *Non minuit proprium, turritum dans ibi castrum ;*
> *Multaque construxit, que non sine crimine fecit,*
> *Verùm conventus, et in hoc benedictus.*

« Brunet, dans son Histoire des grands Fiefs, fait deux Thibault, père et fils, le premier mort en 959 et l'autre en 980. C'est une erreur ; le fils mourut avant le père et ce fut dans la guerre du Tricheur avec Richard de Normandie [2]. »

Le dernier historien de la Touraine, Chalmel a donné, dans ses *Tablettes* et dans son *Histoire de Touraine*, deux dissertations assez complètes sur Thibault-le-Tricheur. En voici les principaux passages :

« Il y avait en 908 un vicomte de Tours, du nom de Thibault, qui, suivant toute apparence, exerçait cette fonction à la nomination des comtes, depuis 898. Il est fait mention dans le cartulaire de Saint-Florent que les habitants de Saumur, en 900, députèrent vers lui pour le prier de concourir à faire rapporter à Glonne ou Mont-Glonne, le corps de Saint-Florent. Il est évident que ce Thibault ne pouvait être le Tricheur qui mourut en 978 ; mais aussi, il y a beaucoup d'apparence que ce devait être son père qui était incontestablement seigneur de Chinon puisque ce fut à lui que l'archevêque de Tours donna cette chapelle de Saint-Louant dont Thibault-le-Tricheur fit ensuite donation à Saint-Florent. S'il en avait hérité, donc il en était le fils. A la vérité, Thibault, en parlant de cette donation, ne dit point le nom de son père : mais, c'est de ce silence même que je conjecture que les deux noms étaient semblables, ce qui en a fait juger la répétition inutile : *locellum in suburbio Caïnonis castri situm, ubi sanctus Lupantius resquiescit, qui est de ratione matris ecclesie turonice sedis, queque tam patri nostro quam nobis antecessores antistes ejusdem sedis*

---

[1] Arrêt du Parlement du 20 avril 1767.

[2] Brunet a, sans doute, voulu parler, non du Tricheur et de son fils, mais du Tricheur et de son père, et la date de 980 qu'il donne s'applique au Tricheur ; c'est toujours une erreur, car notre fameux comte était mort avant 978. (Voir *suprà*, p. 44.)

contulerunt. En sorte qu'ici le nom du père est sous-entendu être le même que celui du fils. »

» En résumant ces diverses observations, nous voyons, d'un côté, que les habitants de Saumur, en 900, députèrent vers un Thibault, vicomte de Tours, mais que celui-ci ne peut être le même que Thibault-le-Tricheur, mort en 978. De l'autre, nous voyons que ce dernier parle d'une cession faite à son père par les archevêques de Tours dans le territoire de Chinon dont tous les deux avaient été seigneurs. Nous voyons enfin qu'Emme, comtesse de Poitou, fille de Thibault-le-Tricheur, reçut en mariage cette même seigneurie de Chinon, héréditaire dans la famille. Il doit donc paraître démontré que Thibault-le-Tricheur était fils de Thibault, vicomte de Tours, et non pas d'un Richard, comte de Troyes, puisqu'il est prouvé que ce nom n'a jamais existé parmi les comtes de Champagne. Si quelques chroniques lui ont donné le nom de *Champenois,* c'est tout naturellement parce qu'il fut la tige de la seconde race des comtes de Champagne, ce qui ne serait pas, s'il avait eu pour père l'un de ces comtes, soit du nom de Richard, soit de celui de Thibault [1]..... »

« ...... On lit dans un titre de Saint-Martin de Tours, qu'un archevêque de Bourges, nommé Richard, *fils de Richilde*, donna à ce chapitre plusieurs terres situées dans le comté de Troyes. C'est ce qui peut avoir donné lieu aux historiens dont nous venons de parler de dire que ce Richard, qui, en effet, était frère de Thibault-le-Tricheur, était fils d'un autre Richard, comte de Troyes. On apprend, par ce même titre, que Richard, archevêque de Bourges, était fils de Richilde et qu'il avait plusieurs frères, entre autres Thibault-le-Tricheur. Or, la plupart des historiens convenant que Richilde était fille de Robert-le-Fort et femme de Thibault, vicomte de Tours, il s'ensuit incontestablement que le père de Thibault-le-Tricheur se nommait également Thibault. Plusieurs autres raisons concourent encore à nous le persuader. La première, parce que le nom de Thibault était presque héréditaire dans la famille, l'aïeul, le père, le fils ayant porté ce nom, ainsi que dix de leurs descendants; la seconde, parce que nous avons vu, en 898, un Thibault, vicomte de Tours, et comme ce ne peut être Thibault-le-Tricheur, qui ne mourut qu'en 978 dans un âge très-avancé, il est plus que présumable que ce vicomte était le père de Thibault-le-Tricheur ; la troisième, enfin, résulte de ce que notre Thibault, quoiqu'il ne nomme pas son père dans l'acte de donation qu'il fait, à l'abbaye de Saint-Florent de Saumur, de la chapelle de Saint-Louant, près Chinon, s'exprime pourtant de manière à faire penser que son père se nommait aussi Thibault; il est certain, d'ailleurs, que le père et le fils ont été seigneurs de Chinon, et que cette seigneurie était héréditaire dans la famille, puisqu'elle fut donnée en mariage à Emme, comtesse de Poitiers, fille de Thibault-le-Tricheur [2]. »

Certainement, ces inductions sont très spécieuses, mais elles ne donnent pas, comme Chalmel le croit, la dernière expression de la vérité historique, sur la mystérieuse origine du Tricheur. C'est ce que M. Léon Aubineau, archiviste de Tours, a démontré dans une notice, insérée dans le Tome III des Mémoires de la Société archéologique de Touraine (1845-46-47). « La maison de Blois, dit cet auteur, qui posséda les comtés de Tours, de Chartres, de Provins, de Meaux et de Troyes, qui étendit une sorte de suprématie sur la Bretagne, et éleva ses prétentions sur la Lorraine, tirait son origine, disent les historiens les plus généralement reçus, d'un normand, gendre de Robert-le-Fort, nommé Thiébolt. On conserve volontiers à ce personnage un nom de forme saxonne. On mo-

---

[1] Chalmel, *Tablettes*, p. 434 et 439. — 1818.

[2] Ib., *Histoire de Touraine*, livre IV, p. 301 et suiv. — 1828.

dernise, au contraire, celui du fils qu'on lui attribue et qui est Thibaut-le-Tricheur ou le Vieux. Ce comte Tricheur aurait vécu, dit-on, près de cent ans. Il était mort en 978.

» Mais toutes ces origines sont pleines d'obscurités. La généalogie de Thibaut-le-Tricheur est loin d'être suffisamment établie. Chalmel n'est arrivé qu'à établir un point incontestable, c'est que Thibaut-le-Tricheur avait un frère évêque, qu'on dit archevêque de Bourges, nommé Richard. La mère de ce Richard se nommait Richilde. Cette Richilde passe pour fille de Robert-le-Fort.

» Un Thibaut était vicomte de Tours en 908. Une pièce de nos archives, publiée par M. Cartier, nous montre, à cette époque, ce Thibaut assis sur les murailles de la ville, du côté de la Loire, proche Saint-Julien, et y tenant les plaids, assisté des vassaux Gaultier, Fulcrade et Corvon. Chalmel suppose que ce vicomte de Tours devrait être le père du Tricheur, qui aurait, après lui, possédé cette vicomté. Il prétend avoir trouvé dans la donation, à l'abbaye de Saint-Florent de Saumur, de la chapelle Saint-Louans, près Chinon, des paroles du Tricheur qui conduisent à penser que son père portait le même nom de Thibaut. J'en suis marri; mais les paroles que Chalmel rapporte ne laissent rien à préjuger, quoi qu'il y ait prétendu, sur le nom du père du donateur, et le texte de la pièce et sa confirmation par l'archevêque Ardoin n'offrent aucun renseignement à ce sujet.

» D'autres historiens, dont l'opinion est aujourd'hui en défaveur, avaient prétendu que le père du Tricheur se nommait Gerlon. Quelques lignes de Richer[1] pourraient donner de l'appui à cette hypothèse. Il raconte que, dans les guerres du roi Eudes contre les Normands, un palefrenier du roi, nommé Ingon, se distingua tellement que le roi lui donna le château de Blois (893); mais Ingon mourut deux ans après des suites de ses blessures et laissa un fils nommé Gerlon, que le roi couvrit de sa protection, et qui posséda les biens paternels. La chronologie ne se refuserait pas à admettre ce Gerlon pour père du Tricheur.

» Mais ce sont là des hypothèses, et en histoire il faut s'en tenir aux faits certains et aux textes précis. On doit repousser les conjectures. Les plus spécieuses sont souvent les plus fausses. Nous n'éprouvons aucun scrupule ni aucune honte à avouer que nous ne connaissons pas le nom du père du Tricheur; et, pour nous en tenir toujours aux faits prouvés dans leur rigueur, dans leur sécheresse, si l'on veut, nous n'éprouverons pas une honte plus grande à avouer et à reconnaître que nous ignorons à quelle époque et en vertu de quel titre Thibaut posséda le comté de Blois. Chalmel parle d'une cession faite au Tricheur, en 922, par Robert, quand celui-ci fut élu roi. Mais cette cession du roi Robert n'est rien moins que prouvée. On l'invoque et on a sans doute d'excellentes raisons pour ne la citer jamais. Nous ne prétendons point d'ailleurs qu'elle n'ait point eu lieu. Seulement, nous n'avons pu encore constater son existence. Tout ce dont nous sommes certains, c'est que Richard de Poitiers, dont la chronique va jusqu'au milieu du XIIe siècle, dit que les anciennes Chroniques rapportent qu'au temps du roi Raoul (923-936), un comte Thibaut était puissant dans les contrées du Blaisois, et qu'il y fonda le monastère de Saint-Laumer.

» Nous savons encore qu'en 924, le roi Raoul donnait aux moines de Saint-Laumer quelques-uns des biens qu'il possédait à Blois, et il faisait cette donation sur les instances de son ami l'illustre Thibaut, comte palatin. Il est possible que le roi et l'historien aient voulu parler du Tricheur, mais cela est loin d'être solidement établi, et il sera peut-être prudent de ne rien affirmer en ce point.

[1] Richer, livre 1er, ch. XI.

» Quant à la possession de la ville et du comté de Chartres, Albéric des Trois-Fontaines rapporte qu'en 904, le normand Hasting les vendit à un Thibaut, qu'il nomme comte de Tours. L'éditeur français de Richer croit reconnaître dans ce personnage le Thiébolt, père du Tricheur, qui n'a jamais été comte de Tours. D'autres prétendent que c'est bien le Tricheur dont il est question dans ce passage. L'évêque de Chartres l'aurait appelé à son secours contre les Normands. Après avoir effrayé Hasting et acheté son départ, Thibaut aurait trompé l'évêque et se serait emparé pour son propre compte de la ville qu'il était venu défendre et délivrer. Mais nous ne reconnaissons rien de prouvé dans tous ces points et nous ne saurions dire à quelle époque et en vertu de quel droit Thibaut devint comte de Chartres.

» On prétend que le meilleur moyen d'arriver à la science est de reconnaître en toute occasion et de confesser son ignorance : nous avouerons encore que nous ignorons même l'époque et le titre de l'avènement de notre Tricheur au comté de Tours. On parle bien d'une cession faite par Hugues-le-Grand en 938 ou 941, au profit de Thibaut-le-Tricheur, qui jusque-là avait possédé la vicomté de Tours; mais nous ne sommes pas encore édifié sur l'existence de cette concession. Nous ignorons donc si le Tricheur fut jamais vicomte de Tours, si le vicomte Thibaut dont il est question dans l'acte de 908, le Palatin de 924, tout comme le comte Thibaut d'Albéric des Trois-Fontaines et celui de Richard de Poitiers forment un seul et même personnage, et si c'est bien ainsi le Tricheur dont il est question dès le commencement du siècle, ou si c'est son père ou quelqu'un des siens. »

Il est assez difficile, en effet, de découvrir la vérité au milieu de ce conflit d'obscurités et de contradictions. Néanmoins, il n'est pas défendu d'avoir une opinion, et, après avoir pesé la valeur des autorités citées par les anciens et les modernes, nous n'hésitons pas à nous ranger au jugement porté par Duchesne, Souchet et Chalmel.

SCEAUX DE SEIGNEURS ET DE BOURGEOIS.

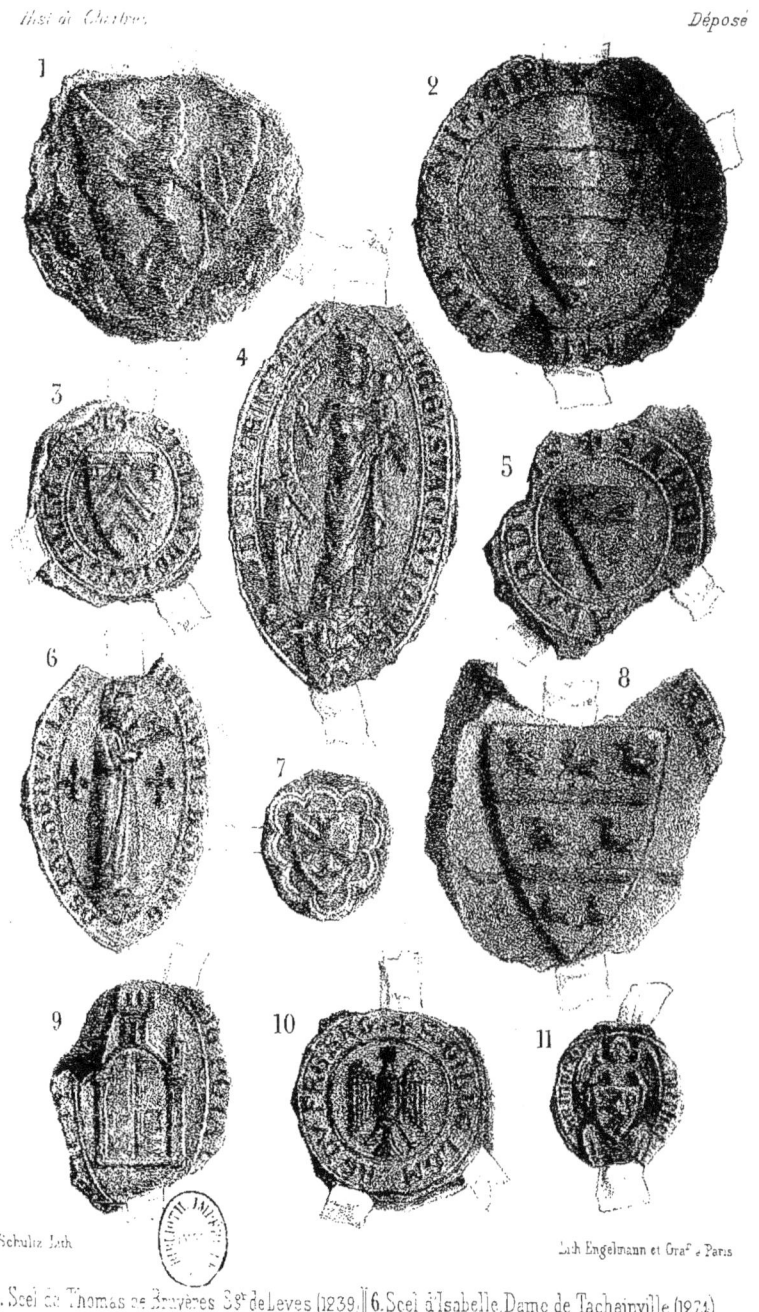

1. Scel de Thomas de Bruyères, Sgr de Leves (1239).
2. Scel de Gauthier de Mesler 1274.
3. Scel de Jean de Leveville (1298).
4. Scel d'Eustachie, épouse de Jean de Bruyères (1259).
5. Scel d'Adam de Gallardon (1255).
6. Scel d'Isabelle, Dame de Tachainville (1274).
7. Contre-Scel id.
8. Scel de Mathieu Vidame (1274).
9. Scel de Philippe de la Porte Morard, chanoine (1253).
10. Scel de Gilles, maire de Fresnay (1274).
11. Scel de Michel de Champrond, maire de Loens (1426).

APPENDICE N° 3.

PRINCIPALES FAMILLES DU PAYS CHARTRAIN

AUX XIe, XIIe, XIIIe ET XIVe SIÈCLES [1].

§ 1er. — BOURGEOISIE CHARTRAINE.

1300. — Aladent (Etienne), citoyen de Chartres. *(Titres du Chapitre.)*
1365. — Aladent (J...), chanoine de Notre-Dame. *(Ib.)*
1304. — Arresnard (Renaud) dit *le Vieux*, citoyen de Chartres. *(Ib.)*
1317. — Arresnard (Michel), bourgeois de Chartres. *(Ib.)*
1318. — Arresnard (Guillaume), chanoine de Notre-Dame. *(Ib.)*
1322. — Arresnard (Jean), dit *le Jeune*, bourgeois de Chartres. *(Titres des Aveugles.)*
1339. — Arresnard (Jean), frère mineur du couvent de Chartres. *(Titres des Cordeliers.)*
c. 1080. — Baisediable (Gaufrid *Osculans diabolum*), époux d'Odeline. *(Titres de Saint-Père.)*
a. 1103. — Baisediable (Ebrard), } frères, fils de Gaufrid. *(Ib.)*
1100-1150. — Baisediable (Guerry), }
a. 1070. — Barbou (Aymon), bourgeois de Chartres. *(Titres de Saint Père.)*
1116. — Barbou (.....), id. *(Ib.)*
c. 1140. — Barbou (Ricard), id. *(Ib.)*
1252. — Barbou (Foulques), citoyen chartrain, fidéjusseur de la comtesse Adèle. *(Titres du Chapitre.)*
1252-1298. — Barbou (Renaud I), dit *l'Aîné* et *le Vieux*, conseiller et familier du roi de France, fondateur de l'hôpital des Aveugles. *(Titres des Aveugles et autres.)*
c. 1280. — Barbou (Etienne I), bourgeois de Chartres. *(Ib.)*
1280-1330. — Barbou (Bertaud I), bourgeois de Chartres, bailli de Rouen, second maître des Aveugles. *(Ib.)*
1280-1330. — Barbou (Jacques), id. *(Ib.)*
1280-1330. — Barbou (Renaud II), bourgeois de Chartres, avoué du Chapitre *(Titres du Chapitre.)*
1280-1342. — Barbou (Simon), id. *(Titres des Aveugles.)*
1280-1330. — Barbou (Etienne II), id., fils d'Etienne I. *(Ib.)*
1300-1342. — Barbou (Gilles), id. *(Ordonn. des Rois de France.)*
1340. — Barbou (Bertaud II), id., avoué du Chapitre. *(Titres du Chapitre.)*
1343. — Barbou (Perrot), id., homme du comte et de ses conseils. *(Ib.)*

---

[1] Je n'ai pas la prétention de donner une liste complète des membres de la grande famille chartraine du Moyen-Age ; j'ai recueilli les noms qui se rencontrent le plus fréquemment dans les chartes et qui, par cela même, désignent les personnages les plus considérables de l'époque.
Les dates ne sont pas celles de la naissance ou de la mort ; elles indiquent les chartes les plus reculées et les plus récentes, qui font mention des individus dénommés.

1368. — Barbou (Jean), bourgeois de Chartres, maître des Aveugles. *(Titres des Aveugles.)*
c. 1380. — Barbou (Renaud III), id. *(Ib.)*
1404. — Barbou (Guillaume), id. *(Titres du Chapitre.)*
a. 1100. — Beauvoir (Ansold I de), id. *(Titres de Saint-Père.)*
1101-1129. — Beauvoir (Goisbert de), id. *(Ib.)*
1127. — Beauvoir (Guillaume I de), id.,
1127. — Beauvoir (Gautier dit *Bretel* de), id., } fils d'Ansold I. *(Ib.)*
1131-1132. — Beauvoir (Gilduin de), id. *(Ib.)*
1138. — Beauvoir (Guillaume II de), id.,
1138. — Beauvoir (Ansold II de), id., } enfants de Guillaume I.
1138. — Beauvoir (Agnès de), id., } *(Ib. et Titres du Chap.)*
1138. — Beauvoir (Marie de), id.,
1142-1158. — Beauvoir (Guillaume III de), chanoine de Notre-Dame. *(Titres de Beaulieu).*
c. 1149. — Beauvoir (Robert I de), prieur de Saint-Père. *(Titres de Saint-Père.)*
c. 1180. — Beauvoir (Roscelin de), chevalier. *(Titres de Saint-Père.)*
1190. — Beauvoir (Radulf de), chanoine de Notre-Dame. *(Titres du Chapitre.)*
1190. — Beauvoir (Simon I, dit *Bretel* de), bourgeois de Chartres, avoué du Chapitre. *(Ib.)*
1195. — Beauvoir (Robert II de) id. *(Titres de Thiron.)*
1210. — Beauvoir (Gohier de), } fils de Roscelin. *(Titres de Saint-Père.)*
1210. — Beauvoir (Simon II de), }
1234. — Beauvoir (Guillaume IV de),
1234. — Beauvoir (Guy de), } frères. *(Titres de Beaulieu.)*
1234. — Beauvoir (Robin de),
1299. — Beauvoir (Jacques de), écuyer. *(Titres de l'Hôtel-Dieu.)*
1257. — Bachelier (Gaufrid), de la rue Berchot, bourgeois de Chartres. *(Titres de Saint-Cheron.)*
1210. — Bechart (Eudes), châtelain de Chartres. *(Titres de Saint-Père et de l'Hôtel-Dieu.)*
1115-1149. — Belin (Etienne), bourgeois de Chartres, pelletier et celerier de Saint-Père. *(Titres de Saint-Père.)*
1138. — Belin (Simon), chanoine de Notre-Dame. *(Titres du Chapitre.)*
c. 1150. — Belin (Chrétien), bourgeois de Chartres. *(Titres de Beaulieu.)*
1190. — Belin (Renaud), chevalier. *(Titres de Saint-Père, de Beaulieu, du Chapitre.)*
1317. — Benart (Pierre), bourgeois de Chartres. *(Titres du Chapitre.)*
c. 1080. — Berbel (Ansold I), bourgeois de Chartres. *(Titres de Saint-Père.)*
1107. — Berbel (Hugues), citoyen chartrain, } fils d'Ansold I. *(Ib.)*
1116-1126. — Berbel (Ansold II), id., croisé,
c. 1110. — Berbel (Gaufrid), id.,
c. 1110. — Berbel (Guy), id., } fils de Hugues. *(Ib.)*
c. 1110. — Berbel (Guillaume), id.,
1369. — Berchot (Guillaume), bourgeois et sergent royal à Chartres. *(Titres du Chapitre.)*
1304. — Bernard (Robert), citoyen de Chartres, avoué du Chapitre. *(Ib.)*
1344. — Berthe (Etienne), notaire et tabellion juré. *(Titres divers.)*
1101-1129. — Bodin (Hubert), bourgeois de Chartres. *(Titres de Saint-Père.)*
1101-1129. — Boisville (Gilbert de), id., familier de Saint-Père. *(Ib.)*
1131-1132. — Boisville (Aimeric de), maire de Boisville, puis maître de l'Aumône de Saint-Père. *(Ib.)*
c. 1179. — Boisville (Hardouin de), familier de Saint-Père. *(Ib.)*
c. 1050. — Bonnemains (Vital, dit), bourgeois de Chartres. *(Ib.)*

c. 1080. — Bonnemains (Ebrard), } fils de Vital. *(Titres de Saint-Père.)*
c. 1080. — Bonnemains (Jean),
1135. — Bonnemains (Jean), bourgeois de Chartres. *(Ib.)*
1251. — Bordeaux (Pierre de), d'une famille bourgeoise, archidiacre de Vendôme. *(Titres du Chapitre.)*
1127. — Boschet (Gaufrid), affranchi et fieffé de Saint-Père. *(Titres de Saint-Père.)*
1127. — Boschet (Radulf), } enfants de Gaufrid. *(Ib.)*
1127. — Boschet (Juliane),
1146. — Boursault (Pierre) citoyen de Chartres. *(Titres de Beaulieu.)*
1101-1129. — Bœuf (Hugues), id. *(Titres de Saint-Père et de Saint-Jean.)*
c. 1080. — Britel (Ansold), id., familier de Saint-Père. *(Titres de Saint-Père.)*
c. 1100. — Britel (Thibault), id. *(Ib.)*
1102-1144. — Britel (Gauthier), id., fils d'Ansold. *(Ib.)*
1130-1150. — Britel (Dudon), id., fils de Thibault. *(Ib.)*
1135-1143. — Britel (Gaufrid), id. *(Ib.)*
c. 1140. — Britel (Ebrard), id. *(Ib.)*
1323. — Britel ou Bretel (Robert), bailli de Chartres. *(Titres divers.)*
1128. — Breton (Philippe), bourgeois de Chartres. *(Titres de Thiron.)*
1317. — Breton (Philippe),
1317. — Breton (Jean), } bourgeois de Chartres. *(Titres du Chapitre.)*
1317. — Breton (Guiot),
c. 1123. — Brunet (Hardouin), id. *(Titres de Saint-Père.)*
1146. — Bruslard (Adam), id. *(Titres de Beaulieu.)*
1374-1390. — Bruyant ou Bruant (Barthelemy ou Berthelot), clerc, tabellion-juré. *(Titres divers.)*
1268. — Burelier (Jean), bailli de Chartres. *(Titres divers.)*
1101-1129. — Burgevin (Renier), id. *(Titres de Saint-Père.)*
1137. — Burgevin (Berenger), } fils de Renier. *(Ib.)*
1137. — Burgevin (Hugues),
1164. — Burgevin (Simon), bourgeois de Chartres. *(Titres de l'Hôtel-Dieu.)*
1262. — Burgevin (Hugues), id. *(Titres de l'Eau.)*
1307. — Cailleau (Raoul), bourgeois de Chartres et sergent du Comte. *(Titres du Chapitre.)*
1309. — Cailleau (Jean), prévôt du comte de Blois en Beauce. *(Ib.)*
1115-1149. — Celles (Guillaume de), Préfet de la ville. *(Titres de Saint-Père.)*
1115-1149. — Celles (Ernaud de), fils de Guillaume. *(Ib.)*
1146. — Chaillou (Gaufrid), bourgeois de Chartres. *(Titres de Beaulieu.)*
c. 1200. — Chaillou (Michel), id. *(Titres du Chapitre.)*
1252. — Chaillou (Nicolas), id., fils de Michel. *(Ib.)*
c. 1255. — Chaillou (Jean I), id., *(Titres de l'Hôtel-Dieu.)*
a. 1293. — Chaillou (Renaud), époux de Marie Chardonneau. *(Ib.)*
1293. — Chaillou (Jean II), id. *(Ib.)*
c. 1120. — Chamau (Hildier), id. *(Titres de Saint-Père.)*
c. 1250. — Chambellan (Jean), bourgeois de Chartres. *(Titres des Aveugles.)*
1292. — Chambellan (Renaud), clerc, fils de Jean. *(Ib.)*
1376. — Champigneau (Denis), bourgeois et sergent royal. *(Titres des Jacobins.)*
1359. — Champrond (Jean et Pierre de), procureurs fondés des Aveugles. *(Titres des Aveugles.)*
1380. — Champrond (Michel de), bourgeois de Chartres. *(Titres de Saint-Jean.)*
1367. — Chantault (Grégoire), chanoine de Notre-Dame. *(Titres du Chapitre.)*
1242. — Chardonel (Gaufrid), chanoine et archidiacre de Dunois. *(Ib.)*

1252. — Chardonel (Renaud), frère prêcheur du couvent de Chartres. *(Titres du Chapitre.)*
1293. — Chardonnel ou Chardonneau (Gilles), bourgeois de Chartres. *(Titres de l'Hôtel-Dieu.)*
1240. — Charpentier (Guillaume), id. *(Titres des Cordeliers.)*
1101-1129. — Cheron ou Claron (Thibault), chevalier, sorti des rangs de la bourgeoisie. *(Titres de Saint-Père.)*
1130-1150. — Cheron ou Claron (Agnès), femme de Gislebert de Fains, } enfants de Thibault. *(Ib.)*
1130-1150. — Cheron ou Claron (Ansold), chevalier,
1388-1401. — Coichet (Girard), clerc, tabellion juré. *(Titres divers.)*
1200-1234. — Coin du Mur (Me Robert du), chanoine de Saint-Maurice, puis official de l'évêque. *(Titres du Chapitre, de Saint-Maurice, de Saint-Père et de Saint-André.)*
c. 1250. — Coin du Mur (Me Jean du), chanoine de Notre-Dame. *(Titres du Chapitre.)*
c. 1250. — Coin du Mur (Thibault du), bourgeois de Chartres. *(Titres de Saint-Père.)*
1319. — Coin du Mur (Pierre du), id. *(Titres du Chapitre.)*
1319. — Coin du Mur (Gilot du), id. *(Ib.)*
1254-1272. — Colrouge (Guy), abbé de Saint-Père. *(Titres de Saint-Père.)*
1252. — Colrouge (Gislebert), bourgeois de Chartres. *(Titres du Chapitre.)*
1259. — Colrouge (Renaud I), id., frère de Gislebert. *(Ib.)*
1259. — Colrouge (Gilot), fils de Gislebert, maire du Chapitre. *(Titres du Chapitre.)*
1259. — Colrouge (Denisot), fils de Renaud, bourgeois de Chartres. *(Ib.)*
1265. — Colrouge (Jean I), bourgeois de Chartres. *(Titres de Saint-Père et du Chapitre.)*
1268. — Colrouge (Renaud II), id., avoué du Chapitre. *(Titres du Chapitre.)*
1301. — Colrouge (Guillaume), id., fils de Jean. *(Ib.)*
1301. — Colrouge (Gilles), id. *(Ib.)*
1302-1312. — Colrouge (Jean II), id., sergent-royal. *(Ib.)*
1312. — Colrouge (Etienne), prévôt de Chartres. *(Ib.)*
1323. — Colrouge (Pierre), avoué du Chapitre. *(Ib.)*
1329-1342. — Colrouge (Jean III), maire de Saint-Maurice. *(Ib. et Ordonn. des rois de France.)*
1101-1129. — Coturnix (Hugues), citoyen chartrain, familier de Saint-Père, puis chanoine de Notre-Dame. *(Titres de Saint-Père.)*
1129-1130. — Coturnix (Payen), citoyen chartrain. *(Ib.)*
1127. — Couart (Guillaume, dit), id. *(Ib.)*
1376. — Courtin (Jean), bourgeois de Chartres et sergent royal. *(Titres des Jacobins.)*
1131-1141. — Crespel ou Crispal (André), bourgeois de Chartres. *(Titres de Saint-Père.)*
1380. — Croy (André de), bourgeois de Chartres. *(Titres du Chapitre.)*
1328. — Darçais (Guillaume), notaire et tabellion juré. *(Titres divers.)*
1311. — Desplonds (Guillaume de Esprolonga, ou), garde-scel de la Châtellenie. *(Titres divers.)*
1310. — Dinan (Jean de), bourgeois de Chartres. *(Titres du Chapitre.)*
1317. — Eliot (Denis), id. *(Ib.)*
1329. — Eliot (Jean), id. *(Ib.)*
1375. — Eliot (Etienne), id. *(Ib.)*
1375. — Eliot (Macé), id., contraire au Roi et condamné à mort pour forfaiture. *(Ib.)*

1298. — Ferté (Jean de la), citoyen de Chartres. *(Titres du Chapitre.)*
1302. — Ferté (Jacques de la), id. *(Ib.)*
1317. — Ferté (Tenot de la), id. *(Ib.)*
1317. — Ferté (Simon de la), id. *(Ib.)*
1329. — Fournigaut (Robert), vice-bailli de Chartres. *(Ib.)*
1311. — Galopin (Denis), prévôt de Chartres. *(Ib.)*
1312-1342. — Galopin (Héméric), id., conseiller du Comte et vice-bailli. *(Ib. et Ordonn. des rois de France.)*
1115-1149. — Gastelier ou Gatelet (Hardouin), familier de Saint-Père. *(Titres de Saint-Père.)*
1296. — Gastelier (Vincent), abbé de Saint-Père. *(Ib.)*
1313-1319. — Gastelier (Renaud), avoué du Chapitre. *(Titres du Chapitre.)*
1292. — Giroust (Hervé), châtelain de Chartres. *(Ib.)*
1301. — Godicheau (Maçot), homme du Chapitre. *(Ib.)*
1335. — Gohier (Joseph), clerc juré. *(Titres divers.)*
1311. — Goucet (Jean), bourgeois de Chartres. *(Ordonnances des rois de France.)*
1319. — Goucet (Guillaume), id. *(Titres du Chapitre.)*
1320. — Goucet (Etienne), id., } fils de Jean. *(Ib.)*
1326. — Goucet (Simon), id.
c. 1130. — Grand-Pont (Gaufrid de), bourgeois de Chartres, familier de la vidamesse Hélisende. *(Titres de Saint-Père.)*
1315. — Grappe (Gilles la), citoyen de Chartres. *(Titres du Chapitre.)*
1096. — Grenet (N.), croisé. *(Histoire de Chartres.)*
1101-1129. — Grenet (Gaufrid), familier de Saint-Père. *(Titres de Saint-Père.)*
1101-1129. — Grenet (Mathieu), id. *(Ib.)*
1312-1316. — Grenet (Etienne), maire de Levéville et de Bennes. *(Titres du Chapitre.)*
1389. — Grenet (N.), licencié ès-lois. *(Ib.)*
1252. — Guespin (Mathieu), bourgeois, gendre de Nicolas Chaillou. *(Ib.)*
1319. — Guespin (Maçot), citoyen chartrain. *(Titres du Chapitre.)*
1336. — Guespin (Noël), bailli de Chartres. *(Titres divers.)*
1380. — Guingamp (Nicolas), clerc, tabellion juré. *(Titres divers.)*
1335. — Gyvès (Henri de), bailli de Chartres. *(Titres divers.)*
c. 1020. — Haudry (N.), prévôt de la ville. *(Titres de Saint-Père.)*
c. 1250. — Haudry (Nicolas), chantre de Notre-Dame de Paris. *(Titres du Chapitre.)*
1252. — Haudry (Jean), clerc de la comtesse Adèle. *(Ib.)*
1114. — Havart (Rainier), bourgeois. *(Titres de Saint-Père.)*
1301. — Jourdain (Michel), citoyen de Chartres. *(Titres du Chapitre.)*
1310. — Jourdain (Aalis), bourgeoise de Chartres. *(Titres du Chapitre.)*
1322. — Jourdain (Jean), bourgeois de Chartres. *(Titres des Aveugles.)*
1323. — Jourdain (Guillaume), id., avoué du Chapitre. *(Titres du Chapitre.)*
1176. — Labelle (Gaufrid), prévôt de Chartres. *(Titres de Beaulieu.)*
1252. — Lambert (Etienne, dit *Major*), bourgeois de Chartres. *(Titres du Chapitre.)*
1352. — Lambert (Gilles), tabellion juré. *(Titres divers.)*
1359-1364. — Laubespine (Simon de), maire du Chapitre. *(Titres du Chapitre.)*
c. 1370. — Laubespine (Gilles de), maître ès-lois. *(Ib.)*
1372. — Laubespine (Nicolas de), tabellion juré. *(Ib.)*
1284. — Leclerc (Henri), notaire et tabellion juré. *(Ib.)*
1247. — Leferon (Guillaume), citoyen chartrain. *(Titres de l'Eau.)*
1100-1110. — Malesherbes (Rainard), familier de Saint-Père. *(Titres de Saint-Père.)*
1315. — Malet (Gaufrid), prévôt de Chartres. *(Titres du Chapitre.)*

1267. — Manier (Guillaume), bailli de Chartres. *(Titres divers.)*
1146. — Marescot (Roger), fieffé et cellerier de Saint-Père. *(Titres de Saint-Père.)*
1146. — Marescot (Etienne), fils de Roger. *(Ib.)*
1146. — Marescot (Hilduin), familier de Saint-Père. *(Ib.)*
1302. — Maugars (Jean, dit), homme du Chapitre. *(Titres du Chapitre.)*
1301. — Minier (Jacques), clerc juré. *(Titres divers.)*
1317. — Monfort (Jean de), citoyen de Chartres et percepteur des deniers du Roi. *(Titres du Chapitre.)*
1310. — Montgison (Jean de), tabellion juré. *(Titres divers.)*
1303. — Montigny (Jean de), clerc juré. *(Ib.)*
c. 1265. — Moulins (Jean des), châtelain de Chartres. *(Titres de Sainte-Foy.)*
1282. — Moulins (Maurice des), clerc. *(Titres de Saint-Cheron.)*
1300. — Moulins (Martin des), bourgeois de Chartres, gendre de Barbou-le-Vieux. *(Titres des Aveugles.)*
1306. — Moulins (Guillaume des), bailli de Chartres. *(Titres du Chapitre.)*
1312. — Moulins (Robert des), procureur du Comte. *(Ib.)*
1322. — Moulins (Raoul des), bourgeois de Chartres. *(Titres des Aveugles.)*
1288. — Muret (Mathieu de), riche bourgeois. *(Titres de Saint-Jean.)*
1288. — Muret (Pierre de), fils de Mathieu. *(Ib.)*
1265. — Noyers (Robert des), bourgeois de Chartres. *(Titres de Saint-Père.)*
1270. — Noyers (Jean des), id. *(Titres de l'Hôtel-Dieu.)*
1130-1150. — Paris (Guillaume I de), fieffé de Saint-Père. *(Titres de Saint-Père.)*
c. 1250. — Paris (Guillaume II de), chancelier de Notre-Dame. *(Titres du Chapitre.)*
1325. — Paris (Jean de), moine de Saint-Père. *(Titres de Saint-Père.)*
1376. — Petey (Benoît), bourgeois de Chartres et sergent royal. *(Titres des Jacobins.)*
c. 1100. — Piédefer (Froger), id. *(Titres de Saint-Père.)*
1341. — Plume ou à la Plommée (Pierre), abbé de Saint-Père. *(Ib.)*
1101-1129. — Porte-Drouaise (Ingrand de la), familier de Saint-Père. *(Ib.)*
1293. — Porte-Neuve (Jean de), clerc juré. *(Titres divers.)*
c. 1080-1116. — Porte-Morard (Haganon de la), bourgeois de Chartres, allié aux Beauvoir. *(Ib.)*
c. 1080-1116. — Porte-Morard (Chotard de la), id., frère d'Haganon. *(Ib.)*
1102-1144. — Porte-Morard (Yves I de la), id., croisé, } fils d'Haganon.
1102-1144. — Porte-Morard (Henri I de la), id., croisé, (*(Ib.)*
1116-1129. — Porte-Morard (Berène de la), bourgeoise de Chartres. *(Ib.)*
1130-1150. — Porte-Morard (Henri II de la),)
1130-1150. — Porte-Morard (Gila de la), } enfants de Yves I. *(Ib.)*
1130-1150. — Porte-Morard (Hersende de la), (
1130-1150. — Porte-Morard (Ameline de la),)
1189. — Porte-Morard (Yves II de la), bourgeois de Chartres,)
1189. — Porte-Morard (Henri III de la), id., } frères. *(Titres de Beaulieu.)*
1189. — Porte-Morard (Cheron de la), id.,)
1189. — Porte-Morard (Julienne de la), sœur des trois précédents. *(Ib.)*
1189. — Porte-Morard (Henri IV de la), fils de Yves II. *(Ib.)*
1251. — Porte-Morard (Yvonnet de la), écuyer. *(Titres de Saint-Cheron.)*
1261. — Porte-Morard (Philippe de la), chanoine de Notre-Dame. *(Titres du Chapitre.)*
1303. — Porte-Morard (Henri V de la), bourgeois de Chartres. *(Ib.)*
1101-1129. — Poulain (Guillaume), bourgeois de Chartres. *(Ib.)*
1101-1129. — Poulain (Gaufrid),)
1101-1129. — Poulain (Haimery), } neveux de Guillaume. *(Ib.)*
1101-1129. — Poulain (Garin),)

1359. — Prévoteau (Barthélemy), lieutenant du bailli. *(Titres divers.)*
1365-1370. — Prévoteau (Denis), lieutenant et tabellion juré, puis bailli. *(Ib.)*
1368. — Quatresols (Pierre), clerc, tabellion juré et garde-scel de la châtellenie. *(Ib.)*
1393. — Quatresols (Jacquet), maire de Berneuse. *(Titres de l'Hôtel-Dieu.)*
1101-1129. — Quatrevaux ou Quatrenvaux (Robert *Quatuor-Boum*), bourgeois. *(Titres de Saint-Père.)*
1250. — Rahier (Gaufrid), châtelain de Chartres. *(Titres divers.)*
1265. — Roussel (Jacques), citoyen chartrain. *(Titres de Saint-Père.)*
1311. — Sale (Jean), clerc juré. *(Titres divers.)*
1215. — Saugier (Hugues), châtelain de Chartres. *(Ib.)*
1252. — Saugier (Haimon), bourgeois de Chartres. *(Titres du Chapitre.)*
1322. — Saugier (Nicolas Sauger ou), troisième maître des Aveugles. *(Titres des Aveugles.)*
c. 1200. — Saulnières (Pierre de), d'une famille noble de Tréon, se fit moine à Saint-Père. *(Titres de Saint-Père.)*
c. 1200. — Saulnières (Eudes de), fils de Pierre. *(Ib.)*
c. 1200. — Saulnières (Hélisende de), femme de Payen de Malmucet; sœur de Pierre. *(Ib.)*
1219. — Saulnières (Gathon de), citoyen de Chartres. *(Titres de Josaphat.)*
1224. — Saulnières (Radulf de), doyen de Brou. *(Ib.)*
1247. — Saulnières (Clément de), citoyen de Chartres. *(Titres de Saint-Jean.)*
1248. — Saulnières (Etienne de), ⎫
1248. — Saulnières (Pierre de), ⎪
1248. — Saulnières (Colin de), ⎬ enfants de Clément. *(Titres de l'Hôtel-Dieu.)*
1248. — Saulnières (Jeanne de), ⎪
1248. — Saulnières (Hilarie de), ⎭
1190. — Savart (Richard), bourgeois de Chartres. *(Ib.)*
c. 1280. — Senonches (Renaud I de, dit *le Vieux*), bourgeois de Chartres. *(Titres du Chapitre.)*
1302. — Senonches (Pierre de), id. *(Ib.)*
1307. — Senonches (Renaud II de), id., fils de Renaud I. *(Ib.)*
1363. — Senonches (Marie de, dite *d'Angennes*), fille de Pierre. *(Titres de Saint-Saturnin.)*
1309. — Sequart (Renaud), citoyen de Chartres, avoué du Chapitre. *(Titres du Chapitre.)*
c. 1309. — Sequart (Gilles), bourgeois de Chartres. *(Ib.)*
1317. — Sequart (Pierre), chanoine de Saint-Maurice. *(Ib.)*
1380. — Sequart (Jean), bourgeois de Chartres. *(Ib.)*
1101-1129. — Sureau (Eudes), id. *(Titres de Saint-Père.)*
1306. — Toustain (Robert), clerc juré. *(Titres divers.)*
1334. — Trouillard (Nicolas), bailli de Chartres. *(Titres du Chapitre.)*
1293. — Vassal (Nicolas), notaire et tabellion juré. *(Titres divers.)*
1298. — Vendomeau (Jean), prévôt de Chartres. *(Titres du Chapitre.)*
1307. — Vendomeau (Gilot), fils de Jean. *(Ib.)*
1235. — Villène (Girard), bourgeois de Chartres. *(Titres de Saint-Cheron.)*

§ 2. — HAUTE NOBLESSE [1].

1° Maison d'Alluyes.

978. — Hugues *de Aloia* ou *de villa Aloyæ*. (*Titres de Saint-Père.*)
1016. — Walter ou Gauthier *de Alogia*, fidèle du comte Eudes. (*Ib.*)
c. 1030. — Gaufrid de Medène, *honoris Alogie dominus*, époux de Mathilde, fille de Walter. (*Ib.*)
c. 1050. — Guillaume Goet I, seigneur de Montmirail, second époux de Mathilde. (*Ib.*) Par ce mariage, les seigneuries de Montmirail, Authon, La Basoche, Alluyes et Brou, qui formèrent le Perche-Goet ou Petit-Perche, se trouvèrent réunies dans les mêmes mains.
a. 1070. — Mathilde possède seule la seigneurie d'Alluyes et la transmet ensuite à son fils Guillaume. (*Ib.*)
c. 1070. — Guillaume Goet II, seigneur des cinq baronies, époux d'Eustachie, père de Guillaume III, de Hugues mort avant 1100, de Robert et de Mathilde. (*Ib.*)
c. 1125. — Guillaume Goet III.
1187. — Philippe d'Alluyes (?), figure comme témoin dans la charte donnée par Thibault V aux habitants de Saint-Martin du Péan.
1190. — Renaud de Montmirail, seigneur d'Alluyes, croisé. (*Titres de Saint-Cheron, du Chapitre et de Saint-Père.*)
1215. — Hervé, comte de Nevers, frère de Renaud et son héritier dans la seigneurie d'Alluyes, époux de Mathilde. (*Titres du Chapitre.*)
1253. — Eudes, seigneur de Bourbon et d'Alluyes, fils du duc de Bourgogne. (*Titres de Saint-Père.*)
1285. — Marguerite, reine de Jérusalem et de Sicile, veuve de Charles d'Anjou.
1307. — Jeanne de Bretagne, femme de Robert de Flandre.

La seigneurie d'Alluyes passa, au commencement du XVe siècle, dans la maison de Bar, par le mariage d'Yolande de Flandre avec Henri, comte de Bar; elle échut ensuite aux maisons de Luxembourg et d'Armagnac, puis, de nouveau, à celle de Luxembourg, qui la posséda jusqu'en 1510.

2° Maison de Bérou.

a. 1070. — Richard *de Bairo*, témoin d'une charte où il est question d'Albert de Brezolles. (*Titres de Saint-Père.*)
1096. — Gaufrid I; Euphémie, sa femme; Gaufrid II, Radulf, Gislebert et Richard, ses fils; Adeline, sa fille. (*Ib.*)
1096-1115. — Radulf, frère de Gaufrid I. (*Ib.*)
1101-1129. — Gaufrid II, croisé. (*Ib.*)
c. 1150. — Gaufrid, doyen de Notre-Dame de Chartres. (*Titres du Chapitre.*)

---

[1] On trouvera à la fin du deuxième volume la liste des vicomtes et des vidames de Chartres, qui comprend les seigneurs des puissantes maisons du Puiset et de Freteval-Meslay.

1194. — Simon, chanoine de Notre-Dame, fils de Gaufrid II, neveu du doyen Gaufrid. *(Ib.)*
1195. — Robert, chancelier de Notre-Dame, neveu de Simon. Il donna une verrière à la cathédrale, après l'incendie de 1194. *(Ib.)*
1188-1229. — Gaufrid III, chevalier; Isabelle, sa femme. Il était frère du chancelier Robert et beau-frère de Robert et de Guillaume de Chartres. *(Titres de Beaulieu et de l'Hôtel-Dieu.)*
1232. — Radulf, bienfaiteur des Lépreux de Beaulieu. *(Ib.)*
1274. — Pierre, clerc, bienfaiteur de l'Hôtel-Dieu. *(Ib.)*

3° *Maison de Bullou.*

a. 1070. — Erard, chevalier, l'un des fidèles de Gaufrid de Medène, seigneur d'Alluyes. *(Titres de Saint-Père.)*
a. 1102. — Bernard, *vir nobilis, opimatissimus, toto corpore plagis in bello debilitatus*..... *(Ib. et Titres du Chapitre.)*

4° *Maison de Chartres.*

a. 1070. — Herbert *Carnotensis*, témoin d'une charte, avec Nivelon et Albert de Gallardon. *(Titres de Saint-Père.)*
1096. — Philibert, croisé. *(Titres du Chapitre.)*
a. 1102. — Garin. *(Titres de Saint-Père.)*
c. 1110. — Thibault. *(Ib.)*
1164-1202. — Guillaume I, chevalier, époux de Pétronille,
1174-1231. — Girard I,
1187-1220. — Robert I, seigneur de Ver, époux d'Edeline,
} frères. *(Titres du Chapitre.)*
1190. — Guy, croisé. *(Ib.)*
c. 1220. — Philippe I. *(Titres de l'Eau.)*
1226-1241. — Ebrard,
1226-1230. — Guillaume II, époux de Thècle Morhier,
1226. — Renaud,
1226. — Robert II,
1230. — Jacques,
} enfants de Robert I. *(Titres de l'Eau et de l'Hôtel-Dieu.)*
1230-1263. — Girard II, époux d'Isabelle, de Béatrix et de Blanche,
1230-1282. — Guillaume III, seigneur du fief de Ver,
} enfants de Guillaume II. *(Ib.)*
1230. — Roscelin,
1261. — Girard III,
1261-1295. — Robert III, seigneur de Ver,
1261. — Philippe II,
1261. — Alix,
1261. — Isabelle,
} enfants de Girard II. *(Ib.)*
1325. — Hervé, moine de Saint-Père. *(Titres de Saint-Père.)*
1327. — Hemeric, clerc tonsuré. *(Titres du Chapitre.)*

5° Maison de Châteauneuf et Brezolles [1].

10..-1050. — Riboult ou Ribault, fidèle des rois Robert et Henri I. *(Titres de Saint-Père.)*
c. 1060. — Albert, *nobilissimus vir*, fidèle du roi Henri I, époux d'Adelaïs,
c. 1060. — Eudes,
c. 1060. — Guérin,
c. 1060. — Frédeline (?), épouse de Waszon ou Guazon I,
} enfants de Riboult. *(Ib. et Titres divers.)*

a. 1080. — Hugues I, héritier d'Albert, son oncle, époux de Mabile, fille de Roger de Montgommery,
a. 1080. — Guazon II,
} enfants de Guazon I. *(Ib.)*

1090-1140. — Mabile, fille de Hugues I, épouse de Gervais I. Yves, évêque de Chartres donne leur généalogie dans sa 261e Lettre. *(Ib. et Lettres d'Yves de Chartres.)*

1107-1160. — Hugues II, époux d'Alberède de Meulan. Il reconstruisit le donjon de Châteauneuf.
1107. — Pierre,
1107. — Gervais II,
1107. — Guazon III,
1107. — Mabile,
} enfants de Gervais I. *(Titres divers.)*

1170-1199. — Hugues III, fils de Hugues II. *(Ib.)*
1199-1215. — Gervais III, croisé, fils de Hugues III, époux de Marguerite, fille d'Hervé, comte de Nevers. *(Ib.)*
1200. — Hugues IV,
1200-1235. — Hervé, croisé avec son père,
1200. — Gervais IV, évêque de Nevers,
} enfants de Gervais III. *(Ib.)*

1266. — Hugues V, de Châteauneuf, seigneur de Brezolles. *(Titres de Saint-Père.)*
1316. — Jehan du Châtel ou Châteauneuf. *(Ib.)*

6° Maison de Courville et de Courville-Vieux-Pont.

c. 1050. — Mascelin. *(Titres de Saint-Père.)*
c. 1050-1060. — Yves I. *(Ib. et Titres du Chapitre.)*
c. 1050-1086. — Ernault, fidèle de l'évêque Geoffroy I. *(Titres de St-Père.)*
c. 1050-1080. — Geraud ou Giroye, *Gerogius*, époux de Philippa. *(Ib.)*
1089-1120. — Yves II se fit moine à Saint-Jean,
1089-1107. — Jordan, chevalier,
} enfants de Geraud. *(Ib. et Titres de Saint-Jean et Thiron.)*

c. 1117. — Jean I, moine à Saint-Père. *(Titres de Saint-Père.)*
c. 1119. — Constant. *(Titres de Thiron.)*
1120-1124. — Foulques, dit *du Chêne*, hérite par alliance de Yves II. *(Titres de Saint-Père, Saint-Jean et Thiron.)*

---

[1] M. E. Lefevre a traité longuement de la maison de Châteauneuf-Brezolles, dans l'Annuaire du département, années 1850 et 1852; nous renvoyons nos lecteurs à ce travail intéressant.

1181-1183. — Hervé. *(Titres du Chapitre et de Saint-Cheron.)*
1181-1225. — Yves III, de Vieux-Pont, époux d'Isabelle et de Marie, jadis comtesse de Vendôme, } frères. *(Titres de Saint-Jean, de Beaulieu et de Josaphat.)*
1197-1202. — Robert I, de Vieux-Pont,
c. 1197-1217. — Guillaume I, de Vieux-Pont,
c. 1240. — Yves IV, de Vieux-Pont, fils de Marie,
1256-1265. — Robert II, de Vieux-Pont, fils d'Isabelle, } enfants de Yves III. *(Ib.)*
a. 1265. — Jean II de Vieux-Pont,
1265-1292. — Guillaume II, de Vieux-Pont, époux de Mabile, cousin de Jeanne, comtesse de Chartres. *(Titres de l'Eau et de Saint-Jean[1].)*
1281. — Philippe de Vieux-Pont, possesseur du four de Courville. *(Titres de l'Hôtel-Dieu.)*
1313-1323. — Jean III, de Vieux-Pont, excommunié. *(Titres du Chapitre.)*
1330. — Robert III, de Vieux-Pont. *(Titres de Saint-Jean.)*

La famille de Vieux-Pont conserva la seigneurie de Courville jusque vers la fin du XVe siècle.

7° Maison de La Ferté.

c. 1000. — Hubert I. *(Titres du Chapitre.)*
1049-1060. — Hugues I, fils de Hubert I. *(Ib.)*
1070-1129. — Hubert II. *(Titres de Saint-Père.)*
1102-1122. — Hugues II. *(Ib.)*
1116-1129. — Ernaud I, doyen de Notre-Dame. *(Ib.)*
1116-1129. — Guillaume, croisé, } neveux d'Ernaud I.
1116-1149. — Hugues III, prévôt de Notre-Dame, puis archevêque de Tours, } *(Ib.)*
a. 1119. — Pierre, abbé de Saint-Lomer de Blois, fils d'Hubert II. *(Ib.)*
1119-1128. — Sanction[2]. *(Ib.)*
c. 1120-1176. — Ernaud II, } enfants de Guillaume. *(Ib. et Titres de Beaulieu.)*
c. 1120. — Hugues IV,
c. 1145. — Daniel, époux de Brunmatin, fille de Foulques Mansel. *(Titres de Saint-Père.)*
1221-1236. — Hugues V, doyen du Chapitre, puis évêque de Chartres, fils d'Ernaud II. *(Titres du Chapitre.)*

8° Maison de Friaize.

1048. — Walter ou Gautier I. *(Titres du Chapitre.)*
1079-1120. — Garin I, fidèle de Yves II, de Courville. *(Titres de Thiron, de Saint-Jean et de Saint-Père.)*
11... — Yves. *(Titres du Chapitre.)*
1164-1168. — Gautier II, } frères. *(Titres de l'Hôtel-Dieu, de Thiron et de Beaulieu.)*
1168. — Hugues,

---

[1] Un titre de Saint-Jean donne les armes de Guillaume II, de Vieux-Pont, qui étaient d'argent, à 10 annelets de gueules, 4, 3, 2 et 1. (Arch. départ.)

[2] Peut-être Sanction de la Ferté, fidèle de Thibault IV, qui résidait habituellement à Blois, n'était-il pas de la famille de la Ferté *Ernaud* ou *Vidame*, dont il est question ici.

1168. — Gautier III,
1202. — Jean, croisé,
1202-1226. — Garin II, époux de la vidamesse Marguerite,
} enfants de Gautier II. *(Titres de l'Hôtel-Dieu, de Beaulieu, de l'Eau et de Saint-Jean.)*

9° Maison de Gallardon.

c. 980. — Hervé I, très-noble abbé de Saint-Cheron (?). *(Titres du Chapitre.)*
c. 1036. — Albert. *(Titres de Saint-Jean et de Saint-Père.)*
1070-1080. — Herbert, fils de Rotrude. *(Titres de Saint-Père.)*
1070-1080. — Hervé II,
1070-1080. — Foucher,
1070-1080. — Guiburge,
} enfants de Herbert. *(Ib.)*
c. 1080. — Wuathon. *(Ib.)*
1090-1129. — Hervé III, baron du comte Thibault IV,
1090-1101. — Hugues I,
1107. — Gautier I,
} enfants de Hervé I. *(Titres de Saint-Père et de Saint-Jean.)*
c. 1110. — Guy. *(Titres de Saint-Père et de Thiron.)*
1114-1140. — Robert I, fils de Wuathon. *(Titres de Saint-Père et de Saint-Jean.)*
c. 1140-1168. — Hugues II,
c. 1140-1168. — Robert II,
c. 1140. — Simon,
c. 1140. — Gautier II,
c. 1140. — Guillaume I,
c. 1140. — Yves,
c. 1140. — Agnès,
} enfants de Robert I. *(Titres de Saint-Père et de Beaulieu.)*
c. 1170-1224. — Hervé IV,
1170-1212. — Hugues III,
1170-1212. — Galeran,
1170-1191. — Isambert,
1170-1173. — Radulf,
} frères. *(Titres du Chapitre, de Saint-Cheron, de Saint-Père et de Josaphat.)*
1225-1239. — Adam,
1225-1239. — Gaufrid,
} fils de Hervé IV. *(Titres du Chapitre, de l'Hôtel-Dieu et des Filles-Dieu.)*
c. 1255. — Michel (?), bienfaiteur des Frères-Prêcheurs. *(Titres des Jacobins.)*

10° Maison d'Illiers.

c. 980. — Avesgaud (?), fidèle du comte Eudes et de sa mère Leudgarde. *(Titres du Chapitre.)*
a. 1038. — Ingelger, fidèle du comte Eudes II. *(Titres de Saint-Père.)*
1090-1100. — Yves I. *(Ib.)*
1130-1149. — Gaufrid I. *(Ib.)*
c. 1132-1150. — Bodard. *(Titres de Saint-Père et de Beaulieu.)*
c. 1165-1168. — Yves II, croisé, époux de Legarde, fille de Girard Boël. *(Titres de Saint-Jean.)*
1229. — Gaufrid II, fils d'Alicie, époux d'Adeline. *(Titres de Saint-Père.)*
1229. — Guillaume I, frère de Gaufrid II. *(Ib.)*
c. 1229-1280. — Gaufrid III,
1229. — Guillaume II,
} enfants de Gaufrid II. *(Titres de Saint-Père et de Saint-Jean.)*

11° Maison de Lèves.

c. 1036. — Goslin I. *(Titres de Saint-Jean.)*
a. 1080-1101. — Goslin II, époux d'Odeline. *(Titres de Saint-Père.)*
1087. — Dodon, frère de Goslin II. *(Ib.)*
1087-1149. — Goslin III, époux d'Elisabeth, ⎫ fils de Goslin II. *(Titres de Jo-*
1087-1148. — Geoffroy ou Gaufrid I, évêque ⎬ *saphat, Saint-Père, Saint-*
    de Chartres, ⎭ *Jean, Beaulieu, Thiron.)*
c. 1100-1107. — Milon I,
1126-1150. — Hugues, prévôt, puis archidiacre de Blois. *(Titres de Saint-Père.)*
c. 1130-1137. — Radulf, chanoine de Notre-Dame. *(Titres du Chapitre.)*
c. 1130-1212. — Gaufrid II, époux de Marguerite, fils de Goslin III. *(Titres de Josaphat, de l'Hôtel-Dieu, de Saint-Jean et de Beaulieu.)*
c. 1130-1155. — Goslin IV, évêque de Chartres, ⎫ fils de Milon I. *(Titres*
1156-a. 1201. — Milon II, dit *le Jeune du Bois-* ⎬ *du Chapitre et de Jo-*
    de-Lèves, époux de Berta, ⎭ *saphat.)*
1201-1238. — Goslin V, époux de Phi- ⎫ enfants de Gaufrid II. *(Titres*
    lippa, ⎪ *du Chapitre, de Josaphat, de*
1201-1259. — Jean I, dit *de Bruyères*, ⎬ *Saint-Jean, des Filles-Dieu et*
    époux d'Eustachie, ⎪ *de Saint-Cheron.)*
1201-1217. — Agnès, ⎭
1201-1220. — Mabile, femme de Hugues ⎫ enfants de Milon II. *(Titres de*
    de Meslay, ⎬ *Josaphat.)*
1201. — Marguerite, ⎭
1217-1248. — Thomas I, *de Bruyères*, ⎫ enfants de Goslin V. *(Titres des*
    époux d'Agnès, ⎬ *Filles-Dieu.)*
1217. — Mathilde, ⎭
1259-1272. — Jean II, *de Bruyères*, fils de Thomas I. *(Titres de Josaphat.)*
1301. — Thomas II, *de Bruyères. (Titres du Chapitre.)*
1302. — Adam, *de Bruyères. (Ib.)*

La seigneurie de Lèves passa, peu de temps après, entre les mains de Jean de Nesle, sire d'Offemont, époux d'Ade de Mailly, qui la vendit, le 27 juin 1365, au chapitre de Notre-Dame, moyennant 1,200 livres.

12° Maison de Levéville.

c. 1080. — Ebrard I, époux d'Aaliz. *(Titres de Saint-Père.)*
1101-1150. — Amaury I, époux d'Aaliz, ⎫ fils d'Ebrard I. *(Titres du*
    fidèle du comte Thibaut IV, ⎬ *Chapitre, de Saint-Père et*
1101-1129. — Paulin I, ⎭ *de Thiron.)*
1101-a. 1170. — Ebrard II, ⎫
1101-a. 1173. — Girard, ⎪
1101-1156. — Paulin II, ⎪
1101-1129. — Isabelle, ⎬ enfants d'Amaury I. *(Titres de Saint-Père*
1101-1129. — Pétronille, ⎪ *et de Josaphat.)*
1101-1129. — Philippa, ⎪
1101-1129. — Marguerite, ⎭
1194. — Germond, chanoine de Notre-Dame. *(Titres du Chapitre.)*
1227-1239. — Ebrard III, fils d'Ebrard II. *(Titres de Josaphat.)*

13° *Maison d'Ouarville.*

c. 1150. — Mathilde. *(Titres du Chapitre.)*
1146-1152. — Renaud I, croisé, } frères. *(Titres de Saint-Jean.)*
1146. — Hugues, croisé,
1168-1197. — Renaud II,
1168-1225. — Goslin, chantre de Notre-Dame, } fils de Renaud I. *(Ib.)*
1186. — Guillaume, époux d'Hermengarde. *(Ib.)*
c. 1200. — Robert, chanoine de Notre-Dame. *(Titres du Chapitre.)*
1208-1230. — Renaud III, croisé, } fils de Renaud II. *(Titres de Saint-*
1208-a. 1256. — Gaufrid, chanoine } *Jean, de l'Hôtel-Dieu et de Saint-*
     de Notre-Dame, } *Cheron.)*

§ 5. — NOBLESSE DE SECOND ORDRE.

1033-1069. — Abonville (Hardouin d'). *(Titres de Saint-Père.)*
1130-1150. — Abonville (Milon d'). *(Ib.)*
1221. — Achères (Guiard d'), seigneur à Theuvy, } frères. *(Titres de Saint-*
1221. — Achères (Garnier d'), chevalier,   }   *Jean.)*
1221. — Achères (Jean d'), fils de Guiard. *(Ib.)*
1077-1107. — Aiguillon (Robert I, *Aculeus*, d'), seigneur à Barjouville et
    Tachainville. *(Titres de Saint-Père.)*
1101-1129. — Aiguillon (Renaud d'). *(Ib.)*
1101-1148. — Aiguillon (Guillaume I d'), croisé,
1101-1140. — Aiguillon (Robert II d'),   } fils de Robert I. *(Ib.)*
1101-1129. — Aiguillon (Nivelon d'),
1130-1140. — Aiguillon (Robert III d'),
1130-1140. — Aiguillon (Manassès d'), } enfants de Guillaume I. *(Ib.)*
1130-1140. — Aiguillon (Marguerite d'),
1130-1140. — Aiguillon (Odeline d'),
1211-1215. — Aiguillon (Guillaume II d'), } frère et sœur. *(Titres de Saint-*
1211-1215. — Aiguillon (Aalis d'),   } *Jean et de Beaulieu.)*
1079-1101. — Allonnes (Garin d'), époux de Milesende. *(Titres de Saint-*
    Père.)
1128. — Allonnes (Eudes I d'), chevalier. *(Titres de Thiron.)*
1179-1194. — Allonnes (Eudes II d'), croisé, fils d'Ameline et époux de
    Jaqueline. *(Titres de Josaphat et de Beaulieu.)*
1179-1191. — Allonnes (Eustachie d'), fille d'Eudes II. *(Titres de Saint-*
    Père.)
1190. — Allonville (Albéric d'), seigneur à Neuvy, croisé. *(Titres divers.)*
a. 1219. — Ardelles (Menier d'), chevalier, époux de Marie. *(Titres de*
    Josaphat.)
1219. — Ardelles (Eustachie d'), épouse de Robert Foart,
1219. — Ardelles (Isabelle d'),   } filles de Menier.
1219. — Ardelles (Marie d'),   *(Ib.)*
1219. — Ardelles (Pétronille d'),
1101-1129. — Aubin (Germond de Saint-), moine à Saint-Père. *(Titres de*
    Saint-Père.)

c. 1050. — Aunay-sous-Auneau (Gautier I d'). *(Titres de Saint-Père.)*
a. 1080. — Aunay (Gautier II d'), ⎫
a. 1080. — Aunay (Gunhier I d'), ⎬ fils de Gautier I. *(Ib.)*
a. 1080. — Aunay (Goslin I d'), ⎭
1130-1150. — Aunay (Gunhier II d'), ⎫ fils de Gautier II. *(Ib.)*
a. 1130-1150. — Aunay (Garin d'), ⎭
1130-1150. — Aunay (Adam d'), ⎫
1130-1150. — Aunay (Payen d'), ⎪
1130-1150. — Aunay (Galeran d'), ⎬ enfants de Garin. *(Ib.)*
1130-1150. — Aunay (Herbert d'), ⎪
1130-1150. — Aunay (Eremburge d'), ⎪
1130-1150. — Aunay (Pétronille d'), ⎭
1181. — Aunay (Hugues d'), chevalier. *(Titres de Saint-Jean.)*
c. 1190. — Aunay (Goslin II d'). *(Titres divers.)*
1226. — Aunay (Gunhier III d'), époux de Saturnine. *(Titres de Josaphat.)*
1226. — Aunay (Philippe d'), fils de Gunhier III. *(Ib.)*
1235. — Aunay (Guy d'), époux d'Aalis. *(Titres de Saint-Jean.)*
1235. — Aunay (Simon d'), fils de Guy. *(Ib.)*
1239. — Aunay (Renaud d'), époux d'Eustachie. *(Ib.)*
1252. — Aunay (Guillaume d'), chanoine de Notre-Dame. *(Titres du Chapitre.)*
1271. — Aunay (Gaçot d'), écuyer, ⎫ frères. *(Titres des Filles-Dieu.)*
1271. — Aunay (Perin d'), écuyer, ⎭
1364. — Aunay (Pierre d'). *(Titres de Saint-Jean.)*
1101-1130. — Auneau (Guy I d'). *(Titres de Saint-Père.)*
1146. — Auneau (Goslin d'). *(Titres de Beaulieu.)*
c. 1200. — Auneau (Galeran d'), croisé. *(Titres divers.)*
c. 1200. — Auneau (Guy II d'), chevalier, ⎫
    époux de Clémence, ⎬ frères. *(Titres de l'Hôtel-Dieu.)*
1210-1217. — Auneau (Jean I d'), chevalier, époux de Marsila, ⎭
1217. — Auneau (Jean II d'), ⎫
1217. — Auneau (Joscelin d'), ⎬ enfants de Jean I. *(Ib.)*
1217. — Auneau (Mathilde d'), ⎪
1217. — Auneau (Aalis d'), ⎭
1101-c. 1140. — Baignolet (Yves de), ⎫ frères. *(Titres de Saint-Père.)*
1101-c. 1140. — Baignolet (Hubert de), ⎭
1271. — Barat (Jean), chevalier, seigneur à Aunay-sous-Auneau. *(Titres des Filles-Dieu.)*
1271. — Barat (Simon), écuyer. *(Ib.)*
c. 1176. — Barmainville (Herbert de), moine de Saint-Père. *(Ib.)*
1101-1129. — Beauvilliers (Herbert de). *(Ib.)*
1194. — Beauvilliers (Jodoin de), croisé. *(Titre de la famille du Temple.)*
1130-1149. — Beigue (Haimeric, dit), seigneur à Saint-Prest. *(Titres de Saint-Père.)*
1196. — Beigue (Guarin, dit), chevalier, id. *(Titres de Beaulieu.)*
1094. — Bennes [1] (Guillaume I de). *(Titres de Saint-Père.)*
1131-1141. — Bennes (Guillaume II de), ⎫ frères, neveux de Guillaume d'Aiguillon. *(Titres de Saint-Père et de Beaulieu.)*
1131-1141. — Bennes (Gauthier de), ⎭
1101-1129. — Berchères (Rainaud I de). *(Titres de Saint-Martin-au-Val.)*
c. 1114. — Berchères (Hugues I de). *(Titres de Saint-Jean.)*
c. 1116. — Berchères (Gauthier de). *(Titres de Saint-Père.)*

---

[1] Près Chauffours, ou Beine, près Maule; on trouve indifféremment dans les titres les noms *Bena* et *Benis* appliqués au même personnage.

1186. — Berchères (Etienne II de), chevalier. *(Titres de St-Martin-au-Val.)*
1210. — Berchères (Hugues II de). *(Titres du Chapitre.)*
1245. — Berchères (Rainaud II de), chevalier. *(Titres de Saint-Cheron.)*
1250. — Berchères (Mathieu de), chevalier. *(Titres du Chapitre.)*
1079-1101. — Béville-le-Comte [1] (Gaufrid de), seigneur aux Chaises et à Beaulieu. *(Titres de Saint-Père.)*
a. 1100. — Béville (Arrold de). *(Ib.)*
1101-1144. — Béville (Hugues de), époux de Marie. *(Ib.)*
1101-1144. — Béville (Etienne de), chevalier, puis moine à Saint-Père, } fils de Gaufrid. *(Ib.)*
1101-1150. — Béville (Robert de),
c. 1130. — Béville (Jean de), fils d'Arrold. *(Ib.)*
1188. — Béville (Galeran de). *(Titres de Beaulieu.)*
1089-1101. — Boël (Barthélemy), chevalier de Chartres, époux de la vidamesse Hélisende. *(Titres de Saint-Père.)*
1094-1098. — Boël (Foucher), croisé, frère de Barthélemy. *(Ib.)*
1104-1151. — Boël (Girard), fils de Barthélemy. *(Titres de Saint-Jean.)*
1151. — Boël (Legarde), fille de Girard, femme d'Yves d'Illiers. *(Ib.)*
1212. — Boutainvilliers (Anselme de), chevalier, seigneur à Châtenay. *(Titres de Saint-Cheron.)*
a. 1080. — Bretigny (Gislebert de). *(Titres de Saint-Père.)*
1130-1150. — Bretigny (Rainaud de). *(Ib.)*
1176. — Bretigny (Thibault de), époux d'Ameline. *(Titres de Beaulieu.)*
1176. — Bretigny (Aalis de), } filles de Thibault. *(Ib.)*
1176. — Bretigny (Lucie de),
c. 1020. — Brunel (Eudes I), seigneur du côté de Brou. *(Titres de Saint-Père.)*
c. 1020. — Brunel (Hubert). *(Ib.)*
1092-1120. — Brunel (Girard), époux d'Ameline. *(Ib.)*
1101-1116. — Brunel (Herbert). *(Ib.)*
c. 1120. — Brunel (Helgaut),
c. 1120. — Brunel (Rodulf), } fils de Girard.
c. 1120-1145. — Brunel (Adam), *(Ib.)*
c. 1120-1150. — Brunel (Hugues ou Eudes II), croisé,
1264. — Bruyère (Nicolas de la), chevalier, seigneur à Bois-Ruffin et Ermenonville-la-Petite. *(Titres de Saint-Cheron.)*
a. 1080. — Challet (Hervé de), } frères. *(Titres de Saint-Père.)*
1080-1116. — Challet (Hugues de),
1257-1267. — Challet (Gaufrid de), époux d'Héloïse, seigneur à Theuvy. *(Titres de Saint-Jean.)*
1257-1267. — Challet (Michel de), écuyer. *(Ib.)*
1257-1267. — Challet (Pierre de), écuyer. *(Ib.)*
1290. — Challet (Renaud de), fils de Michel. *(Ib.)*
1101-1116. — Chevannes (Hugues de), seigneur à Boisville. *(Titres de Saint-Père.)*
1101-1124. — Chevannes (Hitres de), moine à Saint-Père. *(Ib.)*
1130-1150. — Chevannes (Gilbert de), *(Ib.)*
1156. — Chevannes (Richard de), chevalier. *(Titres de Josaphat.)*
1301. — Chevannes (Gaufrid de), chevalier. *(Titres du Chapitre.)*
1170-1173. — Chavernay (Philippe de). *(Titres de Josaphat.)*
1250. — Chavernay (Colin de), } frères. *(Titres du Chapitre).*
1250. — Chavernay (Hugues de), chanoine de Notre-Dame,
1259. — Chavernay (Geoffroy de), chevalier. *(Ib.)*
1279. — Chavernay (Nicolas de), chevalier. *(Ib.)*

[1] Peut-être est-ce Boisville-la-Saint-Père.

1101-1129. — Chenard ou Canard (Goslin), seigneur de Louville. *(Titres de Saint-Père.)*
c. 1112-1130. — Chenard (Hémeric), id., \ frères.
c. 1112-1150. — Chenard (Eudes), abbé de Saint-Père), } *(Ib. et Titres de*
c. 1112-1120. — Chenard (Isnard), / *Saint-Jean.)*
1120-1168. — Chenard (Philippe), seigneur de Louville, \ enfants d'Hémeric. *(Titres de*
1120. — Chenard (Hildegarde), } *Saint-Père, de Saint-Jean et*
1120. — Chenard (Euphémie), / *de Beaulieu.)*
1120. — Chenard (Aia),
1130-1150. — Chenard (Payen). *(Titres de Saint-Père.)*
1130-1150. — Chenard (Gaufrid). *(Ib.)*
1202. — Chenard (Renaud), croisé, seigneur de Louville. *(Titres divers.)*
1267. — Chenard (Hubert), croisé. *(Ib.)*
1330. — Chenard (Guillaume), écuyer. *(Titres du Chapitre.)*
1249-1265. — Chesnel ou Chesneau (Gaufrid), chevalier, seigneur à Chauffours. *(Titres de l'Hôtel-Dieu.)*
1265. — Chesnel (Jean), écuyer, \
1265. — Chesnel (Etienne), } fils de Gaufrid. *(Ib.)*
1265. — Chesnel (Robin), /
1291. — Chevrel (Raoul), écuyer, à Garnay. *(Titres de Saint-Jean.)*
c. 1100. — Cholet (Raimbert), seigneur du côté de Courville. *(Titres de Saint-Père.)*
c. 1101-1116. — Cholet (Hugues I). *(Ib.)*
1116-1149. — Cholet (Germond). *(Ib.)*
1190-1222. — Cholet (Hugues II), } frères. *(Titres de l'Hôtel-Dieu.)*
1190. — Cholet (Yves),
1197-1203. — Cholet (Renaud). *(Titres de Saint-Jean et du Chapitre.)*
1245-1265. — Cholet (Macé ou Mathieu), chevalier, époux de Béatrix. *(Titres de l'Eau et de l'Hôtel-Dieu.)*
1288. — Cholet (Jean), cardinal du titre de Ste-Cécile. *(Titres du Chapitre.)*
1343. — Cholet (Guillaume), chanoine de Notre-Dame. *(Ib.)*
a. 1070. — Chotard (Guy), seigneur du Drouais. *(Titres de Saint-Père.)*
1101-1129. — Chotard (N.), familier des moines, époux d'Osanne, } frères.
1101-1129. — Chotard (Landry), archidiacre de Notre-Dame, *(Ib.)*
a. 1102. — Chotard (Baudry), chevalier. *(Ib.)*
1102. — Chotard (Eustache), fils de Baudry. *(Ib.)*
a. 1116. — Chotard (Hugues), } fils de Chotard époux d'Osanne. *(Ib.)*
a. 1116. — Chotard (Hubert),
1101-1129. — Cintray (Guy de). *(Ib.)*
1189-1194. — Cointet (Gaufrid), chevalier, fidèle du comte Thibault V. *(Titres du Chapitre.)*
1214. — Coltainville (Gaufrid de), chevalier, oncle d'Avesgot de Saint-Prest. *(Titres de l'Hôtel-Dieu.)*
c. 1040. — Coudray (Haimery du), puissant seigneur à Chartres. *(Titres de Saint-Père.)*
c. 1080. — Coudray (Wulfrid du), fils d'Haimery. *(Ib.)*
c. 1100. — Coudray (Girard du), chevalier. *(Ib.)*
a. 1116. — Coudray (Guillaume du), chevalier, fils de Girard, neveu d'Osanne, femme de Chotard. *(Ib.)*
1120-1128. — Coudray (Gaufrid I du), chevalier. *(Titres de l'Eau et de Saint-Jean.)*
1164. — Coudray (Engenold du), chevalier, époux de Marie. *(Titres de Josaphat.)*
1164-1200. — Coudray (Hugues du), \
1164-1200. — Coudray (Bernard du), } enfants d'Engenold. *(Ib.)*
1164-1200. — Coudray (Guiburge du), /

1229. — Coudray (Thomas du), chevalier, } frères. *(Titres de Saint-Che-*
1229. — Coudray (Gaufrid II du), id.,   } *ron et de Saint-Jean.)*
a. 1332. — Coudray (Pierre du), chevalier. *(Titres de Josaphat.)*
1189-1202. — Coutes (Guillaume I de), chevalier croisé, seigneur à Saint-
          Martin-au-Val. *(Titres de Beaulieu.)*
1239. — Coutes (Gervais de), chevalier. *(Titres de Josaphat.)*
1317. — Coutes (Guillaume II de), chevalier. *(Titres du Chapitre.)*
1080-1129. — Craton (Eudes), chevalier, fidèle du vicomte Hugues du
          Puiset. *(Titres de Saint-Père.)*
1105-1130. — Craton (Raimbaud I), chevalier croisé. *(Ib.)*
1200-1226. — Craton (Raimbaud II), chanoine de Notre-Dame. *(Titres du
          Chapitre et de Josaphat.)*
1189-1194. — Crespin (Renaud), chevalier croisé, époux de Gila, maré-
          chal du palais du comte Louis. *(Titres de Beaulieu.)*
1138. — Croix (Nivelon de), chanoine de Notre-Dame. *(Titres du Chapitre.)*
1223. — Croix (Guillaume de), chevalier, gendre de Garin de Saint-Prest.
          (Titres de l'Hôtel-Dieu.)
a. 1080. — Crucey (Maingot de), époux d'Hersinde. *(Titres de Saint-Père.)*
1090-1116. — Crucey (Ingenulf de), ami des moines. *(Ib.)*
1101-1129. — Crucey (Girard de). *(Ib.)*
c. 1120. — Crucey (Guillaume de), familier de Saint-Père. *(Ib.)*
1131-1141. — Crucey (Ansold de), id. *(Ib.)*
1151-1171. — Crucey (Roger de). *(Ib.)*
1101-1115. — Dammarie (Ingelbert de). *(Ib.)*
1218. — Denonville (Renaud de), chevalier. *(Titres de Beaulieu.)*
1218. — Denonville (Guillaume de), chevalier croisé, neveu de Renaud. *(Ib.)*
1260. — Dolmont (Guillaume de), écuyer, seigneur à Thivars. *(Titres de
          Saint-Jean.)*
1131-1141. — Dreux (Lambert de). *(Titres de Saint-Père.)*
1299. — Dreux ou le Drouais (Guillaume de), chevalier, à Chartres.
          (Titres de l'Eau.)
1302-1317. — Dreux (Pierre I de), citoyen de Chartres, avoué du Cha-
          pitre. *(Titres du Chapitre et de Saint-Jean.)*
1316. — Dreux ou le Drouais (Jean I de), chevalier, seigneur de Tachain-
          ville. *(Ib.)*
1367. — Dreux ou le Drouais. (Pierre II de), chevalier. *(Titres de l'Eau.)*
1375. — Dreux (Jean II de), prêtre à Chartres. *(Titres du Chapitre.)*
a. 1139. — Ecublé (Herbert d'). *(Titres de Saint-Père.)*
c. 1080. — Epeautrolles (Hugues d'). *(Ib.)*
1090-1116. — Epeautrolles (Rainaud d'). *(Ib.)*
1190. — Erouville (Gaufrid d'), chevalier croisé, seigneur à Saint-Ger-
          main-le-Gaillard. *(Titres de l'Hôtel-Dieu.)*
c. 1300. — Erouville (Huet d'), écuyer. *(Ib.)*
a. 1102. — Fains [1] (Hugues de), chevalier, époux d'Hildeburge. *(Titres
          de Saint-Père.)*
1101-1120. — Fains (Payen de), chevalier, seigneur à Vitray, époux
          d'Emeline. *(Ib.)*
1101-1124. — Fains (Adelard de). *(Ib.)*
c. 1120. — Fains (Gislebert de),
c. 1120. — Fains (Guillaume de),
c. 1120. — Fains (Robert de),
c. 1120. — Fains (Gaufrid de),   } enfants de Payen. *(Ib.)*
c. 1120. — Fains (Eremburge de),
c. 1120. — Fains (Adelaïs de),

[1] Peut-être est-ce Fains, dans le département de l'Eure.

1122. — Fains (Isnard de), seigneur à Réveillon. *(Titres de Saint-Père.)*
1105. — Feucherolles (Hunger de), seigneur à Néron. *(Ib.)*
11... — Feuillet [1] (Arnaud de), chanoine de Notre-Dame. *(Titres du Chapitre.)*
1136. — Feuillet (Guillaume I de). *(Titres de Saint-Père.)*
c. 1200. — Feuillet (Hémeric de), chanoine de Notre-Dame. *(Titres du Chapitre.)*
1210-1213. — Feuillet (Hugues de), id. *(Titres de Saint-Père.)*
1226. — Feuillet (Guillaume II de), chevalier. *(Titres de Saint-Cheron.)*
c. 1050. — Flaud (N.), seigneur à Abonville. *(Titres de Saint-Père.)*
c. 1080-1091. — Flaud (Gauthier), } fils de Flaud. *(Ib.)*
c. 1080. — Flaud (Renaud 1),
1101-1129. — Flaud (Renaud II), } fils de Gauthier. *(Ib.)*
1101-1129. — Flaud (Payen),
1101-1129. — Flaud (Robert). *(Ib.)*
c. 1130. — Flaud (Philippe), fils de Robert, neveu de Nivelon de Meslay. *(Ib.)*
1131-1141. — Flaud (Amelin). *(Ib.)*
c. 1120. — Foart (Roger), seigneur à Vitray-sous-Brezolles. *(Ib.)*
1219-1225. — Foart (Robert), chevalier, époux d'Eustachie d'Ardelles. *(Titres de Josaphat.)*
c. 1260. — Foart (Gauthier), écuyer. *(Titres de l'Eau.)*
1250. — Fréquot (Gauthier de Frescot ou), chanoine de Notre-Dame. *(Titres du Chapitre.)*
1190. — Frette (Robert Gruel de la), seigneur du Perche, croisé. *(Titres divers.)*
1119-1124. — Fruncé (Yves de), chevalier, puis moine à Saint-Père. *(Titres de Saint-Père.)*
c. 1124. — Fruncé (Pierre de), } fils d'Yves. *(Ib.)*
c. 1124. — Fruncé (Yves de),
1033-1069. — Garancières en Drouais (Guntard de). *(Ib.)*
c. 1069. — Garancières (Gauthier de), fils de Guntard. *(Ib.)*
1127. — Garancières (Robert de). *(Ib.)*
1203. — Garancières (Ingenulf de). *(Ib.)*
1138. — Gasville (Hugues de). *(Titres du Chapitre.)*
a. 1080. — Gaudaine (Guillaume de la), } frères. *(Titres de Saint-Père.)*
a. 1080. — Gaudaine (Renaud de la),
1101-1129. — Gaudaine (Yves de la). *(Ib.)*
c. 1160. — Gaudaine (Hugues de la), chevalier. *(Titres de Saint-Cheron et de Thiron.)*
1258. — Gellainville (Michel de), époux d'Aalis. *(Titres de Saint-Jean.)*
1196-1222. — Germain-le-Gaillard (Robert de Saint-), chevalier. *(Titres de l'Hôtel-Dieu et de Josaphat.)*
1247. — Gode (Gaufrid), chevalier, à Chartres. *(Titres de l'Eau.)*
1247. — Gode (Guillaume), écuyer. *(Ib.)*
1260. — Goindreville (Guillaume de), écuyer. *(Titres de Saint-Jean.)*
1101-1106. — Gorget (Hulduard de), fidèle d'Ebrard du Puiset. *(Titres de Saint-Père.)*
1107. — Gorget (Hilbert de). *(Ib.)*
1202. — Goudonville (Gauthier de), fidèle du comte Louis. *(Titres divers.)*
1268. — Grogneul (Guillaume de), chevalier. *(Titres de Saint-Jean.)*
1249-1265. — Groslu (Pierre de), chevalier. *(Titres de l'Hôtel-Dieu.)*
1232. — Guilleville (Eudes de), chevalier, époux de Jeanne de Machery. *(Ib.)*

---

[1] C'est *Feuillet* à Chartres, près du clos de la Chancellerie, au Grand-Faubourg, et non *Feuillet*, commune d'Autheuil.

1231. — Hanches (Amaury de), chevalier, } frères. *(Titres de l'Hôtel-*
1231. — Hanches (Guillaume de), clerc, } *Dieu.)*
1151-1171. — Harenc (Adam), préfet pour le Roi, à Janville. *(Titres de Saint-Père.)*
1210. — Harenc (Giles), chevalier. *(Ib)*
1211. — Hauville (Foucaud de), chevalier. *(Titres de Saint-Jean.)*
1094-1095. — Honville (Herchembault de), chevalier, époux d'Hildeburge. *(Titres de Saint-Père.)*
1101-1129. — Honville (Girbert de). *(Ib.)*
c. 1140. — Honville (Thibault de), chevalier. *(Ib.)*
1152-1181. — Honville (Henri de), croisé, }
1152. — Honville (Gaufrid de), } fils de Thibault. *(Titres de*
1152-1181. — Honville (Guillaume de), } *Saint-Jean.)*
1152. — Honville (Robert de), }
1212. — Honville (Ansold de), chevalier. *(Titres de Saint-Cheron.)*
1283. — Huré (Renaud), chevalier à Sours. *(Titres de Saint-Jean.)*
c. 1280. — Jouy (Guazon de), chevalier. *(Ib.)*
1293. — Jouy (Mathilde de), fille de Guazon. *(Ib.)*
a. 1080. — Lamerville (Lambert de), près Brezolles. *(Titres de Saint-Père.)*
a. 1080. — Lamerville (Bernard de). *(Ib.)*
1130-1150. — Léger des Aubées (Isembard de Saint-). *(Ib.)*
1120. — Leloup (Payen), chevalier croisé, seigneur à Néron. *(Ib. et Titres de Saint-Jean.)*
1250. — Lépine (Renaud de), chanoine-chantre de Notre-Dame. *(Titres du Chapitre.)*
a. 1080. — Leroux (Arnulf), seigneur à Abonville. *(Titres de Saint-Père.)*
c. 1100. — Leroux (Girbert), oncle de Hunger d'Immonville, chevalier, puis moine à Saint-Père. *(Ib.)*
c. 1100-1102. — Leroux (Rainaud), fils d'Arnulf. *(Ib.)*
c. 1100-1150. — Leroux (Albert). *(Ib.)*
c. 1100. — Leroux (Roger), seigneur à Saint-Cheron. *(Ib.)*
1119-1128. — Leroux (Adelard), époux d'Agnès, } fils de Roger. *(Ib.)*
1119-1128. — Leroux (Etienne), }
1119-1128. — Leroux (Herman), moine à Saint-Père, fils d'Adelard. *(Ib.)*
1131-1168. — Leroux (Gaufrid). *(Ib. et Titres de Saint-Jean.)*
1138. — Leroux (Hubert), préfet de la ville. *(Titres de Thiron.)*
1101-1129. — Leroux (Hugues), seigneur à Ivry et Bréval. *(Titres de Saint-Père.)*
1101-1129. — Leroux (Robert), id. *(Ib.)*
1119-1128. — Leroux (Humbaud), seigneur du côté de Vert-en-Drouais. *(Ib.)*
1101-1129. — Leroux (Guillaume), seigneur près d'Alluyes. *(Ib.)*
1101-1129. — Leroux (Ingelger), seigneur à Brou. *(Ib.)*
1118. — Leroux (Eudes), seigneur du Dunois. *(Ib.)*
1118. — Leroux (Baderan), } fils d'Eudes. *(Ib.)*
1118. — Leroux (Eustache), }
1234. — Lesehenne (Bernard), époux de Lucie, chevalier à Sours. *(Titres de Saint-Jean.)*
a. 1100. — Lubin de Cravant (Mascelin de Saint-), époux } frères. *(Titres*
de Théodora, } *de Saint-Pè-*
1101-1129. — Lubin (Embold de Saint-), époux d'Ermeline, } *re.)*
1101-1129. — Lubin (Gauthier de Saint-), }
1101-1129. — Lubin (Godefrid de Saint-), } fils de Mascelin. *(Ib.)*
1101-1129. — Lubin (Albin de Saint-), }
1101-1129. — Lubin (Guillaume de Saint-), }
1101-1129. — Lubin (Payen de Saint-), } enfants d'Embold. *(Ib.)*
1101-1129. — Lubin (Legarde de Saint-), }
1101-1129. — Lubin (Ermengarde de Saint-), }

1232. — Machery (Robert de), chevalier, seigneur près de Béville-le-Comte,
1232. — Machery (Simon de),
1232. — Machery (Guillaume de),
1232. — Machery (Thomas de),
1232. — Machery (Nivelon de),
1232. — Machery (Nicolas de),
1232. — Machery (Jeanne de), femme d'Eudes de Guilleville,
} frères et sœurs. *(Titres de l'Hôtel-Dieu.)*

1101-1129. — Magny (Yves de). *(Titres de Saint-Père.)*
1261. — Magny (Hugues de), chevalier, seigneur à Houdoir, près Blandainville. *(Titres de Saint-Cheron.)*
c. 1116. — Maintenon (Galeran de). *(Titres de Saint-Père.)*
1135-1198. — Maintenon (Amaury de), tuteur du fils d'Amaury de Montfort. *(Titres de Beaulieu et de Saint-Jean.)*
1101-1129. — Malart (Girard), seigneur à Alluyes,
1101-1129. — Malart (Hubert),
1101-1129. — Malart (Gauthier),
} frères. *(Titres de Saint-Père.)*
1101-1129. — Malart (Hugues). *(Ib.)*
1120-1150. — Malart (Arnulf), fils de Girard. *(Ib.)*
1101-1129. — Mansel (Gilles I), chevalier croisé, seigneur du côté de Brou. *(Ib.)*
1101-1116. — Mansel (Hugues). *(Ib.)*
1116-1128. — Mansel (Durand). *(Ib.)*
c. 1120. — Mansel (Foulques), fils de Gilles 1. *(Ib.)*
1132-1150. — Mansel (Guillaume). *(Ib.)*
c. 1145. — Mansel (Brunmatin), épouse de Daniel de la Ferté,
c. 1146. — Mansel (Gilles II), époux d'Hersende,
} enfants de Foulques. *(Ib.)*
1146. — Mansel (Gaufrid),
1146. — Mansel (Gilles III),
1146. — Mansel (Robert),
1146. — Mansel (Mathias),
} enfants de Gilles II. *(Ib.)*
c. 1090. — Mancelière (Bernard de la). *(Ib.)*
1180. — Mancelière (Ysor de la), chevalier. *(Ib.)*
1164-1168. — Marolles (Foulques de). *(Titres de Beaulieu.)*
1363. — Marolles (Maupin de). *(Titres de Saint-Jean.)*
1231. — Martin (Guillaume de Saint-), chevalier, seigneur à Fontenay-sur-Eure. *(Titres de l'Hôtel-Dieu.)*
1112. — Maunoury (Gauthier), chevalier, seigneur à Theuvy. *(Titres de Saint-Jean.)*
1238. — Maunoury (Radulf), chevalier, époux de Suzanne. *(Ib.)*
1101-1129. — Maupetit (Hugues), seigneur à Moinville-la-Boureau. *(Titres de Saint-Père.)*
1190. — Menou (Gervais de), chevalier croisé. *(Titres divers.)*
1267. — Menou (Simon de), id. *(Ib.)*
1069-1079. — Mérouville (Ingelger de). *(Titres de Saint-Père.)*
1138. — Mévoisins (Hildier de), chevalier. *(Titres du Chapitre.)*
c. 1260. — Mévoisins (Gauthier de), chevalier, époux de Gila. *(Titres de l'Hôtel-Dieu.)*
1281. — Mévoisins (Nicolas de),
1281. — Mévoisins (Colin de),
} fils de Gauthier. *(Titres de l'Hôtel-Dieu.)*
1308. — Mévoisins (Geffroy de), écuyer, fils de Nicolas. *(Ib.)*
1107. — Mignières (Godard de). *(Titres de Saint-Père.)*
1219. — Mignières (Guillaume I de), chevalier. *(Titres de Saint-Cheron.)*
1253. — Mignières (Jean de), écuyer, fils de Guillaume. *(Ib.)*
1267. — Mignières (Guillaume II de), chevalier croisé. *(Ib.)*

TOME I. 30

1094-1129. — Mongerville (Joscelin de), fidèle du comte Etienne-Henri, } frères. *(Titres de Saint-Père et de Saint-Jean.)*
1101-1129. — Mongerville (Payen de), chanoine de Notre-Dame,
a. 1103. — Mongerville (Ansold de), époux de Hildegarde. *(Ib.)*
1107. — Mongerville (Payen II de), époux d'Adélaïde, fils d'Ansold. *(Ib.)*
1123-1140. — Mongerville (Guillaume de), fils de Joscelin. *(Ib.)*
1101-1129. — Morancez (Hubert de), } frères. *(Titres de Saint-Père.)*
1101-1129. — Morancez (Tescelin de),
a. 1091. — Mordant (Guillaume), seigneur près de Courville. *(Ib.)*
1116-1150. — Mordant (Hubert), id. *(Ib.)*
1217. — Mordant (Simon), id. *(Ib.)*
1217. — Mordant (Gaufrid), chevalier, époux d'Hildeburge, grand-oncle de Guillaume de Grogneul. *(Titres de Saint-Jean.)*
1224. — Mordant (Garin), chevalier, neveu de Gaufrid d'Erouville. *(Titres de l'Hôtel-Dieu.)*
1101-1129. — Morhier I (N.), chevalier, époux de Thècle. *(Titres de Saint-Père.)*
c. 1129. — Morhier (Haimeric), } fils de Morhier I. *(Titres du Chapitre et de Saint-Jean.)*
1129-1150. — Morhier (Garnier I),
c. 1129. — Morhier (Guntard),
c. 1150. — Morhier (Guillaume I),
c. 1150. — Morhier (Philippe I), chanoine de Notre-Dame, } fils de Garnier I. *(Ib)*.
1150-1180. — Morhier (Garnier II), chevalier,
1150-1207. — Morhier (Jean),
1151. — Morhier II (N.), fils de Guntard, chevalier, puis moine à Saint-Jean. *(Titres de Saint-Jean.)*
1200. — Morhier (Philippe II), neveu du grand chantre Crépin de Dreux, et fils de Morhier II. *(Titres du Chapitre.)*
1226. — Morhier (Thècle), femme de Guillaume II de Chartres. *(Titres de l'Eau.)*
1249. — Morhier (Robin), écuyer. *(Titres de l'Hôtel-Dieu.)*
1363. — Morhier (Philippe III), chevalier. *(Titres de Saint-Jean.)*
1376. — Morhier (Guillaume II), seigneur de St-Piat. *(Titres des Jacobins.)*
1101-1129. — Morville près Yèvres (Hugues de), } frère et sœurs. *(Titres de Saint-Père et du Chapitre.)*
1101-1129. — Morville (Payenne de),
1101-1129. — Morville (Legarde de), femme d'Erard de Villebon,
1101-1129. — Morville (Erembert de). *(Titres de Saint-Père.)*
1129. — Morville (Gunhier de), chevalier, } fils de Hugues. *(Ib. et Titres du Chapitre.)*
1129-1138. — Morville (Guillaume I de), chanoine de Notre-Dame,
1265. — Morville (Guillaume II de), écuyer, seigneur à Moutiers. *(Titres de l'Hôtel-Dieu.)*
a. 1070. — Morvilliers (Isnard de), fidèle d'Albert de Brezolles. *(Titres de Saint-Père.)*
a. 1080. — Morvilliers (Hugues de). *(Ib.)*
1090-1128. — Morvilliers (Robert de), } fils de Hugues. *(Ib.)*
1090. — Morvilliers (Normand de), chevalier croisé,
c. 1101. — Morvilliers (Guillaume de), fils de Normand. *(Ib.)*
c. 1128. — Morvilliers (Haimeric de), fils de Robert. *(Ib.)*
1190. — Moutiers (Hugues de), chevalier croisé. *(Titres de l'Hôtel-Dieu.)*
1265. — Moutiers (Guillaume de), écuyer. *(Ib.)*
1130-1150. — Oisonville (Bernier d'). *(Titres de Saint-Père.)*
1208. — Oinville-sous-Auneau (Hugues d'), chevalier. *(Titres de Saint-Chéron.)*

1147. — Orrouer (Geoffroy d'), } frères. *(Titres de Saint-Jean.)*
1147. — Orrouer (Robert), chevalier croisé,
1115-1149. — Piat (Guadon de Saint-). *(Titres de Saint-Père.)*
1238. — Poisvilliers (Robert I de), chevalier, époux d'Isabelle. *(Titres de Saint-Cheron.)*
c. 1250. — Poisvilliers (Thibault de), fils de Robert I. *(Ib.)*
1293. — Poisvilliers (Robert II de), fils de Thibault. *(Ib.)*
1138. — Prest (Gauthier de Saint-), chevalier. *(Titres du Chapitre.)*
1190-1229. — Prest (Avesgot de Saint-), chevalier, époux d'Ameline. *(Titres de l'Hôtel-Dieu, du Chapitre, de Saint-Jean et de Saint-Cheron.)*
1200. — Prest (Garin de Saint-), chevalier, époux de Rosceline, puis de Julienne, beau-père de Guillaume de Croix. *(Titres de l'Hôtel-Dieu.)*
1206. — Prest (Hugues de Saint-),
1206-1226. — Prest (Guillaume I de Saint-), chevalier, époux d'Agnès,
1206-1223. — Prest (Philippe I de Saint-), } enfants de Garin. *(Ib.)*
moine à Josaphat,
1206-1223. — Prest (Cécile de Saint-),
1206-1223. — Prest (Lucie de Saint-),
1211-1229. — Prest (Philippe II de Saint-), } enfants d'Avesgot. *(Titres de Saint-Jean.)*
1211-1229. — Prest (Marie de Saint-),
1267. — Prunay (Guillaume de), chevalier croisé. *(Titres divers.)*
1191. — Prunelé (Guillaume de), chevalier croisé. *(Titre appartenant à la famille du Temple de Rougemont.)*
1395. — Prunelé (Jean de), chevalier, chambellan du Roi. *(Titres de Saint-Père.)*
c. 1050. — Reclainville (Hugues de). *(Titres de Saint-Père.)*
a. 1080. — Reclainville (Rainaud de). *(Ib.)*
1119-1128. — Reclainville (Herbrand de), époux de Richilde. *(Ib.)*
1128. — Reclainville (Etienne de), } fils d'Herbrand. *(Ib.)*
1128. — Reclainville (Payen de),
c. 1109. — Ressuintes (Haimard des), chevalier, puis moine à St-Père. *(Ib.)*
1176-1183. — Rouvray-Saint-Denis (Renaud de), chevalier. *(Titres de Beaulieu et de Saint-Cheron.)*
1208. — Sainville (Guillaume de), chevalier. *(Titres de Saint-Cheron.)*
c. 1210-1227. — Sainville (Renaud de), chevalier, époux de Désirée. *(Titres de Saint-Jean.)*
1101-1129. — Sandarville (Payen de). *(Titres de Saint-Père.)*
1267. — Sandarville (Guillaume de), chevalier croisé. *(Titres divers.)*
1083. — Santeuil (Gilduin de), chevalier. *(Titres du Chapitre.)*
1101-1129. — Secouray (Jean de). *(Titres de Saint-Père.)*
1284. — Souriau (Geoffroy), chevalier chartrain. *(Titres de Saint-Jean.)*
1168. — Tachainville (Girard de), chevalier. *(Ib.)*
1202. — Tachainville (Aubert de), chevalier croisé. *(Ib.)*
1190. — Tardais (Gislebert I de), chevalier croisé. *(Titres de Saint-Cheron.)*
1193. — Tardais (Gislebert II de), sous-doyen de Notre-Dame, cousin de Gislebert I. *(Titres du Chapitre.)*
1191. — Temple (M... du), chevalier croisé. *(Titre appartenant à la famille du Temple de Rougemont.)*
a. 1102. — Toriol (Landry I de), seigneur à Dampierre-sous-Brou. *(Titres de Saint-Père.)*
1102. — Toriol (Hugues de),
1102. — Toriol (Landry II de), } fils de Landry I. *(Ib.)*
1102. — Toriol (Gaufrid de),
1130-1150. — Tremblay (Robert I du). *(Titres de Saint-Père.)*
1168. — Tremblay (Gosbert du), chevalier. *(Titres de Saint-Jean.)*

1203. — Tremblay (Herbert du). *(Titres de Saint-Père.)*
1210. — Tremblay (Hugues du), chevalier, seigneur du Tremblay. *(Titres de Saint-Jean.)*
1265. — Tremblay (Etienne du). *(Titres de Saint-Père.)*
1365. — Tremblay (Gilles, vicomte du), époux de Jeanne. *(Titres de Josaphat.)*
1342. — Tremblay (Robert du), seigneur en partie du Tremblay-le-Vicomte. *(Titres de Saint-Jean.)*
a. 1080. — Tréon (Hugues de). *(Titres de Saint-Père.)*
1147. — Tréon (Philippe de), chevalier croisé. *(Ib.)*
1147. — Tréon (Gauthier de), moine à Saint-Père, fils de Philippe. *(Ib.)*
1101-1116. — Trizay (Robert de). *(Ib.)*
1156. — Trizay (Gislebert de), chanoine de Notre-Dame. *(Titres de Josaphat.)*
1101-1129. — Tronchay (Hildier du), seigneur du côté de Courville. *(Titres de Saint-Père.)*
1101-1129. — Tronchay (Robert du). *(Ib.)*
1244-1244. — Tronchay (Renaud du, dit *Maquerel*), chevalier, époux de Marie. *(Titres de Saint-Jean.)*
1244-1271. — Tronchay (Gilles du, dit *Maquerel*), chevalier, } fils
1244-1271. — Tronchay (Gaufrid du, dit *Maquerel*), } de Renaud.
1244-1271. — Tronchay (Robin du, dit *Maquerel*), } *(Ib.)*
1138. — Umpeau (Robert d'), chevalier. *(Titres du Chapitre.)*
1189. — Vallet (Guillaume), chevalier, seigneur à Saint-Martin-au-Val. *(Titres de Beaulieu.)*
1117-1120. — Vaupilon (Guillaume de), chevalier. *(Titres de Saint-Père et de Thiron.)*
c. 1080. — Vichères (Ernault de), chevalier, époux de Riscende. *(Titres de Saint-Père.)*
a. 1102. — Vichères (Guillaume de), chevalier, fils d'Ernault. *(Ib.)*
1160. — Vieuvicq (Rahier de), chevalier. *(Titres de Beaulieu.)*
1195. — Vieuvicq (Eudes de), chevalier. *(Titres de Thiron.)*
1120. — Villebon (Erard de), époux de Legarde de Morville. *(Titres de Saint-Père.)*
1193-1210. — Villebeton (Pierre de), chevalier. *(Titres de Beaulieu et du Chapitre.)*
1100. — Vitray (Bernard de), chevalier. *(Titres de Saint-Père.)*
c. 1250. — Voise (Jean I de), chevalier. *(Titres de Saint-Jean.)*
1277. — Voise (Jean II de), chevalier, fils de Jean I. *(Ib.)*
1260-1264. — Yon (Anceau de Saint-), chevalier chartrain. *(Titres du Chap.)*
1367. — Yon (Henri de Saint-), seigneur de Jouy. *(Ib.)*
1138. — Ymeray (Jean d'), chevalier. *(Ib.)*
1101-1129. — Ymmonville (Etienne d'), chevalier. *(Titres de Saint-Père.)*
c. 1100. — Ymmonville (Georges d'), époux d'Hersende. *(Ib.)*
c. 1140. — Ymmonville (Gauthier d'), }
c. 1140. — Ymmonville (Eudes d'), } enfants de Georges. *(Ib.)*
c. 1140. — Ymmonville (Milesende d'), }
c. 1109. — Yys (Gradulf des). *(Ib.)*
1109-1124. — Yys (Robert des), fils de Gradulf. *(Ib.)*
1124. — Yys (Ernault des), fils de Robert. *(Ib.)*
1179. — Yys (Hugues des). *(Ib.)*
1200. — Yys (Ribold des), beau-père de Pierre de Saulnières. *(Ib.)*
1200. — Yys (Thibault des), fils de Ribold. *(Ib.)*

APPENDICE N° 4.

TOPOGRAPHIE CHARTRAINE [1].

1° QUARTIER SAINT-ANDRÉ.

1° *Rue de la Corroierie.*

(De la rue du Bourg à celle de la Barillerie.)

Yves de Chartres fait mention, dans une de ses lettres, de la rue *des Corroyeurs* (1090-1115) [2]; à en juger par les habitudes de constance et de fixité des corporations ouvrières du Moyen-Age, il y a lieu de croire que la rue dont parlait l'illustre prélat est celle qui porte encore le nom de *la Corroierie*.

Parmi les édifices que renfermait cette rue au XVe siècle (1416-1468), on remarquait l'hôtel *du Dauphin*, aboutissant par derrière à la chapelle Saint-Eman; l'hôtellerie *de Saint-Christophe*, l'une des plus achalandées de la ville, voisine de la ruelle des Trois-Moulins; le grand hôtel *des Etuves*, dit aussi *Painchaud*, *Fournagot* et *Four-au-Vidame*, situé sur la rivière, en face de la ruelle *d'Escoussoupe;* la *salle* ou maison de refuge des dames de l'Eau, qui se développait vis-à-vis le pont *de Ponceau* ou *des Arches*, aujourd'hui *des Minimes*, et dont les religieux Minimes prirent possession au commencement du XVIIe siècle. Les dames *des Saints-Lieux-Forts* avaient, au coin de la Corroierie et du pont de Ponceau, une maison qu'elles vendirent au chapitre de Notre-Dame vers 1650.

(Registre des rentes de Saint-André, Censiers du Chapitre, Comptes de l'Hôtel-Dieu, Registres des Echevins.)

2° *Rue de la Barillerie.*

(Du pont des Minimes à la rue de la Brêche.)

Cette rue doit son nom à un cabaret dont font mention les censiers du Chapitre de 1410 et de 1506, qui avait pour enseigne *le Barillet* et qui était situé près de la petite église Saint-Nicolas, entre les degrés de la fontaine Saint-André et le pont *de Ponceau (des Minimes)*.

3° *Rue de la Brêche.*

(De la rue de la Barillerie à la porte Drouaise.)

Doyen dit [3] que cette rue s'appelait autrefois *des Francs-Bourgeois;* nous n'avons jamais rencontré ce nom dans nos recherches. On la nommait, avant 1568, rue *Saint-André*, et nous la trouvons ainsi désignée

---

[1] J'ai inséré dans cet appendice les renseignements de détail qui n'ont pu trouver place dans l'histoire. Ces deux parties de mon travail, Histoire et Topographie, sont donc corrélatives et se complètent l'une par l'autre.

[2] Voir *supra*, p. 79 et 80.

[3] *Histoire de Chartres*, vol. 1er, p. 33.

dans plusieurs titres dont le plus ancien date de 1414. Ses principaux édifices étaient, outre l'aumône dont nous avons parlé ci-dessus, page 339, le pressoir de Josaphat, situé devant l'aumône (1459-1496), le grand hôtel du *Cœur-Royal*, dont les jardins allaient regagner la rue Saint-Julien (1544-1620) [1] et la *salle* de Josaphat donnant, d'un côté, sur le Muret [2].

La chapelle de Notre-Dame-de-la-Brèche fut fondée dans les premières années du XVIIe siècle.

(Registre des rentes de Saint-André, Comptes de l'Hôtel-Dieu et Titres des Aveugles.)

4° Ruelle des Oiseux.

(De la rue de la Corroierie à la rivière.)

D'après le livre des rentes de Saint-André, la petite rue *des Oiseux* était appelée, en 1502, ruelle *de Guillot Loyseulx*. Ce Guillot Loiseux, marguillier de Saint-André, possédait plusieurs maisons dans la Corroierie. On trouve la même indication dans un censier de Beaulieu de 1587; il faudrait donc dire ruelle *des Loiseux*, pour rester fidèle à l'étymologie.

5° Ruelle des Trois-Moulins.

(De la rue de la Corroierie à celle de la Tannerie.)

La ruelle *des Trois-Moulins, en la petite rivière*, est désignée sous ce nom dans un censier du Chapitre de 1410. Aux XVe et XVIe siècles, l'Hôtel-Dieu possédait à cet endroit un hôtel considérable dont les dépendances bordaient la rivière presque jusqu'au pont de Ponceau et qui s'appelait *la Mérie de Richegueroult* (1489).

L'entretien du petit pont des Trois-Moulins donna lieu, en 1586, à un procès entre la ville, les riverains et les meuniers. Un des moulins portait alors le nom de moulin *de Chaume* (1574).

(Comptes de l'Hôtel-Dieu et Registres des Echevins.)

6° Ruelle du Tripot.

(De la rue de la Corroierie au Tripot.)

Cette ruelle, qui conduit au Tripot, se rattachait anciennement à la rue *Moutonnière* dont nous parlerons plus bas et portait, en 1650, le nom de rue *de l'Abreuvoir*.

(Titres de Saint-Jean.)

7° Ancienne rue d'Escoussoupe.

(De la rue de la Corroierie au Tripot.)

La rue *d'Escoussoupe* [3], montant également au Tripot, existe encore en partie, mais elle a perdu son nom. Son côté droit était occupé, dès 1489, par le grand hôtel de la *Treille*, voisin de la salle des dames de l'Eau et dont les jardins en terrasse s'étendaient jusqu'à la rue *Moutonnière*. Me Yves-le-Breton, fondateur des Minimes, acheta, en 1618, l'hôtel de la

---

[1] Un titre des Aveugles, de 1607, donne à la rue de la Brèche le nom de rue du *Cœur-Royal*.

[2] Voir *suprà*, p. 292.

[3] L'orthographe du nom de cette rue a souvent varié : en 1469, on disait *Estousoupe*, en 1495, *Escoussoupe* ou *Lescousoupe*, en 1527, *Troussecouppe*, en 1537, *Escroussouppe*, en 1544, *Souppe-Souppe*, en 1671, *Couppe-Souppe*, en 1769, *Coupe-Soupe*.

Treille, appartenant alors à la dame Jeanne de Baste, veuve Georges, et chargé de 80 livres de rente foncière envers l'abbaye de l'Eau.

En 1620, on appelait aussi la rue d'Escoussoupe rue de *la Treille*.

(Registre des rentes de Saint-André, Titres de l'Hôtel-Dieu, de l'Eau et du Chapitre.)

8° *Tertre Saint-Nicolas.*
(De l'impasse de la Moutonnerie à la rue de la Barillerie.)

Cet escalier, qui conduisait de la ville haute à l'église Saint-Nicolas, portait au XVe siècle (1490) le nom de tertre de *la Moutonnerie*; il aboutissait, en effet, par sa partie supérieure, à la rue *Moutonnière*, et la ruelle, aujourd'hui impasse, de *la Moutonnerie*, communiquait avec lui. L'hôtel de la *Treille* avait, en 1555, une sortie sur ce tertre, qui était environné de jardins. En 1573, le chanoine Lefebvre y fit construire une maison sur un terrain appelé le jardin de *la Madeleine*.

(Papiers du Chapitre.)

9° *Impasse de la Moutonnerie.*
(Aboutissant au marché à la Filasse.)

Cette impasse était autrefois une ruelle qui donnait, d'un côté, sur la rue *Moutonnière*, et de l'autre sur le tertre de *la Moutonnerie*, aujourd'hui Saint-Nicolas. On l'appelait, en 1250, rue *du Four-de-Thiron*, parce que les religieux de cette abbaye y possédaient un four banal. En 1306, elle portait un autre nom qui témoigne de sa mauvaise réputation; c'était le nom *d'Escligne-P......*, ou de *Clique-P......*, converti en celui de *Glisse-P......*, sous lequel le tertre entier de la Moutonnerie fut connu jusqu'à nos jours.

Dès le XIVe siècle, la proximité de la cathédrale et du cloître fit rechercher par les chanoines les vastes maisons bâties dans cette ruelle [1]; cependant, en dépit de ce voisinage, la partie basse en retour sur le tertre fut toujours un refuge à voleurs et à femmes de mauvaise vie. Enfin, au mois d'avril 1697, M. Gobinot, chanoine et chantre de Notre-Dame, obtint la permission de fermer le bout de la ruelle par une porte dont une clé resta entre les mains du greffier de la ville.

(Titres de Saint-Jean, du Chapitre, de Thiron, et Registres des Echevins.)

10° *Ancienne rue Moutonnière.*
(De la rue Muret à la porte Evière, sous Saint-Etienne.)

Cette rue, dont il ne reste plus trace, était autrefois l'une des plus fréquentées de la ville; comme nous l'avons dit ailleurs, les troupeaux entrant par les portes Châtelet et Saint-Jean, prenaient ce chemin pour descendre à la rivière [2]. Elle longeait à mi-côte les murs d'enceinte de la partie orientale du cloître, l'hôtel épiscopal, la maison du Vidame et le prieuré de Saint-Etienne *(la Providence)*. Des envahissements successifs qui eurent principalement lieu vers le milieu du XIIIe siècle, lors des contestations survenues entre le vidame Mathieu et le Chapitre, au sujet de la clôture du cloître, et après 1568, lors de l'établissement des religieux de Saint-Jean à Saint-Etienne, absorbèrent la partie de la rue Moutonnière voisine de la porte Evière. Il ne resta plus, de ce côté, qu'une petite ruelle appelée *du Petit-Chinche*, qui descendait de la rue actuelle *des Acacias* au

---

[1] En 1306, le vicomte de Plaisance, chanoine de Notre-Dame, y acheta, pour 17 livres chartraines, une place à bâtir, située près du four de Thiron. *(Titres de Saint-Jean.)*

[2] Voir *suprà*, p. 188.

Tripot, en séparant de son église la maison du prieuré de Saint-Etienne; cette ruelle fut close par les religieux en vertu de permissions données en 1664 et 1677 par l'Evêque, le Chapitre, la ville et le duc d'Orléans.

On remarquait dans cette rue le grand tripot et jeu de paume *du Maine*, ainsi appelé de Gilbert Le Maine, qui le prit à rente des frères de l'Hôtel-Dieu, en 1419 [1]. Les religieux de Saint-Jean l'achetèrent des héritiers de Jean Le Maine, vers le commencement du XVIIe siècle. Ce bâtiment, qui subsiste encore, fut reconstruit et devint une caserne en 1724; il conserva cette destination jusqu'en 1836. Il y avait aussi, au coin de la rue d'Escoussoupe et de la rue Moutonnière, un hôtel dit de *la Couronne*, pourvu de vastes jardins. Dans la partie la plus rapprochée de l'évêché, se trouvait le grand hôtel ou tripot de *Feu-Chinche*, dont un grand nombre de titres font mention à partir de 1340 et qui donna, pendant plusieurs siècles, son nom à la rue. Ce fut dans cette maison que le collége de Chartres, créé en 1572 par les libéralités de Jean Pocquet, fonctionna depuis 1587 jusqu'en 1783; d'où la rue Moutonnière ou de Chinche prit aussi le nom de rue *du Collége*. Après la translation du collége dans la rue Muret, M. l'évêque de Fleury acheta *Chinche*, le démolit et fit établir des jardins en terrasse sur son emplacement et sur celui de la rue.

(Titres de Saint-Jean et de l'Hôtel-Dieu.)

11° *Ancienne rue ou ruelle de la Bretonnerie.*

(De la rue Moutonnière au cloître.)

Cette ruelle, dont il est fait mention dans un compte de l'Hôtel-Dieu de 1460, rappelle peut-être la tribu bretonne qui habitait Chartres dès le XIe siècle. Fermée lors de la clôture du cloître, puis enclavée dans les jardins de l'évêché lors de la jonction de l'hôtel du Vidame au palais épiscopal, en 1619, son souvenir se conservait encore en 1660, d'après un titre de Saint-Jean.

12° *Cloître Saint-André.*

L'évêque Jean de Gallande tenait en prêtrière, dans le cloître Saint-André, une maison que le Chapitre donna en 1319 à Me Henri Breton, chapelain du prélat. Un des principaux hôtels du cloître s'appelait *la Roche-Neuve*; il était situé au-dessous d'une maison de la ruelle de la Moutonnerie et faillit être écrasé en 1480 par l'éboulement des terrasses qui supportaient cette maison. On remarquait aussi, près de là, l'hôtel *de Noyon*, ainsi nommé de Philippe, évêque de Noyon, auquel il avait appartenu; Me Renaud des Moulins l'avait donné au chapitre de Notre-Dame et il était occupé en 1482 par Me Marcellin Fèvre, chanoine.

Nous avons parlé ailleurs des greniers Saint-André, dont il reste de curieuses parties [2].

(Titres du Chapitre.)

13° *Rue Chantault.*

(De la rue Muret au cloître Saint-André.)

Cette rue s'appelait anciennement *Mur-en-Muret* et on la trouve désignée ainsi jusqu'au XVIe siècle. Elle prit son nom actuel de la famille de magistrature Chantault, dont le premier membre connu est Me Grégoire Chantault, chanoine de Notre-Dame, qui mourut en 1381; cette famille,

---

[1] Cet hôtel se trouvait alors dans la censive de Me Jacques de Templeuve, sous-chantre de Notre-Dame. *(Titres de l'Hôtel-Dieu.)*

[2] Voir *supra*, p. 373.

fort nombreuse et très-distinguée aux XVᵉ et XVIᵉ siècles, possédait plusieurs hôtels dans les rues *Mur-en-Muret* et *Avedam*.

La partie de la rue Chantault voisine des greniers de Saint-André fut longtemps un véritable ravin à peine accessible pour les piétons. En 1504, on diminua la pente et on pava la chaussée depuis l'hôtel Chantault jusqu'à Saint-André.

(Livre de bois de Saint-André, Registres des Echevins.)

14° *Rue Avedam.*

(De la rue Muret à celle Chantault.)

En 1321, une maison de cette rue formait la dotation du chapelain de Notre-Dame-*des-Neiges* ou *de la Belle-Verrière*, en l'église Notre-Dame; c'est peut-être à cette circonstance qu'elle doit le nom de *Avedam (Ave Domina)*. Toutefois nous voyons figurer, dans un acte de la paroisse Saint-Martin-le-Viandier, en date du 28 juillet 1543, un sieur Florentin *Avedam*. La famille de ce nom aurait-elle baptisé la rue?

(Titres du Chapitre et de Saint-Martin-le-Viandier.)

15° *Rue Muret.*

(De la porte Drouaise au marché à la Filasse.)

Le Muret, longue rue dont les religieux de Saint-Jean étaient seigneurs féodaux, avait anciennement une nombreuse population attirée par la douceur de la taille que l'abbaye imposait aux hommes de ses terres. Dès le XIIᵉ siècle, les frères de l'Aumône Notre-Dame possédaient dans le Muret un four banal qu'ils firent reconstruire à neuf en 1354. Les hôtels dits *de Citeaux* se développaient sur le Muret, entre l'ancienne ruelle de Citeaux et la rue de Saint-Jacques; ce fut dans une partie de ces bâtiments que les filles de la Providence demeurèrent de 1653 à 1763; le collège qui les remplaça, occupa le même local jusqu'à la Révolution. Aux XVᵉ et XVIᵉ siècles, la famille bourgeoise Haligre, qui commençait à percer par les offices de l'élection et par le greffe du bailliage, avaient dans cette rue plusieurs hôtels dont le plus considérable était celui *des Papegaux*. Les maisons ne se reconnaissaient jusqu'au siècle dernier que par des noms ou enseignes; outre l'hôtel des Papegaux, les titres de 1423 à 1561 mentionnent les hôtels *des Balances, du Grand-Chandelier, de l'Ancre, de l'Ermitage, de la Coquille, de l'Aigle-d'Or* et *du Gros-Tournois*, tous situés dans le Muret, dont on pava la chaussée en 1505 [1].

(Titres de Saint-Jean, de l'Hôtel-Dieu et du Chapitre, Livre de bois de Saint-André et Registres des Echevins.)

16° *Ancienne ruelle de Citeaux.*

(De la rue Muret à celle Saint-Jacques.)

Cette ruelle, aujourd'hui bouchée, s'embranchait sur le Muret, vis-à-vis la rue Saint-Julien, longeait les murs de la ville et allait aboutir à la rue de la Prêcherie ou de Saint-Jacques. Tout le pâté de maisons compris dans l'arc formé par la ruelle dont il s'agit avait appartenu très-anciennement aux religieux de Citeaux; le Chapitre s'en rendit acquéreur vers 1253 et la majeure partie en fut jointe plus tard au couvent des Frères-Prêcheurs. Il est question de la ruelle de Citeaux dans un censier du chapitre de 1410 et dans des comptes de l'Hôtel-Dieu de 1495 et 1513.

[1] Voir *supra*, p. 192.

17° Rue Saint-Jacques.

(De la rue Muret à celle Sainte-Thérèse.)

La rue Saint-Jacques fut appelée très-longtemps rue *de la Prêcherie* ou *des Prêcheurs (vicus predicatorum)*, et ce nom, qui s'appliquait également à la rue Muret, ne vient pas du couvent des Jacobins ou Frères-Prêcheurs fondé en 1231, car on le trouve dans la charte de 1184, par laquelle Thibault V confirma à Saint-Jean la propriété du Muret; peut-être doit-il son origine au voisinage des religieux de Citeaux. En 1319, les chapelains des *dix autels* en l'église Notre-Dame possédaient dans la rue de la Prêcherie une maison qui touchait à la grange des Frères-Prêcheurs. Au XVIe siècle, l'Œuvre de la Cathédrale y avait aussi un hôtel.

(Titres de Saint-Jean, Registres capitulaires et Titres de l'Hôtel-Dieu.)

18° Rue de la Tannerie.

(De la rue Porte-Guillaume à celle du Massacre.)

Cette rue faisait partie de la voie nommée, au XIIIe siècle, *la petite rivière de Chartres*, laquelle comprenait également les rues de la Foulerie et Coupe-Barbe. Ce fut dans la *petite rivière*, voisine de Saint-André, c'est-à-dire dans la Tannerie, que les Filles-Dieu s'installèrent d'abord en 1232. Un titre de 1410 fait connaître que la maison de la Foulerie ou *Perrée*, dont nous avons souvent parlé, était située dans *la petite rivière*, près des *Trois-Moulins*. On pava cette rue en 1388, près du pont de *Ponceau*, en 1390, près des *Trois-Moulins*, et en 1505, en face du moulin *des Charpentiers*.

(Titres des Filles-Dieu, Censier du Chapitre, Registres des Echevins.)

19° Impasse des Cornus.

(De la rue de la Tannerie aux murs de ville.)

Cette impasse aboutissait à la porte des Cornus ou Corroyeurs, dite aussi *Gilard*, dans la censive de l'Evêque. Les confrères de l'Hôtel-Dieu y possédaient une maison qu'ils vendirent en 1338, moyennant 20 livres tournois, à Alicie, sœur du chanoine Pierre de Condé.

(Registres capitulaires.)

2° QUARTIER DU BOURG.

20° Rue des Ecuyers.

(De la porte Cendreuse à la rue du Bourg.)

Cette rue s'appelait très-anciennement rue *de la Croix-aux-Ecuyers*, parce qu'elle donnait accès aux écuries du château et qu'une croix était dressée à son extrémité supérieure, en face de la porte Cendreuse; elle prit ensuite le nom de rue *de la Croix-de-Beaulieu*, parce que le prieur du Grand-Beaulieu possédait, au XVIe siècle, un hôtel vis-à-vis la croix. Parmi les hôtels remarquables de la rue des Ecuyers, il convient de citer la *cave* ou *salle* de l'aumône Notre-Dame (1355-1513), dite aussi hôtel de *l'Ecu-de-Bretagne* (1495-1546), aboutissant, par derrière, aux murs du château et qui fit partie des bâtiments appelés les *Vieux-Consuls* après l'érection du tribunal consulaire; l'hôtel de *la Roche-le-Comte* (1355-1546), dit aussi *la Motte de la Tour-du-Roi* (1457-1497), voisin de l'Écu-de-Bretagne; le grand hôtel de *Beaulieu*, en quatre corps de logis, donnant, par un coin, sur l'ancienne ruelle *Montpensier*, et reconstruit en 1586.

Les artistes examinent avec intérêt un escalier en bois, élevé dans la cour d'une maison dont la façade donne sur la rue des Ecuyers, à l'entrée de celle de la Petite-Boucherie de Bourg. La structure de cet élégant édifice, connu sous le nom d'escalier de *la Reine Berthe* [1], rappelle le style du commencement du XVIᵉ siècle; il a peut-être pris la place d'une plus ancienne construction du même genre, ou d'une poterne, percée sur les bas jardins du château et remontant à l'époque où vivait une princesse *Berthe*. Deux princesses de ce nom habitèrent le château sous nos comtes; l'une, d'abord femme du comte Eudes I, devint ensuite reine de France par son mariage avec le roi Robert (c. 996); l'autre, sœur du comte Thibault III, fut mariée à Alain, duc de Bretagne, et se retira à Chartres, pendant son veuvage (c. 1050). L'escalier de *la Reine Berthe* est à hélice, construit en encorbellement et divisé en quatre tournants dont les poutres rampantes, ornées de moulures et de zigs-zags, se relient les unes aux autres par de grands montants cannelés en spirale. Chaque montant est terminé, à sa partie inférieure, par un cul-de-lampe à figure grotesque, et à sa partie supérieure, par un socle qui soutient une statue; les statues, ainsi disposées au sommet du dernier tournant, semblent supporter, en guise de cariatides, les bois cannelés en spirale qui composent l'entablement circulaire de l'escalier. Les espaces compris entre les montants sont remplis par des baies ogivales longues, étroites et terminées en accolades; ces baies, jadis à claire-voie, placées comme des balustrades le long des marches, sont noyées aujourd'hui dans une ignoble maçonnerie. On remarque de distance en distance des ouvertures carrées, coupées en croix par des montants et des traverses moulés ou cannelés. Il existe sous l'escalier une porte dont les montants et les bois supérieurs présentent des ornements du même genre et sur le chambranle de laquelle on reconnaît un écusson aux armes de France soutenu par deux génies. Malheureusement, le temps et la main des hommes ont singulièrement altéré les sculptures de ce petit monument.

On fit, en 1505, de grands travaux de pavage et de nivellement dans la rue des Ecuyers.

(Titres de l'Hôtel-Dieu et de Beaulieu, Registres des Echevins.)

21° Impasse Montpensier.

(Donnant dans la rue aux Juifs.)

C'était autrefois une ruelle qui allait de la rue aux Juifs à la croix de Beaulieu. Comme on y jetait des immondices qui, dans les années de peste, nuisaient à la salubrité du voisinage, les échevins la firent fermer par des portes, en 1525. Mais cette clôture n'étant pas suffisante, le prieur de Beaulieu demanda, en 1547, que la ruelle fût bouchée et murée; toutefois les échevins reculèrent cette opération jusqu'en 1562, époque à laquelle la crainte de la contagion les détermina à faire couper par des murs cette petite rue infecte et à supprimer entièrement son issue du côté de la Croix-de-Beaulieu.

(Titres de Beaulieu, Registres des Echevins.)

---

[1] Voir *suprà*, p. 2.

22° *Rue Saint-Eman.*

(De la rue des Acacias à celle du Bourg.)

Le nom le plus ancien de cette rue peut avoir été celui qu'elle porte aujourd'hui, mais, dès le XIVe siècle, elle était appelée rue *de la Rôtisserie;* aux XVIIe et XVIIIe siècles (1600-1742), les actes la désignent encore sous le nom de rue *de la Vieille-Rôtisserie.* La corporation des cuisiniers-rôtisseurs y avait sans doute ses laboratoires. Outre la chapelle Saint-Eman, on voyait dans la Rôtisserie les hôtels *du Mouton-Rouge* (1337), *du Cornet, des Trois-Cannettes, de la Tête-Noire, de la Bouteille* et *du Fer-du-Moulin* (1500-1742).

(Titres de Saint-Jean et de Saint-André.)

23° *Rue du Bourg.*

(De la rue Saint-Eman au pont Bouju.)

Au XIVe siècle on a écrit par corruption *Bourch,* puis *Bours;* c'est évidemment *Bourg* qu'il faut dire. Cette rue était, avant les invasions normandes, la grande rue de la cité; elle conduisait au *Grand-Pont (pont Bouju)* et à la principale sortie de la ville. Les religieuses de Jouarre possédaient, en 1552, dans la rue du Bourg, un hôtel qu'elles louaient et dans l'étable duquel on avait construit un four à chaux. Les maisons notables de cette rue étaient l'hôtel *de la Rose* (1454), celui *de Martin Pineau* (1506) et celui *de l'Ecrevisse* (1588).

En 1390 et 1506 on pava ou repava le Bourg.

(Titres de l'Hôtel-Dieu, de Beaulieu, de Saint-Maurice, Registres des Echevins et Comptes de la ville.)

24° *Pont Bouju.*

On l'appela longtemps *le Grand-Pont.* Au XIVe siècle, outre le moulin dit *Tibelin* (1300), il y avait sur ce pont un four banal voisin d'une maison appartenant aux chanoines de Saint-Maurice (1389).

(Titres du Chapitre et de Saint-Maurice.)

25° *Rue Porte-Guillaume.*

(Du pont Bouju à la porte Guillaume.)

Au XVIe siècle il y avait dans cette rue une maison dite l'hôtel *de la Fleur-de-Lis,* sur laquelle le prieur de Sainte-Foy possédait un cens (1550-1650).

(Agenda du prieur de Sainte-Foy.)

26° *Rue aux Juifs.*

(De la rue du Bourg à celle des Fumiers.)

Le chevalier Rambaud Craton possédait vers 1130 une maison dans la *Juiverie, in Judearia.* Cette rue était fort basse et sujette aux inondations; en 1506 on la remit au niveau de celle du Bourg et on la pava. Il paraît que l'impasse Montpensier, bouchée du côté de la croix de Beaulieu, avait dans sa partie inférieure un puits que l'on appelait *le puits de la ruelle aux Juifs;* les voisins obtinrent en 1596 la permission de fermer cette impasse d'une porte pour que les mauvais garnements ne pussent venir jeter des pierres et des immondices dans le puits.

(Titres de Saint-Père et Registres des Echevins.)

27° Rue aux Cois.

(De la rue des Écuyers à celle aux Juifs.)

Cette ruelle s'appela aussi rue *aux Coichs* (1471), *aux Couaz* (c. 1550) et *aux Couards* (1581). Ces noms ne s'expliquent pas facilement; il y avait à Chartres une famille *Couart*, connue dès le XII° siècle, et qui exerça diverses fonctions de magistrature pendant les XVI° et XVII° siècles. Un titre de Saint-Aignan donne à cette ruelle le nom de rue *aux Cochons*. La ruelle aux Cois fut bouchée en 1581 pour cause de salubrité publique; cette mesure aurait dû être maintenue.

(Censier du Chapitre, Registres des Echevins et Titres de Saint-Aignan.)

28° Ancienne impasse du Roi David.

(Donnant dans la rue aux Juifs.)

On trouve cette impasse citée dans un titre de l'Hôtel-Dieu, de 1525. Elle était occupée presque en entier par un tripot ou jeu de paume à l'enseigne *du Roi David*.

29° Rue de la Foulerie.

(De la rue Porte-Guillaume au pont Taillard.)

Cette rue, comprise dans *la petite rivière de Chartres*, portait, au XIV° siècle, le nom de rue de *la Mégisserie*. Le seul édifice remarquable qui s'y trouvât, était la *salle Saint-Cheron* ou *d'Isambert de Gallardon*, dans la censive de Saint-Maurice (1389).

(Titres du Chapitre, de Saint-Cheron et de Saint-Maurice.)

30° Rue du Puits-Berchot.

(De la rue Porte-Guillaume à celle du Pot-Vert.)

Cette rue a toujours porté son nom actuel; dans un titre de Saint-Cheron, de février 1257, figure un individu demeurant dans la rue *Berchot;* on la repava en 1526.

(Titres de Saint-Cheron, de l'Hôtel-Dieu, et Registres des Echevins.)

31° Pont Taillard.

C'est encore un nom fort ancien, car on le trouve dans un titre de Saint-Père, de 1265, mais on l'écrivait *Taille-Hart (pons Taille-Hardi)*. On prétend que l'origine de ce nom remonte à l'époque où la basse-ville était une forêt; cependant le moine Paul, écrivain du XI° siècle, fait mention d'un pont *de l'Abreuvoir, Mergentis pediculi*, qui paraît se rapporter au pont appelé *Taille-Hart* en 1265. Un compte de la ville, de 1388, le nomme pont *Aillehart*.

(Titres de Saint-Père et de la ville.)

3° QUARTIER SAINT-PIERRE.

32° *Rue Saint-Pierre.*
(De la rue Porte-Cendreuse à la place Saint-Pierre.)

Cette rue, ancien chemin public conduisant de l'abbaye de Saint-Père à la porte Cendreuse, dépendait de la seigneurie temporelle des religieux. Nous avons parlé ailleurs de l'Aumône Saint-Hilaire, qui avait été, dit-on, la synagogue des Juifs [1]; parmi les autres édifices remarquables de la rue Saint-Père, il faut citer le grand hôtel *des Carneaux* ou *Créneaux*, dont parle un titre de Saint-Maurice de 1389 et qui était peut-être cette haute tour carrée, appelée *la Guérite*, détruite depuis quelques années, que l'on voyait dans le fond d'une cour, à droite en descendant la rue, à peu de distance du tertre Saint-Aignan. Le plafond de l'étage supérieur de cette tour reposait sur de longues poutres semées de fleurs de lis d'or et de cœurs et supportées à chaque bout par des têtes de chevaliers. En face de l'hôpital Saint-Hilaire était l'hôtel de *l'Huis-de-Fer*, dit aussi *la Croix-de-Fer*, dans lequel les écoles communales furent établies en 1537.

Au point de jonction du tertre Saint-Aignan et de la Croix-de-Beaulieu, se trouve encore aujourd'hui, au fond d'une cour, un bâtiment *Renaissance*, construit en briques, orné, dans l'espace compris entre le premier et le second étage, de trois médaillons en pierre, chargés chacun d'une figure en ronde-bosse. Un seul de ces médaillons est déchiffrable; il représente un guerrier coiffé d'un casque. On remarquait près de là, au XIVe siècle, l'hôtel dit de l'*Echiquier* (1388).

Des travaux de pavage furent exécutés dans la rue Saint-Pierre et devant l'église Saint-Hilaire, en 1388 et 1394.

(Titres du Chapitre et de Saint-Maurice, Registres des Echevins et Comptes de la ville.)

33° *Place Saint-Pierre.*

Il y avait, vis-à-vis les portes de l'église Saint-Hilaire, bâtie sur cette place, un gros orme, appelé *l'Arbre de justice Saint-Hilaire*, que le lieutenant-général Berziau fit abattre, en 1511, à la requête du procureur du Roi.

(Registre des Echevins.)

34° *Rue des Morts, ou de l'Ane-Rez.*
(De la place Saint-Pierre à la rue de la Grenouillère.)

Le nom sinistre de cette rue, dont une partie a été absorbée par la caserne de cavalerie, vient de ce qu'elle aboutissait à l'hôpital des pauvres malades et des pestiférés. Avant les temps de peste elle s'appelait rue *du Puits-du-Crochet*, parce qu'elle avait à son entrée un puits qui existait encore à ciel ouvert en 1498 et que l'on finit par boucher. Le nom de

---

[1] Voir *suprà*, p. 340.

l'*Ane-Rez*, sous lequel on la connaît aujourd'hui, est tiré d'une hôtellerie, à l'enseigne de l'*Ane-Rez* ou *Rayé*, c'est-à-dire du *Zèbre*.
(Registres des Echevins.)

35° Impasse des Herses.
(Donnant dans la rue de la Grenouillère.)

Cette impasse donnait accès aux anciens moulins de Saint-Père. Il y avait dès le XIe siècle deux moulins en cet endroit; l'un, dit le moulin *de la Comtesse* parce qu'il appartenait pour moitié à la comtesse Berthe, veuve d'Alain, duc de Bretagne, fut vendu par cette princesse à Vital Bonnemains, père d'Ebrard Bonnemains, qui en fit don à l'abbaye en prenant l'habit monastique; l'autre, dit le moulin *Herle*, fut compris pour moitié dans la même donation. Vers 1070, Thibault III, frère de Berthe, donna aux religieux la seconde moitié de ces moulins.

Sur la plainte des meuniers des autres moulins de la ville, on rectifia, en juillet 1506, la chute des moulins de Saint-Père et on fixa leur repère.
(Titres de Saint-Père, Registres des Echevins.)

36° Rue de la Grenouillère.
(De la rue des Morts à celle Porte-Morard.)

Dans les premières années du XIIe siècle, un homme du peuple nommé Renaud donna au couvent de Saint-Père une maison, un jardin et un verger au lieu dit *la Grenouillère*, *Ranaria*. A la fin du XIe siècle, le moine Paul appelait cet endroit *la terre maudite des enfants de Belial*, d'où l'on pourrait conjecturer qu'il était habité alors par les Juifs de Chartres. En 1526, la Grenouillère était encore un cloaque qu'il fallait curer de temps à autres pour éviter l'infection; on la pava en 1529.

Il y avait au XIIe siècle, près du pont Saint-Martin-au-Val, un lieu appelé aussi la Grenouillère, *Ranoillaria*.
(Titres de Saint-Père et Registres des Echevins.)

37° Rue Coupe-Barbe.
(De la rue Tireveau à celle du Pont-Saint-Hilaire.)

Le nom de cette rue lui vient de l'enseigne d'une maison qui existait en 1400, et donnait, d'un côté, sur la rue des Poulies. Elle s'appelait jadis rue *des Sueurs*, ou de *la Sueurerie*, parce que le commerce de la grosse cordonnerie y était concentré; elle faisait partie de *la petite rivière* (1381-1385-1400). D'après des titres du XIVe siècle, la maison de *la Mégisserie* où se pesaient les cuirs, était située dans cette rue, entre celles des Poulies et de la Porte-Morard. L'Hôtel-Dieu possédait un cens sur la mégisserie (1315-1381).
(Comptes de l'Hôtel-Dieu.)

4° QUARTIER NOTRE-DAME.

38° Cloître.

On lit dans Doyen [1] : « *La construction de l'église occasionna une fouille si considérable que les entours en devinrent plus élevés; la rue de l'Etroit-*

---

[1] *Histoire de Chartres*, vol. 1er, p. 43.

Degré, qui n'était qu'un passage de plain-pied, pour communiquer de la rue Percheronne dans celle du Cheval-Blanc, en a été rehaussée de *huit à dix pieds*, et toutes les maisons de cette rue de l'Etroit-Degré et celles qui sont à droite, en entrant dans la rue Percheronne, sont encombrées pour la plupart au-dessus du premier étage. » Doyen rapporte certainement ces faits à la construction du temple de Fulbert, car il ne connaissait pas l'incendie de 1194. Mais rien ne semble moins admissible que cet exhaussement subit des rues du cloître au commencement du XIe siècle; il y a lieu de croire, au contraire, que la différence de niveau signalée par Doyen s'accomplit progressivement et très-lentement. En effet, il résulte d'une mention du livre des Privilèges du Chapitre, qu'en 1499, l'escalier dit aujourd'hui l'*Etroit-Degré*, s'appelait *les Trois-Degrés*, parce qu'il n'avait alors que trois marches, *tantum sunt gradus*. D'un autre côté, on sait qu'au XVIIe siècle il fallait monter de nombreux degrés pour arriver au sol de la nef par le portail royal. Quoi qu'il en soit, l'exhaussement du terrain du cloître n'est très-sensible que du côté de l'occident.

Le cloître fut pavé, en 1483, par les soins de l'œuvre, et l'Hôtel-Dieu contribua à ce travail pour 105 livres tournois.

A part l'Hôtel-Dieu, nous ne connaissons bien les édifices ou *perrons* du cloître [1] qu'à partir du XIIIe siècle. Le principal hôtel, du côté de l'Orient, était celui du Vidame, dit aussi *la Tour-Nivelon*, qu'il ne faut pas confondre avec la Poterne et le Four-Nivelon, situés à l'Étape-au-Vin. Cet hôtel était placé au chevet de Notre-Dame, entre le palais épiscopal et le prieuré de Saint-Etienne; nous en avons déjà parlé plusieurs fois, et nous nous réservons d'y revenir encore en traitant dans notre second volume des faits et gestes des *Compagnons du Vidame*. Près du Vidame et de la maison des marguilliers, aujourd'hui la *Maîtrise*, se trouvait l'hôtel *de Lèves*, antique manoir des seigneurs de ce nom. Ce ne fut pas sans contestations et sans déboursés que le Chapitre obtint, en 1259, du sire Jean de Lèves, dit *de Bruyères*, la permission de clore le cloître derrière cette maison qui avait une sortie sur la ville. Après la mort d'Adam de Bruyères, le Chapitre acheta l'hôtel de Lèves, et se fit maintenir en possession, nonobstant une instance en retrait lignager, engagée, en 1302, par le Vidame, devant les plaids de la cour épiscopale. Cette vieille habitation était tenue, en 1316, par le chanoine Thierry, *seigneur ès-lois*, et, en 1505, par le chanoine Jean Pigeard, à la charge de l'anniversaire de l'évêque Geoffroy de Lèves.

Au midi et à peu de distance de l'hôtel de Lèves, se trouvait une maison dont la porte donnait en face du puits du cloître [2], et qui regardait, par derrière, les jardins de Saint-Etienne; elle était habitée, en 1334, par le chanoine Louis de Vieilleville, et, en 1500, par le chanoine Wastin des Feugerais, l'actif promoteur des admirables travaux de Jehan de Beauce. En 1334, Thomas Pate, exécuteur testamentaire du chanoine Louis Pate, son frère, vendit à Bernard de Chivry, doyen, moyennant 250 livres tournois, une maison dite *la Cloche*, placée près des précédentes et de la porte Évière du cloître; Me Robert Benard, chanoine, l'occupait en 1505. Près de la porte de la *Petite-Cordonnerie*, était situé un hôtel dépendant de la censive des religieux de Vendôme, et appartenant à l'église Saint-Martin de Tours, que Gilles de Bonneval, doyen de Saint-Martin, donna, en 1277, à l'apothicaire Jean *de Esseyo*. La belle maison ogivale primaire, qui fait le coin de la porte des Changes, était, en 1339, la propriété

---

[1] Voir *suprà*, p. 186.

[2] Ce puits, qui se trouvait dans un coin de la place méridionale du cloître, fut creusé en 1328 et couvert en 1505, par ordre du Chapitre.

de M⁰ Erard de Dicy, chantre et chanoine; or, comme le jardin de ce chanoine se trouvait de l'autre côté de la rue, et s'étendait jusqu'à l'Hôtel-Dieu, il demanda au Chapitre l'autorisation de jeter un pont sur la porte, afin de pouvoir descendre à son jardin au moyen de quelques marches.

A l'ouest, le principal édifice du cloître était l'Hôtel-Dieu, auquel nous avons consacré un chapitre particulier; il nous reste à faire connaître les *perrons* construits du même côté. Les religieux de Vendôme possédaient, dans la rue dite aujourd'hui de *l'Hospice*, une vieille maison ordinairement occupée par *les gens appelés li Espicier*; en 1327, ils la vendirent, moyennant 126 livres, au Chapitre, qui l'abattit, employa une partie des matériaux à la clôture du cloître sur la rue *au Ligneau* (Serpente), et construisit avec le reste une petite maison pour les enfants d'aube (1341). Plusieurs maisons de la rue Percheronne appartenaient à l'évêque Jean de Gallande qui en fit donation au Chapitre en 1302; l'une d'elles fut affectée aux clercs du chœur, une autre à l'œuvre, une troisième à la demeure du sous-doyen Jean d'Aubigny. En 1500 et 1501, M⁰ˢ François de Menou, chanoine, et Esprit de Harville, chancelier de Notre-Dame, habitaient deux de ces maisons situées derrière l'Hôtel-Dieu. Il y avait près de là un four à chaux que l'on supprima en 1310-1314, et que l'on reporta dans l'enclos de Loëns. On appelait l'hôtel *des Bretons*, ou la tour *Michel-le-Breton*, une grande maison qui faisait face à la porte royale de Notre-Dame, et qui, après avoir été longtemps tenue à titre viager par des laïcs et des clercs, fut achetée et donnée au Chapitre par M⁰ Pierre Le Riche, sous-doyen, mort en 1326. Cette maison était occupée, en 1503, par le chanoine Christophe de Villiers. Les grands *perrons*, voisins de celui-ci, se trouvaient, en 1294, dans la succession du doyen Robert de Froville, qui les avait achetés, en 1286, de Gilles, évêque d'Orléans; les exécuteurs testamentaires de ce doyen les vendirent au chanoine Nicolas de *Domo-Maugis*, moyennant 300 livres, par acte du jeudi après *Oculi* 1294. Ce furent ces maisons que le chancelier Hurault de Chiverny loua, pour Henri III, au Chapitre, moyennant 613 livres par an, suivant bail du 17 février 1582, ratifié le 23 par le Roi. M⁰ Jean de Saint-Lomer, chanoine, tenait viagèrement, en 1499, la maison à murailles épaisses qui touche *l'Etroit-Degré*.

Du côté du nord, on remarquait, en 1493, l'hôtel situé devant la *librairie* du Chapitre, près de la porte des Lices, où avait demeuré jadis M⁰ Jean de Montescot, et qui était occupé alors par M⁰ Antoine de la Noue, archidiacre de Dunois. Le chanoine Jean Duhamel habitait, en 1484, une vaste maison, voisine de la porte Neuve et du campanile de pierre de Notre-Dame.

Les portes du cloître changèrent souvent de noms; en voici quelques-uns en usage au Moyen-Age : 1º Porte *Percheronne*, ou *Savart*, donnant sur le carrefour de la Pelleterie *(rue du Soleil-d'Or)*; 2º Porte *des Carneaux*, sur la rue Châtelet *(rue Sainte-Même)*; 3º Porte *des Trois-Degrés*, ou *des Degrés*, aujourd'hui de *l'Etroit-Degré*, sur la rue Porte-Neuve *(rue du Cheval-Blanc)*; 4º Porte Neuve, ou *de la Boucherie*, ou de *l'Horloge*, sur la même rue; 5º Porte *des Lices*, ou du *Marché-aux-Chevaux*, sur les Lices *(Marché-à-la-Filasse)*; 6º Porte de *l'Evêque*, ou du *Coin-du-Mur*, ouverte, en 1410, sur le Muret; 7º Porte *des Changes*, ou *au Ligneau*, dite aussi quelquefois de *la Cordonnerie*, sur la rue des Changes; 8º Porte *du Coin-de-la-Savaterie*, ou de la *Petite-Cordonnerie*, ou *des Quatre-Fils-Aymon*, ou *aux Herbes*, sur la rue Evière *(rue au Lait)*; 9º Porte *Evière*[1], ou *Saint-Etienne*, ou de *la Rôtisserie*, ou de *la Galée*, sur la Rôtisserie

---

[1] Il ne faut pas confondre cette porte du cloître avec l'ancienne porte du même nom de l'enceinte de la ville au IXᵉ siècle, dont j'ai parlé à la page 308, note 2.

(entrée de la rue Saint-Eman). La porte *Percheronne* disparut en 1789. Lors du voyage de la reine Marie Leczinska, femme de Louis XV, à Chartres, au mois de mai 1732, le fourrier-des-logis, arrivé à l'avance, trouvant la porte *Neuve* trop basse pour la voiture royale, pria le Chapitre de la faire abattre, ce qui fut incontinent exécuté. Nous avons dit ailleurs que M. l'évêque de Fleury fit boucher la porte du *Coin-du-Mur;* quant à celle des Changes, on la démolit en 1787. La porte *Evière,* menacée en 1789, fut détruite il y a dix ans environ, et le cintre de celle du *Coin-de-la-Savaterie* n'est tombé sous le marteau que depuis peu d'années.

59° *Rue du Cheval-Blanc.*

(De la rue Sainte-Même au marché à la Filasse.)

Cette rue, qui fut appelée, pendant tout le Moyen-Age, rue *Porte-Neuve,* prit son nom actuel, vers le XVI° siècle, de la grande hôtellerie du *Cheval-Blanc-Bardé,* dite par abréviation *le Bardé,* située en face de la porte Neuve du cloître, et dont le chanoine Yves le Breton fit présent au Chapitre en 1623. On remarquait, au XIII° siècle, dans la rue Porte-Neuve, le logis canonial de Sandarville, dont nous avons parlé plus haut[1], et la *Cour-Richeux, Richeudis curia,* aujourd'hui l'impasse du Cheval-Blanc, qui renfermait plusieurs hôtels importants. L'un d'eux, dit *de Villepereux,* parce qu'il avait été donné au Chapitre, en 1325, par M° Simon de Villepereux, était occupé, avant la Révolution, par M. Asselin, dernier lieutenant-général du bailliage; un autre que le Chapitre reçut, en 1490, de M° Hugues Gast ou Gastelier, était tenu à vie, en 1790, par M. de Bouville, chanoine; un troisième avait été acheté, en 1299, par le chanoine Pierre de Rochefort, des exécuteurs testamentaires de Renaud, archidiacre de Blois, moyennant 200 livres parisis. Au XIV° siècle, le Chapitre louait plusieurs maisons de la Cour-Richeux à des bouchers de la Porte-Neuve.

Les autres édifices anciens de la rue étaient le grand four Saint-Jean ou *des Gracieux,* situé presque au coin de la rue du Grand-Beauvoir (1355); l'hôtel du *Chevau-Rouge,* voisin du four Saint-Jean, dans la censive de l'Hôtel-Dieu (1384); la maison de *l'Angelot,* touchant au four et à la rue du Grand-Beauvoir (1453); la maison de *la Coupe,* près du Cheval-Blanc-Bardé (1300-1550). Dans le XVI° siècle, on remarquait aussi l'hôtel *du Coq,* au coin de la rue Porte-Châtelet *(du Bœuf-Couronné)* (1506), le grand hôtel *de Coingham* ou *de Champrond,* construit en briques, dont la porte armoriée existe encore, et qui appartenait, en 1562, à dame Anne de Dolay, veuve de noble homme messire Michel de Champrond, écuyer, conseiller et maître des comptes à Paris; l'hôtel de la *Levrette* ou *Levrière,* illustré par le séjour de saint François de Sales (1580-1650). Les hôtels du Four-Saint-Jean, du Chevau-Rouge, de l'Angelot et de la Levrière furent enclavés, au XVII° siècle, dans le couvent des dames Visitandines.

En 1563, on détruisit une baraque de la boucherie qui obstruait la moitié de la rue, vis-à-vis la porte Neuve du cloître, et la place fut pavée, en 1579, avec des ladères pris dans les fossés de la ville, du côté de Saint-Jean-en-Vallée. En 1744, le maire et les échevins, du consentement du Chapitre, firent abattre tous les étaux des bouchers en face du Bardé et de Loëns, ce qui élargit considérablement la rue, fort rétrécie en cet endroit.

(Titres de Saint-Jean, du Chapitre, de l'Hôtel-Dieu, de la Visitation, et Registres des Echevins.)

---

[1] Voir *suprà*, p. 138 et 139.

40° *Marché à la Filasse.*
(De la rue du Cheval-Blanc à la rue Muret.)

Cette place servit pendant bien des siècles de marché aux Chevaux. Elle était entourée de galeries couvertes, appelées *Lices*, qui reposaient sur des poteaux garnis de chaînes auxquelles on attachait les chevaux; on voyait encore, en 1786, quelques-uns de ces poteaux à l'entrée de la rue des Trois-Flacons. Le Chapitre reconnut, en 1300, qu'il lui incombait, comme seigneur de Loëns et du cloître, de réparer les Lices, lesquelles protégeaient le chemin des chanoines vers les maisons de la rue des Vasseleurs et du Coin-du-Mur. Plusieurs édifices entouraient le marché aux Chevaux; nous avons déjà parlé de la Halle-aux-Merciers et du Poids-du-Roi [1], il nous reste à signaler le grand hôtel de *la Pomme de Pin*, touchant à Loëns (1381-1506), l'hôtel *des Goucet*, situé devant le mur du four de l'Évêque, près des piliers, et dans l'angle de la rue qui conduit au couvent des Frères-Prêcheurs *(des Trois-Flacons)* (1328), l'hôtel de *Jean-de-Nevers*, entre les Lices et la poterne de l'Évêque (1410), et la maison dite *d'Argent* (1549).

Le four banal de l'Évêque occupait l'emplacement sur lequel se trouve aujourd'hui le séminaire. Il y avait près de là tout un quartier qui embrassait l'espace compris entre les rues des Trois-Flacons, Claque-Dents, Muret et de la Moutonnerie; on nommait cet endroit de la ville le *Coin-du-Mur-de-l'Évêque*. La plupart des maisons du *Coin-du-Mur* étaient canoniales; quelques-unes avaient été données au Chapitre, en 1290, par M° Adam de Saint-Méry; d'autres qui appartenaient, en 1459, au chanoine Jehan de Launay, furent achetées, en 1507, par le chanoine Beloys. A l'entrée de la rue de la Moutonnerie se trouvaient les deux maisons *de Rochefort*, dont l'une était tenue viagèrement, en 1505, par le chanoine Pierre Lefebvre, à la charge de l'anniversaire de Jean de Rochefort, et dont l'autre était habitée, en 1492, par M° Michel Mauterne, chanoine et docteur en théologie, à la charge de l'anniversaire du chanoine Pierre de Rochefort. Un troisième hôtel, dit *des Courtins*, était adossé aux murs de l'hôtel épiscopal (1505).

(Titres du Chapitre, de l'Hôtel-Dieu, de Saint-André, et Registres des Echevins.)

41° *Rue des Lices.*
(Du marché à la Filasse à la porte Saint-Jean.)

Cette rue, toute canoniale, porta jusqu'au XVII° siècle le nom de rue *des Vasseleurs, Vavassores*. Ses principaux édifices étaient les hôtels du *Petit-Ecu*, du *Pain-à-Chanter*, de *la Sirène*, et le grand hôtel du coin de la rue Sainte-Thérèse, que le Chapitre louait à la ville pour le logement des gouverneurs de Chartres (1468-1789). Plusieurs membres de la famille Haligre habitaient, à la fin du XVI° siècle, les maisons situées à l'entrée de la rue, du côté des Lices.

Le pavage de la rue des Lices fut fait à neuf en 1504.

(Titres de l'Hôtel-Dieu, du Chapitre, de Saint-Jean, et Registres des Echevins.)

42° *Rue du Grand-Beauvais ou Beauvoir.*
(De la rue du Cheval-Blanc à la porte Saint-Jean.)

C'était encore une rue presque exclusivement peuplée de gens d'église; peu bâtie, d'ailleurs, et coupée par de grands jardins. Au XIV° siècle,

---
[1] Voir *suprà*, p. 329 et 330.

une prêtrière en occupait la plus grande partie; l'hôtel des chevaliers Hospitaliers, dont nous avons déjà parlé [1], s'y trouvait également. Parmi les maisons de cette rue qui augmentèrent en nombre avec le temps, on remarquait, au commencement du XVIIe siècle, l'hôtel d'O, appartenant aux seigneurs de ce nom, propriétaires de Vérigny; cette vaste habitation dont les jardins donnaient sur la rue du Petit-Beauvais, fut vendue par décret, sur les héritiers d'O, le 17 août 1611, à la requête du sieur de Harville, et achetée, au prix de 900 livres, par le sieur Guerreau, avocat au Châtelet. A la même époque, *Messieurs les Haligre*, comme on disait alors, possédaient de grands jardins à l'extrémité de la rue de Beauvais, près de la porte Saint-Jean.

(Titres du Chapitre, Agenda du prieur de Sainte-Foy, et Titres de Saint-Jean.)

43° *Rue du Petit-Beauvais.*

(Donnant par les deux bouts dans la rue du Grand-Beauvais.)

Les maisons de cette petite rue étaient canoniales et provenaient au Chapitre de la libéralité du chanoine Simon de Villepereux (1325). Le couvent de la Visitation, construit au XVIIe siècle, avait une façade sur le Petit-Beauvais.

(Titres du Chapitre.)

5° QUARTIER DU CHATEAU.

44° *Rue au Lait.*

(De la rue des Changes à celle Saint-Eman.)

Cette rue est l'ancienne rue *Evière, Aquaria*, qui fut, au XIIIe siècle, comme nous l'avons fait connaître ailleurs [2], le théâtre de scènes violentes entre les gens du Comte et ceux du Chapitre. Le marché aux légumes, au lait et à la volaille, s'y tint pendant plusieurs siècles; aussi un titre des Aveugles, de 1308, apprend-il que l'on lui donnait quelquefois le nom de rue de *la Poulaillerie;* les noms actuels de rue *au Lait* et de ruelle *aux Herbes* rappellent probablement cette affectation primitive.

On voyait dans la rue Evière le grand hôtel de *la Galère*, ou *Galée*, situé près de la porte *Evière* du cloître et donné au Chapitre, en 1336, par le sous-doyen Soubiran de Beauchâteau. Les autres édifices remarquables étaient la maison de *la Tête-Noire*, dont le chanoine Bidault fit présent au Chapitre en 1390, la maison *des Trois-Morts et des Trois-Vifs*, voisine de la porte Evière (1410), le grand hôtel *du coin du mur de la Savaterie*, autrement dit des *Quatre-Fils-Aymon*, au coin de la ruelle de la Cordonnerie et vis-à-vis la porte de *la Petite-Cordonnerie* du cloître, que Me Simon de Laubespine, bourgeois et maire du Chapitre, occupait en 1364.

(Titres du Chapitre et des Aveugles.)

45° *Rue Serpente.*

(De la rue du Soleil-d'Or à la rue des Changes.)

Cette rue fut appelée, pendant tout le Moyen-Age et jusqu'au siècle dernier, rue *au Ligneau*, ou, par corruption, *aus Laigneaus* (1315), *au Laigneau* (1410), *aux Aigneaux* (1632), noms qui nous paraissent venir du

---

[1] Voir *suprà*, p. 173, note première.
[2] Voir *suprà*, p. 139.

bas-latin *linagium, lignagium,* droit sur le lin et le chanvre ou marché au lin. Elle faisait partie du quartier de la Poulaillerie, ainsi que les rues des Trois-Maillets et du Soleil-d'Or, ses voisines.

On remarquait dans la rue au Ligneau une grande maison fortifiée, dite d'abord tour *Hubert-Leroux*, du nom de ce personnage, préfet ou prévôt de Chartres en 1138 [1], puis tour *Malet*, du nom de Gaufrid Malet, prévôt de Chartres en 1315, et enfin maison *de Vilaine*, du nom de M⁰ Robert de Vilaine, chanoine-chambrier de Notre-Dame, qui la possédait en 1340; elle était située, d'après les titres, dans la Poulaillerie, donnait, d'un côté, sur la rue au Ligneau et, de l'autre, sur celle de *la Lormerie* (des Trois-Maillets) et faisait partie, en 1260, de la censive du chevalier Ansold de Saint-Yon, qui abandonna tous ses droits au Chapitre; M⁰ Robert de Vilaine la rendit canoniale par acte du 26 mars 1349. Près de là se trouvait, au XVᵉ siècle, l'hôtel de *la Serpente,* qui donna plus tard son nom à la rue (1410).

(Titres du Chapitre et de l'Hôtel-Dieu.)

46° Tertre Janvier.

(De la rue de la Petite-Boucherie à la place de la Poissonnerie.)

En 1669, les R. P. Picpus, de Limours, possédaient plusieurs maisons dans ce tertre, appelé alors tertre de *la Poissonnerie*.

(Titres des Echevins.)

47° Tertre aux Rats.

(De la rue Saint-Eman à la place de la Poissonnerie.)

Ce tertre était ainsi nommé de l'hôtel dit *des Rats*, situé, en 1487, en la Poissonnerie d'eau de mer, *faisant le coin à descendre à la Routisserie.* L'hôtel des Rats dépendait de la censive de Beaulieu.

(Titres de Beaulieu.)

48° Place de la Poissonnerie.

Nous avons parlé de cette place dans notre article sur les Halles, p. 328; il nous reste à donner la description des hôtels *du Saumon* et de *la Truie-qui-file,* spécimens assez curieux de l'architecture civile au XVIᵉ siècle.

Ces hôtels sont contigus ou plutôt ils ne forment qu'une seule maison dont la façade se déploie de chaque côté d'un angle très-obtus. Deux étages en encorbellement coupent la façade dans toute sa longueur; chacun d'eux est soutenu par une grande poutre en saillie, qui présente à sa partie inférieure des moulures et des retombées décrivant cinq baies à cintre très-surbaissés, lesquelles reposent sur des consoles sculptées. Plusieurs de ces consoles ont conservé leurs figurines; on remarque sur celles du premier étage, deux anges et un grand poisson assez semblable à un saumon; au second étage, on distingue un ange, quelques modillons simples, et, dans le coin de la dernière console de droite, une truie renversée qui file une grande quenouille maintenue sur son flanc gauche par une courroie. Les ouvertures ont été refaites et n'offrent rien de remarquable; quant aux intervalles laissés libres entre les fenêtres, ils présentent, selon l'ordinaire de cette époque, des colombages losangés dont les interstices sont remplis par des plâtras.

---

[1] Cette maison était encore appelée, en 1503, *Tour-Hébert*, probablement par souvenir de son ancien nom; le chanoine Robert Trevache l'occupait à cette époque. *(Livre des Priviléges du Chapitre;* Arch. départ.)

49° Rue des Changes.

(Du cloître Notre-Dame à la rue Porte-Cendreuse.)

Entre autres monuments, la rue des Changes possédait la halle au Pain, le château des Comtes et l'hôtel ou perron *des Trois-Rois*[1]. Aux XVe et XVIe siècles, les autres édifices remarquables de cette rue étaient la maison de *l'Ave Maria*, dont il est fait mention dans un titre de Saint-André de 1438 et qui subsistait encore en 1753; l'hôtel du *Porc-épic* (1507), la maison de *l'Ecu-de-France* (1587) et la maison de *la Roche*, chargée de 55 sous de rente envers le chapelain de la chapelle Pellegrue, à Notre-Dame (1579).

On voit, presque en face de l'entrée de la Poissonnerie, sur la rue des Changes, une maison en bois, du XVe siècle, dont les deux étages et le pignon aigu font saillie sur la façade et sont ornés, dans quelques parties, de sculptures assez curieuses. De chacun des deux poteaux corniers qui soutiennent le premier étage, se détache une console composée d'un génie ou d'un ange placé sur une base à tête grimaçante et circonscrit dans une sorte de niche ogivale à rampants fleuronnés; la pointe de cette niche semble fichée dans un ovale pourvu de deux ailes et surmonté d'une tête cornue. Le second étage repose sur deux consoles d'un autre genre : la partie supérieure présente une grosse tête, toute ronde, posée en mascaron au bout de la poutre de saillie de l'étage; au-dessous de cette tête se trouve le corps de la console dont le fût carré est décoré, sur le plat de face, d'un enroulement de cep de vigne, avec larges feuilles découpées et grappes de raisin; un oiseau à long col, à longue queue, et aux ailes éployées à demi, est perché dans un mouvement gracieux sur le sommet du cep; la partie inférieure de la console s'appuie sur deux têtes juxta-posées. La saillie du pignon est supportée par une grande ogive dont chaque côté retombe sur deux figures à genoux en guise de consoles. Une guirlande de vigne, cep, feuilles et fruits, sortant de la gueule d'un monstre, garnit la pièce d'appui de la fenêtre du premier étage, et l'on croit reconnaître, sur la pièce d'appui de la fenêtre du deuxième étage, des figures couchées soulevant des espèces de tambours ou de timballes. Des colombages très-variés forment les pleins de chaque étage. Toute cette ornementation, à l'exception de la sculpture des consoles du second étage et de l'appui de la fenêtre du premier, est très-détériorée.

On fit, en 1507, de grandes réparations au pavage de la rue des Changes.

(Titres de Saint-André, du Chapitre, de Beaulieu, et Registres des Echevins.)

50° Rue des Trois-Maillets.

(De la rue des Changes à celle du Soleil-d'Or.)

Aux XIIe et XIIIe siècles, cette rue s'appelait *la Sellerie* et *la Lormerie*; à la fin du XIIIe siècle, elle prit le nom de *la Poulaillerie*, sans quitter absolument celui de *Sellerie*, qu'elle paraît avoir conservé jusqu'au XVIe siècle; vers le milieu du XVIIe siècle elle quitta le nom de *la Vieille-Poulaillerie*, pour prendre celui des *Trois-Maillets*. Cependant quelques titres des XIVe et XVe siècles mentionnent déjà une ruelle *des Maillets* (1381, 1483, 1497), mais nous pensons que cette dénomination s'appliquait à une impasse qui longeait le cimetière de Saint-Martin-le-Viandier et qui est

---

[1] Voir *suprà*, p. 329, 322 et 325.

appelée la rue *qui n'a point de bouts* dans un titre de Saint-Aignan de 1480. Parmi les édifices notables qui se trouvaient dans cette rue à différentes époques, on peut citer les hôtels du *Frein-Doré*, situé au coin de la rue Saint-Martin (1381), des *Trois-Visages*, tenant à *la Queue-de-Regnard* (rue du Soleil-d'Or) (1489), de *Milleville*, appartenant en 1640 à noble homme Jacques de Milleville, commissaire de l'artillerie de France, la maison du *Soleil-d'Or*, occupée en 1731 par Nicolas Besnard, imprimeur, et celle des *Trois-Etoiles* (1740).

On fit, en 1388, des travaux de pavage dans la rue de la *Poulaillerie*.

(Titres de Saint-Père, de Saint-Aignan, de l'Hôtel-Dieu, de Saint-Martin-le-Viandier, du Chapitre, et Archives impériales, sect. admin., série Q, carton 205.)

51° *Rue de Chuisnes.*

(De la rue des Trois-Maillets à celle de la Monnaie.)

La rue de Chuisnes avait porté au Moyen-Age le nom de rue *du Haume*. Le grand hôtel *du Haume*, situé au coin de cette rue et de celle dite de la Pie, et dont les vastes bâtiments regagnaient le cloître Saint-Martin, fut donné au Chapitre, en 1493, par le chanoine Pierre Plume; il existait encore en 1530. Le nom actuel de la rue lui vient d'une prêtrière que le prieur de Chuisnes détenait aux XV° et XVI° siècles et qui était comprise dans une partie de la censive du Chapitre déléguée au sous-doyen en sa qualité de collateur de Saint-Martin-le-Viandier.

On voyait, il y a quelques années, au coin de la rue de Chuisnes et de celle du Soleil-d'Or, une vieille maison en bois, du XIV° siècle, dont le poteau cornier, chargé de sculptures, représentait, d'un côté, Saint-Martin donnant la moitié de son manteau à un pauvre, et, de l'autre, une femme agenouillée devant un autel [1]. La grande maison, entre cour et jardin, à usage de café, placée à droite, en entrant par la rue du Soleil-d'Or, à peu de distance du cloître Saint-Martin, et dans laquelle le tribunal consulaire tenait ses audiences avant la Révolution, a probablement été construite sur l'emplacement du premier hôtel-de-ville acheté en 1377, moyennant 160 livres, et vendu en 1571. C'était aussi près de là que se trouvait l'hôtel du Cygne ou du Cisne, dont Charles VI fit cadeau à la ville en 1411 et qu'il ne faut pas confondre avec le grand logis du Cygne de la rue For-Boyau [2].

Au XIII° siècle, le point de rencontre des rues de Chuisnes, du Soleil-d'Or et des Trois-Maillets, dites alors, *du Haume*, *de la Queue-de-Regnard* et *de la Sellerie*, était appelé *carrefour de Raime* (1297).

(Titres du Chapitre, de Saint-Martin, de l'Hôtel-Dieu, et Livre de Guillaume Bouvart.)

---

[1] Ce poteau est conservé à l'hôtel-de-ville.

[2] Voir *suprà*, p. 324 et 325. — On lit dans un compte de l'hôtel-de-ville, sous la date de septembre 1377 : « A Symon de Laubespine maire de Chappitre pour les ventes de
» VIII^{xx} livres *que fu achaptée la maison de la ville assise devant Saint Martin le*
» *Viandier.* . . . . XIII ^{l} VI ^{s} VIII ^{d}
» Pour les cens de la dite maison dû au chapitre de Chartres, le
» jour de la Saint Rémy, paié audit Simon. . . . . » » XIIII ^{d}
» Pour la lettre de la vente de la maison de ville. . . . . » V ^{s} »
» Pour refaire la lettre de l'acquèrement fait par feu Jehan Per-
« dour d'icelle maison . . . . » II ^{s} VI ^{d}

L'inventaire du Chapitre conservé aux archives du département mentionne un acte de l'assemblée de l'hôtel-de-ville, du 18 août 1517, portant surséance du paiement de dix-huit années d'arrérages de cens dus au Chapitre, par la Ville, pour raison de la maison commune *(aujourd'hui l'hôtel consulaire,* dit le rédacteur de l'inventaire*)*, tenue à quatorze deniers de cens dudit Chapitre.

52° Rue du Soleil-d'Or.

(De la rue des Trois-Maillets à celle du Grand-Cerf.)

Cette rue prit son nom d'une enseigne; elle était appelée au XIVe siècle la *Queue-de-Regnard* ou la *Pelleterie* et on la nommait encore *la Vieille-Pelleterie* au milieu du siècle dernier (1743). Le carrefour dit aujourd'hui *Forboyau*, qui la termine du côté de la rue du Grand-Cerf, portait anciennement le nom de carrefour de la *Pelleterie*.

On fit des travaux de pavage dans cette rue, en 1504.

(Titres de l'Hôtel-Dieu, Registres des Échevins.)

53° Rues de la Boucherie et du Cygne.

(De la rue du Soleil-d'Or à la place Marceau.)

Ces deux rues, quoique séparées au Moyen-Age dans toute leur longueur par les étaux de la boucherie du Four-Boël, n'étaient considérées que comme une seule voie et portaient le même nom; ce nom fondamental, si l'on peut s'exprimer ainsi, était celui de rue du *Four-Boël*, *Four-Boileau*, *Four-Boyau* et enfin *For-Boyau*; il tirait son origine de l'antique four de la famille Boël, dont nous parlerons ci-après. Mais à différentes époques on donna à la rue du Four-Boyau d'autres noms pris également des principaux édifices qui s'y trouvaient. Dès le XIIIe siècle, on l'appelait rue *du Cul-Salé*, à cause de la maison dite *du Cul-Salé*, dont fait mention un titre du Chapitre de 1267. Un acte de 1410 la nomme rue du *Cul-Salé*, autrement dit *rue où est le For-Boyau*. Le grenier à sel ayant été établi dans cette rue au XVe siècle, on continua de plus belle à lui appliquer le nom de *Cul-Salé*. Le dernier acte dans lequel nous ayons rencontré cette dénomination peu élégante date de 1547. Nous voyons paraître pour la première fois le nom de rue *du Cygne* au commencement du XVe siècle. Le Cygne était un grand hôtel situé près du four Boël et du *Chariot-d'Or*, et dont l'emplacement correspond assez bien avec celui des maisons anciennes décrites à la page 374 de ce volume. Quelques titres du XVe siècle désignent aussi la rue de For-Boyau sous le nom de rue de *Feuillet*, parce que l'hôtel de *Feuillet*, de *la Foillée* ou de *la Feuillée*, appartenant anciennement à la noble famille chartraine de *Feuillet*, puis vendu en 1393, par ordre du Roi, sur Philippe de la Porte, occupait une partie du côté droit de la rue actuelle de la Boucherie, et touchait par derrière les jardins de l'hôtel-de-ville (1422-1487).

Le four Boël, dans la censive épiscopale, était un des plus anciens édifices de Chartres; situé à l'entrée de la rue du Cygne, vis-à-vis les maisons qui firent place, en 1364, à l'église Saint-Saturnin, et près de la chapelle Saint-Sébastien, il servait de prison, aux XIe et XIIe siècles, pour les hommes d'armes de l'Évêque. Le Chapitre, qui en devint propriétaire au XIIIe siècle, donna une partie des bâtiments à emphytéose à des gens de distinction (1250), plaça des hôtes dans le surplus et loua le four à des boulangers (1308-1334) [1]. Les échevins prescrivirent, le 6 sep-

---

[1] L'hôtel du Four-Boël était tenu en 1259 par Hervé Lanier, chevalier. (*Titres du Chapitre;* Arch. départ.) Ce seigneur possédait à côté du four une maison qu'il vendit au Chapitre en 1263. (*Ib.*)

En 1329, les gens du Comte, admonestés en séance capitulaire, furent forcés de renoncer aux droits qu'ils avaient perçus sur les hôtes du Chapitre demeurant au Four-Boël. (*Reg. capitul.;* Bibl. commun.)

En 1308, le Chapitre donna son pain à faire, pendant quatre ans, à Ligier de Villehoust et à Simon de Ruelle, boulangers du four Boël, moyennant un *avantage* de

tembre 1689, d'abattre le porche du four Boël ou *Grand-Four*, pour élargir la rue fort étroite en face de Saint-Saturnin, ce qui fut exécuté en janvier 1691 par les sieurs Galois, boulanger, et Henry, hôtelier, auxquels le vieil hôtel appartenait alors. A la fin du siècle dernier, le Grand-Four fut transformé en salle de spectacle, et quelques-uns de nos contemporains se rappellent encore les représentations qu'y donnait la *Société des Arts*.

On pava la rue du For-Boyau, en 1389, depuis l'hôtel de *Feuillet* ou de *Philippe de la Porte*, jusqu'à la maison *à la Troillarde* [1]. D'autres travaux de pavage furent exécutés en 1505.

(Titres du Chapitre, de l'Hôtel-Dieu, de Saint-Saturnin, de Saint-André, et Registres des Echevins.)

6° QUARTIER SAINT-AIGNAN.

54° *Rue des Grenets.*

(De la rue de la Pie à celle du Chien-Vert.)

La rue des Grenets s'appelait autrefois rue Saint-Aignan; elle ne prit le nom qu'elle porte aujourd'hui que vers le XVIe siècle. La famille Grenet, l'une des plus distinguées et des plus anciennes de la magistrature chartraine, possédait, en 1500, plusieurs maisons de cette rue, dans la censive des Courtins. Un titre de Beaulieu, de 1487, fait mention de l'hôtel du *Chapeau-Rouge*, touchant aux jardins du prieuré de Saint-Vincent, et de celui de *la Caige*, voisin du cloître Saint-Aignan.

On remarque au fond d'une cour, à gauche avant d'arriver au cloître, un vieux bâtiment, en pierres et briques alternées, que nous croyons être l'ancien hôtel de *la Caige*; quelques bandeaux de briques rappellent l'*opus spicatum* des Romains, d'autres figurent des losanges et des zigzags. On aperçoit, à demi-cachés par la fenêtre du premier étage, un plein cintre en pierres d'appareil. Sans rien préjuger sur l'âge de ce bâtiment, nous ferons remarquer que les chaînes de briques ainsi disposées sont inusitées dans l'*ogive* et dans la *renaissance* et que l'on n'en trouve guères d'exemples en France que dans certaines basiliques de la décadence latine, telles que l'église de Savenières, près d'Angers. La fenêtre du premier étage, appliquée après coup sur la façade, appartient au style du commencement du XVIe siècle. L'ouverture est profonde, rectangulaire et coupée à angles droits par des meneaux prismatiques; elle reçoit, comme ornement, une petite accolade moulée sur la face d'un linteau intérieur. L'encadrement de cette fenêtre est assez bizarre; il consiste en une grande ogive-accolade, à riches moulures, qui se détache en colonnettes prismatiques le long des jambages et coupe par sa courbe le linteau extérieur dont elle laisse paraître les angles ornés de modillons. L'appui inférieur sur lequel reposent les meneaux et les deux colonnettes de l'ogive, a la forme d'une large console. L'ensemble de cette fenêtre est d'une grande élégance.

(Titres de Saint-Aignan et du Chapitre.)

---

30 setiers de froment par muid, et sous le cautionnement de Jean de Ruelle et de Cheron de Coldeguegnon. Il loua le même four, en 1334, pour trois ans, à Thomas de Fierville, boulanger, moyennant un fermage annuel de 60 livres tournois. *(Reg. capitul.; Bibl. commun.)*

[1] La maison à *la Troillarde*, dite, en 1507, l'hôtel *Troillard*, tirait son nom d'une famille de la bourgeoisie dont plusieurs membres furent échevins; elle était située au coin de la rue Sainte-Même, sur le carrefour de la Pelleterie ou du For-Boyau.

55° *Rue de la Poêle-Percée.*

(De la place des Halles à celle de l'Etape-au-Vin.)

Cette rue qui prit son nom d'une enseigne, vers la fin du XVIe siècle, était appelée auparavant *la Vieille-Clouterie*. Son édifice le plus remarquable était une grande maison dite l'hôtel *des Dauphins*, dont les bâtiments s'étendaient, par derrière, jusqu'à la rue de *la Fromagerie* (de la Mairie) (1454-1547).

(Titres de l'Hôtel-Dieu.)

56° *Rue de la Mairie.*

(De la place des Halles à celle de l'Etape-au-Vin.)

La rue de la Mairie portait au XVe siècle le nom de rue de *la Fromagerie* (1480-1589); son principal édifice était, et est encore, l'hôtel *de Montescot*, aujourd'hui la Mairie, qui appartenait dès 1480 à Jean de Montescot et qui, restauré complètement par Claude de Montescot au commencement du XVIIe siècle [1], fut acheté, en 1625, de Jacques de Montescot, écuyer, par les religieuses Ursulines. Depuis cette dernière époque jusqu'à la Révolution, la rue de la Fromagerie fut appelée rue *des Ursulines*.

On pava la Fromagerie en 1565.

(Titres de l'Hôtel-Dieu et Registres des Echevins.)

57° *Place de l'Etape-au-Vin.*

C'était *la Buffeterie*, dont nous avons parlé ci-dessus, p. 328. On y remarquait, au XVe siècle, les hôtels *du Chapt* et de *la Herse*, dans la censive de Saint-André (1480-1553).

La petite rue *du Chien-Vert*, qui touche l'Etape-au-Vin et le cloître Saint-Aignan, portait, en 1487, le nom de rue de *la Gibeterie*.

(Titres de Saint-André, de Beaulieu, et Comptes de l'Hôtel-Dieu.)

58° *Rue de l'Epervier.*

(De la rue de la Clouterie à la place Marceau.)

Cette rue et celle des Vieux-Rapporteurs, qui n'en est que la continuation, portaient au XVe siècle le nom *du Petit-Cygne* (1470-1556); c'était, en effet, le chemin direct du cloître Saint-Aignan au grand hôtel du Cygne. L'aumône Saint-Aignan était située, d'après un titre de 1487, au coin du *Petit-Cygne* et de la rue *aux Fèvres* (de la Clouterie). Il existait dans cette rue, en 1556, un hôtel dépendant du fief des Courtins et qui avait pour enseigne un *Epervier;* ce fut probablement de cette enseigne que la rue prit son nom actuel.

En 1395 on pava cette rue dans toute sa longueur, c'est-à-dire depuis le carrefour de *la Monnaie* (entrée de la place Marceau), jusqu'à l'hôtel de *la Caige*, près du cloître Saint-Aignan.

(Titres de Saint-Jean, de Beaulieu, de la Mairie, et Livre de Guillaume Bouvart.)

---

[1] En restaurant l'hôtel-de-ville on a retrouvé dernièrement sur la façade l'inscription suivante: *Atavitam Montescotiorum qua natus domum Claud. restituit, an. 1614.* Au-dessus des trois portes d'entrée étaient sans doute les bustes de Henri IV, Louis XIII et Marie de Médicis, dont on voit encore les inscriptions: *Henrico Magno, Ludovico Justo, Mariæ Prudenti.*

59° Rue du Vieux-Marché-au-Blé.
(Du marché aux Balais à la place Marceau.)

Au commencement du XVIIᵉ siècle on appela cette rue *la Poulaillerie*, parce qu'on y avait établi le marché à la Volaille. Ses principaux édifices étaient alors les hôtels de *la Sirène*, de *la Lamproie* et des *Trois-Piliers* (1600).
(Titres de Saint-Jean.)

7° QUARTIER DES HALLES.

60° Rue au Lin.
(De la rue des Côtes à celle Saint-Michel.)

Il est question de la rue au Lin, *vicus de Lino*, dans un compte de l'Hôtel-Dieu, de 1381; on la pava en 1593, sur la demande de M. de Valliraux, colonel des gens de pied en garnison dans la citadelle.
(Titres de l'Hôtel-Dieu et Registres des Echevins.)

61° Ancienne rue de la Poterie.

Nous pensons que l'on donnait le nom de *la Poterie* aux rues des Côtes et aux Ormes et à l'impasse Saint-Michel. Un titre de 1381 nous apprend que la Poterie se trouvait près du marché au Blé, *prope forum bladi*, et un autre titre, de 1408, fait mention du carrefour de la Poterie, tenant au clos de Saint-Père et à la rue Saint-Michel.
(Titres de l'Hôtel-Dieu et du Chapitre.)

62° Rue du Pilori.
(De la rue des Bouchers à la place des Halles.)

Le pilori était dressé dans le coin de la place des Halles qui fait face à la petite halle aux graines, annexe de l'Hôtel-de-Ville. Il y avait près de là, au XVIᵉ siècle, une fosse remplie d'eau pour les cas d'incendie; cette fosse se trouvait, en 1546, vis-à-vis la maison de Mᵉ Antoine Regnier. C'était, en effet, ce quartier qu'habitait la famille du fameux satirique; son père Jacques Regnier possédait, en 1579, un hôtel donnant par devant sur la rue du Pilori, et par ses jardins sur les murs de ville [1].
(Registres des Echevins et Archives impériales, section admin., série Q, carton 205.)

63° Ancienne rue Vidée.

On appelait ainsi le bout de rue qui va de la rue du Pilori au coin de la place des Halles, vis-à-vis la petite halle aux graines. Il est question de la rue *Vidée* dans des titres de 1410; l'Hôtel-Dieu Saint-Saturnin s'y trouvait en 1506.
(Titres du Chapitre.)

64° Rue des Bouchers.
(De la rue du Pilori à celle du Bois-Merrain.)

Cette rue, qui continue celle du Pilori, n'était, aux XIVᵉ et XVᵉ siècles, qu'un terrain vague dans lequel les bouchers de cette partie de la ville avaient établi leurs abattoirs.

---

[1] M. l. Prévoteau, propriétaire d'une maison située au coin de la nouvelle rue Regnier et de la rue des Bouchers, a fait placer dernièrement, sur la façade, une tablette de marbre qui contient cette inscription : *Ici naquit Mathurin Regnier, le 24 décembre 1573.*

65° Rue du Petit-Change.

(De la place des Halles à la rue du Puits-de-l'Ours.)

Le nom de cette rue témoigne de son antiquité. Toutefois elle porta longtemps le nom de rue *aux Anes*; on la trouve ainsi désignée dans un inventaire du Chapitre, de 1354, et dans des censiers de 1410 et 1506.

On remarquait, en 1506, dans la rue aux Anes, le grand hôtel *des Singes*. L'hôtellerie du *Ver-Galant*, qui fait le coin de la place des Halles, existait déjà à la fin du XVI° siècle.

(Titres de Saint-Jean.)

8° QUARTIER SAINTE-FOY.

66° Rue Sainte-Même.

(De la rue du Bœuf-Couronné à celle du Soleil-d'Or.)

Anciennement, cette rue n'était pas distinguée par un nom particulier, de celle du *Bœuf-Couronné* qui la continue. On l'appelait rue *aux Carneaux*, parce qu'elle bordait l'enceinte crénelée du cloître. Son principal hôtel portait le nom de *Logis des Carneaux*; il était adossé au cloître, presque à l'encoignure de la rue du Cheval-Blanc. Comme ce logis était un des plus grands de Chartres, il servit souvent de gîte d'étape aux troupes de passage; il en est fait mention dans un censier du Chapitre, de 1410, et il appartenait, en 1580, au greffier Gravelle. En face de la maison des Carneaux et au coin de la rue *qui conduit à Sainte-Foy* (Collin-d'Harleville), se trouvait un grand hôtel habité, en 1410, par M° Philippe de Champrond. On remarquait aussi dans cette rue une vaste maison que le chanoine Etienne Lhomme donna au Chapitre en 1410, et sur laquelle le duc de Saint-Simon, vidame, prétendait censive en 1664.

La rue dont nous parlons fut aussi appelée rue de la Porte-Châtelet; ce fut même son nom le plus habituel jusqu'au XVI° siècle. Quant au nom de *Sainte-Même* qu'elle porte aujourd'hui, il lui vient d'une petite chapelle dont la construction paraît dater de la fin du XV° siècle, et qui n'est plus visible, à l'extérieur, que dans la rue Percheronne et au coin de la rue Percheronne et de celle de l'Etroit-Degré. La voûte de cette chapelle abandonnée depuis longtemps, s'écroula en 1786 [1].

En 1507, on pava la rue Sainte-Même, depuis le coin de l'hôtel *Troillart*, au carrefour de la Pelleterie, jusqu'à la porte Châtelet.

(Titres du Chapitre et Registres des Echevins.)

67° Rue Collin-d'Harleville.

(De la rue du Cheval-Blanc à la porte Sainte-Foy.)

Cette rue a été fort élargie. Il y avait autrefois, au point de jonction des rues Sainte-Même, du Bœuf-Couronné et du Cheval-Blanc, une petite place dite le *carrefour Sainte-Foy*, de laquelle partait une étroite ruelle qui conduisait à l'église. Le milieu du carrefour était occupé par un puits dont on refit la voûte à fleur de terre, en 1506, et qui fut bouché quelques années plus tard, nonobstant les réclamations des habitants. Les princi-

---

[1] Voir *suprà*, p. 260, note 2, et 284, note 2.

paux édifices de ce carrefour étaient les hôtels de *la Rivière* (1508), *de Saint-Nicolas* (1550), *des Ligneries et de Javercy* (1531).

On pava pour la première fois, en 1508, le carrefour Sainte-Foy.

Dans la ruelle et près du cimetière, maintenant place Sainte-Foy, se trouvait, aux XVIe et XVIIe siècles, le grand tripot ou jeu de paume de *Jérusalem*, l'un des plus fréquentés de la ville. Aujourd'hui encore, on remarque, vis-à-vis le bâtiment latéral de la Préfecture, une maison dont le portique Renaissance contient cette inscription en caractères lapidaires : *Valeant, qui dissidium volunt*, c'est-à-dire : *Hors d'ici les querelleurs*. C'était peut-être une entrée du jeu de paume dont parlent les titres.

(Titres de l'Hôtel-Dieu, Agenda du prieur de Sainte-Foy et Registres des Echevins.)

68° Rue de l'Ortie.

(De la rue Collin-d'Harleville à celle du Grand-Cerf.)

Un titre de Saint-Maurice, de 1389, fait mention de l'hôtel de *l'Ortie*, qui donna son nom à la rue.

9° QUARTIER DES ÉPARS.

69° Rues de la Tonnellerie et du Bois-Merrain.

(De la place des Halles à la porte des Epars.)

Ces deux rues et celle dite aujourd'hui *Marceau* et anciennement *du Chapelet* et *au Beurre*, formaient le quartier de la *Croix-aux-Moines-de-Thiron*, ainsi nommé parce qu'il y avait une croix en pierre au point de rencontre des rues en question, devant l'hôtel des religieux de l'abbaye de Thiron.

On disait, au XIIIe siècle, rue *du Marché-au-Merrain* (1262), et au siècle suivant, rue de *la Croix-aux-Moines* (1381). A cette dernière époque, la rue de la Tonnellerie, du côté des Halles, portait aussi la désignation de *Hanterie*, c'est-à-dire marché au gros bois.

Outre l'hôtel de Thiron ou Court-Bâton, on remarquait dans ces rues l'hôtel de *la Chaux*, ancien four à chaux appartenant au Chapitre, et donnant, par derrière, sur la ruelle *Mithouard* (1328-1430), les maisons du *Lion-d'Or* (1454-1538), de *l'Ours* (1454)[1], et des *Chiches-Faces* (1587).

(Titres de l'Eau, du Chapitre, de l'Hôtel-Dieu, de Beaulieu, et Registres des Echevins.)

70° Ruelle Mithouard.

(De la rue du Bois-Merrain à celle du Cygne.)

Cette ruelle, qui n'a plus qu'un tronçon donnant dans la rue Marceau, conduisait de la rue du Bois-Merrain au grand hôtel du Cygne. Il en est question dans une délibération des échevins du 9 mai 1559.

71° Rue du Grand-Cerf.

(De la rue du Soleil-d'Or à la porte des Epars.)

Cette rue était appelée anciennement la *Grande-Rue*; elle prit son nom actuel, vers la fin du XVIe siècle, d'un hôtel dit *le Grand-Cerf* (1550) qui existait encore au siècle dernier.

---

[1] Ce fut peut-être cette maison qui donna son nom à la petite rue du *Puits-de-l'Ours*, qui va de la rue des Bouchers à celle du Bois-Merrain.

Nous avons déjà parlé de la maison *renaissance* construite dans la rue du Grand-Cerf par un médecin artiste [1]; la porte de cet édifice et les deux fenêtres qui la surmontent, méritent une description particulière. L'ouverture *plein-cintre* est ornée d'une archivolte à moulures et tombe sur des pieds-droits munis d'impostes. Deux colonnes d'ordre corinthien, engagées près des pieds-droits, supportent une architrave et sa cymaise dentelée, ainsi qu'une frise lisse au-dessus de laquelle règne un rang de consoles simples qui servent de points d'appui à la corniche. Cette décoration est d'une pureté digne des temps antiques. La fenêtre du premier étage présente aussi de riches dispositions. Deux consoles élégantes, postées sur la corniche de la porte, soutiennent deux colonnes corinthiennes sur lesquelles s'étendent une architrave lisse, une frise et un entablement dont la corniche forme la base d'un fronton triangulaire; les moulures et les denticules de la corniche se reproduisent, selon l'usage, sur les deux rampants intérieurs du fronton. Entre les consoles et au-dessous de l'appui inférieur de la fenêtre se trouve un cartouche qui contient l'inscription que nous avons rapportée au chapitre Ier de cette histoire. Cette construction, purement grecque, encadre une fenêtre rectangulaire et divisée par deux meneaux prismatiques qui se coupent à angle droit. L'ornementation de la fenêtre du deuxième étage appartient à l'ordre *cariatide* usité dans l'architecture de quelques temples grecs et employé avec prédilection par les artistes du XVIe siècle, pour la décoration des portes, fenêtres et cheminées. Deux modillons sur lesquels s'appuie une bande en saillie profondément moulée, servent de piédestaux à deux statues de femmes, guênées, aux bras pendants, dont le corsage est collant et la chevelure façonnée en bandeaux tombant sur les épaules; ces statues d'un beau style portent sur la tête des vases qui soutiennent une architrave lisse et une frise ornée; au-dessus, sont assises de petites consoles, supports de la corniche. Un fronton circulaire, garni à l'intrà-dos de petites consoles, se rattache à la corniche dont il adopte toutes les moulures; un modillon fruste occupe le milieu du tympan du fronton. La fenêtre placée dans le centre de cette construction est semblable, quant à la disposition des meneaux, à celle du premier étage.

Le frontispice que nous venons de décrire est riche, élégant, pur d'exécution et harmonieux dans toutes ses parties; son architecture, heureuse combinaison de l'art grec et de la fantaisie renaissance, reporte la pensée vers les beaux châteaux de Touraine, gloires artistiques des derniers Valois.

Les autres maisons remarquables de la rue du Grand-Cerf étaient, au XVIe siècle, les hôtels du *Mouton-Blanc* (1550), de *Saint-Georges*, de *la Barbe-d'Or*, *du Barillet*, *des Jeux-de-Paume* (1556), tous dans la censive des Courtins, et ceux *du Chaudron* et *du Croissant* (1587).

(Agenda du prieur de Sainte-Foy, Livre de Guillaume Bouvart, Titres de Saint-André et de Beaulieu.)

---

[1] Voir *supra*, p. 4 et note première. J'attribuais dans cette note la construction de la façade de la maison en question à un médecin du nom de *Huvé*; cette conjecture est confirmée par les documents que possède M. de Masclary, propriétaire actuel du joli édifice dont je donne la description. Il résulte d'un acte passé devant Thomas Dumoustier, notaire à Chartres, le 24 juillet 1582, que Mre Jean de Toutteville, baron du Chesne-Doré (probablement le même que Jean d'Estouteville, seigneur de Villebon. Voir *supra*, p. 297), donna cette maison à cens, à raison de 2 s 6 deniers; qu'elle fut ensuite accensée par Guy de Dalon, comte du Lude, baron du Chêne-Doré, à *honneste femme Perrine Richer*, veuve de deffunt honorable homme Me *Claude Huvé*, vivant docteur en *médecine*; et que, saisie sur les héritiers de ce médecin, elle passa entre les mains de noble homme Claude de Montescot. Un autre acte reçu par Bouvart, notaire à Chartres, le 14 juillet 1607, fait connaître que ce dernier propriétaire vendit le logis dont il s'agit à Gervaise Brosse, marchand, moyennant 2,100 livres tournois.

10° BANLIEUE.

72° *Faubourg des Epars.*

Nous avons parlé ailleurs de la porte des Epars et des constructions qui l'avoisinaient à l'extérieur [1]. Avant la fondation du couvent des Cordeliers (1231), il n'y avait au Grand-Faubourg que quelques groupes de maisons, et quelques métairies ou vendangeoirs appartenant au Chapitre et à l'Hôtel-Dieu; la réputation des religieux attira promptement la population de ce côté de la banlieue. Les hôtels de Nicochet existaient déjà en 1279 [2]; on remarquait aussi, dans le faubourg, la grande maison de *la Housse-Gilet*, de la censive de l'Hôtel-Dieu, dont il est fait mention dans des titres de 1381 et 1463. Les autres édifices connus, de ce quartier, étaient l'hôtel *du Chapeau-Fleuri* (1480), qui devint *le Chapeau-Rouge* (1510) et qui donna son nom à une rue du voisinage; la maison de *la Cloche*, habitée en 1535 par le procureur Lapoustoire; l'hôtel *du Lion-d'Or*, celui *du Jeu-de-Paume* (1546), enfin celui de la *Croix-de-Fer*, qui servit de logement particulier à Henri IV pendant le siège de 1591.

Le Grand-Faubourg, appelé aussi rue *Saint-François* et *des Cordeliers*, fut pavé, en face de Nicochet, en 1368, et repavé en 1508. Un violent incendie le consuma presque tout entier en 1758.

(Titres de l'Hôtel-Dieu et du Chapitre.)

73° *Chancellerie ou clos du Chancelier.*

On appelait ainsi une maison et un clos de vignes, situés dans la partie droite du Grand-Faubourg, près du chemin des Vauroux. Ce domaine appartenait au Chapitre dès le XI⁰ siècle et dépendait de la prébende du chancelier de Notre-Dame. La chancellerie formait, au XIV⁰ siècle, ce que l'on nommait une *mairie*; elle avait des *hôtes* soumis à la taille et à la justice du Chapitre et placés sous la surveillance d'un maire (1301). Il est question du puits de la Chancellerie dans un titre de Saint-André de 1460.

Aujourd'hui encore, une petite maison construite au milieu d'un joli jardin porte le nom de la Chancellerie dont elle occupe l'emplacement.

(Titres du Chapitre et de Saint-André.)

74° *Clos de Feuillet.*

Voisin de la Chancellerie, le grand clos de *Feuillet* était possédé, au commencement du XIII⁰ siècle, par la noble famille de ce nom. Il fut donné ou vendu à l'Hôtel-Dieu vers 1250 et devint entre les mains des frères de l'Aumône une métairie importante, avec puits et pressoir (1299-1381-1493). Le chemin dit aujourd'hui d'Amilly ou des Vauroux s'appelait au XIII⁰ siècle la rue de Feuillet.

(Titres de l'Hôtel-Dieu.)

75° *Clos Notre-Dame.*

Le clos Notre-Dame occupait la plus grande partie du terrain qui forme aujourd'hui le quartier des *Petits-Blés*, et qui est coupé par les rues du

---

[1] Voir *suprà*, p. 312. J'ai déjà donné une étymologie du nom *Epars*; en voici une seconde qui paraît assez plausible : dans les anciens titres, Epars s'écrit *Esparres*; or, les esparres, en terme de charronnage, sont des bois employés pour la construction des chariots. De la porte des *Esparres*, on arrivait à la rue *du Bois-Merrain*, puis à celle de *la Tonnellerie*, et enfin à *la Hanterie*, marché du bois de charpente.

[2] Voir *suprà*, p. 151.

Clos-Notre-Dame, de Saint-Thomas et Haute-Borne. C'était un des plus anciens domaines de l'Eglise, et que la générosité des comtes avait augmenté, dans le XIe siècle, aux dépens des terres de Saint-Lubin et de Saint-Martin-au-Val.

En 1310, le Chapitre louait le pressoir et les vignes du clos Notre-Dame à Pasquier, de Saint-Lomer de Luisant, pour les faire valoir à moitié fruits ou moyennant un fermage en nature de vingt et un barils de vin par an. A la même époque, on annexa au clos des terrains vagues qui se trouvaient en face de la porte Saint-Michel, près du chemin de Saint-Martin-au-Val, dans la censive du Chantre.

(Titres du Chapitre.)

76° Ancien bourg Maheux, Mahieux, Mahé.

Nous avons déjà dit plusieurs fois que l'on appelait ainsi le faubourg de la Porte-Châtelet, compris entre le chemin de Mainvilliers, le ravin des Vauroux et la rue de la Couronne. Le Chapitre et l'Evêque se partageaient la censive de ce faubourg.

(Censiers du Chapitre, 1465-1506.)

77° Faubourg Saint-Jean.

Ce faubourg, pris dans son ensemble, portait anciennement le nom de *Vallée;* mais il était divisé, comme aujourd'hui, en plusieurs rues connues sous différentes dénominations.

Au XIVe siècle, le Chapitre possédait, dans la grande rue, au point dit *le Carrefour-de-Vallée,* une prêtrière tenue par le Chantre, et de laquelle dépendait un four banal (1301); cette maison était appelée, en 1410, la prêtrière des Vauroux. Un titre de Saint-Jean, de 1317, fait mention de la rue *Haudry-en-la-Vallée;* la famille de ce nom, puissante à Chartres dès le XIe siècle, y avait probablement son manoir. Les *de Dreux* ou *le Drouais,* autres importants personnages, habitaient aussi la rue Haudry, à ce que nous apprend le même document. Il est question d'une rue dite *Daguenot, en la petite vallée Saint-Jehan,* dans un censier du Chapitre, de 1410. En 1620, le prieur de Sainte-Foy, membre de l'abbaye de Saint-Jean, avait un cens sur une maison voisine du jardin de *la Goronnière,* en la vallée. Enfin, plusieurs titres des XVIIe et XVIIIe siècles parlent de l'hôtel *du Pélican,* aujourd'hui le couvent des Dames-Carmélites, et du chemin du *Pélican* à la *Croix-Jumelin.*

78° Faubourg Saint-Maurice.

Le seul édifice ancien de ce faubourg, digne d'être mentionné, était le *grand four Saint-Jean,* situé près du cimetière Saint-Maurice; il existait encore, à l'état de four banal, en 1364, et il devint, au XVIe siècle, l'hôtel *des Trois-Rois,* puis l'auberge de la *Ville-de-Dreux.*

Le nom de *la Croix-Jumelin,* appliqué au carrefour ainsi désigné aujourd'hui, est fort ancien; on le trouve dans plusieurs titres du XIVe siècle. Les nécrologes de Notre-Dame, à l'obit de Nicolas de Luzarches (XIVe siècle) et le censier de l'évêque (*Livre Rouge,* p. 221), font mention des clos dits *Ysaquart* ou *Aquart* et *Chanteloup,* voisins de la Croix-Jumelin. La famille de Champrond possédait, en 1380, des vignes en cet endroit.

(Histoire de Saint-Maurice, par Savart, Titres de Saint-Jean et du Chapitre.)

79° Barre des Prés.

Ce nom, *Barra, Bucca Pratorum*, était donné, dès le XIII° siècle, à la rue qui conduit aux *Grands-Prés*.

De tout le temps, la Barre-des-Prés renferma des jardins et des maisons de plaisance. L'Hôtel-Dieu y possédait, à la fin du XIII° siècle, les maisons de *l'Enfer* et *de Beaurepaire* (1274); la première, aumônée par Pierre de Berou, fut détruite par les Huguenots en 1568; la seconde, provenant en partie du même donateur, et, pour le surplus, du chanoine Luc d'Orbeinte, qui l'avait acheté, en 1357, de Guyot de Chartres, moyennant 200 florins, devint, aux XVI° et XVII° siècles, un hôpital de pestiférés. En 1474, il y avait à Beaurepaire, ou *Beauregard*, une chapelle sous l'invocation de sainte Catherine, fondée par le chanoine Luc Grimault, qui lui légua un petit missel et un bréviaire; cet oratoire n'existait plus au XVII° siècle, car le Chapitre, en sa qualité de supérieur de l'Hôtel-Dieu, manifesta à cette époque l'intention de fonder une chapelle au lieu de Beaurepaire [1].

Un jardin situé en face de Beaurepaire, près de la rivière, portait, en 1357, le nom de *Pourpris-du-Purgatoire*. A peu de distance de l'Enfer, se trouvait l'hôtel *du Paradis*, dont les religieux de Saint-Jean étaient propriétaires en 1356. Les chanoines de Saint-Maurice avaient au même lieu, en 1429, une maison avec jardin, dite *l'Ecole-de-Saint-Maurice*. Enfin, un titre de 1580 fait mention d'un domaine appelé *Beaujoly* ou *Vaujoly*, voisin de Beaurepaire; il appartenait, en 1603, à M° François Chouayne, lieutenant-général du bailliage.

(Titres de l'Hôtel-Dieu, du Chapitre, de Saint-Jean, de Saint-André et de Saint-Maurice.)

80° Faubourg des Filles-Dieu.

Ce faubourg s'appelait anciennement *Reculet, rediculetum, reculetum* [2]. Il est question du moulin de *Reculet* dans un titre de Saint-Père de 1101-1129; un autre document de la même époque fait connaître que toute la colline de *Reculet*, en y joignant le Clos-l'Evêque, était plantée en vignes (1135-1143). Le nom de *Reculet* fit place à celui de *Filles-Dieu*, après la fondation en cet endroit, au commencement du XIII° siècle, du monastère des religieuses Augustines, ainsi désignées par le peuple [3].

Les prairies qui bordent la rivière en face des Filles-Dieu, et qui se trouvent comprises entre le faubourg, le boulevard dit *Chaussée-des-Filles-Dieu*, et quelques jardins de la rue de la Barre-des-Prés, ont toujours été nommées *les Petits-Prés* ou *Prés des Reculés, minora prata, prata de reciaculis seu reculeti* (c. 1070).

Les comptes de Beaulieu de 1487, et les registres des échevins de 1504 et 1506, font mention de la croix *Thibault* ou *aux Ardilliers*, située entre les Filles-Dieu et Champhol. Ce calvaire fut peut-être fondé par un de nos comtes; dans un champ voisin, on voyait, avant 1487, une *justice*, c'est-à-dire des fourches patibulaires.

(Titres de Saint-Père, des Filles-Dieu, de l'Eau, et Registres des Echevins.)

---

[1] L'Hôtel-Dieu est encore propriétaire du domaine de Beaurepaire (1853).

[2] Le nom de *Reculet*, de même que ceux de *Prés des Reculés* et de *Vau-Roux (Vallis Radulphi)*, rappelle la fuite de Rol et des Nordmans, en 911. Voir *suprà*, p. 36.

[3] Voir *suprà*, p. 302.

81° Pont d'Inde.

Le pont *d'Inde* s'appelait, au XIVe siècle, pont *Ledine* ou *Lezine*, et, aux XVe et XVIe siècles, pont *Digne*. L'étymologie de ces noms nous est inconnue.

En 1510, on pava avec des *ladères* l'abreuvoir du pont *Digne*.

(Livre rouge de l'Evêché, p. 221, et Registres des Echevins.)

82° Faubourg de la Grappe.

Il est question, dans un titre de Saint-Jean, de 1380, d'une maison avec verger, *lez la fontaine la Grappe*. Néanmoins, le faubourg dit de la Grappe portait, à cette époque et beaucoup plus tard encore, le nom de rue du *Puits-de-la-Chaîne* (1397-1499); le puits se trouvait au bout de la rue, au pied de la côte du grand chemin de Beauce.

En 1499, on fit d'importantes réparations à la rue de ce faubourg, entre le *Puits-de-la-Chaîne* et le pont *aux Malades*.

83° Bas-Bourgs.

Les plus anciens titres appellent ce faubourg *le Barbou (Barbo)* (1101-1129). *Barbou* signifiait-il *Bas-Bourg*? Ce quartier donna-t-il ou emprunta-t-il son nom à la puissante famille *Barbou, Barbotus, Barbodus*? C'est ce qu'il nous est impossible de décider.

Barbou, aujourd'hui Bas-Bourg, appartenait en grande partie à Saint-Père; c'était là que se trouvait, au XIIe siècle, le *Paradis* du couvent. Il y avait, sur le territoire de ce faubourg, trois puits, l'un dit *Barbou*, l'autre *Guestraud*, et le troisième *Chollet*.

Les Bas-Bourgs ont toujours renfermé des *courtilles*, des vergers, des clos de vignes et des jardins. Le célèbre Nicole, de Port-Royal, y possédait un jardin dont il disposa, par son testament de novembre 1694.

84° Pont de Saint-Martin-au-Val.

Ce pont, jadis en bois, fut construit en pierres de taille, au commencement de 1526. On l'établit sur huit arches et on lui donna 17 toises de long, d'après les devis de l'échevin Georges Brébion. Il a été entièrement remis à neuf dans ces dernières années.

APPENDICE N° 5.

OBIT DE PHILIPPE-AUGUSTE,

INSCRIT AU NÉCROLOGE DE NOTRE-DAME DE CHARTRES.

2 Idus Julii. — Anno ab incarnatione Domini millesimo ducentesimo vicesimo tertio, pridie Idus Julii, obiit Philippus, Francorum rex illustris, apud Castrum Meduntam; qui sensus industria vir prudentissimus, virtute strenuus, gestis magnificus, fama preclarus, victoriosus in bellis, ac triumphis multis et magnis plurimum gloriosus, jus et potentiam regni Francorum mirabiliter dilatavit et regalem fiscum ampliavit in multis. Multos etiam preclaros principes, terris, militibus, armis et opibus prepotentes, regno suo et sibi graviter adversantes, debellavit viriliter et devicit. Ecclesiarum quoque defensor maximus et protector, istam precipue sanctam ecclesiam, speciali favoris gratia, et quasi quodam amoris privilegio, fovit propensius et protexit, et quem habebat erga ipsam dilectionis affectum, multociens effectu operis comprobavit. Porro ipse, ab annis teneris zelator fidei christiane, vexillo crucis affixo humeris, in sua juvenili etate, contra Sarracenos in manu valida transfretavit; ubi, in obsidione Aconitane urbis, usque ad ejus consummatam debellationem plenamque recuperationem, preclare et efficaciter laboravit. Ac, postmodum, vergens in senium, proprio filio primogenito non pepercit quin eum mitteret bis adversus hereticos Albigenses, cum magnis sumptibus et expensis, atque alias, tam in vita sua quam in suo decessu, multa largitus est ad ejusdem negocii Albigentium subsidium et juvamen. Preterea dando pauperibus, et dona plurima caritative per loca varia dispergendo, elemosinarum fuit largissimus seminator. Sepultus est autem in ecclesia beati Dionisii digne et honorifice, sicut tali et tanto principi competebat. Ad ipsius enim exequias, quod non sine nutu et prudentia Dei gestum esse videtur, affuerunt duo archiepiscopi, videlicet : Remensis Willelmus et Senonensis Galterus, et viginti episcopi, videlicet : de Romana curia, Corradus Portuensis episcopus, cardinalis et sedis apostolice in terram Albigensium tunc legatus; de Anglia, Pandulfus Norvicensis episcopus; de Remensi provincia, Katalaunensis Wilelmus, Belvacensis Milo, Noviomensis Girardus, Laudunensis Ansellus, Suessionensis Jacobus, Silvanectensis Garinus, Attrebatensis Pontius, Ambianensis Gaufridus; de provincia Senonensi, Carnotensis Galterus, Altisiodorensis Henricus, Parisiensis Wilelmus, Aurelianensis Philippus, Meldensis Petrus, Nivernensis Raignaldus; de provincia Rothomagensi, Baiocensis Robertus, Constanciensis Hugo, Abrincensis Willelmus, Lexoviensis Guillelmus; de provincia Narbonensi, Fulco Tolosanus; qui prelati, de mandato domini pape, immo de ipsa potius, ut credibile est, ordinatione divina, pro negocio Albigensium tunc temporis erant Parisius congregati. Missam autem exequialem celebrarunt simul Portuensis episcopus et Remensis archiepiscopus, una voce, ad duo altaria propinqua, ceteris episcopis, cum clericis et monachis, quorum aderat innumera multitudo, assistentibus et eis respondentibus sicut uni. Inter quos affuit Johannes illustris rex Jerosolimitanus, qui in Franciam venerat pro negotiis et necessitatibus terre sancte; presentibus ad hoc inclitis predicti regis Philippi filiis, Ludovico primogenito et Philippo. Sepedictus autem Philippus rex tale condidit testamentum : legavit ad subsidium terre

sancte trecenta millia librarum parisiensium, videlicet prefato regi Johanni centum millia, milicie Templi centum millia, hospitali Jerosolimitano centum millia; donavit etiam Amalrico comiti Montisfortis viginti millia librarum parisiensium, ad uxorem ejus et liberos de Albigensi terra et manu hostium reducendos. Preterea dedit quinquaginta millia librarum parisiensium pauperibus eroganda; magnam etiam summam pecunie dicitur legavisse ad emendas, si quas fecerat, exactiones injustas. Insuper instituit viginti monachos presbyteros in ecclesia beati Dionisii, qui tenentur, pro anima ejus, singulis diebus, celebrare missas et orationes alias, sicut Ecclesia orare pro defunctis fidelibus consuevit.

Capitulum autem hujus ecclesie, nolens ei esse ingratum, sexaginta solidos annui redditus de camera assignavit et statuit ad ejus anniversarium celebrandum; et superaddidit Milo de Croceio, canonicus hujus ecclesie et clericus dicti regis, quadraginta solidos similiter annuos, ex quibus viginti solidi canonicis, quindecim non canonicis, qui anniversario interfuerint, et quinque restantes solidi matriculariis et pulsatoribus campanarum in utraque turre. Habebunt etiam matricularii clerici portionem in summa que clericis non canonicis deputatur. Totalis autem summa pecunie medietas una deputabitur ad vigilias precedentis diei, et altera medietas ad missam subsequentis diei; quos *(solidos)* assignavit super campipartem de Braiaco, quam emit a Stephano, majore de Camposeru.

APPENDICE N° 6.

FIEFS DE L'ÉVÊCHÉ, DU CHAPITRE ET DES COUVENTS [1].

1° *Fief du charpentier de l'Evêque.*

Hic est feodus Leobini carpentarii.

Ipse habet quinquaginta solidos census et ejus venditiones, et omnia penitus jura et placita, excepto sanguine et duello. Pro quo tenetur carpentare in propria persona, quociens opus fuerit, in domo episcopi, sive in torculari ejus. Et singulis diebus quibus ibidem operatur, debet habere micam et prandium sufficienter et vinum de nona, et sero, ad hospicium suum, duos albos panes et dimidium sextarium vini; et similiter debet habere singulis dominicis et diebus festivis, preter micam et vinum de nona. Qui infra tempus operationis sue contingerint, scopellos omnes debet habere, qui non possunt mitti in opere; et etiam debet habere unam propriam cameram ad ponendum ferramenta sua sive scopellos suos. Et in vindemiis habet unum minotum plenum racemis et unum sextarium musti. Ferramenta autem sua qui in opere episcopi sive confracta fuerint sive pejorata, de proprio episcopi reformabuntur. Et cunctis diebus quibus episcopus Carnotensis Carnoti fuerit, in ejus curia prandebit, si voluerit, ad mensam sociorum. Tempore vindemiarum debet servare celarium de die et nocte, et debet habere expensam competentem, et de nocte II denarios *por haste*; et singulis diebus quibus moram facit in celario, debet habere, ad mittendum in hospicio suo, duos panes albos et dimidium sextarium vini. In festis beate Marie, in Natali, in Pascha, in die jovis Rogationum, in Pentecoste et in festo omnium sanctorum debet habere IIII[or] panes albos et unum sextarium vini, ad mittendum in hospitium suum; in die martis carniprivii IIII[or] panes albos et unum sextarium vini et unam gallinam et unum frustrum carnis sallate [2].

2° *Fief du portier de l'Evêque.*

Carta janitoris.

Omnibus presentes litteras inspecturis, officialis curie Carnotensis salutem in domino. Litteras que sequuntur vidimus in hec verba: Raginaldus, Dei gratia Carnotensis episcopus, omnibus presentibus et futuris in Domino salutem... Proinde liberaliter petitionem Eremburgis vidue, janitricis nostre, facilem prebentes assensum, de pertinentibus ad ejusdem officium redibitionibus submotari fecimus, in primis, hec que nos et predecessores nostri tenuerunt et huc usque servaverunt, scilicet: quod, in unaquaque ebdomada, debentur janitori, quicumque fuerit, sive janitrici, feodaliter

---

[1] Il n'est question ici que des offices de domesticité transformés en fiefs.

[2] *Livre rouge* de l'évêché, f° 20; Bibl. commun., mss. — *Livre noir* de l'évêché, f° 31; Bibl. impériale, mss. cartul. 43. — Ce fragment de charte, qui paraît être du commencement du XIII° siècle, a été donné par M. Guérard, au f° lix des prolégomènes de son excellente édition du Cartulaire de Saint-Père.

panes XIIII, septem albi et septem nigri, sive presens fuerit episcopus sive absens; pro coquina, quando non est presens, et pro vino unum denarium; si presens sit, dimidium sextarium vini magne mensure et unum frustrum carnis et loco carnis adminus IIII^{or} allecia vel X ova; tunc et habet candelam ad cubandum. Ad festa beate Marie, Omnium Sanctorum, Nativitatis Domini, Circoncisionis, Epyphanie, Pasche, Ascensionis, et ad carniprivium dupplicantur hec omnia, quando presens est *(episcopus)*, alioquin simplicia dantur sicut fit in aliis diebus ipso presente. Si presens est episcopus in festo sancti Martini, duplicatur vinum, si foris, datur dimidium sextarium; sive sit presens sive absens nichil minuitur in carniprivio. De militantibus exterinibus qui prebendam recipiunt in curia, janitor habet unam avene haveatam in estivas, et habet per terram episcopi et unum sextarium de legumine in granariis quando legumen recipitur; preterea, pro pellibus quibus uti solent pro palliis XII solidos, et pro calciamentis, quando opus est, eidem, in foro Comitis de omnibus sutoribus qui vendunt ad detaillium unam empeignam corii, et ipse janitor tradit singuli eorum tres obolos de bursa episcopi; de unaquaque majoria unam gallinam; item, in nundinis beate Marie, de omnibus equis qui intrabunt per portam episcopi unum obolum et de unoquoque in curia episcopi vendito I denarium. Si militantes exterini supervenirint et procurati fuerint in domo nostra, tamen capit quantum si nos presentes essemus. Famulus janitoris semper panem et vinum recipit cum aliis curie retromanentibus. Hec etiam ut firma in posterum memoriam et stabilitatem obtineant, fecimus annotari et sigilli nostri munimine roborari. Actum anno gratie M° CC° decimo, mense augusto. *Datum anno Domini M° CC° L^{mo}, mense augusto* [1].

3° *Fief du closier de l'Evêque.*

Carta clausarii.

Omnibus presentes litteras inspecturis, Galterius divina permissione Carnotensis ecclesie minister humilis salutem in Domino. Noverit universitas vestra quod clausarius noster, quicumque sit, habet precium duorum hominum, singulis diebus, quando operarii sunt in vineis clausi nostri; habet etiam a festo sancti Bartholomei usque ad finem vindemiarum clausi, in unaquaque septimana, viginti et I panes, XIIII nigros et VII albos, et famulus ipsius clausarii habet convenientem traditionem de curia nostra de pane et vino et coquina. Post finem vero vindemiarum clausi, habet idem clausarius quatuordecim panes, in qualibet septimana, usque ad festum sancti Bartholomei, videlicet VII albos et VII nigros. Quando vero episcopus in villa est, habet idem clausarius, sive operarii sint in vineis sive non, traditionem suam de curia, de vino et coquina. Preterea habet idem clausarius, si episcopus sit in villa, in festis annualibus, videlicet in festo Nativitatis Domini, in Pascha, in festo Penthecostis, in festo omnium sanctorum et in IIII^{or} festis beate Marie et in dedicatione ecclesie Carnotensis et in carniprivio, dupplicem traditionem de curia, de vino et coquina, et duos panes albos in quolibet dierum supradictorum et unam gallinam in carniprivio. Preterea habet idem clausarius, in vindemiis clausi, IIII^{or} modios vini, ubicumque eos capere voluerit, et mortuum nemus vinearum, exceptis charneriis et perticis et grossis lignis pressorii lacerati. Habet et idem clausarius in unoquoque anno, in tempore vindemiarum, de curia, unum sextarium pisorum et IIII^{or} minotos racemorum.

---

[1] *Livre rouge* de l'évêché, f° 20; Bibl. commun., mss. — *Livre noir* de l'évêché, f° 32; Bibl. impériale, mss. cartul. 43.

Habet et dictus clausarius in quolibet anno, in die Nativitatis beate Marie, X et octo sextarios annone ad mensuram et valorem Loenii. Tenetur autem clausarius conducere operarios in quolibet tempore quo apparet, et a festo sancti Bartholomei usque ad vindemias clausi ponit clausarius unum hominem ad custodiendum vineas qui habet simplicem traditionem de curia, de pane et vino et coquina. In cujus rei testimonium et munimen presentes litteras fecimus conscribi et sigilli nostri munimine roborari. Actum anno Domini M° CC° XX° VI°, mense maio [1].

4° *Fief du maréchal de l'Evêque, maire de Saint-Cheron.*

Carta majoris sancti Carauni, marescalli domini episcopi Carnotensis.

Omnibus presentes litteras inspecturis, officialis curie subdecani Carnotensis salutem in Domino. Noveritis nos litteras que secuntur non cancellatas, non abolitas, nec aliqua parte viciatas vidisse in hec verba: Raginaldus Dei gratia Carnotensis episcopus, universis presentibus et posteris presentem paginam inspecturis, in Domino salutem. Innotescat omnibus tam futuris quam presentibus, quod dilectus marescallus noster Hugo, *Carum tempus* cognomine, noster homo legius est de quodam feodo quod antecessores sui de nobis et antecessoribus nostris, sicut ipse, tenuerunt, quod similiter ipsius heredes, post ipsum, a nobis et successoribus nostris in perpetuum debent habere et tenere, videlicet majoriam nostram de sancto Karauno Carnotensi, in qua majoria continetur, quod ipse sibi proprias cerotecas habet de quacumque venditione sive invadiatione facta in censiva nostra de sancto Karauno, cujus census annuatim nobis valet septem libras et decem solidos Carnotensis monete, qui singulis annis die festo sancti Remigii nobis persolvitur per manum ejusdem Hugonis, majoris nostri, census illius receptoris. De cujus majorie feodo ad ipsum Hugonem pertinet, primum, clamores querelarum accipere et easdem terminare si poterit prima die, tamen si non, deinceps debet litigantibus diem assignare coram nobis vel coram camerario nostro; de singulis quoque clamoribus et forefactis aliis percipit ipse tertium denarium. Ex eodem insuper feodo memoratus Hugo medietatem thelonei nundinarum sancti Karauni percipit annuatim, exin, re similiter illius feodi tenet, idem H. tresdecim solidos annui census apud Carnotum, quam in civitate tam in ripparia, sibi et suis heredibus annuatim in festo sancti Karauni persolvendos. De qua censiva cerotecas habet ipse similiter atque vendas et aliam censivam apud pontem *Lezine* et sanctum Karaunum suam similiter propriam, annuatim valentem decem et septem solidos et duos denarios, de qua similiter cirotece ejus proprie sunt atque vende; que quidem censive sue proprie sunt in dominio, proprie ejus sunt similiter justicie earundem. Item de jure prefati feodi decimam habet prefatus H. unius arpenti vinee apud sanctum Karaunum, que vinea *Fauchet* nuncupatur. Item, ex jure prefati feodi, habet prefatus H., in banno nostro de natali die, perhempnem reditum, videlicet de quolibet dolio vini quod in banno nostro venditum fuerit, de quo tamen ad nos pertinebit bannagium; si dolium duos modios vel plus tenuerit, duos vini sextarios habebit idem H. vel precium duorum sextariorum secundum vini illius venditionem; si vero minus quam duo modii de tali dolio venditum fuerit infra bannum, unum tamen vini sextarium prefatus H. de illo percipiet, vel precium unius sextarii secundum vini illius venditionem. De quocumque autem vini dolio minus duobus doliis continente, quantumcumque de illo venditum fuerit in nostro bannagio, habebit

---

[1] *Livre rouge* de l'évêché, f° 22. — *Livre noir*, f° 31, v°.

ipse H. unum vini sextarium vel precium unius sextarii, sicut est supradictum : et sciendum quod de jure feodi ipsius sepedictus Hugo tenetur mittere servientem unum ad custodiendum bannum nostrum, qui serviens juramento nobis astrictus fuerit quod ad opus nostrum et pro nobis fideliter custodiet bannum illud. De jure similiter ipsius feodi tenetur idem H. tresdecim mittere fenatores, annis singulis, una die, ad fenanda prata nostra de *Reculeto*, cujus serviens ad prata ducens eosdem fenatores die illa de nostra curia recipit III panes, semisextarium vini et quoquinam, vel duos denarios pro coquina. De libertate siquidem ipsius feodi, potest sepedictus Hugo omnimodam exercire mercationem, ab omni mercationis consuetudine liber et immunis. Hec omnia suprascripta tenuerunt ad unum feodum sepedicti Hugonis antecessores a nobis et nostris antecessoribus et nos eadem eidem similiter et ejus heredibus eodem modo tenenda concedimus in perpetuum et presentium auctoritate litterarum, cum sigilli nostri karactere, confirmamus. *Actum anno Domini M° CC° LXX^{mo} tertio, die dominica ante festum beati Clementis* [1].

Nous ne pensons pas que les offices de la domesticité intérieure du Chapitre fussent donnés en *fiefs*, mais nous savons, par de nombreuses mentions des capitulaires, que les maires ruraux étaient *fieffés*, qu'ils rendaient foi et hommage, héritaient et payaient un rachat lors des mutations.

Quant aux offices de domesticité des couvents, à commencer par celui de cuisinier, ils étaient considérés comme des fiefs, notamment chez les religieux de Saint-Père. Nous ne pouvons mieux faire que de renvoyer le lecteur curieux d'étudier cette matière, aux n°s 16, 19, 20, 25, 46 et 48 des prolégomènes insérés par M. Guérard en tête de son édition du cartulaire de Saint-Père.

---

[1] *Livre rouge* de l'évêché, f° 23. — *Livre noir* de l'évêché, f° 32. — La date de 1273 est évidemment celle du *vidimus* ; la charte remonte à Renaud de Mouçon, qui siégea de 1182 à 1218.

APPENDICE N° 7.

§ 1er. — MENUES COUTUMES APPARTENANT A L'ÉVÊQUE,

DANS LA VILLE DE CHARTRES [1].

1° In primis dominus episcopus Carnotensis habet et habere debet de quolibet miliare sepiarum venditarum Carnoti, II den., tam a civibus quam ab extraneis.

2° It. a mercatoribus extra venientibus causa emendi eas, similiter duos denarios pro quolibet miliare.

3° It. a quolibet miliare transeunti per villam, duos den. de pedagio.

4° It. a quolibet centum moruarum salsatarum, duos den., dum tamen adducatur in quadriga de costuma.

5° It. a quolibet centum congrorum, duos den. de costuma.

6° It. a quolibet centum arumucellorum, duos den. de costuma.

7° It. a quolibet salmone frisco et salsato, per pecias vendito, I den., et II den. si integre vendatur.

8° It. a quolibet summario piscium aque dulcis, I den.

9° It. a quolibet celerino asportande pisces aque dulcis, pict.

10° It. a quolibet summario asportatarum piscium maris, I den.

11° It. a quolibet miliare alectium salsatorum, venditorum Carnoti, III pict. de miliare.

12° It. ab emptore revendente alectia, III pict. de miliare.

13° It. a quolibet veniente ad villam pro piscibus emendis et ducendis Bonnevallo, Castriduno, Aurelianis, seu quocumque alio loco, I den. de summa.

14° It. a quolibet miliare de maquerellis friscis, I den.

15° It. a quolibet miliare alectium friscorum, I den.

16° It. a quolibet miliare maquerellorum salsatorum, I den.

17° It. pro transitu maquerellorum friscorum et salsatorum, I den. pro quolibet miliare.

18° It. pro qualibet summa alosarum et salmonum, II den. pro transitu.

19° It. pro quolibet centum de graspoiz, II den.

20° Quelibet uxor vel carnifex vendens allectia die sabbati, I pict.

21° Quilibet carnifex vendens Carnoti carnes die dominica, I pict.

22° Pro quolibet centum ferri, I den., a venditoribus et a quolibet emende portande extra villam, I den.

23° Pro quolibet centum cepi venditi Carnoti, I den., nisi carnifex vendiderit et ab emptore similiter, I den., nisi carnifex fuerit.

24° Pro quolibet centum uncti venditi, I den.

25° Pro quolibet centum cere, II den. a venditoribus.

26° It. ab emptoribus, dum tamen dictam ceram revendaverint, II den.

27° A quolibet centum de pice, III pictas.

28° A mercatore eam ducente, pro transitu, III pictas pro quolibet centum.

29° De quolibet centum canabi, I den.

30° De quolibet quarterio lane vendite in mercato, obol., nisi habeat defensorem.

[1] *Livre rouge* de l'évêché, p. 317; Bibl. communale, mss.

31° De quolibet emptore agniculorum, dum tamen emerit ultra XII den., obol. pro qualibet emptione.

32° A quolibet cordario et a quolibet chaupvaterio venientibus ad vendendum ad mercatum, I pictam qualibet vice.

33° A quolibet vendente culcitram et pulvinar, pro qualibet culcitra et pulvinar, unum den.

34° Ab emptore similiter, unum den., nisi habeat defensorem.

35° A quolibet mercatore extraneo, asportante pellicias ad vendendum, pro quolibet garnamento vendito, I obol.

36° A quolibet mercatore extraneo, asportante telas ad vendendum, pro qualibet pecia vendita, pictam.

37° A quolibet burgensi asportante telas suas ad vendendum, tam in mercato quam in nundina, pro qualibet pecia vendita, pictam.

38° A qualibet venditrice telarum in mercato, vel in nundinis, qualibet die mercati vel nundinarum, pictam.

39° A quolibet panno lamo vendito super lapides tam in mercato quam in nundinarum *(dic)* I ob. nisi habeat defensorem.

40° A quolibet mercatore emptore, I obol., nisi defensorem habeat, pro quolibet panno et pro qualibet pecia, a quacumque patria sit, et ubicumque emerit.

41° It. similiter, a quolibet venditore pannos, nisi habeat defensorem, obol.

42° It. a quolibet mercatore, emente per villam, et a burgensibus, in domo ipsorum, obol., de qualibet pecia panni.

43° It. a quolibet panno intemerato, tam in mercato quam in nundinis, obol., si non habet mercator defensorem.

44° A quolibet vestimento de pellibus salvasine, duos denarios.

45° A quolibet bacone vendito, vel uncto vendito, pictam, nisi habeat defensorem.

46° A qualibet venditrice pomorum, pirarum et aliorum fructuum quorumcumque, pictam, qualibet die sabbati inter Assumptionem beate Marie et festum sancti Andree.

47° Pro qualibet quadrigata panis veniente ad mercatum, vel ad nundinas, I den. qualibet die qua venerit.

48° Pro qualibet summa panis, qualibet vice qua venerit, obol., a quocumque loco adducetur.

49° A qualibet quadrigata de egruno, I den. in mercato et nundina.

50° A qualibet venditrice super terram, pict.

51° A quolibet corvoiserio vendente in mercato et nundina, qualibet vice, pictam.

52° A quolibet summario de porellis et oleribus, pict.

53° A quolibet talliatore corei, pict., qualibet vice talliaverit die sabbati vel die nundinarum.

54° A quolibet mercerio, pro tribus diebus sabbati, pict.

55° A quolibet venditore falcium, seu falces vendente, valorem medietatis cujusdam falcis, quolibet anno.

56° Pro qualibet platea cucufaris in mercato, in crastino beati Andree, obol. census.

57° It. pro qualibet dictarum platearum, in crastino Nativitatis, obol. census.

58° It. pro qualibet archa seu stallo pellipariorum, in crastino beati Andree, obol. census.

59° Et in crastino Nativitatis beati Johannis, obol. similiter census.

60° Pro qualibet lapide seu stallo de magnis halis et pro quolibet stallo vel lapide ubicumque sit, in crastino beati Andree, I den. census.

61° Et in crastino Nativitatis beati Johannis, I den. similiter census.

62° Quilibet burgensis vendens, debet medietatem havagii, et quilibet alius similiter, nisi habeat defensorem, bladi, avene, fabarum, pisorum et aliorum fructuum.

63° Quilibet clericus, quilibet miles aut religiosus, quartam partem havagii.

64° Omnes homines capituli, vendentes in mercato, in potestate Comitis, quartam partem havagii.

65° Omnes operatores unctarum et hucheri, quilibet II den., pro fenestragio in festo beati Remigii.

66° Doliatores similiter quilibet II den., in eodem festo, pro fenestragio.

67° Quicumque sit cordubernarius, vendens vel emens, I den., in vigilia ramorum palmarum.

68° Quicumque sit corvoiserius, vendens calciamenta vacce, quilibet I den., in eadem vigilia.

69° A quolibet porco vel sue, transeuntibus apud Morenceias, vel in banleuga Carnoti, 1 pict., in quolibet loco ubi Comes aliquid percipit et a quolibet bove I ob., si non sit escornatus, et si escornatus fuerit. pict.

70° It. pro duabus bidentibus, aliis vel animalibus, obol., pro transitu, a quacumque persona.

71° Quilibet caligarius veniens ad vendendum in mercato, in vigilia Ramorum palmarum, unam caligam.

72° Quicumque adducens sal, de tribus summis dimidium rasellum.

73° A quolibet revendente sal, de novem summis dimidium rasellum, qui salnerius sit.

74° Salnerius quilibet qui vocatur *vanerii*, de III summis dimidium rasellum.

75° A quolibet summario qui vocatur *bales*, transeunte, III obol.

76° A quolibet summario corde et mallie, obol.

77° De qualibet giba cordee et mallice, V den., pro transitu.

78° De quolibet panno qui vocatur *Plet* et *Aplet*, obol.

79° Draperii Castriduni ducentes pannos suos ultra villam, dimidiam costumam, scilicet VII den. et obol.

80° De qualibet summa olei transeuntis, I den.

81° De qualibet summa olei venditi in villa, II den.

82° Quilibet veniens pro oleo emendo ad revendendum extra, I den.

83° Pro qualibet quadrigata bladi, avene, pisorum, fabarum, I den., nisi honerata sit in loco privilegiato.

84° Pro quolibet lectorio corei transeuntis per villam, IV den.

85° Tanatores XIV sol., in nativitate beati Johis.

86° It. iidem tanatores XIV, in festo beati Andree.

87° Quilibet fenestrarius vendens *poiz*, II den. in anno.

88° De quolibet centum cere vendite ad quemlibet stallum, II den., quicumque sit venditor.

89° Quilibet talemelarius habens panem, nisi sit de loco privilegiato, pict. qualibet die Martis, et si non habet panem die Martis et habet die Jovis sequenti debet pict.

90° Quilibet talemelarius, si habet panem qualibet die Sabbati, obol., et si non solverit die Sabbati, tenetur solvere die dominica sequenti.

91° Quilibet fenestrarius seu Soldarius, III pict. in quindena.

92° Pro quolibet centum custellorum venientium ad villam, I den.

93° Pro quolibet porco vendito in mercato, venditor et emptor quilibet, pictam, nisi sint privilegiati.

94° Pro quolibet porco vendito per villam, pictam ab emptore et venditore.

95° De quatuor albis annualibus bidens, obol.

96° De qualibet capra, pict.

97° De qualibet vacca vendita, venditor et emptor quilibet, pictam, nisi privilegiati.

98° De quolibet bove cornuto vendito, obol., et si non est cornutus, pict., quilibet tam venditor quam emptor.

99° De quolibet torello cum mentula, venditor et emptor quilibet, pictam, nisi privilegiati.

100° De quolibet equo vendito, tam in mercato quam in villa, emptor et venditor quilibet, I den., nisi privilegiati.

101° De equo ad arma, II den. a venditore et ab emptore totidem.

102° De quolibet mercatore ducente equos ad arma, de quolibet II den., pro transitu.

103° De palefredo, I den.

104° It. Dominus episcopus Carnotensis habet medietatem vendarum et cerothecarum archarum pellipariorum.

105° It. de stallis et lapidibus de mercato, IV den., de vendis et cerothecis.

106° It. similiter medietatem vendarum platearum cucufaris.

107° It. medietatem omnium rerum sitarum in circuitu rota mercati.

108° It. de quolibet stallo in burgo sito, I den., die dominica ante festum beati Andree, vel die dominica post.

109° It. eadem die de qualibet platea tripariarum, I den.

110° It. de quolibet dictorum stallorum et platearum, I den. in crastino nativitatis beati Johannis.

111° De qualibet quadrigata pomorum, pirarum et aliorum quorumcumque fructuum, ubicumque inveniatur in civitate, I den., et etiam amigdalarum, festis beate Marie.

112° Quilibet vanerius commorans in villa, medietatem cujusdam vanni, in festo sancti Bartholomei.

113° It. quilibet vanerius mercator extraneus veniens ad villam, medietatem vanni eodem festo, vel post, si inveniatur.

114° Quilibet vitrarius mercator, II vitra de quadrigata.

115° It. medietatem havagii mine currentis ad portam Guillelmi.

116° It. medietatem havagii mine currentis ad portam Drocensem.

117° It. medietatem havagii mine currentis ad portam Sparrarum.

118° It. medietatem havagii mine currentis in Valleya.

119° It. nemo novus volens vendere cinerem clavelatam ad fenestram, hoc habet facere nec potest sine mandato toneleatoris episcopi.

120° Quicumque adducens *balez* Carnotum, debet, de qualibet quadrigata, II *balez*.

121° Quilibet adducens potos vel cruchas Carnotum, de qualibet quadrigata, unum potum vel unam cruchiam.

122° It. de quolibet pondere de abano vel de pipere, qui sit mercator, qui voccatur *fes*, III den. et obol.

123° It. in furno sancti Johannis juxta sanctum Mauricium, quilibet talemelarius, III pictas in septimana; in quo furno nichil percipit Comes.

124° It. in furno Belli Loci monachorum, in burgo, quilibet talemelarius, III pictas in septimana, in quo nichil percipit Comes.

125° It. ab emptore et venditore de melle, pro qualibet summa, II den.; a transeunte cum melle, I den. de summa.

126° It. de qualibet quadrigata guesdorum adductorum Carnotum a mercatore, I den.

127° It. a qualibet quadrigata molarum, I pict.

128° It. a qualibet quadrigata cardonum, I den.

129° It. de quolibet pondere cineris clavelate, I den.

130° In valle sancti Petri medietatem boissellagii et totius costume, ubi nichil percipit Comes.

131° It. cum comite medietatem boissellagii.

132° De porta Morardi et quacumque persona medietatem totius costume.

Omnes costume vallis sancti Petri XXXVI lib.
Minagium mercati, XXV lib.
Rasellum salis, XL lib.
Minutum tonleneum animalium, ferri, panis, fructuum et piscium aque dulcis, cepe, alliorum et omnium fructuum, LX lib.
Mina porte Drocensis, X lib.
Costuma et dossagii et pannorum desuper petras, VII lib., X solid.
Mina porte Guillelmi, LX solidos.
Costuma culcitrarum, XX sol.
Minuta costuma allectium, VIII lib.
Domus Roberti de Parm, XL solidos.
Costuma telarum, LX solidos.
Pedagium portarum, LX libras, aliquando LXXX libras.
Costuma lini, canabi, agniculorum, IV lib. X solidos.

Le Comte avait droit à la moitié de toutes les menues coutumes recueillies à Chartres.

§ 2. — PANCARTE DE LA BILLETTE,

Relative à la perception des droits de grosses et menues coustumes appartenant à S. A. R. Mgr le duc d'Orléans et de Chartres, par moitié avec Mgr l'évêque de Chartres, affichée le 11 juin 1669.

Pierre Symon, escuyer, sieur de Villiers le Comte, conseiller du Roy nostre sire, et de Mgr fils de France, frère unique de sa Majesté, duc d'Orléans et de Chartres, Président, Lieutenant général au bailliage et siège présidial de Chartres, commissaire en cette partie, au premier sergent royal de ce bailliage et siège, sur ce requis, salut : Nous vous mandons et commettons par ces présentes qu'à la requête du Procureur du Roy et de Son Altesse Royale en ce dit bailliage et siège, et de Claude Terrin, fermier, pendant le temps de trois ans, du gros de la Prévosté de Chartres qui consiste en droict de grosses et menues coustumes, appartenant à S. A. R. et à Mgr l'évesque de Chartres, par moytié; vous ferez commandement, scavoir et pour la coustume, à

1° Tous les laboureurs, chartiers, rouliers, voituriers et autres entrant ou sortant chargez de la ville et banlieue, fors et réservé pour ceux qui sont demeurans en la ville et banlieue qui ne doivent rien dudit droict audit Terrin, trois sols pour la grosse coustume et quatre deniers pour la menue;

2° A tous maistres drapiers-chaussetiers, trois sols quatre deniers, chascun, la semaine sainte et de Pasques, pour les chausses à la Royne, par chascun an;

3° A tous maîtres boulangers, par chascun an, cinq sols aux jours de Noël et Saint-Jean, par moytié;

4° A tous vanniers, chascun un van, par an, au jour de Noël, ou chascun cinq sols;

5° A tous maistres cordonniers, chascun trois blancs, aux jours de Noël et Saint-Jean, par moytié;

6° A tous bouchers, chascun vingt deniers, aux jours de Noël et Saint-Jean; qui est dix deniers par chascun terme;

7° Comme aussi à toutes personnes qui estallent au marché du bled, deux deniers, pour chascun septier de bled et autres grains estalez et vendus audit marché, sans exception de personne;

8° A tous rouliers, chartiers, voituriers passant et traversant, chascun quatre deniers;

9° Plus pour chascun chartier, deux deniers pour le rouage;

10° D'une chartée de fagots, un fagot;

11° D'une chartée de javelles, une javelle;

12° D'une chartée de buches, deux buches;

13° D'une chartée de balez, un ballay;

14° Le tout en espèces, fors les habitans de ceste ville de Chartres qui ne payeront en espèces à raison de six deniers pour pièce de bois qu'ils vont achepter, et de leur creu ne doivent rien;

15° Pour les fagots de Rambouillet et autres semblables, un fagot raisonnable pour les forains, ou douze deniers;

16° Le moulin à tan qui est hors la porte Guillaume doit par an cinquante-huit sols;

17° Pour toute sorte de grains sortant et dégarnissant la ville et faubourgs, quatre deniers par chartée;

18° Pour chascune somme dégarnissant, deux deniers;

19° Pour toute sorte de marchandises qui se vendent au poids, sortant et dégarnissant la ville, comme plomb, fer, laine, beurre, filasse, chanvre, graisse, huile, toiles, serges et autres marchandises semblables, pour chascun cent pesant, quatre deniers;

20° Pour chascun cent pesant de morues, trippes desdites morues, quatre deniers;

21° Et pour chascun baril de harengs, poinson de vin ou poinson de cidre dégarnissant, trois deniers;

22° Pour toutes sommes chargées d'espiceries, merceries, draps, toiles et autres choses dégarnissant, trois deniers;

23° Pour un bœuf, deux deniers;

24° Pour une vache, un denier;

25° Pour deux moutons, un denier, revenant à quatre sous deux deniers pour cent;

26° Le cent de porcs, la même raison;

27° Pour tous chevaux deux deniers, passant et dégarnissant, tant morts que vifs, et pareille somme pour les peaux;

28° Comme aussi tous les meubles dégarnissant, comme charlit, coeffre, baheu, buffet et autres, quatre deniers pour chascun coing revenant à seize deniers pour pièce, et pour les serrures dix deniers;

29° Pour chascun drap, lit, couverture, nappe, par chascun coing, quatre deniers ou seize deniers pour pièce;

30° Pour chascune douzaine de serviettes, couvrechefs, mouchoirs et autres à proportion, quatre deniers pour douzaine;

31° Pour chascune chartée de potterie de Beauvais, six tassets appelés *godets*, et autres, trois sols pour la grosse coustume.

Et contre ceux qui refuseront de payer lesdits droits audit Terrin, adjudicataire d'iceux, vous saisirez, à la requête du Procureur du Roy et de S. A. R., et dudit Terrin adjudicataire, et mettrez en la main du Roy leurs marchandises sujettes auxdits droits et autres choses qui en dépendent, et, en cas d'opposition, jour soit donné à certain et comptant à comparoir pardevant nous auxdits opposans refusans, pour en dire les causes, et, en outre, procéder comme de raison. Donné à Chartres le mardi unzième jour de juin mil six cent soixante neuf.

§ 5. — EXTRAIT D'UN ÉTAT SOMMAIRE DES CENS, SURCENS ET MENUES RENTES,

Dus au domaine de Chartres par les paroisses de la situation des héritages qui en sont grevés, et par les métiers de la ville, dressé, d'après les anciens cueillerets, par M. Marchand, avocat, garde des archives du duc d'Orléans en son duché de Chartres (1786) [1].

1° *Charges du Domaine.*

PARTIES PRENANTES EN ARGENT SUR LE DOMAINE, ET DONT L'ACQUIT SE FAIT LE 1er JANVIER DE CHAQUE ANNÉE, A LA RECETTE PARTICULIÈRE DE CHARTRES.

1° Abbaye de Josaphat, 30 livres 14 sous.
2° Abbaye de l'Eau, 138 livres.
3° Abbaye de Saint-Cheron, 13 livres.
4° Abbaye de Saint-Jean-en-Vallée, 2 livres.
5° Hôtel des Aveugles de Saint-Julien et Saint-Gatien, 106 livres 7 sous 6 deniers.
6° Au premier avocat du Roy, 10 livres.
7° Au second avocat du Roy, 10 livres.
8° Au concierge de la Tour, 17 livres 3 sous 4 deniers.
9° Au chapelain des dix autels, 3 livres 8 sous.
10° Au chapitre de Notre-Dame, 140 livres.
11° A la chapelle de Notre-Dame-des-Neiges, 37 livres 10 sous.
12° A la chapelle de Saint-Blanchard, au Palais, 40 livres 10 sous.
13° A l'église *dessous-terre*, une livre.
14° A l'évêché de Chartres, 10 livres 5 sous 4 deniers.
15° Au couvent des Filles-Dieu, 10 livres.
16° Au greffier criminel, 150 livres.
17° A l'hôtel-Dieu Notre-Dame, 41 livres 10 sous.
18° Au Lieutenant-général du bailliage, 86 livres.
19° Aux marguilliers de Notre-Dame, 120 livres.
20° A l'œuvre de Notre-Dame, 360 livres.
21° Au procureur du Roy, 10 livres.
22° Au grand séminaire, 34 livres 10 sous.
23° Au petit séminaire, 65 livres.

Non compris les parties prenantes qui résident dans les autres villes du duché.

PARTIES PRENANTES EN VIN APRÈS LES VENDANGES.

1° Abbaye de l'Eau, 12 muids.
2° Le baron de Ver, 8 muids.
3° Le prieur de Sainte-Foy, 2 barils.
4° Le crieur juré de Chartres, 2 barils.

Avec les parties prenantes demeurant hors de la ville et de la banlieue, le domaine doit en tout 45 muids, 2 barils, 1 pot de vin, aumônés par les anciens comtes sur le *terceau*, qui est un droit payable en nature de vin, à raison de 14 pots, fleur de cuve, par quartier de vigne [2]. Mais, comme, depuis plus de 200 ans, le terceau ne produit pas la quantité nécessaire

---

[1] Archives impériales, section Domaniale, série Q, carton, n° 205.
[2] Le muid valait 4 barils, le baril 28 pots, le pot 2 pintes 1/4.

pour les redevances, on est obligé de mettre la fourniture en adjudication tous les ans, après la Saint-Barthélemy [1].

2° *Revenus du Domaine.*

RENTES.

Dans la ville de Chartres :
En argent, 95 livres 14 sous 10 deniers.
En bled, 1 minot 6 quarts.
Avoine, 1 minot 11 quarts.

Cependant, à défaut de plans, et attendu que le dernier terrier remonte à plus d'un siècle, le Domaine ne rentre pas facilement dans ces redevances.

Il est dû d'autres rentes à la campagne, dans l'étendue du duché.

DROITS DOMANIAUX CONNUS SOUS LE NOM DE DOMAINE MUABLE.

1° *Amendes de justice.*
- Pour chaque défaut civil . . . . . 7 sous 6 deniers.
- Pour chaque défaut jugé par épices. . 5 sous.
- Pour fol-appel . . . . 60 sous.
- Pour premier défaut au criminel . . . 60 sous.
- Pour chaque autre défaut au criminel . 7 sous 6 deniers.

Jadis, il s'en faisoit bail par adjudication, au plus offrant, à la charge par l'adjudicataire de donner aux lieutenant général, lieutenant criminel, lieutenant particulier, assesseur criminel, avocats et procureur du Roy, à chacun, une cornette de soie, aux receveur et contrôleur du Domaine, un bonnet de velours, et de fournir une corde de bois et des torches pour le feu de la Saint-Jean.

Cette perception d'amende est tombée en désuétude depuis longtemps.

2° *Droit de grosse coutume ou Gros de la Prévôté.*

Ce droit est de trois sous, dus, chaque an, par tous laboureurs, charretiers, rouliers et autres, venant, traversant et sortant chargés de la ville, excepté les domiciliés à Chartres et banlieue. Il est compris au bail des fermiers.

Chaque boucher doit, de grosse coutume, 10 deniers à la Saint-Jean et autant à Noël.

Chaque boulanger doit 5 deniers à la Saint-Jean et autant à Noël.

Chaque cordonnier doit trois blancs (15 deniers) aux mêmes époques.

Chaque drapier-chaussetier doit 3 sous 4 deniers, pour droit de chausses à la Royne, la semaine avant Pâques, chaque an.

Chaque vannier doit un van ou 5 sous à Noël.

Les menues coutumes, perçues, de moitié avec l'Evêque, sur les menues marchandises étalées et vendues aux marchés et halles, font aussi partie du *Gros de la Prévôté;* elles sont détaillées dans une pancarte particulière [2].

---

[1] En 1772 et 1774, les débiteurs du terceau se liguèrent et ne voulurent plus payer. Le Domaine leur intenta un procès qui n'était pas encore terminé à la Révolution.

[2] Voir *suprà*, p. 497.

3° Maîtrises.

La maîtrise des *Fèvres* et *Maignans*, consistant dans le droit de donner lettres de maîtrise et recevoir cens des armuriers, chaudronniers, cloutiers, éperonniers, épingliers, fourbisseurs, maréchaux, œuvres blanches, quincailliers, serruriers ayant forges, et tous merciers vendant clous, fer et autres marchandises de fer ouvré.

Chaque maître doit, pour sa maîtrise et une fois payés, 60 sous.
— pour cens annuel, à la Saint-Rémy, 10 deniers.

Les maréchaux doivent un cens annuel de 18 deniers, à cause de leur fosse à embattre.

Chaque marchand forain du métier doit, par an, 8 sous 6 deniers.

La maîtrise des *sueurs* et *courvoisiers* d'où dépendent les tanneurs, corroyeurs, mégissiers, cordonniers, savetiers.

Chaque maître doit, pour sa maîtrise et une fois payés, 30 sous.
— pour cens annuel . . . . . . 9 deniers.

La maîtrise des *cordouanniers* ou *du cordouan*, comprenant les maîtres cordonniers qui veulent travailler de *mégie* et employer *cordouan* et cuir blanc.

Chaque maîtrise coûte 60 sous.

La maîtrise des pelletiers, autrement dite la *Queue de Regnard*, comprenant les pelletiers-foureurs, fripiers, guêtriers, lingers, rentrayeurs, revendeurs et revenderesses de nippes.

Chaque maître doit, pour sa maîtrise et une fois payés, 30 sous.
— pour cens annuel . . . . . . 9 deniers.

La maîtrise des bouchers, comprenant les bouchers, charcutiers, chandeliers, cuisiniers, écorcheurs, langayeurs, rôtisseurs, revendeurs de beurre, huile, suif, chandelle, etc., en boutique.

Chaque maître doit, pour sa maîtrise et une fois payés, 30 sous.
— pour cens annuel . . . . . . 20 deniers.

4° Foulerie et droit de haut pesage.

Consistait dans le droit de faire apporter à la foulerie banale tous draps, estamets, serges, couvertures et dominos, fabriqués à Chartres et à trois lieues à la ronde, pour y être foulés par les maîtres foulons et y recevoir la marque des fermiers du Domaine. Ce droit n'existe plus à cause de la ruine de la fabrique.

5° Halle aux merciers et poids du Roy.

La halle ne subsiste plus depuis longtemps. Le poids du Roy a été réuni au Domaine en 1663; le droit consiste dans la prise de 10 deniers, par chaque cent de marchandises pesées, et dans la faculté d'empêcher tout marchand de peser à ses balances au-dessus du poids de 25 livres, sous peine d'amende, de confiscation de poids et balances, et de tous dommages et intérêts.

6° Ajust des poids et des mesures.

L'ajust des poids consiste dans le droit de vérifier le poids des beurres apportés à vendre en ville; de recevoir 1° dix deniers, par an, de chaque marchand de beurre, 2° dix deniers, par an, de chaque boucher, charcutier, chaudronnier, cloutier, cuisinier, marchand de soie, mercier, parcheminier, peigneur, poudrier, vinaigrier, 3° dix deniers de chaque maître, par chacune des deux visites faites annuellement pour la vérification des poids; enfin, de saisir et confisquer les faux poids.

L'ajust des mesures consiste dans le droit d'ajuster les mesures de capacité; de prendre, par minot ajusté, dix deniers, par demi-minot, six deniers, par mesure inférieure, trois deniers; de percevoir un cens annuel de vingt deniers, le jour de Saint-Rémy, de chaque mesureur, acquetier, boulanger, charbonnier, chaufournier, hôtelier, mercier, vendeur de charbon de terre, meunier, tavernier, vendeur à petites mesures.

7° Mairie du Châtelet.

C'est le droit de percevoir, par an, de chaque poissonnier ou chasse-marée, le jour de Saint-Jean, trente sous, et, par chaque panier de marée, un denier; de fournir aux poissonniers des cuvettes, pour mettre le poisson d'eau douce dans l'eau, et de percevoir, par chaque cuvette, dix deniers; de leur fournir des étaux et de percevoir, chaque jour de poissonnerie, par chaque étal, cinq deniers.

8° Droit de la vente du poisson de mer frais.

Ce droit consiste à avancer aux marchands forains, le jour de leur arrivée, le prix du poisson, marée et saumon frais, qu'ils ont vendu aux poissonnières, et à retirer ce prix, avec le sou pour livre, des poissonnières qui en ont fait l'achat et la revente, le lundi en suivant.

9° Bierres et Cervoises.

Ce droit ne subsiste plus; on ignore en quoi il consistait.

10° Bans de Pâques et Pentecôte.

C'est le droit de percevoir de chaque vendant vin au détail, en la ville et faubourgs, six blancs au ban de Pâques et autant au ban de Pentecôte.

A Noël et trois semaines après, ceux qui vendent du vin au détail doivent six blancs à l'Evêque.

11° Droit de grosse coutume sur le sel.

C'est la propriété de chaque trente-sixième minot qui se descend et mesure au grenier à sel de Chartres; ce droit a été réglé par arrêt du Conseil d'Etat du 4 avril 1739, accepté par résultat du Conseil du Prince du 15 juillet suivant, à 24 minots de sel, en nature, et à 1,100 livres, en argent.

12° Prévôté et vicomté de Chartres.

De la prévôté et vicomté de Chartres dépendent les marchands de bois merrain, poutres, solives, cercles, charniers, etc., lesquels paient, pour maîtrise, 30 sous, et, pour cens annuel, 20 deniers.

13° Droit de quatre pièces de chair.

Chaque boucher doit, à Noël, Pâques, Pentecôte et Toussaint, une pièce de chair, ou 2 sous 1 denier, ce qui revient, par an, à 8 sous 4 deniers.

Chaque compagnon reçu maître, doit, la première année, 12 livres 10 sous, en outre de la redevance de quatre pièces de chair.

14° Havage des grains.

La quatre-vingt-seizième partie des grains exposés au marché appartenait à l'exécuteur des hautes œuvres; ce droit a été réuni au Domaine par arrêt de 1688. On a donné, depuis lors, 600 livres de gages à l'exécuteur.

15° Droit d'empeigne.

Ce droit est compris dans les menues coutumes.

16° Droit de mise en grosse des contrats reçus par les notaires de la ville et bailliage, avec le droit de Parisis.

Ce droit est affermé depuis très-longtemps aux notaires.

17° Greffes du Bailliage, de la Prévôté et de la mairie royale du Coudray.

Ces greffes, réunis en un seul, ont été aliénés.

18° Quatre mairies royales du Coudray, de Sours, de Fresnay et de Béville-le-Comte.

Ne produisent presque plus rien au Domaine, hormis les cas de mutation.

§ 4. — DROITS ET COUTUMES APPARTENANT AU DOYEN.

Le Doyen, en qualité de gardien et de juge de police du cloître, prélevait à son profit, pour ses frais et peines, une partie des amendes prononcées contre les délinquants et des coutumes payées par les marchands pendant le temps des foires. Cette perception donna souvent lieu à des contestations de la part du Chapitre; réglée d'abord en 1298, elle fut réduite dans la séance capitulaire du mercredi après la Sainte-Luce 1331, aux amendes inférieures à soixante sous et au tiers des autres; enfin, après un siècle de conflits, la paix fut rétablie, sur ce point, entre le Doyen et le Chapitre, par une transaction du 17 septembre 1406, dont voici les principales dispositions :

1° En l'église, ès degrés ou porches, le Doyen n'a pas plus de juridiction que les autres chanoines, sur les marchands ou autres personnes; il n'y a droit à aucune coutume pour chose vendue;

2° Ni en maison du cloître (ceci au sujet du droit prétendu par le Doyen sur la femme Perot Blanche, marchande de légumes à l'hôtel dit *les Ardoises*);

3° Ni en *subgrondes (sub grandine)*, auvents, égouts, porches de maisons canoniales, ni en gens quelconques de chanoines;

4° Ni en nul cas criminel, qui, de droit ou coutume, emporte bannissement ou peine de sang, en quelque lieu que ce soit;

5° En cas criminels et civils punissables d'amendes, le Doyen en aura le profit jusqu'à 60 sous, en cas que lui ou ses officiers aient pris en prévention les malfaiteurs, et aussi, en forfaicture de denrées, jusqu'à 60 sous, à jours de foire ou autres. La visite des denrées appartient au Doyen;

6° En toutes bonnes villes du royaume, il y a marché un jour fixé de la semaine; au cloître de Notre-Dame de Chartres, on vend tous les jours. Le Doyen ne recevra rien *de coutume*, parce qu'on ne peut payer la coutume tous les jours;

7° Nul ne pourra mettre ni tenir étaux qui empêchent la voie des maisons des chanoines, à venir à l'église, à quelque jour que ce soit;

8° Le Doyen a la garde du cloître le jour, et le doit tenir net ou faire netoyer après chacune des foires, dedans huit jours, sous peine d'amende;

9° Aux jours des foires, le sergent du Doyen prend, pour la garde des étaux qui sont mis au cloître, *maille* par étal, excepté aux porteaux et degrés de l'église, auvents et subgrondes des maisons canoniales, où ne se met nul étal, sinon du consentement du maître;

10° *Coutumes du Doyen les jours de foire au cloître :*
    1° Chaque cheval chargé, un denier; une charrette chargée, quatre deniers;
    2° Un chariot chargé, huit deniers; un âne chargé, maille;
    3° Marchand quelconque, pour place à étal, un denier;
    4° Chaque drap dehors vendu pour revendre, un denier, à sçavoir : maille le vendeur et maille l'acquéreur;
    5° Un coussin, un denier;
    6° Un oreiller, maille;
    7° Chaque vendeur de fruits, maille;
    8° Un tonnel de vinaigre, six deniers;
    9° Un tonnel de verjus, six deniers;
    10° Vendeur de chandelle de suif, obole;
    11° Vendeur d'oint, maille;
    12° Vendeur de bouteilles et godets, obole;
    13° Vendeur de verre, un denier;
    14° Un potier, un denier;
    15° Vendeur de cuir, un denier;
    16° Vendeur de souliers et houseaux neufs, un denier;
    17° Vendeur de sel, un denier;
    18° Vendeur de lard, un denier;
    19° Vendeur de pourceaux, un denier, à sçavoir : maille le vendeur, maille l'acheteur;
    20° Vendeur de laine, quatre deniers du cent, du quarteron un denier, au dessous rien;
    21° Vendeur de toile, chaque pièce, maille;
    22° Vendeur de pelleteries, un denier;
    23° Vendeur d'acquets, corbeilles et vans, maille;
    24° Vendeur de sas et bluteaux, un denier;
    25° Vendeur de faux, un denier;
    26° Vendeur de faucilles, un denier;
    27° Vendeur de tapis et langeaux, un denier;
    28° Fripier, un denier;

29° Chaussetier, un denier;
30° Vendeur de fromage et œufs, un denier;
31° Vendeur de lanternes et soufflets, maille;
32° Vendeur de fer et cloux, un denier;
33° Mercier, un denier;
34° Vendeur d'épices, un denier;
35° Bêtes grosses, maille pour chaque;
36° Bêtes menues, les quatre un denier;
37° Vendeur de lin et chanvre, maille;
38° Vendeur d'oignons sans charrette, un denier;
39° Vendeur de harengs, un denier.

De même, d'autres marchands de menues denrées.

Les chanoines auront les mêmes droits sur les marchands établis sous leurs subgrondes et auvents.

§ 5. — MÉTIERS SECONDAIRES.

1° Boulangers et Pâtissiers.

Les fours banaux appartenant au Comte, à l'Evêque, au Vicomte, au Vidame, au Chapitre et aux couvents, mirent longtemps obstacle à la libre pratique du métier de boulanger. Ce ne fut que vers la fin du XIII° siècle que ces artisans appelés *talemeliers* se réunirent en corps de métier et commencèrent à porter leurs marchandises aux étaux de la halle au pain. L'exigence féodale obligeait les talemousiers à se fournir de farine à certains moulins privilégiés; en 1505, tous les boulangers de la ville, à l'exception de ceux de la paroisse Saint-André, étaient encore sujets-baniers du moulin Le-Comte; ils soutinrent à la même époque un long procès avec l'abbesse de l'Eau, propriétaire du moulin, parce que le meunier ne pouvait satisfaire aux besoins de la boulangerie [1].

Nous ne connaissons pas la date des statuts accordés aux boulangers de Chartres. La confirmation qui en fut donnée par Charles VI le 19 juillet 1418, fait voir qu'ils étaient anciens et qu'ils contenaient, outre l'obligation de produire un *chef-d'œuvre*, des clauses favorables aux apprentis fils de maîtres [2]. En règle générale, nul ne pouvait exercer dans la ville la profession de boulanger s'il n'était fils de maître ou reçu maître par les jurés de la corporation: toutefois, on dérogea à cette disposition, dans les premières années du XV° siècle, au profit de neuf boulangers normands, chassés de leur pays par les Anglais [3]. Les boulangers forains, et notamment ceux de Courville et de Chuisnes, étaient, de temps immémorial, en possession de vendre leurs pains à Chartres; les boulangers urbains s'en plaignirent [4], mais les échevins maintinrent cet usage et

---

[1] *Reg. des Echevins;* Séance du 19 juillet 1505; Arch. de la Mairie.

[2] Les statuts des boulangers, pâtissiers et talemousiers de Chartres furent confirmés par lettres-patentes du 19 juillet 1418, du 4 mai 1467, du 5 janvier 1485, de 1502, d'octobre 1517, de mai 1551 et de novembre 1566.

[3] Ces boulangers avaient obtenu des lettres-patentes du Roi, qui sont rappelées dans la confirmation de 1418.

[4] *Reg. des Echevins;* Séance du 16 décembre 1522; Arch. de la Mairie.

décidèrent le 20 mai 1575 que les forains étaleraient au cloître Saint-Aignan les mardis et samedis de chaque semaine; on leur interdit cependant la vente du pain blanc *fleur de fouasse*, et on les soumit à la visite hebdomadaire de deux échevins assistés de deux boulangers ou laboureurs experts.

Au XVIe siècle, la chambre municipale surveillait activement la boulangerie. Chaque pain devait être frappé d'une marque, distincte par chaque maître, et conforme à l'étalon conservé au greffe de l'hôtel-de-ville (délibération du 12 mars 1520); ceux qui omettaient de marquer leur pain, ou qui trompaient sur la qualité, subissaient des peines qui variaient depuis l'amende et la prison, jusqu'à l'exclusion du métier [1]. Les boulangers qui vendaient à faux poids étaient punis beaucoup plus sévèrement : on confisquait toutes leurs marchandises au profit du Roi, ils payaient une amende très-considérable, on les promenait par les rues *avec un collier de pain pendu au cou* et on les fustigeait à chaque carrefour [2]. La simple police de la communauté resta jusqu'à la fin du XVIIe siècle dans les attributions du syndic et des jurés; mais de nombreux abus s'étant révélés, cette police fut confiée, par arrêt du Parlement du 1er septembre 1681, à Me Couart, prévôt, au préjudice du sieur Laurent Bouvart, syndic et *soi-disant juge politique des boulangers, patissiers et talmousiers de Chartres*.

Pendant plusieurs siècles, les boulangers établirent les mercuriales et la taxe du pain, d'après les cours des marchés; l'ordonnance du Roi de 1539, art. 102, leur retira ce privilège et décida que, dorénavant, il serait fait, chaque semaine, rapport au greffe du bailliage de la valeur et estimation commune de toute espèce de gros fruits, *comme blé, vin et autres*, par les marchands trafiquant de ces denrées, élus et assermentés à cet effet. En vertu de cette ordonnance, une sentence du bailliage, du 6 février 1551, supprima, à la requête du procureur du Roi, la qualité d'*appréciateurs des grains de la ville et banlieue* donnée aux boulangers de Chartres dans les lettres patentes d'Henri II, de la même année, contenant confirmation des statuts du métier [3]. Les échevins ordonnèrent à tous les maîtres, par une délibération du 17 décembre 1578, d'afficher la taxe du pain dans l'endroit le plus apparent de leur boutique, sous peine de deux écus d'amende.

Les pâtissiers faisaient partie du métier de boulangerie, tout en ayant des statuts distincts. Nous ne croyons pas que la réputation si légitimement acquise de nos jours aux produits de la pâtisserie chartraine, remonte à une époque très-reculée. Le menu gibier, tel que grives, pluviers, guignards, alouettes de nos plaines, et les oies grasses de la Beauce, étaient renommés dès le XIIIe siècle [4]; mais nous n'avons trouvé nulle part que l'on en fit des pâtés. Il paraît, au contraire, que ces délicats volatiles étaient vendus sans aucune préparation; Rabelais et le *Ménagier de Paris* vantent la chair des pluviers beaucerons, et Bélon dit qu'il en arrivait des charretées à Paris; au XVIIe siècle, lorsque la ville voulait faire un cadeau distingué à quelque personnage en crédit,

---

[1] Une ordonnance de police, délibérée en chambre de ville au mois de juillet 1581, enjoignit aux boulangers de tenir à la disposition de leurs pratiques, pour faire le compte du pain vendu, des marques ou tailles en bois, sur lesquelles des mailles ou crans seraient tracés au fur et à mesure des livraisons de marchandises. *(Reg. des Echevins;* Arch. de la Mairie.)

[2] Sentence du lieutenant-général du bailliage, homologuée en chambre de ville, dans la séance du 20 juin 1526. *(Ib.)*

[3] *Privilèges des Boulangers.* (Arch. de la Mairie.)

[4] *Oes de Biausse;* proverbe du recueil de l'*Apostoile*, mss. de la Bibl. impériale, édité par Crapelet en 1831, p. 101.

elle lui envoyait, non des pâtés, mais une ou deux douzaines de guignards. Les anciens pâtissiers faisaient surtout emploi de chair de porc, ils en vendaient en concurrence avec les charcutiers, et leur droit à cette vente fut reconnu par une ordonnance du Bailli, en date du 27 février 1625, homologuée en chambre municipale le 4 mars suivant.

2° *Taverniers-buffetiers.*

Le poète des miracles de Notre-Dame raconte qu'un troubadour esprit-fort, laissa son compagnon accomplir seul le pèlerinage de la Vierge et s'en fut rendre visite aux taverniers de la ville :

> Car la parole et le renon
> Des bons vins avoit entendu
> Qui a Chartres erent vendu,
> *Clers, seins, nes et delicieus.*
>
> (Miracle 20, page 115.)

Telle était au XIII° siècle l'opinion commune sur la qualité du vin de Chartres ; les cartulaires et chartriers du Moyen-Age sont unanimes à cet égard, et il faut en conclure, sinon que la Beauce fut couverte de *grands clos d'excellent vin*, comme le dit Souchet, du moins que le goût de nos ancêtres différait essentiellement du nôtre, ou qu'en vieillissant, le vignoble chartrain a beaucoup perdu de sa vertu primitive.

Quoi qu'il en soit, le vin de notre crû était vendu par les taverniers-buffetiers [1], dans les cabarets, et, par les vignerons, sur les étaux de l'Étape-au-Vin. Il est fait mention pour la première fois des taverniers dans le titre de 1147, dont nous avons parlé ci-dessus [2] ; ce titre apprend que les gens de cette profession se donnaient, chaque année, un repas de corps, du prix de 30 sous, somme considérable pour le temps. On doit supposer que leur commerce marchait fort bien au XIII° siècle, car ils furent assez riches pour doter Notre-Dame d'une magnifique verrière représentant les faits principaux de la légende de Saint-Lubin. La communauté des marchands de vin n'avait pas encore de statuts aux XV° et XVI° siècles, mais elle était assujettie à des ordonnances de police renouvelées à diverses époques, selon les exigences du bien public. En 1556, on imposa aux taverniers de Chartres le règlement adopté à Paris, pour la tenue et la surveillance des cabarets [3] ; pendant les troubles du XVI° siècle, on leur enjoignit plusieurs fois, ainsi qu'aux hôteliers, d'épier les allures de leurs pratiques et de les dénoncer à la chambre de ville, au premier soupçon. Il paraît qu'à cette époque, certains cabarets étaient fort en vogue et très-fréquentés par les gens de condition, car, dans la séance du 1er mars 1563, les échevins furent saisis d'une proposition de M. de Mineray, lieutenant particulier, sur la nécessité de mettre ordre aux dépenses excessives des consommateurs et au luxe déployé par les cabaretiers et hôteliers pour attirer les chalands.

---

[1] *Buffetarius est copo tabernarius;* buffeterie, vin de buffet, vient du bas latin *buveteria, buvette.* (Du Cange, *Glossaire.*)

[2] Voir *suprà*, p. 100.

[3] *Reg. des Echevins;* Séance du 16 mars 1556. — Il paraît que la communauté des buffetiers fut réunie au XVII° siècle à celle des vinaigriers-moutardiers et qu'on lui donna des statuts que Louis XIV confirma en août 1706 et janvier 1707. (*Reg. des Ordonnances*, Parlement de Paris, 5, K, f° 103 et 105 ; Arch. impériales.)

De tous les produits du pays chartrain, le vin était peut-être le plus imposé par le fisc. Outre le droit de *terceau* et les *bans* du Comte et de l'Evêque [1], il y avait un droit d'octroi dont le dixième fut accordé à la ville par lettres-patentes de 1459 [2] et un droit de *buveterie* perçu au profit exclusif du Comte sur les tonneaux descendus en cave [3]. Le 8 février 1687, le Conseil royal des finances convertit le droit d'octroi en un droit d'aides qui fut lui-même divisé en entrée, détail et abonnement; c'est à peu près le système actuel [4]. Nous avons vu que, pendant les bans du Comte, les crieurs de vin, intermédiaires ordinaires entre les acheteurs et les vendeurs bourgeois, s'établissaient dans le cloître, dans la crypte de Notre-Dame et même dans l'église, afin d'éviter à leurs pratiques le droit de *banvin* exigé partout ailleurs [5].

Les boissons miellées et pimentées, telles que l'hydromel, l'hypocras, la cervoise, furent d'un usage assez général à Chartres pendant le Moyen-Age; leur vente donnait ouverture à un droit domanial. On lit dans le Poème des Miracles :

> Burent tretuit communement
> Le vin qui leur sembloit *pigment*,
> Tant estoit cler et savore.
> (Miracle 11, p. 76.)

3° *Bouchers*.

Le grand nombre des artisans qui exerçaient au Moyen-Age le métier de boucher pourrait faire supposer que Chartres possédait à cette époque une population double de celle d'aujourd'hui; en effet, trois rues transformées en boucheries, présentaient incessamment aux consommateurs des étaux chargés de viandes.

La corporation des bouchers était déjà florissante au XIII siècle; non-seulement elle traitait d'égale à égale avec la communauté des tanneurs, mais on voit, par le réglement du mois de juin 1265, déjà cité [6], que les tanneurs ne pouvaient pas toujours acheter les peaux de toutes les bêtes abattues par les bouchers. Aussi le Bailli, sans porter atteinte au monopole des bouchers de la ville sur les produits des boucheries de Chartres et de la banlieue, décida-t-il que, dans le cas où ces industriels refuseraient de prendre les peaux, après prisée établie par les *menneurs* des deux métiers, les bouchers seraient libres de les vendre à des tanneurs étrangers.

Dans les temps anciens, il était expressément défendu aux bouchers d'étaler et de vendre de la viande les jours de jeûne et d'abstinence d'aliments gras; mais, pour atténuer le dommage que cette prohibition causait au métier, les coutumes fiscales permettaient aux bouchères de faire,

---

[1] Voir *suprà*, p. 503 et 506.

[2] *Pancarte municipale*; Arch. de la Mairie.

[3] *Cartul. eccl. carnot.* cité par Du Cange.

[4] Cet arrêt fut préparé par deux actes de 1682, relatifs aux droits du Duc sur les taverniers. (Arch. de la maison d'Orléans; *Inventaire de Chartres*, reg. 177, f° 217.)

[5] La délibération capitulaire du jour de la lune après l'invention Saint-Etienne 1320 contient la mention suivante : On enjoint à Colin Laguiete et Jean Langlois, collecteurs du droit de *Banvin* pour le Comte, de rendre à Guiard de la Porte, crieur de vin, le *banvin* qu'ils se sont fait donner par les vendeurs, dans la maison de feu Renaud de Senonches, située au cloître. *(Reg. capit.*; Bibl. communale.)

[6] Voir *suprà*, p. 390.

chaque samedi, le commerce de harengs et de légumes, sans payer la redevance d'une pite due par les autres marchandes. Ce privilège paraît avoir été échangé au XIVe siècle contre le droit de prendre 12 deniers pour livre sur la vente du poisson de mer. Lorsque l'église se départit un peu de sa sévérité, les échevins accordèrent aux bouchers l'autorisation de vendre de la viande pendant le carême aux personnes munies d'une permission de leur curé, à la condition de verser chaque année une aumône à la caisse du bureau des pauvres [1].

Pendant les guerres déplorables des Bourguignons et des Armagnacs, les bouchers de Chartres, ardents bourguignons comme leurs confrères de Paris, se rendirent tellement odieux aux magistrats municipaux, que ces derniers obtinrent de Charles VI, au mois d'octobre 1416, une ordonnance portant suppression de la communauté chartraine [2]. Voici l'analyse de ce document curieux :

« La ville de Chartres et ses habitants ont beaucoup souffert depuis sept ou huit ans par le fait des guerres et gens d'armes dont le pays a été foulé, comme aussi par les mortalités et disettes survenues. C'est pourquoi le Bailli, pour venir en aide au pauvre peuple et faire baisser le prix de la marchandise par la concurrence, a ordonné que, jusqu'à meilleur temps, la ville serait commune, en métiers et marchandises, à toutes personnes qui s'en voudraient mêler et entremettre. Cette ordonnance, publiée et criée en plein marché, a été bien reçue par le gros des manans et habitants, hormis par les bouchers qui refusent de s'y soumettre *par outrecuidance et arrogance*.

» Cependant les bouchers de Chartres, dont le métier est si nécessaire aux habitants, ont très-souvent commis des abus dans l'exercice de leur profession, à raison tant de la vente de leur viande que de leurs marchés avec les marchands de bestiaux; ils ont leurs tueries et écorcheries dans l'enclos de la ville, l'une près de la porte des Epars si fréquentée par les étrangers, l'autre au bord d'une petite rivière qui traverse la ville; les *issues* du sang jeté dans cette rivière infectent souvent une fontaine dans laquelle le peuple puise l'eau nécessaire pour le cuire et le boire, et, dans le temps des inondations, on a plusieurs fois trouvé du sang et des ordures de bêtes tuées dans cette fontaine; de plus, ces immondices mélangées à l'eau de la rivière sont très dommageables aux drapiers qui travaillent en cet endroit.

» C'est pourquoi, afin de soulager son peuple et aussi pour obvier aux inconvénients qui, *par communaulté et assemblée de gens de petit estat, se sont aucunes fois ensuis et pourraient encore faire de legier*, le Roi ordonne ce qui suit :

1° Dorénavant tout individu, qu'il soit fils de boucher ou autre, sans différence de personne, pourra être boucher à Chartres, pourvu qu'il sache le métier et sans qu'il soit tenu de payer à son entrée, à la communauté des bouchers, aucuns *past*, droits ou redevances, sous réserve des droits du Roi et du Domaine. Les anciens privilèges, possessions, dons, usages, etc., du métier de boucherie, tuerie et écorcherie, sont abolis et la communauté est cassée, de telle sorte qu'il n'y ait plus, pour les bouchers, de corps, communauté, métier, officiers, boîte, juridiction, etc., toutes les causes de boucherie étant reportées au prévôt de Chartres.

» 2° Au temps passé, nul ne pouvait être boucher à Chartres s'il n'était fils de maître ou choisi à volonté par les bouchers; en entrant ils faisaient

---

[1] *Reg. des Echevins*, passim. En 1662, la redevance fut fixée à 60 livres tournois. Le veau et le mouton se vendaient alors 4 sous 6 deniers la livre.

[2] *Ordonnances des Rois de France*, vol. X, p. 382.

grande solennité de dîners qu'ils appelaient leur *past*, d'où grande dépense qui tournait à l'enchérissement des viandes et au préjudice des acheteurs. Le past est aboli.

» 3° Cependant comme il convient de faire visite des chairs et de surveiller les bouchers, il y aura des jurés pour ce, à la nomination du Prévôt, qui rempliront leur office après serment et seront révocables à la volonté dudit Prévôt.

» 4° Les tueries actuelles sont supprimées. Dorénavant lesdites tueries se feront hors la ville, l'une au lieu dit le bourg *Mahé* et l'autre au-dessous des écluses de Saint-Père, en venant droit au pont de Beaulieu, par les vieux et arrière-fossés de la ville tirant vers la porte Imboust.

» 5° Le revenu de la communauté des bouchers est réuni au domaine du Roi. Les étaux seront loués au profit du Roi, sauf indemnités à ceux qui ont rentes dessus. Les places où l'on vendra chair seront déterminées par les officiers de la ville et porteront le nom de *Boucheries du Roy.* »

Les bouchers de Chartres prirent leur revanche sous la domination des Anglais. Sur leur insistance, Henri VI, *Roi de France et d'Angleterre*, donna, au mois de mai 1426, des lettres-patentes précédées d'un exposé qui fait connaître que de toute antiquité il y a eu métier de boucherie à Chartres; que nul ne peut être boucher à Chartres jusqu'à ce qu'il ait fait son *past* avec tous les maîtres, hormis les fils de maîtres qui n'y sont pas tenus; que la vente de tout le poisson de mer frais et aussi des aloses et merlus salés amenés à Chartres, appartient aux bouchers, à cause de quoi ils ont le droit de prendre sur la vente dudit poisson douze deniers par livre; qu'ils ont joui de ce droit jusqu'à l'abolition de leur métier prononcée par le roi Charles en 1416; que cette abolition a réellement eu lieu parce que lesdits bouchers tenaient le parti du duc de Bourgogne dernièrement trépassé et qu'elle a été consommée dans une assemblée tenue à la tour de Chartres le 21 janvier 1416 par les Bailli et officiers, qui ont admis de nouveaux bouchers et fait lever des étaux ailleurs qu'aux boucheries accoutumées, moyennant douze livres payées au receveur du Domaine. C'est par ces considérations que le roi Henri, reconnaissant que les bouchers de Chartres lui ont toujours été bons et fidèles sujets et que la boucherie de Paris, qui avait également été abolie par haine des bouchers, a été rétablie, déclare l'abolition de 1416 faite en haine des bouchers de Chartres et prononce la reconstitution de la communauté chartraine, avec les droits, usages, privilèges, franchises, libertés et coutumes dont elle jouissait anciennement [1].

La conquête des bouchers ne fut pas de longue durée, car les troupes royales ayant recouvré Chartres en 1432, les magistrats ne tinrent pas compte de l'ordonnance de Henri VI. Il est vrai de dire que les bouchers se montrèrent toujours disposés à lutter contre les échevins et les officiers royaux; cet esprit d'hostilité se manifesta surtout au XVIe siècle, à l'occasion de l'établissement de l'abattoir dit *le Massacre*, dans l'ancien jardin du Roi, derrière Saint-André. Avant 1520, les bouchers tuaient chez eux et répandaient sur la voie publique le sang des bêtes abattues; on eut beaucoup de peine à les contraindre à changer d'habitude, et l'autorité municipale eut souvent besoin de prendre des arrêtés sévères contre les récalcitrants [2]. C'est ce qui fit que, pendant près de deux cents ans, seuls de tous les marchands et artisans de la ville, les bouchers ne constituèrent pas un métier juré. Plusieurs fois ils essayèrent d'émouvoir en leur faveur la bienveillance royale; au mois de mars 1588, ils annoncèrent à la chambre de ville qu'ils avaient obtenu des lettres-patentes pour le rétablisse-

---

[1] *Ordonnances des Rois de France*, vol. XIII, p. 116.
[2] *Reg. des Echevins*, passim.

ment de leur communauté; mais il ne paraît pas que l'on fit bon accueil à cette ouverture. Ce fut seulement huit ans plus tard que le roi Henri IV chargea une commission de notables [1] de rédiger des statuts pour la boucherie chartraine.

Les lettres-patentes, datées de Rouen le XVIe jour de novembre 1596, donnent, pour motif de l'érection de la boucherie en communauté jurée, qu'à Chartres les réglements sont étroitement gardés en tous métiers, *fors qu'en l'exercice de la charge et métier de boucher, auquel exercice toutes personnes indifféremment s'entremettent, bien qu'ils n'en soient la plupart capables, exposant en vente toutes sortes de chairs prohibées et défendues par les ordonnances faites sur la police générale du royaume, d'où suit infinis inconvénients de maladies et incommodités, au grand détriment et préjudice des habitants de ladite ville.* Les statuts, préparés par suite de ces lettres et entérinés en la chambre municipale le 15 avril 1598 [2], contiennent les dispositions suivantes : 1° l'état de boucher sera perpétuellement métier juré en la ville de Chartres et sujet à visitation des jurés du métier; 2° on nommera, tous les deux ans, deux procureurs aux causes et négoces du métier, qui prêteront serment devant le Prévôt; 3° on nommera. tous les deux ans, deux jurés, assermentés devant le Prévôt, qui visiteront les viandes exposées ès trois boucheries et saisiront les mauvaises marchandises; toute négligence dans les visites sera punie de dix écus d'amende et de la prison; 4° les maîtres seront tenus d'obéir aux jurés pendant les visites; 5° le temps d'apprentissage est fixé à quatre ans; 6° les compagnons ne pourront changer de maîtres que du consentement de ces derniers; 7° pour obtenir la maîtrise, le compagnon baillera chef-d'œuvre devant les procureurs et trois anciens maîtres; il habillera un bœuf, un mouton, un veau et un porc, les fendra et dépècera, sans préjudice au droit des maîtres écorcheurs de la ville; le chef-d'œuvre sera visité par dix ou douze des plus anciens maîtres du métier, et, s'il est suffisant et rapporté tel devant le Prévôt ou son lieutenant, le compagnon prêtera serment de maîtrise devant le procureur du Roi; 8° le fils de maître qui aura épousé la veuve ou la fille d'un maître ne fera que moitié des chefs-d'œuvre, au choix des procureurs; 9° nul malade d'écrouelles, punais ou sujet au mal caduc ne pourra être reçu à la maîtrise; 10° les maîtres ne pourront étaler qu'aux trois boucheries sous peine de confiscation et d'un écu d'amende; 11° les maîtres ne pourront avoir plus d'un étal en l'une desdites boucheries, à moins de vacance, auquel cas les plus anciens en auront deux à charge d'en remettre une au premier maître qui se présentera; 12° nul, s'il n'est maître, ne pourra vendre viande à Chartres; 13° les maîtres devront bien apprêter leurs viandes, bien laver leurs maisons et jeter le sang à la voierie et non ès rues ou remparts, sous peine de dix écus d'amende; 14° ne pourront lesdits maîtres tuer bœufs ou vaches pour vendre, s'ils ont la cendrée, le fil ou la pommelée, sous peine d'être les chairs jetées à la voirie; 15° il en

---

[1] Cette commission fut composée de MM. Guy Robert, prévôt de Chartres, Jean Fresnot, avocat du Roi et Jacques-le-Vieillard, procureur du Roi; elle dressa les statuts des bouchers le 23 décembre 1596.

[2] Entérinement fait en l'hôtel commun de la ville de Chartres où était et présidait noble homme Me François Chouayne, écuyer, sieur de Chamblay, conseiller du Roi, président présidial et lieutenant-général au bailliage et siège présidial, en présence de Mes Jean Fresnot, conseiller et premier avocat du Roi, Jean Grenet, aussi conseiller et procureur du Roi; de Mires Jérôme Lebeau, chancelier et chanoine de l'église de Chartres, Damien du Tronchay, aussi chanoine ; des sieurs Jacques Lemaire, Jacques du Chesnay, Marin Sablon, Claude Nicole, Guy Trouillard, Jean Haligre, Jean Blanchard, échevins, Cantien Carte, receveur des deniers communs, et René Grenet, sieur du Bois, contrôleur desdits deniers.

sera de même pour les moutons ou brebis malades de la clavelée ou du sang; 16° nul ne pourra vendre des bêtes mortes ou malades; 17° nul maître ne pourra tuer des porcs qui ayent été nourris ès maisons d'huilliers et barbiers ou ès maladreries; 18° les maîtres ne pourront vendre ou exposer chairs chaudes, comme étant tuées du samedi au dimanche, sous peine de confiscation et de soixante sous d'amende; 19° ils ne pourront exposer chairs de daim, chèvre ou porc malade, sinon sur un étal séparé, au bout desdites trois boucheries, et non ailleurs, sans nappe, en tenant le sel près de la chair du porc, le tout sous la même peine; 20° ils ne pourront vendre chair de porc salé, si elle n'a été au sel durant quarante jours; 21° s'il reste des chairs du jeudi au samedi, depuis Pâques jusqu'à la Saint-Rémi, lesdits maîtres ne les pourront exposer en vente qu'après visite; 22° ne pourront les poulaillers ou autres, quels qu'ils soient, vendre ni exposer moutons, brebis, agneaux et chevreaux, qu'ils ne soient écorchés et apprêtés par lesdits maîtres; 23° les hôteliers, cabaretiers et autres, ne pourront vendre aucunes chairs fraîches, sinon achetées aux boutiques desdits maîtres, ou apprêtées chez eux par lesdits maîtres, qui y seront tenus, ayant la peau des bêtes pour salaire; la peau pourra être remplacée par un salaire en argent; 24° il est fait défense auxdits maîtres de vendre, d'exposer en vente et d'avoir boutique ouverte, les dimanches et les quatre fêtes solennelles, Pâques, Pentecôte, Toussaint et Noël, sous peine de confiscation et de soixante sous d'amende; 25° les bouchers actuellement en exercice et les veuves exerçant l'état devront renouveler leur serment devant le Prévôt, en présence des avocats et Procureur du Roi, aussitôt après l'homologation des présents statuts; 26° au surplus, ils devront tenir leurs boutiques garnies de toutes chairs suivant les saisons, en sorte que tout le monde puisse s'en procurer; il leur est fait défense de combiner entre eux des monopoles, sous peine de dix écus d'amende.

Il nous a paru intéressant de donner une analyse complète de ces statuts qui règlent la boucherie chartraine jusqu'à l'époque de la suppression des maîtrises.

4° Poissonniers.

Autrefois, les maréyeurs normands chargés de poisson de mer à la destination d'Orléans, traversaient Chartres, où ils laissaient une partie de leurs marchandises, descendaient par la route de Bonneval, et, entre cette ville et Montboissier, prenaient à gauche un chemin de traverse qui a conservé le nom de chemin *des Maréyeurs*. Le poisson d'eau douce arrivait des grands étangs du Perche, de la Seine, de la Loire, du Loir et de l'Eure. Si l'on en juge par l'importance que les seigneurs riverains attachaient à leur droit de pêche, par le revenu qu'ils en retiraient et par les prix élevés du fermage de la pêche des vieux fossés de la ville, les rivières de notre pays étaient, au Moyen-Age, beaucoup plus poissonneuses que de nos jours. Chartres se trouvait donc très-abondamment pourvu de poissons de toute espèce, et le métier de poissonnier y occupait un grand nombre d'individus.

Nous avons déjà dit que le comte Thibault V accorda, en 1164, aux poissonniers de Chartres, locataires des étaux du domaine, le privilège exclusif de la vente du poisson dans la ville, moyennant une augmentation de cens et la fondation d'une lampe à l'Hôtel-Dieu [1]; on peut en conclure que l'organisation du métier en syndicat date de cette époque;

[1] Voir *suprà*, p. 106.

en effet, le monopole commercial n'était possédé que par les métiers pourvus de statuts et dont la formation en communautés ou syndicats avait été approuvée par l'autorité seigneuriale. Toutefois le monopole des poissonniers ne s'exerça pas toujours sans contestation; dès les temps anciens, les bouchers obtinrent, pour leurs femmes, l'autorisation de vendre des harengs tous les samedis; ils réussirent même, plus tard, à se faire adjuger une redevance de douze deniers pour livre sur la vente du poisson de mer; les épiciers-merciers, de leur côté, firent entrer les harengs au nombre des marchandises de leur commerce, et furent si bien secondés par une tolérance de plusieurs siècles, qu'il y eut, pour ainsi dire, prescription en leur faveur, et qu'en 1599, les échevins n'hésitèrent pas à se joindre à eux contre les poissonniers qui revendiquaient les anciens privilèges de leur métier [1].

Les étaux des poissonniers du Moyen-Age offraient communément au choix des acheteurs certains poissons assez rares aujourd'hui sur notre marché; les comptes des dépenses de l'hôtel-Dieu et les pancartes des *coutumes* font souvent mention d'aloses, de saumons et de congres, comme de poissons dont on faisait provision de carême. Il est vrai que, dans le but de favoriser le commerce du poisson, le Domaine se constituait le banquier des marchands chartrains : ainsi, chaque maréyeur étranger, déchargeant sur le marché, recevait, le jour même, par les mains du Receveur des deniers du Domaine, le prix des ventes qu'il avait consenties aux poissonnières; le lundi suivant, les poissonnières rendaient ce prix au Receveur, avec le sou pour livre. Par ce moyen, les maréyeurs, certains d'être payés comptant, ne manquaient pas d'apporter à Chartres leurs plus beaux morceaux, et les marchands de la ville étaient d'autant mieux disposés à acheter qu'ils pouvaient le faire sans rien débourser.

5° *Épiciers-merciers.*

La corporation des épiciers-merciers fut constituée, au plus tard, pendant la seconde moitié du XIIIe siècle. Nous avons déjà rappelé une ordonnance d'Isambert de Saint-Dié, châtelain de Chartres en 1268, qui prescrivit à tous les merciers d'aller vendre leurs marchandises à la *halle aux merciers* et de payer, chaque année, au Domaine, une somme de cinquante livres chartraines, pour droit de halle [2]. Cette charge rendit la corporation fort exigeante envers les gens du métier, qui cherchaient à éluder le paiement de leur quote-part. Un certain Jean Denise, mercier de la rue Muret, ayant refusé de se rendre à la halle, sous le prétexte que la rue Muret était de la censive et de la justice de l'abbaye de Saint-Jean, les autres merciers lui intentèrent un procès qu'il perdit devant le Bailli. Mais les religieux de Saint-Jean prirent fait et cause pour Denise, excipèrent de leurs privilèges aux termes desquels les bourgeois de Muret devaient être exempts de *tailles, corvées, coustumes, et autres redevances,* et obtinrent du comte Charles de Valois des lettres datées de Paris le samedi après la Sainte-Luce 1319, qui cassèrent le jugement du Bailli et rétablirent le mercier Denise dans l'exemption dont il jouissait avant la contestation [3].

En 1358, le roi Jean donna aux épiciers-merciers des statuts qui en énoncent d'autres plus anciens. L'article 5 fait défense à tout individu de

---

[1] *Reg. des Echevins;* Séance du 16 mars 1599; Arch. de la Mairie.
[2] Voir *suprà*, p. 329.
[3] *Titres de Saint-Jean*, invent., n° 1,107; Arch. départ.

vendre des marchandises de mercerie et d'épicerie, s'il n'a été reçu maître sur chef-d'œuvre; d'après les articles 6 et 10, la police du métier, en ville et banlieue, est confiée à quatre élus jurés [1]. On voit, par la confirmation qui fut faite de ce réglement par Charles VIII, en 1490, que les épiciers-merciers de Chartres vendaient *bonnes bourrées, ganz, egullectes, chappeaux, saffren, pouldre, espiceries, cires,* et, ce qui est plus singulier, *draps de soye, futaines* et *sarges* [2]. Ces marchands joignaient aussi à leur commerce celui des *dés* en os, ivoire et corne, et il paraît que les produits des *déciers* de Chartres avaient au XIVe siècle une assez grande réputation, car on lit dans le petit poème intitulé *le dit d'un Mercier :*

J'ai dez du plus, j'ai dez du mains,
De Paris, de *Chartres*, de Rains [3].

Les épiciers-merciers, dont les statuts avaient été confirmés de nouveau en 1518, 1539, 1566 et 1661 [4], furent compris dans la réorganisation des métiers opérée par les commissaires de Colbert en 1669 [5]. Ils voulurent profiter de cette circonstance pour se faire appliquer le bénéfice des priviléges octroyés en 1613 aux merciers de Paris, auxquels on reconnaissait le droit de vendre certaines marchandises étrangères au métier; mais les autres corps d'état se liguèrent en 1684 contre les merciers chartrains et les forcèrent à renoncer à cette prétention [6]. Au commencement du XVIIIe siècle, la richesse de la communauté des épiciers-merciers fit envie aux apothicaires. Ces derniers, réunis en corporation particulière depuis 1597, poursuivirent à outrance leur annexion aux épiciers; il y avait, en effet, des sentences du bailliage et des actes de la prévôté de 1586, 1662, 1671 et 1700, qui leur donnaient le titre d'*Apothicaires-épiciers;* ils excipaient aussi de la coutume de Paris, ville dans laquelle les deux métiers ne font qu'une seule communauté. Les épiciers-merciers résistèrent en soutenant que la coutume de Chartres n'était pas celle de Paris, que des qualifications trouvées dans les papiers du bailliage n'impliquaient pas un droit réel, que ce prétendu droit ne résultait en aucune façon des statuts des deux métiers, seuls titres à invoquer en pareille matière; enfin qu'il n'y avait à Chartres aucun rapport entre le métier d'apothicaire et celui d'épicier-mercier, attendu qu'ils ne vendaient pas les mêmes marchandises et que les apothicaires étaient reçus à la maîtrise, non sur examen de capacité en fait d'épicerie et de mercerie, mais sur exhibition d'un chef-d'œuvre en pharmacie, comme composition de drogues, emplâ-

---

[1] Statuts rappelés dans le *factum des épiciers-merciers*, produit en 1716 à l'occasion de leur procès avec les apothicaires; Semen, procureur.

[2] Recueil des *Ordonnances des Rois de France*, vol. XX, p. 239. — *Trésor des Chartes*, reg. CCXXI, 32; Arch. impériales.

[3] *Dit d'un Mercier;* Recueil Barbazan, éd. Méon, vol. 2.

[4] Confirmation par François Ier, à Chartres, le 13 novembre 1518. Reg. du Parlement de Paris, *Ordonn.*, 5, A, fo 231. Id.; Arch. impér., section adminis., fo 2,170. — Autre confirmation par François Ier, en juin 1539. *Trésor des Chartes*, reg. CCLIII, 423. — Confirmation de 1566 rappelée dans le *factum des épiciers-merciers*, 1716. — Autre confirmation par Louis XIV, en mai 1661. Reg. du Parlement de Paris, *Ordonn.*, 3, Q, fo 402.

[5] Acceptation par les merciers-épiciers des nouveaux statuts de leur corporation. (*Reg. des Echevins;* Séance du 20 décembre 1669; Arch. de la Mairie).

[6] Protestations des bonnetiers, orfèvres, chaudronniers, serruriers, chapeliers, tourneurs, tapissiers, drapiers, cordiers, taillandiers, libraires, mégissiers, maréchaux, cordonniers, selliers et corroyeurs. (*Reg. des Echevins;* Séances des 19 et 22 août, 4 et 24 octobre 1684. Ib.)

tres, etc.[1]. La question fut portée devant le bailliage en 1716 et les épiciers-merciers gagnèrent leur procès.

6° Couturiers, Tailleurs de robes et pourpoints.

Au mois de février 1393, les maîtres et compagnons couturiers, tailleurs de robes et pourpoints de la ville, obtinrent du bailli Pierre Trousseau, chevalier, seigneur de Chasteaulx, une ordonnance qui rendit applicables au métier de Chartres les statuts réglés en 1366, pour les tailleurs de Paris. Voici les principales dispositions de ces statuts :

1° Nomination de quatre syndics-jurés pour visiter le métier et en avoir la police;

2° Défense à quiconque de lever établi et de tailler *garniments*, s'il n'est reçu maître et approuvé suffisant par les maîtres du métier, à peine de cinq sous d'amende au Roi et trois à la confrérie du métier, pour ses pauvres et pour le salaire des jurés;

3° Défense de travailler, du samedi, chandelles allumées, au lundi, aux cinq fêtes de Notre-Dame, à fêtes d'apôtre, aux jours de Toussaint, Noël, Pâques, Ascension et Pentecôte, hormis pour les vêtements de deuil ou de noces ou pour rétrécir ou élargir un vêtement déjà fait, sous peine de six sous d'amende au Roi et quatre à la confrérie, pour les maîtres, et deux sous au Roi et douze deniers à la confrérie, pour les varlets;

4° Défense à tout varlet de quitter son maître avant le terme de son apprentissage;

5° Défense aux maîtres de se débaucher mutuellement leurs compagnons avant la fin de l'apprentissage de ceux-ci, sous peine de trois sous au Roi et deux à la confrérie;

6° En cas de dégât dans une étoffe, par malefaçon et coupe du tailleur, indemnité payée à la pratique par le tailleur qui acquittera, en outre, trois sous d'amende au Roi et deux à la confrérie;

7° Injonction de confectionner la doublure, pour vendre, en étoffe de soie, de fil ou en menues étoffes, sous peine de trois sous d'amende au Roi et deux à la confrérie;

8° Défense de mettre de la laine ou étoupe dans la doublure, pour vendre, sous peine de six sous d'amende au Roi et quatre à la confrérie, confiscation et destruction, par le feu, de la doublure [2].

---

[1] Les sieurs Romier et David, qui furent reçus à la maîtrise, en 1710 et 1711, par un médecin et trois maîtres apothicaires, avaient produit, pour chef-d'œuvre, *la composition de jacinthe et d'alkermés*, *l'électuaire solide de citron de Trochilly*, *les tablettes et les emplâtres divinum et contra rupturam*. (*Factum des merciers-épiciers*, Chartres, 1716; Sémen, procureur.)

[2] Recueil des *Ordonnances des Rois de France*, vol. XIX, p. 485. — L'ordonnance du bailli fut scellée du scel aux causes du bailliage le 19 février 1393 et visée par Me Jehan de Montescot, lieutenant-général du bailliage, le 7 décembre 1453; elle fut rendue à la requête de Guillot Aubourg, Robin Percheron, Guillot-le-Cousturier, Thibault, Godin Guillemin, Cheron dit Violette, Thibault Doublet, Gervais Delamay, Jehan Lesueur dit Cote-Blanche, Jehan Gignet, Perot Lubin, Jehan de la Prière, Perin Turpin, Robin de Gisay, Estienne Fromenteau, Guillemin et Legier les Regnars, Jehan Lebreton, Adam Herbeteau, Guillaume de Lisle, Martin Moreau, Jehan des Lorges, Guillaume Alaire, Jehan Quinart, Michault Lesueur, Martin Raynnet, Jehan Reymbert, Jehan Hale, Girard Bourdier, Jehan Chardonneau, Jehan-le-Boulengier, Gervais Mennet, son fils, Damiau-le-Breton, Perin Jumentier, Colin Tardiveau, Jehan de Loches, Gervais Gresillon, Guillaume Patée, Jehan Quenulle, Jehan Arnoul, Guillaume Guyart, Guillaume Jubert, Yvonet Machéas, Lubin Gaubert, Richard Tynon, tous maîtres couturiers à Chartres.

Le Bailli, en consentant à l'adoption de ces statuts pour la communauté de Chartres, réserva expressément *le droit que le Roi peut avoir sur ledit mestier, à cause de la maistrise des Pelletiers et aussi du maistre qui ladite maistrise tient à présent à ferme et de ses successeurs.* Ainsi, le métier de couturier-pourpointier formait une dépendance de la maîtrise de la Pelleterie, qui appartenait au Domaine. Les premiers jurés du métier furent Jehan-le-Breton, Adam Herbeteau, Guillaume de Lisle et Robin de Gisay.

Charles VIII approuva l'ordonnance du bailli Pierre Trousseau, par lettres de 1484 et de 1487, qui indiquent que les couturiers de Chartres faisaient célébrer chaque semaine un service en l'église des Frères-Prêcheurs. Il y eut d'autres confirmations royales en mars 1550 et juillet 1719 [1].

7° *Maçons.*

On sait que les maçons, tailleurs de pierre, charpentiers, couvreurs, composant ce que l'on appelait anciennement, et ce que l'on appelle encore, les ouvriers du *bâtiment*, formèrent dans les temps les plus reculés une sorte de communauté ou franc-maçonnerie qui couvrit le monde entier et manifesta surtout sa puissance et sa fécondité lors des gigantesques fondations religieuses des XIIe et XIIIe siècles. Un détachement de francs-maçons vint travailler à Notre-Dame de Chartres en 1145; la corporation du bâtiment signala sa piété en décorant le nouveau temple de plusieurs verrières remarquables; mais il est à croire que le plus grand nombre de ces artisans étaient étrangers à la ville. C'est vers le commencement du XIVe siècle seulement que nous trouvons à Chartres un Maître de l'œuvre du Comte et un Maître de l'œuvre du Chapitre [2]; ces officiers gouvernaient respectivement ceux des ouvriers de leur métier qui *levaient* et *couchaient* sur les terres de chaque seigneurie.

Il n'y a rien à dire de la communauté des maçons de Chartres, sinon (ce qui paraîtra singulier aux personnes qui ont connu le vieux Chartres, ses rues tortueuses et ses maisons informes) que le maître du métier était chargé de donner *l'alignement* des bâtiments à construire. Il existait donc au XVIe siècle un *alignement* pour les rues de Chartres, et c'est ce qui résulte du document suivant tiré des archives de la Mairie. On ouvrit, en vertu de lettres-patentes du Roi, en date du 17 février 1561, une enquête de *commodo* et d'*incommodo*, sur la question de savoir si la création d'un voyer importait à l'intérêt de la ville; on consulta sur ce point les bourgeois les plus âgés et les plus honorables, et l'un d'eux, le sieur Macé Trossard, marchand, fit la déclaration dont voici l'analyse et qui fut calquée par les autres comparants : « Dès mon jeune âge, j'ai hanté et fréquenté Chartres, où j'ai fini par venir demeurer. En cette ville il y a maîtrise en tous métiers, et en tous métiers des maîtres-juges pour connaître de la police et faire garder les statuts. Il n'est loisible à personne de lever aucun métier, s'il n'est maître-juré en ladite maîtrise, comme il est de coutume ès-villes jurées de ce royaume. Il n'y a en la ville aucun voyer qui ait la superintendance et visitation sur les pavés, murailles, fortifications et autres bâtiments, mais il y a un maître des maçons, un maître des charpentiers et un maître des paveurs; le maître des maçons, outre sa charge de recevoir et passer tous maîtres maçons, couvreurs et

---

[1] *Ordonnances des Rois de France*, vol. XX, p. 84. — *Trésor des Chartes*, reg. CCLXI, 69. — Registres du Parlement de Paris, Ordonn., 6, G, f°s 64 et 69.

[2] Voir *suprà*, p. 171, note 2.

potiers en terre et visiter les ouvrages des susdits, a aussi la mission de voir et prendre garde que les habitants qui bâtissent maisons ou qui réparent leurs murailles, *n'entreprennent sur le pavé du Roi et ne fassent aucune saillie.* Et si quelqu'un veut bâtir, il doit prévenir ledit maître des maçons, lequel vient marquer l'endroit où l'on veut bâtir; faute de ce faire ledit maître ajourne l'habitant devant le Bailli ou son lieutenant, pour que défense soit faite de poursuivre l'entreprise. Moi déposant, j'ai bâti en plusieurs endroits de Chartres, et, entre autres, à l'Etape-au-Vin, une maison que j'habite, laquelle aboutit sur deux rues, et voulant démolir le vieux bâtiment qui était sur ladite place, j'en fus empêché par le maître des maçons, parce que je ne l'avais pas appelé pour marquer la place, et je ne pus continuer avant d'avoir fait *estabotter* l'endroit par ledit maître. Le bâtiment nouveau fut construit *d'après l'estabottage et l'alignement*[1]. » On pensa probablement que l'office du maître des maçons était suffisant pour le service de la voirie de la ville, car on ne nomma pas de voyer particulier; seulement le maître des maçons ajouta à sa qualification le titre de *Voyer pour le Roi en la ville de Chartres*[2].

8° *Potiers de terre et d'étain.*

Quoiqu'il n'y ait aucun rapport entre le métier de potier de terre et celui de potier d'étain, il nous paraît résulter de divers titres qu'au XIV° siècle les artisans de ces deux métiers habitaient à Chartres le même quartier, appelé *la Poterie,* et voisin des Halles, de la rue Saint-Michel et du clos de Saint-Père.

Les potiers de terre étaient soumis à la juridiction du maître des maçons, voyer de la ville; ils fabriquaient aussi des tuiles et ils ne pouvaient s'écarter, pour la confection de cette marchandise, des mesures-étalons déterminées par les échevins d'après les anciens usages[3].

Ce ne fut qu'en 1593 que les potiers d'étain obtinrent la formation de leur métier en communauté jurée. Henri IV homologua, au mois de janvier 1594, les statuts, en vingt-trois articles, rédigés, pour ce métier, par le prévôt Robert et l'avocat du Roi Grenet. Le seul article remarquable est le suivant, qui traite des épreuves imposées aux candidats à la maîtrise : « Quand ung compaignon se présentera pour parvenir à la
» maitrize dudit mestier, il sera tenu appeller les jurez, procureur et
» six anciens maistres dudit mestier de ladicte ville, pour luy bailler
» chef-d'œuvre; pour lequel faire luy seront baillez les trois pièces d'ou-
» vrage, asscavoir : ung pot, une pièce de forge et une pièce de menui-
» serie, ou telles aultres qu'il plaira ausdicts jurez, et ledict chef-d'œuvre
» baillé, sera icelui compaignon tenu le faire en la maison de lun des
» dicts procureur ou jurez qui, pour ce faire, luy sera nommé par les
» maistres et jurez dudict mestier, ou pourront assister lesdicts jurez ou

---

[1] Enquête du 7 septembre 1561, à laquelle prirent part les sieurs Macé Trossard, Michel de Baigneaux, Jehan Moreau, André Durand, Nicolas Mauclerc, Jacques Gueau, bourgeois marchands, et Jehan Chevalier, receveur du taillon de l'élection de Chartres. *(Liasses des métiers;* Arch. de la Mairie.)

[2] Certificat de juin 1591, concernant les travaux de la citadelle, délivré par Macé Drouault, *maître des ouvriers en maçonnerie et voyer pour le roy en la ville de Chartres. (Titres des Cordeliers;* Arch. départ.)

[3] En 1611, le moule-type des tuiles avait 9 pouces de longueur, 5 pouces 1/2 de largeur et un demi pouce d'épaisseur. *(Reg. des Echevins;* Délibération du 27 septembre 1611.)

» six anciens maistres, quand bon leur semblera, pour veoir faire ledict
» chef-dœuvre, et ledict chef-dœuvre faict, vu et visité par lesdicts jurez
» et la plus grande partie desdicts maistres dudict mestier congregez et
» assemblez; et, au cas que ledict chef-d'œuvre soit trouvé souffisant et
» bien faict, et soit rapporté pardevant ledict prevot de Chartres ou son
» lieutenant, ledict compaignon fera et prestera le serment de maistre
» dudict mestier, en la présence des advocatz et procureur du Roy en
» ladicte prevosté de Chartres, et sera ledict compaignon reçu en la
» maistrise dudict mestier..... [1] ».

9° Ciriers.

Le métier de cirier était très-lucratif au Moyen-Age, à cause des offrandes en cierges et torches de cire que les pèlerins faisaient à l'autel de la Vierge-aux-Miracles. Les étaux du cloître, sur lesquels on vendait les cierges, avaient une assez grande valeur dès le XIIe siècle; vers 1129, le couvent de Saint-Père trouva 7 livres 10 sous d'un étal à cirier qu'il possédait près de la porte magistrale de Notre-Dame [2]. Pendant longtemps le commerce des cierges se fit, non-seulement dans le cloître et sur les marches, mais encore dans l'église; ce ne fut qu'en 1327 que le Chapitre expulsa les ciriers de l'intérieur du temple, mais, en les renvoyant, il les mit sous la protection de ses officiers, fit défense de les molester, et les exempta de toute redevance envers le doyen et la fabrique [3]. Les ciriers évincés tentèrent à plusieurs reprises de se glisser entre les piliers des porches et dans le bas des nefs, et il fallut quelquefois user de la force pour les faire déguerpir, ainsi que leurs confrères les marchands de comestibles.

Des lettres de Charles V, de juillet 1369, nous apprennent qu'à cette époque, le principal revenu de la fabrique de Notre-Dame provenait de la vente de la vieille cire, mais que ce revenu était fort diminué par les exigences exorbitantes des ciriers, qui gagnaient cinquante pour cent sur cette marchandise, sans compter le bénéfice de la revente. Le Roi, prenant en main les intérêts de l'église, prescrivit à tous les ciriers, même à ceux demeurant sur ses terres, de se contenter d'un bénéfice de six deniers tournois, par livre de cire, dans les marchés qu'ils passeraient avec le Chapitre [4]. Néanmoins le métier continua à prospérer si bien qu'en 1396, le Chapitre, revenant sur sa tolérance à l'égard des ciriers et jugeant que ces industriels gagnaient assez pour payer un tribut à l'église qui les faisait vivre, décida qu'à l'avenir les locataires d'étaux à cire, aux portes de Notre-Dame, paieraient chaque année, à la fabrique, savoir : les mieux placés 30 sous et les plus mal placés 20 sous, en quatre termes [5].

[1] Pièce communiquée par M. Lejeune.
[2] *Cartul. de Saint-Père*, vol. 2, p. 329.
[3] *Reg. capit.*; Séance du mercredi après la Purification 1327.
[4] Recueil des *Ordonnances des Rois de France*, vol. IV, p. 208.
[5] *Reg. capit.*; Séance du jeudi après la sainte Marie-Madeleine 1396.

APPENDICE N° 8.

1° STYLE DES DONATIONS, AU XI° SIÈCLE.
(Titre de Saint-Père. — A. 1080.)

De ecclesia Castellariorum.

Domino nostro Jesu, nostro omnium rerum conditore, presidente. Omnibus sanctæ Dei æcclesiæ filiis notum esse volumus, ego Hubertus abbas, et monachorum conventus sancti Petri cœnobii Carnotensis, quia quidam miles, nomine Rodbertus Fossatensis, atque Agnes, ejus venerabilis conjunx, pro remedio suarum suorumque parentum animarum, in honore beati Pauli apostoli, in Pertico, non longe a Mori villare, Castellariorum æcclesiam, cemento et lapide constructam a sanctimoniali femina, nomine Hadvisa, matre videlicet prefatæ Agnetis, cum assensu et prompto affectu istius sanctimonialis, pariter et filiorum filiarumque suarum, nostro loco contulerunt; et ne sola videretur esse hæc eorum largitio, in eodem loco addiderunt, ad excolendum, terram unius aratri et duos aripennos prati. Quorum animæ, in gremio Abrahæ patriarchæ collocatæ, accipiant a Christo premium æternæ vitæ. Si quis vero hoc eorum bonum opus calumniari aliquando presumpserit, cum Nerone, qui Petrum apostolum crucis stipite extinxit, et coapostolum ejus Paulum gladio necavit, in inferno trusus, perpetuis ignibus, nisi resipuerit, crucietur, et a vermibus numquam morituris sine fine conrodatur [1].

2° STYLE DES ACTES SOLENNELS, AU XII° SIÈCLE.
(Titre du Chapitre. — 1138.)

Cyrographum de pedagio Belsie apud Novum Vicum et de calciato calle Blesensi qui transit ante Merlaium.

Quicquid ad honorem et communem utilitatem et ad quietem pauperum ecclesie spectat recta intentione querentes, nos Decanus et universitas Capituli Carnotensis notum fieri volumus quod domnus Ursio de Merlaio injuste accipiebat pedagium in quadam parte terre beate Marie de Belsia... Tandem, Deo miserante, in capitulum venit, culpam recognovit et vadimonium rectitudinis primum in manu decani, postea vero, multis tam clericis quam laïcis adstantibus et videntibus, super altare beate Marie humiliter posuit. *(Suivent les approbations des enfants du seigneur Ursion.)* Concessis igitur et collaudatis ab utraque parte omnibus, ut in presenti carta continentur, processit domnus Ursio ad altare beate Marie, cum universo clero, militibus et populo multo, et cyrographum in duas partes sectum, accersitis duobus filiis suis Nivelone et Hamelino, genibus flexis, obtulit super altare beate Marie, et unam partem levavit ipse, cum prenominatis filiis suis, alteram ad monumentum et munimentum prefate libertatis et perpetue pacis in archivis ecclesie in perpetuum servandam dereliquit. Hec acta sunt anno domni M° centesimo tricesimo octavo,

---

[1] Guérard; *Cartul. de Saint-Père.*

anno domni Ludovici regis Junioris secundo, episcopatus autem Gaufridi Carnotensis episcopi vigesimo quarto, nono Kalendas februarii, luna vigesima, feria tertia, hora diei tertia... *(Suivent les signatures des témoins.)* [1].

3° STYLE DES DONATIONS, AU COMMENCEMENT DU XIIIᵉ SIÈCLE.
(Titre de Josaphat. — 1201.)

Ego Gaufridus, Leugarum dominus, universis presentem paginulam inspecturis notum facio quod Karissimus consanguineus meus Milo juvenis de Nemore, de salute anime sue presollicitus, ecclesie de Josaphat XX solidos, in augmentationem reddituum ejusdem ecclesie, pro sui anniversarii recordacione annua, concedentibus et volentibus uxore sua Berta et filiabus suis Margarita et Mabilla, ultima voluntate legavit. Et quia prefato Miloni XX solidos in meis propriis reddittibus assignare quadam compositione tenebar, ad preces et peticionem ipsius, dum ageret in extremis, eosdem XX solidos, consensu et voluntate uxoris mee Margarite et filiorum meorum Gosleni et Johannis et filie mee Agnetis, jam dicte ecclesie fratribus assignavi in censibus meis de Leugis, in crastino die post octabas Sancti Dionisii, de primis qui recepti fuerint annuatim percipiendos. Quod ut ratum maneat et firmum nec aliqua malignantium possit infirmari calumpnia, presentem cartulam memoratis fratribus dedi sigilli mei munimine roboratam, Testibus Garino de Postnemus milite, Henrico de Danunvilla, Gaufrido filio Ugonis. Actum anno gracie Mº CCº primo [2].

4° STYLE DE PRATIQUE, A LA FIN DU XIIIᵉ SIÈCLE.
(Titre de l'Hôtel-Dieu. — 1297.)

Carta Johannis Poucin, de domibus juxta quadrivium Reme.

Universis presentes litteras inspecturis, Officialis Carnotensis salutem in Domino. Noverint universi quod in nostra presentia personaliter constituti, Johannes dictus Poucin, civis Carnotensis, et Marguereta ejus uxor, spontanea, non coacta, non vi, non dolo, nec metu ad hoc inducta, quoque de voluntate, auctoritate et assensu predicti Johannis mariti sui, confessi fuerunt in jure, coram nobis, se vendidisse et nomine venditionis concessisse, ad usus et consuetudines carnotenses, magistro et fratribus elemosine domus beate Marie Carnotensis, quamdam suam domum, cum virgulto eidem contiguo, prout se comportant et possidentur, moventes ex hereditate predicti Johannis; que quidem res site sunt apud quadrivium quod dicitur Raime, in censiva et dominio magistri et fratrum predictorum, juxta domum Almarici Torelli, ex una parte, et plateam relicte defuncti Arnaudi de Sub ulmo, ex altera, pro precio novem librarum carnotensium, sive monete currentis, eisdem venditoribus solutis a dictis magistro et fratribus, vel eorum mandato, et de quibus se tenuerunt coram nobis pro pagatis integraliter et ad plenum in pecunia numerata. Quas res venditas, ut dictum est, cum omni jure, dominio, proprietate et possessione, que et quas predicti venditores in eis habebant vel habere poterant aut debebant, ratione hereditatis, acquiramenti, successionis, caduci, aut alia ratione quacunque seu causa, predictis emptoribus et successoribus eorumdem coram nobis quitaverunt penitus in futu-

---

[1] Archives départ.; *Papiers non classés du Chapitre.*
[2] Archives départ.; *Cartul. de Josaphat.*

rum, dicta jus, dominium, proprietatem et possessionem in dictos emptores ac successores eorumdem, per traditionem presentium litterarum penitus transferendo et nichil sibi juris in eisdem penitus retinendo. Promittentes dicti venditores, fide sua in nostra manu prestita corporali, quod contra vendicionem, quitacionem, concessionem et precii solutionem predictas, per se vel per alium seu alios, non venient in futurum nec venire aliquatenus attemptabunt, nec aliquid juris in dictis rebus venditis ut dictum est, nec in earum pertinenciis, ratione hereditatis, acquiramenti, successionis, caduci, donationis, elemosinationis, retractionis, dotis seu dotalicii, aut alia ratione quacunque seu causa, de cetero petent, nec etiam reclamabunt, nec facient per se vel per alium seu alios, clam vel palam, peti seu etiam reclamari. Immo predictas res venditas ut dictum est, cum pertinenciis earundem, quitas et liberas ab omni debito et obligationis onere cujuscunque garandizabunt prefatis magistro et fratribus ac successoribus eorumdem et omnibus aliis ab eisden in dictis rebus causam habentibus et habituris, et deffendent legitime contra omnes ad usus et consuetudines prenotatos, ipsosque emptores ac successores eorumdem, ex nunc penitus in futurum, indempnes penitus observabunt. Nec non reddent, restituent et solvent eisdem omnia dampna, deperdita et expensa que et quas ipsi magister et fratres sustinuerint et fecerint ratione et occasione dicte garandizationis non facte pro ut superius est expressum, super quibus voluerunt venditores predicti quod credatur procurator dictorum magistri et fratrum vel lator presentium litterarum suo sacramento pro omni genere probationis. Pro quibus garandizatione et deffensione et dictum est faciendis et dampnis, deperditis, expensis reddendis et solvendis ac non veniendis contra, predicti venditores, et heredes suos universos et singulares et omnia bona sua mobilia et immobilia ubicunque existentia, presentia et futura, et specialiter et expresse duo quarteria vince que ipsi habent apud Flarvillam, juxta vineam Johannis Suger, ex una parte, et vineam Philippi de Bello videre, ex altera, in censiva domini de Brueriis, predictis magistro et fratribus et heredibus eorumdem, titulo pignoris seu ypotheche, obligaverunt et in contraplegium assignaverunt, et per fidem, usque ad valorem premissorum. Renunciantes in hoc statuto, fide sua, venditores predicti exceptioni deceptionis ultra medietatem justi precii, exceptioni dicte pecunie sibi non numerate, non tradite et non solute, exceptioni doli mali, fraudis, lesionis et rei ita non geste, peticioni libelli, copie presentis instrumenti, omni beneficio restitutionis in integrum, et specialiter dicta Marguereta exceptioni dotis seu dotalicii et omni juri pro mulieribus introducto, omni juri dicenti generale rerum non valere et omnibus aliis exceptionibus, deffensionibus et previlegio, per quas seu que contra permissa vel aliqua premissorum venire possent. Supponentes se et sua, quantum ad premissis tenendis et ademplendis jure curie nostre, fide sua, sine alterius advocatione curie, sive fori. In cujus rei testimonium et munimen, presentibus litteris sigillum curie nostre duximus apponendum. Datum anno Domini M° CC° nonagesimo septimo, die martis ante purificationem beate Marie virginis [1].

5° STYLE JUDICIAIRE, AU COMMENCEMENT DU XIV° SIÈCLE.

(Titre du Chapitre. — 1329.)

Universis presentes litteras inspecturis, Decanus et universitas capituli Carnotensis salutem in Domino. Noveritis quod cum nos Decanus et universitas capituli Carnotensis predicti, judices ordinarii de antiqua consue-

---

[1] *Cartul. de l'Hôtel-Dieu.*

tudine nostre ecclesie Carnotensis hactenus que pacifice observata, Robertum Gastellarium, clericum chori nostri, omnino subditum et justiciabilem nostrum, per spacium unius anni et amplius detentum habemus, pro suspicione homicidii in persona Leobini de Bellomonte clerici perpetrati, nostro carceri, fecimusque in ecclesia nostra Carnotensi et in aliis ecclesiis parochialibus civitatis Carnotensis proclamari si essent aliqui qui dictum Robertum vellent accusare, aut contra ipsum aliqua denunciare, super homicidio predicto, nos parati erimus ipsos recipere et audire et de dicto Roberto facere justicie complementum; qui Robertus cum ad terminos sibi in nostro capitulo assignatos debite compareret, nullus tamen contra ipsum comparuit, preter matrem et sorores dicti occisi, qui contra dictum Robertum aliquid proponeret super homicidio supradicto. Mater autem et dicte sorores ipsum accusare nec denunciare canonice voluerunt, nec solummodo quia dicebant quod ipse dictum homicidium perpetraverat, ut credebant, sed partem contra ipsum non intendebant facere, ut dicebant, a nobis, super hoc pluries requisite. Tamen, ne sanguis ipsius propter nostram negligenciam de manibus nostris requireretur et ne tam grave crimen sub dissimulatione transiret inultum, ex nostro officio contra ipsum processimus, fama aliquantulum denigrante, et qui quidem Robertus articulos super hoc sibi datos contestando negavit, juravitque secundum canonica instituta, et propositiones sibi datas negavit factum homicidium continentes, testesque plures super hoc produximus contra ipsum qui quidem jurati ad sancta Dei evangelia juraverunt se nescire qui dictum homicidium perpetrasset, et uno excepto, repulso propter hoc quod dictus Robertus contra eum probavit quod ipse erat suus inimicus capitalis. Nos vero nolentes aliquid omittere de contingentibus, eidem Roberto canonicam purgationem indiximus, quod fecit jurando super sancta evangelia, die Sabbati proxima Assumptionis beate Marie, in presentia totius capituli et clericum chori; quo facto, ipsum absolvimus sollempniter. De quibus fecimus in capitulo hoc publicum instrumentum, anno Domini millesimo CCC° XX° IX°, die mercurii ante festum beati Bartholomei [1].

[1] *Registres capitul.*; Bibl. communale.

APPENDICE N° 9.

NOTICE SUR L'EXPOSITION DES TROPHÉES DE PHILIPPE-LE-BEL ET DE CHARLES-LE-BEL,

DANS L'ÉGLISE NOTRE-DAME DE CHARTRES [1],

Par M. Lejeune.

1° *Trophée de Philippe-le-Bel.*

Au pilier faisant face à la Vierge-Noire, était appendu le trophée dont Philippe-le-Bel fit hommage, en 1304, à la vierge de Chartres, après la victoire qu'il remporta sur les Flamands, à Mons-en-Puelle. Ce trophée comprenait son armure de guerre composée comme il suit :
1° Un heaume ou casque, en acier, de forme conique, garni d'une visière à charnière avec mentonnière, pourvu de deux ouvertures horizontales, en face des yeux, et, au-dessous, mais seulement du côté droit, d'un assez grand nombre de trous, pour favoriser le mouvement descendant de la vue. Au-dessous de la partie saillante protectrice du nez, une dernière ouverture horizontale, en forme de grillage, complétait les moyens de respiration. La partie supérieure était bordée d'un cercle, en or, surmonté, dans sa circonférence, de quatre grandes fleurs-de-lys séparées par quatre plus petites, également en or. Par derrière et partant du dessous de cette couronne, descendait sur le cou, en forme de queue, une espèce de chaîne plate, à charnière, divisée en sept charnons ou plaques carrées, semés de France, sur un fond d'émail bleu; cet ornement se terminait par une grosse agrafe, surmontée d'un fleuron de la forme d'un petit dais gothique, lequel portait sur chacune de ses deux faces un petit écusson carré, semé de France; le tout en or, moins quelques parties de l'ornement en vermeil. Du pourtour du heaume, tombait, enveloppant le cou, et se développant sur les épaules, le gorgerin en mailles d'acier.
Tels étaient et la forme et le décor de ce heaume royal, du poids de neuf livres et demie environ, haut de dix pouces depuis le gorgerin et exclusivement, sur sept de largeur, dans le grand diamètre de sa base; il était fourré, à l'intérieur, d'une calotte pourpointée, destinée à garantir la tête des frottements de l'acier.
2° Un haubert, cotte de mailles en acier, à bouts de manches retombant sur les brassarts. Son tissu se formait de petits anneaux goupillés et soudés, s'entrelaçant les uns dans les autres. Sa hauteur de vingt-deux pouces, se développait sur quarante-deux pouces dans sa circonférence inférieure. Son poids particulier était de onze livres. Cette cotte de mailles fut, dans son origine, blanchie dans une dissolution d'étain dont le temps a fait disparaître les traces. Ainsi donc elle retombait sur une partie des cuisses qu'elle garantissait; puis, une large ceinture de velours cramoisi, garnie de perles fines, semée de France et portant une agrafe en or à laquelle se rattachait l'épée, l'étreignait sur les hanches.

---

[1] D'après un recueil d'A. Pintard. (Bibliothèque de M. Lejeune.)

3° Un haubergeon pourpointé, ou cotte d'armes, en velours violet, sur lequel étaient brodées six grandes fleurs-de-lys, en or, savoir : trois sur la poitrine et trois sur le dos.

2° *Trophée de Charles-le-Bel.*

Charles-le-Bel, encore adolescent, ayant accompagné le Roi, son père, dans l'accomplissement à Chartres du vœu formé par ce dernier, sur le champ de bataille, puis, voulant s'unir à ses augustes sentiments, fit à la Sainte-Vierge l'hommage du petit armement de guerre approprié à son âge et composé des objets qui suivent :

1° Une camisole ou sandale de brocart rouge, ou gambeson pourpointé, au côté gauche duquel était appliqué un petit écusson de forme ovale et denté, au milieu duquel était brodé en or un muffle de lion tenant dans ses dents une grosse boucle en vermeil.

2° Un corcelet, couvert de satin rouge, semé de clous dorés et doublé intérieurement de lames oblongues en acier, disposées en lignes horizontales, sous forme d'écailles de poisson; une boucle en cuivre doré servant, au moyen d'une petite lanière en maroquin rouge, à la fermer sur les hanches.

3° Des brassarts et des gantelets chargés de bossettes à pointes de diamant, en vermeil; plus deux cuissarts et jambiers ou brodequins, en acier battu.

4° Une courte épée, en forme de couteau allongé et à double tranchant, dont la poignée était surmontée d'un pommeau, en vermeil, orné de chaque côté d'un écusson aux armes de France, était renfermée dans un fourreau en velours violet, et à boutrolle et virole, en vermeil, semé de dauphins et de fleurs-de-lys, en argent doré. Cette virole portait un anneau en même métal et auquel se rattachait un ceinturon fort étroit, en velours violet, semé de lys et de dauphins.

Le 25 mars 1793, les métaux précieux qui ornaient ces armures furent envoyés à la monnaie de Paris, savoir :

1° En or : garniture du casque de Philippe-le-Bel, 2 marcs 6 onces 2 gros.

2° En vermeil : débris de l'armure de Philippe-le-Bel et de son fils, 2 marcs 3 onces 4 gros; débris de la petite épée du fils, 1 marc 7 onces 4 gros.

Le musée de la ville renferme aujourd'hui deux trophées composés de quelques pièces des armures de Philippe-le-Bel et du prince Charles, son fils. Le trophée du Roi, monté par M. Lejeune, contient le heaume ou casque, dégarni de ses ornements en or et vermeil, le gorgerin et la cotte de mailles; il reste de l'armure du jeune prince, la camisole ou sandale pourpointée, moins l'écusson à muffle de lion, le corcelet, mais délabré, et partie des brassarts, gantelets, cuissarts et jambiers.

APPENDICE N° 10.

§ 1er. — COMPOSITION ENTRE LE COMTE ET LE CHAPITRE,

DU LUNDI APRÈS LA SAINT-MATHIEU 1306.

Philippus, Dei gratia, Francorum Rex [1], *notum facimus universis, tam presentibus quam futuris, Nos infra scriptas vidisse litteras, formam que sequitur continentes :*

A tous ceus qui verront et orront ces présentes lettres, Charles fils de Roy de France, Conte de Valoys, de Alençon, de Chartres et de Anjou, et nous, Katherine, sa compaigne, par la grace de Dieu, Emperiere de Constantinoble, et Contesse des devant diz lieus, et Dame de Courtenay, Salut. Sachent tuit que, comme contenz et descors eussent esté et fussent encores entre nous, pour raison de nostre conté de Chartres, d'une part, le Dean et le Chapitre de Chartres en non de leur Eglise, d'autre, sus une composition qui jadis avoit esté faicte entre nous, Margueritte, nostre premiere compaigne, jadis Contesse des devant diz lieus, et le Dean et le Chapitre devant diz, sur plusieurs et divers articles contencieus, laquelle composition ledit Dean et Chapitre requierent que nous leur gardisseins et foisseins garder par nos genz tout enterinemant, sanz faire mutation ou addition de ci en avant : Nous, maintenanz que a la dite composition devoient estre adjoutez aucuns articles ordenez par Reverend Pere Jehan de Chivri, jadis Evesques de Carcassone. A la parfin, du conseil de bonnes genz pour bien de pez, des contenz et des descorz devant diz fu acordé et appaisié en la fourme qui s'ensuit :

Il est acordé, se homme de cors de Chapitre, hoste le Conte, couchant et levant souz le Conte en son propre demainne ou sa propre justice, fet aucun meffet qui emporte paine de sanc, la cognoissance, le jugement et l'exécution dudit meffet appartendront au Chapitre, exceptéz les cas qui sont ci dessouz escripz qui demourront au Conte, quant à la cognoissance et au jugement. Et pourront les Justices de Chapitre prendre ou faire prendre les diz hommes de cors en la terre le Conte ès cas qui s'ensuient :

C'est à sçavoir, quant le crime ou meffet sera ou aura esté notoires par evidance de faict, ou quant il auront esté condempnez par les Justices de Chapitre, ou convaincu d'aucun crime, ou quant il auront confessié le crime par devant les diz justiciers, ou quant il auront esté forbaniz par les diz justiciers et il s'en seront foïs apres le forban, ou quant il auront pris le fet sur eus en eus defuiant, sur lequel fet il auront esté appelez souffisammant par les Justiciers dou Chapitre, selon la coustume du païs : Et quant la prise aura esté faite, se les genz le Conte sen deulent, le Chapitre sera tenuz à les enformer par son Justicier, et par deus hommes dignes de foy, que la prise aura esté faite pour aucune des causes dessus dites : et sera faite l'information à sainct Jehan en Vallée, ou aus freres de sainct Jacques : Laquelle information Chapitre sera tenuz à faire dedans huict jours apres ce que il aura esté requis. Et se Chapitre faut de la dite information faire, il sera tenuz a remettre l'omme au lieu la ou il aura esté pris, sanz ce que point d'amande en soit faite : Et se les Justiciers le Conte prenoient ou avoient pris, pour cas de crime qui emporte paine de sanc, aucuns des hommes dessus diz, pris a present forfaict ou

---

[1] Philippe-le-Bel.

non present, il seroient tenuz, a la requeste ou a la monicion de Chapitre, de les rendre sanz contredit au Chapitre ou a son commandement, o touz les biens qui auroient esté pris avec eus pour l'occasion du forfait : Et se les diz Justiciers du Conte avoient saisi ou emporté, pour occasion dudit meffait, autres biens que les diz meffaiteurs tenissent ou pourseissent en la terre ou en la justice le Conte, les diz Justiciers les recroiront ausditz hommes, en donnant caution souffisant, jusques a tant que il seront jugez par la justice de Chapitre : Et endemantes, l'en leur livrera souffisamment de leurs biens pour leur vivre, et pour défendre leur cause, selonc la fervé de leurs biens, en quelque lieu que il soient, soient souz le Conte, soient souz le Chapitre, soient ailleurs, selonc la qualité dou forfait, et la condition des hommes. Et se aucun des diz hommes estoit pris o tout biens emblez ou ravis, et mis en la prison le Conte, les genz le Conte pourroient faire rendre les choses emblées ou ravies a iceluy, ou a ceus qui les pourroient faire pour leur, avant que ledit homme soit requis de Chapitre; et se il est requis de Chapitre avant que les genz le Conte aient rendu ou fait rendre les dites choses, il leur sera rendu avec lesdites choses. Et se ainsy estoit que il eust reconneu le larrecin ou meffait devant les genz le Conte, ou il fust si notoire que il ne peust estre celé, et il s'avouoit a homme de Chapitre avant que il fust requis de Chapitre, les genz le Conte ne le pourroient punir sanz jugement fait en appert et sollempnement, ne ne hasteront le jugement, ne ne le pourront jugier sanz lassentement du Baillif en ce cas, ne ne feront fraude, ne barat, ne tricherie, par quoy le Chapitre ne puisse avoir temps souffisant de le requerre, de quoy le Prevost sera creu par son serement; Et se il le requierent, il leur sera rendu des genz le Conte, tantost comme il le requerront, a jugier, ou a punir, selonc le meffait, ne confession que il ait faite devant les genz le Conte, ne le fet, se il n'est notoire, ne autre maniere de preuve, ne la rendu des biens des biens dessus diz, ne nuira au Chapitre, ne ne leur pourra faire préjudice, puisque il aura esté requis, que le Chapitre n'en ait la cognoissance et le jugement.

Vezci les cas exceptez qui demeurent au Conte.

Se un homme de cors de Chapitre appelle aucun en la court le Conte par gaige de bataille, sur cas qui, par coustume de païs, doient estre menéz et traitiez par gaige de bataille.

Item, se il estoit appelez en la dite court du Conte, et respoigne de sa bonne volenté, avant que il soit requis, de par Chapitre, ou il y vouloit demourer empres la requeste de Chapitre, sanz nul contraignement.

Item, se il venoit de sa propre volenté, sanz contraignement, pour tesmoignier en la court le Comte, en aulcune cause, et il estoit levé comme parjure; en ces cas devant diz, la court le Conte pourroit mener et traitier ledit homme de cors en cognoissant et en jugeant ainsy comme ses autres justiciables, sauf ce que lexécution dudit homme demourra au Chapitre : Et n'est mie a entendre que semonse soit contraignement. Et se il advenoit que ledit homme fust apellez en la court du Conte par gaige de bataille, et il estoit requis de par Chapitre, ains que il respondist de son bon gré, ou se il ne vouloit demorer illecques, ou se il estoit contraint de venir à la court le Conte pour tesmoigner, ja soit ce que il y eust receu le gaige, ou tesmoignié efforciez, et contre son gré, les genz le Conte seroient tenuz de le rendre audit Chapitre : Et ès autres cas qui n'emportent pas paine de sanc, la cognoissance, le jugement et l'exécution, quant aus diz hommes et leurs biens estanz souz le Conte, demourront par devers les Justiciers le Conte; exceptez se il estoit tenuz ou obligiez au Chapitre, aus Chanoines, ou à autres personnes de l'église, ès quiex cas la cause seroit traitiée, menée et déterminée en Chapitre, pardevant l'ordinaire du lieu ou devant autre Juge de l'Eglise souffisant : Et pourront les diz hommes obligier leur cors, pour leurs debtes, par les lettres le Conte, et tenir prison en la prison le Conte : Et se aucun de eus estoit condempné en cas de crime, ses biens meubles et non meubles qui seroient souz le Conte li demourroient comme forfaiz, se ce estoit cas en quoi ils deussent estre forfaiz selonc la coustume du païs : Et se il avenoit que les Justiciers le Conte preissent aucun des hommes dessus diz ès cas qui leur appartiennent, il seroient tenuz à le retroire, et a le mener par droit aussy comme les autres Bourgois de la Ville. Et au tel droit aura Chapitre du tout en tout ès hommes du cors le Conte, demouranz en la terre de Chapitre. Et toutes ces choses dessus dites ont lieu, et sont a entendre ès hommes de cors de Chapitre, couchanz et levanz ou propre domaine du Conte, ou en sa justice, non pas en ses fiez, ne en ses reliez ou il na justice que par ressort, et aussy des hommes de cors le Conte, couchanz et levanz ou propre demaine ou en la propre justice de Chapitre.

Item, il est acordé des hommes de cors de Chapitre, qui ne sont couchanz ne levanz ou demainne le Conte, ne en sa justice, que se les justiciers le Conte les prenoient pour forfait quel que il soit (exceptez les cas qui s'ensuivent), neis se il les prenoient en present forfait, ou pour autre cause quelle que elle soit, li diz Justiciers seroient tenuz, à la requeste ou a la monicion de Chapitre, de les rendre sanz contredit audit Chapitre, ou à leur commandement. Sauf ce que se ils estoient condempnez en cas de crime, leurs biens meubles et non meubles qui seroient souz le Conte li demouroient comme forfaiz, se le cas estoit tel que il deussent estre forfaiz par la coustume dou pays.

Vezci les cas qui demeurent par devers les genz le Conte, des hommes de Chapitre qui ne sont couchanz ne levanz souz le Conte.

Premierement, les trois cas qui sont dessus exceptez ou premier article. C'est à sçavoir, quant il appelle et est appelez et il porte tesmoignaige, si comme il est dessus dit, et yceus demouront aus genz le Conte quant a la cognoissance et au jugement; mais l'execution des hommes demoura a Chapitre.

Item, se aucuns des diz hommes font injures aus justiciers le Conte, ou aus sergenz jurez, en metant main en eus, ou en les vilenant autrement, notoirement et publiquement en la court le Conte, la court seant ou non seant, ou se il faisoient injure hors de la court le Conte au Baillif ou au Prevost le Conte, en mettant main en eus en la terre le Comte, en ce cas, la justice demouroit au Conte, ne ne seront pas li diz hommes rendus au Chapitre pour justicier ; et se il avoient biens souffisanz en la juridicion le Conte pour amander l'injure et le meffait, secont loy et coustume du païs, les justiciers le Conte justiceront les diz biens pour l'amande : Et se il n'avoient biens à ce souffisanz souz le Conte, il les tendroient jusques a tant que il eussent donné seurté de faire satisfacion de l'injure et du forfait : Et se il n'avoient nuz biens, les dits Justiciers le Conte les tendroient en leur prison tant comme il seroient à tenir, secont la qualité du forfet et de l'injure, par le screment des Justiciers le Conte. Et tel droit sera tenuz et gardez en ce cas ès hommes de cors le Conte, qui ne sont couchanz ne levanz souz Chapitre, envers le Chapitre et envers ses Justiciers et ses Sergenz jurez, se il leur font injure en leur court ou en leur terre : Et se il avenoit que aucun homme de cors le Conte qui ne fust ne couchant ne levant souz Chapitre, feist injure à aucun Chanoine, ou a aucun estant en sa compaignie et de sa mesnie, en metant main en eus en la terre le Conte, ledit Chanoine ou Chapitre le pouroient prendre et faire prendre a present, et en demouroit la justice au Chapitre : Et aussy, li Justicier le Conte en la terre de Chapitre, se les hommes de cors de Chapitre, qui ne fussent ne couchanz ne levanz souz le Conte, leur fesoient injure en metant main en eus, ou en leur compaignie, qui fust de leur mesnie; il les pourroient prendre a present et justicier.

Item, il est acordé que se homme de cors de Chapitre non couchant ne levant ou demainne, ne en la propre justice le Conte, si comme il est dessus dit, obligot son cors a tenir prison en la prison du Conte, les genz du Conte seroient tenuz de le rendre a Chapitre tantost comme il en seroient requis; et le Chapitre tendroit ledit homme en sa prison, secont la forme de l'obligation, jusques a tant que satisfacion fut faite de ce dont il seroit obligiez : Et tout aussy sera il gardé des hommes de cors le Conte, qui ne sont couchanz ne levanz ou demaine ne en la justice de Chapitre, se il se obligent par les lettres de Chapitre.

Item, il est acordé que se les gens le Conte tiennent ung homme de cors de Chapitre ou que que il soit couchant ne levant, pour cas de crime, et il soient amonestez par le Chapitre, ou par l'ordinaire du lieu, que il le rendent, il sera mis en la monicion que les diz Justiciers le rendent, ou que il veignent en Chapitre a certain jour a proposer aucunes des causes exceptées dessus dites, par quoy il ne le doivent mie rendre; Et se il en veulent aucune proposer, il seront tenuz a amener avecques eus en Chapitre ledit homme, et proposeront leur cause en sa présence; Et se il cognoist leur cause, il leur sera laissié a justicier secont la forme de la composition dessus ditte : Et se li homme la nie, le Baillif tout seul, le Prevost non fermier avecques ung autre digne de foy, et le Prevost fermier avec deus autres dignes de foy, seront creuz par leur serement, juranz et affermanz, sur les sains touchiez, tout en appert, en Chapitre, sollennement, que la cause que il proposent est vraie.

Item, il est acordé que se le Prevost ou la force le Conte prennent ou saisissent hoste de Chapitre, ou les biens de l'oste, ou les biens de l'omme de cors ou que il soit demourant, ilz seront tenuz, à la requeste ou a la monicion de Chapitre, de les rendre, ou retroire, ou de dire cause pour quoi il ni soient tenuz, a jour certain a ce assigné en Chapitre : Et se la cause de la prise ou de la saisine despent dou fet du Baillif ou dou Prevost, pour ce qu'il aient pris ou saisi, ou commandé a prendre ou a saisir les choses dessus dites o cause resonnable, si comme pour la taille, ou pour l'eschauguete, ou pour autre cause souffisant et raisonnable, ilz feront foy de la cause ou de la prise au jour assigné, si comme il est contenu en l'autre article dessus dit. Adecertes, se la prise ou la saisine ne despent pas de leur fet, quar il n'avoient pas faite la prise, ne la saisine, ne commandée à faire, il auront deliberacion de sis jours, et, entre deus feront la recreance, se recreance y affiert, et au chief des sis jours, il seront tenuz de prouver la cause de la prise, ou de la saisine raisonnable, en la forme qui s'ensuit :

Cestascavoir, le Baillif par son serement o ung autre digne de foy, le Prevost fermier ou non fermier, chacun de eus o deus autres dignes de foy, affermanz, en appert, par leur seremenz, que il tiennent pour la cause proposée sanz fraude et sanz malice, et que il, souffisamment enformez, croient que elle soit vraie; et se il ne la preuvent, il seront tenuz a rendre quitte et delivre et amander : Et se les diz Justiciers le Conte allegaient que il eussent pris l'oste de Chapitre en present forfait en leur terre, il seroient tenuz a le mener en Chapitre : Et se il nie le present forfait, il seront tenuz a le retroire en Chapitre, jusques a tant que il aient prouvé, par leur seremanz, la cause, sy comme il est dit tantost devant.

Item, il est acordé que se li Justiciers le Conte prennent hommes de cors de Chapitre, ou que quil soit couchant ne levant, et eus amonestez de le rendre ou de dire une des causes contenues en la composition dessus dite, ou se il prennent les biens dudit homme de cors, ou prennent l'oste et ses biens, et amonestez de rendre ou de retroire, ou de dire cause souffisant par quoi il ne soient pas tenuz, ne rendent ne ne retroient, ne au jour assigné en Chapitre il ne allegaient cause souffisant, ou se il l'alegaient et ne la poursuioient pas, ou il vellent respondre ou jurer, et il soient escommeniez pour ce, il ne seront pas absous se il ne rendent quitement et delivrement et amendement, ou se il ne viennent au jour assigné, et se pour ce il estoient escommeniez, il ne seroient pas absous sans faire satisfacion, si comme devant, se il ne pevent souffisamment escuser leur defaut, par leurs seremenz, et se il le pevent escuser, il ne seront escommeniez que pour contumace.

Item, il est acordé se les Justiciers du Conte emprisonnent homme de cors ou quel que il soit demourant ou hoste de Chapitre ou autre justiciable de Chapitre sanz cause et sanz raison, il ne payeront point de geolaige : et se le Geolier l'a pris de eus, il le rendra ; Et se il emprisonnent aucun d'iceus dessus diz ou cas ou il le pevent prendre tenir et justicier, ne que il ne soient tenuz de le rendre, il seront tenuz au geolaige : Et se il le prennent en cas ou il puissent prendre et non mie cognoistre de la cause, et il esconveigne que il le rendent, il seront tenuz au geolaige de l'entrée et non mie de l'issüe.

Item, il est acordé que se homme de cors de Chapitre, ou quel que il soit couchant ne levant, est pris en la justice le Conte pour cas de crime qui emporte paine de sanc, et il est doute se il se veult avoer a homme de cors de Chapitre, les Justiciers le Conte amonestez de le rendre seront tenuz de l'amener en Chapitre : Et se il s'avoüe a homme de cors du Chapitre, il leur demourra, se les Justiciers le Conte ne proposent aucunes des causes exceptées, es quiex la cognoissance et le jugement demeurent par devers le Conte, si comme il est dessus dit : Et se il la proposent, l'en yra avant, si comme il est contenu es articles dessoubz mis : et se il ne proposent aucunes des causes dessus dites, ains veulent suivre ledit homme comme homme de cors le Conte, ou proposer autre chose semblable, il poursuiront leur droict en Chapitre : Et se il se desavouoit de Chapitre, et se advouoit a homme de cors le Conte, la saisine en demourroit au Conte, jusques à tant que Chapitre l'eust prouvé à son homme de cors, la ou il déniroit.

Item, il est acordé que se aucun homme de cors de Chapitre se tenoit pour franc-bourgois le Conte, le Chapitre, avant que il li meuvent question de son estat, sera tenuz de enformer les Justiciers le Conte par deus personnes dignes de foy, appellé a ce l'omme, de cui estat il veulent mouvoir question, les quiex jureront et affermeront que il croient que le dit homme soit homme de cors de Chapitre, pource que l'en tenoit ses parenz a hommes de cors de Chapitre, ou pour autres souffisanz conjectures ; et jurera le Procureur de Chapitre, que il cuide avoir bonne raison de mouvoir la question dessus dite, ne ne le faict par fraude, ne par malice, ne en dommage dou Conte, ne pour diffamer ledit homme ; Et ceste informacion faite en la maniere dessus dite, le Chapitre pourra movoir audit homme question de son estat, et sera la cause traitiée et determinée en Chapitre, sauves toutes les raisons et les deffenses audit homme, et sauf ce que ladite informacion ne li face prejudice : Et sera faite ceste informacion a sainct Jehan en vallée ou aus freres de sainct Jacques :

Et en faisant cest accord dessus dit, fist le Conte devant dit retenüe du droit que il a et a acoustumé a avoir quant ses hommes sont joinz par mariaige aus hommes ou aus fames de cors de Chapitre, et le Chapitre fist retenüe du droit que il a acoustumé a avoir quant à ce cas.

Item, il est declairé que la Justice du cloistre de l'Eglise de Chartres et des maisons et des habitans ou dict cloistre appartiennent du tout a l'Eglise, et sont frans et hors de toute la justice le Conte.

Item, il est acordé que le Chapitre aura vint et sis maisons canoniaus, en la ville de Chartres, hors du Cloistre, franches et delivres de toute justice du Conte et au nombre de ses vint et sis maisons seront contenües les maisons canoniaus que les Chanoines ont a present hors du cloistre, avecques toutes leurs adjoncions lesquelles seront veües et bonnées : outre lesquelles ledit Chapitre pourra acquerre en la terre le Conte maisons souffisanz pour habitations des Chanoines, tant que le nombre dessus dit soit accompliz : Et les Chanoines qui demourront en ses maisons, y auront toute justice des privez et des estranges, ainsy comme il ont ès maisons du cloistre; Mais se il advenoit que aucun maufeteur se serroit en aucunes de ces maisons a garantye en prejudice dou Conte, le Maire de Chapitre ou son lieutenant, lequel y sera tenuz touz jours à avoir en la ville de Chartres, seroit tenu a la requeste des genz le Conte, de le mettre hors et delivrer aus genz le Conte; ne ne pourront les genz le Conte entrer ès dites maisons pour justicier en ce cas, ne en aultre : Et se il advenoit que bourgoys ou autre homme lay demourast en aulcune des dites maisons comme principal chief do hostel, la justice des dites maisons demourroit au Conte, ou au seigneur temporel a cui elle appartendroit, tant comme il y demourroit : Et par cest accort ne demoura pas que li chanoine qui tendront les maisons dessus dites ne soient tenuz a rendre les rentes que les dites maisons doivent ainsy comme devant : Et jurront les Chanoines qui ores tiennent ou tendront les maisons dessus dites, que nul malfeteur ne recevront a garantie malicieusement, ne en fraude, ne en prejudice du Conte, et sera fait ce serement en Chapitre toutes les fois que Chanoine se muera, appelée a ce la justice le Conte se elle y vieust venir. Et se il avenoit que le devant dit Maire ou son lieutenant, ou le Chanoine demourant en aucunes des dites maisons, feissent aucune chose en fraude ou en prejudice du Conte, quant a destourner le malfeteur qui se fuiroit ès dites maisons a garantie, le Chapitre, à la requeste des genz le Conte, seroit tenu a faire hative raison du Chanoine devant dit, ou du Maire, ou de son lieutenant, et à faire satisfacion secont raison : Et a ce fermement tenir se est obligiez le Chapitre.

Item, se il avenoit que Chanoine demourast en aucune autre maison hors du cloistre que des maisons dessus dites en la justice le Conte, tant comme le Chanoine la tendra pour son demourer, il aura toute la justice de sa mesnie et de ses hostes tant seulement.

Item, il est acordé que la coustume de Chapitre soit gardée, qui est telle, que se aucun justicier le Conte ou autre est semons ou amonestez devant un des Juges ordinaires de Chapitre en Chapitre, et le juge est absent, le Chapitre pourra mettre un Chanoine pour luy.

Item, il est acordé que le Chapitre et les personnes de l'Eglise, secont ce que a chascun appartient, auront en tous cas la justice des clers de cœur et de leur mesnie, des Maregliers et de leur mesnie, des Sergens de l'Eglise et de leur mesnies, en quelque lieu que il demeurent en la justice du Conte de Chartres : et est assavoir que les advoez de l'Eglise ne sont pas contenuz au nombre des Sergenz dessus diz.

Item, il est acordé que la composition faite sus les advocz entre le Dean et le Chapitre d'une part et le Conte Jehan de Chartres et de Blois de autre, par le Roy Philippe sera gardée [1].

Item, il est acordé que le Chapitre puisse prendre les biens meubles de

---

[1] Plusieurs mentions des Registres capitulaires font connaître que le Comte s'engagea, par un article secret de la transaction, à payer au Chapitre une somme de 160 livres, pour l'indemniser de la réduction du nombre des avoués, résultant de la convention de 1271.

ses clers justiciables en la terre le Conte, cest assavoir les meubles clers, sanz faire violance, sauf ce que par tele prise il ne reclaiment pas ne contendent a avoir juridicion temporelle en ce lieu ou il les prendront.

Item, il est acordé que les Huissiers, les Geoliers et le Maire et les autres genz de Chapitre qui seront deputez a ce qui sensuit, jurront en Chapitre, a la requeste du Prevost, au Conte de Chartres, en la maniere qui sen suit.

Je, tel, jure que je ne demanderay, ne demander feray aus Justiciers du Conte de Chartres, aucun pour homme de cors dudit Chapitre, pour aucune fausse ou fainte advoerie, fors que je croiré estre homme de cors de l'Eglise.

Item, je jure que l'omme de cors de Chapitre qui me sera rendu des Justiciers le Conte, tantost comme je priray, en bonne maniere meneray jugement, et si comme il aura deservi loialement le jugeray, toute fraude, malice, dilacions faintes et coulourées du tout lessiées, fors que celles qui appartiennent de droict et de coustume : et que je ne delivreré ledit homme par don, ne par priere, ne par profict que je en aie, ne que je en atende a avoir, ne que je ne li donray, ne ne procureré a donner ne a souffrir audit homme, faculté ne matiere de eschaper, ne ne ferai autre chose par quoy le Conte de Chartres puisse estre deffraudez, par aucune voie, de son droit ès biens dudit homme qui seront en la terre et en la justice dudit Conte, et que je garderay loialement et sanz rompre la composicion dessus dite.

Item, il est acordé que le Baillif et le Prevost et tuit li autre qui tendront justice et execution de justice pour le Conte de Chartres, pour raison de ladite Contée de Chartres, qui sont et seront à ces offices establiz, tantost comme il seront requis, de par Chapitre, jurront en Chapitre que il ne prendront, ne prendre feront, ne ne soufferont a prendre les hommes de cors de Chapitre, et que il ne prendront, ne prendre feront, ne ne soufferont à prendre les biens des diz hommes, ne les hostes de Chapitre, ne leurs biens, se il n'ont, ou se il ne croient en bonne foy avoir juste cause et loial de prendre et de tenir, cest assavoir : pour la taille le Conte ou pour son autre droict lealment et justement, sanz fraude et sanz malice garder, ou pour justice faire à autres gens es cas es quiex il leur laira loialment et bien, si comme il est contenu en la composicion dessus dite, et que les hommes de cors de Chapitre pris en present forfet ou autrement, exceptez les cas es quiex il les pevent tenir, secont l'ordinacion dessus dite et leurs biens et les hostes de Chapitre et leurs biens rendront au Chapitre devant dit ou a leur commandement, sans dilacion nulle et sans difficulté, tantost comme il en seront requis, se il nont juste cause et loial de les tenir, de laquelle len cognoistra si comme il est contenu en la composition dessus dite.

Item, il jureront que ès choses dessus dites, ne en aucunes d'icelles, ne adjouteront, ne adjouter feront, ne ne soufferont a adjouter, ne feré, ne en repont ne en appert, malice ne fraude principaument ne occasionnaumant, ne ne la troubleront, ne ne feront troubler par aucune machination, ne par engin, ne par cautelle, ains la garderont loialment et sanz rompre.

Item, il est acordé que le Conte qui ores est, et ses successeurs en la Contée, comme il seront requis de par Chapitre, seront tenuz a jurer en Chapitre, une fois en leur vie, par eus ou Procureur souffisamment a ce establiz, en leur ames, que ceste dite composition garderont et feront garder, sans rompre tant comme a eux appartendra et que par eus ne par autres ne feront empeschier ne ne empescheront la dite composition, ne ne troubleront ne en reponst ne en appert, ne ne feront ne ne soufferont a estre empeschée ne troublée de leurs genz en quelque maniere que ce soit, pour quoi il le saichent : Et autel serement fera le Procureur du Chapitre en lame de eus, et les Chanoines qui ores sont et cil qui sont a venir, en la première reception de chanoine, feront semblable serement, a ce appellé le Prevost de Chartres, se il est en estat, et, se il n'est en estat, l'Argentier le Conte, ou le Chapellain de la chapelle de la tour le Conte.

Laquelle pes et lequel acort, si comme il sont dessus devisez, nous voulons, accordons et octroions en bonne foy, pour nous et pour noz hoirs, et pour noz successeurs qui pour temps seront Contes de Chartres, et promettons en bonne foy que encontre ne vendrons, ne ne ferons venir par nous ne par autres : Ainçois les garderons et tendrons perpetuelement, lealement et fermement, sans rompre, et ferons tenir et garder nous et noz hoirs en la dite Contée de touz et contre touz : Et quant a ce, nous obligons nous et noz hoirs et noz sucesseurs au Dean et Chapitre et à l'Eglise de Chartres dessus diz. En tesmoing de la quelle chose, Nous avons scellées ces presentes lettres de nos seaulx.

Donné à Pontoise, lan de grace mil trois cens et sis, le jour de Lundi après la feste de sainct Mathieu l'apostre.

Et ceste composition nous faisons en nom dessus dit et en nom de noz enfanz, enfanz jadis de la dite Margueritte nostre premiere Compaigne, pour tant comme il leur peut appartenir pour raison de leur mere et de eus en la Contée de Chartres dessus dite. Donné en lan et ou jour dessus dit.

Nos vero, ad requisitionem partium predictarum, premissa omnia et singula, prout superius sunt expressa, laudamus, approbamus, et, ex certa scientia, authoritate regia, confirmamus. Verum, quia, vivente Margareta, quondam consorte predicti Karoli germani nostri, predicta compositio extitit consummata, que, certis ex causis, post mortem ipsius Margarete, fuit renovata, liberis ex dicto Karolo et dicta Margareta natis, adhuc in minori etate constitutis, Nos, defectum etatis dictorum liberorum supplentes, ipsos, quantum ad omnia premissa et singula pro majoribus in etate completa constitutis et consentientibus, haberi volumus : ac omnia et singula in presenti compositione contenta, ejusdem esse roboris ac etiam firmitatis, cujus essent si predicti liberi per cursum temporis et nature ad etatem legitimam pervenissent; et expresse in premissis omnibus et singulis specialiter consensissent; quacumque consuetudine contraria nonobstante; salvo in aliis jure nostro ac qualibet alieno. Quod ut ratum et stabile in posterum perseveret, presentes litteras sigilli nostri munimine fecimus roborari. Datum Parisius, anno Domini millesimo trecentesimo sexto, mense Marcii.

Et scellé du grand scel de cire verde, en lacqs de soye rouge et verde [1].

Cette composition a été de point en point conservée par les ordonnances, édits et arrêts postérieurs, notamment, par l'arrêt du Parlement du 9 mars 1624. Il résulte, en outre, de ce dernier titre, que le Chapitre avait droit de justice 1° sur six maisons de la rue Muret, dites les *hostels de Citeaux*, à lui vendues par les religieux de Citeaux, dès l'année 1253; 2° sur les maisons du four Boël, sises devant Saint-Saturnin, achetées de Geoffroy de Guiéville et de Hugues ou Hervé Lamer ou Lanier, en 1252 et 1263; 3° sur la maison des Étuves, dite aussi *Painchaud*, ou *le Fournagot*, rue de la Corroierie; 4° sur l'hôtel de la Pomme-de-Pin, situé vis-à-vis les Lices; 5° sur l'hôtel du Court-Bâton, rue de la Croix-aux-Moines; 6° sur la maison de *la Housse-Gilet*, située, rue de Feuillet, au faubourg des Epars.

---

[1] Cet acte, copié sur un beau vidimus du XVIIe siècle, conservé aux Archives départementales, me parait très-exact au fond et en la forme.

§ 2. — ANALYSE DU TRAITÉ CONCLU ENTRE LE COMTE ET L'ÉVÊQUE,

LE SAMEDI APRÈS LA SAINT-PIERRE, ENTRANT AOUT 1312.

Le lundi devant Noël 1311, le comte Charles, étant au Vivier en Brie, donne pouvoir à Evrard de Thyenges, sire de Valery, et à Pierre Honoré, bailli d'Alençon, de, pour lui et en son nom, entrer en composition avec l'évêque Jean de Gallande, apaiser le long différent qui les divise, et accorder toutes choses, hormis, 1° la garde de la Maladrerie du Grand-Beaulieu; 2° les *aurez* que l'Evêque demande à avoir à Chartres; 3° le val d'Eure, que la dame de Gallardon avoue tenir du Comte.

De son côté, l'Evêque nomme des plénipotentiaires, qui sont l'archidiacre de Blois et le chanoine Renaud de Brosse.

Articles proposés et résolus.

1° Quant au cri et au ban qui se faisait anciennement de par le Comte et l'Evêque, à Chartres, — *il n'en sera parlé pour le moment;*

2° Le bailli Renaud de Bennes a fait enlever un orme sur la terre de l'Evêque, à Mondonville, — *l'orme sera rendu;*

3° Le prévôt Guillaume de Montdidier a fait abattre les fourches patibulaires de Berchères-l'Evêque, — *elles seront relevées;*

4° L'Evêque dit que le Comte ne peut battre monnaie, en la comté de Chartres, que dans la seule ville de Chartres; que, de chaque millier, le sire Hugues de Meslay qui tient la monnaie en fief de l'Evêque, doit avoir seize livres; que certaines personnes doivent garder les coins, d'où elles retirent émolument, lesquelles personnes tiennent ce droit dudit sire Hugues, en arrière-fief de l'Evêque; enfin, que la police des faux monnayeurs appartient audit Hugues, — *ces griefs intéressent moins l'Evêque que le sire Hugues, qui est déjà en instance à ce sujet par devers le Comte;*

5° Il demeure prouvé que, de toute ancienneté, les *menues coutumes* se partagent par moitié, entre l'Evêque et le Comte;

6° Il est reconnu que l'Evêque a la justice de la rivière de Chartres, des moulins Guillaume et Jourdain, et du chemin de Nicochet, depuis la maison de l'Aumône jusqu'à Vauparfond.

Ainsi réglé le samedi après la Saint-Pierre, entrant août 1312.

Après avoir arrêté cette convention, les plénipotentiaires en remettent l'exécution, suivant pouvoir du dimanche après la Saint-Pierre 1312, aux mandataires dont les noms suivent : de la part du Comte, Etienne Colrouge, prévôt de Chartres, Robert des Moulins, procureur du Comte à Chartres, Héméric Galopin, bourgeois de Chartres; de la part de l'Evêque, Thibault, son trésorier, Jean Eliot, son sergent, Etienne de Chauffours, bourgeois de Chartres.

En conséquence de ce traité, l'évêque Robert de Joigny fit dresser en ces termes, vers 1320, la pancarte des lieux dont la justice lui appartient :

Ce sont les leus esquiex levesque a justice en la cité et en la banlieue de Chartres [1].

Premierement. — El cloistre de Chartres es mesons Hue Quarceau, les queles furent feu Perrot Bernier, toute justice haute et basse.

---

[1] Tiré du *Livre Rouge* de l'évêché, p. 114; Bibl. communale.

Item. Es mesons au Vidame dudit cloistre lesqueles sont tenues doudit evêsque nu a nu et i a toute justice haute et basse.

Item. Ou Four-levesque, de la meson Jehan le Marreglier jusques a la meson Jehan de Florence, tout est de la censive et de la seignourie haute et basse doudit evesque.

Item. La meson doudit Jehan le Marreglier est tenue par meen doudit monseigneur levesque, et la tient M° Jehan de Baudourville.

Item. La meson doudit Jehan de Florence, la meson Robert Fouart, la meson Clement du Four-levesque, la meson Gile Foison, ainsi comme eles se poursient, sont tenues doudit evesque nu a nu, et les tient Hemeri de Vauvoise, escuier, et il doit avoir toute justice haute et basse.

Item. En la meson Agace de Saint-Cheron à porte Guillaume, toute justice haute et basse.

Item. Es moulins qui furent Guillaume Jourdain, André de Croy, tenanz audessuz de Grant-pont, es troiz moulins et IV mesons, assiz a Ponceauz, en la meson en laquele le bourelier demeure au bout du pont, devant la meson Marguerite la Paumiere, en la court d'Oirreville, ou clos Levesque, en la courtille Levesque, en la meson Guillaume Largentier et es autres mesons qui sont tenues en ce dit leu de Levesque et ia toute justice haute et basse.

Item. Toute justice haute et basse de la rivière de la meson G. Largentier et la meson Goucet de Reculet en Reculet et li molin de Reculet et toutes les rivières et les prés de ça et de la, tout Reculet, les Filles-De et la noie qui vet au moulin de Soomont, la meson au Biart, le moulin de Soomont, toute la rue de la Barre des Prés, de la meson mestre Pierre le Fisicien, tous les prés Levesque, de la meson Guillaume Jordain partie, la meson Robert Bernart jusques as moulins de Leves, est levesque; des moulins de Josaphas jusques au moulin de Bretigni toute la rivière est de la justice levesque haute et basse et de son heritage.

Item. La meson Guillaume Jordain que len appele Chief de vile, toutes les vignes apartenanz audit leu, la meson mestre Pasquier, la meson mestre Estienne Daunoy et tout le Bourc-Nuef par devers les prés jusques as foussez qui sont entre le seigneur de Leves et les prés Levesque, Vauventrier qui est tenu de Saint-Aignen. Levesque a en touz ces leuz haute justice et basse.

Item. Toute la jurisdition de lostel de la banleue espirituel et temporel est levesque.

Item. Va par raison toute la jurisdicion des choses qui sont tenues de levesque illia justice haute et basse.

Item. El cloz Belin que les moines de Saint-Père tiennent de levesque pour XI sous IIII den. de cens, l'evesque i a justice haute et basse et en a instrument publique et est el trésor.

Item. Les mesons Jehan Arresnart le viel et le jeune, du Marché au blé, de la Mérie ou Four-au-Vidame, est de la jurisdition levesque espirituel et temporel et ia levesque justice haute et basse.

Item. Es mesons que Perrot Bernier tient en la tour Nevelon est en la jurisdition levesque espirituel et temporel et ia justice haute et basse.

Item. Ou four Nevelon lequel le seigneur de Melley tient dudit evesque est de la jurisdition levesque espirituel et temporel.

Item. A Mautro levesque ia justice haute et basse et iapert que *toutes fois que len fet justice de faux monnoiers el est fete audit leu et preste levesque terre a messire Hue de Melley ou il veut pour euz pendre.*

Item. A Nicochet en la terre de l'Ausmone, levesque ia justice haute et basse et iapert que, *au tenz de levesque Jehan, 1 porc menja 1 enfant, qui fu pendu a Bailleau par Pierre de la Coudre, en ce tenz baillif levesque.*

Item. Es meson Giles Sequart de Nicochet, si comme il se poursient, et ia justice haute et basse.

Item. A Lucé en toutes les apartenances toute justice haute et basse espirituel et temporel sanz nul meen.

Item. A Poyfont, a Mainvillers toute justice haute et basse espirituel et temporel, et i apert, car *el tenz levesque Jehan, Robert de la Ville nueve, jadiz prevost de Chartres, il prist Binet Tondu et le pendi et trama et puis en reseisi le leu Estienne Colrouge qui estoit prevost et fu cele resaine fet en la meson qui est apelée Mainvillers* [1].

---

[1] Voir *supra*, p. 171.

APPENDICE N° 11.

NOTICE SUR LES VIERGES MIRACULEUSES DE L'ÉGLISE NOTRE-DAME DE CHARTRES,

Par M. Lejeune.

On trouve les passages suivants dans la vieille chronique de l'église de Chartres :

§ 1er. « Antiquorum Patrum historiis et scripturis ac antiquis volumi-
» nibus atque cartis, adhibitisque relationibus quorumdam moderno tem-
» pore viventium, reperitur quod dicta ecclesia (Carnotensis), antequam
» virgo Maria nasceretur, à primis Christum nasciturum et venturum de
» virgine credentibus, fundata fuit in honorem *Virginis pariturœ*, sicut
» enim credentes predestinati ad salvationem, sicut de Patriarchis legitur
» et Prophetis ante Christi passionem....., etc. »

§ 2. « Sic isti fundatores predestinati, licet intra Idolatras viverent,
» inspirati divinitus et oraculis Prophetarum instructi, credebant, et in
» fide expectantes redemptionem et tempus graciæ pronosticantes, dictam
» fundationem Carnotensis ecclesiæ inceperunt; referunt etiam principem
» civitatis et patriæ carnotensis fundationem hujusmodi approbasse, et,
» ad honorem illius virginis puerum in gremio gestantis, fabricari fecisse
» (imaginem), quam in secreto loco, juxta Idola reconditam, adorabant,
» quemadmodum in Babylone, sicut in legenda aurea legitur, audiverant
» esse factum....., etc. »

Telle est l'origine de la Vierge-*aux-Miracles* de Chartres, *virginis pariturœ*, représentée conformément aux prophéties, c'est-à-dire offrant, par avance, aux peuples étonnés, l'enfant qu'elle porte dans son sein, *in gremio*. Ce fut cette image qu'à leur arrivée dans le pays, nos premiers apôtres trouvèrent, dit-on, exposée dans la grotte des Druides.

Le premier soin des missionnaires de la foi fut d'élever un autel au lieu même où se dressait la statue de cette vierge qui venait d'enfanter un Dieu et de le nourrir de son lait; de là cette strophe d'un vieil hymne :

> O gloriosa femina,
> Excelsa super sidera !
> Qui te creavit providè
> *Lactas* sacrato ubere.

Ainsi la grotte des Druides carnutes fut le sanctuaire par excellence de la vierge révélée aux idolâtres, *virginis pariturœ*.

Cependant, le nombre des croyants augmentant chaque jour, un temple s'éleva au-dessus de la grotte et ce temple eut aussi son image de Marie. Mais, pour indiquer que les décrets divins étaient accomplis, la statuaire représenta l'auguste patrone de Chartres debout et portant l'enfant Jésus sur son bras gauche. La mère du Christ, *virgo Dei para*, fut donc associée dans l'église supérieure, aux hommages rendus dans la crypte à la vierge prédestinée, *virgini pariturœ*. Cette modification de la pensée qui inspira aux Druides le culte de Marie est rendue plus sensible par la variante suivante de l'hymne déjà cité :

O gloriosa Domina,
Excelsa super sidera !
Qui te creavit providè
Lactasti sacro ubere [1].

Alexandre Pintard, l'un de nos historiens manuscrits, fait *de visu* (1681) la description de l'image de la vierge de la crypte, dans les termes qui suivent :

« Dans la chapelle spécialement érigée en son honneur, la vénérable
» image qui s'y voit élevée dans une niche au-dessus de l'autel, est faite
» de bois qui paroist estre du poirier que le long temps a rendu de cou-
» leur enfumée. La vierge est dans une chaise, tenant son fils assis sur
» ses genoux, qui, de la main droite, donne la bénédiction, et, de la
» gauche, porte le globe du monde. Il a la tête nue et les cheveux fort
» courts. La robe qui lui couvre le corps est toute close et replissée par
» la ceinture; son visage, ses mains et ses pieds qui sont découverts,
» sont de couleur d'ébeine grise luysante. La vierge est revestue, par
» dessus sa robe, d'un manteau à l'antique, en forme de dalmatique,
» qui, se retroussant sur les bras, semble arrondie par le devant sur les
» genoux jusqu'où elle descend; le voile qui lui couvre la teste porte sur
» ses deux épaules, d'où il se rejette sur le dos; son visage est extrême-
» ment bien fait et bien proportionné, en ovale, de couleur noire luy-
» sante; sa couronne est toute simple, garnie par le hault de fleurons en
» forme de feuilles d'ache; la chaise est à quatre piliers, dont les deux
» de derrière ont 23 pouces de haulteur, sur un pied de largeur, com-
» prise la chaise, est creuse par le derrière comme si c'était une écorce
» d'arbre, de trois pouces d'épaisseur, travaillée en sculpture. »

La gravure reproduisit à diverses époques la statue de Notre-Dame-des-Cryptes; le dessin le plus ancien que nous connaissions est celui qui est fixé en regard de la description qui précède, dans l'ouvrage de Pintard; il porte le nom de Barbier. G. A côté de celui-ci, se trouve un autre dessin à l'encre de Chine, exécuté par Claude Chauveau, en 1681. Il existe deux autres gravures de la même image; l'une est signée Le Roux, la signature de la seconde est altérée.

Quelques scènes scandaleuses ayant eu lieu dans l'église souterraine, lors de la messe de minuit, à Noël 1790, l'autorité ecclésiastique fit fermer la crypte le lendemain et interdit le culte dans l'antique souterrain.

Cependant la fameuse constitution civile du clergé et l'émigration de M. l'évêque de Lubersac firent monter sur le trône épiscopal M. Nicolas Bonnet, curé de la paroisse de Saint-Michel. Le nouveau prélat procéda, le 22 juin 1791, à la visite de son église cathédrale, accompagné du clergé et des marguilliers. Le procès-verbal rédigé en cette circonstance fut renvoyé par l'administration départementale à l'architecte Laurent Morin, lequel déclara que les matériaux provenant de la démolition d'un grand nombre d'autels supprimés pourraient être utilisés pour la restauration des autels conservés et que, notamment, il serait convenable de fermer la chapelle de la communion, au rond-point de l'église haute, avec *la balustrade en marbre de l'autel de la Vierge, dans l'église basse interdite à l'usage du culte.* Ces travaux furent exécutés au mois de juillet suivant, époque de la destruction définitive de l'autel de la crypte.

Toutefois l'évêque Bonnet voulant raviver dans l'église haute la dévotion à la vierge qui devait enfanter, *virgini pariturœ,* supprimée dans la crypte, fit remonter la statue miraculeuse et la plaça sur la colonne qui servait de support à l'image de la vierge-mère, *virginis dei parœ.* Cette

---

[1] Voir Rouilliard, *Parthénie*, vol. 1er, p. 163, v°.

dernière fut déposée provisoirement dans un coin des ruines de l'église souterraine.

On ignore à quel endroit de l'église haute se trouvait cette statue de la vierge-mère, avant l'incendie de 1194; elle ne reposait pas sur l'autel principal, dont le couronnement était alors un magnifique *ciborium*. Mais, après la reconstruction du temple, on l'exposa à la vénération des fidèles au sommet du nouvel autel; un double escalier, ménagé de chaque côté de ce petit édifice, permettait aux pélerins d'approcher de la vierge *noire*, comme on l'appelait, et de lui faire toucher des linges et des amulettes.

Au bout de trois siècles on s'aperçut que les montées et descentes perpétuelles des pélerins par les escaliers de l'autel troublaient le service divin, et le Chapitre décida, vers 1506, qu'on aviserait à transporter la statue dans un autre endroit de l'église. Ce fut en exécution de cette ordonnance que le chanoine Wastin des Feugerais, clerc de l'Œuvre, fit descendre du maître-autel l'image de la vierge-mère, *virginis Dei paræ*, et la fit poser sous l'une des arcades de la façade du jubé, à gauche de sa porte d'entrée; là, elle eut pour support une petite colonne en pierre de liais flanquée de deux autres colonnes et surmontée d'un chapiteau en cuivre. Le maître-autel reçut, en compensation, une autre image de la mère de Dieu, accompagnée de deux anges adorateurs, en argent.

Après la destruction du jubé, au mois d'avril 1763, la vierge-mère fut adossée au pilier de la nef qui lui faisait face, et elle demeura à cette place jusqu'au mois de juillet 1791, époque où, détrônée par la statue de la Vierge-aux-Miracles, *virginis parituræ*, elle fut reléguée dans la crypte, comme nous l'avons dit plus haut.

Tel était l'état des choses, lorsque la terreur de 1793 abolit le culte catholique, dévasta les églises ou les transforma en *temples de la Raison*. L'inauguration de la nouvelle divinité eut lieu à Notre-Dame de Chartres le 20 décembre 1793 (30 frimaire an II), et ce fut à cette occasion qu'un officier municipal dont il est inutile de rappeler le nom arracha la Vierge-aux-Miracles de son pilier et la jeta violemment sur le pavé de la nef; la tête détachée du tronc roula aux pieds des nombreux spectateurs de cette odieuse profanation. Le même jour, les débris de l'antique statue furent solennellement brûlés, devant la porte royale, avec une partie du mobilier de l'église. Le conventionnel Sergent dit, à ce sujet, dans son rapport à la commune, en date du 24 décembre 1793 (4 nivôse an II) : *Il semble que la dévotion que les prêtres avaient su inspirer pour cette vierge magoline, que nous avons fait brûler décadi dernier, ait appelé et animé tous les artistes les plus célèbres de ce temps, pour construire l'église.*

Vers 1806, M. Maillard, alors curé de Notre-Dame, exhuma de la crypte la statue de la vierge-mère, *virginis Dei paræ*, dite la *Vierge-Noire*, et la fit placer dans la chapelle de l'église supérieure où elle reçoit aujourd'hui les prières et les hommages de ses fidèles chartrains.

APPENDICE N° 12.

PRIVILÈGES DES CHANOINES.
USAGES ET CÉRÉMONIES BIZARRES A NOTRE-DAME.
PROCESSION DE LA SAINTE-CHASSE.

1° *Privilèges des Chanoines.*

Li clerc nostre Dame de Chartres [1], disait-on proverbialement au XIV° siècle, lorsque l'on voulait parler d'un clergé réunissant à la fois les distinctions du mérite, de la naissance, de la fortune, et célébrant avec magnificence les cérémonies du culte. Les privilèges de toutes sortes que les papes et les rois se plurent à octroyer au chapitre de Chartres, contribuèrent puissamment à le mettre en honneur parmi les dignitaires de l'église gallicane; c'est à ce titre que nous croyons intéressant de rappeler sommairement la nature de ces privilèges et les documents authentiques qui les constatent.

1° *Bulles portant protection de l'église Notre-Dame ainsi que des biens et des prébendes du Chapitre, confirmation de privilèges, permission aux serfs ecclésiastiques de témoigner en justice, défense de les mettre à la taille du Comte, pouvoir de les affranchir sans l'intervention du Comte, franchises du cloître et des maisons canoniales.* — Honorius II (1130), Innocent II (1132), Alexandre III (1170), Urbain III (1185-1187), Célestin III (1195), Clément IV (1266), Martin IV (1284), Honorius IV (1286), Nicolas IV (1290), Paul II (1483).

La bulle d'Urbain III (1185-1187) est remarquable en ce qu'elle fait connaître l'état du cloître avant sa clôture. Toutes les maisons qui environnaient Notre-Dame n'appartenaient pas au Chapitre; or, ce mélange d'habitations séculières et canoniales et ce contact continuel des gens d'église avec les gens du peuple eurent, à la fin du XII° siècle, de fâcheuses conséquences pour la paix du cloître et pour les mœurs de ses habitants. Urbain jugeant indispensable de porter remède au mal, s'exprima en ces termes dans sa bulle datée de Vérone le XII des kalendes de mars :
« Nous apprenons avec étonnement que certains laïcs, qui possèdent
» par héritage des maisons au cloître, y reçoivent telles personnes que
» le repos des clercs en est troublé et que les esprits en sont détournés
» des choses divines; nous savons que ces maisons sont ouvertes ou
» louées à des baladins, des tripotiers, des taverniers et des femmes
» perdues. Dans notre volonté de veiller de toutes manières à l'honneur de
» l'église, sous notre autorité apostolique, nous faisons prohibition abso-
» lue au Chapitre de louer ou de donner gratis des maisons canoniales à
» des laïcs qui ne les tiendraient pas honnêtement, et nous ordonnons
» aux laïcs possesseurs de maisons au cloître, dans le cas où ils ne vou-
» draient pas habiter ces maisons eux-mêmes, de ne les vendre, louer ou
» donner gratis qu'à des clercs ou à d'autres personnes régulières. »

---

[1] Recueil de l'*Apostoile*, éd. Crapelet. Paris, 1831. — *Petite encyclopédie des Proverbes français*, par *Hilaire-le-Gai* (M. Gratet-Duplessis), p. 153, édition Passard, Paris, 1852.

2° *Bulles donnant pouvoir d'interdire et d'excommunier tous ceux qui molesteraient l'église dans ses biens meubles ou immeubles.* — Alexandre III (1160-1181), Luce III (1181-1185), Urbain III (1185-1187), Célestin III (1195), Innocent III (1205), Innocent IV (1249).

Pour assurer l'exécution de ces bulles et sauvegarder plus efficacement les libertés et franchises du Chapitre, les papes Célestin IV (1245) et Grégoire XI (1371) instituèrent des conservateurs des privilèges et des biens de l'église de Chartres. Ces fonctions furent attribuées, selon l'usage, à de hauts dignitaires ecclésiastiques, abbés crossés et mitrés ou prélats, et même à de grands personnages laïcs.

3° *Bulles donnant pouvoir d'autoriser ou d'interdire la fondation de tout oratoire, chapelle ou cimetière à Chartres ou banlieue.* — Alexandre III (1160-1181), Clément III (1188-1191), Alexandre IV (1255-1261).

4° *Bulle portant exemption de la juridiction ecclésiastique de l'archevêque de Sens, métropolitain.* — Clément VI (22 décembre 1350).

5° *Bulles donnant le droit de nomination exclusive aux douze canonicats de la chapelle Saint-Piat et à six chapellenies de l'église, à la condition de ne conférer ces titres qu'aux seuls heuriers et matiniers.* — Martin IV (Fulminée par l'abbé de Josaphat, délégué, le 11 mai 1430), Paul IV (24 janvier 1554).

6° *Bulle faisant défense, sous peine d'excommunication, aux ecclésiastiques de Chartres d'appeler d'autres ecclésiastiques devant les tribunaux séculiers, au détriment de la justice du Chapitre.* — Alexandre IV (1256).

7° *Bulles exemptant l'église de Chartres de faire preuve par le duel judiciaire, dans les causes où il s'agit de la propriété d'hommes de corps réclamés par des laïcs.* — Innocent IV (1249), Alexandre IV (1256).

8° *Ressort de la justice canoniale.* — La détermination du ressort de la justice canoniale, dite de Loëns, donna lieu à de nombreux et longs conflits entre le Chapitre et le Comte. Nous avons rapporté à l'appendice n° 10 de ce volume la mémorable composition intervenue en 1306 entre ces deux autorités rivales. Le Chapitre ne reconnut en aucun temps la supériorité de la justice du Comte et, toujours, les causes jugées à Loëns furent portées directement en appel devant un magistrat royal. En 1301, les affaires du Chapitre ressortissaient au siège de Janville, devant le Prévôt royal de ce lieu, commis et délégué par le bailli d'Orléans[1]. Le roi Philippe de Valois ayant donné le duché d'Orléans en apanage à son fils, retira au prévôt de Janville, devenu juge seigneurial, la supériorité d'ap-

---

[1] *Registres capitul.*; Séances du vendredi après la Pentecôte, du mercredi après la Saint-Mathieu, du vendredi après la Saint-Luc 1301 et autres. — On a prétendu que les baillis royaux de Gisors et de Verneuil avaient eu la connaissance des causes du Chapitre avant le bailli d'Orléans ; je n'ai trouvé aucun titre formel à l'appui de cette assertion. L'acte de 1286 qui signale la présence, à Chartres, du bailli de Gisors, intéresse non le Chapitre, mais la Ville et l'abbaye de Saint-Père (voir *suprà*, p. 310, note première). Le fait de la réintégration d'un prisonnier enlevé de Loëns par un sergent royal de Gisors (voir *suprà*, p. 177, note première) constate non un droit au profit du Bailli de ce lieu, mais une violence et la réparation de cette violence. Le *Supplément aux affiches chartraines*, p. 63, parle, d'après Souchet, de certaines lettres de Philippe-le-Long, du 19 décembre 1320, portant attribution au bailli d'Orléans de la connaissance des causes du Chapitre, et ajoute que ces lettres furent signifiées, par le Chapitre, au bailli de Verneuil venu à Chartres pour les assises, en présence du bailli de Chartres, Sance de la Fontaine et d'*Yves* de Vieux-Pont, seigneur de Courville. Les lettres peuvent avoir été données, quoiqu'*en fait* l'appel à Janville eut lieu depuis longtemps, mais leur signification est une invention, car Sance de la Fontaine avait quitté ses fonctions même avant 1315, et le seigneur de Courville était, avant et après 1320, le sire Jean de Vieux-Pont.

pel des causes du Chapitre, et décida, par lettres-patentes datées du bois de Vincennes au mois de décembre 1345, qu'à l'avenir la justice canoniale relèverait en appel du Prévôt royal de Paris au siège de Poissy. Enfin, le roi Jean reconnaissant que le prévôt de Poissy était trop chargé d'affaires, lui retira, par lettres du 30 août 1356, les causes du chapitre de Chartres et les porta, *sans moyen*, c'est-à-dire sans intermédiaire, au parlement de Paris, pour y être jugées au jour du bailliage de Chartres. Cette ordonnance du roi Jean fut confirmée par lettres de Charles V, du mois d'août 1366 et du 19 juillet 1367, de Charles VI, du 8 août 1401, de Charles VII, de juin 1432, et généralement de tous les rois, jusqu'à Louis XIV [1]. Pour compléter cette indépendance de la justice canoniale, le Parlement décida, par plusieurs arrêts, et notamment par celui du 9 juillet 1511, que les sergents royaux ne pourraient instrumenter dans le cloître et autres endroits de la juridiction du Chapitre, sans obtenir au préalable le *pareatis* du maire de Loëns.

9° *Sauvegardes et patentes royales pour les biens et privilèges du Chapitre.* — Charles VI (20 novembre 1380). Par cet acte, le Roi commet, pour la garde du Chapitre, Guy de Chartres, dit Lemaire, Jehan Martin, Gaciot-le-Bourrelier, Jehan Marraine, Jehan de Villebon, Gaciot Lestaroust, Jacques de Champrond et Jacques Bellechièvre, ses sergents, et autorise, le placement des panonceaux et bâtons royaux sur les bâtiments, maisons, fermes, etc., de l'église. — Le même monarque (28 avril 1385), Louis XI (17 juillet 1462), Charles VIII (8 avril 1485), Louis XII (12 juillet 1498) [2].

10° *Lettres patentes portant exemption des charges de guerre et du logement des gens de guerre.* — Charles VI (10 août 1388, 27 mars 1413 et 15 février 1421), Charles VII (24 octobre 1433), Louis XI (3 janvier 1470), Charles VIII (18 novembre 1483), François Ier (1514, 1533, 1545), Henri II (1547, 19 avril 1554, 1556), François II (1560), Charles IX (1563, 1568). Le 19 octobre 1569, ce dernier prince donna ordre au sieur d'Éguilly, gouverneur, de faire sortir des maisons canoniales, les gens de guerre que les échevins y avaient placés, et il délivra, le 14 novembre suivant, de nouvelles lettres-patentes d'exemption aux chanoines. — Catherine de Médicis (1574), Henri III (1580), Louis XIII (1614).

Le marquis de Paulmy écrivit au Chapitre, le 5 septembre 1756, pour reconnaître ses droits à la décharge du logement des soldats du régiment *volontaire-étranger*, dit *Fischer*, en garnison à Chartres. Nonobstant cette lettre, les chanoines, pour cette fois et sans tirer à conséquence, consentirent à loger une partie de cette troupe dans les greniers de Loëns.

Le 22 décembre 1758, le maréchal de Belle-Isle, ministre de la Guerre, invita le Chapitre à ne pas prendre ombrage, au sujet de la visite de certaines maisons séculières et canoniales, à laquelle on venait de procéder pour s'assurer s'il ne serait pas possible de placer à Chartres une compagnie des gardes-du-corps du Roi.

2° *Usages et cérémonies bizarres à Notre-Dame.*

Réception des chanoines. — La réception des chanoines avait lieu à Chartres avec une solennité beaucoup plus grande que dans la plupart des

---

[1] *Registres des Privilèges du Chapitre*, Arch. départ., et *Ordonnances des Rois de France*, vol. 4, p. 177, vol. 5, p. 24, vol. 8, p. 465.
[2] *Ordonnances des Rois de France*, vol. 6, p. 532, vol. 7, p. 114, vol. 15, p. 507, vol. 19, p. 575, vol. 21, p. 90.

autres chapitres. Sauf les cas d'empêchements majeurs où l'Evêque se faisait suppléer par ses grands-vicaires, il était tenu de procéder en personne à la cérémonie de collation qui se pratiquait de la manière suivante : la veille de l'installation, le Prélat présentait son candidat au Doyen, au Chantre, au Sous-doyen et au Sous-chantre et le laissait entre leurs mains pour qu'il pût être examiné selon les lois canoniques. Cette épreuve terminée, l'Evêque venait prendre connaissance du résultat, et, si le Chapitre n'élevait aucune objection, il faisait de vive voix la collation au nouveau pourvu agenouillé devant lui. Ensuite le chanoine-élu prêtait en pleine séance capitulaire le serment de garder les libertés, privilèges et immunités de l'église de Chartres et de ne jamais solliciter lettres closes du Roi, des princes ou grands seigneurs, pour obtenir des prébendes ou prêtrières canoniales au préjudice de ses anciens. Le lendemain, le Chantre auquel appartenait spécialement l'installation des chanoines, conduisait le récipiendaire devant l'autel de Sainte-Anne [1] et lui faisait jurer, sur le chef de cette sainte, *qu'il était né de légitime mariage* [2]; puis il l'introduisait, au chœur, dans les rangs de la compagnie. Un procès-verbal était dressé de cette installation.

Le chapitre de Chartres fit toujours à ses membres une règle sérieuse du stage et de la résidence; ceux qui ne s'y conformaient pas perdaient leurs distributions et jusqu'aux fruits de leurs prébendes. Les exemptions ne pouvaient être accordées qu'en séances capitulaires générales; elles étaient rares et, à moins de cas de troubles, de peste ou de missions extraordinaires, on ne les octroyait guères qu'aux chanoines conseillers du Roi ou *médecins* [3].

Processions. — Le Chapitre faisait chaque année un grand nombre de processions dans les églises paroissiales et dans les couvents, et il recevait, à certains jours, des redevances en nature ou en argent dans les lieux où il se transportait. Les chanoines de Saint-Jean-en-Vallée lui donnaient un repas aux processions du mercredi après Pâques et de la veille de la décollation de saint Jean-Baptiste. Cette coutume fut transformée, par transaction de 1227, en un présent de six deniers aux enfants de chœur de Notre-Dame, à chaque jour de procession. Nous avons déjà parlé [4] de la procession qui avait lieu à Saint-Cheron pour la cinquième férie après Pâques et du dîner fourni à cette occasion, par les religieux, aux clercs de chœur de Notre-Dame; deux autres processions étaient faites au même couvent, l'une, le mardi des rogations, à l'occasion de laquelle on offrait aux chanoines une boisson pimentée appelée *Borgerastre*, l'autre, la veille de Saint-Cheron, pour chanter vêpres, à l'issue desquelles messieurs du Chapitre se réfectionnaient de pains de *façon* ou petits pâtés et de vin de Chartres. Le jour de Saint-Piat (1er octobre), le Chapitre se rendait processionnellement à la chapelle dédiée à ce saint et

---

[1] Voir *suprà*, p. 124.

[2] Voir *suprà*, p. 79 et 80.

[3] A ce propos, je ferai remarquer que la médecine était fort en honneur au Moyen-Age dans le clergé chartrain. J'ai dit ailleurs, en parlant de l'évêque Fulbert, que ce prélat médecin avait étudié son art à l'abbaye de Saint-Père. Chartres renfermait alors un médecin distingué nommé Héribrand, qui faisait école et aux leçons duquel accourut, en 911, l'historien Richer, disciple de Gerbert de Reims comme Fulbert. Aux XIIe et XIIIe siècles, la médecine avait pour représentants, parmi les prêtres chartrains, Constantin, chancelier de Notre-Dame, Pierre Lombart, chanoine, Nicolas Haudry, chantre de Notre-Dame de Paris. Au XIVe siècle, les registres capitulaires nous font connaître, entre autres, le prêtre Olivier, *physicien*, le chanoine Jean d'Auxerre, médecin, et le chanoine Jean Alande, apothicaire et physicien de la comtesse de Montfort. L'évêque Pierre Beschebien continua au XVe siècle cette tradition curieuse.

[4] Voir *suprà*, p. 287, note 2.

y célébrait tous les offices, à commencer par *Matines;* chaque chanoine assistant avait droit à un coup de vin et à un petit pâté de volaille, si c'était un jour gras, ou d'anguille, si c'était un jour maigre; le Doyen faisait les frais de cette collation, qu'un chanoine du XVIe siècle appelle *une coutume très ancienne et excellente, mos antiquus et optimus* [1]. Le Doyen et le sous-doyen devaient aussi, chaque année, à l'octave de la *Quasimodo,* après les offices, une certaine quantité de *Piment,* ou vin miellé, et d'*échaudés;* en 1331, l'année étant stérile en vin, on convertit cette redevance en un cadeau de cinq sous par chanoine et de deux sous par chaque clerc de chœur.

Un chroniqueur nous a conservé la liste des processions extérieures faites par le Chapitre pendant l'année 1538 [2]; nous la donnons pour servir de point de comparaison avec ce qui se pratique aujourd'hui.

Le jour des Cendres, procession à la chapelle Saint-Nicolas, au cloître (à la porte de l'évêché).

Le dimanche des Rameaux, procession générale à Saint-Cheron et retour par Saint-Père-en-Vallée. (Cette procession était obligatoire et les citoyens qui s'abstenaient d'y assister sans motifs plausibles, payaient une amende au Chapitre [3].)

Le jour de Pâques, tout le Chapitre, en chappes de soie, va chercher processionnellement l'Evêque, dans la cour de l'évêché, et le conduit aux vêpres.

Pendant la semaine de Pâques, processions, savoir : pour la deuxième férie à Saint-Martin-au-Val, pour la troisième, à Saint-Père, pour la quatrième, à Saint-Jean-en-Vallée, pour la sixième, à Saint-André, et pour la septième, à Saint-Maurice. A cette dernière station, une table est préparée par le Doyen, pour ceux qui veulent boire et manger.

Le dernier vendredi d'avril, procession à Saint-Père-en-Vallée.

Le jour de l'Invention de la Sainte-Croix, grande procession dans laquelle on se rend à Saint-Jean-en-Vallée, à Saint-Maurice et à Saint-André. (La pluie y mit obstacle.)

Le deuxième jour des rogations en mai, procession à Saint-Barthélemy, Saint-Cheron, Saint-Hilaire et Saint-Père.

Le troisième jour, procession à Saint-Michel, Saint-Martin-au-Val, Saint-Lubin, Saint-Saturnin et Sainte-Foy.

Jour de l'Ascension, procession générale à Saint-Aignan; mais, à cause de la pluie, on va à la chapelle Saint-Piat.

La veille de Saint-Cheron, procession au couvent de ce nom.

Le jour de la fête du saint-corps de Notre-Seigneur, procession générale à Saint-Saturnin.

Le jour de l'octave du Saint-Sacrement, procession générale dans la partie haute de la ville et stations devant Saint-Aignan, Saint-Saturnin, à la porte des Epars et au carrefour de *Samarie* (de *Jérusalem,* alias du *puits Sainte-Foy?*).

La veille de Saint-Pierre et Saint-Paul, après Vêpres, procession à Saint-Père. Autant le lendemain.

Le 4 juillet, jour de la translation de saint Martin, procession à Saint-Martin-au-Val.

Le 2 août, jour de saint Bethaire et veille de l'Invention de saint Etienne, procession au prieuré de Saint-Etienne, au cloître.

---

[1] Rituel pour chaque jour de l'année 1538, composé par le chanoine Joseph Lefaivre et inséré dans le livre dit de *Guillaume Bouvart;* mss. des Archives départementales.

[2] Livre de Guillaume Bouvart, p. 776.

[3] C'est ce qui arriva à Michel Jourdain, en 1301. (*Registres capitulaires;* Amendes et Restitutions.)

La veille de la décollation de saint Jean-Baptiste, après vêpres, procession à Saint-Jean-en-Vallée. On y retourne le jour, pour chanter la messe avec les religieux.

La veille de Saint-Mathieu, procession à Saint-Maurice. On y retourne deux jours après pour la fête de Saint-Maurice.

Le jour de Saint-Jérôme, procession et messe solennelle à la chapelle Saint-Jérôme, au cloître.

La veille de Sainte-Foy, après vêpres, procession à Sainte-Foy. Le même jour, vêpres de Saint-Serge et Saint-Bacche, à Saint-Nicolas, au cloître, où l'on retourne le lendemain pour la grand'messe.

La veille de la Toussaint, procession à Saint-Jérôme, au cloître.

La veille de Saint-Martin, procession à Saint-Martin-au-Val et à Saint-Martin-le-Viandier. On retourne le jour à Saint-Martin-au-Val et l'on y chante la grand'messe.

La veille de Saint-Aignan, procession à Saint-Aignan, où l'on retourne le jour pour la grand'messe.

Le premier dimanche de l'Avent, procession à Saint-Saturnin.

La veille de Saint-André, procession à Saint-André, où l'on retourne le jour pour la grand'messe.

Les processions, comme on peut voir, ne manquèrent pas en 1538, et cependant le narrateur que nous citons fait observer qu'on en supprima plusieurs, parce que la peste sévissait à Chartres cette année-là.

Prière pour la ville. — On trouve dans le missel de Chartres, imprimé en 1529 et donné au Chapitre par D. Gravelle de Reverseaux (Bibl. communale), la prière suivante en usage à Notre-Dame : *Pro civitate carnotense collecta.* — *Inexpugnabili muro tuæ potentiæ quesumus, Domine, civitatem istam ab omnibus inimicorum insidiis defende, et quam in honore matris tuæ virginis parituræ primam apud Gallos de mysterio tuæ incarnationis instituere voluisti, meritis ejusdem virginis in vinculo pacis unitam, ad celestem Hierusalem transfere digneris. Qui vivis, etc.*

Fête des Fous. — Notre-Dame de Chartres, à l'exemple de beaucoup d'autres églises en France, avait, au Moyen-Age, sa fête *des Fous*, qui se célébrait le 1er janvier, jour de la Circoncision. On sait que ce jour-là les heuriers, les matiniers et les clercs du bas-chœur, revêtus de costumes grotesques et présidés par un pape et ses cardinaux nommés au scrutin, parodiaient de la manière la plus indécente les offices religieux, se livraient dans le sanctuaire aux danses les plus dissolues et couraient la ville en faisant mille extravagances. Il semble résulter de quelques mentions des registres capitulaires, qu'une autre fête des Fous avait lieu au mois de février, probablement pendant le carnaval, après un service commémoratif pour les morts inscrits au nécrologe. On autorisa cette fête, en 1300, à la condition qu'elle serait célébrée *dévotement ;* mais on l'interdit à tout jamais en 1301, avec menace, envers les récalcitrants, d'être privés de leurs distributions de la journée. La fête du 1er janvier se maintint deux siècles de plus que celle du carnaval. Un acte capitulaire du jour de la Purification 1479, considérant les *scandales, insolences, turpitudes, abus et autres méfaits* commis plusieurs fois par les heuriers et matiniers, lors de la fête des Fous, célébrée le 1er janvier de chaque année, à la honte et au déshonneur de l'église, déclare abolir, casser et annuler de tous points cette prétendue fête, et vouer ses fauteurs et leur pape, aux censures, anathèmes et fulminations ecclésiastiques. Malgré cette défense, il paraît que les gens du bas-chœur continuèrent leurs folies quelques années encore, car Souchet nous apprend que les saturnales des premiers jours de janvier ne cessèrent complètement qu'en 1504.

Fête des Innocents. — C'était encore une fête des fous, qui échappa à l'ostracisme de 1479, grâce au jeune âge des acteurs. Chaque année, le

28 décembre, les enfants d'aube députaient au seigneur Doyen un orateur qui, dans un discours en latin de circonstance, lui demandaient la permission de célébrer, selon l'usage, la fête des Innocents. Cette licence octroyée, les *Innocents* élisaient un évêque auquel ils rendaient des hommages ridicules, singeaient une procession, chantaient, dansaient et faisaient une collation aux dépens du Chapitre. Cette fête bouffonne avait encore lieu au siècle dernier.

Offerte du jour de la Purification. — A l'offerte du jour de la Purification, on appelait à trois reprises différentes le doyen de Chartres, le prévôt d'Ingré, le prévôt de Normandie, le prévôt de Mesangey, le prévôt d'Auvers, le vidame de Chartres, le sire d'Alluyes, le sire du Chêne-Doré, le sire de Longny, le sire de Tréon, les religieux prieur et couvent des Célestins d'Eclimont, le baron de Gallardon, le sieur de La Louppe et le sieur de Villeneuve, qui devaient, chacun, un gros cierge à l'Evêque, soit à cause de leurs dignités, soit comme vassaux relevant de lui. Ces cierges se brûlaient à Notre-Dame [1].

Offerte du jour de l'Assomption. — A l'offerte du jour de l'Assomption, le sire de Maintenon était appelé par trois fois en ces termes : *Le sire de Maintenon doit aujourd'hui un épervier bien réclamé, sain et entier et prenant proie.* Cette redevance dont nous avons déjà parlé [2], était due à cause de huit arpents de pré à Bouglainval que le seigneur en question tenait du Chapitre. Le plus souvent l'oiseau était rendu par les chanoines à son propriétaire; quelquefois on en faisait hommage au personnage le plus qualifié assistant à l'office du jour [3].

La Lamproie. — Chaque année, en chapitre de la Purification, on faisait une masse de l'argent provenant des droits féodaux, tels que rachats, lods et ventes, perçus dans les domaines de l'église, et on la divisait entre les chanoines capitulants. C'était ce que l'on appelait le partage de la *Lamproie, voulant dire,* nous apprend Rouilliard, *que cette distribution sera prou bastante pour avoir une bonne Lamproie en Caresme, qui d'ordinaire n'est pas loing de la Chandeleur* [4].

Jeu de dés chez le Chambrier. — Le jour de Pâques, après le dîner, les chanoines se réunissaient chez le Chambrier pour faire une partie de dés; on allouait cinq sous à chaque joueur [5]. Cette coutume, abolie par un acte capitulaire du jour de la Purification 1366, fut remplacée par le sermon dit *de Pâques*, et les cinq sous donnés jadis à chaque joueur de dés furent attribués à chaque chanoine auditeur.

Le Dragon. — On trouve dans le *Livre rouge* de l'évêché (p. 313) la mention suivante : « Aux complies de Pâques, celui qui défend le dragon reçoit cinq sous, en outre des cinq sous qui lui sont dus pour le bâton dont il est armé et la paille ou les étoupes qui brûlent dans la gueule du dragon [6]. »

---

[1] *Parthénie*, vol. 1er, p. 167, v°. — Sablon, *Hist. de l'église de Chartres*, p. 106.
[2] Voir *suprà*, p. 179.
[3] *Parthénie*, vol. 1er, p. 173, v°. — Sablon, *Hist. de l'église de Chartres*, p. 108.
[4] *Parthénie*, vol. 2, p. 115.
[5] Etait-ce en souvenir de ce jeu que l'on disait proverbialement au XVIe siècle :
« Le chanoine de Chartres
Peut jouer aux dés et aux cartes. »
(*Petite encyclopédie des Proverbes français*, p. 153.)
[6] L'usage d'exposer l'image d'un moustre à une procession ou pendant un office n'était pas particulier à l'église de Chartres. Rouen avait *sa Gargouille*, Paris *son*

L'*Alleluia fouetté*. — On cessait de chanter *Alleluia* aux premières vêpres du dimanche de la Septuagésime, suivant les rubriques de l'église de Chartres. A ce moment, les enfants de chœur lançaient dans la nef un *sabot*, sorte de toupie, et le chassaient à grands coups de fouet jusque dans le cloître. Cet usage bizarre existait encore en 1775.

Le bon homme blanc. — On faisait, chaque année, à l'issue des premières vêpres de la veille de la Toussaint, une procession solennelle dans la crypte, et le clergé descendait par la porte qui se trouve au-dessous du clocher neuf. En tête de la procession, marchait un chapelain du bas-chœur, vêtu d'une aube, coiffé d'un amict, et portant sur un plateau fixé au bout d'un long bâton, une pyramide de soixante-douze cierges allumés, nombre égal à celui des chanoines. Le peuple donnait au porteur de ce plateau le nom de *bon homme blanc* et croyait qu'il mourait autant de chanoines dans l'année qu'il s'éteignait de cierges dans la crypte.

L'*Agneau pascal*. — Les chanoines de Chartres avaient jadis l'habitude de manger en commun l'*agneau pascal*, le jour du Jeudi-Saint. Cette coutume judaïque fut abolie en 1643.

La Perche. — On appelait ainsi un riche baldaquin dont on parait l'autel les jours de grandes fêtes et auquel on attachait des vases sacrés, des reliquaires, des lampes et des emblèmes de diverses sortes. Il résulte d'un acte capitulaire du vendredi après l'Ascension 1327, que la *Perche* coûtait, d'entretien annuel, neuf livres dix sous assignés sur la maison du cloître appartenant alors au chanoine Louis Pate. Le supplément au Glossaire de du Cange nous apprend que la *Perche* était également en usage dans la cathédrale de Mayence.

Nous avons parlé ailleurs de la Chevauchée des enfants de chœur à Josaphat, des *Fantômes blancs* du Vendredi-Saint au même couvent, et de la Chevauchée des chantres à la maladrerie du Grand-Beaulieu [1].

5° *Processions de la Sainte-Châsse au couvent de Josaphat.*

Les processions de la Sainte-Châsse à Josaphat étaient réservées pour les cas de calamités publiques. Fort rares jadis, elles devinrent plus communes à partir de la fin du XVI° siècle. Divers manuscrits font mention de celles qui eurent lieu en 1583, 1615, 1628, 1636, 1681, 1693 et 1708; nous allons raconter, d'après D. Fabien Buttereux, historien de Josaphat, la procession du 18 juin 1681, qui fut une des plus solennelles :

« Le mercredy, 18° du mois de juin 1681, la 5° année du souverain pontificat d'Innocent XI, pape, la 38° année du règne de Louis quatorzième, surnommé *le Grand*, roy de France et de Navarre, la *(en blanc)* année du pontificat de Messire Ferdinand de Neufville, évesque de Chartres, la 30° année depuis que Messire Gabriel de Rothelin fut fait abbé commendataire de l'abbaye de Josaphat et la première année du R. P. D. Nicolas Sacquespré, Prieur de Josaphat;

Dragon de Saint-Marcel, Tarascon *sa Tarasque*, Provins *son Dragon et sa Lézarde*. Le dragon de Chartres, la gueule enflammée, se montrait le jour de Pâques, pendant les *complies*, et tout aussitôt une lutte s'établissait entre le porteur de l'animal et certains assaillants. Il me semble que l'on peut reconnaître dans cette scène bizarre la mise en action de ce verset du troisième psaume des Complies : Super aspidem...... et conculcabis Leonem et *Draconem*.

[1] Voir *suprà*, p. 291, note première, et 361, note première.

» Il fut fait une procession générale de la Sainte-Châsse, dans laquelle est renfermée la chemise de la sainte Vierge Marie, mère de N. S. J. C., en l'abbaye de Josaphat lès Chartres; à cette procession assistèrent tous les chanoines de l'église cathédralle de Chartres, tous les religieux tant exempts que non exempts, avec Messieurs les Curés tant de la ville et banlieue que de beaucoup d'autres ès environs qui eurent la dévotion d'y assister, quoique ils n'y eussent pas été mandez; ils estoient tous revêtus de chappes.

» Pour s'y bien préparer, Monseigneur de Chartres ordonna trois jours de jeûne, à sçavoir le lundy, le mardy et le vendredy ensuivant tant à ceux de la ville que de la banlieue, afin d'obtenir, par les mérites et intercession de la très sainte Vierge, de la pluie, d'autant qu'il y avoit plus de deux mois qu'il n'avoit plu, ce qui faisoit craindre une grande stérilité. De plus, il ordonna que le jour de la procession, l'office se feroit de la Sainte-Vierge comme aux festes doubles pour la ville et banlieue, et pour la cathédrale, l'office se feroit avec la solemnité des festes de seconde classe.

» L'office du jour estant donc dit à la cathédrale sur les six heures du matin, l'on tira la Sainte-Châsse du trésor, qui fut portée sur le grand autel par les deux premières dignités, et cependant quatre enfants de chœur ayant chacun en la main un flambeau chantèrent : *Domine, non secundum peccata*, etc. La prière estant finie l'on fit partir la procession sur les six heures et demie pour aller à l'église de Nostre Dame de Josaphat. Tout le clergé estoit revestu de chappes et au milieu du clergé toutes les reliques estoient portées par des ecclésiastiques à qui appartenoient les saintes reliques. La première qui marchoit estoit celle des R. R. Pères Jacobins, la seconde de Saint-Prez, la troisième de Saint-Maurice, la quatrième celle de Sainte-Foy, la cinquième celle de Saint-Aignan, evesque de Chartres, la sixième celle des R. R. Pères chanoines réguliers de Saint-Jean en vallée, la septième celle des chanoines de Saint-André, la huitième celle de Sainte-Soline des R. R. Pères religieux bénédictins de Saint-Père en vallée, la neufvième celle de Saint-Thaurin, evesque d'Evreux, portée par le curé de Paysi et un autre ecclésiastique et supportée par plusieurs habitants dudit Paysi qui estoient nuds-pieds et revêtus d'aubes, ayant des couronnes et chapeaux de fleurs à leurs testes, la dixième le reliquaire du bois de la vraie croix de N. S. J. C., et la dernière la Sainte-Châsse portée par M. M. les chanoines, chacun à son tour, selon les stations qui furent marquées par M. M. de l'œuvre, tant pour aller que pour revenir, selon l'ordonnance de M. M. du Chapitre, et tous la portèrent depuis la première dignité jusqu'au dernier des chanoines qui estoit dans les ordres majeurs.

» La Sainte-Châsse estoit accompagnée de quatre marguilliers clercs qui tenoient, chacun de son costé, le coin du drap d'or qui estoit attaché dessous la Sainte-Châsse, de crainte qu'il ne tombât par terre quelques pierreries dont elle est toute couverte, ayant aussi le chaperon sur l'épaule et de l'autre main tenant une verge blanche. Suivoient ensuite deux orphevres qui marchoient derrière la Sainte-Châsse.

» Toutes les rues par où devoit passer la procession estoient tendues de tapisseries. La susdite procession estoit accompagnée de Messieurs du Présidial, de ville, de l'élection et du grenier à sel et aussi du corps des marchands. L'on mit plusieurs tables le long du chemin pour y reposer les saintes reliques en la nécessité; mais la Sainte-Châsse ne reposa sur aucune, car lorsqu'il estoit besoing de changer, les quatre marguilliers qui l'accompagnoient, la soutenoient pour faciliter le changement. Pour empescher la foule du Peuple qui n'est que trop ordinaire à ces sortes de cérémonies, Messieurs de ville mandèrent le Vidame avec sa cinquantaine dont il y eut une partie qui accompagnoit la procession et l'autre fut envoyée à l'abbaye pour en garder les portes et empescher le monde d'entrer en l'église; ce qu'ils exécutèrent fidèlement tenant tousjours la grande porte fermée, et on ouvroit la petite porte seulement pour la nécessité, jusqu'à ce que la procession arrivast au monastère, car alors ils ouvrirent l'une et l'autre et se mirent à la porte de l'église pour empescher non seulement le peuple, mais même tous ceux qui tenoient les torches allumées qui estoient en grand nombre, car chaque corps de métier en avoit plusieurs, sans compter celles de M. M. les chanoines, de M. M. de ville, du Présidial, de l'Election, et du Grenier à sel. Ils alloient tous deux à deux en bel ordre; suivoient les bannières et les croix de toutes les paroisses tant de la ville que des champs qui demeurèrent tous aussi à la porte de l'église sans y entrer; après les croix tous les petits pauvres venoient ensuite; après les petits pauvres tous les religieux mandiants; après eux les prieurs, les curés, les prestres du séminaire qui alloient de côté avec M. M. les curés, les chanoines réguliers, les chanoines de Saint-André, les religieux de Saint-Père en vallée, et les derniers tous les chanoines avec la Sainte-Châsse, le reliquaire du bois de la vraie croix et de Saint-Thaurin. Les autres châsses et reliquaires marchoient au milieu du corps soit de religieux soit de curés à qui appartenoient lesdites reliques, en sorte que les reliquaires des Jacobins marchoient au milieu des Jacobins et ainsi des autres.

» La procession arriva à l'église de Josaphat sur les huit heures et demie, qui estoit magnifiquement ornée et tendue de double rang de tapisseries de haute lice, tant dans toute la nef que dans le chœur et pour la chapelle de la vierge et le tour du chœur estoit seulement tendue d'un seul rang de tapisseries. Les deux ailes de la nef estoient par bas parées de beaux parements d'autels, de croix, etc.; sur le haut de la clôture qui sépare le chœur de la nef *(le jubé)*, il y avoit quatorze chandelliers avec chacun un cierge de demi-livre pesant, et entre chaque chandellier il y avoit autant de beaux vâses de porcelaine avec de beaux bouquets dedans.

» Pour le grand autel, il estoit paré magnifiquement de nos saintes reliques, d'une grande croix d'argent et de quatorze grands chandelliers d'argent, dont il y en avoit six du thrésort de Nostre Dame de sous-terre, et six autres appartenoient aux R. R. Pères Jacobins avec la grande croix d'argent, sans compter tous les flambeaux d'argent et beaucoup de gros vases d'argent qui estoient posés de costé et d'autre du grand autel.

» Aux deux costés du grand autel, assez proche des galeries, estoient posées deux longues tables couvertes de grandes tapisseries et sur icelles de grandes tavaiolles où furent posées les Saintes reliques; et pour la Sainte-Châsse, on fit un petit thrône à part au milieu du presbitère où elle fut mise et y demeura pendant toute la grande messe.

» Ceux qui entrèrent dans le chœur furent les chanoines de la cathédrale, les religieux de Saint-Père en vallée, les chanoines de Saint-André, les chanoines réguliers de Saint-Jean et M. M. les curés tant de la ville que de la banlieue. Les autres curés des villages et les prestres avec tous les religieux mandiants estoient dans la nef et autour du chœur. Il y avoit tout le long du chœur, de chaque costé, quatre rangs de bancelles tout couvertes de tapisseries à fleurs de Lys qui estoient suffisantes pour asseoir tous ceux qui estoient dans le chœur. On avoit préparé, de plus, trois escabeaux de tapisserie pour les trois chantres.

» Dans le presbytère *(l'abside)*, tout estoit rempli de bancelles couvertes aussi de tapisseries pour M. M. du Présidial, de Ville, de l'Election et du Grenier à sel. Pour le corps des marchands, on avait préparé des bancelles dans la chapelle de la vierge qui estoit très bien parée, estant toute tendue de belles tapisseries de haute-lice; et pour l'autel rien ni manquoit pour sa beauté et son ornement. Outre les tableaux, il y avoit grand nombre de flambeaux d'argent, avec autant de cierges d'un quarteron qui furent tous allumés, au commencement de la procession.

» Tout le clergé estant entré dans l'église, on chanta la grande messe en musique, qui fut célébrée par M. Pinard, chanoine et grand Pénitencier, que M. M. du Chapitre choisirent pour cet effet. Pour les ornements nécessaires pour le célébrant, le diacre, le sous-diacre et les trois chantres, nous eusmes les ornements de M. M. les chanoines. On mit dès le commencement de la grande messe le calice sur le grand autel. On avoit préparé une écharpe pour le sous-diacre, qui ne servit point, à cause qu'il n'en porte que dans leur église.

» Le célébrant etc. ne s'assirent point pendant le *gloria in excelsis* et le *credo*. (Je spécifie ceci, afin qu'on y prenne garde, quand la même cérémonie arrivera une autre fois.)

» La messe fut chantée de la sainte Vierge, dont la première oraison estoit de la Vierge, la seconde de la Croix, la troisième de saint Thaurin, la quatrième des saintes reliques, la cinquième pour la pluie, la sixième pour le Roy, et la septième pour la paix. La grande messe estant finie, la procession s'en retourna dans le mesme ordre qu'elle estoit venue, en chantant en musique les litanies de la Sainte Vierge. Elle arriva à la cathédrale un peu après midy.

» Les prières des fidèles ne furent pas si tost exaucées, parceque nos péchés estoient trop grands. Nous n'eusmes de la pluie abondamment que sur la fin du mois, qui fit changer en peu de temps toute la surface de la terre. L'année fut très fertile en tout; il n'y eust que les herbages qui en souffrirent; le bled ramanda d'un tiers et devint à très grand marché. Ainsi l'abondance vint au lieu de la famine que l'on croyoit arriver, et ce par les mérites et intercession de la glorieuse vierge Marie. Il y avoit 45 ans que la Sainte Châsse n'avoit été descendue. On ne la descend que dans l'extrémité, et toutes les fois qu'on le fait, ce n'est que pour la porter à nostre Dame de Josaphat lès Chartres [1]. »

[1] Histoire manuscrite de Josaphat, par D. Fabien Buttereux, religieux de cette abbaye. (Biblioth. communale.)

APPENDICE N° 13.

PRIVILÈGES DE L'ÉVÊQUE ; CÉRÉMONIE DE SON ENTRÉE.

§ 1ᵉʳ. — TEMPOREL DE L'ÉVÊQUE.

Nous avons souvent mis en relief, dans le cours de cet ouvrage, la puissance temporelle de l'évêque de Chartres ; un de nos appendices a donné la nomenclature des *coutumes* qu'il percevait dans la ville ; un autre a fait connaître les lieux soumis à sa justice ; notre chapitre de la Monnaie chartraine a traité de son droit de monnayage ; si nous ajoutons qu'un grand nombre de fiefs du pays, et, entre autres, les cinq baronnies du Petit-Perche, Alluyes, Brou, Montmirail, Authon et La Bazoche, formaient la mouvance de l'évêché, le lecteur comprendra que, sauf la suzeraineté, la seigneurie épiscopale n'avait rien à envier à la seigneurie du Comte. Pour compléter autant que possible ce que nous avons déjà dit à ce sujet, nous allons entrer dans quelques détails sur certains revenus de l'évêché, sur la justice épiscopale et sur diverses coutumes pratiquées dans le palais du prélat.

Revenus. — On lit le passage suivant dans le *Livre noir*, cartulaire manuscrit de l'évêché de Chartres, appartenant à la Bibliothèque impériale (commencement du XIVᵉ siècle) [1] :

Clausum vinearum (le clos l'Évêque), *XXVI arpenta, valentia* . . . . XL lib.
Magna prata (les Grands-Prés ou prés l'Évêque), *inter villam et Josaphat* . . . . XL lib.
Prata Reculeti (les Petits-Prés ou prés de Reculet), *ad siccandum telas* . . . . VIII lib.
Piscatorie, a Magno ponte (le pont Bouju), *usque ad molendinum de Bretigny, cum sabulo totius riparie* . . . . . XV lib.
Piscatoria Fonteneti que precaria Capituli est . . . . . L lib.
Sigillum et emende curie, circa . . . . V lib.
Teloneum, circa . . . . VIˣˣ lib.
Bannagium, circa . . . . IIIIˣˣ lib.
In ecclesia sancte Marie, duas partes cere et oblationum, sive capsa.
Homines de Luceio (Lucé) *debent C saccos carbonii ad faciendum ignem in aula episcopi, in vigilia natalis Domini.*

A ces revenus, il faut ajouter, comme nous l'avons dit ailleurs, la moitié des menues coutumes, une censive des plus étendues, la taille sur les hommes de corps et le droit de monnayage. La tour du Vidame, la tour Nivelon, les portes Guillaume et aux Cornus, la maison du Four-Boël, étaient du fief de l'Évêque ; les tours Malet et Michel-le-Breton dépendaient de sa censive. Nous ne parlons pas de la censive, des fiefs et des mairies que le Prélat possédait dans la campagne et qui produisaient au XIVᵉ siècle une somme déjà considérable [2]. Ces revenus diminuèrent, par suite de

---

[1] Cartul. 43, f° 47, v° et suivants.

[2] Les principaux fiefs ruraux de la Beauce étaient Meslay, Fresnay-l'Évêque, Bailleau-l'Évêque, Berchères-l'Évêque, Pontgouin, qui se subdivisaient en un grand nombre de mairies, de prévôtés, de sergenteries.

l'érection de l'évêché de Blois, en 1697; cependant, au siècle dernier, l'évêché de Chartres était taxé en cour de Rome, pour les bulles, à 4,000 florins, sur un revenu de 20,000 [1].

A diverses époques, les évêques obtinrent des papes la permission de percevoir, sur les bénéficiers du diocèse, certaines taxes connues sous le nom de *dons caritatifs*. On cite, entre autres, les dons caritatifs autorisés par Célestin V, en mai 1293, et par Clément VI, en 1343.

Justice épiscopale. — L'Evêque, de même que le Chapitre, avait une justice indépendante de celle du Comte et dont les appels étaient portés directement devant un juge royal. Longtemps le prévôt royal de Verneuil connut des causes de la justice épiscopale. En 1335, Philippe de Valois décida que ces causes ressortiraient dorénavant à la prévôté royale de Janville, attendu que Verneuil appartenait à son frère Charles, comte d'Alençon [2]. Quelques années après, la connaissance des appels des sentences du juge épiscopal fut attribuée au prévôt de Paris au siège de Poissy et enfin au Parlement.

L'Evêque avait pour officiers de justice un juge ordinairement licencié ès-lois, portant le titre de *Chambrier et garde de la juridiction temporelle de l'évêché*, un procureur fiscal, un greffier, des sergents et des tabellions ou notaires ecclésiastiques. Des fourches patibulaires, pour l'exécution des coupables condamnés à mort par ce tribunal, étaient dressées près du Four-l'Evêque (emplacement du grand séminaire); les expositions des voleurs, parjures, faux-témoins et autres, se faisaient sur des échelles placées, par la permission du Chapitre, dans l'intérieur du cloître, et adossées à la maison du portier de l'évêché et à la chapelle Saint-Nicolas [3].

Les notaires de l'Evêque formaient une communauté qui avait encore au XVIe siècle certains privilèges et usages bizarres. Chaque année, au mois de mai, *le jour de Saint-Nicolas*, leur patron, ces notaires faisaient dire une messe à la chapelle épiscopale, puis ils allaient dîner chez le bâtonnier qui recevait, après le repas, leurs femmes et leurs filles. Le lendemain, la compagnie entendait une seconde messe, déjeûnait chez le bâtonnier, se rendait à l'abbaye de l'Eau pour y prendre *de la crême ou autre refection* et revenait souper chez le bâtonnier. Le Roi, en confirmant cet usage, par lettres de février 1500, permit, de plus, aux notaires épiscopaux de jouer, le dimanche d'après leur fête, dans la grande salle de l'évêché, des *moralités et autres joyeusetés*, pour l'instruction du peuple, et de porter dans les cérémonies un étendard chargé du blason royal, de celui de l'Evêque et de l'image de Saint-Nicolas [4].

---

§ 2. — SPIRITUEL DE L'ÉVÊQUE.

L'autorité spirituelle de l'évêque de Chartres, qui s'exerçait naturellement sur les 963 paroisses et les 28 abbayes de son diocèse, fut méconnue

---

[1] *Recueil historique des archevêchés, évêchés et abbayes de France*, par D. Beaumier, bénédictin. 1726. On sait que le florin de taxe était évalué à cinq livres cinq sous de la monnaie française.

[2] *Ordonnances des Rois de France*, vol. 12, p. 29.

[3] *Livre noir* de l'évêché, f° 29.

[4] *Ordonnances des Rois de France*, vol. 21, p. 271.

pendant bien des siècles par le Chapitre, auquel le pape Alexandre III avait accordé le droit d'immédiation au Saint-Siège. La lutte eut des chances diverses pour l'attaque et pour la défense, toutefois la cause de l'Evêque finit par triompher. Nous continuerons à donner dans notre récit les principaux épisodes de ce long débat qui, commencé en 1319, sous Robert de Joigny, prit fin sous l'épiscopat de M. Godet des Marais, par l'arrêt du Conseil d'Etat du 10 août 1700. On sait qu'une des plus mémorables victoires de l'Evêque sur le Chapitre, pendant cette période, fut l'arrêt du Parlement du 14 août 1473, qui condamna les chanoines à ployer les genoux en recevant la bénédiction du Prélat [1]. Le tribunal épiscopal, au spirituel, se composait d'un official, d'un vice-gérant, d'un promoteur et d'un greffier.

L'Evêque avait la collation des 72 prébendes entières et des 4 demi-prébendes de l'église de Chartres, de 26 offices subalternes dans cette église, des doyennés de Blois, de Châteaudun et de Saint-André de Chartres, des 10 prébendes entières et des 2 demi-prébendes de cette dernière église, des 5 prébendes entières, des 4 demi-prébendes et de la Chefcerie de Saint-Maurice, des 7 prébendes de Saint-Aignan et de 23 églises ou chapelles du diocèse; il exerçait le droit de procure sur 22 églises, prieurés, chapitres et abbayes du grand-archidiaconé, 27 de l'archidiaconé de Dunois, 27 de l'archidiaconé de Pincerais, 15 de l'archidiaconé de Dreux, 15 de l'archidiaconé de Blois, et 11 de l'archidiaconé de Vendôme; il avait le même droit sur le prieuré de Saint-Martin-des-Champs et sur le chapitre de Paris [2].

Parmi les charges spirituelles qui incombaient à l'Evêque, on remarque les sermons qu'il était obligé de prononcer chaque année à Chartres. Voici la désignation qui en est donnée par le Livre noir de l'évêché :

> *Die Synodi.*
> *Die Adventus.*
> *Dominica ante Nativitatem Domini.*
> *Dominica Septuagesime.*
> *Die mercurii Cinerum.*
> *Dominica Brandonum.*
> *Dominica medie Quadragesime.*
> *In ramis palmarum, ad ✝.*
> *Die Jovis, in Cena, tres sermones.*
> *In crastino Pasche, apud Bellum Locum,*
> *Episcopus debet primum ad penitentes.*
> *Decanus debet sermonem in cena, episcopo non presente.*
> *Cancellarius unum die Parascene* [3].

---

[1] *Livre noir* de l'évêché, f° 5.

[2] Au XIVe siècle, le chapitre de Paris donnait à l'évêque de Chartres, pour son droit de procure, cent pains, deux muids de vin, cinq pourceaux en hiver ou dix béliers en été, vingt-quatre poules et un muid d'avoine à la mesure de Paris. (*Ib.*, f° 35.)

[3] *Ib.*, f° 36.

§ 3. — CÉRÉMONIE DE LA PREMIÈRE ENTRÉE DE L'ÉVÊQUE, DANS SA VILLE ÉPISCOPALE, AU MOYEN-AGE [1].

L'évêque nommé, après avoir informé par lettre le Chapitre et le clergé, du jour de son entrée, se rendait, la veille de la cérémonie, au prieuré de Saint-Martin-au-Val et y passait la nuit en prières. Le Prieur et le couvent de ce lieu étaient tenus, par jugement arbitral de 1265, de donner au Prélat, pour sa dépense et son droit de procure, la somme de 160 livres [2].

Le lendemain, de grand matin, les députés du Chapitre venaient congratuler l'Évêque et l'inviter à prêter le serment approuvé par les bulles des papes et par un usage constant. Ce serment, si l'on en croit le procès-verbal rapporté en 1260, lors de l'entrée de Pierre de Mincy [3], était prononcé publiquement dans la salle capitulaire de Saint-Martin-au-Val; il obligeait l'Évêque élu à garder les privilèges et les coutumes de l'église de Chartres, tant écrites que traditionnelles. Après ces préliminaires, la procession se mettait en marche dans l'ordre suivant : le clergé de toutes les paroisses et les religieux des ordres mineurs sur deux files, l'abbé de Saint-Jean-en-Vallée, chanoine-né de Notre-Dame, monté sur une haquenée blanche et portant la crosse; puis le Prélat, vêtu de ses habits épiscopaux et assis dans une *chaire* que le vidame de Chartres, le baron d'Alluyes, les seigneurs du Chêne-Doré et de Longny soutenaient sur leurs épaules. De chaque côté de ce groupe marchaient les religieux de Saint-Père, de Saint-Jean-en-Vallée, de Josaphat et de Saint-Cheron. Le maire de Saint-Martin-au-Val était tenu, à raison de son fief, d'escorter l'Évêque; la chaire ambulatoire lui appartenait pour son assistance.

L'Évêque trouvait à la porte Saint-Michel les officiers du Comte et les gens de la ville qui, après avoir fait leur harangue, se joignaient au cortège. On se dirigeait par les rues Saint-Michel, Saint-Aignan et des Changes, tendues de tapisseries, jusqu'à la tour du Roi où le Prélat entrait; il se rendait à la chapelle Saint-Blanchard et jurait sur l'autel de ne jamais aller à l'encontre des droits du comte de Chartres. Le bailli ou son lieutenant dressait procès-verbal de ce serment qui était prêté en présence des avocats et procureurs du Roi et du Comte, des autres officiers de la justice et des membres du corps de ville [4].

---

[1] M. Janvier de Flainville a fait imprimer en 1780 une relation des cérémonies de l'entrée des évêques de Chartres dans leur ville épiscopale. — Voir aussi, sur le même sujet, des procès-verbaux et mémoires manuscrits conservés dans les papiers du Chapitre, caisse 2, Z, première et deuxième liasses. (Archives départementales.)

[2] *Livre noir* de l'évêché, f°s 19 et 20.

[3] *Ib.*, f° 36.

[4] L'évêque Philippe de Boisgiloud, dont l'entrée eut lieu le 14 juillet 1417, fit son serment, *lui estant en chaire, au col de quatre personnes, devant la tour le Roy, lez la grosse pierre où se tiennent quelquefois les plaids du Bailly; lequel serement estoit escript en une tablette derrière l'austel monsieur Saint-Blanchard. — Et ce fust faict en présence M*ires *Claude de Vendosme*, vidame, *Loys sieur de Longny, Hector de Chartres, sieur d'Allonnes, Gilles Cholet, seigneur de Dangeau, Jehan de Chartres, seigneur de Ver, Gilles de Chonvilliers, bailly de Chartres, Robert Poignant, advocat du Roy, Regnault Sequart, capitaine de Chartres*. (Pièces recueillies par Pintard et extraites du registre de Laurent Cornière, tabellion à Chartres; coll. Lejeune.)

Me Claude Bouvart, greffier en chef du bailliage, donne en ces termes la relation du cérémonial observé par MM. les officiers de justice, lors de l'entrée de M. l'évêque de

La procession continuait sa marche jusqu'au cloître et s'arrêtait devant la porte royale, qui était fermée. Là, l'Evêque répétait le serment qu'il avait déjà prêté à Saint-Martin-au-Val, puis le Chantre en dignité du Chapitre frappait à la porte avec son bâton cantoral; alors l'église s'ouvrait et les chanoines en chappes, conduits par le Doyen, recevaient le nou-

Fleury, le 5 décembre 1746 : « ..... Cejourd'huy cinq décembre, ledit seigneur Evêque
» étant sorti du prieuré de Saint-Martin-au-Val et étant arrivé entre huit et neuf heures
» du matin près la porte de Saint-Michel, y a été reçu par MM. les Maire et Echevins,
» et s'étant revêtu de ses habits pontificaux dans une loge que la ville avait fait cons-
» truire au dehors de ladite porte, il a commencé sa marche précédé du clergé sécu-
» lier et régulier le long de la grande rue de Saint-Michel, du carrefour de l'Etape-
» du-Vin, de la rue des Grenets et d'une partie de la rue des Changes, jusqu'à la tour
» du palais Royal.
» A la porte du Palais, en dedans, il y avoit quelques cavaliers de la maréchaussée
» d'Orléans, du département de Chartres. Au bas des marches du grand escalier les
» sergents roiaux demeurant à Chartres, avoient été placés. Au haut de l'escalier, sur
» les dernières marches, étoient encore d'autres cavaliers; le surplus, avec le sieur
» Lambert, leur lieutenant, étoit en deux files depuis l'entrée de la grande salle jus-
» qu'à la porte de la chapelle de Saint-Blanchard. Dans la chapelle il y avoit six cier-
» ges allumés sur l'autel, avec un prie-Dieu couvert d'un tapis où l'on avoit mis un
» carreau.
» Ledit seigneur évêque, accompagné de ses officiers ordinaires et du sieur abbé de
» Saint-Jean qui portoit sa crosse, avec deux archidiacres tenant chacun un coin de
» sa chape, a été reçu à la grande porte du palais par MM. Bouvart, lieutenant par-
» ticulier, assesseur criminel, Mathieu de la Malmaison, Challine, Brouilhet de la
» Carrière, Parent et Bertin, conseillers, qui pour cet effet avoient pris leurs bonnets
» carrés.
» MM. Parent et Bertin étoient au lieu des deux avocats du Roy, Mrs Brochard et
» Lemaire, dont le premier étoit en la ville de Paris et le second dangereusement
» malade.
» Le prélat, ainsi reçu par les susnommés, a été conduit par eux jusqu'à la grande
» salle où le reste de la Compagnie l'attendait, et, sans y avoir été harangué, il a
» traversé le passage et s'est rendu dans la chapelle. Ce passage étoit tapissé des deux
» côtés et la grande salle en entier. En entrant dans la chapelle, il a pris de l'eau
» bénite qui lui a été présentée par le Père Etienne Rousselet, prêtre religieux jaco-
» bin, l'un des chapelains de cette chapelle.....
» Ledit seigneur Evêque s'est mis à genoux et a fait sa prière; s'étant relevé le
» Chapelain lui a présenté le livre des Evangiles tenu à la droite par M. Marc-Antoine
» Nicole, Lieutenant général, et à la gauche par M. Garnier de Marigny, Procureur
» du Roy, et, en cet état, ce Prélat ganté, ayant la main droite posée sur le livre, a
» lu la formule du serment ordinaire que moy Claude Bouvart, greffier, lui ai pré-
» sentée, laquelle est conçue en ces termes :
« *Nous Pierre Augustin Bernardin de Rosset de Rocozel de Fleury, par la per-
» mission divine, évêque de Chartres, jurons et promettons au Roy que ne ferons,
» procurerons, consentirons, ne ferons procurer et consentir que Sa Majesté et Mgr
» le duc de Chartres perdent la ville de Chartres ny le pays chartrain, ny que
» ladite ville et ledit Pays chartrain soient mis ou délaissés entre les mains des
» ennemis du Roy et de ce Royaume.*
» Il n'y avoit dans la chapelle que MM. les Lieutenant général et Procureur du Roy,
» le Père Rousselet et le greffier, les deux archidiacres étant derrière ledit seigneur
» Evêque.
» Ce serment prêté, toute la Compagnie est descendue, et, assistée des quatre huis-
» siers audienciers et des sergents roiaux, l'a conduit jusque dans la nef de l'église
» cathédrale au-dessous des orgues, où elle s'est séparée sans être entrée dans le
» chœur, de même qu'il avoit été pratiqué à l'entrée de M. de Monstiers de Merinville,
» le 2 juin 1710, y ayant été présent, par le refus qui luy a été fait de cette entrée
» aussi bien qu'aux officiers de l'hôtel de ville par le Chapitre de cette église; pour
» raison de quoy ces deux Compagnies ont le même jour fait signifier par Gauchard,
» huissier à cheval au Chatelet de Paris, audit Chapitre, des protestations de se pour-
» voir au sujet de ce refus de la manière qu'elles aviseront bon être.
» L'après-midi, à trois heures, la Compagnie s'est assemblée en la chambre du
» Conseil et, sur les quatre heures, assistée des quatre huissiers audienciers et des

veau prélat et l'introduisaient au chant du *Te Deum*. L'installation de l'évêque sur son trône épiscopal était ordinairement faite par l'archidiacre de Sens et deux chanoines de son église, procureurs de l'archevêque métropolitain. Ces dignitaires recevaient pour leur office en cette circonstance, savoir : l'archidiacre une once d'or et les deux chanoines deux marcs d'argent.

Après la bénédiction solennelle de l'Evêque au peuple et l'office divin, un grand festin réunissait au palais épiscopal les chanoines et les autres assistants de distinction. A ce repas, le seigneur des fiefs de la Plisse et de la Coupe remplissait les fonctions d'échanson du Prélat ; la coupe dont ce dernier s'était servi, appartenait à l'échanson, pour son service.

Tel était, au Moyen-Age, le cérémonial de l'entrée des évêques de Chartres dans leur ville épiscopale. On fait remonter cet usage à l'époque de Saint-Aignan *(circa* 245), qui, trouvé en prières à Saint-Martin-au-Val au moment de sa nomination, aurait été porté de force jusqu'à l'église sur les épaules de quelques fidèles. Plus tard la charge de porteur ou *chairier* incomba aux seigneurs d'Alluyes, d'Authon, de Brou, de Montmirail et de La Bazoche, barons du Perche-Gouet et grands vassaux de l'Evêque, et enfin, par représentation, au vidame de Chartres, au baron d'Alluyes et aux seigneurs du Chêne-Doré et de Longny. Le dernier prélat qui se fit porter fut René d'Illiers (1495) ; ses successeurs se contentèrent de l'offre de ce devoir faite par les seigneurs en personne ou par leurs procureurs fondés. On remarque, qu'à l'exception de Mgr de Latil (1821), tous les évêques se conformèrent à la coutume de passer à Saint-Martin-au-Val, aujourd'hui Saint-Brice, la nuit qui précède le jour de leur entrée solennelle.

» sergents roïaux, elle est allée à l'hôtel épiscopal complimenter ledit seigneur évêque,
» M. d'Avignon, premier Président, portant la parole. Elle a été reconduite jusqu'à la
» porte de la grande salle qui ouvre sur la cour.
» J'ai remarqué ce que dessus, comme témoin oculaire, pour servir de mémoire à
» l'avenir de ce qui doit être pratiqué par la Compagnie aux entrées des Evêques de
» Chartres, le surplus des autres cérémonies ne la concernant point. »

(Extrait d'un recueil de pièces sur l'histoire, la politique et la jurisprudence, composé par M. Marchand, avocat, et communiqué par M. Emile Bellier de la Chavignerie.)

APPENDICE N° 14.

ESTIMATIONS DU BLÉ DE LOËNS. — GAGES DES GENS DE SERVICE ET PRIX DE DIVERS OBJETS AU XIVe SIÈCLE.

1° *Estimations du blé.*

En 1300, au chapitre général de la Purification (en février), le *setier* de blé fut estimé. . . . . 6 sous 5 deniers [1].
— 1301, id. . . . . 7 — 2 —
— 1302, — Ascension (en mai). . . . 7 — 8 [2]
— id. — Saint-André (en novembre) . . 8 — 2 —
— 1303, — Ascension. . . . . . . 7 — 8 —
— id., — Saint-André . . . . . . 10 — 6 —
— 1304, — Ascension. . . . . . . 10 — » —
— id., — Saint-André . . . . . . 18 — 6 —
— 1305, — id. . . . . 14 — 6 —
— id., — Purification [3]. . . . . . 15 — » —
— 1306, — Saint-André . . . . . . 6 — 10 —
— 1307, — Ascension. . . . . . . 5 — 4 —
— id., — Saint-André . . . . . . 4 — 8 —
— 1308, — Ascension. . . . . . . 9 — 8 —
— id., — Saint-André . . . . . . 6 — 2 —
— id., — Purification . . . . . . 7 — 8 —
— 1309, — Pentecôte. . . . . . . 8 — » —
— id., — Saint-André . . . . . . 6 — 4 —
— 1310, — id. . . . . 13 — » —
— id., — Purification . . . . . . 16 — » —
— 1311, — Ascension. . . . . . . 13 — 4 —
— id., — Saint-André . . . . . . 6 — 8 —
— 1312, — Ascension. . . . . . . 6 — » —
— id., — Saint-André . . . . . . 8 — » —
— 1313, — Ascension. . . . . . . 11 — 4 —
— id., — Saint-André . . . . . . 8 — » —
— 1314, — Ascension. . . . . . . 8 — 8 —
— id., — Purification . . . . . . 8 — 10 —
— 1315, — Saint-André . . . . . . 12 — 6 —
— id., — Purification . . . . . . 18 — » [4] —

[1] Toutes ces estimations sont prises dans les registres capitulaires. En 1300, le denier chartrain valait » fr. 06 cent. 342 de notre monnaie, ce qui mettait le sou de 12 deniers à » fr. 76 c. 104, et la livre de 20 sous ou 240 deniers à 15 fr. 22 c. Le setier, douzième du muid, avait la contenance de 1 hectolitre 27 et pesait, année moyenne, 97 kil. 9. Voir, pour les mesures, l'excellente brochure de M. Benoît, intitulée *Anciennes mesures d'Eure-et-Loir;* Chartres, Garnier, 1843.

[2] A cette époque, les boulangers de Loëns rendaient, par setier de blé, 50 pains, du poids de 26 onces chacun. *(Reg. capitulaires.)*

[3] L'année commençant à Pâques, la Purification (2 février) se trouvait dans le dixième ou le onzième mois.

[4] Moyenne des trois derniers marchés. *(Reg. capitul.)*

		sous		deniers
En 1316, — Ascension	20	—	»	—
— id., — Saint-André	20	—	»	—
— id., — Purification	22	—	»	—
— 1317, — Ascension	30	—	»	—
— id., — Saint-André	16	—	»	—
— id., — Purification	21	—	»	—
— 1318, — Ascension	12	—	»	—
— id., — Saint-André	6	—	»	—
— id., — Purification	6	—	»	—
— 1319, — Saint-André	3	—	6	—
— id., — Purification	3	—	8	—
— 1320, — Ascension	3	—	8	—
— id., — Saint-André	4	—	8	—
— id., — Purification	3	—	8	—
— 1321, — Ascension	5	—	4	—
— id., — Purification	10	—	»	—
— 1322, — Ascension	16	—	8	—
— id., — Saint-André	15	—	»	—
— id., — Purification	15	—	6	—
— 1323, — Ascension	12	—	»	—
— id., — Saint-André	7	—	6	—
— 1324, — Ascension	5	—	»	—
— id., — Saint-André	5	—	6	—
— id., — Purification	5	—	6	—
— 1325, — Saint-André	4	—	»	—
— id., — Purification	3	—	8	—
— 1326, — Ascension	5	—	»	—
— id., — Saint-André	4	—	»	—
— id., — Purification	4	—	2	—
— 1327, — Ascension	3	—	8	—
— id., — Purification	5	—	6	—
— 1328, — Ascension	7	—	4	—
— id., — Purification	9	—	4	—
— 1329, — Ascension	9	—	6	—
— id., — Saint-André	11	—	6	—
— 1331, — Purification	5	—	10	—
— 1332, — id.	6	—	8	—
— 1333, — Ascension	7	—	6	—
— id., — Saint-André	10	—	6	—
— id., — Purification	6	—	8	—
— 1334, — Ascension	16	—	8	—
— id., — Saint-André	6	—	4	—
— id., — Purification	6	—	6	—
— 1335, — id.	5	—	»	—
— 1336, — Saint-André	6	—	8	—
— id., — Purification	6	—	2	—
— 1337, — Ascension	5	—	7	—
— id., — Purification	4	—	4	—
— 1338, — Ascension	4	—	7	—
— id., — Purification	4	—	8	—
— 1339, — id.	9	—	4	—
— 1340, — id.	5	—	6	—
— 1341, — id.	6	—	5	—
— 1342, — id.	24	—	»	—
— 1343, — id.	16	—	»	—
— 1344, — id.	4	—	6	—
— 1345, — id.	3	—	2	—

Année		sous	deniers
En 1347, — Purification		22	2
— 1348, — id.		6	2
— 1349, — id.		15	»
— 1350, — id.		24	»
— 1352, — id.		20	»
— 1353, — id.		4	4
— 1354, — id.		3	8
— 1355, — id.		3	6
— 1356, — id.		10	»
— 1357, — id.		9	»
— 1358, — id.		8	4
— 1359, — id.		50	»
— 1360, — id.		37	»
— 1361, — id.		17	6
— 1362, — id.		14	»
— 1363, — id.		14	»
— 1365, — id.		22	»
— 1366, — id.		20	»
— 1367, — id.		15	»
— 1368, — id.		11	8
— 1369, — id.		15	8
— 1370, — id.		11	»
— 1371, — id.		4	6
— 1372, — id.		2	10
— 1373, — id.		3	»
— 1374, — id. [1]		9	4
— 1375, — id.		5	6
— 1376, — id.		3	6
— 1377, — id.		2	6
— 1378, — id.		2	6
— 1379, — id.		5	6
— 1380, — id.		8	4
— 1381, — id.		8	»
— 1382, — id.		5	»
— 1383, — id.		3	6
— 1384, — id.		7	»
— 1385, — id.		8	4
— 1386, — id.		5	»
— 1387, — id.		3	4
— 1388, — id.		6	»
— 1389, — id.		10	»
— 1390, — id.		8	4
— 1391, — id.		7	»
— 1392, — id.		5	5
— 1393, — id.		3	9
— 1394, — id.		3	4
— 1395, — id.		4	2
— 1396, — id.		8	»
— 1397, — id.		6	8
— 1398, — id.		6	8
— 1399, — id.		7	»
— 1400, — id.		6	8

[1] On fit, à ce chapitre, un partage des prébendes pour trois ans, et le blé fut évalué, *suivant l'estimation antique*, à 60 sous le muid (5 sous le setier).

2° *Gages de gens de service et prix de marchandises* [1].

Circa 1360,	— Gages d'une servante	3 liv.	10 s.	» den.
— id.,	— id. d'une petite servante . . .	2 —	» —	» —
— id.,	— id. d'une cuisinière.	4 —	» —	» —
— id.,	— id. d'un berger	4 —	10 —	» —
— id.,	— id. d'un vacher ou porcher . . .	2 —	» —	» —
— id.,	— id. d'un charretier	5 —	10 —	» —
— id.,	— id. d'un porteur d'eau.	2 —	» —	» —
— id.,	— id. d'un barbier.	1 —	10 —	» —
— id.,	— id. d'un bourrelier, par abonnement.	3 —	» —	» —
— id.,	— Salaire quotidien d'un bineur de vignes.	» —	2 —	6 —
— id.,	— id. d'un couvreur et de son aide .	» —	6 —	3 —
— id.,	— id. d'un maçon et de son aide . .	» —	6 —	6 —
— id.,	— id. d'un charpentier et de son aide.	» —	8 —	» —
— id.,	— Salaire pour porter deux morts au cimetière	» —	1 —	8 —
— id.,	— Prix fait pour la moisson d'un muid de blé [2]	5 —	» —	» —
— id.,	— pour faucher trois muids d'avoine	4 —	10 —	» —
— id.,	— Prix moyen du setier d'avoine (mesure de capacité) . . .	» —	5 —	4 —
— id.,	— id. du muid de vin de la Croix-Thibault [3]	9 —	» —	» —
— id.,	— id. du baril de vin du Coudray.	1 —	10 —	» —
— id.,	— id. du pot de vin	» —	1 —	4 —
— id.,	— id. du setier de pois . . .	» —	10 —	» —
— id.,	— id. du setier de fèves . . .	» —	8 —	» —
— id.,	— id. du setier de vesces . . .	» —	13 —	» —
— id.,	— id. d'une *jallaie* d'huile [4] . .	» —	12 —	2 —
— id.,	— id. d'une rondelle de harengs .	7 —	» —	» —
— id.,	— id. d'une raselle de sel . . .	» —	26 —	» —
— id.,	— id. d'une once de safran. . .	» —	7 —	6 —
— id.,	— id. d'une livre de canelle . .	» —	15 —	» —
— id.,	— id. d'une livre d'amandes sèches	» —	1 —	8 —
— id.,	— id. d'une livre de beurre . .	» —	» —	8 —
— id.,	— id. d'une livre de gingembre .	» —	» —	8 — 9 —
— id.,	— id. de deux roues de bois, ferrées	6 —	12 —	» —
— id.,	— id. du ferrement de deux roues.	2 —	10 —	» —
— id.,	— id. d'un seau de bois. . . .	» —	4 —	» —
— id.,	— id. du ferrement de ce seau. .	» —	12 —	» —
— id.,	— id. d'une bêche de fer . . .	» —	5 —	» —
— id.,	— id. d'un entonnoir ferré . . .	» —	11 —	7 —

[1] Extrait de divers comptes de l'Hôtel-Dieu, de la seconde moitié du XIVe siècle.

[2] Le muid agraire de Chartres contenait 12 setiers de 80 perches; la perche avait 21 pieds 8 pouces, soit, au carré, 469 pieds 4/9 ou 49 centiares 54. Le setier de 80 perches valait donc 39 ares 63 centiares 20, et le muid, de 12 setiers, 4 hectares 75 ares 58 centiares 40.

[3] Le muid, mesure des liquides, contenait 6 barils de 28 pots; le pot valait 2 pintes, soit 2 litres 024. Le baril était donc égal à 56 litres 672, et le muid à 340 litres 032.

[4] Ancienne mesure de l'Orléanais, contenant 16 pintes.

Circa 1360, — Prix moyen d'un millier de *charniers*,
   pour les vignes . . . 5 liv. » s. » den.
— id., — id. d'une paire de sabots . . » — 3 — » —
— id., — id. d'un soufflet et d'une cré-
   maillère . . . . . » — 5 — » —
— id., — id. d'un petit cheval de bât. . 3 — 10 — » —
— id., — id. d'un porc . . . . . 3 — » — » —
— id., — Louage d'un cheval, pour trois jours . » — 5 — » —
— id., — Prix de 20 charretées de bois, en forêt. 2 — » — » —
— id., — id. de 150 sacs de charbon, en forêt. 1 — 10 — » —
— id., — id. d'une maison devant le pont Mo-
   rard. . . . . . 30 — » — » —
— id., — id. d'une petite maison au même lieu. 9 — » — » —

APPENDICE N° 15.

NOTE SUR L'APPROPRIATION DE LOËNS A L'USAGE DU CULTE,

Par M. Lejeune [1].

Après l'incendie de 1194 qui détruisit l'église et le cloître, le Chapitre demeura dans la ville pour présider à la réparation de ce grand désastre. Où se logea-t-il ? où célébra-t-il journellement ses offices ? l'histoire est muette sur ce point ; toutefois il est certain que le culte ne fut pas interrompu. On doit penser que les chanoines cherchèrent à se procurer un asile et un temple sur leur propre terrain. C'est ainsi qu'il est rationnel de concevoir l'appropriation du vaste souterrain de Loëns à l'usage du culte. Cette opinion se fonde sur l'existence, au fond de cette immense crypte, d'un autel isolé dont on voit encore les restes. Derrière l'autel et à huit pieds de distance, une porte dont le seuil est au niveau du sol supérieur, s'ouvrait au nord-ouest et donnait entrée dans le révestiaire construit au dehors. C'était probablement par là que les chanoines descendaient au chœur ; ils se divisaient en deux files au moyen d'un double escalier en pierre et allaient occuper leurs places tracées à droite et à gauche par les piliers qui séparent la nef des latéraux. Le grand escalier actuel, donnant sur la cour, était destiné au public.

Telle est l'explication la plus naturelle de la disposition intérieure de cette crypte, restaurée ou reconstruite au XIIIe siècle.

Après la réinstallation du Chapitre dans son église, le souterrain de Loëns devint une cave. Alors l'autel fut démoli en partie, ainsi que le double escalier, et les bâtiments du dehors reçurent des appropriations en rapport avec leur destination nouvelle.

---

[1] Je n'ai pas besoin de dire que je laisse à mon honorable ami la responsabilité de son opinion. *(Note de l'Auteur.)*

FIN DU TOME PREMIER.

TABLE

DES CHAPITRES ET APPENDICES

CONTENUS DANS LE PREMIER VOLUME.

	Pages.
CHAPITRE Ier. — Tableau de Chartres. Productions. Géologie	1
— II. — Carnutes. Domination romaine *(58 av. J.-C.; 400 ap. J.-C.)*	7
— III. — De l'invasion des Francs à Thibault-le-Tricheur *(400-900)*	19
— IV. — De Thibault-le-Tricheur à Etienne-Henri. — *Ecole de Fulbert (900-1100)*	41
— V. — D'Etienne-Henri à Thibault V. — *Yves. — Guerres du Puiset. — Croisades (1100-1150)*	70
— VI. — De Thibault V à Isabelle. — *Avoués du Chapitre (1150-1218)*	103
— VII. — D'Isabelle à la troisième année de Charles de Valois. — *Clôture du cloître. — Charte municipale (1218-1296)*	131
— VIII. — De la troisième année de Charles de Valois à Philippe de Valois. — *Procès ecclésiastiques. — Réunion du comté à la couronne (1296-1328)*	163
— IX. — Tableau de Chartres au XIVe siècle.	185
— X. — Etablissements religieux existant au XIVe siècle :	
§ 1er. — Notre-Dame.	196
§ 2. — Palais épiscopal.	227
§ 3. — Églises paroissiales dans la ville.	230
§ 4. — Chapelles et oratoires dans la ville.	253
§ 5. — Eglises et chapelles hors la ville.	260
§ 6. — Couvents dans la ville et dans la banlieue.	271

Chapitre XI. — Etablissements civils existant au XIVe siècle :		
§ 1er. — Fortifications.		308
§ 2. — Château des Comtes.		322
§ 3. — Hôtel-de-Ville		324
§ 4. — Halles		325
§ 5. — Hôtel-Dieu de Notre-Dame		332
§ 6. — Hôtels-Dieu des paroisses		338
§ 7. — Hopital royal des six-vingts Aveugles de Saint-Julien et de Saint-Gatien		343
§ 8. — Maladrerie de la Madeleine du Grand-Beaulieu.		356
§ 9. — — de Saint-Georges de la banlieue.		365
§ 10. — Loëns		367
§ 11. — Maisons romanes et ogivales.		373
— XII. — Commerce et industrie		376
1° Métier de la Rivière		379
2° — de la Tannerie et des Sueurs		390
3° — de la Queue de Regnard		396
4° — des Fèvres et Maignants et communauté des Orfèvres.		398
5° Banquiers et Changeurs		401
— XIII. — Monnaie de Chartres		405
Appendice N° 1. — Catalogue des évêques de Chartres.		422
— N° 2. — Résumé des opinions des historiens sur Thibault-le-Tricheur.		432
— N° 3. — Principales familles du Pays chartrain, aux XIe, XIIe, XIIIe et XIVe siècles :		
§ 1er. — Bourgeoisie chartraine		437
§ 2. — Haute noblesse		444
§ 3. — Noblesse de second ordre		450
— N° 4. — Topographie chartraine		461
— N° 5. — Obit de Philippe-Auguste.		491
— N° 6. — Fiefs de l'évêché, du Chapitre et des couvents.		493
— N° 7. — § 1er. — Menues coutumes appartenant à l'Evêque.		497
§ 2. — Pancarte de la Billette.		501
§ 3. — Extrait d'un état sommaire des cens, surcens et menues rentes, dus au Domaine de Chartres		503
§ 4. — Droits et coutumes appartenant au Doyen.		507
§ 5. — Métiers secondaires.		509
— N° 8. — Style des actes aux XIe, XIIe, XIIIe et XIVe siècles		523

APPENDICE N° 9. — Notice sur l'exposition des trophées de Philippe-le-Bel et de Charles-le-Bel, dans l'église Notre-Dame de Chartres . . . 527

— N° 10. — § 1er. — Composition entre le Comte et le Chapitre (1306) 529
§ 2. — Analyse du traité conclu entre le Comte et l'Evêque (1312). 537

— N° 11. — Notice sur les vierges miraculeuses de l'église Notre-Dame de Chartres. 540

— N° 12. — 1° Privilèges des chanoines 543
2° Usages et cérémonies bizarres, à Notre-Dame . 545
3° Processions de la Sainte-Châsse au couvent de Josaphat. 550

— N° 13. — § 1er. — Temporel de l'Evêque 554
§ 2. — Spirituel de l'Evêque 555
§ 3. — Cérémonie de la première entrée de l'Evêque, dans sa ville épiscopale, au Moyen-Age 557

— N° 14. — 1° Estimations du blé, au XIVe siècle . . . 560
2° Gages de gens de service et prix de marchandises . 563

— N° 15. — Note sur l'appropriation de Loëns à l'usage du culte 565

FIN DE LA TABLE.

www.ingramcontent.com/pod-product-compliance
Lightning Source LLC
Chambersburg PA
CBHW050419240426
43661CB00055B/2208